KATHERINE MANSFIELD

Sämtliche Erzählungen in 2 Bänden

KATHERINE MANSFIELD

Sämtliche Erzählungen in 2 Bänden

Band 1

Die Töchter des jüngst verstorbenen Colonel Pinner

Herausgegeben, ins Deutsche übertragen und mit einem biographischen Essay von Elisabeth Schnack

Büchergilde Gutenberg
Frankfurt am Main Wien Zürich

Deutsche Erstausgabe der ›Collected Stories of Katherine Mansfield‹. Alle Rechte vorbehalten.
© 1980 Büchergilde Gutenberg Frankfurt am Main.
Diese Ausgabe folgt bis auf zwei Ausnahmen dem von John Middleton Murray im Verlag Constable 1945 herausgegebenen Band ›The Collected Stories of Katherine Mansfield‹: die frühen, unter dem Titel ›In einer deutschen Pension‹ (In a German Pension) zusammengefaßten Erzählungen wurden an den Anfang dieser Ausgabe gestellt; die letzte vollständige Erzählung ›Mutige Liebe‹ (Brave Love), die 1974 erstmals veröffentlicht wurde, schließt den zweiten Band unserer Ausgabe ab

Gesamtausstattung Juergen Seuss, Niddatal bei Frankfurt am Main. Satz und Druck Color- und Werkoffsetdruckerei Richard Wenzel, Goldbach bei Aschaffenburg. Schrift Korpus Janson (Linotype). Bindearbeiten R. Oldenbourg, München-Monheim. Printed in Germany 1983
ISBN 3-7632-2367-3

Katherine Mansfield

Inhaltsverzeichnis

— — — — — — — — — — — — — —

1. *IN EINER DEUTSCHEN PENSION*

Die Brotsuppe wurde auf den Tisch gestellt. »Ah«, sagte der Herr Rat, beugte sich über den Tisch und spähte in die Terrine, »das ist's, was ich brauche! Mein Magen ist seit mehreren Tagen nicht in Ordnung gewesen. Brotsuppe, und genau die richtige Konsistenz! Ich bin selbst ein guter Koch . . .«, wandte er sich an mich.

»Wie interessant!« erwiderte ich und bemühte mich, das genau richtige Maß an Begeisterung in meine Stimme zu legen.

»Doch, ja. Wenn man nicht verheiratet ist, ist es notwendig. Was mich betrifft, hatte ich von den Frauen auch ohne Heirat alles, was ich haben wollte.« Er stopfte sich seine Serviette hinter den Kragen und blies während des Sprechens auf seine Suppe. »Um neun Uhr mache ich mir also ein englisches Frühstück — aber nicht zu üppig. Vier Scheiben Brot, zwei Scheiben rohen Schinken, einen Teller Suppe, zwei Tassen Tee — für Sie wäre das ein Nichts!«

Er verkündete es so entschieden als Tatsache, daß ich nicht den Mut hatte, ihm zu widersprechen.

Aller Augen hefteten sich plötzlich auf mich. Mir war, als wäre ich verantwortlich für das unsinnige Frühstück der ganzen Nation — ich, die ich morgens eine Tasse Kaffee trank, während ich mir die Bluse zuknöpfte.

»Ja, überhaupt nichts!« rief Herr Hoffmann aus Berlin. »Ach, als ich in England war — da hab' ich morgens was gegessen!« Er richtete Augen und Schnurrbartspitzen himmelwärts und wischte sich die Suppenspritzer von Rock und Weste.

»Essen die Engländer wirklich soviel?« fragte Fräulein Stiegelauer. »Suppe und frisches Brot und Schweinefleisch und Tee und Kaffee und Kompott und Honig und Eier und kalten Fisch und Nieren und warmen Fisch und Leber? Und alle Damen essen das auch, besonders die Damen?«

»Sicher! Ich habe es selbst festgestellt, als ich in einem Hotel am Leicester Square gewohnt habe!« rief der Herr Rat.

»Es war ein gutes Hotel, aber Tee konnten sie nicht machen, o nein!«

»Oh, das ist etwas, was *ich* kann!« sagte ich und lachte stolz. »Ich kann sehr guten Tee machen. Das große Geheimnis ist einfach, die Teekanne anzuwärmen.«

»Die Teekanne anwärmen?« unterbrach mich der Herr Rat und schob seinen Suppenteller weg.»Wofür wärmen Sie denn die Teekanne? Haha! Das ist ausgezeichnet! Man will doch nicht die Teekanne essen, nehme ich an?«

Er heftete seine kalten blauen Augen mit einem Ausdruck auf mich, der an tausend geplante Invasionen denken ließ.

»Das ist also das große Geheimnis des englischen Tees? Sie machen weiter nichts, als die Teekanne anzuwärmen?«

Ich wollte erwidern, daß es nur die Eröffnungsnummer sei, konnte es aber nicht übersetzen und schwieg daher.

Das Dienstmädchen brachte Kalbfleisch mit Sauerkraut und Kartoffeln.

»Sauerkraut esse ich besonders gern«, sagte der Handelsreisende aus Norddeutschland, »doch jetzt hatte ich so viel davon, daß ich es nicht bei mir behalten kann. Ich sehe mich sofort genötigt, es...«

»Herrliches Wetter!« rief ich rasch und wandte mich an Fräulein Stiegelauer. »Sind Sie zeitig aufgestanden?«

»Um fünf Uhr bin ich zehn Minuten durchs nasse Gras gelaufen. Wieder ins Bett. Um halb sechs schlief ich ein und wachte um sieben auf, um meine Morgengymnastik zu machen. Wieder ins Bett. Um acht bekam ich einen kalten Wickel, und um halb neun trank ich eine Tasse Pfefferminztee. Um zehn bekam ich etwas Malzkaffee und begann meine Kur. Könnten Sie mir bitte das Sauerkraut reichen? Nehmen Sie nichts davon?«

»Nein, danke, ich finde es etwas zu kräftig.«

»Stimmt es«, fragte die Witwe und stocherte, während sie sprach, mit einer Haarnadel in den Zähnen, »daß Sie Vegetarierin sind?«

»Ja — ich habe seit drei Jahren kein Fleisch mehr gegessen.«

»Unmöglich! Haben Sie Kinder?«

»Nein.«

»Da haben wir's! Dahin kommt es nämlich mit Ihnen. Es ist unmöglich, Kinder zu bekommen, wenn man nur Gemüse ißt. Aber Sie haben ja jetzt ohnehin keinen Kinderreichtum in England — vermutlich haben Sie zuviel mit Ihrem Frauenstimmrecht zu tun. Ich dagegen habe neun Kinder bekommen, und sie sind alle am Leben, Gott sei Dank. Prächtige, gesunde Babies, obwohl ich nach der Geburt meines ersten...«

»Wie wundervoll!« rief ich.

»Wundervoll?« entgegnete die Witwe verächtlich und befestigte die Haarnadel wieder im Dutt, der auf ihrem Scheitel thronte. »Überhaupt nicht! Eine meiner Freundinnen hatte gleichzeitig vier Stück bekommen! Ihr Mann hat sich darüber so gefreut, daß er ein Abendessen gab und die Babies auf die Tafel stellen ließ. Sie war natürlich sehr stolz.«

»In Deutschland pflegt man das Familienleben!« posaunte der Handelsreisende und knabberte an einer Kartoffel, die er auf sein Messer gespießt hatte.

Ein anerkennendes Schweigen folgte.

Die Teller wurden gewechselt, und es gab Rindfleisch, Johannisbeeren und Spinat. Alle putzten ihre Gabeln am Schwarzbrot ab und begannen wieder zu essen.

»Wie lange bleiben Sie hier?« fragte der Herr Rat.

»Ich weiß es nicht genau. Im September muß ich wieder in London sein.«

»Natürlich werden Sie sich München ansehen?«

»Leider habe ich nicht genügend Zeit. Es ist wichtig, daß ich meine Kur nicht unterbreche.«

»Aber nach München *müssen* Sie gehen! Sie haben Deutschland nicht gesehen, wenn Sie sich München nicht angesehen haben! Alle Museen und das ganze Kunst- und Seelenleben Deutschlands finden Sie in München! Im August ist die Wagner-Festspielwoche, danach kommt Mozart dran und eine japanische Bilderausstellung — und dann das Bier! Sie wissen nicht, was gutes Bier ist, bevor Sie in München waren. Ich habe jeden Nachmittag vornehme Damen gesehen, wirklich vornehme Damen, kann ich Ihnen versichern, die ihr Bier aus Gläsern von dieser Höhe tranken!« Er deutete die Höhe eines Wasserkrugs von einer Waschkommode an, und ich lächelte.

»Wenn ich viel Münchner Bier trinke, komme ich so ins Schwitzen«, erzählte Herr Hoffmann. »Wenn ich hier bin, im Freien oder vor meinen Bädern, schwitze ich auch, aber ich genieße es; doch in der Stadt ist es nicht dasselbe!«

Der Gedanke regte ihn an, sich Hals und Gesicht mit der Serviette abzuwischen und sich sorgfältig die Ohren zu reinigen.

Eine Glasschüssel mit gedünsteten Aprikosen wurde auf den Tisch gestellt.

»Ah, Obst!« rief Fräulein Stiegelauer. »Es ist so wichtig für die Gesundheit! Der Arzt hat mir heute früh gesagt, je mehr Obst ich esse, desto besser wäre es!«

Offensichtlich befolgte sie seinen Rat. Und nun begann der Handelsreisende: »Vermutlich haben auch Sie Angst vor einer Invasion? Oh, es ist glänzend: ich habe alles über Ihre englische Diplomatie in einer Zeitung gelesen. Haben Sie es auch gesehen?«

»Ja.« Ich richtete mich kerzengerade auf. »Ich kann Ihnen versichern, daß wir keine Angst haben.«

»So? Das sollten Sie aber«, sagte der Herr Rat. »Sie haben überhaupt kein Heer — bloß ein paar kleine Burschen, deren Adern von Nikotinvergiftung verseucht sind.«

»Sie brauchen keine Angst zu haben!« sagte Herr Hoffmann. »Wir wollen England gar nicht haben. Wenn wir England haben wollten, hätten wir's uns schon längst geholt. Wir wollen es wirklich nicht!«

Er schwenkte hochmütig seinen Löffel und sah mich an, als wäre ich ein kleines Kind, das man nach Belieben festhalten oder fortschicken könne.

»Wir wollen Deutschland bestimmt nicht haben«, sagte ich.

»Heute morgen habe ich ein Sitzbad genommen. Heute nachmittag muß ich dann ein Kniebad und ein Armbad nehmen«, gab der Herr Rat zum besten. »Danach mache ich eine Stunde lang meine Übungen, und dann habe ich mein Pensum geschafft. Ein Glas Wein und ein paar Brötchen mit Sardinen . . .«

Kirschkuchen mit Schlagsahne wurde herumgereicht.

»Was für Fleisch ißt Ihr Mann am liebsten?« fragte die Witwe.

»Das weiß ich wirklich nicht«, antwortete ich.

»Das wissen Sie nicht? Wie lange sind Sie denn verheiratet?«

»Seit drei Jahren.«

»Aber das kann doch nicht Ihr Ernst sein! Man kann nicht eine Woche lang als Ehefrau haushalten, ohne darüber Bescheid zu wissen.«

»Ich habe ihn wirklich nie gefragt — er macht sich nicht viel aus Essen.«

Eine Pause entstand. Alle blickten mich kopfschüttelnd an — den Mund voller Kirschkerne.

»Kein Wunder, daß sich jetzt in England die furchtbare Situation von Paris wiederholt«, sagte die Witwe und legte ihre Serviette zusammen. »Wie kann eine Frau erwarten, ihren Mann zu halten, wenn sie nach drei Jahren noch nicht sein Lieblingsgericht kennt?«

»Mahlzeit!«

»Mahlzeit!«

Ich machte die Tür hinter mir zu.

»Wer ist das?« fragte ich. »Und warum sitzt er immer allein und hat uns den Rücken zugekehrt?«

»Oh«, wisperte die Frau Oberregierungsrat, »er ist ein *Baron*.«

Sie sah mich sehr feierlich an, und doch mit einem Hauch von Verachtung: einem Ausdruck, wie ›Nein, so etwas, das nicht gleich auf den ersten Blick erkannt zu haben!‹

»Aber er kann ja nichts dafür, der arme Mensch!« sagte ich. »Diese unselige Tatsache dürfte ihn doch nicht von den Annehmlichkeiten intelligenten Umgangs ausschließen!«

Wenn nicht ihre Gabel gewesen wäre, hätte sie sich, glaube ich, bekreuzigt.

»Bestimmt verstehen Sie es nicht! Er ist ein Baron — von Uradel!«

Reichlich erschüttert wandte sie sich an die Frau Doktor zu ihrer Linken.

»Meine Omelette ist leer—*leer!*« protestierte sie. »Und das ist die dritte, die ich probiert habe!«

Ich blickte auf den uradeligen Baron. Er aß Salat, indem er ein ganzes Salatblatt auf seine Gabel nahm und es sich dann allmählich, nach Art der Kaninchen, einverleibte: für den Beobachter ein faszinierender Vorgang.

Er war klein und schmächtig, hatte schütteres schwarzes Haar, einen schwarzen Bart und eine gelbliche Hautfarbe; beständig trug er einen schwarzen Sergeanzug, ein Hemd aus grobem Leinen, schwarze Sandalen und die größte schwarz eingefaßte Brille, die ich je gesehen hatte.

Der Herr Oberlehrer, der mir gegenübersaß, lächelte leutselig.

»Es muß doch sehr interessant für Sie sein, gnädige Frau, alles beobachten zu können . . . natürlich ist das hier ein sehr vornehmes Haus! Im Sommer hatten wir eine Dame vom spanischen Hof hier; sie hatte eine Leber. Wir unterhielten uns oft.«

Ich machte ein erfreutes und demütiges Gesicht.

»In England findet man in einem *boarding-house* nicht die Erste Klasse — wie in Deutschland.«

»Nein, allerdings nicht«, erwiderte ich und schaute noch immer wie hypnotisiert auf den Baron, der einem kleinen gelben Seidenwurm glich.

»Der Baron kommt jedes Jahr her«, fuhr der Herr Oberlehrer fort, »wegen seiner Nerven. Er hat nie mit einem der Gäste gesprochen — *noch nie!*« Ein Lächeln flog über sein Gesicht. Ich glaubte an seiner Vision teilzuhaben — dem prachtvollen Umsturz jenes Schweigens — dem aufwühlenden Austausch von Höflichkeiten in einer ungewissen Zukunft — dem bereitwilligen Überlassen einer Zeitung an IHN, den Erhabenen — und ein ›Dankeschön‹ — zukünftigen Generationen überliefert.

In diesem Augenblick kam der Briefträger, der wie ein deutscher Offizier aussah, und brachte die Post. Meine Briefe warf er in meinen Milchpudding, und dann wandte er sich an die Kellnerin und flüsterte. Sie verzog sich eilfertig. Der Geschäftsführer der Pension erschien mit einem kleinen Tablett, auf dem eine Ansichtskarte lag. Er trug sie zum Baron und verbeugte sich dabei ehrerbietig.

Was mich betrifft, war ich enttäuscht, daß nicht aus fünfundzwanzig Kanonen Salut geschossen wurde.

Gegen Ende der Mahlzeit wurde Kaffee gereicht. Ich bemerkte, daß der Baron drei Stück Zucker nahm, zwei in seine Tasse fallen ließ und das dritte in einen Zipfel seines Taschentuchs einwickelte. Er war immer der erste, der ins Speisezimmer kam, und der letzte, der wieder ging, und auf einen leeren Stuhl neben sich legte er stets eine kleine schwarzlederne Tasche.

Am Nachmittag, als ich mich aus dem Fenster lehnte, sah ich ihn die Straße hinuntergehen: er ging schwankenden Schritts und trug die schwarze Tasche. Jedesmal, wenn er an einem Laternenpfahl vorbeikam, zuckte er ein klein wenig zurück, als befürchte er, von ihm geschlagen zu werden —, oder vielleicht war es auch nur die Furcht vor plebejischer Besudelung.

Ich hätte gern gewußt, wohin er ging und weshalb er die

Tasche bei sich hatte. Im Kasino oder im Kurhaus hatte ich ihn nie gesehen. Er sah vereinsamt aus; seine in den Sandalen steckenden Füße glitten aus. Ich entdeckte, daß ich Mitleid mit dem Baron hatte.

Am gleichen Abend war eine Gruppe von uns im Salon versammelt, wo wir fabelhaft munter die ›Kur‹ des Tages besprachen. Die Frau Oberregierungsrat saß neben mir: sie strickte ein warmes Tuch für die jüngste ihrer neun Töchter, die sich in den gewissen anfälligen Umständen befand. »Aber es wird bestimmt zufriedenstellend ausgehen«, sagte sie zu mir. »Das gute Kind hat einen Bankier geheiratet — es war ihr Herzenswunsch!«

Wir saßen wohl unser acht oder zehn beisammen: wir, die Verheirateten, tauschten Vertraulichkeiten über die Unterkleidung und die besonderen Eigentümlichkeiten unserer Ehemänner aus, und die Unverheirateten unterhielten sich über die Oberkleidung und die besonderen Reize der in Frage kommenden Kandidaten.

»Ich stricke sie selbst«, hörte ich die Frau Lehrer rufen, »aus dicker grauer Wolle. Eins kann er einen ganzen Monat tragen, mit zwei weichen Kragen.«

»Und dann«, flüsterte Fräulein Lisa, »sagte er zu mir: ›Doch, Sie gefallen mir! Ich werde vielleicht Ihrer Mutter schreiben.‹«

Es ist also nicht verwunderlich, daß wir ziemlich stark erregt und vom Ernst dieser Probleme erfüllt waren.

Plötzlich öffnete sich die Tür, und es erschien — der Baron. Darauf folgte eine völlige, grabestiefe Stille.

Er trat langsam ein, zauderte, nahm aus einer oben auf dem Klavier stehende Schale einen Zahnstocher und ging wieder hinaus.

Als sich die Tür geschlossen hatte, stimmten wir ein Triumphgeschnatter an! Es war das erstemal seit Menschengedenken, daß er den Salon betreten hatte. Wer konnte ahnen, was die Zukunft bringen würde?

Die Tage verstrichen und wurden zu Wochen. Wir waren noch immer beisammen, und noch immer interessierte mich die einsame kleine Gestalt mit dem gesenkten Kopf, den anscheinend das Gewicht der Brille niederzog. Mit der schwarzen Ledertasche trat er ein, mit der schwarzen Ledertasche zog er sich zurück — und das war alles.

Schließlich erzählte uns der Geschäftsführer, daß der Baron am nächsten Tag abreise.

›Oh‹, dachte ich, ›er kann unmöglich ins Unbekannte verwehen — sich ohne ein Wort davonmachen! Bestimmt wird er der Frau Oberregierungsrat oder der Frau Feldleutnantswitwe ein einzigesmal die Ehre geben, bevor er geht!‹

Am Abend jenes Tages regnete es heftig. Ich ging zur Post, und als ich — schirmlos — auf der Treppe stand und zögerte, ehe ich mich wieder auf die schmutzige Straße stürzte, schien sich unter meinem Ellbogen eine kleine, zaudernde Stimme hervorzuwagen.

Ich sah hinab. Es war der uradelige Baron mit der schwarzen Tasche und einem Schirm. War ich verrückt? War ich normal? Er forderte mich auf, letzteren mit ihm zu teilen. Ich war außerordentlich nett, ein bißchen schüchtern und angemessen ehrerbietig. Gemeinsam gingen wir durch Matsch und Schmutz.

Es hat etwas merkwürdig Vertrauliches an sich, einen Schirm gemeinsam zu benutzen.

Sehr leicht sieht man sich dadurch in die gleiche Lage versetzt, wie wenn man einem Mann den Rock abklopft: ein bißchen wagemutig und unbefangen.

Ich wollte furchtbar gern wissen, weshalb er allein saß, weshalb er die Tasche trug und was er den ganzen Tag machte. Doch ungefragt lieferte er selbst einige Auskünfte.

»Ich fürchte, daß mein Gepäck feucht wird«, sagte er. »Ich trage es stets selber in dieser Tasche mit mir herum — man braucht ja nur so wenig — und die Dienstboten sind nicht vertrauenswürdig.«

»Ein kluger Einfall«, erwiderte ich. Und dann: »Weshalb beraubten Sie uns des Vergnügens...«

»Ich sitze allein, damit ich mehr essen kann«, sagte der Baron und spähte ins Dunkel. »Mein Magen benötigt sehr viel Essen. Ich bestelle die doppelte Portion und verzehre sie ungestört.«

Was prachtvoll baronswürdig klang.

»Und was tun Sie den ganzen Tag?«

»Ich führe mir Nahrung zu«, erwiderte er mit einer Stimme, die dem Gespräch ein Ende setzte und das Teilen des Schirms fast bereute.

Als wir die Pension erreichten, kam es beinah zu einem Volksauflauf.

Ich sprang halbwegs die Treppe hinauf und dankte dem Baron hörbar vom Treppenabsatz aus.

Er erwiderte unmißverständlich: »Nicht der Rede wert!«

Es war sehr freundlich vom Herrn Oberlehrer, daß er mir am Abend einen Strauß schicken ließ, und von der Frau Oberregierungsrat, daß sie mich um ein Muster für eine Babymütze bat!

: :

Am nächsten Tag war der Baron abgereist.

Sic transit gloria deutsche mundi.

Die Schwester der Frau Baronin

»Heute nachmittag treffen zwei neue Gäste ein«, sagte der Geschäftsführer der Pension und rückte mir einen Stuhl an den Frühstückstisch. »Ich habe den Brief, der es mir mitteilt, erst heute früh bekommen. Die Baronin von Gall schickt ihre kleine Tochter zur Kur her — das arme Kind ist stumm. Sie soll einen Monat bei uns bleiben, und dann kommt die Frau Baronin selber.«

»Die Baronin von Gall?« rief die Frau Doktor, die ins Frühstückszimmer trat und buchstäblich Witterung von dem Namen aufnahm. »Sie kommt hierher? Erst letzte Woche war ein Bild von ihr im Heft *Sport und Salon*! Sie verkehrt bei Hofe. Ich habe gehört, daß sie von der Kaiserin geduzt wird. Ist ja ganz reizend! Ich werde den Rat meines Arztes befolgen und noch sechs Wochen länger hierbleiben. Es geht nichts über jugendliche Gesellschaft!«

»Aber das Kind ist stumm!« brachte der Geschäftsführer entschuldigend vor.

»Pah! Was hat das zu sagen? Behinderte Kinder sind so niedlich in ihrem Benehmen.«

Jeder Gast, der ins Frühstückszimmer trat, wurde mit der wundervollen Neuigkeit bombardiert. ›Die Baronin von Gall schickt ihr Töchterchen her; die Baronin selbst kommt einen Monat später!‹ Kaffee und Brötchen wuchsen sich zu einer Orgie aus. Wir sprühten geradezu Funken. Anekdoten von den Hochwohlgeborenen wurden ausgeschenkt, gesüßt und geschlürft; wir verschlangen hochwohlgeborenen Skandal, reichlich gebuttert.

»Sie bekommen das Zimmer neben dem Ihrigen«, sagte der Geschäftsführer, zu mir gewandt. »Ich wüßte gern, ob Sie mir gestatten, das über Ihrem Bett hängende Porträt der Kaiserin Elisabeth abzunehmen und nebenan über das Sofa zu hängen?«

»Ja, gut so! Etwas Anheimelndes!« Die Frau Oberregierungsrat tätschelte mir die Hand. »Und für Sie von keinerlei Bedeutung.«

Ich fühlte mich ein wenig zerquetscht — nicht wegen der Aussicht, diese Vision aus Diamanten und blauem Samtbusen zu verlieren, sondern wegen des Tons, der mich aus dem Gehege ausschloß und als Ausländerin brandmarkte.

Wir verzettelten den Tag mit triftigen Vermutungen, fanden, daß es zu warm sei, um am Nachmittag spazierenzugehen, und legten uns deshalb aufs Bett, um zum Nachmittagskaffee vollzählig anzutreten. Ein Wagen fuhr an der Haustür vor. Ein großes junges Mädchen stieg aus und führte ein Kind an der Hand. Sie betraten die Halle, wurden begrüßt und auf ihr Zimmer geführt. Zehn Minuten danach kam sie mit dem Kind wieder herunter, um sich ins Fremdenbuch einzuschreiben. Sie trug ein schwarzes, enganliegendes Kleid, das am Hals und an den Handgelenken mit weißen Rüschen besetzt war. Ihr braunes, in Zöpfe geflochtenes Haar wurde von einer schwarzen Schleife zusammengehalten. Sie war ungewöhnlich blaß und hatte auf der linken Wange ein kleines Muttermal.

»Ich bin die Schwester der Baronin von Gall«, sagte sie, probierte die Feder an einem Stück Löschpapier aus und lächelte uns mißbilligend an. Selbst für die Abgebrühtesten unter uns hält das Leben aufregende Momente bereit. Zwei Baroninnen innerhalb eines Monats! Der Geschäftsführer verließ sofort die Halle, um eine neue Stahlfeder zu holen.

Meine Plebejeraugen fanden die Kleine merkwürdig reizlos. Sie sah aus, als wäre sie ständig mit Wäscheblau gewaschen worden, und ihr Haar war wie graue Wolle; überdies trug sie eine so steif gestärkte Schürze, daß sie nur aus der obersten Rüsche zu uns hervorspähen konnte — eine gesellschaftliche Schranke, diese Latzschürze — , und vielleicht war es zuviel, von einer adligen Tante zu erwarten, daß sie sich mit der ordinären Pflege der Ohren ihrer Nichte abgab. Aber eine stumme Nichte mit ungewaschenen Ohren erschien mir als etwas äußerst Deprimierendes!

Die Plätze am Kopf der Tafel wurden ihnen zugewiesen. Einen Augenblick sahen wir uns alle mit einer Miene wie beim Auszählen an. Dann begann die Frau Oberregierungsrat.

»Hoffentlich sind Sie nicht zu müde nach der Reise?«

»Nein«, sagte die Schwester der Baronin und lächelte in ihre Tasse hinein.

»Hoffentlich ist die liebe Kleine nicht zu müde?« fragte die Frau Doktor.

»Nein, überhaupt nicht.«

»Ich glaube — ich hoffe, daß Sie heute nacht gut schlafen werden«, sagte der Herr Oberlehrer respektvoll.

»Ja.«

Der Dichter aus München wandte keinen Blick von den beiden ab. Er duldete es, daß seine Krawatte den größten Teil seines Kaffees aufsaugte, während er die beiden überaus seelenvoll anblickte.

Er nimmt seinem Pegasus das Joch ab, dachte ich. Seine Oden an die Einsamkeit liegen in Todeskrämpfen! Diese junge Frau barg Möglichkeiten einer Inspiration, ganz zu schweigen von einer Widmung, und von diesem Augenblick an nahm sein leidendes Gemüt das Bett auf und wandelte.

Nach der Mahlzeit zogen sie sich zurück und ließen uns in Muße über sie diskutieren.

»Die Änlichkeit ist vorhanden«, sagte die Frau Doktor nachdenklich. »Bestimmt! Und was für ein Benehmen! So zurückhaltend! Und so zärtlich mit dem Kind!«

»Schade, daß sie sich um das Kind kümmern muß«, rief der Student aus Bonn. Bisher hatte er sich darauf verlassen, daß seine drei Schmisse und sein Couleurband ihre Wirkung ausüben würden, doch die Schwester einer Baronin verlangte mehr.

Anstrengende Tage folgten. Wäre sie auch nur eine Spur weniger hochwohlgeboren gewesen, hätten wir die ständigen Gespräche über sie nicht durchstehen können, die Loblieder auf sie und die genauen Berichte über ihr Tun und Treiben. Doch huldvoll ertrug sie unsere Verehrung, und wir waren mehr als zufrieden. Dem Dichter schenkte sie ihr Vertrauen. Er trug ihre Bücher, wenn wir spazierengingen, er ließ die kleine Behinderte auf seinen Knien reiten — eine poetische Lizenz! —, und eines Morgens brachte er sein Notizbuch in den Salon und las uns daraus vor.

»Die Schwester der Frau Baronin hat mir versichert, daß sie in ein Kloster eintreten will«, sagte er. (Das ließ den Studenten aus Bonn die Ohren spitzen.) »Ich habe diese wenigen Zeilen gestern abend in der holden Nachtluft an meinem Fenster verfaßt...«

»Oh, aber Ihre zarte Lunge!« bemerkte die Frau Doktor.

Er fixierte sie mit steinernem Blick, und sie errötete.

»Ich habe folgende Verse verfaßt:

>*Oh, willst du in ein Kloster flieh'n,
so jung, so frisch, so hold?
Spring wie ein Rehkitz durch die Au'n,
wie's deiner Schönheit ziemt!*<«

Neun ebenso liebliche Strophen empfahlen ihr neun weitere, ebenso stürmische Betätigungen. Ich bin überzeugt, hätte sie seinen Rat befolgt, dann hätte ihr nicht einmal der Rest ihrer Lebenstage genügend Zeit gelassen, um wieder zu Atem zu kommen.

»Ich habe ihr eine Abschrift geschenkt«, sagte er. »Und heute haben wir vor, in den Wald zu gehen und Blumen zu suchen.«

Der Student aus Bonn stand auf und verließ das Zimmer. Ich bat den Dichter, seine Verse zu wiederholen. Am Ende der sechsten Strophe zeigte mir ein Blick aus dem Fenster, daß die Schwester der Frau Baronin und der zernarbte Student aus Bonn durchs Gartentor verschwanden, was mich bestimmte, dem Dichter so hingerissen zu danken, daß er sich erbot, mir eine Abschrift anzufertigen.

Doch wir lebten in jenen Tagen unter zu hohem Druck. Von unserer bescheidenen Pension zu den Mauern hoher Paläste auffliegend — mußten wir da nicht abstürzen? Eines späten Nachmittags kam die Frau Doktor ins Schreibzimmer und drückte mich an ihren Busen.

»Sie hat mir ihr ganzes Leben geschildert!« flüsterte die Frau Doktor. »Sie kam in mein Schlafzimmer und erbot sich, mir meinen Arm zu massieren. Unter meinem Rheumatismus leide ich nämlich wie die größte Märtyrerin. Und stellen Sie

sich vor: sie hat bereits sechs Heiratsanträge gehabt! So herrliche Anträge, daß ich Ihnen schwöre, ich mußte weinen —
und jeder von adliger Geburt! Meine Liebe, den schönsten
erhielt sie im Wald! Zwar glaube ich, daß ein Heiratsantrag
in einem Salon gemacht werden sollte — es ist schicklicher,
vier Wände um sich zu haben — , aber es war ein Wald in
Privatbesitz. Er — der junge Offizier — sagte ihr, sie sei wie
ein Bäumchen, dessen Zweige nie von der ruchlosen Hand
eines Mannes berührt worden waren. Was für eine Delika-
tesse!« Sie seufzte und verdrehte die Augen.
»Natürlich ist so etwas für euch Engländerinnen schwer zu
verstehen, da ihr immer auf den Kricketplätzen eure Beine
zeigt und im Hintergarten Hunde züchtet. Zu schade! Jugend sollte wie eine wilde Rose sein! Ich für mein Teil verstehe nicht, wie ihr Engländerinnen überhaupt geheiratet
werdet!«
Sie schüttelte den Kopf so heftig, daß ich den meinen ebenfalls schüttelte und Schwermut mein Herz umfing. Anscheinend waren wir wirklich sehr übel dran. Breitete der Geist
der Romantik seine rosigen Schwingen nur über das aristo-
kratische Deutschland aus?
Ich ging in mein Zimmer, band mir ein rotes Tuch ums Haar
und nahm einen Band Mörikes Gedichte in den Garten mit.
Hinter der Laube wuchs ein großer dunkellila Fliederbusch.
Dort setzte ich mich nieder und spürte in seiner zarten Andeutung von Halbtrauer eine schwermütige Symbolik. Ich
begann selbst ein Gedicht zu verfassen.

Sie wehen, schmachtend und verträumt,
Wir aber küssen uns, verschränkt ...

Weiter ging's nicht! ›Verschränkt‹ klang durchaus nicht verlockend. Es roch nach Schränken. War meine wilde Rose schon
verstaubt und matt? Ich kaute an einem Blatt und umklammerte meine Knie. Dann — magischer Moment — hörte ich
Stimmen in der Laube: die Schwester der Frau Baronin und
der Student aus Bonn! Nachrichten aus zweiter Hand waren besser als gar nichts: ich spitzte die Ohren.

»Was für kleine Hände Sie haben!« sagte der Student aus Bonn. »Wie weiße Seerosen auf dem dunklen Teich Ihres schwarzen Kleides!« Das klang nun wirklich echt. Ihre hochwohlgeborene Antwort hätte mich interessiert. Nichts als empfindsames Gemurmel.

»Darf ich die eine halten?«

Ich hörte zwei Seufzer — sicher hielten sie sich bei der Hand — er hatte die dunklen Gewässer um eine edle Blüte beraubt!

»Schauen Sie meine derben Finger neben Ihren!«

»Aber sie sind wunderbar maniküürt!« sagte die Schwester der Frau Baronin schüchtern.

So ein Weib! War Liebe eine Frage der Nagelpflege?

»Wie irrsinnig gern ich Sie küssen würde«, murmelte der Student. »Aber verstehen Sie, ich leide an einem schweren Nasenkatarrh, und ich wage es nicht, Sie anzustecken! In der Nacht mußte ich sechszehnmal niesen, ich habe mitgezählt! Und drei Taschentücher verbraucht!«

Ich warf Mörike in den Fliederbusch und kehrte ins Haus zurück. Ein großes Auto röchelte vor dem Eingang. Im Salon großer Aufruhr. Die Frau Baronin stattete ihrer kleinen Tochter einen Überraschungsbesuch ab. In einem gelben Staubmantel gekleidet, stand sie mitten im Zimmer und fragte den Geschäftsführer aus. Und alle Gäste, die die Pension beherbergte, waren um sie versammelt, sogar die Frau Doktor, die heuchlerisch einen Fahrplan studierte, um den erlauchten Röcken so nahe wie möglich zu sein.

»Aber wo ist meine Zofe?« fragte die Frau Baronin.

»Eine Zofe ist nicht gekommen«, erwiderte der Geschäftsführer, »nur Ihr Fräulein Schwester und das Töchterchen.«

»Meine Schwester?« rief sie scharf. »Dummheit! Ich habe keine Schwester. Mein Kind reist mit der Tochter meiner Schneiderin!«

Vorhang!

Frau Fischer

Frau Fischer war die glückliche Besitzerin einer Kerzenfabrik—irgendwo an den Ufern der Eger gelegen—, und einmal jährlich unterbrach sie ihre Arbeit, um eine Kur in Dorschhausen zu machen, wo sie mit einer Tragtasche und einem Schließkorb eintraf, der ordentlich mit schwarzer Wachsleinwand überzogen war. Die Tragtasche enthielt neben ihren Taschentüchern, Eau de Cologne, Zahnstochern und einem Wolltuch, das sehr wohltuend für ihren Magen war, auch noch Musterproben ihrer Fertigkeit im Kerzendrehen, die sie — ein Zeichen ihrer Dankbarkeit — als Geschenk überreichte, wenn die Urlaubszeit beendet war.

Eines Juli-Nachmittags um vier Uhr erschien sie in der Pension Müller. Ich saß in der Laube und beobachtete, wie sie den Gartenweg heraufwuselte, hinter ihr der rotbärtige Träger mit dem Schließkorb unter dem Arm und einer Sonnenblume zwischen den Zähnen. Die Witwe und ihre unschuldigen fünf Töchter waren geschmackvoll und in angemessener Willkommensstellung auf der Treppe aufgereiht. Die Begrüßung war so lang und laut, daß ich mich mitfühlend für Frau Fischer erwärmte.

»Was für eine Reise!« rief Frau Fischer. »Und nichts zu essen im Zug — nichts Richtiges! Meine Magenwände sind bestimmt zusammengeklappt. Aber ich darf mir den Appetit aufs Nachtessen nicht verderben — nur ein Täßchen Kaffee aufs Zimmer, bitte! Bertha«, wandte sie sich an die jüngste der fünf. »Wie verändert! Was für ein Busen! Ich gratuliere Ihnen, Frau Müller!«

Die Witwe drückte abermals Frau Fischers Hände. »Auch Kathi ist ein prächtiges Mädchen, aber ein bißchen blaß. Vielleicht kommt der junge Mann aus Nürnberg dieses Jahr wieder her? Wie Sie sie alle festhalten, verstehe ich nicht. Jedes Jahr erwarte ich bei meinem Kommen, ein leeres Nest vorzufinden. Es ist erstaunlich!« Frau Müller erwiderte mit beschämter, sich rechtfertigender Stimme: »Wir sind eine so glückliche Familie, seit mein lieber Mann starb.«

»Aber diese Heiraten — man muß Mut haben, und schließlich: lassen sie ihnen Zeit, dann machen sie die glückliche Familie nur noch größer! Gott sei's gedankt! . . . Sind jetzt sehr viel Gäste hier?«

»Jedes Zimmer ist besetzt.«

Es folgte eine ausführliche Beschreibung im Flur, eine gemurmelte Erklärung auf der Treppe und eine Fortsetzung für sechs Stimmen, als sie das große Zimmer betraten, dessen Fenster auf den Garten hinausgingen und das Frau Fischer jahraus, jahrein bewohnte. Ich las gerade ›Die Wundertaten von Lourdes‹, ein Buch, das zu durchdenken ein katholischer Priester mich gebeten hatte — mit düsterem Blick auf meine Seele; doch seine Wunder wurden durch Frau Fischers Ankunft vollständig vertrieben. Nicht einmal die weißen Rosen zu Füßen der Jungfrau Maria konnten in dieser Atmosphäre florieren . . .

›. . . Es war ein einfaches Hirtenmädchen, das auf dem kahlen Feld die Herde weidete . . .‹

Stimme aus dem Zimmer oben: »Der Waschständer ist natürlich mit Seifenwasser abgeschrubbt worden.«

›. . . sehr arm, und der Körper nur unzulänglich in Lumpen gehüllt . . .‹

»Jedes einzelne Möbelstück ist drei Tage lang im Garten gesonnt worden. Und den Teppich haben wir selber aus alten Kleidern genäht. Das da ist ein Stück von dem schönen Flanellunterrock, den Sie uns im vorigen Sommer hiergelassen hatten.«

›. . . das Kind war taubstumm, ja die Leute hielten es für halb verblödet . . .‹

»Ja, das ist ein neues Bild vom Kaiser! Das von Jesus mit der Dornenkrone haben wir auf den Flur gehängt. Es war nicht fröhlich, damit einzuschlafen. Liebe Frau Fischer, möchten Sie Ihren Kaffee nicht im Garten trinken?«

»Das ist ein sehr guter Gedanke! Aber zuerst muß ich mein Korsett und meine Stiefel ausziehen! Ah, was für eine Erleichterung, wenn man wieder Sandalen tragen kann! Dieses Jahr habe ich die Kur sehr nötig. Meine Nerven! Ich bin ein Nervenbündel! Während der ganzen Reise saß ich da und hatte das Taschentuch über dem Gesicht, sogar, als der Schaffner die Fahrkarten knipste. Einfach erschöpft!«

Sie kam in die Laube und trug einen schwarzweiß getupften Morgenrock und eine Kattunkappe mit Schirm aus Lackleder, hinter ihr Kathi, die den Malzkaffee in der kleinen blauen Kanne brachte. Wir wurden einander korrekt vorgestellt. Frau Fischer setzte sich, zog ein tadellos sauberes Taschentuch hervor und putzte damit die Tasse und die Untertasse; dann hob sie den Deckel von der Kaffeekanne und blickte trübselig auf den Inhalt.

»Malzkaffee!« sagte sie. »Ach, während der ersten paar Tage frage ich mich immer, wie ich damit fertig werden soll. Natürlich muß man, wenn man von zu Hause fort ist, auf Unbequemlichkeiten und seltsames Essen gefaßt sein. Aber wie ich meinem lieben Mann immer zu erklären pflegte: mit einem sauberen Bettlaken und einer guten Tasse Kaffee kann ich überall glücklich sein. Doch jetzt, mit solchen Nerven, fällt mir kein Opfer zu schwer. An was für Beschwerden leiden Sie denn? Sie sehen außerordentlich gesund aus!«

Ich lächelte und zuckte die Achseln.

»Ach, das ist so seltsam mit euch Engländerinnen: anscheinend macht es euch gar kein Vergnügen, über die Funktionen des Körpers zu sprechen. Das ist gerade so, als spräche man von einem Zug und weigere sich, die Lokomotive zu erwähnen. Wie können wir hoffen, jemanden zu verstehen, wenn wir nichts über seinen Magen wissen? Während der schwersten Krankheit meines Mannes wurden die Breiumschläge...«

Sie tauchte ein Stück Zucker in ihren Kaffee und beobachtete, wie es schmolz.

»Doch ein junger Freund von mir, der zum Begräbnis seines Bruders nach England fuhr, hat mir erzählt, daß die Frauen in öffentlichen Restaurants Taillen trugen, in die jeder Kellner unvermeidlicherweise hineinblicken mußte, wenn er die Suppe servierte!«

»Aber nur deutsche Kellner«, entgegnete ich. »Englische Kellner blicken einem über den Scheitel!«

»Da haben wir's!« rief sie. »Jetzt sehen Sie, wie abhängig

Sie von Deutschland sind. Nicht mal einen eigenen tüchtigen Kellner haben Sie in England!«

»Aber mir ist es lieber, wenn sie einem über den Scheitel hinwegblicken!«

»Das beweist, daß Sie sich Ihrer Taille schämen!«

Ich blickte auf den Garten mit seinem Goldlack und den hochstämmigen Rosenbäumchen, die so steif wie deutsche Buketts dastanden, und dachte, mir ist das alles einerlei. Ich wollte sie beinah fragen, ob der junge Freund als Kellner nach England gegangen sei, um bei der Leichenfeier den Braten zu servieren, doch ich fand, es sei nicht der Mühe wert. Das Wetter war zu heiß, um boshaft zu sein, und wie konnte man unbarmherzig sein, wenn man ein Opfer der chaotischen Gefühle war, die Frau Fischer bis halb sieben heimsuchten? Wie eine Gabe des Himmels für meine Geduld kam der engelhaft in einen weißseidenen Anzug gekleidete Herr Rat den Gartenweg herab auf uns zu. Er und Frau Fischer waren alte Freunde. Sie zog die Falten ihres Morgenrocks enger um sich und machte ihm auf der kleinen grünen Bank Platz.

»Wie kühl Sie aussehen«, sagte sie, »und, wenn Sie die Bemerkung gestatten, was für ein wunderschöner Anzug!«

»Den habe ich doch bestimmt schon getragen, als ich im vorigen Sommer hier war? Ich habe die Seide aus China mitgebracht – hatte sie durch den russischen Zoll geschmuggelt, indem ich sie mir um den Leib wickelte. Und zwar eine ganze Menge: zwei Kleiderlängen für meine Schwägerin, drei Anzüge für mich und einen Umhang für die Haushälterin meiner Münchner Wohnung. Wie ich geschwitzt habe! Jeder Zollbreit mußte hinterher gewaschen werden!«

»Sie haben bestimmt mehr Abenteuer als jeder andere in Deutschland erlebt! Wenn ich an die Zeit denke, die Sie in der Türkei verbracht haben – mit dem betrunkenen Führer, der von einem tollen Hund gebissen wurde und über einen Steilhang in ein Feld voller Rosenöl fiel, dann bedaure ich es, daß Sie kein Buch geschrieben haben.«

»Die Zeit! Die Zeit! Ich stelle ein paar Notizen zusammen. Doch da Sie jetzt hier sind, wollen wir unsre ruhigen Plauderstündchen nach dem Abendessen wieder aufnehmen, ja? Für einen Mann ist es nötig und angenehm, gelegentlich in der Gesellschaft von Frauen Entspannung zu suchen.«

»Das begreife ich so gut! Selbst hier ist Ihr Leben zu anstrengend. Sie sind so begehrt — so bewundert! Es war genau dasselbe mit meinem lieben Mann. Er war groß, ein schöner Mann, und abends kam er manchmal in die Küche hinunter und sagte zu mir: ›Frau, ich möchte mal zwei Minuten lang dumm sein!‹ Nichts ruhte ihn so aus, als wenn ich ihm den Kopf streichelte.«

Der im Sonnenschein blitzende kahle Schädel des Herrn Rat schien ein Symbol für das betrübliche Fehlen einer Ehefrau zu sein. Ich begann mir über die Natur der ruhigen kleinen Plauderstündchen nach dem Abendessen Gedanken zu machen. Wie konnte man die Delila eines so kahlgerupften Simson sein?

»Gestern ist Herr Hoffmann aus Berlin eingetroffen«, sagte der Herr Rat.

»Ich weigere mich, mit dem jungen Mann zu sprechen. Im vorigen Jahr hat er mir erzählt, er hätte sich in Frankreich in einem Hotel aufgehalten, wo es keine Servietten gab. Was das für ein Hotel gewesen sein muß! In Österreich haben sogar die Droschkenkutscher Servietten! Außerdem habe ich mit angehört, wie er mit Bertha über die freie Liebe gesprochen hat, als sie sein Zimmer fegte. An solchen Umgang bin ich nicht gewöhnt. Ich hatte ihm schon seit langer Zeit mißtraut.«

»Junges Blut!« erwiderte der Herr Rat liebenswürdig. »Ich habe wiederholt mit ihm diskutiert — Sie haben es mit angehört, nicht wahr?« wandte er sich an mich.

»Sehr oft«, erwiderte ich lächelnd.

»Zweifellos halten Sie mich für rückständig. Aus meinem Alter mache ich kein Geheimnis, ich bin neunundsechzig; doch Sie müssen sicher bemerkt haben, wie unmöglich es für ihn war, überhaupt etwas zu entgegnen, sowie ich meine Stimme erhob.«

Ich bestätigte es aus innerster Überzeugung, und als ich einen Blick der Frau Fischer auffing, begriff ich plötzlich, daß ich lieber ins Haus gehen und ein paar Briefe schreiben sollte. In meinem Zimmer war es dunkel und kühl. Eine Kastanie drängte mit grünen Zweigen gegen mein Fenster. Ich blickte auf das Roßhaarsofa hinunter, das den Gedanken, sich hineinzukuscheln, so eindeutig als unmoralisch verhöhnte, daß ich das rote Kissen auf den Fußboden zog und mich hinlegte. Und kaum hatte ich mir's bequem gemacht, ging die Tür auf, und Frau Fischer trat ein.

»Der Herr Rat hat einen Badetermin«, sagte sie und schloß hinter sich die Tür. »Darf ich eintreten? Bitte, bleiben Sie liegen! Sie sehen wie eine kleine Angorakatze aus. So, und jetzt müssen Sie mir etwas wirklich Interessantes aus Ihrem Leben erzählen! Wenn ich neue Gäste kennenlerne, quetsche ich sie wie einen Schwamm aus. Zuerst mal: Sie sind verheiratet?«

Ich gab es zu.

»Wo ist aber dann Ihr Mann, mein liebes Kind?«

Ich erzählte ihr, er sei Kapitän zur See und auf einer langen und gefährlichen Fahrt.

»Wie kann er Sie in einer solchen Lage zurücklassen — so jung und so unbeschützt?« Sie setzte sich aufs Sofa und drohte mir neckisch mit dem Finger.

»Geben Sie's zu, daß Sie Ihre Reisen vor ihm geheimhalten! Denn welchem Mann würde es einfallen, einer Frau mit so üppigem Haar zu erlauben, daß sie allein in fremden Ländern herumzieht? Gesetzt den Fall, Sie verlören um Mitternacht in einem eingeschneiten Zug im Norden Rußlands Ihre Geldtasche?«

»Ich habe nicht die leiseste Absicht«, begann ich.

»Ich sage auch nicht, daß Sie es wollen. Als Sie Ihrem lieben Mann Lebewohl sagten, hatten Sie nicht die Absicht, hierherzukommen — davon bin ich felsenfest überzeugt. Meine Liebe, ich bin eine erfahrene Frau, und ich kenne die Welt. Während er abwesend ist, fiebert Ihr Blut. Ihr trauriges Herz fliegt trostsuchend in diese fremden Länder. Zu Hause können Sie den Anblick des leeren Bettes nicht ertragen — es ist, als wären Sie Witwe geworden. Seit dem Tode meines Mannes habe ich keine friedvolle Stunde mehr gehabt.«

»Ich liebe leere Betten«, protestierte ich schläfrig und knuffte das Kissen.

»Das kann nicht wahr sein, weil es unnatürlich wäre. Jede Ehefrau sollte vom Gefühl beseelt sein, daß sie an die Seite ihres Mannes gehört—ob im Schlafen oder im Wachen. Man sieht es ganz eindeutig, daß die stärkste aller Bindungen Sie noch nicht bindet. Warten Sie nur, bis zwei Händchen sich übers Wasser hinweg ausstrecken — warten Sie, bis er in den Hafen kommt und Sie erblickt, das Kind an der Brust!«

Ich richtete mich gliedersteif auf.

»Aber ich halte Kinderkriegen für den allerschmachvollsten Beruf«, sagte ich.

Einen Augenblick herrschte Stille. Dann beugte sich Frau Fischer zu mir herunter und ergriff meine Hand.

»So jung, und schon so grausam leiden müssen«, murmelte sie. »Nichts kann eine Frau so furchtbar verbittern, als wenn sie allein zurückbleiben muß, ohne Mann, ganz besonders, wenn sie verheiratet ist, denn dann ist es ihr unmöglich, die Aufmerksamkeit andrer Männer hinzunehmen — falls sie nicht das Unglück hat, eine Witwe zu sein. Ich weiß natürlich, daß Seekapitäne schrecklichen Verlockungen ausgesetzt und ebenso leicht entflammt sind wie Tenöre—deshalb müssen Sie, wenn sein Schiff in den Hafen einläuft, eine heitere und tatkräftige Miene vorweisen und sich Mühe geben, damit er stolz auf Sie ist.«

Dieser Ehemann, den ich Frau Fischer zuliebe erfunden hatte, wurde unter ihren Händen ein so greifbares Geschöpf, daß ich mich nicht länger mit Seegras im Haar auf einer Klippe sitzen sah, um das Wahngebilde von Schiff zu erwarten, nach dem sich alle Frauen so liebend gern in Sehnsucht zu verzehren glauben. Ich sah mich vielmehr, wie ich einen Kinderwagen die Gangway hinaufschob und die fehlenden Knöpfe an meines Mannes Uniform zählte.

»Ganze Hände voll Babies brauchen Sie«, sagte Frau Fischer nachdenklich. »Dann — als Vater einer Familie — kann er Sie nicht mehr verlassen. Stellen Sie sich seine Freude und Aufregung vor, wenn er Sie sieht!«

Der Plan schien mir ein zu großes Wagnis zu bedeuten. Man

nimmt im allgemeinen nicht an, daß es im Herzen des durchschnittlichen britischen Ehemanns Begeisterung erregen könnte, wenn man plötzlich mit einer Hand voll fremder Babies vor ihm erschiene. Ich beschloß, meine unbefleckte Geistesschöpfung zu zerstören und ihn irgendwo auf der Höhe von Kap Hoorn in die Tiefe zu jagen.

Doch da rief der Gong zum Abendessen.

»Kommen Sie nachher in mein Zimmer«, sagte Frau Fischer. »Ich muß Sie noch eine ganze Menge fragen!«

Sie drückte meine Hand, aber ich drückte die ihre nicht.

Frau Brechenmacher nimmt an einer Hochzeit teil

Sich zurechtmachen war ein schrecklicher Umstand! Nach dem Abendbrot packte Frau Brechenmacher vier von ihren fünf kleinen Kindern ins Bett und erlaubte Rosa, aufzubleiben und ihr zu helfen, die Knöpfe auf Herrn Brechenmachers Uniform zu polieren. Dann fuhr sie mit einem heißen Eisen über sein bestes Hemd, wichste seine Stiefel und nähte ein paar Stiche an seiner schwarzseidenen Krawatte.

»Rosa«, sagte sie, »hol mein Kleid und häng es vor den Herd, damit die Falten weggehen. Und merke dir, du mußt auf die Kleinen aufpassen und darfst nicht länger als halb neun aufbleiben und nicht die Lampe anrühren — du weißt, was passiert, wenn du's tust!«

»Ja, Mama«, sagte Rosa, die neun Jahre alt war und sich erwachsen genug vorkam, um mit tausend Lampen fertig zu werden. »Aber laß mich bitte aufbleiben — vielleicht wird der Bub wach und will Milch haben!«

»Halb neun!« sagte Frau Brechenmacher. »Ich sage Vater Bescheid, damit er's dir befiehlt!«

Rosa ließ die Mundwinkel hängen.

»Aber ... aber ...«

»Da kommt Vater! Geh jetzt ins Schlafzimmer und hol mir mein blauseidenes Tuch! Du darfst meinen schwarzen Schal tragen, während ich weg bin — sei also ruhig!«

Rosa zerrte ihrer Mutter den Schal von den Schultern, wikkelte ihn sorgfältig um ihre eigenen Schultern und verknotete die beiden Zipfel auf dem Rücken. Denn wenn sie wirklich um halb neun zu Bett gehen mußte, wollte sie wenigstens den Schal umbehalten, dachte sie. Und dieser Entschluß tröstete sie durchaus.

»He, wo sind meine Sachen?« rief Herr Brechenmacher, hängte seine leere Briefträgertasche hinter die Tür und stampfte den Schnee von den Stiefeln. »Nichts ist parat, natürlich, und dabei sind schon alle auf der Hochzeit. Hab' im Vorbeigehen die Musik gehört. Was machst du denn? Bist ja nicht angezogen! So kannst du nicht hingehen!«

»Da sind deine Sachen — alles liegt auf dem Tisch parat, und in der Emailleschüssel ist warmes Wasser. Tauch den Kopf ein! Rosa, gib deinem Vater das Handtuch! Alles ist parat — bis auf die Hose! Ich habe keine Zeit gehabt, sie kürzer zu machen. Du mußt sie halt in die Stiefel stecken, bis wir da sind!«

»Hach«, sagte Herr Brechenmacher, »hier kann man sich ja kaum umdrehen! Und die Lampe brauch' *ich* jetzt! Geh du auf den Flur und zieh dich dort an!«

Sich im Dunkeln anzuziehen war ein Kinderspiel für Frau Brechenmacher. Sie hakte Rock und Taille zu, steckte ihr seidenes Tuch am Hals mit einer schönen Brosche fest, von der vier geweihte Medaillen herunterbaumelten, und nahm dann das Cape mit der Kapuze um.

»He, komm mal und zieh die Schnalle fest!« rief Herr Brechenmacher. Schnaufend stand er in der Küche; die Knöpfe an seiner Uniform blinkten mit einer Begeisterung, wie sie nur amtliche Knöpfe aufweisen können. »Wie seh' ich aus?«

»Großartig«, erwiderte die kleine Frau, zog an der Gürtelschnalle und zupfte hier und da ein bißchen an ihm herum.

»Rosa, komm und schau dir deinen Vater an!«

Herr Brechenmacher stolzierte in der Küche auf und ab, ließ sich in den Mantel helfen und wartete dann, bis seine Frau die Laterne angezündet hatte.

»Jetzt also — endlich fertig! Komm schon!«

»Die Lampe, Rosa!« warnte Frau Brechenmacher und ließ die Haustür zuknallen. Den ganzen Tag hatte es geschneit; der Boden war gefroren und glatt wie ein vereister Teich. Sie war seit Wochen nicht mehr aus dem Haus gekommen, und der heutige Tag hatte sie so aufgeregt, daß sie sich ganz verwirrt und blöd vorkam — als hätte Rosa sie aus dem Haus geschubst und als liefe ihr der Mann auf und davon.

»Warte! Warte doch!« rief sie.

»Nein, ich bekomm' sonst nasse Füße! Beeil dich nur!«

Als sie ins Dorf kamen, war es leichter. Da waren Zäune, an denen man sich festhalten konnte, und vom Bahnhof zum Wirtshaus führte ein kleiner Pfad, der für die Hochzeitsgäste mit Asche bestreut worden war.

Das Gasthaus sah sehr festlich aus. Schon von weitem schimmerte Licht aus jedem Fenster, und Kränze von Tannenzweigen hingen vom Gesims. Hohe Zweige schmückten die Haustür, die offenstand, und auf dem Flur verlieh der Wirt seiner Vorrangstellung Ausdruck, indem er die Kellnerinnen herumkommandierte, die ständig mit Biergläsern und Servierbrettern voll Tassen und Untertassen und mit Weinflaschen herumrannten.

»Die Treppe rauf! Die Treppe rauf!« dröhnte die Stimme des Wirts. »Laßt die Mäntel auf dem Korridor!«

Herr Brechenmacher war von dem großartigen Empfang so eingeschüchtert, daß er seine Ehemannsrechte vergaß und seine Frau um Entschuldigung bat, weil sie im Bemühen, sich allen Leuten vorzudrängen, gegen das Geländer stieß. Herrn Brechenmachers Kollegen begrüßten ihn mit lautem Zuruf, als er den Festsaal betrat, und Frau Brechenmacher rückte ihre Brosche zurecht, faltete die Hände und setzte die würdevolle Miene auf, die sich für sie als Gattin des Briefträgers und Mutter von fünf Kindern schickte. Prachtvoll war der Festsaal! Drei lange Tische waren auf der einen Seite aufgestellt, und der übrige Fußboden war als Tanzfläche frei gemacht. Die Petroleumlampen, die von der Decke hingen, warfen ein warmes, helles Licht auf die mit Papierblumen und Girlanden geschmückten Wände und ein noch wärmeres und helleres Licht auf die roten Gesichter der Gäste in ihren Festtagskleidern.

Am Kopfende des mittleren Tisches saßen Braut und Bräutigam; sie in einem weißen, mit bunten Bändern und Schleifen herausgeputzten Kleid, was ihr das Aussehen einer Torte mit Zuckerguß verlieh, die nur darauf wartet, angeschnitten und in hübschen Portionen dem Bräutigam neben ihr angeboten zu werden, der einen weißen, viel zu weiten Anzug und eine weiße Seidenkrawatte trug, die ihm halbwegs zum Kragen hinaufkroch. Um sie herum waren, mit feiner Berücksichtigung von Rang und Würde, die Eltern und Verwandten gruppiert, und auf einem Kinderstühlchen rechter Hand von der Braut thronte ein kleines Mädchen in einem verdrückten Musselinkleid mit einem Vergißmeinnichtkranz, der ihm übers Ohr gerutscht war. Alle lachten und plauderten, schüttelten sich die Hand, stießen mit den Gläsern an und stampften über den Boden, und in der Luft hing ein stechender Geruch nach Bier und Schweiß.

Frau Brechenmacher, die nach der Begrüßung des Brautpaares ihrem Mann durch den Saal gefolgt war, wußte, daß sie sich gut unterhalten würde. Sie schien aufzublühen und rosig und warm zu werden, als sie den vertrauten festlichen Geruch einatmete. Jemand zog sie am Rock, und als sie sich umblickte, sah sie Frau Rupp, die Metzgersfrau, die einen leeren Stuhl heranrückte und sie bat, sich neben sie zu setzen.

»Fritz soll Ihnen ein Bier holen«, sagte sie. »Aber wissen Sie, Ihr Rock steht hinten offen. Wir mußten lachen, als Sie in den Saal kamen und das weiße Bändel von Ihrem Unterrock herausblitzte.«

»Wie schrecklich!« rief Frau Brechenmacher, sank auf den Stuhl und biß sich auf die Lippe.

»Na, der Schaden ist schnell kuriert«, sagte Frau Rupp, legte ihre dicken Hände vor sich auf den Tisch und betrachtete ihre drei Witwenringe mit innigem Vergnügen; »man muß halt vorsichtig sein, besonders auf 'ner Hochzeit!«

»Und was für einer!« rief Frau Ledermann, die auf der andern Seite von Frau Brechenmacher saß. »Stellen Sie sich vor, daß die Theresa ihr Kind mitbringt! Es ist nämlich ihr eigenes Kind und soll bei ihnen leben. Das nenne ich also eine Sünde gegen die Kirche, wenn ein lediges Kind bei der Hochzeit von seiner Mutter dabei ist!«

Die drei Frauen saßen da und starrten auf die Braut, die sich sehr still verhielt; nur ein leeres kleines Lächeln spielte um ihren Mund, und die Augen flackerten unsicher von einer Seite auf die andre.

»Sie haben ihm sogar Bier zu trinken gegeben«, flüsterte Frau Rupp, »und Weißwein und Eis. Immer hat's was mit dem Magen gehabt — sie hätten's lieber zu Hause lassen sollen!«

Frau Brechenmacher drehte sich um und beobachtete die Brautmutter. Sie wandte den Blick nicht von ihrer Tochter ab, sondern hatte ihre braune Stirn wie eine alte Affenmutter in Falten gelegt und nickte von Zeit zu Zeit sehr feierlich mit dem Kopf. Ihre Hände zitterten, als sie ihren Bierkrug hob, und nachdem sie getrunken hatte, spuckte sie auf den Boden und wischte sich den Mund heftig mit dem Ärmel ab. Dann spielte die Musik zum Tanz auf. Sie verfolgte Theresa mit den Blicken und beobachtete jeden Mann, der mit ihr tanzte, voller Mißtrauen.

»Immer lustig, Alte!« rief ihr Mann und versetzte ihr einen Rippenstoß. »Es ist ja nicht Theresas Begräbnis!« Er zwinkerte den Gästen zu, die ein lautes Gelächter anstimmten.

»Ich bin lustig«, schalt die alte Frau und schlug mit der Faust auf den Tisch — im Takt mit der Musik, womit sie ihre Festfreude beweisen wollte.

»Sie kann's nicht vergessen, wie wild ihre Theresa immer war«, sagte Frau Ledermann. »Wer kann das auch — mit dem kleinen Kind daneben. Ich habe gehört, daß sich die Theresa letzten Sonntag ganz verrückt angestellt hat und gesagt hat, sie will den Mann nicht heiraten. Sie haben den Pfarrer holen müssen.«

»Wo ist der andre?« fragte Frau Brechenmacher. »Warum hat er sie nicht geheiratet?«

Frau Ledermann zuckte die Achsel.

»Der ist weg — verschwunden! Ein Handelsreisender, der bloß zwei Nächte bei ihnen gewohnt hat. Er hat Hemdknöpfe verkauft — ich hab' selber welche von ihm gekauft, sehr schöne Hemdknöpfe waren's — aber so ein gemeiner Kerl! Ich kann mir nicht erklären, was er an so einem simplen Mädchen gefunden hat — aber man weiß ja nie. Ihre Mutter sagt, daß sie seit ihrem sechzehnten Jahr nicht zu bändigen war!«

Frau Brechenmacher senkte den Blick auf ihr Bier und blies ein kleines Loch in den Schaum.

»Das ist keine Hochzeit, wie sie sein soll«, sagte sie. »Zwei Männer lieben ist gegen die Religion.«

»Mit dem da kann sie was erleben!« rief Frau Rupp. »Im vorigen Sommer hat er bei mir gewohnt, bis ich ihn rauswerfen mußte. In zwei Monaten hat er nicht ein einziges Mal seine Wäsche gewechselt, und als ich ihn wegen dem Gestank in seinem Zimmer gestellt habe, hat er geantwortet, das käme bestimmt vom Laden rauf. Aber jede Frau hat ihr Kreuz — stimmt's etwa nicht?«

Frau Brechenmacher sah zu ihrem Mann hinüber, der am nächsten Tisch bei seinen Kollegen saß. Sie wußte, daß er zuviel trank — er fuchtelte mit den Armen, und beim Sprechen sprühte ihm die Spucke von den Lippen.

»Ja«, bestätigte sie, »das stimmt! Mädchen müssen allerhand lernen!«

Sie saß eingezwängt zwischen den beiden dicken alten Frauen und durfte nicht hoffen, daß jemand sie zum Tanz aufforderte. Sie sah, wie die Paare sich herumdrehten, und vergaß ihre fünf Kinder und ihren Mann und kam sich fast wieder wie ein junges Mädchen vor. Die Musik klang traurig und lieblich. Ihre rauhen Hände verschränkten und öffneten sich in den Falten ihres weiten Rockes. Während die Musik weiterspielte, lächelte sie mit einem nervösen kleinen Zittern um den Mund und wagte nicht, jemand ins Gesicht zu blicken.

»Großer Gott«, rief Frau Rupp, »jetzt haben die Theresas Kind doch wahrhaftig ein Stück Wurst gegeben, damit sie Ruhe hält! Denn jetzt kommt das Überreichen — und Ihr Mann muß die Rede halten!«

Frau Brechenmacher setzte sich kerzengerade hin. Die Musik brach ab, und die Tanzenden nahmen ihre Plätze an den Tischen wieder ein.

Nur Herr Brechenmacher stand — mit beiden Händen hielt er eine große silberne Kaffeekanne hoch. Jeder lachte über seine Rede, nur nicht seine Frau; jeder brüllte vor Lachen über seine Grimassen und über die Art, wie er die Kaffeekanne zum Brautpaar trug: als wäre es ein Baby, das er im Arm hielt.

Die Braut hob den Deckel an, schaute hinein, schrie kurz auf und ließ ihn wieder zufallen. Dann saß sie da und biß sich auf die Lippe. Der Bräutigam riß ihr die Kanne aus der Hand und zog eine Milchflasche und zwei kleine Wiegen mit Porzellanpüppchen hervor. Als er die Schätze vor Theresa hin- und herschwenkte, bog sich der ganze Saal vor Lachen.

Frau Brechenmacher fand es nicht komisch. Sie blickte auf

40

die lachenden Gesichter, und plötzlich kamen sie ihr alle
fremd vor. Sie wollte am liebsten nach Hause gehen und nie
wiederkommen. Sie bildete sich ein, daß all die Leute sie aus-
lachten, sogar noch mehr Leute als die im Saal anwesenden —
alle lachten sie aus, weil sie soviel stärker waren als sie.

Schweigend gingen sie nach Hause. Herr Brechenmacher
stolzierte vornweg, und sie stolperte hinter ihm her. Die
Straße vom Bahnhof bis zu ihrem Haus lag weiß und öde
da — ein kalter Windstoß blies ihr die Kapuze vom Kopf,
und plötzlich fiel ihr ein, wie sie in ihrer ersten Nacht zusammen nach Hause gegangen waren. Jetzt hatten sie fünf Kinder und doppelt soviel Geld, *aber* . . .
»Und wofür das alles?« murrte sie. Erst als sie zu Hause war
und für ihren Mann einen kleinen Imbiß mit Fleisch und
Brot vorbereitet hatte, hörte sie auf, sich diese dumme Frage
zu wiederholen.
Herr Brechenmacher spießte Brotstückchen auf seine Gabel,
wischte den Teller aus und kaute gierig.
»Schmeckt's?« fragte sie, legte die Arme auf den Tisch und
ließ die Brüste darauf ruhen.
»Und wie!« sagte er.
Er nahm ein Stück weiche Krume, wischte rund um den Tel-
lerrand und hielt ihr den Bissen hin. Sie schüttelte den Kopf.
»Bin nicht hungrig«, sagte sie.
»Es ist aber der beste Bissen, ganz voll Soße«, sagte er.
Er aß den Teller leer; dann zog er seine Stiefel aus und warf
sie in die Ecke.
»Keine feine Hochzeit«, sagte er, streckte die Füße aus und
wackelte mit den Zehen in den dicken Wollsocken.
»N-nein, nicht gerade«, erwiderte sie, hob die weggewor-
fenen Stiefel auf und stellte sie zum Trocknen vor den Herd.
Herr Brechenmacher gähnte und reckte sich, und dann sah er
grinsend zu ihr auf.
»Weißt du noch die Nacht, als wir beide heimkamen? Du
warst ein Unschuldsengel!«
»Hör schon auf! Ist so lange her, daß ich's vergessen habe!«
Doch sie konnte sich gut erinnern.

»Was du mir für 'ne Ohrfeige gegeben hast! . . . Aber ich
hab's dir gezeigt!«

»Ach, fang nicht an zu schwatzen! Du hast zuviel Bier getrunken! Komm ins Bett!«

Er kappelte mit seinem Stuhl und kicherte sich eins.

»Das hast du in der ersten Nacht nicht zu mir gesagt! Mein
Himmel, was hab' ich mich anstrengen müssen!«

Aber die kleine Frau nahm die Kerze und ging ins Zimmer
nebenan. Die Kinder schliefen alle fest. Sie befühlte die Matratze vom Bett des Kleinsten, um zu sehen, ob er noch trok-
ken war; dann begann sie, Bluse und Rock aufzuhaken.

»'s ist immer gleich«, sagte sie. »Überall in der weiten Welt
ist's gleich — du lieber Gott — wie blöd!«

Dann verblaßte auch die Erinnerung an die Hochzeit. Sie
sank aufs Bett, und wie ein Kind, das darauf gefaßt ist, daß
man ihm weh tut, legte sie den Arm übers Gesicht—und Herr
Brechenmacher kam hereingetaumelt.

— — — — — — — — — — — — — — — —

»Guten Abend«, sagte der Herr Professor und drückte mir
die Hand, »herrliches Wetter! Ich komme gerade aus dem
Wald, wo ich einer kleinen Zuhörerschar auf meiner Posaune etwas vormusiziert habe. Die Tannen liefern nämlich eine
sehr passende Begleitung für eine Posaune. Sie seufzen Sanft-
mut angesichts der verhaltenen Kraft, wie ich einst in Frankfurt bei einem Vortrag über Blasinstrumente bemerkte. Darf
ich mir erlauben, neben Ihnen auf der Bank Platz zu nehmen,
gnädige Frau?«
Er setzte sich und zog eine weiße Tüte aus der rückwärtigen
Tasche seines Gehrocks.
»Kirschen«, sagte er und nickte lächelnd. »Es geht nichts über
Kirschen, will man nach dem Posauneblasen Speichel erzeu-
gen, besonders nach Griegs ›Ich liebe dich‹. Die verhaltenen
Posaunenstöße für ›liebe‹ machen mir die Kehle so trocken
wie ein Eisenbahntunnel. Möchten Sie?« Er bot mir die ge-
öffnete Tüte an.
»Ich möchte lieber zuschauen, wie Sie sie essen.«
»Aha!« Er schlug die Beine übereinander und klemmte die
Kirschtüte zwischen die Knie, was ihm beide Hände frei ließ.
»Ihre Ablehnung ist mir aus psychologischer Sicht verständ-
lich. Mit Ihrem angeborenen weiblichen Zartgefühl bevor-
zugen Sie ätherische Empfindungen... Oder vielleicht lieben
Sie es nicht, Würmer zu essen? Alle Kirschen enthalten Würmer. An der Universität habe ich einmal mit einem Kollegen
ein hochinteressantes Experiment gemacht, Wir haben in
vier Pfund der besten Kirschen gebissen und kein einziges
Exemplar ohne einen Wurm gefunden. Aber was wollen Sie?
Wie ich hinterher zu ihm bemerkte: ›Lieber Freund, es läuft
darauf hinaus: wenn man die Wünsche der eigenen Natur
befriedigen möchte, muß man stark genug sein, die Gege-
benheiten der NATUR zu ignorieren...‹ Hoffentlich über-
steigt es Ihr Begriffsvermögen nicht? Ich vergesse es leicht,
weil ich so selten Zeit oder Gelegenheit habe, meine Gedanken vor einer Frau zu äußern.«

Ich blickte ihn mit gescheiter Miene an.

»Da sehen Sie mal, was für eine Dicke!« rief der Herr Professor. »Die ist fast schon an sich ein Mundvoll! Sie ist schön genug, um an einer Uhrkette zu hängen.« Er zerkaute sie und spuckte den Stein unglaublich weit weg: bis ins Blumenbeet jenseits des Gartenwegs. Er war stolz auf die Leistung. Ich sah es ihm an. »Was für riesige Mengen an Obst ich auf dieser Bank gegessen habe!« seufzte er. »Aprikosen, Pfirsiche und Kirschen! Eines Tages wird aus dem Blumenbeet ein Obstgarten werden, und dann erlaube ich Ihnen, soviel davon zu pflücken, wie Sie mögen, ohne mir etwas dafür zu bezahlen.«

Ich war dankbar, ohne übermäßige Begeisterung zu zeigen.

»Und das erinnert mich daran« — er klopfte sich mit dem Finger an die Nase—, »daß mir der Geschäftsführer der Pension heute nach dem Mittagessen meine Wochenrechnung übergab. Es ist fast nicht zu glauben. Ich erwarte auch nicht, daß Sie mir glauben: er hat mir ein erbärmliches Gläschen Milch berechnet, das ich abends im Bett gegen meine Schlaflosigkeit trinke. Natürlich habe ich es nicht bezahlt. Doch was das Tragische an der Sache ist: ich kann nicht mehr erwarten, daß die Milch mich schläfrig macht. Meine friedliche Einstellung zur Milch ist völlig zunichte geworden. Ich weiß, daß ich mich beim Versuch, diesen Mangel an Freigebigkeit bei einem so wohlhabenden Mann wie dem Geschäftsführer einer Pension zu ergründen, in ein Fieber hineinsteigern werde. Denken Sie heute nacht an mich« (er zerknautschte die leere Tüte unter seinem Absatz), »denken Sie, daß mir das Schlimmste widerfährt, während Ihr Kopf auf dem Kissen in Schlaf sinkt.«

Zwei Damen traten auf die Außentreppe der Pension und standen Arm in Arm da, auf den Garten blickend. Die eine war alt und hager; ihr seidenes Ridikül war fast gänzlich mit Posamenten aus schwarzen Perlchen bedeckt; die andere, jung und mager, trug ein weißes Abendkleid, und ihr Haar war geschmackvoll mit lila Wicken geschmückt.

Der Professor nahm seine Füße an sich, richtete sich plötzlich auf und zog seine Weste herunter.

»Die Godowskas«, murmelte er. »Kennen Sie sie? Mutter und Tochter aus Wien. Die Mutter hat ein inneres Leiden, und die Tochter ist Schauspielerin. Fräulein Sonia ist eine sehr moderne Seele. Ich glaube, Sie werden sie äußerst sympathisch finden. Eben jetzt sieht sie sich gezwungen, ihrer Mutter Gesellschaft zu leisten. Aber was für ein Temperament! In ihrem Autogrammalbum habe ich sie einmal als eine Tigerin mit Blüten im Haar bezeichnet. Würden Sie mich bitte entschuldigen? Vielleicht kann ich sie überreden, sie mit Ihnen bekannt zu machen.«

»Ich gehe in mein Zimmer«, sagte ich. Aber der Professor stand auf und drohte mir neckisch mit dem Finger. »Na«, sagte er, »wir sind ja Freunde, deshalb kann ich ganz offen sprechen: ich glaube, die Damen würden es ein wenig auffällig finden, wenn Sie sich sogleich nach ihrem Erscheinen in Ihr Zimmer zurückziehen würden, nachdem Sie hier allein mit mir im Zwielicht gesessen haben. Sie kennen diese Welt. Ja, Sie kennen sie genauso wie ich!«

Ich zuckte die Achsel und bemerkte mit halbem Blick, daß die Godowskas, während der Professor mit mir gesprochen hatte, über den Rasen näher gekommen waren. Als der Herr Professor aufstand, traten sie zu ihm.

»Guten Abend!« brachte Frau Godowska zitternd hervor. »Herrliches Wetter! Ich habe sofort einen Anfall von Heufieber bekommen.« Fräulein Godowska sagte nichts. Sie neigte sich über eine Rose, die in dem Embryoobstgarten wuchs, und dann reichte sie dem Herrn Professor mit einer prachtvollen Geste die Hand. Er stellte mich vor.

»Das ist meine kleine englische Freundin, von der ich Ihnen erzählt habe. Sie ist ein Fremdling in unserer Mitte. Wir haben zusammen Kirschen gegessen.«

»Wie reizend!«seufzte Frau Godowska. »Meine Tochter und ich haben Sie oft durchs Schlafzimmerfenster beobachtet, nicht wahr, Sonia?«

Sonia nahm meine äußere und sichtbare Erscheinung mit einem innerlichen und geistigen Blick in sich auf und wieder holte dann ihre prachtvolle Geste, damit auch ich etwas davon haben möge. Zu viert saßen wir auf der Bank und spürten die leichte Gespanntheit von in einem Abteil sitzenden Reisenden, die auf das Pfeifen der Lokomotive warten. Frau Godowska nieste. »Ich frage mich, ob es Heufieber ist«, bemerkte sie und wühlte in ihrem Ridikül nach einem Taschentuch — »oder ob es der Tau ist? Sonia, mein Kind, fällt der Tau schon?«

Mit halbgeschlossenen Augen hob Fräulein Sonia das Gesicht nach oben. »Nein, Mama, mein Gesicht ist ganz warm.— Oh, sehen Sie doch, Herr Professor, die Schwalben fliegen! Sie sind wie ein kleiner Schwarm japanischer Gedanken, nicht wahr?«

»Wo? O ja, ich sehe sie — um den Küchenschornstein«, rief der Herr Professor. »Aber warum japanisch? Könnten Sie sie nicht mit einem kleinen Schwarm deutscher Gedanken vergleichen?«

Er wandte sich mir zu: »Gibt es in England Schwalben?«

»Ich glaube, ja, zu gewissen Jahreszeiten. Aber bestimmt haben Sie für die Engländer nicht den gleichen symbolischen Wert. In Deutschland . . .«

»Ich bin noch nie in England gewesen«, unterbrach mich Fräulein Sonia, »aber ich habe viele englische Bekannte. Wie kalt sie sind!« Sie schauerte zusammen.

»Fischblütig!« tadelte Frau Godowska. »Ohne Seele, ohne Herz, ohne Charme! Aber ihre Kleiderstoffe sind unübertrefflich. Vor zwanzig Jahren verbrachte ich eine Woche in Brighton, und der Reiseumhang, den ich dort kaufte, ist noch nicht abgenutzt — es ist der Stoff, in den du immer die Wärmflasche einwickelst, Sonia. Mein tiefbetrauerter Mann — dein Vater, Sonia — wußte sehr viel über England. Doch je mehr er wußte, desto häufiger bemerkte er zu mir: ›England ist nichts als eine Insel Rindfleisch, die in einem warmen Golfstrom aus Soße schwimmt.‹ Eine so geistreiche Art, sich auszudrücken! Erinnerst du dich, Sonia?«

»Ich vergesse nichts, Mama.«

Darauf der Herr Professor: »Das ist eine Bestätigung Ihres Berufs, gnädiges Fräulein. Doch ich frage mich — und das ist eine sehr interessante Überlegung: Ist ein gutes Gedächtnis ein Segen oder — verzeihen Sie das Wort — ein Fluch?«

46

Frau Godowska blickte in die Ferne, dann senkten sich ihre Mundwinkel, und ihre Gesichtshaut zerbröckelte. Sie begann Tränen zu vergießen.

»Ach Gott! Gnädige Frau, was habe ich gesagt?« rief der Herr Professor.

Sonia nahm die Hand ihrer Mutter. »Denk dir, heute abend gibt es gekochte Mohrrüben und Nußtorte zum Abendessen. Wollen wir nicht hineingehen und unsre Plätze einnehmen?« fragte sie, während sie dem Professor und mir einen halben Blick zuwarf, der tragisch und vorwurfsvoll war.

Ich folgte ihnen über den Rasen und die Treppe hinauf. Frau Godowska murmelte: »So ein wundervoller Mann, und so geliebt!«, während Fräulein Godowska mit ihrer freien Hand ihr Wickengesteck zurechtrückte.

›Um acht Uhr dreißig findet im Salon ein Konzert zum Besten behinderter katholischer Kinder statt. Die Künstler sind: Fräulein Sonia Godowska aus Wien, Herr Professor Windberg mit seiner Posaune, Frau Oberlehrer Weidel und andere.‹

Die Mitteilung war dem trübsinnigen Hirschkopf im Eßzimmer um den Hals gebunden. Bereits seit Tagen vor dem Ereignis schmückte sie ihn wie ein rotweißes Eßlätzchen, was den Herrn Professor veranlaßte, sich vor ihm zu verbeugen und ihm guten Appetit zu wünschen, bis uns sein Scherz anödete und wir das Lächeln dem Kellner überließen, der ja dafür bezahlt wurde, nett zu den Gästen zu sein.

Am festgesetzten Tag segelten in der Pension die verheirateten Damen in einer Aufmachung wie Polstersessel einher, während die unverheirateten Damen Kleider wie drapierte Frisiertischgarnituren aus Musselin trugen. Frau Godowska befestigte eine Rose auf ihrem Ridikül, eine zweite Blüte steckte im Faltengewirr eines weißen Schonerdeckchens, das sie sich über den Busen geworfen hatte. Die Herren trugen schwarze Röcke, weiße Seidenkrawatten und Knopflochsträuße aus Farnrispen, die das Kinn kitzelten.

Der Fußboden im Salon war frisch gebohnert, Stühle und Bänke standen in Reih und Glied, und eine Anzahl kleiner

Fähnchen hing an Schnüren unter der Decke und flatterte und hüpfte mit aller Begeisterung eines Familienwaschtags im Durchzug. Es war abgemacht worden, daß ich neben Frau Godowska sitzen solle und daß der Herr Professor und Sonia sich zu uns gesellen würden, wenn sie ihren Beitrag zum Konzert geleistet hatten.

»Damit werden Sie sich beinah als eine der Mitwirkenden fühlen«, sagte der Herr Professor liebenswürdigerweise. »Es ist sehr schade, daß die englische Nation so unmusikalisch ist. Aber lassen Sie nur! Heute abend werden Sie etwas zu hören bekommen — wir haben während der Proben ein Nest an Talenten entdeckt!«

»Was werden Sie vortragen, Fräulein Sonia?«

Sie warf ihre Haare in den Nacken. »Ich weiß es immer erst im letzten Augenblick. Wenn ich auf die Bühne gehe, warte ich einen Moment, und dann habe ich ein Gefühl, als schlüge mir etwas hierhin« (sie legte die Hand auf ihre Busennadel), »und die Worte kommen!«

»Bück dich eine Sekunde!« flüsterte ihre Mutter. »Sonia, mein Kind, die Sicherheitsnadel an deinem Rock hinten schaut heraus! Soll ich mit dir auf den Flur gehen und sie besser festmachen, oder willst du es selbst tun?«

»Oh, Mama, bitte, sag nicht solche Sachen!« Sonia errötete und wurde sehr zornig. »Du weißt, wie empfindlich ich bei solchen Anlässen gegen den kleinsten unangenehmen Eindruck bin ... Ich hätte es lieber, daß der Rock mir vom Leibe rutscht!«

»Sonia — mein Herz!« Ein Glöckchen klingelte.

Der Kellner kam und öffnete den Flügel. Vor lauter Eifer und Aufregung vergaß er völlig, was geboten war, und wischte mit der schmierigen Serviette, die er über dem Arm trug, die Tasten ab. Die Frau Oberlehrer trippelte aufs Podium, hinter ihr ein sehr junger Herr, der sich zweimal die Nase putzte, ehe er sein Taschentuch in die Tiefen des Flügels schleuderte.

»Ich weiß es wohl, du liebst mich nicht,
du sagst nicht: bleib mir treu!
Du gehst von mir und liebst mich nicht«,

48

sang die Frau Oberlehrer mit einer Stimme, die aus ihrem vergessenen Fingerhut hervorzudringen und sie nichts anzugehen schien.

»Oh, wie reizend, wie fein empfunden!« riefen wir und klatschten tröstend in die Hände. Sie verneigte sich, als wollte sie sagen: ›Ja, nicht wahr?‹, und trat ab, während der junge Herr rasch und finsteren Blicks ihrer Schleppe auswich.

Der Flügel wurde geschlossen, ein Sessel wurde in die Mitte des Podiums gestellt. Fräulein Sonia schwebte darauf zu. Eine atemlose Stille entstand. Dann schlug vermutlich der geflügelte Pfeil gegen ihre Busennadel. Sie flehte uns an, nicht in Schleppgewändern, sondern lieber leicht geschürzt in den Wald zu gehen und mit ihr auf Tannennadeln zu ruhen. Ihre laute, etwas heisere Stimme füllte den Salon. Sie ließ ihre Arme über die Lehne hängen und bewegte die mageren Hände vom Handgelenk aus. Wir waren hingerissen und stumm. Der neben mir sitzende Herr Professor war ungewöhnlich ernst und zupfte mit hervorquellenden Augen an seinen Schnurrbartspitzen. Frau Godowska nahm die übliche, besonders distanzierte Haltung der stolzen Mutter an. Der einzige Mensch, der von Sonias Bitte ungerührt blieb, war der Kellner, der sich faul an die Wand des Salons lehnte und mit dem Rand des Programms seine Fingernägel reinigte. Er war nicht im Dienst und beabsichtigte, es zu zeigen.

»Was habe ich gesagt?« schrie der Herr Professor unter dem Deckmantel des tosenden Beifalls, »Tem-pe-ra-ment! Da haben Sie's! Sie ist die Flamme im Herzen einer Lilie! Ich weiß, daß ich gut spielen werde. Ich bin an der Reihe. Ich fühle mich inspiriert!«, und als Fräulein Sonia, bleich und in einen langen Schal gehüllt, wieder zu uns kam, rief er: »Sie sind meine Inspiration! Heute abend werden Sie die Seele meiner Posaune sein! Warten Sie nur ab!«

Rechts und links von uns beugten sich die Leute vor und tuschelten Fräulein Sonias Nacken ihre Bewunderung zu. Sie verneigte sich würdevoll, nach altem Stil.

»Ich habe stets Erfolg«, sagte sie zu mir. »Wenn ich spiele, bin ich nämlich ich selbst. Als ich in Wien in Ibsens Stücken auftrat, bekam ich so viele Sträuße, daß drei bei der Köchin in der Küche stehen mußten. Aber hier ist es schwierig. Hier ist sowenig Atmosphäre. Empfinden Sie es nicht auch? Hier ist nichts von dem geheimnisvollen Duft, der fast sichtbar aus den Seelen der Wiener Zuhörer emporschwebt. Wenn ich das entbehren muß, verschmachtet mein Gemüt.« Sie beugte sich vor und stützte das Kinn in die Hand. »Es verschmachtet«, wiederholte sie.

Der Professor erschien mit seiner Posaune, blies hinein, hielt sie an das eine Auge, zupfte seine Manschetten zurück — und dann suhlte er sich in der Seele Sonia Godowskas. Er rief eine derartige Sensation hervor, daß man ihn zurückrief, damit er einen bayerischen Tanz spiele; er gestand, daß es eher eine Atemübung als eine künstlerische Leistung sei. Frau Godowska schlug mit ihrem Fächer den Takt.

Darauf folgte der sehr junge Herr, der mit Tenorstimme quiekte, daß er jemanden liebe, und zwar ›mit Blut im Herzen und tausend Schmerzen‹. Fräulein Sonia führte unter Zuhilfenahme des Pillenfläschchens ihrer Mutter eine Vergiftungsszene vor, wobei der Lehnstuhl gegen eine Chaiselongue ausgetauscht wurde; ein junges Mädchen kratzte auf einer jungen Fiedel ein Wiegenlied; und der Herr Professor vollzog das letzte Opferritual auf dem Altar der behinderten Kinder, indem er die Nationalhymne spielte.

»Jetzt muß ich Mama zu Bett bringen«, flüsterte Fräulein Sonia. »Doch nachher muß ich spazierengehen. Es ist unerläßlich, daß ich mein Gemüt einen Augenblick im Freien auslüfte. Wollen Sie mich begleiten — bis zum Bahnhof und zurück?«

»Sehr gern; klopfen Sie dann an meine Tür, sobald Sie bereit sind.«

So kam es, daß die moderne Seele und ich unter dem Sternenhimmel einherwandelten.

»Was für eine Nacht!« sagte sie. »Kennen Sie das Gedicht von Sappho — von ihren Händen in den Sternen? . . . Ich bin merkwürdig sapphisch. Und was so erstaunlich ist: ich bin nicht nur sapphisch, sondern ich entdecke in allen Werken aller großen Schriftsteller, besonders in ihren unveröffentlichten Briefen, einen Hauch, eine Spur von mir selbst —

eine Ähnlichkeit, einen Teil meiner selbst, wie etwa tausend Widerspiegelungen meiner Hände in einem dunklen Spiegel.«

»Das ist aber lästig«, sagte ich.

»Ich weiß nicht, was Sie unter ›lästig‹ verstehen — es ist eher der Fluch meines Genies . . .« Sie verstummte plötzlich und starrte mich an. »Ist Ihnen meine Tragödie bekannt?« fragte sie.

Ich schüttelte den Kopf.

»Meine Tragödie ist meine Mutter. Indem ich mit ihr lebe, lebe ich mit dem Sarg meiner ungeborenen Wünsche. Sie haben die Sache mit der Sicherheitsnadel mit angehört. Ihnen mag es wie eine Kleinigkeit vorkommen, doch wurden dadurch meine drei ersten Gesten beeinträchtigt. Sie waren . . .«

». . . aufgespießt auf einer Sicherheitsnadel«, sagte ich.

»Ja, genau das! Und wenn wir in Wien sind, bin ich Stimmungen unverworfen, verstehen Sie? Ich sehne mich danach, etwas Wildes, Leidenschaftliches zu tun. Doch Mama sagt: ›Bitte zähl mir zuerst meine Tropfen ab!‹ Ich erinnere mich, daß ich einmal in einem Wutanfall einen Wasserkrug vom Waschständer nahm und aus dem Fenster warf. Wissen Sie, was Mama sagte? ›Sonia, ich bin nicht so sehr dagegen, daß du Gegenstände aus dem Fenster wirfst, wenn du nur . . .‹«

». . . etwas Kleineres nehmen würdest?« fragte ich.

»Nein! . . . ›Wenn du mir nur vorher Bescheid geben würdest!‹ Demütigend ist es! Und ich sehe kein Licht, das mich aus dieser Finsternis führen könnte!«

»Warum treten Sie nicht einer Wandertruppe bei und lassen Ihre Mutter in Wien?«

»Was? Ich sollte meine arme, kleine, kranke, verwitwete Mutter allein in Wien lassen? Eher würde ich mich ins Wasser stürzen. Ich liebe meine Mutter, wie ich niemanden sonst in der Welt liebe — niemanden und nichts! Halten Sie es für unmöglich, die eigene Tragödie zu lieben? ›Aus meinen großen Schmerzen mach’ ich die kleinen Lieder‹ — das ist Heine, das bin ich.«

»Oh, dann ist’s ja gut!« sagte ich fröhlich.

»Es ist aber gar nicht gut!«

Ich schlug vor, umzukehren. Wir kehrten um.

»Manchmal denke ich, die Lösung könnte in einer Heirat liegen«, sagte Fräulein Sonia. »Falls ich einen einfachen, friedlichen Mann fände, der mich anbetet und für Mama sorgt — ein Mann, der für mich ein Kissen wäre, denn ein Genie darf nicht hoffen, sich zu paaren —, dann würde ich ihn heiraten. Der Herr Professor hat mir übrigens sehr deutlich den Hof gemacht.«

»Oh, Fräulein Sonia«, sagte ich sehr zufrieden über mich selbst, »warum verheiraten Sie ihn nicht mit Ihrer Mutter?«

Wir kamen gerade am Friseurgeschäft vorbei. Fräulein Sonia umklammerte meinen Arm.

»Sie! Sie!« stammelte sie. »Was für eine Grausamkeit! Ich werde ohnmächtig! Mama sollte sich wiederverheiraten, bevor ich heirate — was für eine Beleidigung! Ich werde ohnmächtig, jetzt sofort!«

Ich erschrak. »Das geht nicht!« sagte ich und schüttelte sie. »Kommen Sie mit in die Pension, dort können Sie ohnmächtig werden, soviel Sie wollen! Aber hier können Sie nicht ohnmächtig werden! Alle Geschäfte sind geschlossen. Kein Mensch ist in der Nähe. Bitte seien Sie nicht so töricht!«

»Hier — und nur hier!« Sie zeigte auf die genaue Stelle, ließ sich wunderschön fallen und blieb reglos liegen.

»Also meinetwegen werden Sie ohnmächtig«, sagte ich, »aber bitte, machen Sie schnell!«

Sie regte sich nicht. Ich machte mich auf den Heimweg, und jedesmal, wenn ich zurückblickte, sah ich die Moderne Seele in dunklen Umrissen in voller Länge vor dem Schaufenster des Friseurs liegen. Schließlich rannte ich los und stöberte den Herrn Professor in seinem Zimmer auf.

»Fräulein Sonia ist in Ohnmacht gefallen«, sagte ich verdrießlich.

»Du lieber Gott! Wo? Wie?«

»Draußen vor dem Friseurgeschäft in der Bahnhofstraße.«

»Jesus und Maria — hat sie kein Wasser bei sich« — er packte seine Karaffe —, »niemanden?«

»Nichts!«

»Wo ist meine Jacke? Einerlei — ich werde mir die Brust verkühlen. Aber mit Freuden ziehe ich mir eine Erkältung zu ... Sind Sie bereit, mitzukommen?«

»Nein«, sagte ich. »Sie können den Kellner mitnehmen.«

»Aber sie braucht eine Frau. Es wäre sehr ungebührlich, wollte ich versuchen, ihr Korsett zu öffnen!«

»Moderne Seelen sollten kein Korsett tragen«, sagte ich. Er drängte an mir vorbei und polterte die Treppe hinab.

Als ich am nächsten Morgen zum Frühstück hinunterging, waren zwei Plätze am Tisch nicht besetzt. Fräulein Sonia und der Herr Professor hatten einen Tagesausflug in den Wald unternommen.

Ich hatte so meine Gedanken.

Sabina fand das Leben bestimmt nicht langweilig. Vom frühen Morgen bis spät in die Nacht hinein war sie im Trab. Um fünf Uhr taumelte sie aus dem Bett, knöpfte ihre Kleider zu — sie trug eine langärmelige Alpakaschürze über ihrem schwarzen Kleid — und tastete sich die Treppe hinunter in die Küche.

Die Köchin Anna war im Laufe des Sommers so dick geworden, daß sie ihr Bett genoß, weil sie dann nicht ihr Korsett tragen mußte, sondern sich, soviel sie nur wollte, ausstrecken und auf der wunderbaren Matratze herumwälzen konnte, wobei sie Jesus und der Jungfrau Maria und dem heiligen Antonius persönlich anvertraute, daß ihr Leben sich selbst für eine Sau im Keller nicht gezieme.

Sabina war neu auf dem Posten. Ihre Wangen waren noch rosig; neben dem linken Mundwinkel hatte sie ein Grübchen, das plötzlich, selbst wenn sie sehr ernst und sehr nachdenklich tat, hervorhuschte und sie verriet. Und Anna war dankbar für Sabinas Grübchen. Es bedeutete, daß Anna eine halbe Stunde länger im Bett bleiben konnte und daß Sabina in der Küche Feuer machte und fegte und unzählige Tassen und Untertassen abwusch, die vom Abend vorher stehengeblieben waren. Hans, der Spülküchenbursche, kam nicht vor sieben. Er war der Sohn eines Metzgers — ein mickeriger, zu kurz geratener Junge, der sehr viel Ähnlichkeit mit seines Vaters Würsten hatte, wie Sabina fand. Sein rotes Gesicht war mit Pickeln übersät, und seine Nägel waren unbeschreiblich schmutzig. Als ihm sogar von Herrn Lehmann geraten wurde, sich eine Haarnadel zu beschaffen und die Nägel zu reinigen, entgegnete Hans, sie seien von Geburt so verfleckt, weil seine Mutter immer Tintenfinger bekam, wenn sie die Abrechnung machte — und Sabina glaubte ihm und hatte Mitleid mit ihm.

Der Winter hatte sich sehr früh in Mindelbau eingestellt. Gegen Ende Oktober waren die Straßen schon bis auf Gürtelhöhe von Schneemauern besäumt, und die meisten Kurgäste, denen Kräuter- und Kaltwasserkuren zum Halse heraushingen, waren alles andere als friedlich abgereist. Daher wurde bei Lehmanns der große Salon geschlossen, und das Frühstückszimmer war der einzige Aufenthaltsraum, den das Café zu bieten hatte. Hier mußte der Fußboden geschrubbt, mußten die Tische abgewaschen und die Kaffeetassen hingestellt werden — jede mit einem kleinen Zuckernapf aus Porzellan —, und die Zeitungen und Zeitschriften mußten längs der Wände an ihren Haken hängen, bevor Herr Lehmann um halb acht erschien und das Geschäft öffnete.

In der Regel bediente seine Frau im Laden, der sich ans Café anschloß, doch sie hatte sich die stille Saison ausgesucht, um ein Baby zu bekommen, und sie, die selbst in ihrer besten Zeit eine üppige Frau gewesen, war durch die Schwangerschaft so ungeheuer in die Breite gegangen, daß ihr Mann ihr gesagt hatte, sie sähe unappetitlich aus und solle lieber im oberen Stock bleiben und nähen.

Sabina erledigte die Mehrarbeit ohne den leisesten Gedanken an mehr Lohn. Sie liebte es, hinter dem Ladentisch zu stehen und Scheiben von Annas köstlichem Schokoladenkuchen abzuschneiden oder Zuckermandeln in rosa und blau gestreifte Tüten abzufüllen.

»Du wirst noch Krampfadern bekommen«, sagte Anna, »wie ich! Die Frau hat auch welche. Kein Wunder, daß das Baby noch nicht da ist! Alles Dickerwerden geht ihr gleich in die Beine!« Und Hans fand es mächtig interessant.

Am Vormittag war das Geschäft vergleichsweise ruhig. Sabina war da, wenn die Ladenglocke ging, sie bediente die paar Kunden, die einen Likör tranken, um sich vor dem Mittagessen den Magen zu wärmen, und sie rannte dann und wann nach oben, um die Frau zu fragen, ob sie etwas brauche. Doch am Nachmittag spielten sechs oder sieben erlauchte Geister Karten, und jeder, der jemand war, trank Tee oder Kaffee.

»Sabina ... Sabina ...«

Sie flog von einem Tisch zum andern, zählte Hände voll Kleingeld hin, gab Anna durch das Schiebetürchen Bestellungen auf, half den Männern in ihre schweren Mäntel —

und immer mit dem gleichen zauberhaft kindlichen Wesen und dem entzückenden Eindruck, als mache sie unablässig bei einem Fest mit.

»Wie geht's Frau Lehmann?« flüsterten die Frauen wohl.

»Sie fühlt sich ziemlich matt, aber nicht schlimmer, als man's erwarten kann«, gab Sabina dann zur Antwort und nickte vertraulich.

Frau Lehmanns schwere Stunde rückte näher. Anna und ihre Freundinnen bezeichneten es als ihre ›Romreise‹, und Sabina hätte gar zu gern Fragen gestellt, doch da sie sich ihrer Unwissenheit schämte, schwieg sie und versuchte, es allein zu enträtseln. Sie wußte so gut wie nichts, außer, daß die Frau ein Baby in sich hatte, das herauskommen mußte — was bestimmt sehr schmerzhaft war. Man konnte keins haben ohne einen Mann — auch das hatte sie begriffen. Aber was hatte der Mann damit zu tun? Darüber sann sie nach, wenn sie abends Handtücher flickte — den Kopf über die Arbeit geneigt, das Licht über ihre braunen Locken spielend. Geburt — was war das? grübelte Sabina. Tod — das war etwas Einfaches. Sie hatte ein kleines Bild von ihrer in schwarze Seide gekleideten Großmutter — müde Hände, die das Kuzifix umklammerten, das zwischen den schlaffen Brüsten lag, der Mund merkwürdig verkniffen und doch fast verstohlen lächelnd. Aber auch die Großmutter wurde einst geboren — das war die bedeutsame Tatsache.

Als sie eines Abends da saß und grübelte, trat der ›Junge Mann‹ ins Café und verlangte ein Glas Portwein. Sabina erhob sich langsam. Vom langen Tag und dem warmen Zimmer fühlte sie sich etwas lässig, doch als sie den Portwein einschenkte und die Augen des Jungen Mannes auf sich ruhen fühlte, blickte sie auf ihn nieder und zeigte ihre Grübchen.

»'s ist kalt draußen«, sagte sie und verkorkte die Flasche.

Der Junge Mann fuhr sich mit der Hand durch das schneegepuderte Haar und lachte.

»Ich würde es auch nicht gerade tropisch warm nennen«, sagte er. »Aber hier drin haben Sie's sehr gemütlich — Sie sehen aus, als hätten Sie geschlafen.«

Sabina fühlte sich sehr lässig in dem warmen Zimmer, und die Stimme des Jungen Mannes war stark und tief. Sie meinte noch nie jemanden gesehen zu haben, der so stark aussah — als könne er den ganzen Tisch mit einer Hand aufheben —, und unter seinem unruhigen Blick, der über ihr Gesicht und ihre Figur wanderte, spürte sie tief innen in ihrem Körper eine seltsame Erregung — halb Freude, halb Schmerz . . . Sie wollte gern stehenbleiben, dicht neben ihm, während er seinen Wein trank. Eine kleine Stille trat ein. Dann zog er ein Buch aus seiner Tasche, und Sabina kehrte an ihre Näharbeit zurück. Während sie so in ihrer Ecke saß, lauschte sie auf das Umblättern der Seiten und auf das laute Ticken der Uhr, die über dem vergoldeten Spiegel hing. Sie wollte ihn wieder anschauen, er hatte etwas Besonderes an sich, die tiefe Stimme, sogar der Sitz seiner Kleider. Vom Zimmer über sich hörte sie die schweren, schleppenden Schritte Frau Lehmanns, und wieder beunruhigten sie dieselben Gedanken. Wenn sie selbst eines Tages so aussehen sollte — sich so fühlen sollte! Doch es wäre sehr süß, könnte man ein kleines Baby haben, das man anzog und auf den Knien tanzen ließ.

»Fräulein — wie heißen Sie — warum lächeln Sie?« fragte der Junge Mann.

Sie wurde rot und sah auf. Die Hände lagen still in ihrem Schoß; sie blickte über die leeren Tische hinweg und schüttelte den Kopf.

»Kommen Sie her, ich zeige Ihnen ein Bild!« befahl er.

Sie ging und stellte sich neben ihn. Er schlug das Buch auf, und Sabina sah ein buntes Bild von einem nackten Mädchen, das auf der Kante eines großen, zerwühlten Bettes saß. Auf dem Hinterkopf trug sie einen Herrenzylinder.

Er legte die Hand über den Körper, so daß nur das Gesicht zu sehen war, und dann warf er Sabina einen scharfen Blick zu.

»Und?«

»Was meinen Sie?« fragte sie, wußte es aber sehr genau.

»Oh, es könnte eine Photographie von Ihnen sein, vom Gesicht, meine ich — so weit kann ich es jedenfalls beurteilen.«

»Aber sie ist anders frisiert«, sagte Sabina lachend. Sie warf den Kopf zurück, und das Lachen gluckste in ihrer runden, weißen Kehle.

»Es ist ein recht hübsches Bild, finden Sie nicht?« fragte er. Aber sie blickte auf den seltsamen Ring, den er an der Hand trug, die den Körper des Mädchens zudeckte, und nickte nur.

»Haben Sie dergleichen schon mal gesehen?«

»Ach, in den Illustrierten gibt's diese komischen Bilder doch haufenweise!«

»Würde es Ihnen gefallen, so photographiert zu werden?«

»Ich? Ich würd's nie jemanden sehen lassen. Außerdem habe ich nicht so einen Hut.«

»Den kann man leicht beschaffen.« Wieder trat eine kleine Stille ein, die diesmal von Anna unterbrochen wurde, als sie das Schiebetürchen aufstieß.

»Da, bring der Frau die Eiermilch!« sagte Anna. »Wen hast du denn da vorn sitzen?«

»So 'n komischer Mann! Ich glaube, er hat sie nicht mehr ganz beisammen«, sagte sie und klopfte an die Stirn.

Oben in dem häßlichen Zimmer saß die nähende Frau, einen schwarzen Schal um die Schultern, die Füße in rotwollene Pantoffeln gezwängt. Das Mädchen stellte die Milch neben die Frau auf den Tisch, dann stand sie da und rieb den Löffel an ihrer Schürze blank.

»Weiter nichts?«

»Nein«, sagte die Frau und hob sich mühsam aus dem Stuhl. »Wo ist mein Mann?«

»Drüben bei Snipolds — er spielt Karten. Brauchen Sie ihn?«

»Nein, lieber Himmel. Laß ihn in Ruhe. Ich bin ein Nichts. Auf mich kommt's nicht an... Und den ganzen Tag hier warten...« Ihre Hand zitterte, als sie mit ihrem dicken Finger über den Rand des Glases fuhr.

»Soll ich Ihnen beim Zubettgehen helfen?«

»Geh nach unten und laß mich in Ruhe! Sag Anna, sie soll auf Hans achten, daß er sich keinen Zucker maust — sie soll ihm eins hinter die Ohren geben.«

»Häßlich—häßlich—häßlich«, brummelte Sabina und kehrte ins Café zurück, wo der Junge Mann, zum Gehen bereit, in seinem zugeknöpften Mantel dastand.

»Morgen komme ich wieder«, sagte er. »Kämmen Sie Ihr Haar nicht so straff nach hinten — dann verliert es alle Lokken!«

»Ha, Sie sind mir ein Kaninchen«, sagte sie. »Gute Nacht.«

Anna schnarchte schon, als Sabina endlich zu Bett gehen konnte. Sie bürstete sich ihr langes Haar und nahm es dann in die Hand. Vielleicht wäre es schade, wenn es all seine Lokken verlöre? Dann blickte sie auf ihr gradgeschnittenes Hemd herunter, streifte es ab und setzte sich auf die Bettkante.

»Ich wünschte«, flüsterte sie und lächelte schläfrig, »es wäre ein riesengroßer Spiegel in dem Zimmer hier.«

Als sie sich im Dunkeln niederlegte, umarmte sie ihren kleinen Körper.

»Nicht für hundert Mark möcht' ich die Frau sein — nicht für tausend Mark! So auszusehen!« Und halb im Traum stellte sie sich vor, wie sie in ihrer Ecke mit der Portweinflasche in der Hand aufstand, weil der Junge Mann das Café betrat.

Kalt und dunkel war's am nächsten Morgen. Sabina wachte auf und war müde: ihr war, als hätte etwas Schweres die ganze Nacht gegen ihr Herz gedrückt. Im Gang waren schlurfende Schritte zu hören. Herr Lehmann! Sie mußte die Zeit verschlafen haben. Ja, er ratterte an der Türklinke.

»Gleich! Gleich!« rief sie und zog sich die Strümpfe an.

»Bina, sag Anna, sie soll zur Frau gehen — aber schnell! Ich muß wegfahren und die Krankenschwester holen.«

»Ja, ja«, rief sie. »Ist es da?«

Aber er war schon weg, und sie lief zu Anna hinüber und rüttelte sie an der Schulter.

»Die Frau — das Baby — Herr Lehmann holt die Krankenschwester«, stotterte sie.

»Gott im Himmel!« rief Anna und warf sich aus dem Bett. Heute beklagte sie sich nicht. Wichtigkeit und Begeisterung sprachen aus Annas ganzem Gehabe.

»Lauf nach unten und mach Feuer im Herd! Setz einen Kessel mit Wasser auf!« Während sie ihre Bluse schloß, sprach sie wie zu einer unsichtbaren Dulderin. »Ja, ja, ich weiß erst muß es uns schlechtergehen, eh's uns bessergeht — ich komme schon — Geduld!«

Den ganzen Tag war es dunkel. Die Lampen wurden angeknipst, sowie das Café geöffnet wurde, und sehr viel Kundschaft kam und ging. Die Krankenschwester hatte Anna aus
dem Zimmer der Frau gejagt, und jetzt weigerte sie sich zu
arbeiten, saß in einer Ecke, bedauerte sich und lauschte auf
die Geräusche über ihrem Kopf. Hans zeigte mehr Mitgefühl als Sabina. Auch er ließ die Arbeit im Stich, stand am
Fenster und bohrte in der Nase.

»Warum muß ich alles allein machen?« sagte Sabina und
spülte die Gläser. »Ich kann der Frau nicht helfen. Sie sollte
sich nicht soviel Zeit dafür nehmen!«

»Hast du's gehört?« fragte Anna. »Sie haben sie in das hin-
tere Schlafzimmer geschafft, damit sie nicht die Gäste stört.
Das war laut gestöhnt, jetzt eben!«

»Zwei kleine Bier!« schrie Herr Lehmann durchs Schiebetürchen.

»Gleich! Gleich!«

Um acht war das Café leer. Sabina setzte sich ohne die Näharbeit in ihre Ecke. Mit der Frau schien nichts passiert zu
sein. Ein Doktor war gekommen — das war alles.

»Ach«, sagte Sabina, »ich denke nicht mehr dran! Ich höre
nicht mehr hin! Ach, am liebsten würde ich weggehen! Das
Gerede ist gräßlich. Ich will's nicht hören. Es ist mir einfach
zuviel!« Sie stemmte beide Ellbogen auf den Tisch, schmiegte das Gesicht in die Hände und schmollte.

Aber als sich plötzlich die Eingangstür öffnete, sprang sie auf
und lachte. Es war wieder der Junge Mann. Er bestellte sich
wieder Portwein. Diesmal hatte er kein Buch mitgebracht.

»Sitzen Sie nicht so meilenweit weg von mir!« schalt er. »Ich
möchte unterhalten werden. Da — nehmen Sie meinen Mantel! Können Sie ihn nicht irgendwo trocknen? Es schneit
schon wieder.«

»Ich weiß, wo es warm ist — in der Damengarderobe«, sagte
sie. »Ich bringe ihn hin — es ist gleich neben der Küche.«
Ihr war wohler zumute, und sie war wieder ganz glücklich.

»Ich komme mit«, sagte er. »Ich will sehen, wohin Sie ihn
bringen.« Und das schien gar nicht ungewöhnlich. Sie lachte
und winkte ihm, ihr zu folgen.

»Hier hinein!« rief sie. »Merken Sie, wie warm es ist? Ich werde noch mehr Holz in den Ofen stecken. Es macht nichts, die andern haben oben genug zu tun.«

Sie kniete sich auf den Fußboden, stieß Holz in den Ofen und lachte wegen ihrer mutwilligen Verschwendung.

Vergessen die Frau, vergessen der dumme Tag. Hier stand jemand neben ihr und lachte auch. Sie waren beide in der warmen kleinen Kammer und brachten Herrn Lehmann um sein Holz. Es kam ihr als das aufregendste Abenteuer von der Welt vor. Sie wollte immer weiterlachen — oder losheulen — oder — oder den Jungen Mann festhalten.

»Was für ein Feuer!« rief sie und streckte die Hände aus.

»Hier ist meine Hand, ziehen Sie sich hoch!« sagte der Junge Mann. »So — und morgen wird Ihnen dann was blühen!«

Sie standen sich gegenüber und hielten sich noch bei der Hand. Und wieder überfiel Sabina das seltsame Erschauern.

»Hören Sie mal«, sagte er rauh, »sind Sie ein Kind, oder tun Sie, als wären Sie eins?«

»Ich — ich — «

Mit dem Lachen war es vorbei. Sie blickte kurz zu ihm auf und dann zu Boden und begann wie ein erschrockenes kleines Tier zu atmen.

Er zog sie noch näher und küßte sie auf den Mund.

»Oh, was machen Sie?« flüsterte sie.

Er ließ ihre Hände los und legte seine Hände auf ihre Brüste: alles in der kleinen Kammer schien um Sabina zu kreiseln. Plötzlich drang vom Zimmer über ihnen ein furchtbarer, wilder Schrei.

Sie riß sich los, straffte sich und richtete sich kerzengerade auf.

»Wer war das? — Wer hat so geschrien?«

Durch die Stille tönte das dünne Wimmern eines Babys.

»Oh!« kreischte Sabina und stürzte aus der Kammer.

Ich glaube, es sind die Schirme, die uns so lächerlich aussehen lassen.

Als ich das erstemal ins ›Gehege‹ zugelassen wurde und meine Badekurgenossinnen sozusagen splitternackt herumwandeln sah, fand ich, daß die Schirme eindeutig an die Bilder vom ›Kleinen Schwarzen Sambo‹ erinnerten.

Ein grünes Baumwolldach mit einem roten Papageiengriff über sich zu halten, wenn man mit nichts bekleidet ist, was größer als ein Taschentuch ist, macht jede Würde lächerlich. Bäume gibt es nicht im Luftbad. Es rühmt sich einer Anzahl leerer Holzzellen, einer Badebude, zweier Schaukeln und zweier Keulen — deren eine vermutlich das abhanden gekommene Eigentum des Herkules oder des deutschen Heeres ist, während die andre unbesorgt in der Wiege benutzt werden kann.

Und dort nehmen wir bei Wind und Wetter unser Luftbad — wandern herum oder sitzen in kleinen Gruppen beisammen und plaudern über unsre allseitigen Unpäßlichkeiten und Ausmaße und Gebresten, denen das Fleisch unterworfen ist. Eine hohe Bretterwand schließt uns ringsherum ein; die Tannen blicken ein wenig hochmütig darüber hinweg und stoßen einander mit dem Ellbogen an — eine Manier, die einer *débutante* sehr auf die Nerven fällt. Jenseits der Wand ist auf der rechten Seite die Abteilung für Männer. Wir hören, wie sie Bäume umhacken und Bretter durchsägen, schwere Gewichte auf den Boden fallen lassen und mehrstimmig singen. Ja, sie nehmen es viel ernster.

Am ersten Tag mußte ich dauernd an meine Beine denken und ging dreimal in meine Zelle, um auf die Uhr zu schauen, aber als eine Frau, mit der ich drei Wochen lang Schach gespielt hatte, mich glatt übersah, faßte ich Mut und schloß mich einer Gruppe an. Wir lagen mit angezogenen Beinen auf dem Boden, während eine ungarische Dame von gewaltigen Proportionen uns erzählte, was für ein schönes Grab sie für ihren zweiten Mann gekauft hatte.

»Es ist eine Gruft«, sagte sie, »mit einem hübschen schwarzen Gitter und so groß, daß ich hinuntersteigen und unten herumgehen kann. Von beiden sind die Photographien dort, mitsamt zwei sehr schönen Kränzen, die der Bruder meines ersten Mannes mir geschickt hat. Auch eine Vergrößerung von einem Familienbild ist da und eine bunt ausgemalte Widmung, die mein erster Mann zu seiner Hochzeit erhielt. Ich bin oft dort; an einem schönen Samstagnachmittag ist es ein angenehmer Ausflug.«

Plötzlich legte sie sich längelang auf den Rücken, schöpfte sechsmal tief Atem und setzte sich wieder hoch.

»Der Todeskampf war grauenhaft«, erzählte sie strahlend, »beim zweiten, meine ich. Der erste wurde von einem Möbelwagen überfahren, und fünfzig Mark wurden ihm aus der Tasche seiner neuen Jacke gestohlen. Aber der zweite starb siebenundsechzig Stunden lang. Die ganze Zeit habe ich nicht zu weinen aufgehört, auch nicht, als ich die Kinder zu Bett brachte.«

Eine junge Russin mit Ponyfransen auf der Stirn wandte sich an mich.

»Können Sie Salomes Tanz?« fragte sie. »Ich kann ihn.«

»Wie entzückend«, sagte ich.

»Soll ich ihn jetzt tanzen? Möchten Sie mir zuschauen?«

Sie sprang auf, vollführte während der nächsten zehn Minuten eine Reihe der erstaunlichsten Verrenkungen und hielt dann keuchend inne und flocht ihr langes Haar.

»Ist es nicht fein?« fragte sie. »Und nun transpiriere ich so herrlich. Ich geh' jetzt ein Bad nehmen!«

Mir gegenüber lag eine Frau auf dem Rücken und hatte die Arme über dem Kopf verschränkt. Sie war so braun, wie ich noch nie jemanden gesehen hatte.

»Wie lange sind Sie heut schon hier?« wurde sie gefragt.

»Oh, ich bleibe jetzt immer den ganzen Tag hier«, antwortete sie. »Ich mache meine eigene Kur und lebe gänzlich von rohem Gemüse und Nüssen, und ich spür's, wie mein Geist von Tag zu Tag kräftiger und reiner wird. Was kann man schließlich anders erwarten? Die meisten von uns gehen mit Schweinemolekülen und Ochsenfasern im Gehirn umher. Ein

Wunder, daß die Menschheit so gut ist, wie sie ist. Ich lebe hier von einfacher, natürlicher Nahrung« — sie deutete auf einen kleinen Beutel neben sich —, »ein Salatkopf, eine Mohrrübe, eine Kartoffel und ein paar Nüsse sind reichlich für eine vernünftige Ernährung. Ich wasche sie unter dem Wasserhahn und esse sie roh, wie sie von der harmlosen Mutter Erde kommen: frisch und unverseucht.«

»Nehmen Sie den ganzen Tag nichts anderes zu sich?« rief ich.

»Wasser. Und vielleicht eine Banane, wenn ich nachts aufwache.« Sie drehte sich um und stützte sich auf den einen Ellbogen. »Sie überessen sich fürchterlich!« sagte sie. »Schandbar! Wie können Sie erwarten, daß die Flamme des Geistes unter soviel Schichten überflüssigen Fleisches strahlend brennt?«

Ich wünschte, sie würde mich nicht so anstarren, und dachte dran, wieder in meine Zelle zu gehen und auf die Uhr zu schauen, als ein kleines Mädchen, das eine Korallenkette trug, sich uns anschloß.

»Die arme Frau Hauptmann kann heute nicht kommen«, sagte sie. »Ihr Körper ist übersät mit roten Pusteln — von ihren Nerven. Sie war gestern ganz aufgeregt, nachdem sie zwei Postkarten geschrieben hatte.«

»Eine zarte Frau«, meinte die Ungarin, »aber liebenswürdig. Stellen Sie sich vor, sie hat für jeden ihrer Vorderzähne eine besondere Platte! Aber sie dürfte ihre Töchter nicht in so kurzen Matrosenkleidchen herumlaufen lassen! Wenn sie auf Bänken sitzen, schlagen sie die Beine auf eine geradezu schamlose Manier übereinander. Was werden Sie heut nachmittag machen, Fräulein Anna?«

»Ach«, sagte die Korallenkette, »der Herr Oberleutnant hat mich aufgefordert, mit ihm nach Landsdorf zu gehen. Er muß Eier kaufen, die er seiner Mutter mitbringen will. Er spart einen Groschen an acht Eiern, weil er die richtigen Bauern kennt, mit denen man handeln kann.«

»Sind Sie Amerikanerin?« fragte die Rohgemüsedame und wandte sich mir zu.

»Nein.«

»Dann sind Sie Engländerin?«

64

»Eigentlich kaum ...«

»Sie müssen eins oder das andre sein; da hilft Ihnen alles nichts. Ich habe Sie wiederholt allein gesehen, wie Sie spazierengingen. Sie tragen Ihr ...«

Ich stand auf und stieg auf die Schaukel. Die Luft war würzig und kühl und sauste an meinem Körper entlang. Über mir segelten weiße Wolken zierlich über den blauen Himmel. Der Tannenwald verströmte einen herben Geruch, und die Äste schlugen im Gleichmaß aneinander und rauschten ernst. Mir war so leicht und frei und glücklich zumute — als wäre ich ein Kind! Ich wollte der Gruppe auf dem Rasen, die jetzt näher zusammengerückt war und bedeutungsvoll tuschelte, meine Zunge herausstrecken.

»Vielleicht wissen Sie nicht«, rief mir eine Stimme aus einer Zelle zu, »daß Schaukeln für den Magen sehr ungesund ist? Eine meiner Freundinnen konnte drei Wochen lang kein Essen bei sich behalten, nachdem sie ihren Magen so gereizt hatte.«

Ich ging in die Badebude und ließ mich mit dem Schlauch abspritzen.

Während ich mich ankleidete, klopfte jemand an die Wand. »Wissen Sie auch«, sagte eine Stimme, »daß im Luftbad nebenan ein Mann *wohnt?* Er gräbt sich bis zu den Achselhöhlen in Schlamm ein und weigert sich, an die Dreifaltigkeit zu glauben.«

Die Schirme im Luftbad sind ein wahrer Segen! Wenn ich jetzt hingehe, nehme ich immer meines Mannes alte Musspritze mit und setze mich in eine Ecke und verstecke mich dahinter.

Nicht etwa, daß ich mich wegen meiner Beine schämte — nicht die Spur!

Ein Geburtstag

Andreas Binzer wurde allmählich wach. Er drehte sich in dem schmalen Bett um und streckte sich und gähnte, wobei er den Mund aufriß, so weit er nur konnte, und danach die Zähne mit scharfem ›Klick‹ zusammenschlug. Es war ein Ton, der ihn faszinierte: er wiederholte ihn rasch ein paarmal hintereinander und schnappte die Kiefer zu. Was für Zähne! dachte er. Jeder gesund wie eine Glocke, jeder einzelne Bursche. Hatte sich nie einen ziehen lassen, nie einen füllen lassen. Das kommt davon, wenn man sich vernünftig ernährt und abends und morgens regelmäßig und kräftig die Zähne putzt. Er stützte sich auf den linken Ellbogen und schwenkte den rechten Arm übers Bett weg, um nach dem Stuhl zu tasten, auf dem er über Nacht seine Uhr und die Uhrkette liegen hatte. Kein Stuhl war da — natürlich, er hatte es vergessen, in dem elenden Gastzimmer war kein Stuhl. Er hatte das verflixte Ding unter sein Kissen legen müssen. ›Halb neun, Sonntag, Frühstück um neun, Zeit fürs Bad‹, tickte sein Gehirn im Gleichklang mit der Uhr. Er sprang aus dem Bett und ging ans Fenster hinüber. Die Lattenjalousie war zerbrochen und hing wie ein Fächer über dem oberen Schiebefenster . . . ›Die Jalousie muß ausgebessert werden. Ich werde dem Büroburschen sagen, daß er morgen auf dem Heimweg hereinkommt und sie ausbessert — er versteht sich auf Jalousien. Werde ihm Twopence geben, dann macht er's so gut wie ein Tischler . . . Anna könnte es selbst machen, wenn's ihr gutginge. Ich übrigens auch, aber ich wage mich nicht gern auf wacklige Trittleitern.‹ Er sah zum Himmel auf: er erglänzte merkwürdig weiß und wolkenlos; dann blickte er auf eine Reihe von Kleingärten und Hinterhöfen. Der Zaun dieser Gärtchen zog sich am Rand einer Schlucht hin, über die sich eine eiserne Hängebrücke spannte, und die Leute hatten die üble Gewohnheit, ihre leeren Konservenbüchsen über den Zaun in die Schlucht hinunterzuwerfen. Klar, das sah ihnen ähnlich! Andreas begann die Büchsen zu zählen und beschloß tückisch, darüber einen Brief an die Zeitung zu schreiben und ihn zu unterzeichnen, mit seinem vollen Namen zu unterzeichnen.

Das Dienstmädchen trat aus der Küchentür auf den Hof hinaus, in der Hand seine Stiefel. Sie warf den einen auf den Boden, steckte ihre Hand in den andern und blickte ihn mißbilligend an. Plötzlich beugte sie sich vor, spuckte auf die Kappe und begann ihn mit der Bürste, die sie aus der Schürzentasche ausgrub, blank zu wichsen . . . ›Schlampe von einem Mädchen! Weiß der Himmel, was für eine ansteckende Krankheit sie jetzt auf den Stiefel übertragen hat! Anna muß das Mädchen entlassen — sobald sie wieder auf und zugange ist —, selbst wenn sie sich eine Weile ohne Mädchen behelfen muß. So eine Art, den einen Stiefel hinzuwerfen und dann auf den andern zu spucken! Es war ihr ganz einerlei, wessen Stiefel sie vor sich hatte. Gab sich keinen geheuchelten Ideen von Respekt hin, der dem Herrn des Hauses gebührte!‹ Er drehte dem Fenster den Rücken und zerrte angewidert sein Handtuch von der Stange am Waschtisch. ›Für einen Mann bin ich zu sensibel — das ist mein Fehler. Bin's von Anfang an gewesen und werde bis zum Schluß so bleiben.‹

Es wurde leise an die Tür geklopft, und seine Mutter kam herein. Sie zog hinter sich die Tür ins Schloß und lehnte sich dagegen. Andreas sah, daß ihre Haube schief saß und daß ihr eine lange Haarsträhne über die Schulter fiel. Er trat auf sie zu und küßte sie.

»Guten Morgen, Mutter! Wie geht's Anna?«

Die alte Frau sprach rasch und verkrampfte dabei die Hände: »Andreas, bitte geh zu Doktor Erb, sobald du angezogen bist!«

»Warum?« fragte er. »Geht's ihr schlecht?«

Frau Binzer nickte, und während Andreas ihr Gesicht beobachtete, sah er, wie es sich plötzlich veränderte: ein feines Netz von Fältchen schien über die Haut gespannt.

»Setz dich einen Augenblick aufs Bett!« sagte er. »Bist wohl die ganze Nacht auf den Beinen gewesen?«

»Ja. Nein, hinsetzen möchte ich mich nicht, ich muß wieder

zu ihr. Anna hat die ganze Nacht Schmerzen gehabt. Sie wollte dich nicht eher stören; sie sagte, du hättest gestern so abgespannt ausgesehen. Du hast ihr erzählt, du hättest dich erkältet, deshalb hat sie sich Sorgen gemacht.«

Sofort meinte Andreas, daß Vorwürfe gegen ihn erhoben würden.

»Oh, sie hat mich selber gezwungen, es ihr zu sagen — hat's mir mit ihrer Fragerei abgeluchst; du weißt ja, wie sie's macht.«

Frau Binzer nickte wieder.

»O ja, ich weiß. Sie fragt, ob deine Erkältung besser wäre, und in der linken Ecke der großen Kommode liege ein warmes Unterhemd für dich.«

Andreas räusperte sich unwillkürlich zweimal.

»Ja«, antwortete er. »Sag ihr, der Schleim ist schon etwas gelöst. Ich sollte sie wohl lieber nicht stören?«

»Nein, und vor allem: beeil dich, Andreas!«

»In fünf Minuten bin ich fertig.«

Sie gingen auf den Flur. Als Frau Binzer die Tür zum vorderen Schlafzimmer öffnete, drang ein langgezogener Jammerlaut aus dem Zimmer.

Andreas war erschrocken und entsetzt. Er stürzte ins Badezimmer, drehte beide Hähne auf, so weit es nur ging, putzte sich die Zähne und machte sich die Nägel rein, während das Wasser einlief.

»Schreckliche Geschichte! Schreckliche Geschichte!« hörte er sich flüstern. »Und ich kann's nicht verstehen! Ist ja nicht so, als wäre es ihr erstes — ist schon ihr drittes. Der alte Schäfer hat mir gestern erzählt, seine Frau hätte ihr viertes einfach ›verloren‹. Anna hätte eine geschulte Pflegerin haben müssen. Mutter ist so nachgiebig. Mutter verwöhnt sie. Ich möchte mal wissen, was sie damit meinte, daß ich Anna gestern Sorgen gemacht hätte! Reizende Bemerkung zu einem Ehemann — an einem Tag wie dem heutigen! Nervös vermutlich — und wieder meine Feinfühligkeit!«

Als er in die Küche ging, seine Stiefel zu holen, beugte sich das Mädchen über den Herd und bereitete das Frühstück zu. ›Haucht wahrscheinlich jetzt aufs Essen‹, dachte Andreas und war sehr kurz angebunden zum Mädchen. Sie bemerkte es nicht. Die Vorgänge im oberen Stock erfüllten sie mit Graus und Vergnügen und Wichtigkeit.

Ihr war, als lerne sie mit jedem Atemzug etwas mehr über die Geheimnisse des Lebens.

Während sie in aller Frühe den Tisch deckte, hatte sie ›Junge‹ gesagt und den ersten Teller hingestellt, und ›Mädchen‹, als sie den zweiten hinstellte, und beim Salzlöffel endete es mit ›Junge‹. ›Am liebsten würde ich's dem Herrn erzählen, um ihn ein bißchen zu beruhigen‹, dachte sie. Aber der Herr zeigte sich abgeneigt zu Gesprächen.

»Stell noch eine Tasse mehr auf den Tisch!« sagte er. »Der Doktor wird vielleicht Kaffee trinken wollen.«

»Der Doktor, Herr?« Das Mädchen riß den Löffel so rasch aus der Pfanne, daß zwei Tropfen Fett auf den Herd fielen. »Soll ich noch was mehr braten?« Aber der Herr ging schon und schmetterte die Tür hinter sich zu. Er eilte die Straße entlang—keine Menschenseele war zu sehen; an einem Sonntagmorgen war es hier wie ausgestorben. Während er die Hängebrücke überquerte, stieg ein kräftiger Geruch nach Fenchel und fauligem Abfall aus der Schlucht auf, und in Gedanken faßte Andreas wieder einen Brief ab. Er bog in die Hauptstraße ein. Die Rolläden vor den Schaufenstern waren noch unten. Fetzen Zeitungspapier, Heu und Obstschalen lagen hier und dort auf dem Bürgersteig, und die Rinnsteine waren bis zum Rand mit den Überbleibseln eines Samstags angefüllt. Zwei Hunde jachterten, sich balgend und beißend, über den Fahrdamm. Nur die Kneipe an der Ecke war offen. Ein junger Barmann schüttete Wasser über die Schwelle.

Zimperlich und mit verkniffenem Mund stelzte Andreas durch die Wasserfluten. ›Erstaunlich, was mir heute alles auffällt! Zum Teil liegt es am Sonntag. Ein Sonntag, an dem Anna angebunden ist und die Kinder weg sind, ist mir einfach widerlich. Sonntags hat ein Mann wohl das Recht, seine Familie um sich zu sehen. Hier ist alles schmutzig, und wenn die Straße nicht bald gekehrt wird, verseucht die ganze Gegend, dahin wird's noch kommen! Ich hätte Lust, der Regierung eins auszuwischen!‹ Er straffte die Schultern. ›Und jetzt zu diesem Doktor!‹

»Doktor Erb ist beim Frühstück«, erklärte ihm das Mädchen. Sie führte ihn ins Wartezimmer, einen dunklen und muffigen Raum mit Farnkraut unter einer Glasglocke am Fenster. »Er sagt, es dauert nicht lange, und hier auf dem Tisch liegt eine Zeitung, Herr.«

›Ungesundes Loch‹, dachte Binzer, trat ans Fenster und trommelte mit den Fingern auf die Glasglocke mit dem Farn. ›Beim Frühstück? Na schön! Aber ich hab' einen Fehler gemacht und bin in aller Frühe mit leerem Magen losgegangen.‹ Ein Milchwagen ratterte die Straße entlang; der Kutscher stand hinten und knallte mit der Peitsche; in seinem Rockaufschlag steckte eine riesengroße Geranienblüte. Fast wie ein Felsen stand er da und lehnte sich im schwankenden Wagen ein wenig hintenüber. Andreas verrenkte sich den Hals, um ihn bis ans Ende der Straße mit dem Blick zu verfolgen, und sogar, nachdem er verschwunden war, lauschte er noch auf das schrille Geräusch der klappernden Kannen. ›Ha, der hat's gut‹, dachte er. ›Wäre nicht abgeneigt, mal an seiner Stelle zu sein. Früh raus, gegen elf alle Arbeit erledigt und den ganzen Tag nichts tun als herumzutrödeln, bis es Zeit zum Melken ist.‹ Er wußte, daß er übertrieb, aber er wollte sich bemitleiden.

Das Mädchen öffnete die Tür und trat beiseite, um Doktor Erb Platz zu machen.

Andreas drehte sich geschwind um, und die beiden Männer reichten sich die Hand.

»Wie ist's denn, Binzer?« fragte der Doktor fröhlich und klopfte sich ein paar Brotkrumen von der perlfarbenen Weste. »Wird der Sohn und Erbe zudringlich?«

Binzers Laune besserte sich sprunghaft. Sohn und Erbe, beim Zeus! Er freute sich, daß er endlich wieder mit einem Mann zu tun hatte. Und obendrein mit einem vernünftigen Burschen, der jeden Tag der Woche mit derlei Dingen zu tun hatte.

»Ja, so steht's ungefähr, Doktor«, antwortete er lächelnd und nahm seinen Hut auf. »Meine Mutter hat mich heute früh mit dem unumgänglichen Befehl aus dem Bett gerissen, Sie mitzubringen!«

»Das Wägelchen ist in einer Minute bereit. Sie fahren mit mir, nicht wahr? Ungewöhnlich schwüles Wetter; Sie sind schon so rot wie eine Runkelrübe!«

Andreas bemühte sich zu lachen.

Der Doktor hatte eine ärgerliche Gewohnheit: er bildete sich ein, er hätte das Recht, andre Leute zum besten zu halten, bloß, weil er ein Doktor war. ›Der Mann platzt vor Einbildung!‹ dachte Andreas.

»Was für eine Nacht hat Ihre Frau gehabt?« fragte der Doktor. »Aha, da ist das Gig! Berichten Sie's mir unterwegs! Setzen Sie sich so weit wie möglich in die Mitte, ja? Ihr Gewicht bringt den Wagen ein bißchen in Schräglage — das ist das Schlimme mit euch erfolgreichen Geschäftsleuten!«

›Der wiegt gut und gern zwölf Kilo mehr als ich‹, dachte Andreas. ›Er mag ja in seinem Beruf ganz ordentlich sein — aber im übrigen bewahr mich Gott vor ihm!‹

»Los mit dir, meine Hübsche!« Doktor Erb schmitzte der kleinen braunen Stute eins mit der Peitsche. »Hat Ihre Frau letzte Nacht überhaupt geschlafen?«

»Nein, ich glaube nicht«, antwortete Andreas schroff. »Ehrlich gesagt, bin ich gar nicht einverstanden, daß sie keine Pflegerin hat!«

»Oh, Ihre Mutter gilt soviel wie ein Dutzend Pflegerinnen!« rief der Doktor mit sichtlichem Vergnügen. »Ehrlich gesagt, ich bin nicht so versessen auf Pflegerinnen — sind mir zu ungar, ungar wie 'n Rumpsteak! Sie kämpfen um ein Baby, als kämpften sie mit dem Tod um den Leichnam des Patroklus . . . Haben Sie das Bild mal gesehen? Von einem englischen Maler. Leighton heißt er. Großartig — voller Kraft!«

›Da ist er schon wieder zugange‹, dachte Andreas, ›protzt mit seinen Kenntnissen, um mich als dumm hinzustellen.‹

»Ihre Mutter dagegen: die ist firm — die ist tüchtig. Tut genau, was man ihr sagt, und mit genügend Mitgefühl. Sehen Sie mal die Geschäfte, an denen wir vorbeikommen — lauter eitrige Geschwüre! Wie die Regierung so was dulden kann . . .«

»Sie sind nicht so schlimm — solide sind sie, brauchen nur einen neuen Anstrich.«

Der Doktor pfiff sich ein Liedchen und schmitzte wieder mit der Peitsche nach der Stute.

»Also ich hoffe, daß der kleine Racker seiner Mutter nicht allzuviel Kummer macht«, sagte er. »Da wären wir!«

Ein magerer kleiner Junge, der im Rücksitz des Wägelchens auf- und abgehopst war, sprang herunter und hielt den Kopf der Stute. Andreas ging sofort ins Eßzimmer und überließ es dem Dienstmädchen, den Doktor in den oberen Stock zu führen. Er setzte sich, schenkte sich Kaffee ein und aß ein halbes Brötchen, ehe er vom Fisch nahm. Dann bemerkte er, daß der Fisch nicht auf einer heißen Platte lag — das ganze Haus war durcheinandergeraten! Er läutete, und das Dienstmädchen kam mit einem Napf heißer Suppe und einem heißen Teller.

»Ich hab' sie auf dem Herd warm gehalten«, lächelte sie stolz.

»Oh, danke, das war sehr nett von Ihnen!« Während er die Suppe hinunterschlang, dachte er etwas freundlicher über das törichte Mädchen.

»Wie gut, daß Doktor Erb gekommen ist!« sagte das Mädchen unaufgefordert, das sich nach Mitgefühl verzehrte.

»Hm, hm«, machte Andreas.

Einen Moment wartete sie hoffnungsvoll und mit aufgerissenen Augen, dann ging sie voller Abscheu für die Welt der Männer wieder in die Küche und schwor sich, nie Kinder zu kriegen.

Andreas verputzte die Suppe, und er verputzte den Fisch. Während er aß, wurde es im Zimmer langsam dunkler. Ein leichter Wind sprang auf und peitschte die Zweige gegen die Fenster. Das Eßzimmer blickte auf den Wellenbrecher des Hafens, und das Meer kam in mächtigen Wogen angerollt. Der Wind schlich ums Haus und seufzte trübselig.

›Wir bekommen ein Gewitter! Das bedeutet, daß ich hier den ganzen Tag eingesperrt bin. Immerhin hat's ein Gutes: es reinigt die Luft!‹ Er hörte, wie das Mädchen geschäftig im Haus herumrannte und Fenster zuschlug. Dann ertappte er sich bei einem flüchtigen Blick auf sie, als sie im Garten

Küchentücher von der über den Rasen gespannten Leine holte. Sie war ein Arbeitstier, das stand fest. Er nahm sich ein Buch und schob seinen Sessel ans Fenster. Aber es war unnütz: zum Lesen war es zu dunkel. Er hielt nichts davon, daß man die Augen überanstrengte, und um zehn Uhr morgens die Gaslampe brennen erschien ihm widersinnig. Er rutschte also tiefer in seinen Sessel, legte die Ellbogen auf die gepolsterten Lehnen und überließ sich — dieses eine Mal — müßigen Tagträumen. ›Ein Knabe? Ja, diesmal mußte es ein Knabe sein...‹ — ›Wieviel Kinder haben Sie, Binzer?‹ — ›Oh, ich habe zwei Mädchen und einen Knaben!‹ Eine nette runde Zahl. Natürlich wäre er der letzte, ein Kind den anderen vorzuziehen, aber ein Mann brauchte einen Sohn. ›Ich will das Geschäft für meinen Sohn auf die Höhe bringen. Binzer & Sohn! Es würde bedeuten, in den nächsten zehn Jahren sehr sparsam zu leben und die Ausgaben möglichst einzuschränken und dann...‹

Eine fürchterliche Bö stieß gegen das Haus, packte es, schüttelte es und ließ es fallen, um es noch heftiger anzugreifen. Die Wogen längs des Wellenbrechers gingen immer höher, und Schaumbrocken peitschten drüber hin. Über den weißen Himmel flogen zerfetzte graue Wolkenbanner. Andreas war ganz erleichtert, als er den Doktor die Treppe herunterkommen hörte; er stand auf und zündete die Gaslampe an.

»Macht's Ihnen was aus, wenn ich hier rauche?« fragte Doktor Erb und zündete sich eine Zigarette an, ehe Andreas Zeit für eine Antwort fand. »Sie rauchen nicht, was? Keine Zeit, schädlichen kleinen Gewohnheiten zu frönen!«

»Wie geht's ihr jetzt?« fragte Andreas voller Widerwillen gegen den Doktor.

»Ach, so gut man's verlangen kann. Das arme kleine Ding hat mich gebeten, hinunterzugehen und mich um Sie zu kümmern. Sie meinte, daß Sie sich Sorgen machten!« Mit lachenden Augen betrachtete er den Frühstückstisch. »Sie haben's aber fertiggebracht, ein bißchen zu futtern, wie ich sehe, eh?«

Huuu-iiih! brüllte der Wind und rüttelte an den Schiebefenstern.

»Schade — so ein Wetter!« sagte Doktor Erb.

»Ja, es geht Anna auf die Nerven — und gute Nerven braucht sie gerade jetzt!«

»Was sagen Sie da?« rief der Doktor. »Nerven? Mein lieber Mann, sie hat doppelt soviel Nerven wie Sie und ich zusammengenommen. Nerven! Sie hat tolle Nerven! Eine Frau, die so im Haus arbeitet wie sie, und obendrein in vier Jahren drei Kinder als gute Zugabe, sozusagen!«

Er schnellte seine halbgerauchte Zigarette in den Kamin und blickte stirnrunzelnd aufs Fenster.

›Jetzt macht der mir auch noch Vorwürfe‹, dachte Andreas. ›Schon zum zweitenmal heute morgen — erst Mutter und jetzt der Mann hier, und beide trampeln auf meinem Feingefühl herum.‹ Er getraute sich nicht zu sprechen, sondern läutete dem Mädchen.

»Räumen Sie die Frühstückssachen ab!« befahl er. »Ich kann's nicht leiden, wenn sie bis zum Essen hier so liederlich auf dem Tisch herumstehen!«

»Gehen Sie nicht so streng mit dem Mädchen um!« redete ihm Doktor Erb gut zu. »Sie hat heute doppelte Arbeit!«

Nun loderte Binzers Ärger auf.

»Darf ich Sie bitten, sich nicht zwischen mich und meine Dienstboten zu stellen?« Und im gleichen Moment kam er sich dumm vor, weil er nicht ›mein Dienstmädchen‹ gesagt hatte.

Doktor Erb ließ sich nicht aus der Ruhe bringen. Er schüttelte den Kopf, steckte die Hände in die Taschen und begann, abwechselnd auf Zehen und Fersen zu wippen.

»Das Wetter zerrt an Ihren Nerven«, sagte er spöttisch, »weiter ist es nichts. Sehr bedauerlich, dieses Gewitter. Auf das Gebären hat das Wetter nämlich einen ungeheuren Einfluß. Ein schöner Tag bringt die Frau in Stimmung, so daß sie mit Mut an ihre Aufgabe herangeht. Gutes Wetter ist für eine Niederkunft ebenso notwendig wie für einen Waschtag. Gar nicht so übel, dieser Ausspruch — von einem beruflichen Fossil wie mir, eh?«

Andreas gab keine Antwort.

»Also dann werde ich mich wieder zur Patientin begeben!

Warum gehen Sie nicht spazieren, um sich den Kopf zu lüften? Genau das richtige für Sie!«

»Nein«, antwortete er. »Das möchte ich nicht. Es ist mir zu stürmisch.«

Er kehrte zu seinem Lehnstuhl am Fenster zurück. Während das Mädchen den Tisch abräumte, gab er vor zu lesen — und versank in Träume. Es schien Jahre her zu sein, seit er Zeit gehabt hatte, nur so vor sich hinzuträumen. Den ganzen Tag mit Arbeit überlastet, und am Abend konnte er es nicht wie andre Männer einfach abschütteln. Außerdem interessierte sich Anna für seine Arbeit — sie sprachen eigentlich von nichts anderem zusammen. Eine ausgezeichnete Mutter für einen Jungen würde sie abgeben — sie hatte eine rasche Auffassungsgabe.

Die Kirchenglocken begannen durch die stürmische Luft zu läuten: mal klang es wie aus weiter Ferne kommend, dann wieder, als wären alle Kirchen der ganzen Stadt plötzlich hier in diese Straße versetzt worden. Sie rührten etwas in ihm auf, die Glocken, etwas Unbestimmtes und Zartes. Um diese Tageszeit pflegte Anna ihm sonst vom Flur aus zuzurufen: ›Andreas, komm und laß dir den Mantel bürsten! Ich bin bereit!‹ Dann würden sie zusammen weggehen, sie bei ihm eingehakt und zu ihm aufblickend. Sie war wirklich ein kleines Ding. Er erinnerte sich, wie er einmal in seiner Verlobungszeit zu ihr gesagt hatte: »Genau bis ans Herz reichst du mir« — und sie war auf einen Schemel gesprungen und hatte seinen Kopf lachend zu sich heruntergezogen. Damals war sie ein Kind gewesen, im Wesen jünger als ihre Kinder, aufgeweckter, mehr Mumm und Schwung hatte sie. Wie sie die Straße hinabrannte, um ihm nach Geschäftsschluß entgegenzulaufen! Und wie sie gelacht hatte, als sie nach einem Haus Ausschau hielten! Beim Zeus, ihr Lachen! Im Gedanken daran griente er, dann wurde er plötzlich ernst. Die Ehe veränderte eine Frau bestimmt weit mehr als einen Mann. Vernünftig werden — was für ein Geschwätz! In zwei Monaten hatte sie all ihren Schwung verloren. Aber wenn sie diese Sache mit dem Söhnchen hinter sich hatte, würde sie kräftiger werden. Er begann, eine kleine Reise für sie beide zu planen. Er würde sie hier rausholen, und dann würden sie irgendwo herumbummeln. Sie waren schließlich noch jung, zum Kuckuck! Sie hatte sich im gewohnten Geleise festgefahren — er würde sie herausholen müssen, das war alles!

Er stand auf und ging ins Wohnzimmer, schloß sorgfältig die Tür und nahm Annas Photographie vom Klavierdeckel herunter. Sie trug ein weißes Kleid mit einer großen Schleife aus einem duftigen Stoff unter dem Kinn und stand etwas steif da, in der Hand ein Gebinde aus künstlichem Mohn und Ähren. Zart hatte sie schon damals gewirkt — ihr schweres Haar ließ sie so aussehen. Sie schien unter den schweren Flechten zusammenzusinken, und doch lächelte sie. Andreas sog heftig den Atem ein: sie war seine Frau, diese Kleine! Pah! Die Aufnahme war erst vor vier Jahren gemacht worden. Er hielt sie näher, beugte sich darüber und küßte sie. Dann rieb er mit dem Handrücken über das Glas. Im gleichen Augenblick, gedämpfter als vorhin im Flur, aber viel erschreckender, hörte er wieder den Jammerlaut. Der Wind griff ihn in spöttischem Echo auf, wehte ihn über die Dächer und die Straße hinab, weit weg von ihm. Er warf die Arme auf: »Ich bin so verdammt hilflos«, sagte er, und dann, zum Bild: »Vielleicht ist es nicht so schlimm, wie es klingt — vielleicht ist es bloß meine Überempfindlichkeit.« Im dämmerigen Licht des Wohnzimmers schien sich das Lächeln auf Annas Bildnis zu vertiefen und geheimnisvoll zu werden — sogar grausam. ›Nein‹, dachte er, ›das Lächeln hier ist nicht ihr treffendster Ausdruck — es war falsch, sie mit diesem Lächeln aufzunehmen. Sie sieht gar nicht wie meine Frau — wie die Mutter meines Sohnes aus.‹ Ja, das war es: sie sah nicht wie die Mutter des Sohnes aus, der Mitinhaber der Firma werden sollte. Das Bild ging Andreas auf die Nerven; er hielt es in eine andre Beleuchtung, sah es aus der Ferne und von der Seite an, ja er brachte, wie es ihm später vorkam, eine Ewigkeit damit zu, um es ins richtige Licht zu rücken. Je mehr er mit dem Bild spielte, desto mehr mißfiel es ihm. Dreimal trug er es zum Kamin und beschloß, es hinter dem japanischen Funkenschirm in den Kamin zu werfen;

dann kam es ihm verrückt vor, einen so kostspieligen Rahmen zu vergeuden. Es nutzte nichts, sich etwas vorzumachen: Anna sah wie eine Fremde aus — anormal — ein Monstrum —, als wäre es eine Aufnahme, die man kurz vor oder nach ihrem Tode gemacht hatte.

Plötzlich wurde er gewahr, daß der Wind sich gelegt hatte und daß es im ganzen Haus still, furchtbar still war. Kalt und blaß, mit dem widerlichen Gefühl, daß Spinnen über sein Gesicht und seinen Rücken krochen, stand er mitten im Wohnzimmer und hörte Doktor Erbs Schritte die Treppe herunterkommen.

Er sah Doktor Erb ins Zimmer treten; das Zimmer schien sich in einen ungeheuren Glaspokal zu verwandeln, der herumkreiselte, und Doktor Erb schien in diesem Glaspokal auf ihn zuzuschwimmen — ein Goldfisch in einer perlfarbenen Weste.

»Meine geliebte Frau ist nicht mehr!« Er wollte es herausschreien, bevor der Doktor sprach.

»Also diesmal hat sie sich einen Jungen geangelt«, sagte Doktor Erb. Andreas torkelte ein paar Schritte vor.

»Achtung! Bleiben Sie auf den Beinen!« rief Doktor Erb, packte Binzer am Arm und murmelte, ihn befühlend: »Schwabbelig wie Butter!«

Andreas strahlte vor Begeisterung. Er triumphierte.

»Ha! *Mir* kann weiß Gott niemand vorwerfen, daß ich nicht wüßte, was Leiden ist!« sagte er.

Sie fing gerade an, eine kleine weiße Straße mit hohen schwarzen Bäumen auf beiden Seiten entlangzugehen, die nirgends hinführte und wo sonst gar niemand ging, als eine Hand sie bei der Schulter packte und sie schüttelte und ihr einen Klaps gab.

»Oh, oh, haltet mich nicht fest!« rief das KIND-DAS MÜ-DE-WAR, »laßt mich weitergehen!«

»Steh auf, du nichtsnutziges Balg!« sagte eine Stimme, »steh auf und mach Feuer im Herd, oder ich schüttle dir jeden Knochen aus dem Leib!«

Mit ungeheurer Anstrengung öffnete sie die Augen und sah, daß die FRAU dastand und das Baby unter den Arm gebündelt hatte. Die drei andern Kinder, die mit dem KIND-DAS-MÜDE-WAR im gleichen Bett schliefen, waren an Krakeel gewöhnt und schliefen friedlich weiter. Der MANN schnallte in einer Ecke des Zimmers seine Hosenträger an.

»Was fällt dir ein, die ganze Nacht durchzuschlafen wie ein Sack Kartoffeln? Deinetwegen hat das Baby zweimal sein Bett naß gemacht!«

Sie antwortete nicht, sondern verknotete die Schnur ihres Unterrocks und knöpfte mit kalten, zitternden Fingern ihren Rock zu.

»Das reicht jetzt! Da! Nimm das Baby mit in die Küche und mach dem Herrn seinen Kaffee auf der Spirituslampe heiß, und gib ihm den Laib Schwarzbrot aus der Schublade im Tisch! Friß mir ja nichts davon — ich merk's!«

Die FRAU schwankte durchs Zimmer, warf sich auf ihr Bett und zog sich das rote Federbett bis zu den Schultern hinauf.

In der Küche war es beinah dunkel. Sie legte das Baby auf die Bank und deckte es mit einem Schal zu; dann goß sie Kaffee aus dem Tontopf in die Untertasse und stellte sie zum Erwärmen auf die Spirituslampe.

»Ich bin so schläfrig«, nickte das KIND-DAS-MÜDE-WAR, kniete sich auf den Boden hin und spaltete die feuchten Kienscheite in Späne. »Deshalb bin ich nicht aufgewacht!«

Es dauerte lange, bis der Herd brannte. Vielleicht war ihm kalt, genau wie ihr, und schläfrig. Vielleicht hatte er von einer kleinen weißen Straße mit schwarzen Bäumen auf beiden Seiten geträumt, von einer kleinen Straße, die nirgends hinführte.

Dann wurde die Tür heftig aufgerissen, und der MANN stelzte in die Küche.

»Heda, warum sitzt du denn auf dem Fußboden?« schrie er. »Gib mir meinen Kaffee! Ich muß fort. Puh! Du hast nicht mal den Tisch abgewischt!«

Sie sprang auf, goß ihm den Kaffee in einen Emailbecher und gab ihm Brot und ein Messer, dann nahm sie einen Wischlappen aus dem Spülstein und fuhr damit über den schwarzen Linoleumtisch.

»Einmal 'n Schwein — immer 'n Schwein!« brummte der am Tisch sitzende Mann und starrte aus dem Fenster auf den braun verfleckten Himmel, der schwer über dem düsteren Land zu brüten schien. Er stopfte sich den Mund voll Brot und spülte es mit Kaffee hinunter.

Das KIND ließ einen Eimer Wasser vollaufen, krempelte sich die Ärmel hoch, blickte dabei stirnrunzelnd auf die Arme — als verdienten sie Schelte, weil sie so mager waren, genau wie kleine, verkümmerte Ästchen — und begann den Fußboden aufzuwischen.

»Hör auf mit der Planscherei, solange ich hier bin!« schalt der MANN. »Und sieh zu, daß das Baby nicht mehr schreit — das hat's schon die ganze Nacht getan!«

Das KIND nahm das Baby auf den Schoß und wiegte es.

»Ts-ts-ts!« machte das KIND. »Er bekommt einen Augenzahn, deshalb muß er so schreien. *Und* sabbern! Ich hab' noch nie ein Baby gesehen, das so sabbert!« Sie wischte ihm Mund und Nase mit ihrem Rockzipfel ab. »Manche Babies zahnen, ohne daß man's merkt«, fuhr sie fort, »und manche stellen sich die ganze Zeit so an. Ich hab' mal von einem Baby gehört, das gestorben war, und seine Zähne waren alle in seinem Magen.«

Der MANN stand auf, holte sein Cape vom Haken an der Tür und warf es sich um.

»Es kommt noch einer!« sagte er.

»Was? Noch ein Zahn?« rief das KIND, schreckte zum erstenmal an diesem Morgen aus der furchtbaren Schwere und fuhr mit dem Finger in den Mund des kleinen Jungen.

»Nein«, sagte er grimmig, »noch ein kleiner Junge! Scher dich jetzt an die Arbeit, es wird Zeit, daß die andern aufstehen und in die Schule gehen!« Einen Augenblick stand sie ganz stumm da, hörte seine schweren Schritte im Flur, dann auf dem Kiesweg, und schließlich das Zuschmettern der Gartenpforte.

»Noch ein Baby! Will sie denn noch nicht aufhören, welche zu kriegen?« dachte das KIND. »Zwei Babies, die Augenzähne bekommen, zwei Babies, für die man nachts aufstehen muß, zwei Babies, die man rumtragen muß und deren verdreckte kleine Sachen man waschen muß!« Sie blickte voller Grauen auf den kleinen Jungen in ihren Armen, der anscheinend den Ekel und Abscheu ihrer müden Blicke verstand, denn er ballte die Fäuste, versteifte seinen Körper und begann laut zu brüllen.

»Ts-ts-ts!« Sie legte ihn auf die Bank und machte sich wieder ans Aufwischen des Fußbodens. Er hörte nicht eine Sekunde auf zu brüllen, aber sie gewöhnte sich allmählich daran, und ihr Schrubber schlug den Takt dazu. Oh, wie müde sie war! Oh, der schwere Schrubber und die brennende Stelle hinten auf ihrem Hals, die so weh tat, und das komische Zucken unter ihrem Gürtel — als ob etwas durchbrechen wollte.

Die Uhr schlug sechs. Sie setzte den Milchtopf auf den Herd und ging ins Nebenzimmer, um die drei Kinder zu wecken und anzuziehen. Anton und Hans lagen wie in gegenseitiger Zuneigung umschlungen, die bestimmt niemals vorhanden war, ausgenommen dann, wenn sie schliefen. Lena lag zusammengerollt da, die Knie bis zum Kinn hinaufgezogen, und nur ein starrer, aufrecht stehender Zopf schaute aus dem Federbett.

»Steht auf!« rief das KIND mit einer mächtig gebieterischen Stimme, zog ihnen die Bettdecke weg und gab den Jungen ein paar Knüffe und Rippenstöße. »Seit einer halben Stunde weck' ich euch schon! Es ist spät, und wenn ihr euch nicht sofort anzieht, sag' ich's weiter!«

Anton war wach genug, um sich umzudrehen und Hans in eine empfindliche Gegend zu stoßen, woraufhin Hans an Lenas Zopf zerrte, bis sie nach ihrer Mutter schrie.

»Oh, sei bloß still!« flüsterte das KIND. »Steht bloß auf und zieht euch an! Ihr wißt doch, was euch blüht! Wartet, ich helf' euch!«

Aber die Warnung kam zu spät. Die FRAU stieg aus dem Bett, ging mit resolutem Schritt in die Küche und kehrte mit einem Reisigbündel zurück, das mit einer starken Schnur zusammengebunden war. Sie legte sich ein Kind nach dem andern übers Knie, gab jedem eine gehörige Tracht Prügel und verausgabte eine letzte Kraftanstrengung an das KIND-DAS-MÜDE-WAR; dann ging sie wieder ins Bett, erfüllt von dem angenehmen Gefühl, für den heutigen Tag ihre mütterlichen Pflichten absolviert zu haben. Die drei Kinder waren jetzt ganz kleinlaut und ließen sich anziehen und waschen, und auch den Knaben schnürte das KIND die Stiefel zu; aus Erfahrung wußte es, daß sie sonst mindestens fünf Minuten in der Küche herumhopsen würden, um eine bequeme Stütze für den Fuß zu suchen, und daß sie schließlich in die Hände spucken und die Schnürsenkel zerreißen würden.

Während sie ihnen das Frühstück hinstellte, lärmten sie wieder, und das Baby hörte nicht auf zu weinen. Nachdem sie den Blechtopf mit Milch gefüllt und den Gumminuckel über die Flasche gestülpt hatte, befeuchtete sie ihn und versuchte mit kleinen Schmeichelworten, den Jungen zum Trinken zu überreden, doch er warf die Flasche auf den Boden und zitterte am ganzen Leibe.

»Böse Zähne?« schrie Hans und schlug Anton mit seiner leeren Tasse auf den Kopf. »Warum nicht gleich den bösen Blick?«*

»Klugscheißer!« entgegnete Lena und streckte ihm die Zun-

---

* *Englisches Wortspiel: Augenzahn und böser Blick (Eyeteeth and Evil Eye).*

ge heraus, und als er es umgehend ebenso machte, schrie sie aus Leibeskräften: »Mutter, Hans schneidet mir Fratzen!«

»Ja, ja, ja!« sagte Hans. »Heule du nur, und wenn du heute nacht im Bett liegst, warte ich, bis du eingeschlafen bist, und dann krieche ich zu dir ran und nehm' ein winziges Stück Haut von deinem Arm und dreh's rum, immer weiter rum, bis ...« Er beugte sich vor und schnitt Lena die greulichsten Fratzen, ohne zu merken, daß Anton hinter seinem Stuhl stand — bis der Kleine sich plötzlich vorbeugte und seinem Bruder auf den kurzgeschorenen Kopf spuckte.

»O je! O je!«

Das KIND-DAS-MÜDE-WAR stieß und zerrte sie auseinander, verpackte sie in ihre Mäntel und jagte sie aus dem Haus.

»Eilt euch! Eilt euch! Es hat schon zum zweitenmal geläutet«, drängte sie, wußte aber ganz genau, daß sie ihnen etwas vorlog, und das machte ihr Spaß. Sie spülte das Frühstücksgeschirr ab und ging dann in den Keller hinunter, um die Kartoffeln und die Rüben zu verlesen.

Was für ein komischer, kalter Winkel der Kohlenkeller war! Die Kartoffeln waren in der einen Ecke aufgeschichtet, die Runkelrüben lagen in einer alten Holzkiste, und ein wirrer Haufen von Dahlienwurzeln sah aus, als rauften sie miteinander, dachte das KIND.

Sie sammelte die Kartoffeln in ihren Rock ein und suchte die großen mit nur wenig Augen aus, weil sie leichter zu schälen waren, und als sie sich im stillen Keller über den dumpfen Kartoffelhaufen beugte, begann sie einzunicken. »He, du! Was machst du da unten?« rief die Frau von der obersten Treppenstufe. »Das Baby ist von der Bank runtergefallen und hat 'ne faustgroße Beule über dem Auge. Komm du mir bloß her, dann kannst du was erleben!«

»Ich bin nicht schuld! Ich bin nicht schuld!« schrie das KIND, während es im Flur von einer Seite auf die andre geknufft wurde, so daß ihr die Kartoffeln und Rüben aus dem Rock kullerten. Die FRAU erschien ihr so groß wie eine Riesin, und alle ihre Bewegungen hatten so etwas Wuchtiges an sich, das einem so kleinen Menschenkind Entsetzen einflößen mußte.

»Setz dich in die Ecke! Putz das Gemüse und spül's ab, und bring das Baby zur Ruhe — ich muß jetzt die Wäsche besorgen.«

Sie gehorchte wimmernd, doch das Baby zur Ruhe zu bringen, war unmöglich. Sein Gesicht war erhitzt, und kleine Schweißtropfen bedeckten den ganzen Kopf; es versteifte den Körper und schrie. Sie hielt das Baby auf den Knien, daneben standen ein Becken mit kaltem Wasser für das geputzte Gemüse und der Schmutzeimer für den Abfall.

»Ts-ts-ts!« summte sie, schälte Kartoffeln und stach die Augen aus. »Bald haben wir noch eins, und ihr könnt doch nicht beide dauernd weinen! Warum willst du nicht schlafen, Baby? Ich tät's, wenn ich du wäre! Ich will dir meinen Traum erzählen! Es war einmal eine kleine weiße Straße . . .«

Sie warf den Kopf in den Nacken. Ein Kloß würgte sie in der Kehle, und dann rannen ihr die Tränen übers Gesicht und aufs Gemüse.

»So geht's aber nicht«, sagte das KIND und schüttelte die Tränen ab. »Hör auf zu weinen, Baby, bis ich hier fertig bin, dann trag' ich dich spazieren!«

Aber als es soweit war, wollte die FRAU, daß sie die Wäsche auf die Leine hängte. Es hatte zu stürmen begonnen, und als sie so auf den Zehenspitzen im Hof stand, war ihr fast, als würde sie fortgeblasen. Aus dem Entenverschlag, wo das Wasser fast zu Jauche geworden war, wehte ein widerlicher Gestank zu ihr hin, doch drüben auf der Wiese sah sie das Gras wie grüne Härchen wehen. Und sie erinnerte sich, von einem Kind gehört zu haben, das einmal einen ganzen Tag lang in genau so einer Wiese gespielt und zum Mittagessen richtige Wurst und Bier bekommen hatte und kein bißchen müde war. Wer hatte ihr die Geschichte erzählt? Sie konnte sich nicht mehr erinnern, und doch war sie so leicht zu behalten.

Die nassen Wäschestücke klatschten ihr ins Gesicht, als sie sie mit den Klammern feststeckte; sie tanzten und zappelten auf der Leine und bauschten sich auf und drehten sich. Mit schleppenden Schritten ging sie — sehnsüchtig auf das Gras zurückblickend — wieder ins Haus.

»Bitte, was soll ich jetzt tun?« fragte sie.

»Mach die Betten und hänge die Babymatratze aus dem Fenster, dann nimm den Kinderwagen und fahr den Jungen ein bißchen auf der Straße spazieren! Aber vor dem Haus, hörst du — wo ich dich sehen kann! Sperr nicht Mund und Nase auf! Und wenn ich dich rufe, kommst du rein und hilfst mir den Salat schneiden.«

Als das Kind die Betten gemacht hatte, stand sie da und betrachtete sie. Sanft strich sie mit der Hand über das Kissen, und dann legte sie — nur für einen kurzen Augenblick — ihren Kopf darauf. Wieder stieg ihr der würgende Kloß in die Kehle, und die dummen Tränen sprangen ihr in die Augen und tropften herunter, während sie das Baby anzog und den kleinen Wagen auf der Straße hin und her schob.

Ein Mann kam mit einem Ochsenwagen vorbei. Er hatte eine lange seltsame Feder am Hut stecken, und im Weitergehen pfiff er. Zwei Mädchen mit Bündeln über der Schulter kamen aus dem Dorf — die eine trug ein rotes Kopftuch, die andre ein blaues. Sie lachten und hatten sich bei der Hand gefaßt. Dann schob die Sonne eine schwere graue Wolkenbank beiseite und verströmte warmes, goldenes Licht über alles.

›Wenn ich die Straße weit genug hinaufginge‹, dachte das KIND-DAS-MÜDE-WAR, ›käme ich vielleicht zu einer kleinen weißen Straße mit hohen schwarzen Bäumen auf beiden Seiten, zu einer kleinen Straße . . .‹

»Salat! Salat!« schrie die Stimme der FRAU aus dem Haus. Bald kamen die Kinder von der Schule nach Hause, das Mittagbrot wurde gegessen, der MANN nahm sich außer seinem eigenen Anteil am Pudding auch noch den der FRAU, und die drei Kinder bekleckerten sich von oben bis unten, einerlei, was sie aßen. Dann wieder Geschirrabwaschen und wieder Putzen und Babyhüten. So schleppte sich der Nachmittag unfreundlich hin. Die alte Frau Grathwohl kam und brachte der FRAU ein frisches Stück Schweinefleisch, und das KIND hörte, wie sie zusammen klatschten.

»Frau Manda hat gestern abend ihre ›Romreise‹ angetreten und eine Tochter mitgebracht. Und wie geht es *Ihnen*?«

»Heute vormittag mußte ich mich zweimal übergeben«, sagte die FRAU. »Meine Eingeweide sind ganz durcheinander, weil ich zu schnell Kinder bekomme.«

»Wie ich sehe, haben Sie eine neue Hilfe«, bemerkte die alte Mutter Grathwohl.

»Ach, großer Gott«, die Frau senkte die Stimme, »kennen Sie sie denn nicht? Sie ist doch die ›Freigeborene‹ — die Tochter von der Kellnerin im Bahnhof. Ihre Mutter wurde dabei überrascht, wie sie der Kleinen den Kopf in den Waschkrug quetschen wollte, deshalb ist das Kind halb verblödet.«

»Ts-ts-ts!« flüsterte die ›Freigeborene‹ dem Baby zu.

Als es auf den Abend zuging, wußte das KIND-DAS-MÜ-DE-WAR nicht mehr, wie es gegen die Müdigkeit ankämpfen sollte. Sie hatte Angst, sich hinzusetzen oder stillzustehen. Als sie beim Abendbrot saß, schienen der MANN und die FRAU anzuschwellen und riesengroß zu werden, während sie zu ihnen hinschaute, und dann wurden sie kleiner als Puppen und hatten Stimmchen, die von draußen zu kommen schienen. Als sie das Baby ansah, hatte es auf einmal zwei Köpfe — und dann keinen Kopf mehr. Sogar von seinem Weinen wurde ihr noch schlechter. Wenn sie daran dachte, daß es bald Schlafenszeit war, zitterte sie vor lauter Freude am ganzen Leibe. Doch als es auf acht Uhr zuging war auf der Straße Räderrollen zu hören, und schon kamen Freunde, eine ganze Gesellschaft, um den Abend mit ihnen zu verbringen.

Da hieß es dann: »Setz den Kaffee auf! Bring mir den Zukkernapf!« »Hol die Stühle aus dem Schlafzimmer!« »Deck den Tisch!« Und schließlich schickte die FRAU sie in das Nebenzimmer, wo sie das Baby beruhigen sollte.

Im Emailleuchter brannte ein kleiner Kerzenstumpf. Während sie mit dem Baby hin und her ging, sah sie ihren eigenen großen, breiten Schatten auf der Wand — wie von einer Erwachsenen mit einem erwachsenen Baby. Wie würde es wohl aussehen, wenn sie erst mal zwei Babies trug!

»Ts-ts-ts!« Es war einmal eine kleine weiße Straße, auf der ging sie entlang, und oh!, so große schwarze Bäume standen auf beiden Seiten!

»He, du!« rief die Stimme der FRAU. »Bring mir meine neue Jacke von hinter der Tür!«

Und als sie sie ins warme Zimmer brachte, sagte die eine Frau: »Sie sieht wie eine Eule aus! Solche Kinder sind selten ganz richtig im Kopf.«

»Warum kannst du das Baby nicht zur Ruhe bringen?« rief der MANN, der gerade so viel Bier getrunken hatte, daß er sich sehr mutig und als Hausherr vorkam.

»Wenn du das Baby nicht zur Ruhe bringst, kannst du nachher was erleben!«

Sie lachten laut heraus, als sie wieder ins Schlafzimmer taumelte.

»Sogar die Jungfrau Maria könnte ihn nicht zur Ruhe bringen«, murmelte sie. »Ob Jesus auch so geweint hat, als er klein war? Wenn ich nicht so müde wäre, könnte ich's vielleicht, aber das Baby weiß bestimmt, daß ich schlafen will. Und nun soll's noch eins geben!«

Sie schleuderte das Baby aufs Bett und stand davor und betrachtete es voller Grauen.

Aus dem nächsten Zimmer drang Gläsergeklirr und warmes Lachen zu ihr herüber. Und plötzlich hatte sie einen herrlichen, einen wunderbaren Einfall.

Zum erstenmal an diesem Tag lachte sie und klatschte in die Hände.

»Ts-ts-ts!« sagte sie. »Lieg nur da, dummes Ding! Du wirst nicht mehr schreien und in der Nacht aufwachen. Komisches, häßliches kleines Baby!«

Der kleine Junge schlug die Augen auf, und beim Anblick des KINDES-DAS-MÜDE-WAR schrie er aus Leibeskräften. Sie hörte, wie die FRAU aus dem Nebenzimmer nach ihr rief.

»Gleich, gleich!« rief sie. »Er schläft schon beinah!«

Und dann kam sie leise auf Zehenspitzen und lächelnd mit dem roten Kissen vom Bett der FRAU an, deckte das Gesicht des Babys damit zu und drückte mit aller Kraft, als er sich wehrte — ›wie eine Ente zappelt, die keinen Kopf mehr hat‹, dachte sie.

Sie stieß einen tiefen Seufzer aus; dann fiel sie und wanderte wieder die kleine weiße Straße mit den hohen schwarzen Bäumen auf beiden Seiten entlang, eine kleine Straße, die nirgends hinführte und wo niemand ging — gar niemand ging.

— — — — — — — — — — — — — — — — —

»Glauben Sie, wir könnten sie bitten, mitzukommen?« fragte Fräulein Elsa, während sie ihre rote Schärpe vor meinem Spiegel neu knotete. »Ich bin nämlich ganz überzeugt, daß sie einen heimlichen Kummer hat, auch wenn sie so intellektuell ist. Und heute früh, als Lisa mein Zimmer aufräumte, hat sie mir erzählt, daß sie stundenlang für sich allein dasitzt und schreibt, ja Lisa behauptet, sie schreibe ein Buch! Deshalb hat sie vermutlich nie Lust, sich mit uns abzugeben, und deshalb hat sie für ihren Mann und das Kind sowenig Zeit!«

»Sie können sie ja fragen«, sagte ich. »Ich habe noch nie mit der Dame gesprochen.«

Elsa wurde ein wenig rot. »Ich habe nur einmal mit ihr gesprochen«, gestand sie. »Ich wollte einen Strauß Wiesenblumen in ihr Zimmer stellen, und sie kam an die Tür — mit offenen Haaren und einem weißen Gewand. Ich werd's nie vergessen! Sie nahm mir nur die Blumen ab, und dann hörte ich sie, weil die Tür nicht richtig geschlossen war, wie sie auf dem Flur hin- und herging und sagte: ›Reinheit! Duft! Duft der Reinheit und Reinheit des Dufts!‹ Es war wundervoll!«

In diesem Augenblick klopfte Frau Kellermann an meine Tür. »Sind Sie fertig?« fragte sie, kam in mein Zimmer und nickte uns sehr freundlich zu. »Die Herren warten schon auf der Treppe draußen, und ich habe die Fortschrittliche Dame gebeten, mitzukommen!«

»Oh, wie phantastisch!« rief Elsa. »Gerade in diesem Moment haben die gnädige Frau und ich überlegt, ob . . .«

»Ja, ich traf sie, als sie aus ihrem Zimmer kam, und sie sagte, sie fände den Gedanken entzückend. Sie ist noch nie in Schlingen gewesen, wie wir alle nicht. Jetzt ist sie unten und spricht mit Herrn Erchardt. Ich glaube, es wird ein reizender Nachmittag werden!«

»Wartet Fritzi auch?« fragte Elsa.

»Natürlich, liebes Kind — so ungeduldig wie ein hungriger

Mann, der auf das Zeichen zum Mittagessen wartet. Laufen Sie nur!«

Elsa lief, und Frau Kellermann lächelte mir bedeutungsvoll zu. In der letzten Zeit hatten Frau Kellermann und ich nur selten miteinander gesprochen, vor allem wegen der Tatsache, daß es ›ihrer einzigen ihr verbliebenen Freude‹ — ihrem reizenden Karlchen — nicht gelungen war, gewisse mütterliche Gefühle, die als Funken sonder Zahl auf dem Altar jedes achtbaren Frauenherzens glimmen sollten, bei mir zur lodernden Flamme anzufachen; doch angesichts des geplanten gemeinsamen Ausflugs waren wir hinreißend nett miteinander.

»Für uns«, sagte sie, »ist es eine doppelte Freude! Wir können das Glück der beiden lieben Kinder miterleben — ich spreche von Elsa und Fritz. Gestern früh haben sie einen Brief von ihren Eltern erhalten, daß sie einverstanden seien. Es ist sehr sonderbar, aber sobald ich in der Gesellschaft von Jungverlobten bin, blühe ich auf. Jungverlobte Paare, junge Mütter mit ihrem ersten Kind und normale Sterbebetten haben alle dieselbe Wirkung auf mich. — Wollen wir zu den andern gehen?«

Ich hätte sie gar zu gern gefragt, weshalb ›normale‹ Sterbebetten jemanden zum Aufblühen bringen können, sagte aber nur: »Ja, gehen wir!«

Auf der Treppe unsrer Pension wurden wir von der kleinen Gruppe von Kurgästen mit den bekannten, aufgeregten Freudenrufen begrüßt, die auch den harmlosesten deutschen Ausflug so liebenswürdig ankündigen. Herr Erchardt und ich waren uns bis dahin noch nicht begegnet, deshalb fragten wir einander — in Übereinstimmung mit genau festgelegten Pensionsgepflogenheiten —, wie lange wir in der letzten Nacht geschlafen hätten, ob wir angenehm geträumt hätten, wann wir aufgestanden seien, ob der Kaffee, als wir beim Frühstück erschienen, heiß gewesen sei, und wie wir den Vormittag verbracht hätten. Nachdem wir uns diese Stufenleiter fast nationaler Höflichkeit hinaufgemüht hatten, liefen wir triumphierend und lächelnd durchs Ziel und machten eine Pause, um Atem zu schöpfen.

»Und jetzt«, sagte Herr Erchardt, »habe ich eine freudige Überraschung für Sie! Die Frau Professor will sich uns heute nachmittag anschließen!« Er nickte der Fortschrittlichen Dame leutselig zu: »Erlauben Sie mir, Sie miteinander bekannt zu machen!«

Wir verneigten uns sehr formell und musterten einander mit dem sattsam bekannten Adlerauge, das aber weit eher ein Merkmal der Frauen als der niemals Ärgernis erregenden Vögel ist. »Ich nehme an, daß Sie Engländerin sind?« sagte sie. Ich bestätigte es. »Ich lese gerade sehr viele englische Bücher — oder vielmehr, ich studiere sie.«

»Oh«, rief Herr Erchardt, »ist es zu glauben? Schon etwas Gemeinsames gefunden! Ich habe mich entschlossen, vor meinem Tode Shakespeare in seiner Muttersprache kennenzulernen — aber daß auch Sie, Frau Professor, bereits in diesen Bronnen englischen Geistes eingetaucht sind!«

»Nach dem, was ich gelesen habe«, entgegnete sie, »halte ich ihn nicht für einen sehr tiefen Bronnen!«

Er nickte verständnisinnig.

»Stimmt«, antwortete er, »das habe ich auch vernommen... Aber wir wollen unsrer kleinen englischen Freundin nicht den Ausflug vergällen. Wir können uns ein andermal darüber unterhalten.«

»Also wie ist's, sind wir bereit?« fragte Fritz, der am Fuß der Treppe stand und Elsas Ellbogen mit seiner Handmuschel stützte. Sofort entdeckte man, daß Karl abhanden gekommen war.

»Ka-rell! Karl-chen!« riefen wir. Keine Antwort.

»Aber vor einer Minute war er noch hier«, sagte Herr Langen, ein müder, bleicher Jüngling, der sich von einem Nervenzusammenbruch infolge von zuviel Philosophie und zuwenig Essen erholte. »Hier hat er gesessen und mit einer Haarnadel das Getriebe aus seiner Uhr herausgestochert.«

Frau Kellermann fiel über ihn her: »Wollen Sie etwa behaupten, mein lieber Herr Langen, daß Sie dem Kind nicht Einhalt geboten haben?«

»Stimmt«, sagte Herr Langen. »Ich hab's früher schon versucht, ihm Einhalt zu gebieten.«

»Ja, das Kind hat eine unerhörte Energie; sein Gehirn kommt nie zur Ruhe. Wenn er nicht dies macht, dann macht er jenes!«

»Vielleicht hat er sich jetzt an die Eßzimmeruhr herangemacht«, meinte Herr Langen mit abscheulicher Vorfreude.

Die Fortschrittliche Dame schlug vor, daß wir ohne ihn gehen sollten. »Ich nehme mein Töchterchen nie auf Ausflüge mit«, sagte sie. »Ich habe ihr angewöhnt, vom Augenblick an, wo ich ausgehe und bis ich wieder zurückkehre, ruhig in meinem Schlafzimmer zu sitzen.«

»Da ist er ja! Da ist er ja!« piepste Elsa, und alle beobachteten, wie Karl — sehr zum Schaden der Zweige — eine Kastanie hinunterrutschte.

»Ich habe gehört, was du über mich gesagt hast, Mumma«, bekannte er, während Frau Kellermann ihn abputzte. »Das mit der Uhr ist gar nicht wahr! Ich habe sie bloß angeschaut — und das kleine Mädchen bleibt nie im Schlafzimmer sitzen. Sie hat mir selber gesagt, daß sie immer in die Küche runtergeht, und ...«

»Also das genügt jetzt«, sagte Frau Kellermann.

Wir marschierten *en masse* die Bahnhofstraße entlang. Es war ein sehr warmer Nachmittag, und dauernd riefen uns Gruppen andrer Kurgäste nach, die in den Pensionsgärten ihrer Verdauung mit etwas frischer Luft nachhalfen; sie fragten, ob wir spazierengehen wollten, und als wir unser Ziel, Schlingen, nannten, riefen sie mit ungeheurem, schlecht verhehltem Vergnügen: »Ach herrje! Gute Reise!«

»Das sind aber acht Kilometer!« schrie ein alter Mann mit weißem Bart, der sich gegen einen Zaun lehnte und sich mit einem gelben Taschentuch Luft zufächelte.

»Siebeneinhalb!« antwortete Herr Erchardt barsch.

»Acht!« brüllte der Weiße.

»Siebeneinhalb!«

»Acht!«

»Der Mann ist verrückt«, erklärte Herr Erchardt.

»Also gut, dann lassen Sie ihn in Frieden verrückt sein«, sagte ich und hielt mir die Ohren zu.

»Solche Unwissenheit darf man nicht unwidersprochen

durchgehen lassen«, sagte er, kehrte uns den Rücken zu und hielt siebeneinhalb Finger hoch, denn er war zu abgekämpft, um noch länger zu schreien.

»Acht!« donnerte der Graubart mit jugendlicher Frische. Wir waren sehr ernüchtert und lebten erst wieder auf, als wir an einen weißen Wegweiser kamen, der uns ersuchte, die Landstraße zu verlassen und auf dem Feldweg weiterzugehen, ohne das Gras mehr als unbedingt nötig zu zertrampeln. Verdolmetscht bedeutete es: ›Im Gänsemarsch gehen‹, und das war für Elsa und Fritz niederschmetternd. Karl tollte voraus, glücklich, wie es Kinder sind, und köpfte mit dem Sonnenschirm seiner Mutter alle Blumen, die er erreichen konnte. Hinter ihm kamen die drei andern, dann ich, und die beiden Verliebten beschlossen den Zug. Und außer den Gesprächen der Vorausabteilung durfte ich folgendes köstliche Getuschel mitanhören: Fritz: »Liebst du mich?« Elsa: »Ja!« Fritz, leidenschaftlich: »Aber wie sehr?« Darauf entgegnete Elsa nichts weiter als: »Wie sehr liebst du mich denn?«

Fritz entging der wahrhaft menschenfreundlichen Falle, indem er sagte: »Ich habe dich zuerst gefragt!«

Es war so verwirrend, daß ich nach vorne ausbrach und vor Frau Kellermann einherwanderte — in friedvollem Wissen, daß sie ›aufgeblüht‹ war und daß ich in keiner Weise verpflichtet war, selbst meine liebsten und nächsten Menschen über den genauen Grad meiner Zuneigung zu ihnen zu unterrichten. ›Mit welchem Recht stellen sie einander am Tage, nach dem sie Briefe mit dem Einverständnis ihrer Eltern erhalten haben, noch derartige Fragen? Mit welchem Recht stellen sie einander überhaupt derartige Fragen?‹ dachte ich. ›Durch Verlobung und Heirat wird eine Liebesaffäre zu einer durchaus bestätigten Angelegenheit — sie aber maßen sich die Vorrechte der ihnen Überlegenen und Einsichtigeren an.‹

Der Saum des Feldes schmiegte sich wie eine Halskrause an den riesigen Tannenwald, der sehr verlockend und kühl aussah. Ein neuer Wegweiser bat uns, den breiten Weg nach Schlingen einzuschlagen und Abfallpapier und Obstschalen in die zu diesem Zweck an den Bänken befestigten Drahtbehälter zu deponieren. Wir setzten uns auf die erste Bank, und Karl erforschte mit großer Wißbegier den Drahtbehälter.

»Ich liebe den Wald«, sagte die Fortschrittliche Dame und lächelte kläglich in die Luft. »In einem Wald scheint sich mein Haar sofort zu regen und sich seines unzivilisierten Ursprungs zu erinnern.«

»Aber auch wörtlich genommen«, sagte Frau Kellermann nach einer verständnisvollen Pause, »gibt es für die Kopfhaut bestimmt nichts Besseres als die Luft im Tannenwald!«

»Oh, Frau Kellermann«, sagte Elsa, »bitte zerstören Sie uns nicht die Magie!«

Die Fortschrittliche Dame blickte sie sehr wohlwollend an. »Haben auch Sie das magische Herz der Natur entdeckt?« sagte sie.

Das war für Herrn Langen das gegebene Stichwort. »Die Natur hat kein Herz«, sagte er sehr bitter und ohne zu zögern, wie es Menschen tun, die unterernährt, aber mit Philosophie überfüttert sind. »Sie erschafft, damit sie zerstören kann. Sie verschlingt, damit sie ausspeien kann, und sie speit aus, damit sie verschlingen kann. Deshalb halten wir, die wir gezwungen sind, unter ihren trampelnden Füßen ein kümmerliches Dasein zu führen, die Welt für wahnsinnig und erkennen die mörderische Pöbelhaftigkeit der Erzeugung.«

»Junger Mann«, unterbrach ihn Herr Erchardt, »Sie haben nie gelebt und nie gelitten!«

»O Verzeihung, woher wollen Sie das wissen?«

»*Ich* weiß es, weil Sie es mir erzählt haben, und damit basta! Kommen Sie nach zehn Jahren wieder zu dieser Bank her und wiederholen Sie mir Ihre Worte«, sagte Frau Kellermann, einen Blick auf Fritz werfend, der sich mit leidenschaftlicher Inbrunst bemühte, Elsas Finger zu zählen, »und bringen Sie Ihre junge Frau mit und beobachten Sie vielleicht Ihr spielendes Kindchen . . .« Sie drehte sich zu Karl um, der eine alte Illustrierte aus dem Drahtkorb ausgegraben hatte und die Anzeige eines Mittels zur Erlangung eines ›prachtvollen Busens‹ buchstabierte.

Der Satz blieb unbeendet. Wir beschlossen weiterzugehen. Als wir tiefer in den Wald eindrangen, hoben sich unsere Lebensgeister und erklommen einen Punkt, wo sie — auf seiten der drei Herren — in ein Lied ausbrachen: »O Welt, wie bist du wunderbar!« —, dessen zweite Stimme gellend von Herrn Langen gehalten wurde, der sich völlig erfolglos bemühte, sie entsprechend seiner ›Weltanschauung‹ mit Ironie zu tränken. Sie schritten voraus und ließen uns — heiß und glücklich — hinterherzotteln.

»Jetzt ist die Gelegenheit da«, sagte Frau Kellermann. »Liebe Frau Professor, erzählen Sie uns ein wenig von Ihrem Buch!«

»Oh, woher wußten Sie, daß ich ein Buch schreibe?« rief sie neckisch.

»Elsa hat es von Lisa erfahren. Und ich persönlich bin noch nie einer Frau begegnet, die ein Buch schreibt. Wie machen Sie es nur, genug zusammenzubringen, um es aufzuschreiben?«

»Das ist nicht das Problem«, antwortete die Fortschrittliche Dame — sie nahm Elsas Arm und stützte sich darauf. »Das Problem ist, zu wissen, wann man aufhören muß. Mein Gehirn ist seit Jahren ein Bienenstock gewesen, und vor ungefähr drei Monaten sind die aufgestauten Gewässer über meine Seele hereingebrochen, und seither schreibe ich den ganzen Tag bis spät in die Nacht hinein und habe immer weiter meine Inspirationen und Gedanken, die mit ungeduldigen Schwingen mein Herz bedrängen.«

»Ist es ein Roman?« fragte Elsa scheu.

»Natürlich ist es ein Roman!« sagte ich.

»Wie können Sie das mit solcher Bestimmtheit behaupten?« fragte Frau Kellermann und faßte mich streng ins Auge.

»Weil nichts als ein Roman eine derartige Wirkung hervorrufen kann!«

»Ach, streiten Sie nicht!« sagte die Fortschrittliche Dame anmutig. »Ja, es ist ein Roman. Über die moderne Frau. Denn mir scheint, es ist die Stunde der Frau. Er ist geheimnisvoll und beinah prophetisch, das Symbol der wahrhaft emanzipierten Frau. Sie ist keins von jenen wilden Geschöpfen, die

94

ihr Geschlecht leugnen und ihre zerbrechlichen Schwingen unter . . . unter . . .«

». . . dem englischen Schneiderkostüm ersticken?« half Frau Kellermann ihr.

»So wollte ich es nicht ausdrücken. Eher: unter der verlogenen Tracht falscher Männlichkeit!«

»Was für eine subtile Differenziertheit!« murmelte ich.

»Wen also«, fragte Fräulein Elsa und himmelte die Fortschrittliche Dame an, »wen halten Sie für eine wahre Frau?«

»Sie ist die Inkarnation der allumfassenden Liebe!«

»Aber meine liebe Frau Professor«, wandte Frau Kellermann ein, »Sie müssen bedenken, daß man heutzutage so selten Gelegenheit hat, im häuslichen Kreis Liebe zu entfalten! Der Ehemann ist den ganzen Tag im Geschäft und möchte natürlich schlafen, wenn er nach Hause kommt, und die Kinder sind einem vom Schoß gehüpft und in der Universität, bevor man sie auch nur die Spur mit Liebe überhäufen kann!«

»Aber Lieben ist nicht gleichbedeutend mit Überhäufen«, sagte die Fortschrittliche Dame. »Liebe ist die im Busen gehegte Lampe, und ihr stiller Strahl berührt alle Höhen und Tiefen des . . .«

». . . dunkelsten Afrika«, murmelte ich vorlaut.

Sie hörte es nicht.

»Der Fehler, den wir in der Vergangenheit gemacht haben — wir als geschlechtliche Wesen«, sagte sie, »besteht darin, nicht erkannt zu haben, daß unser Talent zu geben für die ganze Welt gemeint ist — wir sind die freudigen Opfergaben unser selbst!«

»Oh«, rief Elsa hingerissen und keuchte, beinah platzend vor Gebefreudigkeit, »wie ich das verstehe! Seit nämlich Fritz und ich verlobt sind, verzehrt mich der Wunsch, jedermann zu geben und an allem teilhaben zu lassen!«

»Wie furchtbar gefährlich!« sagte ich.

»Es ist nur die Schönheit der Gefahr — oder die Gefahr der Schönheit«, sagte die Fortschrittliche Dame, »und damit haben Sie den Leitgedanken meines Buches: daß die Frau nichts anderes als eine Gabe ist.«

Ich lächelte ihr ganz süß zu. »Ich würde nämlich auch gern

ein Buch schreiben«, sagte ich, »ein Buch über die Ratsamkeit, sich um seine Töchter zu kümmern und sie an die frische Luft zu führen und sie von der Küche fernzuhalten!«

Ich glaube, das männliche Element muß diese zornigen Schwingungen gespürt haben: die Herren hörten auf zu singen, und gemeinsam verließen wir den Wald und sahen tief unter uns, in ein Nest aus Hügeln geschmiegt, die Ortschaft Schlingen mit ihren im Sonnenschein leuchtenden weißen Häusern. »Wie lauter Eier in einem Vogelnest!« meinte Herr Erchardt. Wir stiegen nach Schlingen hinunter und bestellten in der Wirtschaft ›Zum Goldenen Hirschen‹ saure Milch und frische Sahne und Brot. Es war eine sehr nette Wirtschaft mit Tischen in einem Rosengarten, wo Hühner und Küken aufgeregt herumliefen und sogar auf die nicht besetzten Tische flatterten und an den roten Karos der Tischdecken pickten. Wir brockten das Brot in die Schüsselchen, gossen die Sahne darüber und rührten das Ganze mit flachen Holzlöffeln um, während der Wirt und seine Frau uns zuschauten.

»Herrliches Wetter!« rief Herr Erchardt, seinen Holzlöffel schwenkend, dem Wirt zu, doch der zuckte nur die Achseln.

»Wie? Nennen Sie's etwa nicht herrlich?«

»Wenn Sie so wollen«, antwortete der Wirt, der uns offenbar ablehnte.

»So ein himmlischer Spaziergang!« sagte Fräulein Elsa, und gebefreudig bedachte sie die Wirtin mit ihrem reizendsten Lächeln.

»Ich gehe nie spazieren«, sagte die Wirtin. »Wenn ich nach Mindelbau will, fährt mein Mann mich hin — ich hab' mit meinen Beinen Wichtigeres zu tun, als durch den Staub zu waten.«

»Mir gefallen diese Leute«, gestand mir Herr Langen. »Mir gefallen sie außerordentlich. Ich werde mir wohl hier für den ganzen Sommer ein Zimmer nehmen!«

»Warum?«

»Oh, weil sie der Erde so nah verbunden sind und sie deshalb verachten.«

Er schob sein Schüsselchen Sauermilch von sich weg und zündete sich eine Zigarette an. Wir aßen reichlich und ernst, bis sich die siebeneinhalb Kilometer nach Mindelbau wie eine Ewigkeit vor uns ausdehnten. Sogar Karl mit seinem Ungestüm war so gesättigt, daß er sich auf die Erde legte und seinen Ledergürtel abschnallte.

Elsa beugte sich plötzlich zu Fritz hinüber und flüsterte ihm etwas zu, und nachdem er sie bis zu Ende angehört und sie dann gefragt hatte, ob sie ihn liebe, stand er auf und hielt eine kleine Ansprache.

»Wir ... wir möchten unsre Verlobung mit einer Einladung an Sie alle feiern, mit uns im Wagen des Wirts heimzufahren — falls — falls wir alle hineinpassen.«

»Oh, was für ein wunderbarer, nobler Einfall!« rief Frau Kellermann und stieß einen Seufzer der Erleichterung aus, der zwei ihrer Korsetthaken hörbar sprengte.

»Das ist meine kleine Gabe«, sagte Elsa zu der Fortschrittlichen Dame, die beinah Tränen der Dankbarkeit vergoß, denn sie hatte drei Portionen gegessen.

In den Bauernwagen gezwängt und vom Wirt kutschiert, der seine Verachtung für Mutter Erde durch gelegentliches heftiges Ausspucken zu erkennen gab, ruckelten wir wieder nach Hause, und je mehr wir uns Mindelbau näherten, desto mehr liebten wir es und uns.

»Derartige Ausflüge müssen wir noch oft unternehmen«, sagte Herr Erchardt zu mir, »denn im Freien, in der einfachen, ländlichen Umgebung lernt man bestimmt die Menschen kennen — man teilt die gleichen Freuden — man hat freundschaftliche Gefühle. Wie sagt doch Ihr Shakespeare? Einen Augenblick, ich habe es gleich! ›Die Freunde, die du besitzt und deren Anhänglichkeit du erprobt hast, die schmiede an deine Seele mit Reifen wie aus Stahl!‹«

»Aber«, wandte ich ein und hegte dabei sehr freundliche Gefühle für ihn, »das Dumme mit meiner Seele ist, daß sie sich weigert, überhaupt irgend jemanden an sich zu schmieden — und ich bin überzeugt, daß die schwere Last eines Freundes, dessen Anhänglichkeit sie erprobt hat, sie umgehend töten würde. Sie hat noch nie das leiseste Anzeichen eines Reifens gezeigt!«

Er stieß gegen meine Knie und bat für sich selbst und für den Wagen um Entschuldigung.

»Meine liebe junge Dame, Sie dürfen das Zitat nicht wörtlich auffassen! Selbstverständlich ist man sich der Reifen nicht körperlich bewußt — doch Reifen sind vorhanden in der Seele des- oder derjenigen, die ihre Mitmenschen lieben . . . Nehmen Sie zum Beispiel den heutigen Nachmittag! Wie machten wir uns auf den Weg? Als Fremde, könnte man sagen, und doch — wir alle —, wie sind wir nach Hause gekommen?«

»In einem Ackerwagen!« rief ›die einzige noch verbliebene Freude‹, seekrank auf dem Schoß seiner Mutter sitzend.

Wir fuhren am Rand des Feldes entlang, das wir zu Fuß durchquert hatten, und kamen am Friedhof vorbei. Herr Langen beugte sich über seinen Sitz hinaus und grüßte die Gräber. Er saß neben der Fortschrittlichen Dame — im Schutz ihrer Schulter.

Ich hörte sie murmeln. »Wenn Ihre Haare so im Wind wehen, sehen Sie wie ein kleiner Junge aus.« Herr Langen, nun etwas weniger bitter, sah die letzten Gräber aus seinem Blickfeld entschwinden. Und ich hörte sie murmeln: »Warum sind sie so traurig? Auch ich bin manchmal sehr traurig, aber — Sie sind ja jung genug, daß ich dergleichen zu sagen wage — ich weiß auch um viel Freude!«

»Was wissen Sie?« sagte er.

Ich lehnte mich vor und berührte die Hand der Fortschrittlichen Dame.

»Ist es nicht ein netter Nachmittag gewesen?« sagte ich herausfordernd. »Aber wissen Sie, diese Theorie da, die Sie über Frauen und die Liebe aufgestellt haben — die ist so alt wie Methusalem — ach was, noch älter!«

Von der Straße ertönte plötzlich Triumphgeschrei. Ja, da war er wieder, weißer Bart, seidenes Taschentuch und unbezwingliche Begeisterung.

»Was habe ich gesagt? Acht Kilometer — und so ist es!«

»Siebeneinhalb!« kreischte Herr Erchardt.

»Warum kehren Sie dann auf einem Ackerwagen zurück? Acht Kilometer, und dabei bleibt's!«

Herr Erchardt machte ein Sprachrohr aus seinen Händen und stand im rüttelnden Wagen aufrecht da, während Frau Kellermann seine Knie umklammerte. »Siebeneinhalb!« »Unwissenheit darf nicht unwidersprochen bleiben«, sagte ich zu der Fortschrittlichen Dame.

Der Pendelschlag

Die Vermieterin klopfte an die Tür.

»Herein!« rief Viola.

»Hier ist ein Brief für Sie«, sagte die Vermieterin, »eine Eil-zustellung!« Sie hielt den grünen Umschlag mit einem Zipfel ihrer schmuddeligen Schürze fest.

»Danke!« Viola, die auf dem Fußboden kniete und in dem kleinen, staubigen Ofen stocherte, streckte die Hand aus. »Muß ich gleich antworten?«

»Nein. Der Bote ist weggegangen.«

»Dann ist's ja gut.« Sie sah der Vermieterin nicht ins Gesicht; sie schämte sich, weil sie die Miete nicht zahlen konnte, und fragte sich erbittert und ohne Hoffnung, ob die Frau wieder anfangen würde, ihr zu drohen.

»Und das Geld, das Sie mir schulden . . .«, sagte die Vermieterin.

›O mein Gott, da geht's wieder los!‹ dachte Viola, kehrte der Frau den Rücken und schnitt dem Ofen eine Grimasse.

»Entweder zahlen Sie's — oder Sie gehen!« Die Vermieterin hob die Stimme. »Ich bin nämlich eine Dame, eine ehrbare Frau, möcht' ich Ihnen mal verraten. Ich dulde keine Läuse in meinem Haus, die sich in den Möbeln einnisten und alles abnutzen! Geld auf den Tisch — oder Sie sind bis morgen um zwölf ausgezogen!«

Viola sah die Gesten der Frau weniger, als daß sie sie spürte. Mit einer törichten, hilflosen Bewegung winkte sie ab — wie wenn ihr plötzlich eine schmutzige Taube ins Gesicht fliegen wollte. ›Das eklige alte Biest! Puh! Und wie sie riecht — wie zerlaufener Käse und nasse Wäsche!‹

»Also gut«, antwortete sie schroff, »entweder die Miete, oder ich ziehe morgen aus! Schon gut — schreien Sie mich nicht an!«

Es war erstaunlich: immer, bevor die Frau in ihre Nähe kam, zitterte sie am ganzen Leibe — schon bei dem bloßen Geräusch, mit dem die Plattfüße die Treppe hinaufgestampft kamen, wurde ihr übel —, aber wenn sie sich dann gegen-

überstanden, war sie vollkommen ruhig und gelassen und
konnte nicht verstehen, weshalb sie sich wegen des Geldes
Sorgen gemacht hatte oder weshalb sie sich auf Zehenspitzen
aus dem Hause stahl und nicht einmal wagte, die Tür hinter
sich ins Schloß zu ziehen, aus Angst, die Vermieterin könnte es hören und ihr etwas Scheußliches nachrufen, oder
weshalb sie nächtelang in ihrem Zimmer auf und ab wanderte und sich plötzlich vor den Spiegel stellte und ihrem traurigen Spiegelbild zurief: »Geld! Geld! Geld!« Wenn sie allein war, erschien ihre Armut wie ein riesiger Alptraumberg,
in dem ihre Füße fest verwurzelt waren und schmerzten —
doch wenn es ums Handeln ging und keine Zeit für Phan-
tastereien blieb, dann verkümmerte der Alptraumberg und
wurde zu einer widerlichen ›Kneif die Nase zu!‹-Sache, die
man so rasch wie möglich und mit Zorn und einem großartigen Überlegenheitsgefühl hinter sich brachte.
Die Vermieterin stürmte aus dem Zimmer und knallte die
Tür zu, so daß sie zitterte und ratterte, als hätte sie das Gespräch mit angehört und sei voller Mitgefühl mit der alten
Hexe.
Viola öffnete den Brief, noch auf den Fersen hockend. Er
war von Casimir.
›Ich komme heute nachmittag um drei zu dir — und muß am
Abend wieder weg. Alle Neuigkeiten, wenn wir uns sehen!
Hoffentlich bist du glücklicher als ich! — Casimir.‹
»Pffft! Wie freundlich!« spöttelte sie. »Wie leutselig! Wirk-
lich zu gütig von dir!« Sie sprang auf und zerknüllte den
Brief in der Hand. »Und woher willst du wissen, ob ich bis
drei Uhr nachmittags hierbleibe und auf das Vergnügen deines Besuchs warte?« Aber sie wußte, daß sie warten würde;
ihr Zorn war nur zur Hälfte ernst gemeint. Sie sehnte sich
danach, Casimir zu sehen, denn sie war voller Zuversicht,
daß sie ihm diesmal die Lage begreiflich machen konnte . . .
»Denn so, wie es jetzt ist, ist's unerträglich — unerträglich!«
stammelte sie.
Es war zehn Uhr vormittags, ein grauer Tag, der vom flüchtigen Aufflackern blassen Sonnenscheins seltsam aufgehellt
wurde. Sooft die jähe Helligkeit in ihr Zimmer drang, sah es

unaufgeräumt und verschmutzt aus. Sie zog die Markisen herunter — doch dadurch entstand eine anhaltende, weißliche Helle, die ebenso schlimm war. Das einzige, was in dem Zimmer lebte, war ein Glas mit Hyazinthen, das ihr die Tochter der Vermieterin geschenkt hatte: es stand auf dem Tisch und verströmte aus plumpen Blütenkolben einen kränklichen Duft; sogar dicke Knospen entfalteten sich, und die Blätter glänzten wie Öl.

Viola ging zum Waschständer, goß Wasser in das Emailbecken und erfrischte Gesicht und Hals mit dem Schwamm. Dann tauchte sie das ganze Gesicht ein, öffnete im Wasser die Augen und schüttelte den Kopf hin und her: es war lustig! Sie wiederholte es dreimal. ›Wahrscheinlich könnte ich mich ertränken, wenn ich lange genug drin bliebe‹, dachte sie. ›Möchte mal wissen, wie lange es dauert, bis man die Besinnung verliert! Habe schon oft von Frauen gelesen, die sich in einem Eimer ertränkt haben. Möchte mal wissen, ob Luft durch die Ohren eindringen kann — und ob das Becken so tief wie ein Eimer sein müßte.‹ Sie unternahm einen Versuch — umklammerte den Waschständer mit beiden Händen und tauchte den Kopf langsam ins Wasser — da klopfte wieder jemand an die Tür. Diesmal nicht die Vermieterin — es mußte Casimir sein. Mit tropfnassem Gesicht und Haar und einem Leibchen, das nicht zugeknöpft war, lief sie an die Tür und öffnete.

Ein fremder Mann lehnte sich gegen den Türrahmen; als er sie erblickte, riß er die Augen sehr weit auf und lächelte reizend. »Verzeihung, wohnt hier Fräulein Schäfer?«

»Nein — habe noch nie von ihr gehört!« Sein Lächeln war ansteckend, so daß sie auch lächeln wollte — und nach dem Wasser fühlte sie sich so frisch und rosig.

Der fremde Mann schien von Verwunderung überwältigt zu sein. »Nein?« rief er. »Sie meinen wohl, daß sie ausgegangen ist?«

»Nein — hier wohnt sie nicht!« antwortete Viola.

»Aber — Verzeihung — einen Augenblick!« Er rückte vom Türrahmen ab und stellte sich breitbeinig vor sie hin. Er knöpfte seinen Mantel auf und zog einen Papierfetzen aus der Brusttasche, den er mit seinen behandschuhten Fingern glättete, ehe er ihn Viola reichte.

»Ja, das ist die Straße, die stimmt, aber die Nummer muß falsch sein. Es gibt ja so viele Pensionen hier in der Straße, und so große.«

Wassertropfen fielen aus ihrem Haar auf das Papier. Sie lachte hell auf. »Oh, ich muß furchtbar aussehen—nur einen Augenblick!« Sie lief zum Waschständer und ergriff ein Handtuch. Die Tür stand noch offen . . . Immerhin gab es nichts mehr zu sagen. Weshalb hatte sie ihn denn nur aufgefordert, einen Augenblick zu warten? Sie legte sich das Handtuch um die Schultern und ging wieder—plötzlich sehr ernst — an die Tür. »Bedaure — ich kenne niemand, der so heißt«, sagte sie scharf.

Drauf der Fremde: »Bedaure selber! Wohnen Sie schon lange hier?«

»Hm — ja — schon sehr lange.« Sie begann die Tür langsam zu schließen.

»Also dann guten Morgen und besten Dank! Hoffentlich habe ich Sie nicht gestört!«

»Guten Morgen!«

Sie hörte ihn den Flur entlanggehen und dann stehenbleiben—zündete sich wohl eine Zigarette an. Ja — ein schwacher Hauch köstlichen Zigarettenrauchs drang in ihr Zimmer. Sie schnupperte und lächelte wieder. Also das war wirklich eine interessante Unterbrechung gewesen! Er hatte so erstaunlich zufrieden ausgesehen: die schwere Kleidung und die dicken, zugeknöpften Handschuhe, das wunderschön gebürstete Haar . . . und dann das Lächeln . . . fidel war das richtige Wort — einfach ein gutgenährter junger Mann und die weite Welt sein Tummelplatz! Leute wie der taten einem wohl—bei ihrem Anblick fühlte man sich ›wie neu‹. Normal waren sie, so normal und solide. Man konnte sich drauf verlassen, daß sie vom Tag ihrer Geburt bis zu ihrem Sterbetag nicht eine einzige verrückte Anwandlung hatten. Und das Leben war ihr Verbündeter—sie durften ihm auf dem Schoß tanzen — und mit vollem Recht. Jetzt aber fiel ihr Casimirs Brief ein, der zerknüllt auf dem Fußboden lag, und ihr Lächeln erstarb. Sie starrte auf den Brief und begann dabei ihr Haar zu flechten: ein dumpfes Wutgefühl beschlich sie — sie schien es in ihre Haare hineinzuflechten und es fest auf den Kopf zu stecken . . . Natürlich, *das* war die ganze Zeit schuld gewesen. Was denn? Oh, Casimirs schrecklicher Ernst. Wäre sie glücklich gewesen, als sie ihm das erstemal begegnete, hätte sie ihn überhaupt nicht angeschaut — aber sie waren ja wie zwei Patienten im gleichen Krankenhaussaal gewesen — jeder hatte Trost in der Krankheit des andern gesucht — eine reizende Grundlage für ein Liebesverhältnis! Das Unglück hatte ihre Köpfe zusammengebumst: sie hatten einander angeschaut, und verblüfft über den Zusammenprall, hatten sie Mitgefühl empfunden . . . ›Ich wünschte, ich könnte mich außerhalb stellen und die ganze Sache von außen beurteilen — dann fände ich einen Ausweg. Bestimmt bin ich in Casimir verliebt gewesen . . . Oh, sei doch endlich mal ehrlich!‹ Sie warf sich aufs Bett und vergrub das Gesicht im Kissen. ›Ich war nicht verliebt. Ich brauchte jemand, der sich um mich kümmert und für mich sorgt, bis sich meine Arbeit bezahlt macht — und der mir Ärger mit andern Leuten fernhält. Und was wäre geschehen, wenn ich ihm nicht begegnet wäre? Dann hätte ich mein erbärmliches bißchen Monatsgeld ausgegeben, und dann . . . Ja, das hat mir den Anstoß gegeben, daß ich an das ‚und dann‘ dachte. Er war die einzige Lösung. Und damals habe ich an ihn geglaubt. Ich dachte, seine Arbeiten müßten nur erst einmal anerkannt werden, dann würde er im Geld schwimmen. Ich dachte, wir könnten vielleicht einen Monat lang arm sein — und er sagte, wenn er mich nur hätte, als Anregung . . . Komisch, wenn's nicht so verdammt tragisch wäre! Genau das Gegenteil ist eingetroffen — er hat seit Monaten keine Zeile veröffentlicht, ich übrigens auch nicht, aber das hatte ich auch nicht erwartet. Ja, das ist die Wahrheit: ich bin hart und bitter und habe weder Vertrauen noch Liebe für Männer übrig, die erfolglos sind. Es endet immer damit, daß ich sie verachte, wie ich jetzt Casimir verachte. Vermutlich ist es der primitive Stolz des Weibchens, das sich den Mann, an den sie sich verschenkt hat, gerne als einen sehr großen Häuptling vorstellt. Aber in diesem widerlichen Haus zu verkommen, während Casimir die Stadt abgrast, um eine einzige offene Redaktionstür zu finden — das ist demütigend! Es hat schon mein ganzes Wesen verändert! Ich bin nicht zur Armut geschaffen — ich gedeihe bloß zwischen richtig fidelen Leuten — zwischen Leuten, die niemals Sorgen haben.‹

Das Bild des Fremden stieg vor ihr auf und ließ sich nicht abweisen. ›Das war der richtige Mann für mich, wenn man's bei Licht besieht — ein Mann ohne Sorgen, der mir alles geben würde, das ich haben will, und bei dem ich mich immer springlebendig fühle und mit der Welt versöhnt. Kämpfen wollte ich niemals — das war mir nicht gegeben. Im Grunde steckt ein Quell an Unbeschwertheit in mir, der bei dem jetzigen abscheulichen Leben allmählich eintrocknet. Wenn es so weitergeht, sterbe ich, und dabei . . .‹, sie drehte sich auf dem Bett um und breitete die Arme aus —, ›dabei brauche ich Leidenschaft und Liebe und Abenteuer — und sehne mich danach. Warum soll ich hierbleiben und verkommen? — Ich verkomme hier!‹ weinte sie und tröstete sich am Klang ihrer brechenden Stimme. ›Aber falls ich Casimir das alles erzähle, wenn er heut nachmittag kommt, und falls er dann sagt: ‚Geh!‘, was er bestimmt tut — das ist auch so eine Seite an ihm, die ich bestimmt hasse, ich hab' ihn an der Kandare —, was soll ich dann tun? *Wohin* soll ich dann gehen?‹ Es gab kein Wohin! ›Ich will nicht arbeiten oder mir selbst einen Weg bahnen! Ich will Behagen und jede Menge Verhätschelung — von Luxus umgeben! Es gibt nur eins, wofür ich geeignet bin, und das ist das Leben einer großen Kurtisane.‹ Aber sie wußte nicht, wie man das anpackte. Sie fürchtete sich, auf die Straße zu gehen — sie hatte von so schrecklichen Erlebnissen gehört, die solchen Frauen zustießen: Männer mit Krankheiten, oder Männer, die nicht bezahlten — außerdem: der Gedanke, jede Nacht mit einem andern Mann —, nein, das kam gar nicht in Frage! ›Wenn ich die nötigen Kleider hätte, würde ich in ein erstklassiges Hotel gehen und mir einen wohlhabenden Mann aussuchen — einen wie den Fremden heute früh. Der wäre ideal! Oh, wenn ich doch seine Adresse hätte! Bestimmt würde ich ihn betören können. Ich würde ihn den ganzen Tag zum Lachen bringen — und ihn herumkriegen, daß er mir dauernd Geld gibt . . .‹ Bei diesem Gedanken wurde ihr warm und wohlig zumute. Sie begann von einem wunderschönen Haus zu träumen, von Schränken voller Kleider und Parfüms. Sie sah sich, wie sie in Kutschen einstieg und dem Fremden dabei einen geheimnisvollen, sinnlichen Blick zuwarf — den Blick studierte sie ein, während sie auf dem Bett lag —, und nie mehr Sorgen, einfach trunken vor Glück! Das war das Leben für sie! Was sie also tun mußte: Casimir weiter seiner vergeblichen Stellensuche nachjagen lassen, und während er weg war . . . Was? Außerdem — bitte nicht zu vergessen — war nächsten Vormittag vor zwölf Uhr die Miete zu bezahlen, und sie hatte nicht genug Geld für eine kräftige Mahlzeit. Beim Gedanken an Essen spürte sie einen heftigen Schmerz im Magen — als wäre eine Hand im Magen und quetschte ihn leer. Sie war furchtbar hungrig — an allem war Casimir schuld —, und der Fremde hatte seit dem Tag seiner Geburt in Saus und Braus gelebt! Er sah aus, als könne er ein üppiges Abendessen bestellen. Oh, warum hatte sie es nicht besser angefangen? Er war ihr von der Vorsehung geschickt worden — und sie hatte ihn abblitzen lassen. ›Wenn ich das noch einmal erlebte, wäre ich jetzt auf der sicheren Seite!‹ Und aus dem Durchschnittsmann, der an der Tür mit ihr gesprochen hatte, erschuf ihre Phantasie einen strahlenden, lachenden Helden, der sie wie eine Königin behandeln würde . . . ›Nur eins könnte ich nicht ertragen — wenn er unfein oder ordinär wäre. Na, er war's ja nicht, er war offensichtlich ein Mann von Welt, und die Art, wie er sich entschuldigte . . . Ich weiß genau, daß ich mich auf meine Ausstrahlung und Schönheit verlassen kann, damit ein Mann mich so behandelt, wie ich behandelt zu werden wünsche . . .‹ Und in ihre Träume hinein — schwebte der süße Duft vom Zigarettenrauch. Dabei fiel ihr ein, daß sie nicht gehört hatte, wie jemand die Steinstufen hinuntergegangen war. Konnte es sein, daß der Fremde noch dort war? . . . Der Gedanke war zu verrückt . . . Solche Possen spielte das Leben nicht — und doch war sie ganz überzeugt von seiner Nähe. Sehr leise erhob sie sich, holte vom Haken an der Tür einen langen weißen Morgenrock, knöpfte ihn zu—und lächelte listig. Sie wußte nicht, was geschehen würde. Sie dachte nur: ›Oh, was für ein Spaß!‹, und daß sie ein herrliches Spiel spielten, der fremde Mann und sie. Sehr leise drückte sie die Klinke herunter, verzog das Gesicht und biß sich auf die Lippen, weil das Schloß laut aufschnappte. Natürlich, da stand er — lehnte sich gegen das Treppengeländer. Er flog herum, als sie auf den Gang schlüpfte.

»Uff«, murrte sie und wickelte sich fester in den Morgenrock, »muß hinuntergehen und Holz holen. Brrr! Was für eine Kälte!«

»Es ist kein Holz mehr da!« kam es von dem Fremden. Sie stieß einen erstaunten kleinen Schrei aus, und dann warf sie den Kopf in den Nacken.

»Sind Sie noch da?« sagte sie verächtlich, war sich aber gleichzeitig bewußt, wie lustig er dreinblickte und wie frisch und kräftig sein gesunder Körper roch.

»Die Vermieterin hat's ausposaunt, daß kein Holz mehr da sei. Gerade eben habe ich sie gesehen, wie sie wegging, um welches zu kaufen.«

»Lügenmärchen!« hätte sie am liebsten entgegnet. Er trat ganz nah an sie heran, beugte sich über sie und flüsterte: »Wollen Sie mich nicht auffordern, meine Zigarette in Ihrem Zimmer zu Ende zu rauchen?«

Sie nickte: »Sie dürfen — wenn Sie durchaus wollen.«

Während des kurzen Beieinanders auf dem Flur war ein Wunder geschehen: ihr Zimmer war völlig verändert. Es war erfüllt von freundlicher Helle und dem Duft der Hyazinthen. Sogar die Möbel kamen ihr anders vor—aufregend! Blitzschnell flogen ihr kindische Gesellschaftsspiele durch den Kopf, wenn sie Scharaden aufgeführt hatten und die eine Gruppe das Zimmer verlassen hatte und wieder hereingekommen war, um ein Wort darzustellen — genau wie sie es jetzt tat. Der fremde Mann ging zum Ofen hinüber und setzte sich in ihren Sessel. Sie wollte nicht, daß er sprach oder in ihre Nähe kam — es genügte ihr, ihn so selbstbewußt und zufrieden in ihrem Zimmer zu sehen. Wie sehr

hatte sie nach der Nähe eines solchen Menschen gehungert —
der überhaupt nichts von ihr wußte und nichts verlangte —
bloß vorhanden war.

Viola lief zum Tisch und legte die Arme um das Glas mit den
Hyazinthen.

»Herrlich! Herrlich!« rief sie, steckte den Kopf zwischen
die Blüten und atmete gierig den Duft ein. Über die Blätter
hinweg blickte sie den Mann an und lachte.

»Sie sind ein putziges kleines Ding«, sagte er träge.

»Warum? Weil ich Blumen liebe?«

»Mir wäre es lieber, wenn Sie andere Dinge liebten«, antwortete der fremde Mann langsam. Sie brach ein kleines rosa Blütenblatt ab und lächelte es an.

»Erlauben Sie, daß ich Ihnen Blumen schicke«, sagte der
fremde Mann. »Ich schicke Ihnen ein ganzes Zimmer voll,
wenn Sie Blumen haben wollen!«

Seine Stimme erschreckte sie ein wenig.

»O nein, danke — diese hier genügen mir — reichlich!«

»Ist ja gar nicht wahr«, sagte er mit hänselnder Stimme.

›Was für eine dumme Bemerkung‹, dachte Viola, und als sie
ihn wieder ansah, erschien er ihr nicht mehr so nett. Es fiel
ihr auf, daß seine Augen nahe zusammenstanden — und klein
waren sie auch. Gräßlicher Gedanke, daß er sich als Dummkopf erweisen sollte.

»Was tun Sie den ganzen Tag?« fragte sie hastig.

»Nichts.«

»Überhaupt nichts?«

»Warum sollte ich etwas tun?«

»Oh, denken Sie keinen Augenblick, daß ich eine solche Weis-
heit verurteile — nur klingt es zu gut, um wahr zu sein.«

»Wie war das?« Er reckte den Hals. »Was klingt zu gut, um
wahr zu sein?« Ja — es ließ sich nicht leugnen: er war dumm.

»Vermutlich nimmt die Suche nach dem Fräulein Schäfer
nicht Ihre ganze Zeit in Anspruch?«

»O nein!« Er lächelte über das ganze Gesicht. »Das ist glänzend! Meine Güte, nein! Ich fahre sehr viel aus — haben Sie
etwas für Pferde übrig?«

Sie nickte.

»Ich liebe Pferde!«

»Dann müssen Sie mit mir ausfahren. Ich habe zwei prächtige Grauschimmel. Wollen Sie?«

Sie dachte: ›Wie komisch würde ich aussehen, wenn ich mit meinem einzigen Hut hinter den beiden Grauschimmeln thronte!‹ Laut sagte sie: »Furchtbar gern!« Ihre rasche Zusage gefiel ihm.

»Wie wär's mit morgen?« schlug er vor. »Sie könnten mit mir zu Mittag essen, und dann fahre ich Sie aus.«

Schließlich — war es ja bloß ein Scherz. »Ja, morgen habe ich nichts vor«, antwortete sie.

Eine kleine Pause entstand, dann klopfte der fremde Mann auf sein Knie. »Warum kommen Sie nicht her und setzen sich?« sagte er.

Sie tat so, als sähe sie seine Geste nicht, und schwang sich auf den Tisch. »Oh, hier sitze ich ganz gut!«

»Nein, stimmt gar nicht!« Wieder der hänselnde Ton. »Kommen Sie her und setzen Sie sich auf meine Knie!«

»O nein!« rief Viola ganz energisch und beschäftigte sich plötzlich sehr eingehend mit ihren Haaren.

»Warum nicht?«

»Ich möchte nicht!«

»Ach was, kommen Sie her!« Ungeduldig.

Sie schüttelte heftig den Kopf. »Nicht im Traume würde ich so was tun!«

Daraufhin erhob er sich und trat auf sie zu. »Putziges kleines Kätzchen!« Er hob die Hand auf, um ihr Haar zu berühren.

»Lassen Sie das!« sagte sie und glitt vom Tisch. »Ich finde, es wird Zeit, daß Sie gehen!« Sie war jetzt ganz erschrocken und dachte nur: ›Den Mann muß ich so schnell wie möglich loswerden!‹

»Oh, Sie wollen doch nicht, daß ich gehe?«

»Allerdings — ich habe viel zu tun!«

»Zu tun? Was tut das Pussykätzchen den ganzen Tag?«

»Eine Unmenge!« Sie wollte ihn aus dem Zimmer stoßen und die Tür hinter ihm zuschmettern — Blödmann — Dummkopf — grausame Enttäuschung!

»Warum zieht sie die Brauen zusammen?« fragte er. »Hat sie Sorgen?« Plötzlich wurde er ernst: »Oh, sagen Sie mal; stecken Sie finanziell in Schwierigkeiten? Brauchen Sie Geld? Ich kann's Ihnen geben, wenn Sie mögen!«

›Geld! Zieh die Bremse an! Verlier nicht den Kopf!‹ ermahnte sie sich.

»Ich gebe Ihnen zweihundert Mark, wenn Sie mich küssen!«

»O pfui! Was für eine Bedingung! Übrigens will ich Sie nicht küssen — Küssen mag ich nicht! Bitte gehen Sie!«

»Doch, Sie mögen es! Sie mögen es!« Er packte ihre Arme über dem Ellbogen. Sie wehrte sich und war verblüfft, als sie merkte, wie wütend sie war.

»Lassen Sie mich los — sofort!« rief sie, und er schlang einen Arm um ihren Körper und zog sie an sich. Sein Arm lag wie eine eiserne Stange auf ihrem Rücken.

»Lassen Sie mich in Ruhe, sage ich Ihnen! Seien Sie nicht so gemein! Was unterstehen Sie sich! Ich wollte nichts dergleichen, als Sie in mein Zimmer kamen!«

»Dann küssen Sie mich, und ich gehe!«

Es war zu blöde — dem dummen, grinsenden Gesicht auszuweichen.

»Ich küsse Sie nicht! — Sie Ekel! — Ich will's nicht!« Irgendwie konnte sie sich aus der Umklammerung frei machen und rannte zur Wand, stand keuchend mit dem Rücken zur Wand. »Gehen Sie!« stammelte sie. »Gehen Sie sofort — raus!«

Im Moment, da er sie nicht berührte, hatte sie sogar Spaß daran. Sie freute sich über ihre eigene zornige Stimme. »Daß ich mit so einem Mann überhaupt spreche!« Eine zornige Röte stieg ihm ins Gesicht; er zog die Lippen hoch und ließ die Zähne sehen — genau wie ein Hund, dachte Viola. Er stürzte auf sie zu und drückte sie gegen die Wand, nagelte sie mit seinem ganzen Körpergewicht fest. Diesmal konnte sie sich nicht befreien.

»Ich küsse Sie nicht! Ich will's nicht! Lassen Sie das! Puh — Sie sind wie ein Hund — Sie sollten sich ihre Liebchen am Laternenpfahl suchen — Sie Biest — Sie Teufel!«

Er antwortete nicht. Mit einer Miene, die lächerlich entschlossen war, drückte er immer wuchtiger gegen sie. Er sah sie nicht einmal an, aber mit böser Stimme stieß er aus: »Sei still! Sei still!«

»Och, warum sind die Männer nur so stark!« Sie fing an zu weinen. »Scheren Sie sich weg — ich will Sie nicht, Sie schmutziger Mensch! Ich bringe Sie um! O mein Gott, wenn ich bloß ein Messer hätte!«

»Sei nicht albern! Komm und sei lieb!« Er zog sie zum Bett. »Glauben Sie, ich wäre ein Flittchen?« fauchte sie, bückte sich und vergrub ihre Zähne in seinem Handschuh.

»Oh! Laß das! Du tust mir weh!«

Sie ließ nicht los und dachte: ›Gott sei Dank, daß mir das eingefallen ist!‹

»Laß das — sofort — du Luder — du Aas!« Er schleuderte sie von sich. Sie sah mit Genugtuung, daß ihm Tränen in den Augen standen. »Du hast mir richtig weh getan!« sagte er mit erstickter Stimme.

»Sicher! Ich wollte es ja! Das ist nichts im Vergleich zu dem, was ich Ihnen antue, wenn Sie mich noch mal berühren!«

Der fremde Mann nahm seinen Hut. »Nein, danke!« sagte er grimmig. »Aber ich werd's dir nicht vergessen — ich geh' zu deiner Vermieterin!«

»Pah!« Sie zuckte die Achsel und lachte. »Ich sage ihr, daß Sie sich mit Gewalt hier eingedrängt haben, um mich zu vergewaltigen. Wem glaubt sie dann? Ihnen und dem Biß an Ihrer Hand? Gehen Sie weg und suchen Sie Ihre Schäfers!«

Ein herrliches, berauschendes Glücksgefühl überflutete sie. Sie funkelte ihn an. »Wenn Sie nicht sofort gehen, beiße ich Sie noch mal!« sagte sie und mußte selbst über ihre lächerlichen Worte lachen. Sogar nachdem sich die Tür hinter ihm geschlossen hatte und sie ihn treppab gehen hörte, lachte sie noch und tanzte im Zimmer herum.

Was für ein Morgen! Oh, ein Punkt für sie! Es war ihr erster Kampf, und sie hatte gesiegt, hatte das Ekel besiegt — sie ganz allein. Ihre Hände zitterten noch. Sie streifte die Ärmel ihres Morgenrocks hoch: große rote Flecken auf den Armen! ›Und meine Rippen erst — ich werde am ganzen Leib blaue Flecken haben‹, dachte sie. ›Wenn nur der geliebte Casimir uns hätte sehen können!‹ Was sie an Wut und Widerwillen gegen Casimir empfunden hatte, war gänzlich verschwunden. Was konnte der arme Schatz dafür, daß er kein Geld hatte? Es war ebensosehr ihre wie seine Schuld, und er stand ebenso wie sie außerhalb der Welt und kämpfte dagegen an, wie sie es getan hatte. Wenn es nur erst drei Uhr wäre! In Gedanken sah sie, wie sie auf ihn zulief und ihm die Arme um den Hals warf. ›Mein Engel! Natürlich werden wir siegen! Liebst du mich noch? Oh, ich bin in der letzten Zeit unausstehlich gewesen!‹

— — — — — — — — — — — — — —

»Max, du alberner Kerl, du wirst dir das Genick brechen, wenn du so die Schlittenbahn heruntersaust! Gib's auf und komm mit mir ins Klubhaus, einen Kaffee trinken!«

»Für heute hab' ich genug gehabt. Ich bin durch und durch naß. Komm, Victor, gib mir eine Zigarette, alter Junge! Wann gehst du nach Hause?«

»Nicht vor einer Stunde! Es ist schön heute nachmittag, und ich komme gerade richtig in Form. Achtung! Geh aus der Bahn! Da kommt Fräulein Winkel! Verflixt elegant springt sie mit ihrem Schlitten um!«

»Ich bin durch und durch verfroren. Das ist das Schlimme hier — der Nebel — es ist eine feuchte Kälte! Hör mal, Forman, kümmere dich um den Schlitten und stell ihn irgendwo ab, wo ich ihn morgen früh finden kann, ohne hundertfünfzig andre durchzusuchen!«

Sie setzten sich an einen kleinen runden Tisch neben dem Ofen und bestellten Kaffee. Victor streckte die Beine lang aus, tätschelte seinen kleinen Hund Bobo und blickte Max halb lächelnd an.

»Was ist denn los, mein Lieber! Ist die Welt nicht gut und schön?«

»Ich möchte meinen Kaffee haben, und ich möchte meine Füße in meine Taschen stecken — sie sind wie Eisklumpen... Nichts zu essen, danke! Der Kuchen hier schmeckt wie nicht durchgebratener Radiergummi.«

Fuchs und Wistuba kamen und setzten sich zu ihnen an den Tisch. Max hatte ihnen halb den Rücken zugedreht und hielt die Füße an den Ofen. Die drei andern Männer begannen gleichzeitig zu sprechen — über das Wetter — über den Schlittenrekord — über den guten Zustand des Waldsees fürs Eislaufen. Plötzlich warf Fuchs einen Blick auf Max, zog die Brauen hoch und nickte Victor zu, der aber den Kopf schüttelte.

»Dem Baby geht's nicht gut«, sagte er und fütterte seinen Hund mit durchgebrochenen Zuckerstückchen, »und niemand darf ihn stören — ich bin sein Krankenwärter!«

»Es ist das erstemal, daß ich ihn nicht auf der Höhe sehe«, sagte Wistuba. »Ich hatte immer geglaubt, er hätte sich das beste Stück vom Kuchen abgeschnitten, und das hätte ihm niemand wegnehmen können. Ich glaube, er betet jetzt zum lieben Gott, weil er ihn davor beschützt hat, heute abend in sieben Körben nach Hause getragen zu werden. Es ist ein dummer Spaß, sein Leben so aufs Spiel zu setzen und das ganze Land untröstlich zu machen!«

»Halt die Klappe!« sagte Max. »Du solltest dich im Kinderwagen auf dem Schnee herumkarren lassen!«

»Oh, du bist hoffentlich nicht beleidigt? Mußt nicht gleich ausfallend werden ... Wie geht's deiner Frau, Victor?«

»Ihr geht's gar nicht gut. Sie hat sich den Kopf verletzt, als sie am Sonntag mit Max die Schlittenbahn runterfuhr. Ich habe ihr empfohlen, den ganzen Tag zu Hause zu bleiben.«

»Tut mir leid! Und ihr andern? Geht ihr in die Stadt zurück oder bleibt ihr noch hier?«

Fuchs und Victor sagten, daß sie blieben. Max gab keine Antwort, sondern saß da, ohne sich zu rühren, während die Männer ihren Kaffee bezahlten und gingen. Victor kam kurz zurück und legte Max die Hand auf die Schulter.

»Wenn du gleich heimgehst, mein Lieber, wünschte ich, du könntest mal nach Elsa sehen und ihr sagen, ich käme erst spät zurück. Und iß heute abend mit uns bei Limpold, ja? Und mach dir zu Hause einen heißen Grog!«

»Danke, alter Junge, ist schon gut! Ich gehe jetzt.«

Max stand auf, reckte sich, knöpfte seinen schweren Rock zu und zündete sich noch eine Zigarette an.

Victor sah ihm von der Türe aus nach, wie er mit geducktem Kopf durch den dicken Schnee pflügte und die Hände in den Taschen vergraben hatte: es schien fast, als ob er durch den Schnee nach Hause *rannte*.

Jemand kam die Treppe heraufgestampft, blieb an der Tür ihres Wohnzimmers stehen und klopfte an.

»Bist du's, Victor?« rief sie.

»Nein, ich bin's ... kann ich reinkommen?«

»Natürlich. Oh, was für ein Weihnachtsmann! Häng deinen Rock auf den Vorplatz und schüttle dich über dem Geländer aus! War's schön?«

Das Zimmer war voller Licht und Wärme. In einem Teekleid aus weißem Samt lag Elsa hingekuschelt auf dem Sofa — eine Modezeitung im Schoß, eine Schachtel Sahnebonbons neben sich.

Die Vorhänge waren noch nicht vor die Fenster gezogen; ein blaues Licht fiel herein, und die weißen Zweige der Bäume zitterten drüber hin.

Ein Damenzimmer — voller Blumen und Photographien und seidener Kissen — der Fußboden dick mit Teppichen belegt — ein riesiges Tigerfell unter dem Flügel — nur der Kopf schaute hervor — schläfrig grausam.

»Es war ganz nett«, sagte Max. »Victor wird erst spät zurück sein. Er hat mich gebeten, hinaufzugehen und es dir zu sagen.«

Er begann auf und ab zu gehen — zog seine Handschuhe aus und schleuderte sie auf den Tisch.

»Tu das nicht, Max!« sagte Elsa. »Du fällst mir auf die Nerven! Und ich habe heute Kopfweh, ich habe Fieber und bin erhitzt. Sehe ich nicht erhitzt aus?«

Er blieb am Fenster stehen und warf einen kurzen Blick über die Schulter auf sie zurück.

»Nein«, sagte er. »Es ist mir nicht aufgefallen.«

»Oh, du hast mich nicht richtig angeschaut, und ich habe auch ein neues Teekleid!« Sie zog das faltige Gewand an sich und klopfte auf das Sofa.

»Komm her und setz dich zu mir und erzähle mir, weshalb du unartig bist!«

Aber er blieb am Fenster stehen und warf plötzlich den Arm über die Augen.

»Oh, ich kann's nicht«, sagte er. »Ich bin fertig — ich bin erledigt — ich bin vernichtet.«

Im Zimmer herrschte Stille. Die Modezeitung fiel mit leisem Blättergeraschel zu Boden. Elsa setzte sich auf; die Hände hatte sie im Schoß gefaltet. Ein merkwürdiges Licht glomm in ihren Augen, und ihre Lippen brannten rot.

Dann sprach sie sehr ruhig.

»Komm her und erkläre es mir! Ich verstehe kein Wort von
dem, was du sagst!«

»Doch, du verstehst es — du verstehst es viel besser als ich.
Du hast einfach in meiner Gegenwart mit Victor herumge-
tändelt, um mich unglücklich zu machen. Du hast mich gequält — du hältst mich zum besten — bietest mir alles an und
gibst gar nichts. Es ist von Anfang bis zu Ende die Sache
mit der Spinne und ihrem Netz gewesen — nicht einen Augenblick habe ich das bezweifelt, und nicht einen Augenblick habe ich widerstehen können.«

Er drehte sich entschlossen zu ihr um.

»Als du mich gebeten hattest, dir Blumen an dein Abendkleid zu stecken — als du mich in Victors Abwesenheit in dein
Schlafzimmer kommen ließest, während du dir deine Haare
gebürstet hast — als du vorgabst, ein Baby zu sein und dich
von mir mit Weintrauben füttern ließest — als du zu mir
gelaufen kamst und in all meinen Taschen nach Zigaretten
gesucht hast und dabei genau wußtest, wo sie waren, aber
trotzdem jede Tasche durchsuchtest, und ich wußte es auch
und machte bei dem Theater mit — hast du da angenommen,
daß du jetzt, wo du schließlich dein Freudenfeuer entzündet
hast, es als etwas Friedliches und Freundliches vorfinden
würdest und verhindern könntest, daß das ganze Haus in
Flammen steht?« Sie wurde plötzlich kreidebleich und zog
heftig den Atem ein.

»Sprich nicht so mit mir! Du hast kein Recht, so mit mir zu
sprechen. Ich bin die Frau eines anderen Mannes!«

»Ha«, lachte er höhnisch und warf den Kopf in den Nak-
ken, »das ist ein bißchen spät am Tage, und doch ist es die
ganze Zeit deine Trumpfkarte gewesen. Du liebst Victor
nur wie die Katze die Sahne; du, das arme, ausgehungerte
Kätzchen, dem er alles gegeben hat, das er an seiner Brust
gewärmt hat, ohne zu ahnen, daß die kleinen rosa Krällchen
einem Mann das Herz aus der Brust reißen können.«

Sie schreckte zusammen und betrachtete ihn fast mit Furcht
in den Augen.

»Schließlich«, stammelte sie unsicher, »ist das hier mein Zimmer; ich muß dich bitten, jetzt zu gehen.«

116

Doch er schwankte auf sie zu, kniete neben dem Sofa nieder, vergrub seinen Kopf in ihrem Schoß und umklammerte sie mit den Armen.

»Und ich *liebe* dich — ich liebe dich; wie demütigend — ich bete dich an! Nicht — nicht — laß mich eine einzige Minute so bleiben — nur eine einzige Minute eines ganzen Lebens! Elsa! Elsa!«

Sie lehnte sich zurück und drückte ihren Kopf in die Kissen.

Dann seine erstickte Stimme: »Ich komme mir wie ein Wilder vor! Ich begehre deinen ganzen Körper. Ich möchte dich in eine Höhle schleppen und dich lieben, bis ich dich töte — du kannst nicht begreifen, was ein Mann empfindet. Ich töte mich selbst, wenn ich dich sehe — mir ist meine Kraft verhaßt, die sich gegen mich selbst wendet und stirbt und sich wie ein Phönix neugeboren aus der Asche dieses grauenhaften Todes erhebt. Liebe mich nur dieses eine Mal, lüge mir etwas vor, *sage*, daß du mich liebst — du lügst ja immer.«

Statt dessen schob sie ihn — erschrocken — von sich.

»Steh auf!« sagte sie. »Denk, wenn das Mädchen mit dem Tee käme!«

»O mein Gott!« Er erhob sich taumelnd und stand da und starrte auf sie herab.

»Du bist bis ins Mark verdorben, und ich auch. Aber du bist verteufelt schön!« Die Frau ging zum Flügel — blieb dort stehen — schlug eine Taste an — und zog die Brauen zusammen. Dann zuckte sie die Achseln und lächelte.

»Ich werde dir etwas gestehen. Jedes Wort, das du gesagt hast, entspricht der Wahrheit. Ich kann nichts dafür. Ich kann es ebensowenig verhindern, daß ich nach Bewunderung lechze, wie eine Katze es verhindern kann, daß sie zu den Menschen geht, um gestreichelt zu werden. Das ist meine Natur. Ich bin außerhalb meiner Zeit geboren. Und doch bin ich bestimmt keine *ordinäre* Frau. Ich liebe es, wenn Männer mich verehren — mir schmeicheln — sogar mich lieben —, aber nie würde ich mich einem Mann hingeben. Nicht einmal küssen ließe ich mich von einem Mann — niemals.«

»Es ist weitaus schlimmer — dir bleibt keine einwandfreie Entschuldigung. Sogar eine Dirne besitzt mehr Edelmut!«

»Ich weiß es«, sagte sie, »ich weiß es sehr wohl — aber ich kann es nicht ändern, daß ich so veranlagt bin ... Gehst du?«
Er zog seine Handschuhe an.

»Und was«, sagte er, »was wird jetzt aus uns werden?«
Wieder zuckte sie die Achseln.

»Ich habe nicht die leiseste Ahnung, nie — ich lasse die Dinge einfach ihren Lauf nehmen.«

»Ganz allein?« rief Victor. »Ist Max hiergewesen?«

»Er blieb nur einen Augenblick, nicht einmal Tee wollte er. Ich habe ihn nach Hause geschickt, damit er sich trockne Sachen anzieht ... Er war schrecklich langweilig.«

»Du armer Schatz ... deine Frisur löst sich auf. Ich stecke sie fest, steh einen Moment ganz still ... du hast dich also gelangweilt?«

»Hm ... gräßlich ... Oh, du hast deiner Frau eine Haarnadel direkt in den Kopf gestoßen — du böser Junge!«
Sie schlang ihm den Arm um den Hals und blickte halb lachend zu ihm auf, wie ein schönes, liebevolles Kind.

»Mein Gott, was für eine Frau du bist!« sagte der Mann. »Du machst mich so verteufelt stolz, Liebste, daß ich ... daß ich's dir sage!«

11. *GLÜCK*

Prélude

— — — — — — — — — — — — — — —

I.

Im Buggy war für Lottie und Kezia kein Zollbreit Platz.
Als Pat sie mit Schwung aufs Gepäck hinaufhob, schwank-
ten sie zu sehr; der Schoß ihrer Großmutter war auch schon
beladen, und Linda Burnell hätte einen Plumpsack von Kind
unmöglich auch nur das kleinste Wegstück auf den Knien
halten können. Isabel thronte sehr überlegen neben dem
neuen Faktotum auf dem Kutschbock. Plaidrollen, Schachteln und Taschen waren auf dem Boden aufgetürmt. »Völlig
unentbehrliche Sachen, die ich keine Minute aus den Augen
lassen werde«, erklärte Linda Burnell, und ihre Stimme zitterte vor Müdigkeit und Aufregung.
Lottie und Kezia standen in ihren Mänteln mit den goldenen Ankerknöpfen und den kleinen Tellermützen mit Ma-
trosenbändern reisefertig gleich hinter dem Tor. Hand in
Hand blickten sie mit ihren runden, ernsten Augen zuerst
auf die völlig unentbehrlichen Sachen und dann auf ihre
Mutter.
»Wir müssen sie eben hierlassen! Das ist die einzige Möglichkeit. Wir müssen sie einfach verstoßen!« sagte Linda
Burnell. Ein seltsames kleines Lachen flatterte über ihre Lippen; sie lehnte sich mit geschlossenen Augen gegen die Le-
derpolsterung, und ihre Lippen zitterten vor Lachen. Glück-
licherweise kam in diesem Augenblick auf dem Gartenweg
Mrs. Samuel Josephs dahergewatschelt, die hinter dem Rou-
leau ihres Wohnzimmers das ganze Theater beobachtet hatte.
»Warum wollen Sie die Kinder nicht heute nachmittag bei
mir lassen, Mrs. Burnell?« fragte sie mit einer Stimme, als
wäre ihre Nase verstopft. »Sie können dann beim Rollkutscher auf dem Lieferwagen sitzen, wenn er heute abend
kommt. Die Sachen hier auf dem Rasen sollen auch weg,
nicht wahr?«
»Ja, alles vor dem Haus soll weg«, sagte Linda Burnell und
deutete mit ihrer weißen Hand auf die Tische und Stühle,

die auf dem Rasen Kopfstand machten. Wie komisch sie aussahen! Entweder müßten sie andersherum stehen, oder Lottie und Kezia müßten kopfstehen. Gar zu gern hätte sie gesagt: ›Steht kopf, Kinder, und wartet auf den Rollkutscher!‹ Das kam ihr so sagenhaft komisch vor, daß sie Mrs. Josephs nicht genügend Aufmerksamkeit schenken konnte. Die dicke, ächzende Frau beugte sich übers Gartentor, und ihr breites, wabbeliges Gesicht lächelte. »Sorgen Sie sich bloß nicht, Mrs. Burnell! Lottie und Kezia können mit meinen Kindern im Kinderzimmer Tee trinken, und nachher schaffe ich sie auf den Lieferwagen.«

Die Großmutter überlegte. »Ja, es ist wirklich das beste. Wir sind Ihnen sehr dankbar, Mrs. Josephs! Kinder, bedankt euch bei Mrs. Josephs!«

Eingeschüchtert piepste es: »Danke schön, Mrs. Josephs!«

»Und seid brave kleine Mädchen, hört ihr, und — kommt mal her —« Sie näherten sich. »Vergeßt nicht, es Mrs. Josephs zu sagen, wenn ihr ...«

»Ja, Oma.«

»Sorgen Sie sich nicht, Mrs. Burnell!«

Im letzten Augenblick ließ Kezia Lotties Hand los und schoß auf den Buggy zu.

»Ich möchte meiner Oma noch einen Abschiedskuß geben!« Aber sie kam zu spät; der Buggy rollte schon die Straße hinauf; Isabel platzte vor Stolz und blickte hochmütig auf die ganze Welt hinunter; und die Großmutter wühlte in ihrem schwarzseidenen Pompadour zwischen allem erdenklichen Kram herum, den sie in der letzten Minute eingesteckt hatte, um ihrer Tochter etwas zu geben. Der Buggy fuhr durch Sonnenschein und feinen goldenen, über die Anhöhe funkelnden Staub und war weg. Kezia biß sich auf die Lippe, Lottie aber stieß, nachdem sie zuerst sorgsam ihr Taschentuch hervorgesucht hatte, ein Jammergeschrei aus.

»Mutter! Oma!«

Mrs. Samuel Josephs umarmte sie wie ein großer, schwarzseidener Teewärmer.

»Laß nur, meine Kleine! Sei ein liebes Kind! Kommt und spielt im Kinderzimmer!«

Sie legte den Arm um die weinende Lottie und führte sie vom Tor weg. Kezia folgte ihnen und schnitt Mrs. Josephs' Rockschlitz eine Fratze: er stand, wie üblich, mal wieder offen, und zwei lange rosa Korsettbänder baumelten heraus. Lottie hörte auf zu weinen, als sie die Treppe hinaufstieg; aber in der Tür zum Kinderzimmer bot sie mit ihren verschwollenen Augen und der aufgequollenen Nase einen Anblick, den die Josephs-Kinder sehr genossen: sie saßen auf zwei Bänken vor einem langen, mit Wachstuch überzogenen Tisch, auf dem riesige Schüsseln mit Schmalzbroten und zwei braune, leicht dampfende Krüge standen.

»Hallo! Du hast geheult!«

»Uiiih, deine Augen sind ganz klein geworden!«

»Wie komisch ihre Nase aussieht!«

»Du bist ganz verfleckt!«

Lottie erregte Aufsehen. Sie spürte es und lächelte, schüchtern, aber stolz.

»Komm, setz dich schön zu Zaidee, mein Häschen«, sagte Mrs. Samuel Josephs, »und du, Kezia, setz dich ans Ende neben Moses!«

Moses griente und gab Kezia einen Knuff, als sie sich setzte, aber sie tat, als merke sie es nicht. Sie konnte Jungen nicht ausstehen.

»Was möchtest du lieber«, fragte Stanley, lehnte sich sehr höflich über den Tisch und lächelte ihr zu, »womit willst du anfangen: mit Erdbeeren und Sahne oder mit Schmalzbrot?«

»Erdbeeren und Sahne, bitte!«

»Hahaha«, lachten sie alle und hämmerten mit den Löffeln auf den Tisch. Wie sie reingefallen war! Und wie! Hatte sie gehörig angeführt, der gute alte Stan!

»Ma, sie hat geglaubt, ich mein's im Ernst!«

Sogar Mrs. Josephs, die Milch und Wasser einschenkte, mußte lächeln. »Ihr müßt sie nicht an ihrem letzten Tag noch veräppeln!« schniefte sie.

Aber Kezia biß einen großen Happen aus ihrem Schmalzbrot und stellte es dann hochkant auf ihren Teller. Mit der herausgebissenen Stelle bildete es ein niedliches kleines Tor. Pah! Ihr war's egal! Eine Träne kullerte ihr die Wange hinunter, aber weinen tat sie nicht. Vor den greulichen Jo-sephs-Kindern hätte sie nicht weinen können. Sie saß mit gesenktem Kopf da, und als die Träne langsam hinuntersik-kerte, fing sie sie mit einem geschickten Drüberwegwischen ihrer Zungenspitze ein und verschluckte sie, ehe nur einer von ihnen sie gesehen hatte.

II.

Nach dem Tee schlenderte Kezia wieder in ihr Elternhaus. Langsam ging sie die Hoftreppe hinauf und durch die Spül-kammer in die Küche. Nichts war dringeblieben als ein Stück fleckiger gelber Sandseife in der einen Ecke vom Fenster-brett und ein Lappen mit einem Waschblaubeutel in der andern Ecke. Der Herd war mit Müll vollgestopft. Sie sto-cherte darin herum, fand aber nichts als eine Haartüte mit draufgemalten Herzen, die dem Dienstmädchen gehört hat-te. Auch die ließ sie liegen und trödelte über den engen Durchgang ins Wohnzimmer. Die Jalousie war herunterge-lassen, aber nicht ganz geschlossen. Lange, bleistiftdünne Sonnenbahnen fielen hindurch, und der flackernde Schatten eines Strauchs vor dem Fenster tanzte auf den goldenen Stri-chen. Mal war er still, mal flatterte er wieder, und jetzt reich-te er fast bis auf ihre Füße. Summ-summ! Eine Schmeißflie-ge prallte gegen die Decke. An den Teppichstiften hafteten noch rote Flaumflocken.

Das Eßzimmerfenster wies in jeder Ecke ein Viereck aus Buntglas auf. Das eine war blau, und das andre war gelb. Kezia bückte sich, um noch ein letztesmal blauen Rasen mit blauen Kallalilien am Tor zu betrachten, und dann gelben Rasen mit gelben Lilien und einen gelben Zaun. Während sie hindurchschaute, erschien die kleine Chinesenlottie auf dem Rasen und begann die Tische und Stühle mit einem Zipfel ihrer Schürze abzustauben. War das wirklich Lottie? Kezia war nicht ganz sicher, bis sie durch die gewöhnliche Glasscheibe gespäht hatte. Oben im Elternschlafzimmer fand sie eine Pillenschachtel, die außen blank und schwarz und innen rot war und einen Wattebausch enthielt.

›In der könnte ich ein Vogelei aufbewahren‹, fand sie.

Im Dienstbotenzimmer steckte ein Korsettknopf in einer Fußbodenritze, und in einer andern waren Glasperlchen und eine lange Nadel. Sie wußte, daß sie in Großmutters Zimmer nichts finden würde, denn sie hatte ihr beim Packen zugeschaut. Sie ging ans Fenster, lehnte sich dagegen und drückte die Hände auf die Scheibe.

Es gefiel ihr, so am Fenster zu stehen. Es gefiel ihr, das kühle, schimmernde Glas unter ihren heißen Handflächen zu spüren und die komischen weißen Stellen auf den Fingerspitzen zu beobachten, wenn sie sie fest gegen die Scheibe drückte. Während sie so dastand, verflackerte der Tag, und die Dunkelheit brach an. Und mit der Dunkelheit stahl sich winselnd und jammernd der Wind hervor. Die Fenster des leeren Hauses zitterten, in den Wänden und Böden knarrte es, und auf dem Dach klapperte einsam ein loses Stück Blech. Kezia war plötzlich sehr, sehr still: sie hatte die Augen weit aufgerissen und die Knie zusammengepreßt. Sie fürchtete sich. Sie wollte Lottie rufen und hätte am liebsten dauernd nach ihr gerufen, während sie treppab und aus dem Haus lief. Aber das ETWAS war dicht hinter ihr, wartete an der Tür und am Treppenabsatz und am Fuß der Treppe, versteckte sich im Durchgang und wollte zur Hoftür hinausstürzen. Aber auch Lottie war an der Hoftür.

»Kezia!« rief sie vergnügt. »Der Rollkutscher ist da! Alles ist auf dem Lieferwagen — mit den drei Pferden davor, Kezia! Mrs. Josephs hat uns einen großen Schal gegeben, in den wir uns einwickeln sollen, und sie sagt, du sollst deinen Mantel zuknöpfen. Sie kommt nicht nach draußen, weil sie Asthma hat.«

Lottie tat sehr wichtig.

»Also jetzt, ihr Krabben!« rief der Rollkutscher. Er steckte seine großen Daumen unter ihre Achseln und schwenkte sie hinauf. Lottie drapierte den Schal sehr ›kunstvoll‹, und der Rollkutscher packte ihre Füße in eine alte Pferdedecke ein.

»Die Beinchen hoch! Immer sachte!«

Sie hätten ebensogut zwei junge Ponys sein können. Der Rollkutscher prüfte die Stricke, die seine Ladung festhielten, löste die Bremskette vom Rad und schwang sich pfeifend zu ihnen hinauf.

»Bleib dicht neben mir«, sagte Lottie, »sonst ziehst du mir den Schal an der Seite weg, Kezia!«

Aber Kezia rutschte zum Kutscher. Er ragte wie ein Riese neben ihr auf und roch nach Nüssen und neuen Holzkisten.

III.

Es war das erstemal, daß Lottie und Kezia noch so spät draußen waren. Alles sah anders aus. Die farbigen Holzhäuser waren viel kleiner als bei Tage und die Gärten viel größer und wilder. Helle Sterne waren über den Himmel gesprenkelt, und der Mond stand über dem Hafen und betupfte die Wellen mit Gold. Sie konnten den Leuchtturm sehen, der von der Quarantäneinsel herschimmerte, und die grünen Lichter auf den alten, abgetakelten Kohlefrachtern.

»Da kommt das Schiff von Picton«, sagte der Rollkutscher und deutete auf einen kleinen, ganz mit bunten Lämpchen behangenen Dampfer.

Doch als sie oben auf der Höhe angelangt waren und auf der andern Seite bergab fuhren, verschwand der Hafen, und obwohl sie noch immer in der Stadt waren, kannten sie sich nicht mehr aus. Andere Wagen ratterten an ihnen vorbei. Jeder kannte den Rollkutscher.

»Gute Nacht, Fred!«

»Gute Nacht!« rief er.

Kezia hörte ihm gern zu. Jedesmal, wenn in der Ferne ein Wagen erschien, blickte sie hoch und wartete auf sein Rufen. Er war ein alter Freund von ihnen; mit ihrer Großmutter war sie oft bei ihm gewesen, um Weintrauben zu kaufen. Der Rollkutscher wohnte ganz allein in einem Häuschen, an dessen eine Wand er ein Treibhaus gebaut hatte. Innen spannte und wölbte sich ein einziger wunderschöner Weinstock über das ganze Treibhaus. Er nahm ihr den braunen Korb ab und legte ihn mit drei großen Weinblättern aus; dann tastete er in seinem Gürtel nach einem kleinen Hornmesser und langte hoch, schnippte eine große blaue Traube ab und legte sie so liebevoll auf die Blätter, daß Kezia beim Zuschauen den Atem anhielt. Er war sehr groß und trug braune Kordsamthosen, und er hatte einen langen braunen Bart. Aber einen Kragen trug er nie, nicht mal am Sonntag. Sein Nacken war von der Sonne knallrot gebrannt.

Alle paar Minuten fragte eins von den Kindern die gleiche Frage.

»Ach, das ist die Hawk Street — oder der Charlotte-Crescent?«

»Natürlich!« Bei diesem Namen spitzte Lottie die Ohren: sie hatte immer gefunden, daß der Charlotte-Crescent ganz besonders ihr gehöre. Nicht viele Leute hießen ebenso wie eine Straße.

»Schau mal, Kezia, dort ist der Charlotte-Crescent! Sieht er nicht ganz anders aus?« Jetzt hatten sie alles Altvertraute hinter sich gelassen. Der große Rollwagen ratterte nun durch eine unbekannte Gegend längs neuer Straßen mit hohen Böschungen auf jeder Seite, steile, steile Anhöhen hinauf und tief hinunter in Täler mit Gesträuch und durch breite, seichte Bäche. Weiter und weiter. Lotties Kopf wackelte; sie sank zusammen, rutschte halb auf Kezias Schoß und blieb dort liegen. Kezia aber konnte die Augen nicht weit genug aufreißen. Der Wind blies, und sie zitterte, doch die Wangen und Ohren brannten ihr.

»Werden die Sterne manchmal herumgepustet?« fragte sie.

»Mir nicht bekannt«, sagte der Rollkutscher.

»Ein Onkel und eine Tante von uns wohnen ganz in der Nähe von unserm neuen Haus«, erzählte Kezia. »Sie haben zwei Kinder, der ältere heißt Pip, und der jüngere heißt Rags. Er hat einen Schafbock, den füttert er aus einer Emailteekanne mit einem Handschuhfinger über der Tülle. Er will's uns vormachen. Was ist der Unterschied zwischen einem Bock und einem Schaf?«

»Na, ein Bock hat Hörner, und damit geht er auf einen los.« Kezia wurde nachdenklich. »Eigentlich möchte ich ihn nicht so besonders gern sehen«, sagte sie. »Ich kann Tiere nicht leiden, die auf einen losgehen, sogar Kamele, und wenn sie losrennen, wird der Kopf rie-sen-groß!«

Der Rollkutscher sagte nichts. Kezia linste zu ihm hinauf und verdrehte die Augen. Dann streckte sie die Finger aus und strich über seinen Ärmel; er fühlte sich haarig an. »Sind wir bald da?« fragte sie.

»Jetzt ist's nicht mehr weit«, antwortete der Rollkutscher. »Bist du müde?«

»Oh, ich bin nicht die kleinste Spur schläfrig«, sagte Kezia. »Aber meine Augen klappen immer so komisch zu.« Sie stieß einen tiefen Seufzer aus und schloß die Augen, damit sie nicht länger zuklappten ... Als sie sie wieder öffnete, rasselten sie durch eine Zufahrt, die den Garten so gerade wie ein Peitschenhieb durchschnitt und sich plötzlich um eine Roseninsel kringelte, hinter der — aber erst, wenn man hinkam — das Haus sichtbar wurde. Es war langgestreckt und niedrig, hatte eine Veranda auf Pfosten und ringsherum einen Balkon. Wie ein schlafendes Tier hatte es sich weich und weiß und behäbig im grünen Garten ausgestreckt. Und dann flammte erst eins und dann noch ein anderes Licht in den Fenstern auf. Jemand ging mit einer Lampe durch die leeren Räume. Aus dem Fenster zu ebener Erde flackerte das Licht des Kaminfeuers. Eine merkwürdig schöne Erregung schien wie in zitternden Wellchen von dem Haus auszugehen.

»Wo sind wir?« fragte Lottie und richtete sich auf. Ihre Matrosenmütze war ganz auf die Seite gerutscht, und auf ihrer Wange war der Abdruck eines Ankerknopfs, auf dem sie im Schlaf gelegen hatte. Behutsam hob der Rollkutscher sie herunter, schob ihre Mütze gerade und zog ihr zerknülltes Kleid zurecht. Blinzelnd stand sie auf der untersten Verandastufe und sah, wie Kezia anscheinend durch die Luft auf sie zugeflogen kam.

»Hu!« rief Kezia und warf die Arme hoch. Aus der dunklen Halle kam ihre Großmutter mit einer Lampe in der Hand.

Sie lächelte.

»Habt ihr euch im Dunkeln zurechtgefunden?« fragte sie. »Sehr gut!«

Aber Lottie torkelte auf der untersten Verandastufe wie ein Vogel, der aus dem Nest gefallen ist. Wenn sie eine Sekunde stillstand, schlief sie ein; wenn sie sich irgendwo anlehnte, fielen ihr die Augen zu. Sie konnte keinen Schritt weiter.

»Kezia«, fragte die Großmutter, »kann ich dir die Lampe anvertrauen?«

»Ja, Oma.«

Die alte Frau bückte sich und gab ihr das helle, atmende Ding zu halten, und dann hob sie die schlaftrunkene Lottie auf.

»Hier entlang!«

Es ging durch einen viereckigen Flur mit Ballen und Hunderten von Papageien (die aber bloß auf der Tapete waren), dann einen engen Gang entlang, wo die Papageien immer noch durchaus an Kezia und ihrer Lampe vorbeifliegen wollten. »Seid sehr leise!« ermahnte sie die Großmutter, stellte Lottie ab und machte die Eßzimmertür auf. »Die arme kleine Mutter hat solche Kopfschmerzen!«

Linda Burnell lag vor einem prasselnden Feuer auf einem Liegestuhl, hatte die Füße auf einem Fußpolster und eine Wolldecke über den Knien. Stanley Burnett und Beryl saßen am Tisch in der Zimmermitte; sie aßen gebratene Koteletts und tranken Tee aus einer braunen Porzellankanne. Isabel beugte sich über die Rückenlehne des Liegestuhls, auf dem ihre Mutter lag. Sie hatte einen Kamm in der Hand, und mit sanfter Hingabe kämmte sie ihrer Mutter die Locken aus der Stirn. Außerhalb des Lichtkreises, den die Lampe und der Flammenschein bildeten, dehnte sich das Zimmer dunkel und leer bis zu den kahlen Fenstern.

»Sind die Kinder da?« fragte Linda, aber im Grunde war es ihr gleichgültig; sie schlug nicht einmal die Augen auf, um nachzuschauen.

»Stell die Lampe hin, Kezia«, sagte Tante Beryl, »sonst steht das Haus in Flammen, ehe wir die Kisten ausgepackt haben. Noch etwas Tee, Stanley?«

»Ja, du könntest mir noch fünf Achtel von der Tasse einschenken«, erwiderte Stanley und beugte sich über den Tisch. »Nimm noch ein Kotelett, Beryl! Prima Fleisch, was? Nicht zu mager und nicht zu fett.« Er wandte sich seiner Frau zu. »Hast du noch immer keine Lust darauf, Liebling?«

»Beim bloßen Gedanken daran wird mir schon übel!« Sie

zog eine Augenbraue in die Höhe, wie es ihre Gewohnheit war. Die Großmutter brachte Brot und Milch für die Kinder, und sie setzten sich rotwangig und schläfrig an den Tisch.

»Ich habe Fleisch zum Abendbrot bekommen«, sagte Isabel und kämmte behutsam weiter. »Ein ganzes Kotelett habe ich bekommen, mit Knochen und Worcestersauce und allem, nicht wahr, Vater?«

»Ach, prahl nicht so, Isabel!« sagte Tante Beryl.

Isabel machte ein verdutztes Gesicht. »Ich hab' ja gar nicht geprahlt, nicht wahr, Mama? Mit keinem Gedanken! Ich habe nur geglaubt, daß es sie interessiert. Wollt's ihnen nur erzählen.«

»Also gut — das genügt jetzt!« sagte Stanley Burnell. Er schob seinen Teller zurück, nahm einen Zahnstocher aus der Tasche und begann in seinen kräftigen weißen Zähnen herumzustochern.

»Könntest du zusehen, daß Fred in der Küche ein bißchen zu essen bekommt, ehe er zurückfährt, Mutter?«

»Ja, Stanley.« Die alte Frau wandte sich zum Gehen.

»Oh, warte einen Moment! Vermutlich weiß niemand, wo meine Hausschuhe hingeraten sind? Vermutlich werde ich sie ein, zwei Monate nicht auftreiben können, was?«

»Doch«, ertönte Lindas Stimme. »Ganz oben im Reisesack! ›Dringend Nötiges!‹ steht außen drauf.«

»Ach, könntest du sie mir wohl bringen, Mutter?«

»Ja, Stanley.«

Burnell stand auf, reckte sich und ging zum Kamin; er stellte sich mit dem Rücken ans offene Feuer und hob seine Rockschöße hoch.

»Das ist, weiß Gott, eine schöne Bescherung, was, Beryl?«

Beryl trank, die Ellbogen aufgestützt, in kleinen Schlückchen ihren Tee und lächelte ihm über die Tasse hinweg zu. Sie trug eine ungewohnte rote Schürze; die Ärmel ihrer Bluse waren bis zu den Schultern aufgekrempelt, so daß die schönen, sommersprossigen Oberarme frei blieben; das Haar fiel ihr in einem langen Zopf über den Rücken.

»Wie lange, meinst du, wird es dauern, bis alles in Ordnung ist? Ein paar Wochen, was?« neckte er sie.

»Gott im Himmel, nein!« entgegnete Beryl obenhin. »Das Schlimmste haben wir schon hinter uns. Wir haben einfach den ganzen Tag geschuftet, das Mädchen und ich, und sowie Mutter herkam, hat sie sich auch gleich wie ein Pferd abgerackert. Wir haben uns keine Minute hingesetzt. Für einen Tag hatten wir genug.«

Stanley hörte den Vorwurf heraus.

»Du wirst doch wohl nicht erwartet haben, daß ich aus dem Büro stürze und hier die Teppiche auslege, was?«

»Sicher nicht«, lachte Beryl. Sie stellte ihre Tasse hin und lief aus dem Eßzimmer.

»Was, zum Teufel, erwartet sie denn?« rief Stanley. »Daß sie sich hinsetzen und mit einem Palmblattfächer fächeln kann, während ich die Arbeit von einer Schar Handwerker erledigen lasse? Meine Güte, wenn sie nicht mal ein bißchen Hand anlegen kann, ohne deswegen ein großes Gezeter anzustimmen ...« Und er stierte vor sich hin, während sich in seinem empfindlichen Magen die Koteletts gegen den Tee auflehnten. Aber Linda hob die Hand und zog ihn zu sich herunter, neben ihren Liegestuhl.

»Es ist eine schlimme Zeit für dich, mein Lieber«, sagte sie. Ihre Wangen waren sehr blaß, aber sie lächelte und kuschelte ihre Finger in seine große rote Hand. Burnell beruhigte sich. Plötzlich begann er zu pfeifen: ›So lilienrein und froh und frei‹ — ein gutes Zeichen.

»Meinst du, daß dir's hier gefallen wird?« fragte er.

»Ich will ja nicht petzen, Mutter, aber ich muß es dir doch sagen«, flüsterte Isabel. »Kezia trinkt Tee aus Tante Beryls Tasse!«

IV.

Sie wurden von der Großmutter zu Bett gebracht. Mit einer Kerze ging sie vorneweg, und die Treppenstufen hallten von ihren Schritten. Isabel und Lottie lagen in einem Zimmer für sich, und Kezia schmiegte sich in das weiche Bett ihrer Großmutter.

»Haben wir keine weiße Bettwäsche, Oma?«

»Nein, heute nacht nicht.«

»Es kitzelt«, sagte Kezia, »aber es ist wie bei den Indianern.« Sie zog ihre Großmutter zu sich herunter und küßte sie unter das Kinn. »Komm bald ins Bett und sei ein tapferer Indianer!«

»Was für ein Dummchen du bist!« sagte die alte Frau und stopfte die Decke ringsum so fest, wie Kezia es gern hatte.

»Läßt du mir keine Kerze hier?«

»Nein! Pst! Schlaf ein!«

»Aber die Tür kannst du doch offenlassen, bitte!«

Sie rollte sich zu einer Sechs zusammen, schlief aber nicht ein. Überall im Haus waren Schritte zu hören. Auch das Haus selbst knarrte und knackte. Von unten drang lautes Getuschel herauf. Einmal hörte sie, wie Tante Beryl hell auflachte, und ein andermal hörte sie den scharfen Trompetenton, mit dem sich ihr Vater die Nase putzte. Draußen vor dem Fenster hockten viele hundert schwarze Katzen mit gelben Augen am Himmel und beobachteten sie — aber sie fürchtete sich nicht. Lottie sagte gerade zu Isabel: »Heute sage ich mein Nachtgebet im Bett auf.«

»Nein, das darfst du nicht, Lottie!« Isabel blieb fest. »Gott erlaubt Gebete im Bett bloß, wenn man Fieber hat.« Lottie gab also nach:

>*»Ich bin klein,*
>*mein Herz ist rein,*
>*soll niemand drin wohnen*
>*als Jesus allein.«*

Und dann lagen sie Rücken an Rücken, daß ihre kleinen Popos sich gerade noch berührten, und schliefen ein.

Beryl Fairfield stand mitten im Mondschein und zog sich aus. Sie war müde, aber sie tat so, als wäre sie noch müder, als sie es in Wirklichkeit war: sie ließ die Kleider herunterfallen und schob ihr warmes, schweres Haar mit einer lässigen Handbewegung zurück.

»Oh, wie müde bin ich, wie müde!«

Sie schloß einen Moment die Augen, aber ihre Lippen lächelten. Ihre Brust hob und senkte sich beim Atmen wie unter zwei fächelnden Schwingen. Das Fenster stand weit offen; es war warm, und irgendwo draußen im Garten schlich ein schlanker junger Mann mit spitzbübischen Augen durch die Büsche und pflückte einen großen Strauß Blumen, schlüpfte unter ihr Fenster und hielt die Blumen zu ihr hinauf. Im Geist sah sie, wie sie sich hinausbeugte. Er steckte seinen Kopf zwischen die hellen, wachsweißen Blüten und lächelte listig.

»Nein, nein«, sagte Beryl. Sie wandte sich vom Fenster ab und warf sich das Nachthemd über den Kopf.

›Wie schrecklich unvernünftig Stanley manchmal ist‹, dachte sie beim Zuknöpfen. Und als sie sich dann hinlegte, meldete sich der alte Gedanke wieder, der grausame Gedanke: ›Ach, wenn ich doch eigenes Geld hätte!‹

Ein furchtbar reicher junger Mann ist gerade aus England eingetroffen. Er lernt sie ganz zufällig kennen . . . Der neue Gouverneur ist unverheiratet . . . Im Gouverneurshaus wird ein Ball veranstaltet . . . Wer ist das entzückende Geschöpf in nilgrüner Atlasseide? Beryl Fairfield . . .

»Was mir besonders gefällt«, sagte Stanley, lehnte sich an die Bettkante und kratzte sich tüchtig an Schultern und Rücken, ehe er ins Bett stieg, »das ist der Gedanke, daß ich das Haus so spottbillig bekommen habe, Linda. Ich habe heute mit dem kleinen Wally Bell darüber gesprochen, und er konnt's einfach nicht begreifen, warum mein Angebot angenommen wurde. Das Land hierherum wird nämlich immer wertvoller . . . in etwa zehn Jahren . . . natürlich müssen wir es sachte angehen lassen und die Ausgaben soweit wie möglich einschränken. Du schläfst doch wohl nicht, was?«

»Nein, Liebster, ich habe jedes Wort gehört«, sagte Linda.

Er stieg ins Bett, beugte sich über sie und blies das Licht aus.

»Gute Nacht, Herr Geschäftemacher!« sagte sie, nahm seinen Kopf bei den Ohren und gab ihm einen schnellen Kuß.

Ihre leise, verträumte Stimme schien wie aus einem tiefen Brunnenschacht zu kommen.

»Gute Nacht, Liebling!« Sein Arm glitt unter ihren Nacken, und er zog sie zu sich heran.

»Ja, halt mich fest!« sagte die leise Stimme aus dem tiefen Brunnenschacht.

Das Faktotum Pat rekelte sich in seiner kleinen Kammer hinter der Küche. Schwammbeutel und Jacke und Hose hingen wie ein Gehenkter am Türhaken. Unter der Wolldecke schauten seine krummen Zehen hervor, und auf dem Fußboden neben ihm stand ein leerer Vogelkäfig aus Peddigrohr. Alles zusammen war die reinste Karikatur.

»Ronk! Ronk!« schnurgelte das Dienstmädchen. Sie hatte Polypen in der Nase.

Die letzte, die sich schlafen legte, war die Großmutter.

»Was? Bist du noch nicht eingeschlafen?«

»Nein, ich habe auf dich gewartet«, sagte Kezia. Die alte Frau seufzte und legte sich neben sie. Kezia steckte den Kopf unter den Arm ihrer Großmutter und machte: »Piep!« Aber die Großmutter drückte sie nur leise an sich, seufzte wieder, nahm ihr Gebiß heraus und legte es in ein Glas Wasser, das neben ihr auf dem Fußboden stand.

Im Garten kauerten Zwergeulen auf den Zweigen eines Stinkbaumes und riefen: ›Mord-Mord! Mord-Mord!‹ Und weit weg im Busch schnatterte es heiser und hastig: ›Hahaha! Hahaha!‹

V.

Die Morgendämmerung brach beißend kühl an — mit roten Wolken am blaßgrünen Himmel und Wassertropfen auf jedem Blatt und Halm. Eine Brise wehte über den Garten hin, so daß Tau und Blütenblätter heruntertropften, lief fröstelnd über die feuchten Pferdekoppeln und verlor sich im düsteren Buschwald. Ein paar winzige Sterne schwebten einen Augenblick am Himmel und verschwanden — aufgelöst wie Seifenblasen. Und deutlich vernehmbar drang durch die frühe Morgenstille das Murmeln des Baches: in der Koppel rieselte er über braune Steine, rannte in sandige Kuhlen hinein und wieder heraus, versteckte sich unter Gruppen dunkler Beerensträucher und ergoß sich in einen Sumpf aus Wasserkresse und gelber Iris.

Und dann, beim ersten Sonnenstrahl, fingen die Vögel an. Große, freche Vögel, die Stärlinge und Hirtenstare, pfiffen auf dem Rasen, und die kleineren Vögel, Goldammern und Fliegenschnäpper und Hänflinge, flitzten von Ast zu Ast. Ein herrlicher Eisvogel saß auf dem Zaun der Koppel und putzte seine prunkende Schönheit, und ein Priestervogel sang seine drei Töne und lachte und sang sie noch einmal.

›Wie laut die Vögel sind!‹ sagte Linda in ihrem Traum. Sie ging gerade mit ihrem Vater über eine grüne, mit Margeriten besternte Koppel. Plötzlich bückte er sich, schob die Grashalme auseinander und zeigte ihr dicht vor ihren Füßen ein winziges Flaumbällchen. ›O Papa, wie süß!‹ Sie fing den winzigen Vogel in ihrer Handmuschel und strich ihm mit dem Finger über den Kopf. Er war ganz zahm. Doch dann passierte etwas sehr Komisches. Während sie ihn streichelte, begann er aufzuquellen und sich aufzuplustern und aufzublasen, er wurde größer und immer größer, und seine runden Augen schienen ihr verständnisvoll zuzulächeln. Jetzt konnte sie ihre Arme kaum noch weit genug spannen, um ihn zu halten, und sie ließ ihn in ihre Schürze plumpsen. Er war ein Baby geworden, ein Baby mit einem großen, kahlen Kopf und aufgesperrtem Vogelschnabel, der sich öffnete und schloß. Lindas Vater brach in ein lautes, schepperndes Gelächter aus, und sie erwachte und sah Stanley am Fenster stehen, wo er die Jalousie rasselnd ganz hoch hinaufzog.

»Hallo!« sagte er. »Hab' dich hoffentlich nicht geweckt? Das Wetter scheint heute früh gar nicht so übel zu sein.«

Er war ungeheuer vergnügt. Ein Tag wie der heutige setzte das Siegel unter seinen Kaufvertrag. Ihm war, als hätte er auch den schönen Tag mitgekauft, und obendrein spottbillig, als Dreingabe zu Haus und Gelände. Er stürmte ins Bad, und Linda drehte sich um und stützte sich auf den Ellbogen, um das Zimmer bei Tageslicht zu betrachten. Alle Möbelstücke waren untergebracht worden — all das alte Zubehör, wie sie es nannte. Sogar die Photographien standen auf dem

Kaminsims und die Medizinflaschen auf dem Bord über der Waschkommode. Ihre Kleidungsstücke hingen auf der Stuhllehne, ihre Ausgehsachen: ein violetter Umhang und ein runder Hut mit einer Feder darauf. Sie sah sie an und wünschte dabei, daß sie auch dieses Haus verlassen könnte. Und sie sah sich in einem kleinen Buggy wegfahren, weg von allem, weg von all und jedem, ohne auch nur zu winken.

Stanley kam mit einem um die Hüften geknoteten Handtuch zurück, glühend vom Bad, und klatschte sich auf die Schenkel. Er warf das Handtuch auf ihren Hut und Umhang, pflanzte sich genau in die Mitte eines Sonnenvierecks und begann mit seiner Gymnastik: tief atmen, bücken, wie ein Frosch kauern und die Beine wegschleudern. Er war so begeistert über seinen festen, fügsamen Körper, daß er sich auf die Brust schlug und laut »Ah!« sagte. Doch seine erstaunliche Energie schien ihn weltweit von Linda zu entfernen. Sie lag auf dem weißen, zerwühlten Bett und schaute ihm wie von einem Wolkengebirge aus zu.

»Oh, verflixt! Oh, verdammt!« rief Stanley, der in ein frisches weißes Hemd vorstieß und zu spät entdeckte, daß irgendein Dummkopf das Kragenbörtchen zugeknöpft hatte und er gefangen war. Er stelzte zu Linda hinüber und schwenkte die Arme.

»Du siehst wie ein großer, fetter Truthahn aus«, sagte sie.

»Fett? Hör dir das an!« rief Stanley. »Ich habe keinen Quadratzoll Fett auf mir! Fühle mal!«

»Wie Stein — wie Eisen!« verspottete sie ihn.

»Du würdest dich wundern«, erzählte Stanley, als wäre es furchtbar interessant, »wieviel Leute im Klub ein Embonpoint haben! Und zwar junge Leute — Männer in meinem Alter!« Er begann sein struppiges rotes Haar zu scheiteln und hatte dabei die blauen Augen groß und starr auf den Spiegel geheftet und die Knie gekrümmt, weil die Frisierkommode — hol's der Kuckuck! — ein bißchen zu niedrig für ihn war. »Zum Beispiel der kleine Wally Bell!« Er richtete sich auf und beschrieb mit der Haarbürste eine ungeheure Wölbung vor seinem eigenen Bauch. »Ich muß gestehen, mir graut vor . . .«

»Mach dir keine Sorgen, mein Lieber! Du wirst nie dick werden! Dafür bist du viel zu lebhaft!«

»Ja, ja, das stimmt vermutlich«, sagte er — zum hundertstenmal beruhigt — und nahm ein Perlmuttermesser aus der Tasche, um sich die Nägel zu schneiden.

»Frühstück, Stanley!« Beryl stand vor der Tür. »O Linda, Mutter sagt, du sollst noch nicht aufstehen!« Sie steckte den Kopf zur Tür herein. In ihrem Haar saß eine große Fliederdolde.

»Alles, was wir gestern abend auf der Veranda zurückgelassen hatten, war heute früh buchstäblich triefend naß. Du solltest mal unsre liebe Mutter sehen, wie sie die Tische und Stühle auswringt! Es ist aber kein Schaden entstanden . . .«, dies mit dem knappsten Seitenblick auf Stanley.

»Hast du Pat gesagt, daß er rechtzeitig mit dem Buggy vorfahren soll? Zum Büro sind's fast zwölf Kilometer!«

›Ich kann mir vorstellen, wie der frühe Aufbruch zum Büro sich auswirken wird‹, dachte Linda. ›Alles unter Hochdruck.‹

»Pat! Pat!« hörte sie das Dienstmädchen rufen. Aber Pat war offensichtlich schwer zu finden; die alberne Stimme setzte ihr ›Mäh-mäh!‹ im Garten fort. Linda kam erst wieder zur Ruhe, als das endgültige Zuschlagen der Haustür ihr verriet, daß Stanley wirklich weg war.

Später hörte sie ihre Kinder im Garten spielen. Lotties hartnäckige, durchdringende kleine Stimme rief: »Kezia! Isabel!« Immer verirrte sie sich oder verlor die andern aus den Augen, um sie dann zu ihrer großen Überraschung hinter dem nächsten Baum oder der nächsten Ecke zu finden. »Oh, da seid ihr endlich!« Nach dem Frühstück waren sie mit der Ermahnung hinausgeschickt worden, nicht eher ins Haus zu kommen, als bis sie gerufen wurden. Isabel karrte eine ganze Wagenladung affektierter Puppen vor sich her, und als große Vergünstigung war es Lottie erlaubt worden, nebenherzugehen und den Puppensonnenschirm über das Gesicht der Wachspuppe zu halten.

»Wohin gehst du, Kezia?« fragte Isabel, die sich gar zu gern eine leichte, gewöhnliche Dienstleistung für Kezia ausgedacht hätte, um sie unter ihre Knute zu bringen.

»Oh, bloß ein bißchen weg . . .«, antwortete Kezia.

Danach hörte Linda die Kinder nicht mehr. Was für ein grelles Licht im Zimmer war! Zu jeder Tageszeit verabscheute sie es, wenn die Jalousien ganz hinaufgezogen waren, aber frühmorgens war es unerträglich. Sie drehte sich zur Wand um; lässig zog sie mit dem Finger einen Mohn auf der Tapete nach, Blatt und Stengel und eine dicke, aufplatzende Knospe. In der Stille schien der Mohn unter ihrem nachziehenden Finger lebendig zu werden. Sie spürte sie förmlich: die klebrigen, seidigen Blütenblätter, den wie eine Stachelbeere behaarten Stiel, das rauhe Blatt und die pralle, glänzende Knospe. Gewisse Dinge hatten es an sich, plötzlich lebendig zu werden. Nicht bloß schwere, wuchtige Sachen wie Möbelstücke, sondern auch Vorhänge und Stoffmuster und die Volants an Steppdecken und Kissen. Wie oft hatte sie es beobachtet, daß sich die Quasten ihrer Steppdecke in einen komischen Aufzug von Tänzern unter dem Geleit von Priestern verwandelt hatten . . . Denn es gab Quasten, die überhaupt nicht tanzten, sondern feierlich einherzogen, mit gesenktem Kopf, als ob sie beteten oder sängen. Wie oft hatten sich die Medizinflaschen in eine Reihe kleiner Männchen mit braunen Zylinderhüten verwandelt, und der Krug auf der Waschkommode hockte im Waschbecken wie ein dicker Vogel in einem runden Nest.

›Letzte Nacht habe ich von Vögeln geträumt‹, dachte Linda. Was war es gewesen? Sie hatte es vergessen. Aber das Seltsamste beim Lebendigwerden der Dinge war das, was sie taten. Sie lauschten, sie schienen dank einem geheimnisvollen, wichtigen Inhalt aufzuquellen, und wenn sie ihre volle Größe erreicht hatten, lächelten sie, wie Linda glaubte. Doch das listige, heimliche Lächeln galt nicht ihr allein; sie waren Mitglieder eines Geheimbundes und lächelten einander zu. Manchmal, wenn sie im Laufe des Tages eingeschlummert war, wachte sie auf und konnte keinen Finger heben, konnte nicht einmal die Augen nach rechts oder links wenden, weil SIE da waren, und manchmal, wenn sie aus einem Zimmer ging und es leer zurückließ, wußte sie, daß SIE es füllten, sobald die Tür ins Schloß fiel. Und an manchen Abenden, wenn sie vielleicht im oberen Stock war, und alle andern waren unten, konnte sie IHNEN kaum entschlüpfen. Dann beeilte sie sich vergebens, summte vergebens ein Liedchen, und selbst wenn sie noch so gleichgültig zu sagen versuchte: ›Der dumme alte Fingerhut!‹, ließen SIE sich dadurch nicht täuschen. SIE wußten, welche Ängste sie ausstand, SIE sahen, wie sie den Kopf abwandte, wenn sie am Spiegel vorüberging. Linda glaubte immer, daß SIE etwas von ihr wollten, und sie wußte, wenn sie nachgab und still war, mehr als still, stumm und unbeweglich — dann würde wirklich etwas geschehen.

›Jetzt ist es sehr still‹, dachte sie. Sie riß die Augen weit auf und hörte, wie die Stille ihr weiches, endloses Netz spann. Wie leise sie atmete — fast brauchte sie überhaupt nicht zu atmen.

Ja, alles bis auf das kleinste, winzigste Teilchen war lebendig geworden, und sie spürte ihr Bett nicht mehr, sie schwebte in der Luft, von der Luft gehalten. Sie schien nur mit weit offenen, achtsamen Augen zu lauschen und auf jemanden zu warten, der kommen sollte, der einfach nicht kam — achtzugeben auf etwas, das geschehen sollte, aber einfach nicht geschah.

VI.

Vor den beiden Fenstern in der Küche stand die alte Mrs. Fairfield und wusch das Frühstücksgeschirr ab. Die Küchenfenster blickten auf einen großen Rasenplatz, der bis zum Gemüsegarten und bis zu den Rhabarberstauden hinabging. Auf der einen Seite wurde der Rasenplatz von Spülkammer und Waschhaus begrenzt, und über diesen weiß getünchten Anbau rankte sich ein knorriger Weinstock. Gestern hatte sie bemerkt, daß ein paar winzige, korkzieherähnliche Ranken durch Risse in der Decke der Spülkammer eingedrungen waren, und alle Fenster vom Anbau hatten eine dicke Rüsche aus krausem Grün.

»Reben habe ich sehr gern«, erklärte Mrs. Fairfield, »aber ich glaube nicht, daß die Trauben hier reif werden. Dafür ist australische Sonne nötig.« Und sie erinnerte sich, wie Beryl als Baby ein paar weiße Beeren vom Weinstock an der Hofveranda ihres Hauses in Tasmanien gepflückt hatte und von einer riesigen roten Ameise ins Bein gebissen worden war. Sie sah Beryl in ihrem karierten Kleidchen mit dem roten Schulterkragen, und wie sie so entsetzlich schrie, daß die halbe Straße herbeigerannt kam. Und wie das Bein des kleinen Mädchens angeschwollen war. »Tz, tz, tz!« machte Mrs. Fairfield, und noch in der Erinnerung stockte ihr der Atem. »Das arme Kind! Wie schrecklich war es gewesen!« Und sie preßte die Lippen zusammen und ging zum Herd, um noch mehr heißes Wasser zu holen. Das Wasser schoß schäumend in die große Wanne mit den rötlichen und blauen Seifenblasen auf dem Schaum. Die Arme der alten Mrs. Fairfield waren bis zum Ellbogen entblößt und kräftig gerötet. Sie trug ein graues gemustertes Foulardkleid mit großen lila Stiefmütterchen, eine weiße Leinenschürze und eine hohe Mütze, die einer Puddingform aus weißem Musselin glich. An den Ausschnitt hatte sie eine silberne Mondsichel gesteckt, auf der fünf kleinen Eulen saßen, und um den Hals trug sie eine Uhrkette aus schwarzen Perlchen.

Es war kaum zu glauben, daß sie nicht schon seit Jahren in dieser Küche gewesen war: so sehr war sie ein Teil von ihr. Mit bestimmten, sicheren Bewegungen räumte sie das Geschirr weg, ging gemächlich und unbeirrt vom Herd zur Anrichte und schaute in die Speisekammer und den Spülraum, als gäbe es für sie kein unbekanntes Eckchen. Als sie fertig war, schien alles in der Küche zu einer Reihe von Mustern zu gehören. Sie stand in der Mitte ihrer Küche und wischte sich die Hände an einem karierten Tuch ab; ein Lächeln flog über ihre Lippen; sie fand, daß alles sehr schmuck, sehr zufriedenstellend aussah.

»Mutter? Mutter? Bist du hier?« rief Beryl.

»Ja, Kind. Soll ich kommen?«

»Nein, ich komme schon.« Beryl brauste ganz erhitzt in die Küche und schleppte sich mit zwei großen Bildern ab.

»Mutter, was soll ich bloß mit diesen greulichen, häßlichen chinesischen Bildern machen, die Stanley von Chung Wah bekommen hat, als er pleite ging? Es ist Unsinn, zu behaupten, daß sie wertvoll sind, denn sie hingen schon Monate vorher in Chung Wahs Obstladen! Ich begreife nicht, weshalb Stanley sie aufheben will. Bestimmt findet er sie genauso häßlich wie wir, aber es ist wegen der Rahmen«, sagte sie boshaft. »Vermutlich glaubt er, daß die Rahmen eines schönen Tages Geld einbringen.«

»Warum hängst du sie nicht in den Flur?« schlug Mrs. Fairfield vor. »Da sieht man sie nicht so.«

»Das kann ich nicht — 's ist kein Platz mehr da. Dort habe ich all die Photographien aus seinem Büro vor und nach dem Umbau aufgehängt, mitsamt den Bildern von seinen Geschäftsfreunden und der gräßlichen Vergrößerung von Isabel, wie sie im Babyhemd auf dem Fell liegt.« Ihre Blicke schweiften ärgerlich durch die stille Küche. »Ich weiß, was ich tun kann! Ich hänge sie hier auf! Stanley werde ich sagen, daß sie beim Umzug ein bißchen feucht geworden sind, deshalb hätte ich sie vorläufig hierher getan.« Sie holte sich einen Stuhl heran, stieg hinauf, zog einen Hammer und einen großen Nagel aus der Schürzentasche und begann zu hämmern.

»So! Das genügt! Reich mir das Bild, Mutter!«

»Moment mal, Kind!« Ihre Mutter wischte über den geschnitzten Ebenholzrahmen.

»Oh, Mutter, die brauchst du wirklich nicht abzuwischen! Da könnte man jahrelang putzen, um den Staub aus all den kleinen Löchern zu holen!« Und, ihre Mutter überragend, runzelte sie die Stirn und biß sich vor Ungeduld auf die Lippe. Die bedächtige Art ihrer Mutter bei allem, was sie tat, ging ihr einfach auf die Nerven. ›Es kommt vermutlich vom Alter‹, dachte sie überlegen.

Endlich hingen die beiden Bilder nebeneinander. Sie sprang vom Stuhl herunter und verwahrte den kleinen Hammer. »Hier sehen sie gar nicht so übel aus, was?« sagte sie. »Und jedenfalls braucht niemand außer Pat und dem Dienstmädchen sie anzuschauen — habe ich eigentlich Spinnweb im Gesicht, Mutter? Ich habe in dem kleinen Verschlag unter der Treppe herumgestöbert, und jetzt kitzelt's mich dauernd in der Nase.«

Aber ehe Mrs. Fairfield nachsehen konnte, hatte Beryl sich schon umgedreht. Jemand klopfte ans Fenster. Linda stand da und nickte und lächelte. Sie hörten, wie der Riegel der Spülkammertür hochschnellte, und Linda kam herein. Sie war ohne Hut; das Haar stand ihr auf Lockenwicklern vom Kopf ab; sie hatte sich in einen alten Kaschmirschal gehüllt.

»Ich bin so hungrig«, sagte Linda. »Wo kann ich etwas zu essen finden, Mutter? Ich bin zum erstenmal in der Küche: alles ist typisch ›Mutter‹ und steht in Reih und Glied!«

»Ich mache dir Tee«, sagte Mrs. Fairfield und breitete eine saubere Serviette über eine Tischdecke, »und Beryl kann dir Gesellschaft leisten.«

»Beryl, willst du die Hälfte von meinem Ingwerkuchen?« fragte Linda und deutete mit dem Messer auf Beryl. »Gefällt dir das Haus, jetzt, wo wir eingezogen sind?«

»Doch, ja, es gefällt mir riesig, und der Garten ist wunderschön, aber man fühlt sich so weit weg von allem. Ich kann mir nicht vorstellen daß die Leute aus der Stadt in dem schaurigen Rumpelbus herkommen, um uns zu besuchen, und hier in der Gegend ist bestimmt niemand, der bei uns Besuch macht. Natürlich ist es für dich nicht wichtig, weil...«

»Aber wir haben ja den Buggy«, sagte Linda. »Pat kann dich jederzeit in die Stadt fahren, wenn du Lust hast.«

Das war sicher ein kleiner Trost, doch in Beryls Kopf rumorte etwas, das sie nicht einmal für sich selbst zu Worten fügte.

»Na ja, jedenfalls sterben wir nicht dran«, sagte sie trocken, stellte die leere Tasse ab und stand auf und reckte sich. »Ich werde jetzt Gardinen aufhängen!«

Sie lief singend aus der Küche:

> *» Viele tausend Vögelein*
> *singen laut im Sonnenschein . . .*
> *. . . Vögelein singen laut im . . .«*

Aber als sie ins Eßzimmer trat, hörte sie auf zu singen; ihr Ausdruck veränderte sich und wurde düster und verdrossen. »Ist ja einerlei, ob man hier oder anderswo verrottet!« murrte sie wütend und stieß die starren Messinghaken in die roten Wollgardinen.

Die beiden in der Küche schwiegen ein Weilchen. Linda stützte die Wange in die Hand und beobachtete ihre Mutter. Sie fand, daß ihre Mutter ganz reizend aussah, wie sie jetzt mit dem Rücken vor dem umrankten Fenster stand. Ihr Anblick hatte etwas Tröstliches, ohne den Linda nicht hätte leben können, meinte sie. Sie brauchte den feinen Duft ihrer Haut und daß ihre Wangen sich so weich anfühlten, und Arme und Schultern noch weicher. Sie liebte ihr Haar, und wie es sich lockte, silbern auf der Stirn, heller im Nacken, noch immer kräftig braun in der dicken Haarkrone unter der Musselinmütze. Wunderbar waren ihre Hände, und ihre beiden Ringe schienen mit der elfenbeinweißen Haut zu verschmelzen. Und immer war sie so frisch, so appetitlich. Die alte Frau duldete auf ihrem Körper nur reines Leinen, und sie badete Sommer und Winter in kaltem Wasser.

»Gibt's nichts für mich zu tun?« fragte Linda.

»Nein, Liebling! Ich wünschte, du gingest in den Garten und hütest die Kinder — aber ich weiß, das magst du nicht.«

»Ich mag schon — aber du weißt doch, daß Isabel soviel erwachsener ist als wir alle!«

»Ja — aber Kezia nicht.«

»Oh, Kezia ist schon längst von einem Stier auf die Hörner genommen worden«, sagte Linda und wickelte sich wieder in ihren Schal.

Zwar hatte Kezia einen Stier gesehen — aber nur durch ein Astloch in einem Bretterzaun, der den Tennisplatz von der Koppel trennte. Der Stier hatte ihr nicht besonders gefallen, deshalb war sie durch den Obstgarten zurückgeschlendert, dann den grünen Abhang hinauf und auf dem Fußweg am Stinkbaum vorbei und in den weiten, verwilderten Garten hinein. Sie glaubte es einfach nicht, daß sie sich in diesem Garten *nicht* verirren könnte. Zweimal hatte sie schon den Rückweg zum großen eisernen Tor gefunden, durch das sie gestern abend gefahren waren, und sich dann umgedreht, um der Zufahrt zu folgen, die zum Haus führte. Aber auf jeder Seite gab es so viele kleine Abzweigungen! Auf der einen Seite führten sie in ein Dickicht hoher dunkler Bäume und seltsamer Büsche mit flachen Samtblättern und gefiederten sahneweißen Blüten, die von Fliegen schwirrten, wenn man sie schüttelte — das war das Unheimliche daran: es war überhaupt kein richtiger Garten. Die kleinen Pfade dort waren feucht und lehmig, und Baumwurzeln krochen querüber wie die Spuren von großen Vogelfüßen.

Doch auf der andern Seite der Zufahrt lief eine hohe Buchsbaumhecke entlang, und die Pfade waren von Buchsbaum berandet und führten alle in eine immer dichtere Blumenwildnis. Die Kamelien standen in voller Blüte: sie waren weiß und rot und rosa und weiß gestreift, mit blanken Blättern. Auf den Fliedersträuchern konnte man vor lauter weißen Blütenbüscheln kein einziges Blatt sehen. Auch die Rosen blühten — die kleinen weißen Knopflochrosen —, aber zu voll von Käfern, als daß man sie jemandem hätte unter die Nase halten können, rötliche Monatsrosen mit einem Teppich abgefallener Blütenblätter rund um die Büsche, Zentifolien auf dicken Stielen, Moosrosen, immer in Knospe, und all die samtenen und rosa Schönheiten, die sich Blatt für Blatt aufrollten, und rote, so dunkel, daß sie beim Herunterfallen schwarz zu werden schienen, und eine besonders seltene weiße Sorte mit einem schlanken roten Stiel und hellroten Blättern.

Der Fingerhut stand in dichten Gruppen, auch allerlei Arten Geranien, und kleine Verbenenbäumchen und lila Lavendelbüsche und ein ganzes Beet voll roter Pelargonien mit Samtaugen und Blättern wie Schmetterlingsflügeln. Auf einem Beet wuchs nichts als Reseda und auf einem andern nichts als Stiefmütterchen, mit Borten aus gefüllten und ungefüllten Gänseblümchen und allen erdenklichen Polsterpflanzen, die sie noch nie gesehen hatte.

Die Fackelkolben waren höher als Kezia; die japanischen Sonnenblumen bildeten einen kleinen Urwald für sich. Sie setzte sich auf eine der kleinen Buchsbaumhecken. Wenn man den Buchs fest hinunterdrückte, saß man sehr bequem. Aber wie staubig war er innen drin! Kezia bückte sich, um hineinzuschauen, und mußte niesen und sich die Nase reiben.

Und dann stand sie plötzlich ganz oben auf dem grasbewachsenen Abhang, der sich wellig zum Obstgarten senkte ... Einen Augenblick musterte sie den Abhang, dann legte sie sich auf den Rücken und rollte quietschend bis in die blühende Obstgartenwiese hinunter. Sie blieb liegen und wartete, daß alles aufhörte, sich zu drehen, und dann beschloß sie, ins Haus zu gehen und das Dienstmädchen um eine leere Zündholzschachtel zu bitten. Sie wollte ihre Großmutter überraschen.

Zuerst würde sie ein grünes Blatt mit einem großen Veilchen hineinlegen, dann vielleicht zwei sehr kleine weiße Federnelken rechts und links vom Veilchen, und zuletzt würde sie Lavendelblütchen drüberstreuen, aber so, daß die Blumen nicht zugedeckt wurden.

Sie erfand häufig solche Überraschungen für die Großmutter, und immer wurden sie sehr bewundert.

»Brauchst du ein Zündholz, Oma?«

»Ja, sicher — denk dir, gerade habe ich eins gesucht!«

Langsam öffnete ihre Großmutter die Schachtel und entdeckte das Blumengebilde.

»Nein, so etwas, Kind! Was für eine Überraschung!«

›Hier kann ich ihr jeden Tag eine machen‹, dachte sie, als sie mit ihren glitschigen Schuhen den Rasenhang hinaufkrabbelte.

Doch auf dem Rückweg zum Haus stieß sie auf die Insel mitten in der Zufahrt, welche die Zufahrt in zwei Arme teilte, die sich vor dem Haus wieder begegneten. Die Insel bestand aus einem Rasenhügel, und ganz oben wuchs nichts als eine riesige Pflanze mit fleischigen graugrünen Blattspießen, aus deren Mitte ein hoher, kräftiger Schaft ragte. Ein paar Blätter waren so alt, daß sie nicht mehr aufwärts schwangen: sie waren zusammengekrümmt und gespalten und zerborsten; und manche lagen flach und verdorrt auf dem Boden.

Was konnte das nur sein? Noch nie hatte sie etwas Ähnliches gesehen! Sie stand und starrte die Pflanze an. Und dann sah sie ihre Mutter den Weg entlangkommen.

»Mutter, was ist das?« fragte Kezia.

Linda blickte zu der dicken, sperrigen Pflanze mit den grausamen Blattspießen und dem fleischigen Stengel auf. Sie ragte hoch über ihnen wie besänftigt in der Luft, und doch klammerte sie sich so fest an die Erde, der sie entstammte, als hätte sie Klauen statt Wurzeln. Die gekrümmten Blätter schienen etwas zu verbergen; der blinde Schaft stach in die Luft, als könne ihm kein Wind etwas anhaben.

»Das ist eine Aloe, Kezia«, antwortete die Mutter.

»Blüht sie auch manchmal?«

»Ja, Kezia.« Linda lächelte mit halbgeschlossenen Augen auf sie nieder. »Nur einmal alle hundert Jahre.«

VII.

Auf seinem Heimweg vom Büro ließ Stanley Burnell den Buggy vor der Bodega halten, stieg aus und kaufte ein Glas Austern. Im Laden des Chinesen nebenan kaufte er eine Ananas, wie sie reifer nicht hätte sein können, und als er einen Korb mit den ersten schwarzen Kirschen sah, ließ er sich von John auch ein Pfund von denen einpacken. Die Austern und die Ananas verstaute er in der Kiste unter dem Kutschbock, doch die Kirschen behielt er in der Hand.

Das Faktotum Pat sprang vom Bock und deckte ihn fürsorglich mit der braunen Wagendecke zu.

»Heben Sie die Füße, Mr. Burnell, damit ich sie einwickeln kann!« sagte er.

»Gut! Gut! Großartig!« sagte Burnell. »Jetzt können Sie geradewegs nach Hause fahren.« Pat tippte die graue Stute mit der Peitsche an, und der Buggy fuhr los.

›Ich glaube, der Bursche ist ein erstklassiger Diener‹, dachte Stanley. Er gefiel ihm, wie er da oben in seinem ordentlichen braunen Mantel und der braunen Melone thronte. Ihm gefiel auch die Art, wie Pat ihn zugedeckt hatte, und er mochte seine Augen. Er hatte nichts Unterwürfiges an sich — und wenn es etwas gab, was Stanley verabscheute, dann war es Unterwürfigkeit. Pat sah aus, als gefiele ihm sein Posten — als sei er bereits glücklich und zufrieden.

Die graue Stute holte tüchtig aus; Burnell brannte darauf, die Stadt hinter sich zu bringen. Er wollte nach Hause. Oh,

es war herrlich, auf dem Lande zu wohnen — aus diesem
Loch von einer Stadt herauszukommen, gleich nach Büro-
schluß; und dann die Fahrt in der guten, linden Luft, wenn
man die ganze Zeit wußte, daß am andern Ende das eigene
Haus war — mitsamt dem Garten und den Koppeln und den
den drei prima Kühen und so viel Hühnern und Enten, daß
sie stets genug Geflügel hätten —, das alles war auch herrlich.

Als sie die Stadt endgültig hinter sich gelassen hatten und
auf der einsamen Landstraße dahinrollten, pochte ihm das
Herz vor Freude. Er griff in die Tüte und begann Kirschen
zu essen, drei oder vier auf einmal; die Kerne warf er aus
dem Wagen. Sie waren köstlich, so saftstrotzend und kühl,
und ohne einen einzigen Fleck oder Kratzer.

Sieh einer die beiden an! Dunkel auf der einen Seite und hell
auf der andern — und ohne Makel! Ein makelloses Paar sia-
mesischer Zwillinge! Er steckte sie sich ins Knopfloch . . .
Weiß Gott, er hatte die größte Lust, dem Mann auf dem
Kutschbock eine Handvoll zu geben — aber nein, lieber nicht!
Lieber warten, bis er etwas länger bei ihnen gewesen war.

Er begann zu überlegen, was er mit seinen Samstagnachmit-
tagen und mit seinen Sonntagen anfangen könnte. Samstags
würde er nicht zum Lunch in den Klub gehen. Nein, so bald
wie möglich weg vom Büro und sich zu Hause ein paar
Scheiben kaltes Fleisch und einen halben Salatkopf geben
lassen. Und dann ein paar Bekannte aus der Stadt bestellen,
um am Nachmittag Tennis zu spielen. Nicht zu viele — höchstens drei. Beryl war auch eine gute Tennisspielerin . . . Er
streckte den rechten Arm aus, krümmte ihn langsam und befühlte den Muskel . . . Ein Bad und eine ordentliche Abrei-
bung, und nach dem Essen eine Zigarre auf der Veranda . . .

Am Sonntagmorgen würden sie in die Kirche gehen, alle,
auch die Kinder. Das erinnerte ihn daran, daß er einen Kir-
chenstuhl mieten wollte, möglichst in der Sonne und weit
vorn, nicht im Durchzug bei der Tür. Im Geist hörte er sich
schon mit sonorer Stimme einsetzen: ›Als Du dem Tod den
Stachel nahmst, hast Du den Gläubigen die Himmelspforte
aufgetan.‹ Und er sah seine Visitenkarte im schmucken Mes-

singrahmen an der Ecke des Kirchenstuhls: Mr. Stanley Burnell und Familie . . . Den Rest des Sonntags würde er mit Linda vertrödeln . . . Jetzt gingen sie durch den Garten, sie an seinem Arm, und er erklärte ihr ausführlich, was er nächste Woche im Geschäft vorhatte. Er hörte sie sagen: »Ja, Liebling, das finde ich sehr gescheit . . .« Etwas mit Linda besprechen war eine wundervolle Hilfe, auch wenn sie oft vom Thema abschweiften.

Aber weiß der Kuckuck, sie kamen nicht sehr schnell voran! Pat hatte schon wieder die Bremse angezogen. Puh, wie scheußlich! Er spürte das Ding bis in die Magengrube.

Eine Art Panik befiel ihn jedesmal, wenn er sich seinem Zuhause näherte. Ehe er richtig innerhalb des Tors war, rief er schon jedem, der in Sicht kam, seine besorgte Frage zu: »Ist alles in Ordnung?«

Aber er glaubte es erst, wenn er Linda sagen hörte: »Hallo! Wieder daheim?« Das war das Schlimmste am Landleben — es dauerte so verteufelt lange, heimzukommen . . . Doch jetzt war es nicht mehr sehr weit. Sie fuhren über die letzte Anhöhe; jetzt ging es den ganzen Weg sanft bergab, nur noch einen knappen Kilometer.

Pat ließ die Peitsche über den Rücken der Stute spielen und redete ihr gut zu: »Hü jetzt! Hü jetzt!«

Bis zum Untergehen der Sonne waren es nur noch ein paar Minuten. Alles stand unbeweglich in ein helles, metallisches Licht getaucht, und von den Koppeln auf beiden Seiten stieg der milchige Duft reifen Grases auf. Das schmiedeeiserne Tor stand offen. Sie brausten hindurch, die Zufahrt hinauf und um die Insel, und genau in der Mitte vor der Verandatreppe hielten sie.

»Sind Sie mit ihr zufrieden, Sir?« fragte Pat seinen Herrn, stieg vom Bock und griente.

»Ja, tatsächlich, Pat«, antwortete Stanley.

Linda erschien in der Glastür; ihre Stimme tönte durch die dämmerige Stille: »Hallo, wieder daheim?«

Beim Klang ihrer Stimme klopfte sein Herz so wild, daß er sich kaum beherrschen konnte, nicht die Stufen hinaufzustürmen und sie in die Arme zu schließen.

»Ja, hier bin ich wieder. Ist alles in Ordnung?«

Pat begann Pferd und Buggy zur Seitenpforte zu führen, die sich zum Hof hin auftat.

»Halt! Eine Sekunde!« rief Burnell. »Geben Sie mir die beiden Pakete!« Und zu Linda sagte er: »Ich habe dir ein Glas mit Austern und eine Ananas mitgebracht« — als brächte er ihr alle Schätze der Welt.

Sie betraten den Flur; Linda trug in der einen Hand die Austern und in der andern die Ananas. Burnell schloß die Glastür und umarmte sie, drückte sie an sich und küßte sie auf den Scheitel, die Ohren, die Lippen und die Augen.

»O je, o je!« rief sie. »Warte einen Augenblick! Laß mich doch erst die dummen Sachen hinlegen!« Und sie stellte das Glas mit den Austern und die Ananas auf einen kleinen geschnitzten Stuhl. »Was hast du denn da in deinem Knopfloch? Kirschen?« Sie holte sie heraus und hängte sie ihm übers Ohr.

»Nein, nicht, Liebes! Sie sind für dich!«

Sie nahm sie ihm vom Ohr.

»Wenn du nichts dagegen hast, hebe ich sie noch etwas auf, sonst verderbe ich mir den Appetit aufs Nachtessen. Komm deine Kinder anschauen, sie sitzen gerade beim Abendbrot!«

Auf dem Tisch im Kinderzimmer brannte die Lampe. Mrs. Fairfield schnitt Brotscheiben ab und bestrich sie mit Butter. Die drei kleinen Mädchen saßen am Tisch und hatten große, mit ihrem Namen bestickte Lätzchen umgebunden. Sie wischten sich den Mund ab, als ihr Vater ins Zimmer kam, um sich küssen zu lassen. Die Fenster waren offen; eine Vase mit Wiesenblumen stand auf dem Kaminsims, und die Lampe warf einen großen, sanften Lichtkreis an die Zimmerdecke.

»Ihr scheint es sehr gemütlich zu haben, Mutter«, sagte Burnell und blinzelte ins Licht. Isabel und Lottie saßen je an einer Seite des Tisches, und Kezia saß am unteren Ende. Der Platz obenan war nicht besetzt.

›Dort müßte mein Junge sitzen‹, dachte Stanley. Er legte den Arm noch fester um Lindas Schultern. Er war weiß Gott ein Narr, so glücklich zu sein.

»Ja, Stanley, wir haben es gemütlich«, erwiderte Mrs. Fair-field und schnitt Kezias Brot in schmale Bissen.

»Es gefällt euch besser als in der Stadt, was, Kinder?« fragte Stanley.

»O ja«, antworteten die drei kleinen Mädchen, und Isabel fuhr fort: »Danke, lieber Vater!«

»Komm mit nach oben«, sagte Linda. »Ich bringe dir deine Hausschuhe!« Aber um Arm in Arm hinaufzugehen, war die Treppe zu eng. Im Zimmer war es ganz dunkel. Er hörte ihren Ring auf dem Marmorsims aufschlagen, als sie nach den Zündhölzern tastete.

»Ich habe welche, Liebling! Ich kann die Kerzen anzünden!« Doch statt dessen trat er hinter sie, schloß sie wieder in die Arme und drückte ihren Kopf an seine Schulter.

»Ich bin so verrückt glücklich«, sagte er.

»Wirklich?« Sie drehte sich um, legte ihre Hände auf seine Brust und sah zu ihm auf.

»Ich weiß nicht, was über mich gekommen ist«, beteuerte er. Draußen war es jetzt ganz dunkel, und der Tau sank schwer hernieder. Als Linda die Fenster schloß, spürten ihre Finger-spitzen den kühlen Tau. In der Ferne bellte ein Hund. »Ich glaube, es wird eine mondhelle Nacht«, sagte sie.

Bei diesen Worten, und wegen des kalten, feuchten Taus an ihren Fingern, war ihr zumute, als wäre der Mond schon aufgegangen und als würde sie in einer Flut kalten Lichts seltsam entblößt. Sie schauerte zusammen, trat vom Fenster weg und setzte sich neben Stanley auf die Kastenottomane.

Im Eßzimmer saß Beryl vor dem flackernden Holzfeuer auf einem Hocker und spielte Gitarre. Sie hatte gebadet und sich von Kopf bis Fuß umgezogen. Jetzt trug sie ein weißes Mus-selinkleid mit schwarzen Tupfen, und ins Haar hatte sie sich eine schwarzseidene Rose gesteckt.

Die Welt ging schon zur Ruh, mein Lieb,
Wir sind allein.
Leg deine Hand in meine, Lieb,
Und halt sie fest!

Sie spielte und sang halb für sich, denn sie beobachtete sich beim Spielen und beim Singen. Der Flammenschein spielte über ihre Schuhe, über den rotbraunen Bauch der Gitarre und über ihre weißen Finger...

›Wenn ich draußen vor dem Fenster stünde und hereinschaute, wäre ich wirklich ganz verknallt in mich‹, dachte sie und spielte die Begleitung noch leiser, ohne zu singen. Sie lauschte jetzt nur.

›...als ich dich das erstemal sah, kleines Lieb...oh, du wußtest nicht, daß du nicht allein warst...hattest du deine kleinen Füße auf den Hocker gezogen und spieltest Gitarre... O Gott, ich kann's nie vergessen ...‹ Beryl warf den Kopf auf und begann wieder zu singen:

»Selbst der Mond ist müde...«

Doch da klopfte jemand laut an die Tür. Das Dienstmädchen steckte ihren roten Kopf zur Tür herein.

»Verzeihung, Miss Beryl, ich muß den Tisch decken.«

»Natürlich, Alice«, sagte Beryl mit eiskalter Stimme. Sie lehnte die Gitarre in eine Ecke. Alice polterte mit einem schweren schwarzen Blechtablett ins Zimmer.

»Puh, was ich mit dem Herd für 'ne Arbeit hatte!« rief sie.

»Nichts will schön braun werden!«

»Tatsächlich?« sagte Beryl.

Nein, sie konnte das dumme Ding von einem Mädchen nicht ertragen! Sie lief in den dunklen Salon und begann auf und ab zu gehen ... Oh, sie war so nervös, so nervös. Über dem Kamin hing ein Spiegel. Sie stützte ihre Arme auf und betrachtete ihr bleiches Spiegelbild. Wie schön sie aussah — aber es war niemand da, der es bemerkte, niemand.

»Warum mußt du so leiden?« fragte sie das Gesicht im Spiegel. »Du bist nicht zum Leiden geschaffen — lächle!«

Beryl lächelte, und ihr Lächeln war wirklich so hinreißend schön, daß sie noch einmal lächelte, diesmal jedoch, weil sie nicht anders konnte.

VIII.

»Guten Morgen, Mrs. Jones!«

»Oh, guten Morgen, Mrs. Smith! Ich freue mich so, Sie zu sehen. Haben Sie Ihre Kinder mitgebracht?«

»Ja, ich habe meine beiden Zwillinge mitgebracht. Seit ich Sie letztesmal sah, habe ich noch ein Baby bekommen, aber es kam so schnell, daß ich noch keine Zeit hatte, ihm Sachen zu nähen . . . Deshalb habe ich's zu Hause gelassen . . . Wie geht es Ihrem Mann?«

»O danke, es geht ihm sehr gut. Er hatte allerdings eine furchtbare Erkältung, aber die Königin Victoria — sie ist nämlich meine Patin — hat ihm eine Kiste Ananas geschickt, und die haben ihn sofort gesund gemacht. Ist das Ihr neues Mädchen?«

»Ja, sie heißt Gwen. Ich habe sie erst seit zwei Tagen. Gwen, das ist meine Freundin, Mrs. Smith.«

»Guten Morgen, Mrs. Smith. Das Mittagessen ist erst in etwa zehn Minuten fertig.«

»Ich finde, Sie sollten mich Ihrem Dienstmädchen nicht vorstellen. Ich finde, ich sollte als erste das Wort an sie richten.«

»Ach, sie ist eher eine Stütze der Hausfrau als ein Dienstmädchen, und Stützen stellt man vor, wie ich weiß, denn Mrs. Samuel Josephs hatte eine.«

»Ach, es macht nichts«, sagte das Mädchen gleichgültig und rührte einen Schokoladenpudding mit einer halben Wäscheklammer schaumig. Das Mittagessen stand auf der Betontreppe und briet köstlich. Auf einem roten Gartenstuhl begann sie den Tisch zu decken. Auf jeden Platz legte sie zwei Geranienblatteller, eine Kiefernnadelgabel und ein Zweigmesser. Drei Margeritenknöpfe auf einem Lorbeerblatt stellten Verlorene Eier dar, ein paar Schnipsel von Fuchsienblüten waren das kalte Fleisch, aus Erde, Wasser und Löwenzahnsamen gab es ausgezeichnete kleine Frikadellen, und den Schokoladenpudding beschloß sie in der Pawamuschel aufzutragen, in der sie ihn gekocht hatte.

»Um meine Kinder brauchen Sie sich nicht zu bemühen«, sagte Mrs. Smith liebenswürdig. »Nehmen Sie einfach die

Flasche hier und füllen Sie sie am Wasserhahn — ich meine,
in der Milchkammer.«

»Ja, gern«, sagte Gwen und flüsterte Mrs. Jones zu: »Soll
ich Alice um ein bißchen richtige Milch bitten?«

Aber von der Vorderseite des Hauses rief jemand, und die
Lunchparty stob auseinander und überließ den reizenden
Mittagstisch, die Frikadellen und die Verlorenen Eier den
Ameisen und einer alten Schnecke, die ihre zitternden Füh-
ler über die Kante des Gartenstuhls schob und an einem Ge-
ranienteller zu knabbern begann.

»Kommt vors Haus, Kinder! Pip und Rags sind da!«

Die Trout-Jungen waren die Vettern, von denen Kezia dem
Rollkutscher erzählt hatte. Sie wohnten etwa eine Meile
weit weg in einem Haus, das Affenbaumcottage hieß. Pip
war groß für sein Alter und hatte glatte, schwarze Haare
und ein blasses Gesicht, Rags dagegen war klein und so mager, daß ihm die Schulterblätter wie zwei kleine Flügel ab-
standen, wenn er ausgezogen war. Sie hatten einen nicht
reinrassigen Hund mit wasserblauen Augen und einem langen Ringelschwanz, der ihnen überallhin folgte; er hieß
Snooker. Sie verbrachten den größten Teil ihrer Zeit damit,
Snooker zu kämmen und zu bürsten und ihm verschiedene
gräßliche Mixturen zu verabfolgen, die Pip zusammenge-
braut hatte und heimlich in einem zersprungenen Krug bei
sich trug, der mit einem Deckel von einem alten Teekessel
zugedeckt wurde. Selbst der treue kleine Rags durfte das
Geheimnis dieser Mixturen nicht genau erfahren . . . Man
nehme karbolhaltiges Zahnpulver und eine Prise fein pul-
verisierten Schwefel sowie vielleicht ein bißchen Stärke, um
Snookers Fell dichter zu machen . . . Aber das war nicht alles;
Rags glaubte insgeheim, daß der Rest aus Schießpulver bestand . . . Und nie durfte er beim Mischen helfen, weil es gefährlich war . . . »Wenn dir ein Krümchen davon ins Auge
fliegt, bist du dein Leben lang blind«, pflegte Pip zu sagen,
wenn er die Mixtur mit einem eisernen Löffel umrührte.
»Und dann besteht immer noch die Möglichkeit — bloß eine
Möglichkeit, verstehst du —, daß es explodiert, wenn man
es zu fest umrührt . . . Zwei Löffel voll in einer Petroleum-

kanne reichen, um tausend und abertausend Flöhe zu töten!« Doch Snooker verbrachte trotzdem seine ganze Frei-
zeit damit, sich zu kratzen und zu beißen, und er stank abscheulich.

»Das kommt daher, weil er so ein großartiger Raufer ist«,
sagte Pip. »Alle Raufer stinken!«
Die Trout-Jungen hatten oft einen Tag bei den Burnells in der
Stadt verbracht, aber seit sie jetzt in dem schönen Haus mit
dem tollen Garten lebten, waren die Jungen darauf aus, sehr
nett zu sein. Außerdem spielten beide gern mit Mädchen —
Pip, weil er sie tüchtig hänseln konnte und weil Lottie sich
so leicht ins Bockshorn jagen ließ, und Rags aus einem be-
schämenden Grund: er liebte Puppen. Wie er eine Puppe
anschauen konnte, wenn sie schlief, und flüsternd mit ihr
sprach und sie scheu anlächelte! Und was für eine Wonne
bedeutete es für ihn, wenn er eine anfassen durfte . . .

»Mußt deine Arme rumlegen um sie! Halt sie nicht so steif.
So läßt du sie noch fallen!« sagte Isabel streng.
Jetzt standen sie auf der Veranda und hielten Snooker zurück, der ins Haus wollte, aber nicht durfte, weil Tante Linda selbst nette Hunde nicht leiden konnte.

»Wir sind mit Mum im Bus hergekommen«, erzählten sie,
»und wir dürfen den ganzen Nachmittag bei euch bleiben.
Wir haben Tante Linda eine Masse Ingwerbrot mitgebracht.
Unsere Minnie hat's gebacken. Es ist über und über voll
Nüsse.«

»Ich habe die Mandeln abgezogen«, sagte Pip. »Ich habe
einfach mit der Hand in eine Schüssel mit kochendem Wasser gelangt und sie rausgegrapscht und ein bißchen gequetscht, und schon sind sie aus der Haut geflogen — manche bis an die Decke, nicht wahr, Rags?«
Rags nickte. »Wenn bei uns zu Hause Kuchen gebacken
wird, bleiben wir immer in der Küche, Rags und ich«, erzählte Pip, »und ich bekomme den Napf, und er bekommt
den Löffel und den Schneebesen. Biskuit geht am besten. Da
wird alles ganz schaumig.« Er lief die Verandatreppe hinunter und auf den Rasen, spreizte die Hände aus, beugte sich
vornüber und versuchte, auf dem Kopf zu stehen.

»Der Rasen ist zu hubelig«, sagte er. »Wenn man Kopfstand machen will, braucht man eine ebene Stelle. Bei uns zu Hause kann ich auf dem Kopf rings um den Affenbaum gehen, nicht wahr, Rags?«

»Beinah«, sagte Rags leise.

»Mach doch auf der Veranda Kopfstand!« schlug Kezia vor. »Die ist ganz eben.«

»Nein, Schlaumeier«, entgegnete Pip. »Man muß es auf was Weichem machen. Wenn man nämlich umkippt und hinschlägt, dann macht's in deinem Nacken ›Klick‹ und geht kaputt. Dad hat's mir erklärt.«

»Ach, wollen irgendwas spielen!« sagte Kezia.

»Ja«, sagte Isabel rasch, »wollen Krankenhaus spielen! Ich bin die Schwester, und Pip kann der Doktor sein, und du und Lottie und Rags, ihr seid die Patienten.«

Lottie mochte nicht mitspielen, denn letztesmal hatte Pip ihr etwas in die Kehle geträufelt und ihr furchtbar weh getan.

»Pffft!« spottete Pip. »Das war bloß der Saft von ein bißchen Mandarinenschale.«

»Na, dann wollen wir ›Familie‹ spielen! Pip kann der Vater sein, und ihr andern alle seid unsre lieben Kinder.«

»Familie-Spielen find' ich scheußlich«, sagte Kezia. »Dann müssen wir immer Hand in Hand in die Kirche gehen und wieder nach Hause und ins Bett!«

Plötzlich holte Pip ein schmutziges Taschentuch aus der Tasche. »Snooker! Hierher!« rief er. Doch Snooker klemmte, wie üblich, den Schwanz zwischen die Beine und versuchte auszukneifen. Pip sprang auf ihn drauf und klemmte ihn zwischen seine Knie.

»Halt seinen Kopf fest, Rags!« rief er und band dem Hund das Taschentuch um den Kopf, so daß zuoberst ein komischer Knoten abstand.

»Was soll denn das nützen?« fragte Lottie.

»Um seine Ohren dran zu gewöhnen, daß sie am Kopf anliegen, verstehst du?« sagte Pip. »Alle Raufer haben anliegende Ohren. Aber Snookers Ohren sind ein bißchen zu weich.«

»Ich weiß«, sagte Kezia. »Sie kippen immer um, daß man die Innenseite sieht. Scheußlich ist das!«

Snooker legte sich nieder und machte einen schwachen Versuch, mit der Pfote das Taschentuch herunterzuzerren, doch als er merkte, daß es nicht ging, zottelte er hinter den Kindern her und zitterte vor Elend.

IX.

Mit weit ausholenden Schritten kam Pat vorbei; in der Hand hielt er einen kleinen Tomahawk, der in der Sonne blinkte.

»Kommt mit!« rief er den Kindern zu. »Ich zeige euch, wie die Könige von Irland den Enten den Kopf abschlagen!«

Sie wichen zurück — sie glaubten ihm nicht, und außerdem hatten die Trout-Jungen Pat noch nicht gesehen.

»Kommt doch mit!« lockte er sie, lächelte und streckte Kezia seine Hand hin.

»Einen richtigen Entenkopf? Von einer aus der Koppel?«

»Ja«, sagte Pat. Sie legte ihre Hand in seine harte Tatze.

»Wenn Blut fließt, will ich mal lieber Snookers Kopf festhalten«, sagte Pip, »denn der bloße Anblick von Blut macht ihn ganz scharf.« Er lief voraus und zog Snooker am Taschentuch mit.

»Findet ihr, wir sollten mitgehen?« flüsterte Isabel. »Wir haben doch überhaupt nicht gefragt und so. Oder?«

Am Ende des Obstgartens war eine Pforte im Bretterzaun. Auf der andern Seite kam man über eine steile Böschung zu einer Brücke, die über den Bach führte; und war man erst jenseits auf der andern Böschung, dann kam man zu den Koppeln. Ein altes Ställchen in der ersten Koppel war in ein Geflügelhaus umgewandelt worden. Die Hühner hatten sich über die ganze Koppel zerstreut, bis zu einer Abfallgrube in einer Senke, doch die Enten hielten sich an den Bach, der unter der Brücke dahinfloß.

Über den Bach hingen große Büsche mit roten Beeren und gelben Blüten und Büscheln von Brombeeren. Der Bach war an manchen Stellen breit und seicht, an andern aber purzelte er in tiefe Tümpelchen mit Schaum an den Rändern und sprudelnden Blasen. In diesen Tümpelchen vergnügten sich die großen weißen Enten und schwammen umher und gründelten die verkrauteten Ufer entlang.

»Das ist die kleine irische Flotte«, sagte Pat. »Seht euch mal den alten Admiral mit dem grünen Halskragen und dem hübschen kleinen Flaggenmast auf seinem Schwanz an!«

Er holte eine Hand voll Körner aus seiner Tasche und begann gemächlich zum Geflügelhaus zu gehen. Den Strohhut mit dem eingedellten Kopf hatte er in die Augen gezogen.

»Lid! Lid-lid-lid-lid!« lockte er.

»Quak! Quak-quak-quak-quak«, antworteten die Enten und schwammen ans Ufer, und flügelklatschend kletterten sie die Böschung hinauf und watschelten in einer lang ausgezogenen Reihe hinter ihm her. Er lockte sie und tat so, als streute er Futter hin, schüttelte es in der Hand und rief sie herbei, bis sie einen engen weißen Kreis um ihn bildeten.

Die Hühner hörten von weitem den Lärm und kamen auch über die Koppel gerannt — die Köpfe vorgestreckt, die Flügel ausgebreitet, setzten sie auf die alberne Art, wie es Hühner tun, die Krallen nach innen und schimpften dabei.

Nun streute Pat die Körner hin, und die Enten begannen gierig zu fressen. Rasch bückte er sich, ergriff zweie, unter jedem Arm eine, und ging zu den Kindern hinüber. Die vorschnellenden Köpfe und die runden Augen erschreckten die Kinder — ausgenommen Pip.

»Kommt doch, ihr Äffchen!« rief er. »Sie können nicht beißen! Sie haben bloß zwei kleine Löcher im Schnabel, damit sie Luft schnappen können.«

»Hältst du mir die eine, während ich die andre fertigmache?« fragte Pat. Pip ließ Snooker los. »Ui ja! Ui ja! Gib sie her! Es macht mir nichts, wenn sie strampelt.«

Er weinte fast vor Begeisterung, als Pat ihm den weißen Klumpen in die Arme legte.

Neben der Tür des Ställchens stand ein alter Klotz. Pat packte die Ente bei den Beinen und legte sie platt über den Stumpf, und fast im gleichen Augenblick zuckte der kleine Tomahawk nieder, und der Kopf der Ente flog zu Boden. Das Blut spritzte über die weißen Federn und über seine Hand.

Als die Kinder das Blut sahen, fürchteten sie sich nicht mehr. Sie drängten sich um Pat und begannen zu kreischen. Sogar Isabel hüpfte hoch und schrie: »Das Blut! Das Blut!« Pip dachte gar nicht mehr an seine Ente. Er schleuderte sie einfach weg und brüllte: »Ich hab's gesehen! Ich hab's gesehen!«, und tanzte um den Holzklotz.

Rags Wangen waren so weiß wie Papier. Er lief zu dem kleinen Kopf, streckte die Finger aus, als wollte er ihn berühren, schreckte zurück und streckte wieder seinen Finger aus. Er zitterte am ganzen Leibe.

Sogar Lottie, die furchtsame kleine Lottie, begann zu lachen, schrie: »Schau bloß, Kezia, schau!«, und zeigte auf die Ente.

»Jetzt aufgepaßt!« rief Pat. Er setzte den Körper der Ente auf den Boden, und er begann zu watscheln — nur wo der Kopf gesessen hatte, quoll ein starker Blutspritzer hervor —, ja, ohne einen Laut begann er wegzutapsen, zu der steilen Böschung hin, die zum Bach abfiel . . . Das war der Glanzpunkt.

»Seht ihr's? Seht ihr's?« kreischte Pip. Er lief zwischen den kleinen Mädchen herum und zog sie an der Schürze.

»Wie eine kleine Lok!« quietschte Isabel. »Wie eine komische kleine Lokomotive!« Aber Kezia stürzte sich plötzlich auf Pat, warf die Arme um seine Beine und bumste mit dem Kopf gegen seine Knie, so fest sie nur konnte.

»Mach'n Kopf wieder an! Mach'n Kopf wieder an!« schrie sie.

Als er sich bückte, um sie wegzuschieben, ließ sie ihn nicht los und nahm auch ihren Kopf nicht weg. Sie klammerte sich an Pat, so fest sie nur konnte, und schluchzte: »Kopf wieder anmachen! Kopf wieder anmachen!«, bis es wie ein lauter, merkwürdiger Schluckauf klang.

»Jetzt ist sie stehengeblieben. Sie ist umgekippt. Sie ist tot«, sagte Pip.

Pat zog Kezia auf seine Arme hinauf. Ihre Sonnenhaube war hintenüber gerutscht, aber sie ließ sich nicht von ihm ins Gesicht blicken. Nein, sie drückte ihr Gesicht gegen den Knochen an seiner Schulter und umklammerte seinen Hals.

Ebenso plötzlich, wie die Kinder zu kreischen begonnen hatten, verstummten sie jetzt. Sie umstanden die tote Ente. Rags fürchtete sich nicht mehr vor dem toten Kopf. Er kniete sich jetzt hin und streichelte ihn.

»Ich glaube, der Kopf ist noch nicht ganz tot«, sagte er.

»Glaubt ihr, daß er lebendig bleibt, wenn ich ihm was zu trinken gebe?«

Aber Pip wurde ganz ärgerlich? »Pah! Du Baby!« sagte er. Er pfiff Snooker und ging fort.

Als Isabel zu Lottie ging, riß Lottie sich los.

»Warum willst du mich immer anfassen, Isabel?«

»Ist ja schon wieder gut«, sagte Pat zu Kezia. »Bist doch ein braves kleines Mädchen!«

Sie hob die Hände und streifte seine Ohren. Sie berührte etwas. Langsam hob sie ihr zitterndes Gesicht auf und schaute hin. Pat trug kleine goldene Ohrringe! Sie hatte nicht gewußt, daß Männer Ohrringe trugen. Sie war ganz erstaunt.

»Kann man sie einstecken und abnehmen?« fragte sie heiser.

X.

Im Haus oben bereitete Alice, das Dienstmädchen, in der warmen, aufgeräumten Küche den Nachmittagstee vor. Sie war in ›Dienstkleidung‹. Sie trug ein Kleid aus schwarzem Stoff, das unter den Armen roch, eine weiße Schürze, die wie ein Blatt Papier aussah, und eine Spitzenschleife, die sie mit zwei Jettnadeln im Haar befestigt hatte. Und ihre bequemen Filzpantoffeln hatte sie gegen ein Paar schwarze Lederschuhe ausgetauscht, die einfach gräßlich auf das Hühnerauge an ihrer kleinen Zehe drückten . . .

Es war warm in der Küche. Eine Brummfliege surrte umher, eine weiße Dampffahne stieg aus dem Kessel auf, und der Deckel vollführte einen ratternden Jigtanz, während das Wasser brodelte. Die Uhr tickte langsam und entschlossen durch die warme Luft — wie das Klappern der Stricknadeln einer alten Frau —, und manchmal — ganz ohne Grund, denn kein Lüftchen regte sich — schwang die Jalousie vor und zurück und pochte gegen das Fenster.

Alice machte Sandwich mit Brunnenkresse. Vor sich auf dem Tisch hatte sie einen Laib Butter, ein Toastbrot und die auf ein weißes Tuch gehäufte Brunnenkresse.

Aber gegen die Butterplatte lehnte ein schmutziges, fettiges kleines Buch, das halb auseinanderfiel und Eselsohren aufwies, und während sie die Butter glattstrich, las sie:

›*Es ist ein schlechtes Zeichen, wenn man von Küchenschaben träumt, die einen Leichenwagen ziehen, und bedeutet den Tod einer nahestehenden oder geliebten Person, Vater oder Ehemann, Bruder, Sohn oder Zukünftiger. Wenn die Schaben rückwärts kriechen, während man sie beobachtet, kann es Tod durch Feuer oder aus großer Höhe bedeuten, zum Beispiel von einer Treppe oder einem Gerüst.*
Spinnen. Von Spinnen träumen, die über einen kriechen, ist ein gutes Zeichen. Es bedeutet sehr viel Geld in naher Zukunft. Falls die betreffende Person in andern Umständen ist, kann man mit einer leichten Niederkunft rechnen. Doch im sechsten Monat ist Vorsicht geboten, und ein Geschenk von Krabben, das ins Haus steht, sollte man zu essen vermeiden.‹

»Viele tausend Vögelein . . .«

Lieber Himmel! Das war Miss Beryl! Alice ließ das Buttermesser fallen und schob ihr *Traumbuch* unter die Butterschüssel. Aber sie hatte nicht genügend Zeit, es gänzlich zu verstecken, denn Beryl kam in die Küche und zum Tisch gerannt, und das erste, worauf ihr Blick fiel, waren die fettigen Buchecken. Alice bemerkte Miss Beryls bedeutungsvolles Lächeln und die Art, wie sie die Brauen hochzog und die Augen zusammenkniff, als wäre sie nicht ganz sicher, was es sein könnte. Falls Miss Beryl sie fragen sollte, hatte sie sich vorgenommen, ihr zu antworten: ›Nichts, was Ihnen gehört, Miss!‹ Doch sie wußte, daß Beryl nicht fragen würde. Alice war im Grunde ein sanftes Geschöpf, aber sie hatte die großartigsten Antworten auf Fragen bei der Hand, die ihr, wie sie genau wußte, doch nie gestellt wurden. Doch das Ausdenken und das ständige Herumwälzen dieser Antworten in ihrem Kopf labten sie genauso, als wären sie geäu-

ßert worden. Ja, es hatte ihr gewissermaßen das Leben gerettet — auf manchen Posten nämlich, wo sie so gequält worden
war, daß sie sich gefürchtet hatte, abends mit einer Schachtel Zündhölzer auf dem Stuhl schlafen zu gehen, denen sie
etwa im Schlaf die Köpfe hätte abbeißen können.

»O Alice«, sagte Miss Beryl, »es kommt noch jemand zum
Tee! Würden Sie also bitte einen Teller mit den Rosinenbrötchen von gestern aufwärmen! Und tragen Sie nicht nur
den Kaffeekuchen, sondern auch die Biskuitrolle auf. Und
vergessen Sie bitte nicht, kleine Deckchen unter die Teller
zu legen. Gestern hatten Sie es nämlich vergessen, und der
Teetisch sah so unschön und gewöhnlich aus. Und, Alice,
stülpen Sie nicht wieder die gräßliche alte rotgrüne Tee-
mütze über die Nachmittagsteekanne! Die ist nur fürs Frühstück. Eigentlich sollte sie überhaupt in der Küche bleiben —
sie ist so schäbig, und riechen tut sie auch. Nehmen Sie die
japanische. Es ist Ihnen doch klar, nicht wahr?«

Miss Beryl war fertig.

»Viele tausend Vögelein singen laut im Sonnenschein«, sang
sie, als sie die Küche verließ, sehr zufrieden mit sich, daß sie
Alice die feste Hand gezeigt hatte.

Oh, Alice tobte! Sie gehörte nicht zu denen, die sich auf-
regten, wenn man ihnen etwas auftrug, aber Miss Beryls
Art, mit ihr zu sprechen, konnte sie nicht ausstehen. Nein,
das konnte sie nicht! Sie zog sich gewissermaßen ganz in
sich selbst zurück und zitterte richtig. Was aber Alice am
meisten an Miss Beryl haßte, war die Art, wie sie sie ernied-
rigte. Sie sprach mit einer besonderen Stimme zu Alice, als
wäre sie nicht ganz vorhanden, und nie geriet sie aus dem
Häuschen bei ihr, niemals! Selbst wenn Alice etwas hin-
warf oder etwas Wichtiges vergaß, schien Miss Beryl nichts
Besseres von ihr erwartet zu haben.

»Bitte schön, Mrs. Burnell«, sagte eine phantasierende Alice,
während sie die Brötchen mit Butter bestrich, »von Miss Beryl möcht' ich mir lieber nichts befehlen lassen. Ich bin vielleicht nur ein einfaches Dienstmädchen, was nicht Gitarre
spielen kann, aber . . .« Dieser letzte Hieb gefiel ihr so sehr,
daß sie ihre gute Laune wiederfand.

»Das einzige, was sich machen läßt«, hörte sie, als sie die Eßzimmertür öffnete, »ist, die Ärmel gänzlich abzutrennen und
statt dessen nur breite schwarze Samtbänder über die Schulter zu legen ...«

XI.

Die weiße Ente sah nicht so aus, als hätte sie je einen Kopf
gehabt, als Alice sie am Abend vor Stanley Burnell hinstellte. Sie lag in köstlich gebratener Resignation auf einer blau-
en Platte. Die Beine waren zusammengebunden, und die
Füllung lag als Kranz kleiner Kügelchen ringsherum.
Es war schwer zu sagen, wer von den beiden besser durch-
gebraten aussah — Alice oder die Ente: beide hatten die gleiche kräftige Farbe und schienen vor Hochglanz zu bersten.
Aber Alice war feuerrot, und die Ente war braun wie Ma-
hagoni.
Burnells Blicke flogen über die Schneide des Tranchiermes-
sers. Er war sehr stolz auf sein Tranchieren und machte es
zu einer lebenswichtigen Aufgabe. Es war ihm schrecklich,
einer Frau beim Tranchieren zuzusehen: Frauen machten es
immer so langsam, und es war ihnen einerlei, wie das Fleisch
hinterher aussah. Ihm war das nicht einerlei; er bildete sich
etwas darauf ein, wie dünne Scheiben er vom kalten Roast-
beef abschneiden konnte, oder Hammelbraten in Stücken
von der genau richtigen Dicke, und wie er ein Huhn oder
eine Ente hübsch akkurat zerlegte ...
»Ist das unser erstes Eigenerzeugnis?« fragte er und wußte
doch sehr gut, daß es so war.
»Ja, der Metzger ist nicht gekommen. Wir haben entdeckt,
daß er nur zweimal die Woche kommt.«
Aber eine Entschuldigung war überflüssig. Es war ein köst-
licher Vogel. Überhaupt nicht wie Fleisch, sondern wie eine
sehr erlesene Fleischpastete. »Mein Vater würde sagen«, erzählte Burnell, »daß es eine von den Enten gewesen sein
muß, denen ihre Mutter in der Jugend Flöte vorgespielt hat.
Und die lieblichen Klänge des melodischen Instruments wirkten sich so auf das kindliche Gemüt aus, daß ... Noch et-

was mehr, Beryl? Wir beide sind die einzigen in diesem Haus, die das richtige Verständnis für gutes Essen haben. Ich bin gern bereit, falls nötig, vor Gericht auszusagen, daß ich gutes Essen schätze.«

Der Tee wurde im Salon gereicht, und Beryl, die aus irgendeinem Grund sehr nett zu Stanley gewesen war, seit er das Haus betreten hatte, schlug eine Partie Cribbage vor. Sie setzten sich an einen kleinen Tisch vor eins der offenen Fenster. Mrs. Fairfield verzog sich, und Linda lag mit über dem Kopf verschränkten Armen im Schaukelstuhl und wippte hin und her.

»Du brauchst doch kein Licht, nicht wahr, Linda?« fragte Beryl. Sie zog die hohe Stehlampe zu sich herüber, so daß sie in ihrem weichen Licht saß.

Von dort aus, wo Linda saß und wippte, wirkten die beiden ganz entrückt. Der grüne Tisch, die blanken Karten, Stanleys große und Beryls zierliche Hände — alles schien an einer einzigen geheimnisvollen Bewegung teilzuhaben. Stanley, der groß und kräftig in seinem dunklen Anzug steckte, nahm es gemütlich; und Beryl warf ihren hellbeleuchteten Kopf in den Nacken und verzog die Lippen. Um den Hals trug sie ein Samtband, das Linda noch nicht an ihr gesehen hatte: es veränderte sie irgendwie, veränderte die Form ihres Gesichts, fand Linda, aber es war reizend. Das Zimmer duftete nach Lilien; zwei hohe Vasen mit Kallalilien standen im Kamin.

»Fünfzehn-zwei ... fünfzehn-vier ... und ein Paar macht sechs und eine Sequenz neun«, sagte Stanley so betont, als zählte er Schafe.

»Ich habe bloß zwei Paare«, sagte Beryl mit übertriebenem Kummer, weil sie wußte, wie gern er gewann.

Die Cribbagestifte waren wie zwei Männchen, die zusammen eine Straße hinaufgingen, an der Ecke kehrtmachten und wieder straßab kamen. Sie verfolgten einander. Sie wollten einander nicht unbedingt überholen, sondern eher nah genug beisammenbleiben, um plaudern zu können — nah genug, das war's vielleicht.

Aber nein, da war immer einer, der ungeduldig war und davonhüpfte und nicht zuhören wollte, wenn der andre sich näherte. Vielleicht hatte der weiße Stift Angst vor dem roten, oder vielleicht war er grausam und wollte dem roten keine Gelegenheit zum Plaudern geben . . .

Beryl trug vorn am Ausschnitt einen Stiefmütterchenstrauß, und als die kleinen Stifte einmal Seite an Seite steckten, beugte sie sich vor, und die Stiefmütterchen fielen herunter und bedeckten die beiden.

»Wie schade!« rief sie und hob die Stiefmütterchen auf. »Gerade, als sie Gelegenheit hatten, einander in die Arme zu sinken!«

»Leb wohl, mein Schatz«, sagte Stanley, und der rote Stift hüpfte davon.

Der Salon war lang und schmal, und Glastüren führten auf die Veranda. Die Tapete war sahnefarben mit goldenem Rosenmuster, und die Möbel, die der alten Mrs. Fairfield gehört hatten, waren dunkel und einfach. An der Wand stand ein Klavier, dessen geschnitzte Vorderseite mit plissierter gelber Seide unterlegt war. Darüber hing ein von Beryl gemaltes Ölbild: ein dichtes Büschel verwundert dreinblickender Klematis. Jede Blüte war so groß wie eine kleine Untertasse, und den Mittelpunkt bildete ein erstauntes, schwarz bewimpertes Auge. Doch das Zimmer war noch nicht fertig. Stanleys Herz hing an einem Chesterfield-Sofa und zwei guten Sesseln. Linda gefiel es am besten, wie es war . . .

Zwei große Nachtschmetterlinge flogen zum Fenster herein und im Lichtkreis immer rundherum.

»Fliegt weg, ehe es zu spät ist! Fliegt wieder hinaus!«

Immer rundherum flogen sie; sie schienen auf ihren stillen Flügeln die Stille und den Mondschein ins Zimmer zu bringen . . .

»Ich habe zwei Könige«, sagte Stanley. »Taugen sie was?«

»So ziemlich«, sagte Beryl.

Linda hörte auf zu schaukeln und stand auf. Stanley blickte zu ihr hinüber.

»Fehlt dir was, Liebling?«

»Nein, nichts. Ich will Mutter suchen.«

Sie ging aus dem Zimmer, und als sie am Fuß der Treppe

stand, rief sie hinauf, doch ihre Mutter antwortete ihr von der Veranda.

Der Mond, den Lottie und Kezia vom Lieferwagen aus gesehen hatten, war jetzt voll, und das Haus, der Garten, die alte Frau und Linda — alles war in blendendes Licht getaucht.

»Ich habe mir die Aloe angeschaut«, sagte Mrs. Fairfield. »Dieses Jahr wird sie, glaube ich, blühen. Sieh dir mal die Spitze an! Sind das Knospen, oder ist es nur ein Spiel des Lichts?«

Als sie auf der Verandatreppe standen, schien die Rasenkuppe, auf der die Aloe wuchs, wie eine Welle zu wogen, und die Aloe schwamm wie ein Schiff mit hochgehobenen Rudern drüber hin. Heller Mondschein schimmerte wie Wasser auf den Rudern, und auf der grünen Welle glitzerte der Tau.

»Spürst du es auch«, fragte Linda und sprach mit dem eigenartigen Tonfall, mit dem Frauen nachts miteinander sprechen, als redeten sie im Schlaf oder aus einer tiefen Höhle heraus, »spürst du es auch, daß sie auf uns zukommt?«

Sie träumte, daß sie aus dem kalten Wasser in das Schiff mit den hochgehobenen Rudern und dem knospenden Mast geholt würde. Jetzt tauchten die Ruder ein, mit raschem, raschem Schlag. Sie ruderten weit fort, hoch über die Baumwipfel und die Koppeln und den dunklen Busch dahinter. Oh, sie hörte, wie sie den Ruderern zurief: »Rascher! Rascher!«

Wieviel wirklicher war dieser Traum doch, als es die Rückkehr ins Haus gewesen wäre, wo die Kinder schliefen und wo Stanley und Beryl Cribbage spielten.

»Ich glaube, daß es Knospen sind«, sagte sie. »Laß uns in den Garten hinuntergehen, Mutter! Ich liebe die Aloe. Ich liebe sie mehr als alles andere hier. Bestimmt werde ich mich noch lange an sie erinnern, nachdem ich all das andere vergessen habe.«

Sie legte die Hand auf den Arm ihrer Mutter, und sie gingen die Treppe hinunter und um die Insel herum und weiter auf der Zufahrt, die zum Haupttor führte.

Als sie die Aloe von unten betrachtete, konnte sie die langen, scharfen Stacheln an den Blatträndern sehen, und bei ihrem Anblick verhärtete sich ihr Herz... Die langen, scharfen Stacheln liebte sie ganz besonders... Niemand würde es wagen, dem Schiff zu nahe zu kommen oder es zu verfolgen.

›Auch mein Neufundländer nicht‹, dachte sie, ›den ich tags so gern habe.‹

Denn sie mochte ihn wirklich gern; sie liebte und bewunderte und achtete ihn über die Maßen. Ja, mehr als alles andere in der Welt! Sie kannte ihn durch und durch. Er war die verkörperte Ehrlichkeit und Anständigkeit, und trotz all seiner praktischen Erfahrung war er so kindlich und so leicht zu erfreuen — und leicht gekränkt.

Wenn er sie nur nicht immer so anspringen und nicht so laut bellen und sie mit so eifrigen, liebevollen Augen bewachen würde! Er war zu stark für sie; schon immer, schon von klein auf hatte sie alles gehaßt, was auf sie losstürmte. Manchmal jagte er ihr Angst ein, regelrechte Angst. Dann hätte sie fast aus Leibeskräften geschrien: »Du bringst mich um!«, und hätte am liebsten die gemeinsten, häßlichsten Ausdrücke gebraucht...

›Du weißt, daß ich sehr zart bin. Du weißt ebensogut wie ich, daß mein Herz angegriffen ist, und der Doktor hat dir gesagt, daß ich von einem Augenblick auf den andern sterben kann. Wo ich doch schon drei große Brocken von Kindern in die Welt gesetzt habe...‹

Ja, ja, es war richtig. Linda riß ihre Hand vom Arm ihrer Mutter. Trotz all ihrer Liebe und Achtung und Bewunderung haßte sie ihn. Und wie zärtlich er immer nach solchen Momenten war, wie ergeben, wie rücksichtsvoll. Er wollte alles für sie tun, wollte ihr so gerne dienen... Linda hörte sich mit matter Stimme sagen: »Stanley, würdest du bitte die Kerze anzünden?«

Und sie hörte ihn freudig antworten: »Natürlich, mein Liebling!« Und er sprang aus dem Bett, als wollte er für sie auf den Mond springen.

Noch nie war es ihr so klar gewesen wie in diesem Augenblick. Da waren all ihre Gefühle für ihn, klar und eindeutig, und eins so wahr wie das andre. Doch da war auch dieser Haß, und er war ebenso wirklich wie die andern Gefühle. Sie hätte sie alle in Päckchen einwickeln und Stanley überreichen können. Sie brannte darauf, ihm dieses letzte zu geben — als Überraschung. Sie konnte sich seine Augen vorstellen, wenn er es öffnete . . .

Sie zog ihre verschränkten Arme fester an sich und begann leise zu lachen. Wie widersinnig das Leben war — es war lachhaft, einfach lachhaft. Und warum diese Wahnidee, um jeden Preis am Leben zu bleiben? Denn es war wirklich eine Wahnidee, dachte sie spöttisch und lachte.

›Wofür schone ich mich denn so zimperlich? Ich werde weiterhin Kinder bekommen, und Stanley wird weiterhin Geld verdienen, und die Kinder und die Gärten werden immer größer, bis ganze Flotten von Aloen da sind, für mich zur Auswahl bestimmt!‹

Sie war mit gesenktem Kopf einhergeschlendert und hatte nichts angeblickt. Jetzt schaute sie auf und um sich. Sie standen vor den roten und weißen Kamelienbüschen. Herrlich waren die üppigen dunklen Blätter, die das Licht widerspiegelten, und die runden Blüten, die sich wie rote und weiße Vögel auf ihnen niedergelassen hatten. Linda zupfte ein Verbenenblatt ab, zerrieb es und hielt ihrer Mutter die Hände hin.

»Köstlich«, sagte die alte Frau. »Frierst du, Kind? Du zitterst wohl? Ja, du hast kalte Hände! Wir wollen lieber ins Haus gehen.«

»Woran hast du gedacht?« fragte Linda. »Erzähl's mir!«

»Ich habe eigentlich an nichts gedacht. Als wir am Obstgarten vorbeikamen, habe ich überlegt, wie die Obstbäume wohl wären und ob wir in diesem Herbst viel Marmelade einkochen könnten. Im Gemüsegarten gibt's ein paar prachtvoll gesunde Johannisbeersträucher. Sie fielen mir heute auf. Ich möchte die Regale in der Speisekammer mit einem tüchtigen Vorrat von unserer eigenen Marmelade sehen . . .«

XII.

›Meine liebe Nan,

halte mich nicht für ein Ungetüm, weil ich dir nicht eher geschrieben habe. Ich hatte keine Minute Zeit, Liebes, und selbst jetzt bin ich so erschöpft, daß ich kaum die Feder halten kann.

Also die ruchlose Tat ist vollbracht. Wir haben tatsächlich den irren Wirbel der Stadt hinter uns gelassen, und ich sehe keine Möglichkeit, daß wir jemals zurückkehren werden, denn mein Bruder hat das Haus hier gekauft, ›mit allem Drum und Dran‹, um seine eigenen Worte zu gebrauchen. In einer Beziehung ist es natürlich die reinste Erlösung, denn solange ich bei ihnen wohne, hatte er schon immer damit gedroht, einen Besitz auf dem Lande zu kaufen — und ich muß gestehen, daß Haus und Garten furchtbar nett sind, hunderttausendmal besser als die greuliche kleine Bude in der Stadt.

Aber hier ist man begraben, Liebes! Begraben ist überhaupt kein Ausdruck!

Wir haben Nachbarn, ja, aber es sind bloß Farmer — klobige Burschen, die den ganzen Tag zu melken scheinen, und zwei furchtbare weibliche Wesen mit Hamsterzähnen, die uns am Tag, als wir einzogen, Rosinenbrötchen brachten und uns versicherten, wie gern sie uns helfen würden. Aber meine zweite Schwester, die eine Meile entfernt wohnt, kennt hier keine Menschenseele, folglich werden wir bestimmt auch nie jemanden kennenlernen. Daß uns aus der Stadt nie jemand besuchen wird, ist ziemlich klar, denn ein Bus ist zwar da, aber es ist ein greulicher alter Klapperkasten mit schwarzen Ledersitzen, und jeder anständige Mensch würde lieber sterben, als die sechs Meilen damit zu fahren.

Aber so ist das Leben! Ein trauriges Ende für die arme kleine B. In ein oder zwei Jahren bin ich die greulichste alte Schachtel geworden und werde dich heimsuchen: in Regenmantel und Südwester, den ich unter dem Kinn mit einem weißseidenen Autoschleier befestigt habe. Ein reizender Anblick!

Stanley sagt, jetzt, wo alles in Ordnung ist — denn nach der furchtbarsten Woche meines Lebens ist wirklich alles in Ordnung —, will er samstagsnachmittags ein paar Herren aus dem Klub zum Tennisspiel herbringen. Für heute sind schon zwei als besonderer Genuß in Aussicht gestellt. Aber, Liebes, wenn du Stanleys Klubfreunde sehen könntest! Ziemlich dick, jener Typ, der ohne Weste schrecklich unanständig aussieht und immer über den großen Onkel latscht, was so auffällt, wenn man in weißen Schuhen über den Tennisplatz geht. Und dauernd ziehen sie sich die Hose hoch — stell dir das vor! — und klopfen mit ihren Schlägern blindlings drauflos.

Im vorigen Sommer habe ich im Klub mit ihnen gespielt, und du weißt sicher, welchen Typ ich meine, wenn ich dir erzähle, daß sie mich nach dem drittenmal alle Miss Beryl nannten. Es ist eine trübselige Welt. Mutter findet es hier natürlich begeisternd, aber wenn ich mal so alt wie Mutter bin, werde ich mich vermutlich damit begnügen, in der Sonne zu sitzen und Erbsen in eine Schüssel zu pulen. Aber jetzt noch nicht — noch nicht, nein!

Was Linda über die ganze Sache denkt, davon habe ich, wie üblich, nicht die blasseste Ahnung. Geheimnisvoll wie immer . . .

Mein Liebes, du kennst doch mein weißes Atlaskleid. Ich habe die Ärmel gänzlich herausgetrennt und schwarze Samtbänder über die Schultern genäht, dazu zwei große rote Mohnblüten vom *chapeau* meiner teuren Schwester. Es ist prachtvoll geworden, aber wann ich's tragen werde, weiß der Himmel.‹

Beryl hatte den Brief an einem Tischchen in ihrem Zimmer geschrieben. In einer Beziehung entsprach natürlich alles völlig der Wahrheit, doch andererseits war es der größte Unsinn, und sie glaubte kein Wort davon. Nein, das stimmte auch nicht. Sie empfand all das, aber doch nicht genauso. Diesen Brief hatte ihr anderes Selbst geschrieben, und ihr wahres Selbst empfand ihn nicht nur als langweilig, sondern als widerlich.

›Leichtsinnig und albern‹, sagte ihr wahres Selbst. Doch sie wußte, daß sie ihn abschicken würde und daß sie Nan Pym immer derartiges Gewäsch schreiben würde. Es war sogar ein zahmes Beispiel der Briefe, die sie im allgemeinen schrieb. Beryl stützte ihre Ellbogen auf den Tisch und überflog den Brief noch einmal. Aus jeder Seite schien ihr die Stimme des Briefs entgegenzutönen. Sie war schon fern, wie eine im Telefon gehörte Stimme, schrill und übersprudelnd, mit einem bitteren Beiklang. Oh, heute war sie ihr widerwärtig!

»Du bist immer so voller Leben«, pflegte Nan Pym zu sagen. »Deshalb sind die Männer so scharf auf dich.« Und ziemlich betrübt — denn die Männer waren keinesfalls scharf auf Nan, ein kräftiges Mädchen mit starken Hüften und rotem Gesicht — hatte sie hinzugefügt: »Ich kann nicht verstehen, wie du das durchhältst. Aber wahrscheinlich ist es deine Natur.«

Was für ein Blech! Was für ein Unsinn! Ihre Natur war es ganzundgarnicht. Lieber Himmel, wenn sie Nan Pym ihr wahres Selbst offenbart hätte, wäre Nannie vor Überraschung aus dem Fenster gesprungen . . . Mein Liebes, du kennst ja mein weißes Atlaskleid . . . Beryl schlug ihre Schreibmappe zu.

Sie sprang auf, und halb unbewußt, halb willentlich glitt sie zum Spiegel hinüber.

Da stand ein schlankes Mädchen in Weiß — in einem weißen Wollrock und weißseidener Bluse und einem Ledergürtel, der sehr eng um die schmale Taille geschnallt war.

Ihr Gesicht war herzförmig, mit breiter Stirn und einem spitzen, aber nicht allzu spitzen Kinn. Ihre Augen — die Augen waren wohl das Beste an ihr: sie hatten eine so seltsam ungewöhnliche Farbe, grünlichblau mit goldenen Fünkchen. Sie hatte feine schwarze Augenbrauen und lange Wimpern — wenn sie auf den Wangen lagen, waren sie so lang, daß sie das Licht auffingen, hatte ihr mal irgendwer erzählt.

Ihr Mund war ziemlich groß. Zu groß? Nein, eigentlich nicht. Die Unterlippe stand ein bißchen vor, und sie hatte es sich angewöhnt, sie einzuziehen, was schrecklich interessant war, wie ihr mal jemand anders erzählt hatte.

Mit ihrer Nase war sie am wenigsten zufrieden. Sie war nicht gerade häßlich, aber sie war bei weitem nicht so schön wie Lindas Nase. Linda hatte wirklich ein makelloses Näschen. Ihre dagegen ging in die Breite — nicht sehr. Und höchstwahrscheinlich übertrieb sie die Breite nur deshalb, weil es ihre Nase war und weil sie so sehr kritisch gegen sich war. Sie kniff sie mit Daumen und Zeigefinger zusammen und schnitt sich selbst eine kleine Grimasse . . .

Herrliches, herrliches Haar! Und was für Unmengen! Es war von der Farbe frisch gefallener Herbstblätter: braun und rot mit einem goldenen Schimmer. Wenn sie es in einen langen Zopf flocht, fühlte sie es auf dem Rücken wie eine lange Schlange. Sie liebte es, wenn sie sein Gewicht spürte, das ihr den Kopf hintenüber zog, und sie liebte es auch, wenn es offen war und sie es auf den nackten Armen spürte. ›Ja, mein Kind, es steht einwandfrei fest, daß du ein allerliebstes kleines Ding bist.‹

Bei diesen Worten dehnte sich ihre Brust, und vor Entzücken seufzte sie tief und mit halbgeschlossenen Augen.

Aber noch während sie hinschaute, erstarb das Lächeln um Lippen und Augen. O Gott, da stand sie wieder und spielte dasselbe alte Spiel! Falsch — wie immer — falsch! Ebenso falsch wie das, was sie an Nan Pym geschrieben hatte. Falsch sogar, wenn sie, wie jetzt, mit sich selbst allein war.

Was hatte das Geschöpf im Spiegel mit ihr zu tun, und warum schaute sie hin? Sie ließ sich seitlich aufs Bett fallen und vergrub das Gesicht in den Armen.

»Oh«, rief sie, »ich bin so erbärmlich — so furchtbar erbärmlich! Ich weiß, daß ich albern und gehässig und eitel bin: immer muß ich irgendeine Rolle spielen! Nicht einen Augenblick bin ich je mein wahres Selbst!« Und deutlich, ach, so deutlich sah sie ihr falsches Selbst treppauf und treppab laufen, ein besonders musikalisches Lachen anstimmen, wenn sie Besuch hatten, unter der Lampe stehen, wenn ein Mann zum Abendessen kam, damit er den Lichtschimmer auf ihrem Haar sehen konnte, und sich anstellen und wie ein kleines Mädchen zieren, wenn sie aufgefordert wurde, Gitarre zu spielen. O je! Sogar Stanley zuliebe blieb sie ihrer Rolle treu. Erst gestern abend, als er die Zeitung las, hatte sich ihr falsches Selbst neben ihn gestellt und sich absichtlich an seine Schulter gelehnt. Hatte sie nicht ihre Hand auf seine gelegt und auf etwas hingewiesen, damit er sehen sollte, wie weiß ihre Hand neben seiner braunen war?

Wie verächtlich! Verächtlich! Ihr Herz war eiskalt vor Wut. »Es ist großartig, wie du das durchhältst«, sagte sie zu dem falschen Selbst. Aber es kam nur daher, weil sie so unglücklich, so unglücklich war. Wäre sie glücklich gewesen und hätte sie ihr eigenes Leben führen können, wäre es vorbei mit dem falschen Leben. Sie sah die wahre Beryl — einen Schatten . . . einen Schatten. Einen undeutlichen, unwirklichen Schimmer. Was war von ihr vorhanden außer diesem Schimmer? Und in welchen kurzen Augenblicken war sie wirklich sie selbst gewesen? Fast an jeden einzelnen konnte Beryl sich erinnern. In jenen Sekunden hatte sie es gespürt: ›Das Leben ist reich und geheimnisvoll und gut, und auch ich bin reich und geheimnisvoll und gut.‹ Werde ich diese Beryl jemals für immer sein? Soll ich's? Wie kann ich's? Und hat es je eine Zeit gegeben, wo ich kein falsches Selbst hatte? . . . Doch gerade als sie soweit gedacht hatte, hörte sie das Geräusch kleiner Schritte, die durch den Gang rannten; es wurde an der Türklinke gerattert. Kezia kam ins Zimmer.

»Tante Beryl, Mutter sagt, du möchtest bitte nach unten kommen. Vater ist mit einem Mann gekommen, und das Essen ist da!«

O jemine! Wie sie ihren Rock zerknüllt hatte, als sie so verrückt in die Knie gegangen war!

»Danke, Kezia!« Sie ging zur Frisierkommode und puderte sich die Nase.

Kezia folgte ihr, schraubte den Deckel von einer kleinen Cremedose und schnupperte daran. Unter dem Arm trug sie eine sehr schmutzige Stoffkatze.

Als Tante Beryl aus dem Zimmer lief, stellte Kezia die Katze auf den Toilettentisch und setzte ihr den Deckel der Cremedose aufs Ohr.

»Jetzt schau dich mal an!« sagte sie streng.

Die Stoffkatze war so überwältigt von dem Anblick, daß sie hintenüber kippte und auf den Boden schlug. Und der Deckel der Cremedose flog durch die Luft und rollte wie ein Penny im Kreis auf dem Linoleum herum — und zerbrach nicht.

Aber Kezia war schon im Augenblick, als er durch die Luft flog, überzeugt, daß er zerbrochen war, glühend heiß hob sie ihn auf und legte ihn auf die Frisierkommode.

Dann ging sie auf Zehenspitzen hinaus, viel zu hastig und viel zu leichtfüßig.

Ich weiß nicht, warum ich solche Vorliebe für das kleine Café hier habe. Es ist schmutzig und trübselig, sehr trübselig. Nicht etwa, als hätte es etwas an sich, wodurch es sich von hundert andern unterschiede — keineswegs —, oder als kämen die gleichen seltsamen Typen jeden Tag hierher, so daß man sie von seinem Eckplatz aus beobachten und wiedererkennen und mehr oder weniger (mit starker Betonung auf dem ›weniger‹) in ihr Geheimnis eindringen könnte.

Doch möge man bitte nicht denken, daß die Klammer ein Eingeständnis meiner Demut vor dem Geheimnis der menschlichen Seele bedeutet. Durchaus nicht; ich glaube nicht an die menschliche Seele — habe nie an sie geglaubt. Ich glaube, daß die Menschen wie Reisesäcke sind — vollgepackt mit allerhand Sachen, aufgehoben, weggestoßen, hingebracht, verloren und wiedergefunden, plötzlich halb ausgeleert oder voller denn je gestopft, bis endlich der allerletzte Träger sie auf den allerletzten Zug schleudert und sie davonrattern . . .

Nicht etwa, daß diese Reisesäcke nicht sehr interessant sein könnten! Oh, sehr sogar! Ich sehe mich selbst vor ihnen stehen, wie ein Zollbeamter nämlich.

›Haben Sie etwas zu verzollen? Wein, Likör, Zigarren, Parfüm, Seide?‹

Und der Moment kurzen Zauderns, bevor ich meinen Kreideschnörkel anbringe — ob ich wohl beschwindelt werde? —, und gleich danach der andere zaudernde Moment, ob ich wohl beschwindelt worden bin, die sind vielleicht die spannendsten Augenblicke im Leben.

Ja, das sind sie — für mich.

Was ich jedoch, ehe ich mich auf diese lange und weit hergeholte und nicht furchtbar originelle Abschweifung einließ, ganz einfach sagen wollte: es gibt hier keine Reisesäcke zu untersuchen, weil die Stammgäste des Cafés, Damen und Herren, sich nicht setzen. Nein, sie stehen am Buffet, eine Handvoll Arbeiter, die vom Fluß heraufgekommen sind, alle mit weißem Mehl, Kalk oder ähnlichem Zeug überpudert, und ein paar Soldaten, die magere, dunkelhaarige Mädchen mit silbernen Ringen im Ohr und Marktkörben am Arm mitbringen.

Auch die Madame ist mager und dunkelhaarig und hat bleiche Wangen und bleiche Hände. In einer bestimmten Beleuchtung sieht sie ganz durchsichtig aus und schimmert außerordentlich wirkungsvoll aus ihrem schwarzen Schal hervor. Wenn sie nicht bedient, sitzt sie auf einem Hocker und hat das Gesicht stets dem Fenster zugewandt. Ihre dunkel umrandeten Augen mustern die Vorübergehenden und folgen ihnen, doch nicht so, als suche sie jemanden. Das hat sie vielleicht vor fünfzehn Jahren getan — aber jetzt ist ihr diese Haltung zur Gewohnheit geworden. Ihrer müden und hoffnungsleeren Miene kann man ansehen, daß sie es aufgegeben hat — schon vor mindestens zehn Jahren.

Und dann der Kellner! Nicht rührend, und bestimmt nicht komisch. Nie macht er eine jener völlig bedeutungslosen Bemerkungen, die einen verblüffen, weil sie von einem Kellner kommen (als ob der arme Mensch eine Art Kreuzung zwischen einer Kaffeekanne und einer Weinflasche wäre, von der man nicht erwarten kann, daß sie auch nur einen Tropfen von irgend etwas anderem enthalten könne). Er ist grauhaarig, plattfüßig und verschrumpelt, und er hat lange, brüchige Fingernägel, die einem auf die Nerven gehen, wenn er seine zwei Sous zusammenscharrt. Wenn er nicht den Tisch abschmiert oder ein, zwei tote Fliegen wegschnipst, steht er in seiner viel zu langen Schürze, die eine Hand auf der Rückenlehne eines Stuhls und über dem andern Arm den dreieckigen Zipfel einer schmutzigen Serviette, und wartet darauf, im Zusammenhang mit irgendeiner abscheulichen Mordtat photographiert zu werden. ›Inneres des Cafés, in dem die Leiche gefunden wurde.‹ Hundertmal hat man ihn gesehen.

Glauben Sie, daß jeder Ort seine bestimmte Tagesstunde hat, wo er wirklich ganz zum Leben erwacht? Genauso meine ich es nicht. Eher so: es scheint tatsächlich einen Augenblick zu geben, wo man erkennt, daß man rein zufällig die Bühne gerade in dem Zeitpunkt betreten hat, zu dem man erwartet wurde. Alles ist für einen bereit und wartet auf einen. Aha, man ist Herr der Situation! Wichtigtuerisch bläht man sich auf. Und gleichzeitig lächelt man verstohlen und listig, weil das Leben anscheinend dagegen ist, einem diese Auftritte zu gewähren, ja, es scheint darauf aus zu sein, sie einem wegzuschnappen und unmöglich zu machen und einen in der Kulisse festzuhalten, bis es wirklich zu spät ist ... Doch dieses eine Mal hat man die alte Hexe besiegt!

Einen dieser Augenblicke genoß ich, als ich zum allerersten Mal hierherkam. Deshalb komme ich vermutlich immer wieder her — suche die Szene meines Triumphs auf, oder die Szene des Verbrechens, als ich die alte Vettel endlich einmal bei der Kehle hatte und mit ihr tat, was mir Spaß machte.

Frage: Warum bin ich so erbittert gegen das Leben? Und warum sehe ich es als eine Lumpensammlerin amerikanischer Filme, die in einen schmutzigen Schal eingewickelt ist und mit ihren alten, um einen Stock gekrümmten Klauen über die Szene schlurft?

Antwort: Es ist die unmittelbare Wirkung amerikanischer Filme auf einen schwachen Geist.

Jedenfalls ›neigte sich der kurze Winternachmittag seinem Ende zu‹, wie es so schön heißt, und ich ließ mich treiben, unschlüssig, ob ich heimgehen sollte oder nicht, als ich mich plötzlich in diesem Café befand und auf diesen Eckplatz zusteuerte.

Ich hängte meinen englischen Mantel und den grauen Filzhut auf denselben Haken hinter mir, und nachdem ich dem Kellner so viel Zeit gelassen hatte, daß mindestens zwanzig Photographen sich an ihm satt knipsen konnten, bestellte ich einen Kaffee.

Er schenkte mir ein Glas des bekannten bräunlichroten Getränks ein, über das ein grünlich waberndes Licht hinspielte, und schusselte weg, während ich dasaß und meine Hände um das Glas legte, denn draußen war es bitter kalt.

Plötzlich merkte ich, daß ich, ganz ohne es zu wollen, vor mich hinlächelte. Langsam hob ich den Kopf und sah mich im Spiegel gegenüber. Ja, dort saß ich, stützte mich auf den Tisch und lächelte mein unergründliches, verstohlenes Lächeln, vor mir das Glas Kaffee mit seiner zerflatternden Dampffahne und daneben die kreisrunde weiße Untertasse mit den zwei Zuckerstücken. Ich riß meine Augen sehr weit auf. Dort war ich gewissermaßen seit ewigen Zeiten gewesen, und jetzt erwachte ich endlich zum Leben . . .

Es war sehr still im Café. Draußen hatte es zu schneien begonnen — man konnte es im Dämmerlicht gerade noch erkennen. Man konnte gerade noch die Umrisse der Pferde und Wagen und Menschen sehen, wie sie sanft und weiß durch die fusselige Luft zogen. Der Kellner verschwand und kam mit einem Arm voll Stroh zurück. Mit demütigen, beinah anbetenden Bewegungen streute er es von der Tür bis zum Buffet und rund um den Ofen auf den Fußboden hin. Man wäre nicht überrascht gewesen, wenn sich die Tür geöffnet hätte und die Jungfrau Maria, auf einem Esel reitend, hereingekommen wäre, ihre sanften Hände über dem dikken Bauch gefaltet . . .

Das ist eigentlich sehr hübsch, die Sache mit der Jungfrau Maria, finden Sie nicht? Sie fließt so gemächlich aus der Feder, sie hat so ein ›verhallendes Gefälle‹. Damals fand ich es eben und beschloß, sie zu notieren. Man weiß nie, wann so ein kleiner Schnörkel sich vielleicht als nützlich erweist, um einen Abschnitt ausklingen zu lassen. Ich langte also nach der Schreibmappe auf dem Nebentisch und gab acht, mich sowenig wie möglich zu bewegen, weil der ›Zauber‹ noch nicht gebrochen war. (Sie kennen das wohl?)

Natürlich weder Papier noch Umschläge! Nur ein Blatt rosa Löschpapier, unglaublich weich und schlaff und beinah feucht — wie die Zunge eines toten Kätzchens (die ich nie angefühlt habe).

Ich saß also da — aber im Unterbewußtsein immer in jenem Zustand der Erwartung und die Zunge des toten kleinen Kätzchens um meinen Finger und die sanfte Redewendung durch meinen Geist rollend —, während meine Augen die Mädchennamen und die gemeinen Witze und die Zeichnungen von Flaschen und nicht zu Untertassen gehörenden Tassen gewahrten, die über die Schreibunterlage verstreut waren.

Es sind übrigens immer die gleichen. Die Mädchen haben immer dieselben Namen, die Tassen sitzen nie in Untertassen, und alle Herzen sind durchbohrt und mit Bändern zusammengebunden.

Doch dann — ganz plötzlich, am unteren Rand und in grüner Tinte geschrieben — stieß ich auf eine dumme, abgedroschene kleine Redewendung: *Je ne parle pas français.*

Da! Er war gekommen — der Augenblick — *le geste!* Und obwohl ich so aufnahmebereit war, packte es mich und stieß mich um; ich war einfach überwältigt! Und das körperliche Gefühl war so merkwürdig, so eigenartig. Mir war, als ob alles von mir, ausgenommen Kopf und Arme, alles von mir, was unter dem Tisch war, sich einfach aufgelöst hatte, geschmolzen und zu Wasser geworden war. Nur mein Kopf war geblieben und die zwei Stöckchen von Armen, die sich auf den Tisch stützten. Aber ach, die Qual des Augenblicks! Wie soll ich es beschreiben? Ich dachte an nichts anderes. Ich schrie nicht einmal heimlich auf. Einen kurzen Augenblick war ich — nicht. Ich war Qual, Qual, Qual.

Dann ging es vorbei, und gleich in der nächsten Sekunde dachte ich: ›Großer Gott! Kann ich wirklich so stark empfinden? Aber ich war ja völlig bewußtlos! Kein einziges passendes Wort war mir eingefallen! Ich war überwältigt! Ich war hingerissen! Ich hatte nicht im entferntesten versucht, es aufzuschreiben!‹

Ich blähte mich immer mehr auf und schloß zu guter Letzt mit der Prahlerei: ›Ich muß im Grunde erstklassig sein. Kein zweitklassiger Geist hätte ein Gefühl so intensiv . . . und so rein empfinden können.‹

Der Kellner hat einen Fidibus an den roten Ofen gehalten und eine Gasblase unter einem breiten Schirm angezündet. Es nützt nichts, Madame, aus dem Fenster zu blicken, es ist jetzt stockdunkel. Ihre weißen Hände kauern über ihrem dunklen Schal. Sie gleichen zwei Tauben auf der Anflugstange, aber sie sind rastlos, so rastlos . . . Schließlich stecken Sie sie in Ihre warmen Achselhöhlen . . .

Jetzt hat der Kellner eine lange Stange genommen und die

Vorhänge klirrend zusammengeschoben. ›Alles fott!‹ wie kleine Kinder sagen.

Und außerdem kann ich Leute nicht ertragen, die etwas nicht aufgeben können, sondern ihm nachlaufen und rufen müssen. Wenn etwas weg ist, ist es weg. Aus und vorbei! Laßt es also laufen! Beachtet es nicht mehr, sondern tröstet euch, falls ihr Trost braucht, mit dem Gedanken, daß man nie dasselbe zurückbekommt, das man verloren hat. Immer ist es etwas Neues. Im Augenblick, wo es dich verläßt, ist es verwandelt. Ja, das trifft sogar auf einen Hut zu, dem man nachjagt; und ich meine es nicht nur so obenhin — ich spreche im Ernst . . . Ich habe es mir zur Lebensregel gemacht, niemals etwas zu bereuen und niemals zurückzublicken. Reue ist eine grauenhafte Energieverschwendung, und niemand, der ein Schriftsteller sein will, kann sich eine solche Schwäche leisten. Man kann sie nicht gestalten; man kann nicht darauf bauen; sie taugt einzig dazu, in ihr zu schwelgen. Zurückblicken ist natürlich für die Kunst ebenso verhängnisvoll. Dabei bleibt man arm. Und die Kunst kann und will Armut nicht ertragen.

Je ne parle pas français. Je ne parle pas français. Die ganze Zeit, während ich diese letzte Seite schrieb, ist mein anderes Selbst draußen im Dunkeln herumgejachtert. Es verließ mich gerade dann, als ich meinen großen Augenblick zu analysieren begann, und sauste verzweifelt wie ein verlaufener Hund davon, der glaubt, daß er endlich, endlich den vertrauten Schritt wiederhört.

›Maus! Maus! Wo bist du? Bist du in der Nähe? Bist *du* das, die sich dort oben aus dem Fenster lehnt und die Arme nach den Fensterläden ausstreckt? Bist du das weiche Bündel, das sich durch das Schneegestöber auf mich zubewegt? Bist du das kleine Mädchen, das sich durch die Drehtür des Restaurants zwängt? Ist das dein Schatten, der sich im Taxi vorbeugt? Wo bist du? Wo bist du? Wohin soll ich mich wenden? Wohin muß ich eilen? Und jeden Augenblick, den ich zaudernd stehenbleibe, bist du wieder weiter weg. Maus! Maus!‹ Jetzt ist der arme Hund ganz erschöpft und mit eingezogenem Schwanz ins Café zurückgekehrt.

»Es war . . . ein falscher . . . Alarm. Sie ist nirgends . . . zu . . . sehen.«

»Leg dich dann! Leg dich! Leg dich!«

Ich heiße Raoul Duquette. Ich bin sechsundzwanzig Jahre alt und Pariser, ein echter Pariser. Was meine Familie betrifft — sie tut wirklich nichts zur Sache. Ich habe keine Familie; ich will keine haben. Ich denke nie an meine Kindheit. Ich habe sie vergessen.

Tatsächlich hebt sich nur eine einzige Erinnerung deutlich ab. Das ist ziemlich interessant, denn vom literarischen Standpunkt her scheint sie mir jetzt, was mich selbst angeht, sehr bedeutsam. Hier ist sie:

Als ich ungefähr zehn Jahre alt war, hatten wir als Waschfrau eine sehr dicke, sehr dunkle Afrikanerin mit einem karierten Kopftuch über ihrem krausen Haar. Wenn sie zu uns kam, schenkte sie mir immer ganz besondere Beachtung, und nachdem sie die Wäsche aus dem Korb genommen hatte, pflegte sie mich in den Korb zu setzen und mich zu schaukeln, während ich mich an den Griffen festhielt und vor Freude und Angst kreischte. Ich war klein für mein Alter und blaß, mit einem hübschen halboffenen Mündchen — das weiß ich genau.

Eines Tages, als ich bei der Tür stand und ihr nachsah, drehte sie sich um und winkte mir und nickte und lächelte auf eine seltsam geheimnisvolle Art. Ihr nicht zu folgen, kam mir nicht in den Sinn. Sie führte mich in einen kleinen Verschlag am Ende der Gasse, nahm mich auf den Arm und küßte mich. Ach, diese Küsse! Besonders die Ohrenküsse, die mich beinah taub machten!

Als sie mich wieder absetzte, nahm sie aus ihrer Tasche einen kleinen runden, mit Zucker glasierten Kuchen, und ich wankte die Gasse entlang und zu unserer Haustür zurück.

Da dieses ›Stücklein‹ jede Woche wiederholt wurde, ist es nicht weiter erstaunlich, daß ich mich so lebhaft daran erinnere. Obendrein war meine Kindheit von jenem ersten Nachmittag an sozusagen ›weggeküßt‹, um es nett auszudrücken. Ich wurde sehr lässig, sehr zärtlich und ein übermäßiger gieriger Junge. Und mit meinen solchermaßen aufgepeitschten und geschärften Sinnen glaubte ich jedermann zu verstehen und mit jedem machen zu können, was ich wollte. Vermutlich befand ich mich in einem Zustand mehr oder weniger starker körperlicher Erregung, und das schien den Leuten zu gefallen. Denn alle Pariser sind mehr als halb — also gut, lassen wir das. Und lassen wir auch meine Kindheit ruhen. Begraben wir sie in einem Wäschekorb statt unter einem Rosenschauer, und *passons outre.*

Ich zähle mein Leben von dem Augenblick an, da ich der Mieter einer kleinen Junggesellenwohnung im fünften Stock eines hohen, nicht gar zu armseligen Hauses in einer Gasse wurde, die verschwiegen — oder auch nicht verschwiegen war. Sehr nützlich, so etwas . . . Dort tauchte ich auf, kam ans Licht und streckte meine Fühlhörner aus — auf dem Rükken ein Arbeitszimmer und ein Schlafzimmer und eine Küche. Und mit richtigen Möbeln in den Zimmern. Im Schlafzimmer war ein Kleiderschrank mit einem hohen Spiegel, ein großes Bett mit einer aufgeplusterten gelben Daunendecke, einem Nachttisch mit Marmorplatte und einer mit Äpfelchen gesprenkelten Waschgarnitur. In meinem Arbeitszimmer: ein englischer Schreibtisch mit Schubfächern, ein Schreibtischsessel mit Lederpolster, Bücher, Lehnstuhl, Lesetischchen mit Papiermesser und Stehlampe darauf und an den Wänden ein paar Aktstudien. Die Küche benutzte ich nur, um alte Zeitungen hineinzuwerfen.

Oh, ich sehe mich noch an jenem ersten Abend, nachdem die Möbelmänner gegangen waren, und ich es fertiggebracht hatte, meine greuliche alte Concierge loszuwerden — wie ich auf Zehenspitzen umherging und einordnete, mit den Händen in der Tasche vor den Spiegel trat und zu meinem strahlenden Spiegelbild sagte: »Ich bin ein junger Mann, der seine eigene Wohnung hat. Ich schreibe für zwei Zeitungen. Ich beschäftige mich mit ernster Literatur. Ich stehe am Anfang einer Laufbahn. Das Buch, das ich veröffentliche, wird die Kritiker verblüffen. Ich werde über Dinge schreiben, die noch nie jemand ergründet hat. Ich will mir einen Namen als Schriftsteller einer verborgenen Welt machen. Aber nicht so, wie es andere vor mir getan haben. O nein! Sehr naiv, mit einer Art zartem Humor und von innen heraus, als wäre alles ganz einfach, ganz natürlich. Mein Weg liegt völlig klar vor mir. Niemand hat es je so getan, wie ich es tun werde, weil keiner von den andern meine Erlebnisse gehabt hat. Ich bin reich — ich bin reich!«

Trotzdem hatte ich damals nicht mehr Geld als heute. Es ist ganz erstaunlich, wie man ohne Geld leben kann . . . Ich besitze eine Menge guter Anzüge, seidene Unterwäsche, zwei Abendanzüge, vier Paar Lackschuhe mit hellen Einsätzen, alle möglichen Kleinigkeiten, wie Handschuhe, Puderdosen und ein Maniküreetui, Parfüms, sehr gute Seife — und nichts davon wurde bezahlt. Wenn ich Bargeld brauche — oh, da findet sich immer eine afrikanische Waschfrau und ein Verschlag, und ich bin sehr aufrichtig und *bon enfant*, wenn es hinterher um eine dicke Zuckerglasur auf dem kleinen Kuchen geht.

Und hier möchte ich eine Tatsache festhalten. Nicht aus aufgeblasener Einbildung, sondern eher mit einer leichten Verwunderung. Noch nie habe ich einer Frau gegenüber die ersten Annäherungsversuche gemacht. Und es ist nicht etwa so, als hätte ich nur eine einzige Klasse von Frauen gekannt; sondern von kleinen Huren und ausgehaltenen Frauen bis zu ältlichen Witwen und Ladenmädchen und den Gattinnen achtbarer Männer und sogar emanzipierten, modernen, literarisch interessanten Damen bei den vornehmsten Diners und Soireen (die ich mitgemacht habe) bin ich unterschiedslos nicht nur der gleichen Bereitwilligkeit, sondern derselben eindeutigen Aufforderung begegnet. Zuerst hat es mich überrascht. Ich pflegte über die Tafel zu blicken und mich zu fragen: ›Sollte jene äußerst vornehme junge Dame, die sich mit dem Herrn im braunen Vollbart über Kipling unterhält, mir wirklich einen kleinen Fußtritt geben?‹ Und ich war nie ganz sicher, bis ich ihre scheue Geste erwidert hatte. Merkwürdig, nicht wahr? Ich sehe überhaupt nicht wie der Traum einer Jungfrau aus . . .

Ich bin klein und schmächtig und habe olivbraune Haut,

schwarze Augen mit langen Wimpern, schwarzes, kurzge-
schnittenes, seidiges Haar und kleine, gerade Zähne, die entblößt werden, wenn ich lächle. Meine Hände sind biegsam
und klein. Eine Frau in einem Bäckerladen sagte mir einmal: »Sie haben die richtigen Hände, um Konditorware zu
machen.« Ohne Kleider, das muß ich gestehen, sehe ich wirklich reizend aus. Rundlich, fast wie ein Mädchen, mit glatten Schultern. Über meinem linken Ellbogen trage ich ein
feines goldenes Armband.
Aber halt! Ist es nicht seltsam, daß ich soviel über meinen
Körper und so weiter geschrieben habe?
Es ist das Ergebnis meines schlechten Lebenswandels, meines verborgenen Lebens. Ich bin wie ein Mädchen in einem
Café, das sich mit einer Handvoll Photographien einführen
muß. ›Ich im Hemdchen, wie ich aus der Eierschale krieche...
Ich auf einer Schaukel, mit dem Kopf nach unten und einem
Rüschenpopo wie ein Blumenkohl!....‹ Sie kennen derglei-
chen.

Wenn Sie meinen, was ich da geschrieben habe, sei bloß
oberflächlicher und unverschämter und billiger Schund, dann
täuschen Sie sich. Ich will zugeben, daß es so klingt, aber es
ist ja noch nicht alles. Wenn es das wäre, wie hätte ich da
empfinden können, was ich empfand, als ich die abgedroschene kleine Redewendung las, die mit grüner Tinte auf
der Schreibunterlage stand? Das beweist, daß mehr in mir
steckt und daß ich wirklich ernst zu nehmen bin, nicht wahr?
Etwas um einen Bruchteil Geringeres als jenen Augenblick
hätte ich vielleicht vortäuschen können. Doch nicht das! Das
war echt.
»Kellner, einen Whisky!«
Ich verabscheue Whisky. Jedesmal, wenn ich ihn im Mund
spüre, empört sich schon mein Magen dagegen, und das Zeug,
das hier ausgeschenkt wird, ist sicher besonders schlecht. Ich
habe es nur bestellt, weil ich über einen Engländer schreiben
will. Wir Franzosen sind in mancher Hinsicht unglaublich
altmodisch und nicht *up to date*. Ich wundere mich, daß ich
nicht gleichzeitig eine Tweedknickerbockerhose, eine Pfei-

fe, etliche lange Schneidezähne und rote Bartkoteletten bestellt habe.

»Danke, *mon vieux*. Sie haben wohl nicht zufällig rote Bartkoteletten?«

»Nein, Monsieur«, antwortet er trübselig. »Amerikanische Drinks führen wir nicht.«

Und nachdem er über eine Tischecke gewischt hat, geht er wieder auf seinen Platz zurück, um noch ein paar weitere Dutzend bei künstlichem Licht aufnehmen zu lassen.

Puh! Der Geruch! Und der Brechreiz, wenn sich einem die Kehle zusammenzieht!

»Schlechtes Zeug, um sich damit zu betrinken!« sagt Dick Harmon, dreht das kleine Glas zwischen den Fingern und lächelt sein langsames, verträumtes Lächeln. Er betrinkt sich also langsam und verträumt, und zu einem gewissen Zeitpunkt beginnt er leise, ganz leise von einem Mann zu singen, der auf und ab wandert und ein Haus sucht, wo er etwas zu essen bekommen kann. Ach, wie ich das Lied liebte, und wie ich die Art liebte, in der er es vortrug — langsam, ganz langsam, mit einer tiefen, weichen Stimme:

> »Ein Mann ging müde
> auf und ab,
> sucht' sich ein Dinner
> in der Stadt . . .«

Es schien in seiner Schwermut und seinem gedämpften Rhythmus all die hohen grauen Gebäude zu umfassen, den Nebel, die endlosen Straßen, die deutlichen Umrisse der Polizisten — alles, was England heißt.

Und dann das Thema! Der hagere, ausgehungerte Mensch, der auf und ab wandert und dem jedes Haus verschlossen ist, weil er kein *home* hat! Wie erstaunlich englisch das ist! Wie ich mich erinnere, endete es damit, daß er endlich ein Restaurant fand und ein kleines Fischbällchen bestellte, doch als er Brot verlangte, schrie ihn der Kellner verächtlich und mit lauter Stimme an: »Zu einem einzigen Fischbällchen servieren wir kein Brot!«

Was will man mehr? Solche Lieder sind tiefsinnig: sie verraten das ganze Seelenleben eines Volkes. Und wie un-französisch! Wie un-französisch!

»Noch einmal, Diiick, noch einmal!« bat ich ihn dann wohl, bettelte mit den Händen und machte mein hübsches Mündchen. Er war völlig einverstanden, es immer wieder zu singen.

Da haben wir's wieder! Sogar bei Dick war es so! Er war's gewesen, der die ersten Annäherungsversuche gemacht hatte! Ich traf ihn bei einer Abendgesellschaft, die der Verleger einer neuen Zeitschrift gab. Es war eine sehr erlesene, sehr elegante Angelegenheit. Ein oder zwei ganz Große waren erschienen, und die Damen waren äußerst *comme il faut*. Sie saßen in großer Abendtoilette auf kubistischen Sofas und erlaubten uns, ihnen Fingerhüte voll Cherry Brandy zu reichen und mit ihnen über ihre Gedichte zu sprechen. Denn soweit ich mich erinnern kann, waren es lauter Dichterinnen. Es war unmöglich, Dick zu übersehen.

Er war der einzige anwesende Engländer, und statt anmutig im Zimmer umherzuwandeln wie die andern, blieb er an einer Stelle stehen und lehnte sich, die Hände in den Hosentaschen, das verträumte halbe Lächeln auf den Lippen, an der Wand und antwortete jedem, der ihn ansprach, mit seiner tiefen, weichen Stimme in einem ausgezeichneten Französisch.

»Wer ist das?«

»Ein Engländer. Aus London. Ein Schriftsteller. Er befaßt sich vor allem mit moderner französischer Literatur.«

Das genügte mir. Mein kleines Werkchen *False Coins* war gerade erschienen. Ich war ein junger, ernst zu nehmender Schriftsteller, der sich vor allem mit moderner englischer Literatur befaßte.

Doch ich hatte wirklich kaum Zeit, meine Angel auszuwerfen, als er sich schon einen leichten Ruck gab und, sozusagen auf den Köder anbeißend, aus dem Wasser kam: »Wollen Sie mich nicht im Hotel aufsuchen? Kommen Sie gegen fünf, dann können wir plaudern, ehe wir zum Dinner ausgehen!«

»Sehr gerne!«

Ich fühlte mich so wahnsinnig geschmeichelt, daß ich ihn auf der Stelle verlassen mußte, um mich vor den kubistischen Sofas aufzuplustern. Was für ein Fang! Ein Engländer, ernst und reserviert, der sich vor allem mit französischer Literatur befaßte . . .

Am gleichen Abend wurde ein Exemplar *False Coins* mit einer wohlgesetzten, freundschaftlichen Widmung abgesandt, und ein oder zwei Tage später dinierten wir dann tatsächlich zusammen und verbrachten den Abend mit Gesprächen.

Mit Gesprächen — aber nicht nur über Literatur. Ich entdeckte zu meiner Erleichterung, daß es nicht notwendig war, sich an die Tendenz des modernen Romans und das Bedürfnis nach einer neuen Form zu halten oder nach dem Grund zu fragen, weshalb unsre jungen Männer es anscheinend nicht ganz schafften. Hin und wieder warf ich wie zufällig eine Karte ins Spiel, die anscheinend nichts damit zu tun hatte — nur um zu sehen, wie er darauf einsteigen würde. Doch jedesmal griff er sie nur mit seinem verträumten Blick und einem unveränderten Lächeln auf. Vielleicht murmelte er: »Das ist sehr merkwürdig« — aber nicht so, als wäre es irgendwie merkwürdig.

Seine unerschütterliche Ruhe warf mich schließlich aus dem Geleise.

Sie faszinierte mich. Sie lockte mich weiter und weiter, bis ich alle Karten aufdeckte, die ich besaß, und mich zurücklehnte und zusah, wie er sie in seiner Hand ordnete. »Sehr merkwürdig und interessant . . .«

Mittlerweile waren wir beide ziemlich betrunken, und er begann sehr sanft und sehr leise sein Lied von dem Mann zu summen, der auf und ab läuft und sich sein Dinner sucht.

Beim Gedanken an das, was ich getan hatte, blieb mir geradezu der Atem weg. Ich hatte jemandem beide Seiten meines Lebens gezeigt. Hatte ihm alles so aufrichtig und wahrhaftig erzählt, wie ich nur konnte. Hatte mir riesige Mühe gegeben, Dinge aus meinem verborgenen Leben zu erklären, die im Grunde widerlich waren und schlechterdings niemals das Licht der literarischen Welt erblicken durften. Im großen ganzen hatte ich mich viel schlimmer gemacht, als ich war, viel prahlerischer, zynischer, berechnender ...

Und da saß nun der Mann, dem ich mich anvertraut hatte, sang sich eins und lächelte ...

Es rührte mich so, daß mir richtige Tränen in die Augen traten. Ich sah sie auf meinen langen seidigen Wimpern glitzern — ganz bezaubernd!

Von da an nahm ich Dick überallhin mit, und er kam auch in meine Wohnung und saß sehr lässig in meinem Sessel und spielte mit dem Papiermesser. Ich weiß nicht, wieso, aber seine Lässigkeit und Verträumtheit erweckten immer den Eindruck in mir, er sei zur See gewesen. Und seine ganze, gemächlich langsame Art schien den Bewegungen eines Schiffes angepaßt zu sein. Dieser Eindruck war so stark, daß ich oft, wenn wir zusammen gewesen waren und er aufstand und ein kleines Dämchen in ebendem Augenblick sitzen ließ, wenn sie nicht erwartet hatte, daß er aufstehen und gehen würde, sondern gerade das Gegenteil — daß ich ihr dann erklären mußte: »Er kann's nicht ändern, Baby. Er muß wieder auf sein Schiff.«

Und ich glaubte es weit mehr als sie.

Während der ganzen Zeit, die wir zusammen waren, hatte Dick nie ein Verhältnis mit einer Frau. Ich fragte mich manchmal, ob er vielleicht völlig unschuldig sei. Warum fragte ich ihn nicht? Weil ich ihm niemals eine Frage über ihn selbst stellte. Doch als er eines Abends zu später Stunde seine Brieftasche hervorzog, fiel eine Photographie heraus. Ich hob sie auf und warf einen Blick darauf, ehe ich sie ihm gab. Es war eine Frau. Nicht mehr jung. Dunkel, schön, leidenschaftlich, aber jeder Gesichtszug so voll von einer Art herben Stolzes, daß ich nicht länger hätte hinschauen mögen, auch wenn Dick nicht so rasch die Hand ausgestreckt hätte.

›Mir aus den Augen, du kleiner parfümierter Foxterrier von einem Franzosen!‹ sagte sie. (In meinen schlechtesten Momenten erinnert mich meine Nase an die eines Foxterriers.) »Es ist meine Mutter«, sagte Dick und steckte die Brieftasche wieder ein.

Doch wenn es nicht Dick gewesen wäre, hätte ich mich — bloß so zum Spaß — versucht gefühlt, mich zu bekreuzigen.

Und so gingen wir auseinander: wir standen eines Nachts vor seinem Hotel und warteten, daß der Portier den Riegel der Außentür zurückschob. Dick blickte zum Himmel auf und sagte: »Hoffentlich ist morgen schönes Wetter. Morgen früh fahre ich nach England.«

»Das kann nicht Ihr Ernst sein?«

»Doch. Ich muß zurück. Ich muß etwas erledigen, das ich von hier aus nicht in Ordnung bringen kann.«

»Aber — aber haben Sie denn alle Vorbereitungen getroffen?«

»Vorbereitungen?« Er grinste beinah. »Gibt's nicht!«

»Aber — *enfin*, Dick, England liegt doch nicht auf der andern Seite vom Boulevard!«

»Es ist nicht viel weiter weg«, sagte er. »Nur ein paar Stunden.«

Die Tür sprang auf.

»Oh, ich wünschte, ich hätte es zu Beginn unsres Abends gewußt!«

Ich war gekränkt. Mir war wie einer Frau zumute, wenn ein Mann seine Uhr hervorzieht und sich an eine Verabredung erinnert, die sie unmöglich berühren kann, die aber den Vorrang hat.

»Warum haben Sie mir nichts gesagt?«

Er streckte die Hand aus und stand leise wippend auf der Treppe, als wäre das Hotel sein Schiff und der Anker gelichtet.

»Ich hab's vergessen. Tatsächlich. Aber Sie schreiben mir, nicht wahr? Gute Nacht, alter Junge! Ich komme bald mal wieder herüber!«

Und dann stand ich allein am Ufer und glich mehr denn je einem kleinen Foxterrier . . .

›Schließlich warst ja du es, der mir gepfiffen hat, und du, der mich bat, zu ihm zu kommen! Was für ein Bild ich geboten habe, als ich schwanzwedelnd um dich herumsprang — nur um stehengelassen zu werden, während das Schiff auf seine

langsame, verträumte Art davonsegelt . . . Hol der Kuckuck
diese Engländer! Das ist ja wirklich zu unverschämt. Was
bildest du dir ein, wer ich bin? Ein bezahlter kleiner Führer
durch die nächtlichen Pariser Lustbarkeiten? . . . Nein, nein,
Monsieur. Ich bin ein junger Schriftsteller, sehr ernst zu nehmen, und befasse mich gründlich mit der modernen englischen Literatur. Ich bin beleidigt worden, regelrecht beleidigt.‹

Zwei Tage drauf traf ein langer, reizender Brief von ihm
ein, in einem Französisch geschrieben, das einen Hauch zu
französisch war, jedoch erklärte, wie sehr er mich vermisse,
und daß er auf unsre Freundschaft zähle und mit mir in Verbindung bleiben wolle.
Ich las es, während ich vor dem (unbezahlten) Schrankspie-
gel stand. Es war früh am Morgen. Ich trug einen blauen,
mit weißen Vögeln bestickten Kimono, und meine Haare
waren noch naß: feucht und glänzend hingen sie mir in die
Stirn.
»Porträt der Madame Butterfly«, sagte ich, »als sie von der
Ankunft des *cher Pinkerton* hört.«
Den Romanen entsprechend hätte ich mich riesig erleichtert
und entzückt fühlen sollen. › . . . Er trat ans Fenster, zog die
Vorhänge auf und blickte auf die Pariser Bäume, die gerade
zu knospen und zu grünen begannen . . . Dick! Dick! Mein
englischer Freund!‹
Ich empfand nichts dergleichen. Mir war nur etwas luftkrank
zumute. Nachdem ich zum erstenmal im Flugzeug oben ge-
wesen war, wollte ich jetzt nicht wieder hinauf.

Auch das verging, und Monate danach, im Winter, schrieb
mir Dick, daß er wieder nach Paris käme und unbestimmt
lange bliebe. Ob ich Zimmer für ihn besorgen wolle? Er
bringe eine Freundin mit.
Natürlich wollte ich.
Der kleine Foxterrier sauste los. Es traf sich überdies sehr
glücklich, denn in dem Hotel, wo ich meine Mahlzeiten ein-
nahm, stand ich tief in der Kreide, und da waren zwei Eng-

länder, die auf unbestimmte Zeit Zimmer wünschten, eine großartige Abschlagszahlung.

Während ich mit Madame im größeren der beiden Zimmer stand und ›Ausgezeichnet!‹ sagte, war ich vielleicht etwas neugierig — wenn auch nur wenig —, wie die Freundin aussehen mochte. Entweder würde sie sehr steif sein, und vorne und hinten platt, oder sie wäre groß, blond, in Resedagrün gekleidet, hieße — Daisy und würde nach etwas zu süßlichem Lavendelwasser riechen.

Mittlerweile hatte ich nämlich Dick — getreu meiner Regel, nicht zurückzublicken — beinah vergessen. Und als ich die Melodie seines Liedchens vom unglücklichen Mann zu summen versuchte, sang ich sogar ein bißchen falsch . . .

Schließlich wäre ich dann beinah doch nicht auf dem Bahnhof aufgekreuzt. Ich wollte sie abholen und hatte mich tatsächlich, dem Anlaß entsprechend, besonders sorgfältig angezogen. Ich hatte nämlich die Absicht, Dick gegenüber diesmal eine andre Tonart anzuschlagen. Keine Geständnisse mehr, keine Tränen auf den Augenwimpern!

»Seit Sie Paris verlassen haben«, sagte ich und band mir vor dem (ebenfalls unbezahlten) Kaminspiegel meine schwarze Krawatte mit den Silbertupfen, »war ich ziemlich erfolgreich. Ich arbeitete an zwei weiteren Büchern, und außerdem habe ich einen Fortsetzungsroman *Wrong Doors* geschrieben, der dicht vor der Veröffentlichung steht und mir viel Geld einbringen wird. Und mein kleiner Gedichtband«, rief ich, ergriff die Kleiderbürste und fuhr damit über den Samtkragen meines neuen, nachtblauen Mantels, »das Büchlein *Left Umbrellas*, wurde wahrhaftig«, und ich lachte und schwenkte die Bürste, »zu einer Riesensensation!«

Es war unmöglich, so etwas dem Manne nicht zuzutrauen, der sich zu guter Letzt von Kopf bis Fuß musterte und seine weichen grauen Handschuhe anzog. Er sah wie seine Rolle aus; er war die Rolle.

Das brachte mich auf einen Gedanken. Ich zog mein Notizbuch hervor und kritzelte — noch immer meinem Anblick ausgesetzt — ein paar Einfälle hin . . . Kann man wie seine

Rolle aussehen und doch nicht die Rolle sein? Oder die Rolle sein und nicht wie sie aussehen? Ist Aussehen — gleich Sein? Oder Sein — gleich Aussehen? Und überhaupt — wer darf erklären, daß es nicht so ist? ...

Das erschien mir damals außerordentlich tiefsinnig und ganz neu. Doch ich muß gestehen, daß mir, als ich lächelnd das Notizbuch einsteckte, eine Stimme zuflüsterte: »Du — ein Schriftsteller? Du siehst aus, als hättest du gerade auf dem Rennplatz eine Wette gebucht!«

Aber ich hörte nicht hin.

Ich ging hinaus und zog die Wohnungstür leise und flink ins Schloß, damit die Concierge mein Weggehen nicht bemerkte. Dann rannte ich aus dem gleichen Grund so schnell wie ein Kaninchen die Treppe hinunter.

Aber o weh! Die alte Spinne war zu rasch für mich! Sie ließ mich die letzte kleine Leiter ihres Gespinsts hinablaufen, und dann sprang sie vor. »Einen Moment! Ein Momentchen, Monsieur!« flüsterte sie ekelhaft zutraulich. »Treten Sie näher! Treten Sie näher!« winkte sie mir mit einer tropfenden Suppenkelle. Ich trat an die Tür, aber das genügte ihr nicht. Richtig eingetreten und die Türe zu, bevor sie den Mund aufmachen würde.

Wenn man kein Geld hat, gibt es zwei Möglichkeiten, um mit seiner Concierge fertig zu werden. Die eine besteht darin, hochnäsig zu sein und sie sich zum Feind zu machen, Drohungen auszustoßen und jede Diskussion abzulehnen; die andere: auf sie einzugehen, ihr bis zu den zwei Knoten des schwarzen Fetzens, der ihre Kiefer zusammenhält, Honig ums Maul zu schmieren und so zu tun, als vertraue man ihr und verlasse sich auf sie, den Gasmann zu beschwatzen und den Hausbesitzer hinzuhalten.

Ich habe die zweite Methode ausprobiert. Doch beide sind gleichermaßen widerlich und erfolglos. Denn einerlei, mit welcher man es probiert — stets ist sie die schlechtere, die unmögliche.

Diesmal war es der Hausbesitzer ... Nachahmung des Hausbesitzers durch die Concierge, wie er mich hinauszuwerfen droht . . . Nachahmung der Concierge durch die Concierge, wie sie den wilden Bullen besänftigt . . . Nachahmung des Hausbesitzers, der wieder tobt und der Concierge ins Gesicht schnaubt. In dem Fall war ich die Concierge, und es war widerlich! Unterdessen brodelte der schwarze Topf auf dem Gasring munter weiter und schmorte die Herzen und Lebern jedes Mieters im Haus.

»Oh!« rief ich und starrte auf die Uhr auf dem Kaminsims, begriff dann, daß sie nicht ging, und schlug mir trotzdem an die Stirn, als hätte mein Einfall nichts damit zu tun: »Madame, um halb zehn habe ich eine sehr wichtige Besprechung mit dem Chef meiner Zeitung! Vielleicht ist es mir morgen möglich, Ihnen . . .«

Fort, nur fort! Und runter in die Métro und in ein volles Abteil hineingequetscht! Je voller, um so besser. Jeder war eine Schutzwand zwischen mir und der Concierge! Ich strahlte.

»Oh, *pardon Monsieur*«, sagte das große, reizende Geschöpf in Schwarz mit dem üppigen Busen, an dem ein Veilchenstrauß baumelte. Als der Zug eine Biegung nahm, warf er mir das Sträußchen mitten ins Gesicht.

» Oh, *pardon Monsieur!*«

Doch ich blickte spitzbübisch lächelnd zu ihr auf.

»Nichts ist mir lieber, Madame, als Blumen auf einem Balkon!«

Noch während ich es sagte, bemerkte ich den riesigen Herrn im Pelzmantel, gegen den sich meine Fee lehnte. Er steckte den Kopf über ihre Schulter und erblaßte bis an den Nasenzipfel; die Nase selbst prangte tatsächlich in einer Art Käsegrün.

»Was haben Sie da zu meiner Frau gesagt?«

Der Bahnhof Saint-Lazare rettete mich. Aber man muß zugeben, daß es selbst für den Autor der *False Coins*, *Wrong Doors* und *Left Umbrellas* und der ›zwei weiteren in Arbeit‹ nicht allzu leicht war, siegreich seiner Wege zu gehen.

Endlich — nachdem unzählige Züge durch meinen Geist gedampft und unzählige Dick Harmons auf mich zugerollt waren — kam der Zug selbst. Unsere kleine Gruppe von Wartenden an der Sperre drängte vor, reckte die Hälse und stieß wilde Schreie aus, als wären wir eine Art vielköpfiges Ungetüm und Paris in unserm Rücken nichts als eine große Falle, die wir aufgestellt hatten, um die verschlafenen Ahnungslosen zu fangen. Sie spazierten in die Falle und wurden gepackt und abgeschleppt, um verschlungen zu werden. Aber wo blieb meine Beute?

»Großer Gott!« Mein Lächeln und meine erhobene Hand sackten in sich zusammen. Während eines schrecklichen Augenblicks glaubte ich die Frau auf der Photographie vor mir zu haben, Dicks Mutter, die in Dicks Mantel und Hut auf mich zukam. Im Bemühen — und man sah, daß es ein Bemühen war —, mir zuzulächeln, verzogen sich seine Lippen auf die gleiche Art, und herb, leidenschaftlich und stolz wie sie kam er mir entgegen.

Was war geschehen? Was hatte ihn derartig verändern können? Sollte ich es erwähnen?

Ich wartete auf ihn und war mir sogar bewußt, daß ich ein leichtes Schwanzwedeln des Foxterriers riskierte, um zu sehen, ob er überhaupt darauf eingehen könne, denn ich rief:

»Guten Abend, Dick! Wie geht's, alter Junge? Alles in Ordnung?«

»Danke! Danke!« Er keuchte beinah. »Haben Sie die Zimmer bekommen?«

Zwanzigmal: großer Gott! Ich begriff alles. Licht fiel auf die dunklen Wasser, und mein Seefahrer war nicht ertrunken. Vor Vergnügen hätte ich fast einen Purzelbaum geschlagen. Es war natürlich Nervosität. Es war Verlegenheit. Und es war der berühmte englische Ernst. Was für ein Spaß stand mir bevor! Ich hätte ihn umarmen können!

»Ja, die Zimmer habe ich«, schrie ich beinah. »Aber wo ist Madame?«

»Sie bekümmert sich um das Gepäck«, schnaufte er. »Da kommt sie schon. Hier ist sie!«

Doch wohl nicht dieses Baby, das neben dem alten Träger einherlief, als wäre er ihre Kinderfrau und hätte sie gerade aus dem häßlichen Kinderwagen gehoben, auf dem er das Gepäck einherschob?

»Und sie ist nicht Madame«, näselte Dick plötzlich.

Im gleichen Augenblick hatte sie ihn gesehen und winkte ihm mit ihrem winzigen Muff. Sie entlief ihrer Kinderfrau, kam angerannt und sagte sehr schnell etwas auf Englisch; doch er antwortete auf Französisch: »Ja, gut. Ich werd's schon machen.«

Doch ehe sie sich dem Träger zuwandte, deutete er mit einer unsicheren Geste auf mich und murmelte etwas. Damit hatte er uns miteinander bekannt gemacht. Auf die merkwürdig knabenhafte Art, die die Engländerinnen an sich haben, reichte sie mir die Hand und stellte sich sehr gerade und mit erhobenem Kinn vor mich hin, und dann machte auch sie die größte Anstrengung ihres Lebens, um ihre lächerliche Aufregung zu unterdrücken, und sagte, mir die Hand schüttelnd (bestimmt wußte sie nicht, daß es meine war): *Je ne parle pas français.*

»Oh, bestimmt sprechen Sie es sehr gut«, sagte ich so sanft, so beruhigend — ich hätte ihr Zahnarzt sein können, der ihr den ersten Milchzahn zog!

»Natürlich kann sie's!« drehte sich Dick zu uns um. »Hören Sie, können wir nicht einen Wagen oder ein Taxi oder so etwas bekommen? Wir wollen doch nicht die ganze Nacht auf dem verflixten Bahnhof zubringen, wie?«

Es war so unhöflich, daß es einen Augenblick dauerte, bis ich mich erholt hatte; und er mußte es bemerkt haben, denn er legte mir wie einst den Arm um die Schulter und sagte: »Ach, verzeihen Sie, alter Junge! Aber wir hatten eine so widerliche, scheußliche Überfahrt — Jahre hat's gedauert, nicht wahr?«

Das war für sie bestimmt. Aber sie gab keine Antwort. Sie senkte den Kopf und begann, ihren grauen Muff zu streicheln; sie ging neben uns einher und streichelte die ganze Zeit ihren grauen Muff.

›Habe ich mich getäuscht?‹ dachte ich. ›Ist es nur eine Frage von unbezähmbarer Ungeduld? Haben sie einfach das Bett nötig, wie wir es bezeichnen? Haben sie auf der Reise Qualen ausgestanden? Vielleicht sehr nah beieinander und warm unter der gleichen Reisedecke gesteckt?‹, und so weiter und so fort, während der Fahrer die Koffer festschnallte. Sowie er das getan hatte —

»Hören Sie, Dick! Ich fahre mit der Métro nach Hause. Hier ist die Adresse Ihres Hotels. Alles ist veranlaßt. Besuchen Sie mich, so bald Sie können!«

Ich dachte weiß Gott, er würde in Ohnmacht fallen. Er wurde weiß bis an die Lippen.

»Aber Sie kommen doch mit uns?« rief er. »Ich dachte, das sei abgemacht? Natürlich kommen Sie mit! Sie können uns doch nicht im Stich lassen?«

Ich gab es also auf.

Es war zu kompliziert für mich — zu englisch.

»Sicher, sicher. Furchtbar gern. Ich dachte nur, vielleicht…«

»Sie müssen mitkommen!« sagte Dick zu dem kleinen Foxterrier. Und wieder machte er die weit ausholende, verlegene Geste zu ihr.

»Steig ein, Maus!«

Und Maus I stieg in das schwarze Loch, saß da und streichelte Maus II und sagte nicht pieps.

Rumpelnd und ratternd fuhren wir dahin — wie drei kleine Würfel, mit denen sich das Leben einen Wurf erlauben will. Ich hatte darauf bestanden, den Klappsitz ihnen gegenüber zu nehmen, denn um nichts in der Welt hätte ich den wiederholten, blitzartigen Anblick missen mögen, der sich mir jedesmal bot, wenn wir durch den Lichtkreis einer Laterne fuhren.

Er zeigte mir Dick, der weit nach hinten gelehnt in seiner Ecke saß, den Kragen hochgestellt, die Hände in den Taschen vergraben und von seinem breitkrempigen dunklen Hut beschattet, als wäre er ein Körperteil von ihm — eine Art Flügel, unter dem er sich versteckte. Und er zeigte mir Maus, die sehr gerade dasaß, mit einem reizenden Gesichtchen, das eher einer Zeichnung als einem wirklichen Gesicht glich: jede Linie war so bedeutungsvoll und hob sich scharf vom unsicheren Dunkel ab.

Denn Maus war eine Schönheit. Sie war auserlesen schön, aber so zerbrechlich und fein, daß es jedesmal, wenn ich sie ansah, das erstemal zu sein schien. Sie überraschte einen mit dem gleichen, schockartigen Gefühl, das einen überfällt, wenn man aus einer dünnwandigen, harmlosen Tasse Tee getrunken hat und plötzlich auf dem Grunde ein winziges Geschöpf entdeckt, das sich, halb Schmetterling und halb Frau, vor einem verbeugt und die Hände in den Ärmeln versteckt hat.

Soweit ich es erkennen konnte, hatte sie dunkles Haar und blaue oder schwarze Augen. Ihre langen Wimpern und die darübergepinselten kleinen Schwingen fielen am meisten auf. Sie trug einen langen, dunklen Umhang, wie man ihn auf altmodischen Bildern von reisenden Engländerinnen sieht. Wo ihre Arme daraus hervorschauten, war grauer Pelzbesatz — Pelz schmiegte sich auch um den Hals, und die enganliegende Mütze war aus Pelz.

›Sie führt die Maus-Idee durch!‹ stellte ich fest.

Aber ach, wie spannend es war, wie spannend! Ihre Erregung drang immer mehr auf mich ein, während ich ihr entgegenlief, mich darin badete, mich aus meiner Untiefe weit hervorwagte, bis ich schließlich ebensoviel Mühe wie sie hatte, mich zu beherrschen.

Was ich jedoch eigentlich tun wollte, war vielmehr, mich völlig verrückt zu benehmen — wie ein Clown. Ich wollte singen, wollte mit übertrieben albernen Gesten aus dem Fenster zeigen und sagen: ›Jetzt, meine Damen und Herren, kommen wir zu einem der vielen Punkte, für die *notre Paris* mit Recht berühmt ist‹, wollte aus dem Taxi springen, während es fuhr, und über das Dach klettern und zum andern Fenster wieder hereinsteigen, und wollte mich weit aus dem Fenster lehnen und durch das verkehrte Ende eines zerbrochenen Fernrohrs, das gleichzeitig eine eigentümlich ohrenzerreißende Trompete war, nach dem Hotel Ausschau halten.

Ich sah mir selber zu, wie ich all das tat, und brachte es sogar fertig, heimlich Beifall zu klatschen, indem ich meine behandschuhten Hände leise zusammenschlug — und unterdessen fragte ich Maus: »Sind Sie das erstemal in Paris?«

»Ja, ich bin noch nie hier gewesen.«

»Oh, dann haben Sie viel zu besichtigen!«

Und ich war gerade im Begriff, die Sehenswürdigkeiten und Museen zu erwähnen, als wir mit einem heftigen Ruck hielten.

Es ist natürlich ganz widersinnig, verstehen Sie, aber als ich die Tür für sie aufhielt und ihnen die Treppe hinauf zum Empfang im Zwischenstock folgte, fand ich irgendwie, daß das Hotel mir gehörte.

Auf dem Fensterbrett stand eine Blumenvase, und ich ging sogar soweit, ein paar Knospen umzustellen und zurückzutreten und den Eindruck zu prüfen, während die Empfangsdame sie begrüßte. Und als sie sich an mich wandte und mir die Schlüssel aushändigte (der Garçon schleppte das Gepäck herauf) und dabei sagte: »Monsieur Duquette wird Ihnen Ihre Zimmer zeigen!«, hatte ich die größte Lust, Dick mit einem Schlüssel auf den Arm zu klopfen und ganz vertraulich zu erklären: ›Verstehen Sie mich recht, alter Junge! Ich bin gern bereit, Ihnen als einem alten Freund einen kleinen Nachlaß zu gewähren . . .‹

Wir stiegen höher und höher hinauf. Rundherum. Hin und wieder an einem Paar Stiefel vorbei (wie kommt es, daß man nie ein hübsches Paar vor einer Tür stehen sieht?). Höher und höher hinauf.

»Die Zimmer sind leider ziemlich hoch oben«, murmelte ich törichterweise. »Aber ich habe sie gewählt, weil . . .«

Weshalb ich sie gewählt hatte, war ihnen so offensichtlich egal, daß ich nicht weitersprach. Sie nahmen alles hin. Sie erwarteten nicht, daß etwas anders war. Es gehörte einfach zu dem, was sie durchzumachen hatten — so deutete ich es mir jedenfalls.

»Endlich angelangt!« Ich sprang von einer Seite des Vorflurs zur andern, schaltete die Lampen an, erklärte . . .

»Das hier hatte ich für Sie gedacht, Dick. Das andere ist größer und hat in der Nische ein kleines Ankleidekabinett.«

Meine ›Inhaberblicke‹ bemerkten die sauberen Handtücher und Bettdecken und die rotbestickte Bettwäsche. Ich fand, daß es eigentlich sehr hübsche Zimmer waren, mit schräger Decke, voller Winkel — genau die Art Zimmer, die man vorzufinden erwartete, wenn man noch nie in Paris gewesen war.

Dick schleuderte seinen Hut auf das Bett.

»Sollte ich nicht dem Burschen mit den Koffern helfen?« fragte er — an niemand gewandt.

»Ja, tu's«, erwiderte Maus. »Sie sind entsetzlich schwer.« Und mit der ersten Andeutung eines Lächelns wandte sie sich an mich: »Es sind nämlich Bücher!« Oh, was für einen seltsamen Blick er ihr zuwarf, ehe er davoneilte. Und er half dem *garçon* nicht nur — er mußte ihm den Koffer geradezu vom Rücken gerissen haben, denn er kam torkelnd mit dem einen an, knallte ihn hin und holte dann den andern.

»Das ist deiner, Dick«, sagte sie.

»Es macht dir wohl nichts, wenn er vorläufig hier steht?« fragte er außer Atem, ja keuchend. (Der Koffer mußte entsetzlich schwer gewesen sein.) Er zog eine Hand voll Kleingeld aus der Tasche.

»Ich sollte dem Burschen wohl etwas geben?«

Der *garçon*, der noch dastand, schien dasselbe zu denken.

»Wünschen Sie sonst noch etwas, Monsieur?«

»Nein — nein!« erwiderte Dick ungeduldig.

Aber nun machte Maus einen Schritt nach vorn. Zu entschieden, und ohne Dick anzusehen, sagte sie in ihrem wunderlichen, abgehackten englischen Akzent: »Doch, ich möchte Tee, Tee für drei Personen!« Und plötzlich hob sie den Muff, als hätte sie innen drin ihre Hände umklammert, und mit dieser Geste gab sie dem blassen, verschwitzten Garçon zu verstehen, daß sie am Ende ihrer Kräfte war und daß sie ihn anflehte, sie mit ›Tee!‹ zu retten. — »Sofort!«

Das schien mir so verblüffend ins Bild zu passen, schien mir (obwohl ich's mir nicht hätte ausdenken können) so genau die Geste und der Aufschrei zu sein, die man von einer Engländerin angesichts einer großen Krise erwarten konnte, daß ich mich fast versucht fühlte, die Hand zu heben und zu protestieren.

198

›Nein! Nein! Genug! Genug! Hier wollen wir abbrechen; bei dem Wort Tee. Denn ihr habt selbst euren gierigsten Abonnenten so gesättigt, daß er platzen würde, müßte er noch ein einziges Wort schlucken!‹

Es bremste sogar Dick. Wie jemand, der lange ohne Besinnung gewesen war, wandte er sich schwerfällig zu Maus um und sah sie schwerfällig mit seinen müden, übernächtigten Augen an und murmelte mit dem Echo seiner verträumten Stimme: »Ja. Das ist ein guter Gedanke!« Und dann: »Du mußt müde sein, Maus! Setz dich!«

Sie setzte sich in einen Sessel mit Spitzendeckchen auf den Armlehnen; er lehnte am Bett, und ich ließ mich auf einem gradlehnigen Stuhl nieder, schlug die Beine übereinander und schnippte ein paar nicht vorhandene Stäubchen von meinen Hosenknien. (Der nicht zu erschütternde Pariser.)

Eine kurze Pause entstand. Dann sagte er: »Willst du nicht deinen Mantel ausziehen, Maus?«

»Nein, danke! Jetzt nicht.«

Würden sie mich auffordern? Oder sollte ich die Hand hochhalten und mit Kinderstimme plärren: ›Jetzt bin ich an der Reihe, aufgefordert zu werden.‹

Nein, besser nicht. Sie forderten mich nicht auf.

Aus der Pause wurde eine Stille. Eine große Stille.

›. . . komm schon, mein Pariser Foxterrier! Erheitere die beiden traurigen Engländer! Kein Wunder, daß es eine Nation von Hundenarren ist!‹

Aber schließlich — warum sollte ich? Es war nicht mein *job*, wie sie es nennen würden. Trotzdem riskierte ich vor Maus einen munteren kleinen Hopser.

»Was für ein Jammer, daß Sie nicht bei Tageslicht angekommen sind! Von den beiden Fenstern hier hat man eine entzückende Aussicht. Das Hotel liegt nämlich an einer Ecke, und jedes Fenster blickt auf eine ungeheuer lange, schnurgerade Straße.«

»Ach so«, sagte sie.

»Das klingt zwar nicht besonders verlockend«, lachte ich. »Aber es ist soviel Leben da — soviel komische kleine Jungen auf Fahrrädern und Leute, die sich aus dem Fenster hinauslehnen und — ach, Sie werden sich ja morgen früh selbst davon überzeugen . . . Sehr lustig. Sehr belebt.«

»Aha«, sagte sie.

Wenn in diesem Augenblick der blasse, verschwitzte *garçon* nicht erschienen wäre, das Tablett hoch auf einer Hand balancierend, als wären die Tassen Kanonenkugeln und er ein Schwergewichtsstemmer aus einem Film . . .

Es glückte ihm, das Tablett auf ein rundes Tischchen herunterzusenken.

»Bringen Sie den Tisch hierher!« sagte Maus. Der Kellner schien der einzige Mensch zu sein, mit dem sie sprechen wollte. Sie nahm die Hände aus dem Muff, streifte die Handschuhe ab und warf ihren altmodischen Umhang zurück.

»Nehmen Sie Milch und Zucker?«

»Keine Milch, danke, und keinen Zucker.«

Wie ein kleiner Gentleman holte ich mir meine Tasse. Sie schenkte noch eine Tasse ein.

»Die ist für Dick.«

Und der brave Foxterrier trug sie zu ihm hinüber und legte sie ihm gewissermaßen vor die Füße.

»Ach, danke«, sagte Dick.

Und dann ging ich wieder zu meinem Stuhl, und sie sank in den ihren zurück.

Aber Dick war schon wieder — nicht vorhanden. Er starrte einen Augenblick wütend auf die Teetasse, sah sich um, stellte sie auf den Nachttisch, riß seinen Hut an sich und stammelte in vollem Galopp: »Oh, würde es Ihnen etwas ausmachen, einen Brief für mich einzuwerfen? Ich möchte, daß er mit der Nachtpost weggeht. Ich muß . . . es ist sehr dringend . . .« Da er meine Augen auf sich ruhen fühlte, warf er hin: »An meine Mutter.« Zu mir gewandt: »Ich mache nicht lange. Alles, was ich brauche, habe ich bei mir. Aber er muß heute abend weg. Sie entschuldigen mich? Es . . . es dauert bestimmt nicht lange.«

»Natürlich werfe ich ihn ein. Sehr gern.«

»Willst du nicht zuerst deinen Tee trinken?« schlug Maus zaghaft vor.

. . . Tee? Tee? Ach, natürlich Tee . . . Eine Tasse Tee auf dem

Nachttisch ... Aus seinem rasenden Traum heraus bedachte
er seine kleine Gastgeberin mit dem strahlendsten, reizendsten Lächeln.

»Nein, danke! Nicht jetzt!«

Und indem er nochmals seiner Hoffnung Ausdruck gab, daß
es mir keine Mühe bereiten würde, verließ er das Zimmer
und schloß die Tür, und wir hörten, wie er über den Vorflur ging.

Ich verbrühte mir die Zunge — vor lauter Eile, meine Tasse
zum Tischchen zurückzubringen und, während ich dort stand,
zu ihr zu sagen: »Sie müssen mir verzeihen, wenn ich auf-
dringlich bin, wenn ich zu offen spreche. Aber Dick hat sich
nicht bemüht, es zu verheimlichen, nicht wahr? Irgend etwas stimmt nicht ganz. Kann ich helfen?«

(Leise Musik. Maus steht auf, geht ein paarmal auf der Bühne hin und her, ehe sie zu ihrem Sessel zurückkehrt und ihm
eine überschwappende und, oh, so kochend heiße Tasse Tee
eingießt, daß dem Freund die Tränen in die Augen treten,
als er daran nippt — und bis zur bitteren Neige austrinkt...)

Zu alledem hatte ich Zeit, ehe sie antwortete. Zuerst spähte
sie in die Teekanne, goß heißes Wasser nach und rührte mit
einem Löffel um.

»Ja, etwas stimmt nicht. Helfen können Sie leider nicht, danke!« Wieder erhaschte ich den Hauch eines Lächelns. »Es
tut mir furchtbar leid. Es muß schrecklich für Sie sein.«

Schrecklich — nein, so etwas! Oh, warum konnte ich ihr nicht
sagen, daß ich mich seit vielen Monaten nicht so gut unterhalten hatte?

»Aber Sie leiden«, faßte ich behutsam nach, als wäre es das,
was ich nicht mitansehen konnte.

Sie stritt es nicht ab. Sie nickte und biß sich auf die Unterlippe, und mir schien, daß ihr Kinn zitterte.

»Und ich kann wirklich nichts für Sie tun?« Noch behutsa-
mer.

Sie schüttelte den Kopf, schob das Tischchen zurück und
sprang auf.

»Ach, es wird sich bald zurechtrücken«, hauchte sie, ging

zum Frisiertisch und drehte mir den Rücken zu. »Es wird sich zurechtrücken. So kann es nicht weitergehen.«

»Natürlich nicht«, gab ich ihr recht und fragte mich, ob es herzlos erscheinen würde, wenn ich mir eine Zigarette anzündete; es drängte mich plötzlich zu rauchen.

Sie mußte irgendwie bemerkt haben, daß meine Hand zur Westentasche griff und mein Zigarettenetui halb hervorzog und wieder einsteckte, denn gleich darauf sagte sie: »Zündhölzchen . . . beim Leuchter. Sah sie . . . dort liegen.«

Und ihrer Stimme hörte ich es an, daß sie weinte.

»Oh, danke! Ja, stimmt! Hab' sie gefunden.« Ich zündete mir eine Zigarette an, ging auf und ab und rauchte.

So still war es — es hätte zwei Uhr morgens sein können. So still, daß man die Dielen knarren und knacken hörte, wie man es in einem Haus auf dem Lande erleben kann. Ich rauchte die Zigarette zu Ende und drückte den Stummel in meiner Untertasse aus, ehe Maus sich umdrehte und wieder an das Tischchen trat.

»Macht Dick nicht ziemlich lange?«

»Sie sind sicher müde. Wahrscheinlich wollen Sie zu Bett gehen«, sagte ich freundlich. (Und bitte, ohne Rücksicht auf mich! sagte mein Geist.)

»Aber macht er nicht auffallend lange?« fuhr sie hartnäckig fort.

Ich zuckte die Achseln. »Doch, ziemlich lange.«

Dann bemerkte ich, daß sie mich seltsam anblickte. Sie lauschte.

»Er ist schon eine Ewigkeit weg«, sagte sie und ging mit raschen, kleinen Schritten zur Tür, öffnete sie und ging über den Vorflur in sein Zimmer.

Ich wartete. Jetzt lauschte ich ebenfalls. Ich hätte es nicht ertragen können, wenn mir auch nur ein Wort entgangen wäre. Sie hatte die Tür offengelassen. Ich schlich durchs Zimmer und sah ihr nach. Dicks Tür stand ebenfalls offen. Doch kein Wort war zu hören.

Ich hatte die verrückte Idee, daß sie sich in dem stillen Zimmer küßten — sich einen langen, tröstenden Kuß gaben. So einen Kuß, der unsern Kummer nicht nur schlafen legt, sondern ihn streichelt und wärmt und gut zudeckt und fest einhüllt, bis die tiefen Atemzüge kommen. Oh, wie wohl das tut!

Endlich war es vorbei. Ich hörte, wie sich jemand bewegte, und stahl mich auf Zehenspitzen zurück.

Es war Maus. Sie kam und tastete sich ins Zimmer, und in der Hand hielt sie den Brief für mich. Aber er steckte nicht in einem Umschlag; es war bloß ein Blatt Papier, und sie hielt es an einer Ecke, als sei es noch feucht.

Den Kopf hatte sie so tief gesenkt, so tief in ihren Pelzkragen vergraben, daß ich ahnungslos blieb — bis sie das Papier fallen ließ und beinah selber auf den Fußboden vor dem Bett fiel, ihre Wange dagegenlehnte und die Hände ausstreckte, als wäre ihr die letzte ihrer rührenden kleinen Waffen entglitten und als ob sie sich jetzt fortschwemmen ließe, hinaustragen in die Tiefe.

Dick hat sich erschossen! zuckte es mir durch den Kopf, und dann zuckten die Einfälle in rascher Folge auf, während ich hinüberstürzte, den Leichnam sah, das Gesicht nicht verwundet, nur ein kleines blaues Loch auf der Schläfe, das Hotel weckte, das Begräbnis in die Wege leitete, dem Begräbnis beiwohnte, den Wagen schloß, neuer Cutaway ...

Ich bückte mich und hob das Blatt Papier auf, und — ob Sie es glauben oder nicht — so fest verwurzelt ist mein Gefühl für das Pariser *comme il faut*, daß ich »*pardon*« murmelte, ehe ich zu lesen begann.

›Maus, meine kleine Maus,

es geht nicht. Es ist unmöglich. Ich bringe es nicht fertig. Oh, wie ich dich liebe! Ich liebe dich so sehr, Maus, aber *sie* kann ich nicht verletzen. Die Menschen haben sie ihr Leben lang verletzt. Ich wage es einfach nicht, ihr diesen letzten Hieb zu versetzen. Obwohl sie nämlich stärker ist als wir beide, ist sie so zart und so stolz. Es würde sie umbringen, Maus, buchstäblich umbringen. Und, großer Gott, ich kann meine Mutter nicht umbringen! Nicht einmal dir zuliebe. Nicht einmal uns zuliebe. Das siehst du ein, nicht wahr?

Als wir es besprachen und Pläne machten, schien alles so leicht, doch im Augenblick, als der Zug anfuhr, war alles aus. Ich spürte, wie sie mich zurückzog — mich rief. Ich kann sie auch jetzt hören, wo ich dir schreibe. Und sie ist allein und weiß noch nichts. Man müßte schon ein Teufel sein, um es ihr zu erzählen, und ich bin kein Teufel, Maus. Sie darf es nicht erfahren. Oh, Maus, regt sich nicht etwas in dir, das mir recht gibt? Es ist alles so unsagbar schwer, daß ich nicht weiß, ob ich gehen will oder nicht. Will ich es? Oder ist es Mutter, die mich zurückholt? Ich weiß es nicht. Mein Kopf ist zu müde. Maus, Maus, was wirst du tun? Doch auch daran kann ich nicht denken. Ich wage es nicht. Ich würde zusammenbrechen. Und ich darf nicht zusammenbrechen. Ich muß nur eins tun: es dir sagen und gehen. Ich hätte nicht gehen können, ohne es dir zu sagen. Du hättest Angst bekommen. Und du darfst keine Angst haben. Du wirst es auch nicht — nicht wahr? Ich kann es nicht ertragen, wenn — aber genug davon! Und schreibe mir nicht! Ich hätte nicht den Mut, deine Briefe zu beantworten, und der Anblick deiner feinen Schriftzüge —

Vergib mir! Liebe mich nicht mehr! Doch — liebe mich! Liebe mich! Dick.‹

Was sagen Sie dazu? War das nicht ein kostbarer Fund? In meine Erleichterung, daß er sich nicht erschossen hatte, mischte sich ein wundervoll erhebendes Gefühl. Ich war quitt — mehr als quitt mit meinem alles bloß ›merkwürdig und interessant‹ findenden Engländer . . .

Sie weinte so eigenartig.

Mit geschlossenen Augen und einem Gesicht, das still war — bis auf die zitternden Lider. Die Tränen perlten ihre Wangen hinab, und sie ließ sie rinnen.

Doch als sie meinen Blick auf sich ruhen fühlte, schlug sie die Augen auf und sah, daß ich den Brief in der Hand hielt.

»Haben Sie ihn gelesen?«

Ihre Stimme war ganz ruhig, aber es war nicht mehr ihre Stimme. Man hätte sich vorstellen können, daß es eine Stimme war, die aus einer kalten kleinen Muschel kam, welche von der salzigen Flut schließlich hoch hinauf aufs Trockne gespült worden war.

Ich nickte, völlig überwältigt (Sie wissen schon), und legte den Brief hin.

»Es ist unglaublich! Unglaublich!« flüsterte ich.

Daraufhin stand sie auf, ging zum Waschtisch hinüber und tauchte ihr Taschentuch in den Krug, wischte sich über die Augen und sagte: »O nein! Es ist gar nicht unglaublich!« Und während sie das feuchte Läppchen noch immer gegen die Augen drückte, kam sie zu mir zurück, zu dem Lehnsessel mit den Spitzendeckchen, und sank hinein.

»Ich ahnte es natürlich die ganze Zeit«, sagte die kalte, salzige kleine Stimme. »Vom ersten Augenblick an, als wir abfuhren. Es ging mir durch und durch, doch ich gab die Hoffnung nicht auf« — und hier nahm sie das Taschentuch weg und bedachte mich mit einer letzten Andeutung ihres Lächelns —, »wie man es ja dummerweise tut, nicht wahr?«

»Allerdings.«

Schweigen.

»Aber was werden Sie tun? Sie fahren doch zurück? Sie werden ihn wiedersehen?« Daraufhin richtete sie sich kerzengerade auf und starrte zu mir herüber.

»Was für eine erstaunliche Idee!« sagte sie und sprach noch kälter als zuvor. »Natürlich denke ich nicht im Traume daran, ihn wiederzusehen. Und was das Zurückkehren betrifft — das kommt überhaupt nicht in Frage. Ich kann nicht zurück.«

»Aber ...«

»Es ist unmöglich. Allein schon deshalb nicht, weil all meine Freunde glauben, ich sei verheiratet.«

Ich streckte ihr meine Hand entgegen. »Ach, meine arme kleine Freundin!«

Aber sie wich zurück. (Ein falscher Zug meinerseits.)

Natürlich war da ein Problem, das mir die ganze Zeit durch den Kopf gegangen war. Es war mir widerlich.

»Haben Sie Geld zur Verfügung?«

»Ja, ich habe zwanzig Pfund — hier«, und sie legte ihre Hand auf die Brust. Ich verbeugte mich. Es war sehr viel mehr, als ich erwartet hatte.

»Und was haben Sie für Pläne?«

Ja, ich weiß. Es war die ungeschickteste, die dummste Frage, die ich hätte stellen können. Sie war so zahm gewesen, so vertrauensvoll, sie hatte es (jedenfalls bildlich gesprochen) geduldet, daß ich ihren kleinen, zitternden Körper in der Hand hielt und ihren Mauskopf streichelte — und nun hatte ich sie zurückgestoßen. Oh, ich hätte mich ohrfeigen können! Sie erhob sich.

»Ich habe keine Pläne. Aber — es ist sehr spät. Bitte, gehen Sie jetzt!«

Wie konnte ich sie zurückerobern? Ich wollte sie wiederhaben! Ich schwöre es, daß ich damals nicht Theater spielte.

»Glauben Sie mir, daß ich ihr Freund bin!« rief ich. »Darf ich morgen früh wiederkommen? Werden Sie mir erlauben, daß ich mich etwas um Sie kümmere — etwas für Sie sorge? Werden Sie über mich verfügen, wie Sie es für richtig halten?«

Ich hatte Erfolg. Sie kam aus ihrem Mausloch hervor . . . scheu . . . aber sie kam hervor.

»Ja, danke. Sie sind sehr liebenswürdig. Ja, kommen Sie bitte morgen, ich freue mich darauf. Alles wird etwas schwierig sein, denn . . .«, und wieder drückte ich ihre knabenhafte Hand . . . »*je ne parle pas français.*«

Erst als ich den Boulevard schon halb hinuntergegangen war, überfiel es mich — mit voller Wucht.

Ja, sie litten, diese beiden . . . sie litten buchstäblich! Ich hatte zwei Menschen so sehr leiden gesehen, wie ich es wahrscheinlich nie wieder erleben würde . . .

Natürlich wissen Sie, was zu erwarten ist. Sie sehen ganz deutlich voraus, was ich schreiben werde. Sonst wäre nicht ich es, wenn es anders wäre.

Ich ging nie wieder in die Nähe des Hotels.

Ja, ich schulde denen noch immer eine stattliche Summe für Mittagessen und Diners — doch das gehört nicht hierher. Es wäre ordinär, wenn ich es im gleichen Atemzug mit der Tatsache erwähnte, daß ich Maus nie wiedersah.

Natürlich hatte ich die Absicht. Brach auf — ging bis zur

Tür — schrieb und zerriß Briefe — all das. Doch ich konnte mir einfach nicht den letzten Ruck geben.

Selbst jetzt verstehe ich nicht ganz, warum ich es nicht tat. Natürlich wußte ich, daß ich es nicht würde durchhalten können. Das spielte zu einem großen Teil mit. Aber man hätte meinen können, daß zum mindesten meine neugierige Foxterriernase sich nicht hätte abhalten lassen ...

Je ne parle pas français. Das war ihr Schwanengesang für mich.

Aber wie es ihr doch gelingt, meiner Lebensregel untreu zu werden! Sie haben es ja selbst erlebt, aber ich könnte Ihnen noch unzählige Beispiele geben.

... Abende, an denen ich in irgendeinem trübseligen Café sitze, und ein automatisches Klavier beginnt eine ›Maus-Melodie‹ zu spielen (es gibt Dutzende von Melodien, die ihr Bild heraufbeschwören), und ich fange an zu träumen, etwa: Ein kleines Haus am Meer, irgendwo, weit, weit weg. Davor eine junge Frau in einem Gewand, wie es ungefähr die Indianerinnen tragen: sie winkt einem blonden, barfüßigen Burschen zu, der vom Strand heraufgerannt kommt.

»Was hast du da?«

»Einen Fisch!«

Ich lächle und reiche ihn ihr.

... Die gleiche junge Frau, der gleiche Bursche, nur anders angezogen — sie sitzen am offenen Fenster, essen Obst und lehnen sich hinaus und lachen.

»Die Walderdbeeren sind alle für dich, Maus! Ich rühre sie nicht an!«

... Ein regnerischer Abend. Sie gehen gemeinsam unter einem Schirm nach Hause. An der Tür bleiben sie stehen, um ihre feuchten Wangen aneinanderzuschmiegen.

Und so immer weiter und weiter, bis ein schmieriger alter Galan an meinen Tisch kommt und mir gegenüber Platz nimmt und anfängt, Fratzen zu schneiden und zu japsen. Bis ich mich sagen höre: »Aber ich weiß ein kleines Mädchen für Sie, *mon vieux!* So klein ... so zart!« Ich küsse meine Fingerspitzen und lege sie auf mein Herz. »Ich gebe Ihnen mein Ehrenwort als Gentleman und als ernsthafter junger Schriftsteller, der sich mit moderner englischer Literatur befaßt...«

Ich muß gehen. Ich muß gehen. Ich nehme Mantel und Hut vom Haken. Madame kennt mich. »Sie haben noch nicht diniert?« lächelt sie.
»Nein, noch nicht, Madame.«

Glück

— — — — — — — — — — — — — — — — — —

Obwohl Bertha Young dreißig war, kannte sie noch Augenblicke wie diesen, wo sie Lust hatte, lieber zu rennen statt zu gehen, auf dem Bürgersteig herumzutanzen, Reifen zu treiben, etwas in die Luft zu werfen und aufzufangen oder stillzustehen und zu lachen — über nichts — einfach über nichts.

Was kann man auch tun, wenn man dreißig ist und an der eigenen Straßenecke plötzlich von einem Glücksgefühl, von einem Gefühl reinen Glücks überwältigt wird, als hätte man plötzlich einen leuchtenden Schnitz Nachmittagssonne verschluckt und als brennte es einem in der Brust und jagte einen kleinen Funkenregen durch den ganzen Körper, bis in jeden Finger und Zeh? ...

Oh, gibt es denn keine Möglichkeit, das auszudrücken, ohne ›öffentliches Ärgernis zu erregen‹? Wie blöd ist die Zivilisation! Warum hat man einen Körper bekommen, wenn man ihn wie eine kostbare Geige in einen Kasten einsperren muß?

›Nein, das mit der Geige ist nicht ganz, was ich meine‹, dachte sie, während sie die Treppe hinaufsprang und in ihrer Handtasche nach dem Schlüssel wühlte — sie hatte ihn vergessen, wie üblich — und am Briefkasten ratterte. ›Das ist es nicht, was ich meine, denn —‹

»Danke, Mary!« Sie trat in den Flur. »Ist das Kindermädchen wieder da?«

»Ja, M'm.«

»Und ist das Obst gekommen?«

»Ja, M'm. Alles ist da.«

»Tragen Sie bitte das Obst ins Eßzimmer! Ich will es nett anordnen, ehe ich hinaufgehe.«

Im Eßzimmer war es dämmerig und ziemlich kühl. Trotzdem zog Bertha ihren Mantel aus; sie konnte die enge Hülle keinen Augenblick länger ertragen, und die kalte Luft prallte auf ihre Arme.

Doch in ihrer Brust war immer noch die helle, glühende

Stelle — und der kleine Funkenregen, den sie aussandte. Es war beinah unerträglich. Sie wagte kaum zu atmen, vor Angst, es dadurch höher anzufachen, und doch holte sie ganz tief Atem. Sie wagte es kaum, in den kalten Spiegel zu blikken — doch sie blickte hinein, und er zeigte ihr eine strahlende Frau mit lächelnden, zitternden Lippen, mit großen dunklen Augen und einem Ausdruck, als lausche sie, als warte sie, daß etwas ... Himmlisches sich ereignete ... von dem sie wußte, daß es geschehen mußte ... unweigerlich.

Mary brachte auf einem Tablett das Obst, zusammen mit einer Glasschüssel und einer wunderschönen blauen Schale, die seltsam schimmerte, als wäre sie in Milch getaucht worden.

»Soll ich das Licht einschalten, M'm?«

»Nein, danke. Ich sehe noch genug.«

Tangerinen und Äpfel mit erdbeerroten Backen waren da, ein paar gelbe, seidig glatte Birnen, einige weiße Trauben mit silbrigem Flaum und eine riesengroße mit dunkelblauen Beeren. Die hatte sie gekauft, weil sie mit dem neuen Eßzimmerteppich übereinstimmen sollte. Sicher, es klang etwas weit hergeholt und verrückt, aber es war tatsächlich der Grund, weshalb sie sie gekauft hatte. Im Geschäft hatte sie gedacht: ›Ich muß ein paar dunkelblaue haben, um den Teppich zur Geltung zu bringen.‹ Und dort war es ihr ganz sinnvoll vorgekommen.

Als sie fertig war und aus den leuchtenden, runden Bällchen zwei Pyramiden aufgebaut hatte, trat sie vom Tisch zurück, um die Wirkung zu prüfen. Es war tatsächlich äußerst merkwürdig. Denn der dunkle Tisch schien in das dämmerige Licht hineinzuschmelzen, und die Glasschüssel und die blaue Schale schienen in der Luft zu schweben. In ihrer gegenwärtigen Stimmung war es natürlich so unglaublich schön ...

Sie mußte lachen.

›Aber nein, ich werde noch hysterisch!‹ Und sie nahm ihre Handtasche und den Mantel und lief ins Kinderzimmer hinauf.

Die Kinderschwester saß an einem niedrigen Tisch und gab Klein-B. nach dem Bad sein Abendessen. Das Baby hatte ein weißes Flanellhemd und ein blaues Wolljäckchen an, und sein dunkles, feines Haar war zu einem lustigen kleinen Schopf hinaufgebürstet. Klein-B. blickte auf, als es die Mutter sah, und begann zu zappeln.

»Komm, Liebchen, iß schön brav auf!« sagte die Kinderschwester und kniff die Lippen auf eine Art zusammen, die Bertha wohlbekannt war und bedeutete, daß sie wieder mal im verkehrten Augenblick ins Kinderzimmer gekommen war.

»War sie brav, Nanny?«

»Den ganzen Nachmittag ist sie ein süßer Schatz gewesen«, flüsterte Nanny. »Wir waren im Park, und ich habe mich auf einen Stuhl gesetzt und sie aus dem Wagen gehoben, und ein großer Hund kam daher und legte seinen Kopf auf mein Knie, und sie griff nach seinem Ohr und zupfte daran. Oh, Sie hätten sie sehen sollen!«

Bertha hätte gern gefragt, ob es nicht recht gefährlich sei, wenn das Baby einen fremden Hund an den Ohren zupfte. Aber sie wagte es nicht. Sie stand da und schaute mit herabhängenden Armen zu, wie ein armes kleines Mädchen vor einem reichen kleinen Mädchen mit Puppe steht.

Das Baby blickte wieder zu ihr auf, sah sie an und lächelte dann so reizend, daß Bertha nicht mehr an sich halten konnte und rief: »O Nanny, lassen Sie mich das Baby zu Ende füttern! Sie können unterdessen die Badesachen wegräumen!«

»Aber, M'm, sie sollte nicht in andre Hände kommen, während sie ißt«, antwortete Nanny, noch immer flüsternd. »Es macht sie unruhig, und wahrscheinlich bekommt es ihr nicht.«

Wie unsinnig das war! Wozu hatte sie ein Baby, wenn es zwar nicht gerade wie eine kostbare Geige in einem Kasten aufbewahrt werden mußte, jedoch in den Armen einer andern Frau liegen sollte?

»Ich möchte aber!« sagte sie.

Schwer gekränkt reichte Nanny ihr das Kind.

»Aber regen Sie sie ja nicht nach dem Essen auf, M'm! Sie wissen doch, daß Sie's immer tun, und ich habe dann hinterher die Plage!«

Gott sei Dank ging Nanny mit den Badetüchern aus dem Zimmer!

»Jetzt habe ich dich ganz für mich allein, mein kleiner Schatz«, sagte Bertha, als sich das Baby an sie lehnte.

Sie aß so niedlich, hielt ihr Mündchen dem Löffel entgegen und zappelte mit den Händen. Manchmal wollte sie den Löffel nicht loslassen, und manchmal, wenn Bertha ihn gerade gefüllt hatte, schlug sie ihn in alle Winde.

Als die Suppe aufgegessen war, drehte sich Bertha zum Kaminfeuer um.

»Du bist süß, du bist ganz, ganz süß!« sagte sie und küßte ihr warmes Baby. »Ich liebe dich, ich liebe dich!«

Und tatsächlich liebte sie Klein-B. so sehr, den Nacken, wenn sie sich vornüber beugte, und die wunderfeinen Zehlein, die im Flammenschein durchsichtig schimmerten, daß ihr ganzes Glücksgefühl wiederkehrte, und wieder wußte sie nicht, wie sie es äußern, was sie damit anfangen sollte.

»Sie werden am Telefon gewünscht!« sagte Nanny, die triumphierend zurückkam und *ihr* Baby in Besitz nahm.

Sie flog hinunter.

Es war Harry.

»Oh, bist du's, Ber? Hör mal, ich bin heute abend etwas spät dran. Ich werde ein Taxi nehmen und komme, so rasch ich kann, aber schiebe das Abendessen zehn Minuten hinaus, ja? Ist es recht?«

»Ja, sicher! Oh, Harry...«

»Ja?«

Was hatte sie ihm noch zu sagen? Nichts. Sie wollte nur einen Augenblick länger in Verbindung mit ihm bleiben. Sie konnte nicht so verrückt sein und ihm zurufen: ›Ist es nicht ein himmlischer Tag?‹

»Was ist denn?« kläffte die dünne Stimme.

»Nichts. *Entendu*«, sagte Bertha, hängte den Hörer auf und dachte, daß die Zivilisation noch viel mehr als nur blöd sei.

Zum Abendessen hatten sie Gäste. Die Norman Knights kamen — ein sehr einwandfreies Paar —, er war im Begriff, ein Theater zu gründen, und sie beschäftigte sich leidenschaftlich mit Innendekoration; dann ein junger Mann, Eddie Warren, der gerade einen kleinen Gedichtband veröffentlicht hatte und den jedermann zum Essen einlud, und noch Pearl Fulton, eine ›Entdeckung‹ Berthas. Was Miss Fulton tat, wußte Bertha nicht; sie hatten sich im Klub kennengelernt, und Bertha hatte sich in sie verliebt, wie sie sich immer in schöne Frauen verliebte, die etwas Seltsames an sich hatten.

Es war irritierend, daß sie zwar gelegentlich zusammengewesen waren und miteinander gesprochen hatten, daß Bertha sie aber trotzdem nicht durchschauen konnte. Bis zu einem bestimmten Punkt war Miss Fulton von einer seltenen, herrlichen Offenheit, aber eben über den bestimmten Punkt ging sie nie hinaus.

Gab es überhaupt etwas darüber hinaus? Harry sagte: ›Nein!‹ Er hielt sie für langweilig und ›kalt wie alle Blondinen — vielleicht mit einem Anflug von seelischer Blutarmut‹. Aber Bertha mochte ihm nicht recht geben, jedenfalls noch nicht.

»Nein, die Art, wie sie dasitzt und den Kopf ein bißchen auf die Seite legt und lächelt, Harry — da steckt was dahinter, und ich muß herausfinden, was es ist.«

»Wahrscheinlich eine gute Verdauung«, erwiderte Harry. Er tat es ganz bewußt, Bertha mit Antworten dieser Art etwas zu bremsen... ›Leberstauungen, liebes Kind‹ oder ›nichts als Blähungen‹ oder ›nierenkrank‹... und so weiter. Aus irgendeinem sonderbaren Grund hatte Bertha es gern und bewunderte es nachgerade an ihm.

Sie ging in den Salon und zündete das Kaminfeuer an; dann hob sie der Reihe nach die Kissen auf, die Mary so sorgfältig aufgestellt hatte, und schleuderte sie wieder auf die Stühle und Sofas zurück. Es war ein himmelweiter Unterschied: das Zimmer bekam sofort Leben. Als sie gerade das letzte hinwerfen wollte, überraschte sie sich dabei, wie sie es plötzlich stürmisch an sich drückte. Doch das löschte das Feuer in ihrer Brust nicht.

O nein, ganz im Gegenteil!

Die Fenster des Salons gingen auf einen Balkon, der den Garten überblickte. Am andern Ende, vor der Mauer, ragte ein hoher, schlanker Birnbaum in vollster, üppigster Blüte auf; vollkommen still stand er da und hob sich vom jadegrünen Himmel ab. Bertha glaubte selbst aus dieser Entfernung feststellen zu können, daß er keine einzige unerschlossene Knospe und auch keine welke Blüte hatte. Weiter unten, auf den Gartenbeeten, schmiegten sich die roten und gelben Tulpen mit ihren schweren Kelchen in die Dämmerung hinein. Eine graue Katze kroch mit schleppendem Bauch über den Rasen, und eine andere, eine schwarze, folgte ihr wie ihr Schatten. Der Anblick der beiden, die so gespannt und aufmerksam dahinschlichen, ließ Bertha erschauern.

»Was für gruselige Tiere Katzen doch sind!« stammelte sie, wandte sich vom Fenster weg und begann hin und her zu gehen ...

Wie stark die Narzissen in dem warmen Zimmer dufteten! Zu stark? O nein! Und doch warf sie sich wie überwältigt auf ein Sofa und drückte die Hände auf die Augen.

»Ich bin glücklich — zu glücklich!« murmelte sie.

Und es schien ihr, als sähe sie hinter den Augenlidern den schönen Birnbaum mit seinen weit offenen Blüten als Symbol ihres eigenen Lebens.

Doch — doch — sie hatte alles! Sie war jung. Harry und sie waren ineinander so verliebt wie nur je, und sie kamen herrlich miteinander aus und waren wirklich gute Kameraden. Sie hatte ein hinreißendes Baby. Sie hatten keinerlei Geldsorgen. Sie besaßen ein in jeder Hinsicht zufriedenstellendes Haus und den Garten. Und sie hatten Freunde, moderne, anregende Freunde, Schriftsteller und Maler und Dichter oder Leute, die sich brennend für soziale Fragen interessierten — genau die Art Freunde, die sie haben wollten. Und außerdem Musik und Bücher, und sie hatte eine fabelhafte kleine Schneiderin entdeckt, und im Sommer reisten sie ins Ausland, und ihre neue Köchin machte die köstlichsten Omeletten ...

»Ich bin verrückt! Verrückt!« Sie setzte sich auf, aber sie war ganz benommen, wie berauscht. Es mußte der Frühling sein.

Ja, es war sicher der Frühling! Jetzt war sie so müde, daß sie sich kaum die Treppe hinaufschleppen konnte, um sich umzuziehen.

Ein weißes Kleid, eine Kette aus Jadekugeln, grüne Schuhe und Strümpfe. Sie hatte es nicht erst jetzt beabsichtigt: sie hatte sich diese Zusammenstellung schon vor Stunden ausgedacht, lange bevor sie vom Salonfenster aus den Birnbaum betrachtet hatte.

Wie mit Blütenblättern rauschte sie leise auf den Flur und küßte Mrs. Norman Knight, die einen furchtbar lustigen Mantel ablegte: orangefarben, mit einer Prozession schwarzer Äffchen unten am Saum und an den Vorderkanten.

».. . Ach je, meine Liebe, daß unsre Mittelklasse auch gar so spießig ist — so gänzlich ohne Sinn für Humor! Es ist der reinste Glücksfall, daß ich überhaupt hier bin — wobei Norman der beschützerische Glücksfall ist! Denn meine süßen Äffchen haben alle Leute im Zug in solche Aufregung versetzt, daß sie wie ein Mann aufstanden und mich geradezu mit den Augen verschlangen. Sie haben nicht gelacht — sie fanden es nicht lustig —, das hätte mir ja gefallen. Nein, sie haben bloß geglotzt — und mich furchtbar angeödet.«

»Aber was der Glanzpunkt war«, sagte Norman und klemmte sich ein großes, in Schildpatt gefaßtes Monokel ins Auge, »ich darf's doch erzählen, Face, ja?« (Zu Hause und unter Freunden nannten sie sich Face und Mug.) »Der Glanzpunkt war es dann, als sie es gründlich satt hatte und sich an die Frau neben ihr wandte und fragte: ›Haben Sie noch nie im Leben einen Affen gesehen?‹

»Ach ja!« Mrs. Norman Knight stimmte in das Gelächter ein. »War das nicht wirklich glänzend?«

Und was noch komischer war: daß sie jetzt, ohne ihren Mantel, tatsächlich wie ein sehr gescheites Äffchen aussah, das sich sogar das gelbe Seidenkleid — aus abgeschabten Bananenschalen — selbst gemacht hatte. Und ihre Bernsteinohrringe: glichen sie nicht baumelnden kleinen Nüssen?

»Ein äußerst trauriger Fall!« sagte Mug und blieb nachdenklich vor Klein-B.s Kinderwagen stehen. »Kommt ins Haus, der Kinderwagen ...« Den Rest des Zitats überging er. Es läutete an der Haustür. Der magere, blasse Eddie Warren erschien — wie üblich in einem Zustand größter Bedrängnis.

»Das muß doch das *richtige* Haus sein, nicht wahr?« rief er flehend.

»Vermutlich — hoffentlich!« entgegnete Bertha strahlend.

»Ich hatte so ein *entsetzliches* Erlebnis mit einem Taxifahrer! Ein ganz *finsterer* Kerl! Ich konnte ihn nicht dazu bringen, daß er *hielt!* Je *mehr* ich klopfte und rief, um so *schneller* fuhr er! Dazu im Mondschein die *bizarre* Gestalt, mit dem *verkürzten* Kopf über das *kleine* Lenkrad geduckt ...«
Er schauderte und legte einen riesigen weißen Seidenschal ab. Bertha stellte fest, daß auch seine Socken weiß waren — äußerst elegant.

»Nein, wie gräßlich!« rief sie.

»Ja, das war es wirklich«, sagte Eddie und folgte ihr in den Salon. »Ich sah mich in einem *zeitlosen* Taxi durch die *Ewigkeit* fahren!«

Mit den Norman Knights war er bekannt. Er wollte ja ein Stück für N. K. schreiben, wenn sich der Plan mit dem Theater verwirklichte.

»Sieh da, Warren! Was macht das Stück?« fragte Norman Knight, ließ das Monokel fallen und gönnte seinem Auge eine Pause, in der es an die Oberfläche steigen konnte, bevor er es hinunterzwängte.

Und Mrs. Norman Knight rief: »Oh, Mr. Warren, was für hinreißende Socken!«

»Ich freue mich *so,* daß sie Ihnen gefallen«, sagte er und blickte auf seine Füße. »Sie sind anscheinend *sehr* viel weißer geworden, seit der Mond aufgegangen ist!« Dabei wandte er Bertha sein schmales, melancholisches junges Gesicht zu. »Der Mond ist nämlich *aufgegangen!*«

Am liebsten hätte sie gerufen: »Allerdings — und noch oft — noch oft!«

Er war wirklich ein äußerst interessanter junger Mensch. Aber interessant war auch Face, die in ihrem Bananenkleid vor dem Feuer kauerte, und Mug, der eine Zigarette rauchte, die Asche ins Feuer schnippte und fragte: »Was säumt der Bräutigam so lange?«

»Da kommt er schon!«

Die Haustür flog krachend auf und wieder zu. Harry rief laut: »Hallo, ihr Leute! Bin in fünf Minuten unten!« Und sie hörten ihn die Treppe hinaufbrausen. Bertha mußte lächeln; sie wußte, wie sehr er es liebte, alles unter Hochdruck zu tun. Was kam es schließlich auf die fünf Minuten an? Aber er wollte sich selbst vormachen, daß es ganz gewaltig darauf ankam. Und dann ließ er es sich sehr angelegen sein, betont kühl und beherrscht im Salon zu erscheinen.

Harry war von einem glühenden Lebenshunger besessen. Wie sehr sie das an ihm schätzte! Und seine Leidenschaft, sich durchzusetzen — in allem, was ihm in den Weg kam, eine neue Probe seiner Kraft und seines Mutes zu erkennen—, auch die konnte sie verstehen. Selbst wenn er dadurch andern Leuten, die ihn nicht gut kannten, dann und wann etwas lächerlich erscheinen mochte . . . Denn es kam vor, daß er sich in die Schlacht stürzte, wo überhaupt keine war . . . Sie plauderte und lachte, und erst, als er auftrat (und zwar genauso, wie sie es sich vorgestellt hatte), kam es ihr wieder in den Sinn, daß Pearl Fulton noch nicht eingetroffen war.

»Ob Miss Fulton es vergessen hat?«

»Das ist anzunehmen«, sagte Harry. »Hat sie Telefon?«

»Oh, da kommt gerade ein Taxi!« Und Bertha lächelte mit einem Anflug von Besitzerstolz, den sie sich stets beilegte, solange ihre weiblichen ›Entdeckungen‹ neu und geheimnisvoll waren. »Sie haust in Taxis!«

»Wenn sie das tut, wird sie zu dick«, erklärte Harry kühl und läutete, das Zeichen zum Auftragen gebend. »Sehr gefährlich für Blondinen!«

»Oh, Harry — laß!« warnte Bertha und blickte lachend zu ihm auf.

Ein kurzer Augenblick noch, während sie lachend und plaudernd warteten und ein ganz klein bißchen zu unbefangen, ein bißchen zu ahnungslos taten. Dann erschien Miss Fulton, ganz in Silber, mit einem silbernen Stirnband, das ihr hell-

blondes Haar zusammenhielt, und lächelte, den Kopf ein
wenig auf die Seite geneigt.

»Habe ich mich verspätet?«

»Nein, durchaus nicht!« sagte Bertha. »Kommen Sie!« Sie
nahm ihren Arm, und zusammen gingen sie ins Eßzimmer.
Was hatte der kühle Arm nur an sich, daß er das Glücksgefühl wieder anfachte, anfachte und auflodern ließ, mit dem
Bertha nichts anzufangen wußte?

Miss Fulton sah Bertha nicht an; aber sie blickte den Leuten
nur selten offen ins Gesicht. Ihre schweren Lider waren gesenkt, und das seltsame halbe Lächeln um ihre Lippen kam
und ging, so als ob sie mehr lauschte als sah. Doch Bertha
wußte auf einmal, und als hätten sie einen ganz langen, vertrauten Blick miteinander getauscht, ja als hätten sie einander
zugerufen: ›Wie? Du auch?‹, daß Pearl Fulton, während
sie die schöne rote Suppe in ihrem grauen Teller umrührte,
genau dasselbe empfand wie sie.

Und die andern? Face und Mug, Eddie und Harry, die ihre
Löffel hoben und senkten, sich die Lippen mit der Serviette
abtupften, Brot zerkrümelten, mit Gabeln und Gläsern spielten und plauderten?

»Ich traf sie auf der Alpha-Ausstellung — eine ganz unmögliche kleine Person! Hatte sich nicht nur das Haar abgeschnitten, sondern schien auch an Beinen und Armen und Hals
und der armseligen kleinen Nase herumgeschnippelt zu haben.«

»Ist sie nicht sehr mit Michael Oat liiert?«

»Mit dem, der *Love in False Teeth* geschrieben hat?«

»Der will ein Stück für mich schreiben. Einen Einakter. Nur
eine Person. Der Held beschließt, Selbstmord zu begehen.
Gibt alle Gründe für und wider an. Und gerade, als er sich
entschlossen hat, es zu tun (oder zu lassen) — Vorhang. Kein
schlechter Einfall!«

»Wie will er es nennen? ›Leibweh‹?«

»Ich *glaube*, ich bin dem *gleichen* Einfall schon einmal begegnet, in einer unbedeutenden französischen Zeitschrift,
völlig unbekannt in England.«

Nein, sie alle empfanden nicht, was Bertha empfand. Es waren furchtbar nette Menschen, und sie genoß es, sie hier an ihrem Tisch zu haben und ihnen köstliches Essen und erlesenen Wein vorzusetzen. Sie sehnte sich geradezu danach, ihnen zu sagen, wie reizend sie seien und was für eine dekorative Gruppe sie bildeten und wie sie einer den andern zur Geltung brachten und sie an ein Stück von Tschechow erinnerten.

Harry genoß sein Essen. Es gehörte zu einem Teil seiner, nein, nicht gerade seiner Natur und erst recht nicht seiner Pose oder was es sonst sein mochte, über das Essen zu reden und in seiner ›schamlosen Leidenschaft für weißes Hammelfleisch‹ und für ›grünes Pistazieneis‹ zu schwelgen, das ›so grün und kühl wie die Lider ägyptischer Tänzerinnen war‹.

Als er aufsah und zu ihr sagte: »Bertha, das ist ein bewundernswertes Soufflé!«, hätte sie fast weinen können vor kindlicher Freude.

Oh, warum empfand sie heute abend eine so große Zärtlichkeit für die ganze Welt? Alles war gut — war richtig. Alles, was geschah, schien den randvollen Kelch ihres Glücks nur noch mehr zu füllen.

Und immer blühte im Grunde ihres Denkens der Birnbaum! Er mußte jetzt, im Mondlicht des lieben guten Eddie, silbern strahlen — so silbern wie Miss Fulton, die dasaß und eine Tangerine in ihren schlanken Fingern herumdrehte, in Fingern, die so blaß waren, daß ein Licht von ihnen auszugehen schien.

Sie konnte einfach nicht begreifen — es war so übernatürlich —, wieso sie Miss Fultons Stimmung so genau und jählings erraten hatte. Denn sie zweifelte keinen Augenblick, daß sie recht hatte — und doch, was für Beweise hatte sie? Keine, überhaupt keine!

»Ich glaube, zwischen Frauen kann so etwas vorkommen, doch selten, sehr selten, und zwischen Männern nie«, dachte Bertha. »Aber wenn ich im Salon den Kaffee vorbereite, gibt sie vielleicht ›ein Zeichen‹.«

Was sie damit meinte, wußte sie nicht, und was danach geschehen würde, konnte sie sich nicht vorstellen.

Während sie daran dachte, sah sie sich plaudern und lachen. Sie mußte plaudern, weil sie gar zu gern lachen wollte.

›Ich muß lachen, sonst halte ich es nicht aus!‹

Aber als sie Faces komische kleine Gewohnheit bemerkte, an ihrem Ausschnitt herumzufingern, als hätte sie dort einen heimlichen kleinen Nußvorrat versteckt, mußte Bertha ihre Nägel in die Hände graben, um nicht laut loszulachen.

Endlich war es vorbei. Bertha sagte: »Sehen Sie sich meine neue Kaffeemaschine an!«

»Wir haben bloß alle vierzehn Tage eine neue Kaffeemaschine«, sagte Harry. Face nahm diesmal seinen Arm. Miss Fulton folgte ihnen — mit gesenktem Kopf.

Im Salon war das Kaminfeuer zu einem roten, züngelnden ›Nest von Phönixjungen‹ heruntergebrannt, wie Face sagte.

»Oh, macht noch nicht Licht! Es ist so schön!« Und sie kauerte sich wieder vor den Kamin. Sie fror immer . . . ›Begreiflich‹, dachte Bertha, ›ohne ihr rotes Wolljäckchen!‹

In diesem Augenblick gab Miss Fulton ›das Zeichen‹.

»Haben Sie einen Garten?« fragte die kühle, verschlafene Stimme.

Das war so wunderbar, daß Bertha nicht anders konnte als gehorchen. Sie ging durchs Zimmer, zog die Vorhänge auseinander und öffnete die hohen Fenster.

»Da!« hauchte sie.

Und die beiden Frauen standen nebeneinander und blickten auf den schlanken, blühenden Baum. Obwohl er so ruhig dastand, schien er sich wie die Flamme einer Kerze zu rekken und aufwärts zu deuten und in der klaren Luft zu zittern, ja vor ihren Augen höher und höher zu werden und fast den Rand des vollen silbernen Mondes zu berühren.

Wie lange standen sie so? Beide gefangen in diesem Kreis überirdischen Lichts, einander völlig verstehend, Geschöpfe einer andern Welt, verwundert, was sie in der Welt hier unten mit der Glücksfülle anfangen sollten, die ihnen in der Brust brannte und in silbernen Blüten von Haar und Händen tropfte?

Schon immer — oder nur einen Augenblick? Hatte Miss Fulton wirklich geflüstert? »Ja, *das* ist es!« Oder hatte Bertha es geträumt?

Dann wurde das Licht angeknipst, und Face machte den Kaffee, und Harry sagte: »Meine liebe Mrs. Knight, fragen Sie mich nicht nach meinem Töchterchen! Ich sehe sie nie. Sie wird mich erst ernstlich zu interessieren beginnen, wenn sie einen Liebhaber hat«, und Mug holte sein Auge aus dem Glashaus, jedoch nur für einen kurzen Moment, dann steckte er es wieder unter Glas, und Eddie Warren trank seinen Kaffee und stellte die Tasse mit einem so besorgten Gesicht hin, als hätte er eine Spinne gesehen — und verschluckt.

»Vor allem liegt mir daran, den jungen Männern zu einer Bühne zu verhelfen. Ich glaube, daß London geradezu wimmelt von erstklassigen, ungeschriebenen Theaterstücken. Deshalb möchte ich ihnen sagen können: ›Da habt ihr euer Theater! Nun legt los!‹«

»Wissen Sie, meine Liebe, ich soll nämlich ein Zimmer für die Jacob Nathans einrichten. Ach, es reizt mich so, alles im Bratfischstil zu machen, die Stuhllehnen wie Bratpfannen geformt und die Vorhänge ganz und gar mit hübschen Kartoffelchips bestickt.«

»Der Kummer mit unsern jungen Schriftstellern ist der, daß sie noch immer zu romantisch sind. Man kann nicht zur See gehen, ohne seekrank zu werden und ein Becken zu benutzen. Warum trauen sie sich also nicht an die Becken ran?«

»Ein *greuliches* Gedicht über ein *Mädchen,* das von einem Bettler *ohne* Nase in einem Gehölz vergewaltigt wurde . . .«

Miss Fulton sank in den niedrigsten, tiefsten Sessel, und Harry reichte Zigaretten herum. Aus der Art, wie er vor Miss Fulton stand, die silberne Dose schüttelte und schroff sagte: »Ägyptische? Türkische? Virginische? Sie sind alle durcheinandergeraten«, schloß Bertha, daß sie ihn nicht nur langweilte — er konnte sie wirklich nicht leiden. Und an der Art, wie Miss Fulton sagte: »Nein, danke, ich möchte nicht rauchen«, erkannte sie, daß auch Miss Fulton es empfand und gekränkt war.

›Oh, Harry, du solltest nichts gegen sie haben! Du täuschst dich sehr in ihr! Sie ist wundervoll, ganz wundervoll. Und überdies: wie kannst du so anders für jemanden empfinden, der mir soviel bedeutet? Wenn wir heute nacht im Bett sind, werde ich versuchen, dir zu schildern, was geschehen ist: was sie und ich gemeinsam erlebt haben.‹

Bei diesem Gedanken tauchte etwas Seltsames und fast Erschreckendes in Berthas Geist auf. Und dieses unkenntliche und lächelnde Etwas flüsterte ihr zu: ›Bald sind all diese Leute weggegangen. Dann ist das Haus still, ganz still. Die Lichter sind gelöscht. Und du und er — ihr werdet allein sein — im dunklen Zimmer — im warmen Bett . . .‹

Sie sprang von ihrem Sessel auf und lief zum Klavier hinüber.

»Wie schade, daß niemand spielt!« rief sie. »Wie schade, daß niemand hier ist, der spielt!«

Zum erstenmal in ihrem Leben begehrte Bertha Young ihren Mann.

Oh, sie hatte ihn geliebt — natürlich war sie in ihn verliebt gewesen—, auf jede Art, jedoch nicht so. Und natürlich hatte sie auch eingesehen, daß es bei ihm anders war. Sie hatten so oft darüber gesprochen. Zuerst hatte es sie sehr bekümmert, als sie merkte, daß sie frigide war, aber nach einiger Zeit schien es nicht mehr so wichtig zu sein. Sie waren so offen miteinander — zwei gute Kameraden. Das war das Beste am Modernsein.

Aber jetzt — war sie glühend, glühend! Das Wort schmerzte in ihrem glühenden Körper. Dahin also hatte das Glücksgefühl geführt? Aber dann . . . dann . . .

»Meine Liebe«, sagte Mrs. Norman Knight, »Sie kennen unser Pech! Wir sind die Opfer von Zeit und Fahrplan. Wir wohnen in Hampstead! Es war ein entzückender Abend!«

»Ich begleite Sie an die Tür«, sagte Bertha. »Ich habe es so genossen, Sie bei uns zu haben. Aber den letzten Zug dürfen Sie nicht verpassen. Das wäre ja gräßlich, wie?«

»Noch einen Whisky, ehe Sie gehen, Knight?« rief Harry.

»Nein, danke, mein Lieber!«

Dafür drückte ihm Bertha die Hand, als sie ihn verabschiedete.

»Gute Nacht, gute Nacht!« rief sie von der obersten Treppenstufe und wußte, daß ihr bisheriges Selbst für immer Abschied von ihnen nahm.

Als sie in den Salon zurückkehrte, waren auch die andern im Begriff, aufzubrechen.

» . . . dann können Sie ein Stückchen Wegs in meinem Taxi mitkommen!«

»Oh, ich bin Ihnen so *dankbar*, daß ich nicht *noch* eine Fahrt *allein* machen muß — nach meinem *schrecklichen* Erlebnis!«

»Ein Taxi können Sie gleich am Ende der Straße am Standplatz bekommen. Sie brauchen nur ein paar Schritte zu laufen.«

»Wie angenehm! Ich will nur noch meinen Mantel anziehen.« Miss Fulton wollte auf den Flur gehen, und Bertha war im Begriff, ihr zu folgen, da drängte sich Harry zwischen sie.

Bertha wußte, daß er seine Unhöflichkeit bereute, und ließ ihn gehen. Was für ein großer Junge er doch in mancher Hinsicht war — so impulsiv! Und so einfach!

Und sie und Eddie blieben beim Kaminfeuer zurück.

»Haben Sie wohl Bilks *neues* Gedicht *Table d'hôte* gelesen?«, fragte Eddie leise. »Es ist *so* bezaubernd! In der neuesten Nummer der *Anthology*. Haben Sie eine? Ich würde es Ihnen so gerne *zeigen!* Es fängt mit einer *unvorstellbar* herrlichen Zeile an: ›Warum muß es denn immer Tomatensuppe sein?‹«

»Ja«, sagte Bertha. Und geräuschlos ging sie zu einem Tischchen gegenüber von der Salontür, und Eddie glitt ihr geräuschlos nach. Sie hob das kleine Buch auf und gab es ihm; es war alles lautlos vor sich gegangen.

Während er das Gedicht suchte, fiel ihr Blick auf den Flur. Und dort sah sie . . . Harry, mit Miss Fultons Mantel im Arm — und Miss Fulton, die ihm den Rücken zugekehrt hatte und den Kopf senkte. Er warf den Mantel beiseite, legte ihr die Hände auf die Schultern und drehte sie ungestüm zu sich herum. Seine Lippen sagten: »Ich bete dich an«, und Miss Fulton legte ihre Mondscheinfinger auf seine Wangen und lächelte ihr verschlafenes Lächeln. Harrys Nasenflügel zitterten; seine Lippen verzogen sich in einem häßlichen

Grinsen, und er flüsterte: »Morgen!«, und Miss Fulton antwortete mit ihren Augenlidern: ›Ja!‹

»Hier ist es!« sagte Eddie. »›Warum muß es immer Tomatensuppe sein?‹ Es ist so *tief* empfunden, finden Sie nicht auch? Tomatensuppe ist so *schrecklich* ewig.«

»Wenn es Ihnen lieber ist«, drang Harrys Stimme sehr laut vom Flur her, »kann ich Ihnen ein Taxi telefonisch vor die Haustür bestellen!«

»O nein, das ist nicht nötig«, sagte Miss Fulton, kam auf Bertha zu und reichte ihr die schlanken Finger.

»Gute Nacht! Und vielen Dank!«

»Gute Nacht!« sagte Bertha.

Miss Fulton hielt Berthas Hand noch eine Sekunde fest. »Ihr herrlicher Birnbaum!« murmelte sie.

Und dann war sie fort, mit Eddie im Gefolge — wie die schwarze Katze, die der grauen folgte.

»Dann mache ich den Laden dicht«, sagte Harry übertrieben kühl und beherrscht.

›Ihr herrlicher Birnbaum — Birnbaum — Birnbaum!‹

Bertha rannte förmlich zu den hohen Fenstern.

»Oh, was soll jetzt nur werden?« rief sie.

Aber der Birnbaum war so herrlich wie zuvor, so voller Blüten, und so still.

Plötzlich wacht sie erschrocken auf. Was ist geschehen? Etwas Schreckliches ist geschehen. Nein — nichts ist geschehen. Es ist nur der Wind, der das Haus erschüttert, an den Fenstern rattert, gegen ein Stück Eisen auf dem Dach hämmert und ihr Bett erzittern läßt. Blätter stieben am Fenster vorbei, hinauf und davon; unten in der Allee klatscht eine ganze Zeitung wie ein ausgerissener Drachen durch die Luft und fällt nieder, auf eine Tanne aufgespießt. Es ist kalt. Der Sommer ist vorbei — es ist Herbst — alles ist häßlich. Die Karren rasseln vorbei und schwanken von einer Seite auf die andere; zwei Chinesen traben eilig unter ihren Traghölzern mit den schweren Gemüsekörben dahin, und ihre Zöpfe und die blauen Kittel plustern sich im Wind. Ein weißer Hund läuft kläffend auf drei Beinen am Gartentor vorbei. Es ist alles vorbei! Was ist vorbei? Ach, alles! Und sie beginnt mit zitternden Fingern ihr Haar zu flechten und wagt es nicht, in den Spiegel zu blicken. Ihre Mutter spricht in der Halle mit der Großmutter.

»Eine zu blöde Ziege! Stell dir vor, daß sie bei solchem Wetter die Wäsche auf der Leine hängen läßt ... Meine beste Teedecke aus Teneriffa ist restlos zerfetzt! Was ist denn das für ein merkwürdiger Geruch? Der Porridge brennt an! Meine Güte — dieser Wind!« Um zehn Uhr hat sie Klavierstunde. Beim Gedanken daran beginnt ihr der Mollsatz von Beethoven durch den Kopf zu gehen, die langen Triller, drohend wie kleine Trommelwirbel ... Marie Swainson vom Haus nebenan läuft in den Garten, um die Chrysanthemen zu pflücken, ehe sie völlig zerzaust sind. Der Rock fliegt ihr bis zur Taille hinauf; sie versucht, ihn hinunterzuschlagen und zwischen die Beine zu klemmen, während sie sich bückt, aber es nützt nichts, er fliegt wieder hoch. Alle Büsche und Bäume tosen um sie her. Sie pflückt, so schnell sie nur kann, aber sie ist wie von Sinnen. Sie achtet nicht auf das, was sie tut — sie reißt die Pflanzen mit den Wurzeln aus und biegt und knickt sie, stampft mit dem Fuß auf und flucht.

»Um Himmels willen, laß doch die Vordertür zu! Geh ums Haus herum!« ruft jemand. Und dann hört sie Bogey: »Mutter, du wirst am Telefon verlangt! Telefon, Mutter! Es ist der Metzger!«

Wie häßlich das Leben ist — widerwärtig, einfach widerwärtig! . . . Und jetzt reißt auch noch das Gummiband an ihrem Hut! Mußte es ja! Sie setzt sich die alte Schottenmütze auf und will zur Hoftür hinausschlüpfen. Aber ihre Mutter hat es gesehen.

»Matilda! Matilda! So-fort kommst du zurück! Was hast du denn bloß auf dem Kopf? Sieht ja aus wie ein Teewärmer! Und warum hängt dir eine Strähne in die Stirn?«

»Ich kann nicht umkehren, Mutter, sonst komme ich zu spät in die Stunde!«

»Sofort kommst du!«

Aber sie kehrt nicht um, nein! Sie haßt ihre Mutter. »Geh zum Teufel!« schreit sie und läuft schon die Straße entlang. Beißender Staub kommt in Wellen, in Wolken, in großen runden Kreiseln auf sie zu und führt Strohfetzen und Häcksel und Mist mit. Aus den Bäumen in den Gärten heult es laut, und als sie am Ende der Straße vor Mr. Bullens Tor steht, kann sie das Meer ächzen hören: »Ah! . . . Ah! . . . Ah-h!« Aber Mr. Bullens Zimmer ist so still wie eine Höhle. Die Fenster sind geschlossen, die Markisen halb heruntergezogen, und sie hat sich nicht verspätet. Das-Mädchen-vor-ihr hat gerade erst angefangen, MacDowells ›An einen Eisberg‹ zu spielen. Mr. Bullen sieht zu ihr hinüber und lächelt ein wenig.

»Setzen Sie sich!« sagt er. »Setzen Sie sich in die Sofaecke drüben, kleines Fräulein!«

Wie ulkig er ist! Er lacht einen nicht direkt aus . . . doch etwas ist da . . . Oh, wie friedlich es hier ist! Sie liebt dieses Zimmer. Es riecht nach Baumwollgardinen und kaltem Rauch und Chrysanthemen . . . Sie stehen in einer großen Vase auf dem Kaminsims hinter der verblaßten Photographie von Rubinstein . . . *à mon ami Robert Bullen* . . . Über dem schwarzen, glitzernden Klavier hängt die *Solitude* — eine dunkelhaarige, tragische Frau, in weiße Falten gehüllt, sitzt auf einem Felsen, die Beine übereinandergeschlagen, das Kinn in die Hand gestützt.

»Nein, nein!« sagt Mr. Bullen und beugt sich über das andere Mädchen, legt ihr die Arme über die Schultern und spielt ihr die Stelle vor. Die Dumme! Jetzt wird sie rot! Wie lächerlich!

Nun ist Das-Mädchen-vor-ihr gegangen; die Haustür fällt ins Schloß. Mr. Bullen kehrt zurück und geht sehr leise auf und ab, denn er wartet auf sie . . . Wie ungewöhnlich! Ihre Finger zittern so, daß sie den Knoten ihrer Notenmappe nicht aufkriegt. Es muß am Wind liegen . . . Und ihr Herz hämmert so heftig, daß sie glaubt, es müsse ihre Bluse bewegen. Mr. Bullen sagt kein Wort. Die schäbige rote Klavierbank ist lang genug für zwei. Mr. Bullen setzt sich neben sie.

»Soll ich mit den Tonleitern anfangen?« fragt sie und drückt die Hände gegeneinander. »Arpeggien hatte ich auch zu üben.«

Aber er antwortet nicht. Sie glaubt sogar, daß er sie nicht hört . . . doch plötzlich reicht seine kräftige Hand mit dem Ring über sie hinweg und schlägt Beethoven auf.

»Lassen Sie uns ein bißchen vom Altmeister hören!« sagt er.

Aber warum spricht er so freundlich mit ihr, so furchtbar freundlich, als hätten sie sich schon seit Ewigkeiten gekannt und wüßten alles voneinander?

Langsam wendet er die Seite um. Sie blickt auf seine Hand — es ist eine sehr schöne Hand, und immer sieht sie so aus, als wäre sie gerade erst gewaschen worden .

»Hier!« sagt Mr. Bullen.

Oh, die freundliche Stimme — oh, der Satz in Moll! Und nun die kleinen Trommeln . . .

»Soll ich die Wiederholung spielen?«

»Ja, liebes Kind.«

Seine Stimme ist viel, viel zu freundlich. Die Viertel- und Achtelnoten tanzen auf den Notenlinien auf und ab — wie kleine schwarze Jungen auf einem Zaun. Warum ist er so . . .

Sie will nicht weinen — sie hat keinen Grund zu weinen . . .

»Was ist denn, mein Kind?«

Mr. Bullen nimmt ihre Hände in seine Hand. Seine Schulter ist dicht neben ihrem Kopf. Sie lehnt sich ein ganz klein wenig an, die Wange auf dem nachgebenden Tweed.

»Das Leben ist so schrecklich«, murmelt sie, doch sie findet es überhaupt nicht schrecklich. Er murmelt etwas von ›warten‹ und ›Zeit abwarten‹ und ›so kostbar, Frau zu sein‹, aber sie hört nicht. Es ist so tröstend . . . ewig so . . .

Plötzlich geht die Tür auf, und Marie Swainson platzt herein — viel zu früh für ihre Stunde.

»Spielen Sie das Allegretto ein bißchen schneller«, sagt Mr. Bullen und steht auf und beginnt wieder auf und ab zu wandern.

»Setzen Sie sich in die Sofaecke, kleines Fräulein«, sagt er zu Marie.

Der Wind, der Wind! Es ist unheimlich, hier ganz allein in ihrem Zimmer zu sein. Das Bett, der Spiegel, der weiße Krug und das Waschbecken schimmern wie der Himmel draußen. Das Bett ist's, das so unheimlich aussieht: da liegt es, ist fest eingeschlafen . . . Glaubt ihre Mutter wirklich auch nur einen Augenblick, daß sie all die Strümpfe stopfen wird, die da zusammengeknotet wie ein Knäuel Schlangen auf der Bettdecke liegen? Sie wird sie nicht stopfen. Nein, Mutter! Ich sehe nicht ein, warum ich . . . Der Wind, der Wind! Ein komischer Rußgeruch kommt den Kamin heruntergeweht. Hat nicht jemand Gedichte an den Wind geschrieben? . . . ›Den Blättern bring ich frische Blüten und Regenschauer‹ . . . Was für ein Unsinn!

»Bist du das, Bogey?«

»Komm mit, Matilda, zu einem Bummel rund um die Esplanade! Ich kann's nicht länger aushalten!«

»Fein! Ich zieh nur meinen Ulster an! Ist es nicht greuliches Wetter?« Bogeys Ulster ist genau der gleiche wie der ihre. Während sie den Kragen zuhakt, betrachtet sie sich im Spiegel. Ihr Gesicht ist bleich, sie haben beide die gleichen wilden Augen und heißen Lippen. Ja, sie kennen die beiden im Spiegel. Lebt wohl, ihr Lieben! Wir sind bald wieder da!

»Draußen ist's besser, was?«

»Komm, hak dich ein!« sagt Bogey.

Sie können nicht schnell genug laufen. Mit gesenktem Kopf, Bein an Bein streifend, schreiten sie wie ein einziges Wesen eilig durch die Stadt, den asphaltierten Zickzackweg hinunter, wo der wilde Fenchel wächst, und zur Esplanade. Es ist dämmerig, fängt gerade an, dunkel zu werden. Der Wind ist so stark, daß sie wie zwei alte Trunkenbolde dagegen ankämpfen müssen. All die armen kleinen Mangobäumchen auf der Esplanade sind zu Boden gebeugt.

»Komm! Komm! Laß uns nah herangehen!«

Beim Wellenbrecher drüben geht die See sehr hoch; sie ziehen ihre Mützen ab, und das Haar weht ihr über den Mund und schmeckt salzig. Die See geht so hoch, daß die Wellen sich überhaupt nicht überschlagen; sie hämmern gegen den Damm aus groben Steinen und saugen an den moosigen, tropfenden Stufen. Ein feiner Sprühnebel treibt vom Wasser bis zur Esplanade hin. Sie sind ganz mit Tropfen übersät; ihr Mund schmeckt naß und kalt.

Bogey steht im Stimmbruch. Wenn er spricht, läuft er die Tonleiter hinauf und hinunter. Es klingt komisch — es ist zum Lachen — und doch paßt es zum Wetter. Der Wind trägt ihre Stimmen fort — die Sätze fliegen wie schmale kleine Bänder davon.

»Schneller! Schneller!«

Es wird sehr dunkel. Die abgetakelten Kohlenfrachter im Hafen haben zwei Lichter — eins hoch am Mast und eins am Heck.

»Schau mal, Bogey! Schau, da drüben!«

Ein großer schwarzer Dampfer mit einer langen, wirbelnden Rauchfahne und hellen Bullaugen, mit Lichtern überall, sticht in See. Der Wind kann ihn nicht aufhalten; er durchfurcht die Wellen und steuert auf das offene Tor zu, zwischen spitzen Klippen hindurch, auf Fahrt nach . . . Was ihn so ungeheuer großartig und geheimnisvoll macht, sind all die Lichter . . . Zweie sind an Bord und lehnen sich Arm in Arm über die Reling.

». . . Wer sind sie?«

». . . Bruder und Schwester.«

»Schau mal, Bogey, dort liegt die Stadt! Sieht sie nicht klein aus? Das ist die Uhr auf dem Postamt, die zum letztenmal schlägt. Und dort ist die Esplanade, wo wir an dem Tag, als es so windig war, spazierengingen. Erinnerst du dich? An jenem Tag hatte ich in der Klavierstunde geweint — vor so vielen Jahren! Leb wohl, kleine Insel, leb wohl!...«

Jetzt streckt die Finsternis eine Schwinge über das stürmische Wasser. Sie können die zwei nicht mehr sehen. Lebt wohl, lebt wohl! Vergeßt nicht!... Aber das Schiff ist fort. Der Wind — der Wind!

Als sie die Tür öffnete und ihn dort stehen sah, freute sie sich mehr denn je, und auch er schien, als er ihr ins Studio folgte, sehr, sehr glücklich zu sein, daß er gekommen war.

»Nicht an der Arbeit?«

»Nein. Ich wollte gerade Tee machen.«

»Und Sie erwarten niemanden?«

»Nein, keinen Menschen!«

»Das paßt gut!«

Er legte Mantel und Hut so behutsam und gemächlich weg, als hätte er reichlich Zeit für alles oder als nähme er für immer Abschied von ihnen, trat dann an den Kamin und streckte den munter flackernden Flammen die Hände entgegen.

Nur einen kurzen Augenblick standen sie beide in diesem flackernden Flammenschein. Auf ihren lächelnden Lippen schmeckten sie gewissermaßen noch immer den beglückenden Schock ihrer Begrüßung. Ihr verborgenes Selbst flüsterte: »Weshalb sollten wir sprechen? Ist denn das nicht genug?«

»Mehr als genug. Ich hatte bis zu diesem Augenblick gar nicht begriffen . . .«

». . . wie wohl es tut, bloß so mit dir zusammen zu sein . . .«

». . . wie jetzt.«

»Mehr als genug.«

Doch plötzlich wandte er sich ihr zu und sah sie an, und sie ging schnell weg.

»Zigarette? Ich setze den Kessel auf. Sehnen Sie sich schon nach Tee?«

»Nein. Nicht gerade sehnen!«

»Aber ich!«

»Oh, Sie . . .« Er knuffte das armenische Kissen zurecht und warf sich auf die Couch. ». . . Sie sind eine echte kleine Chinesin.«

»Ja, das bin ich«, lachte sie. »Ich lechze nach Tee wie starke Männer nach Wein.«

Sie zündete die Lampe unter dem großen, orangefarbenen

Schirm an, zog die Vorhänge zu und schob den Teetisch näher heran.

Im Wasserkessel zwitscherten zwei Vögel; das Feuer flackerte. Er setzte sich hin und umschlang seine Knie. Es war eine bezaubernde Zeremonie, dieses Teetrinken bei ihr: immer hatte sie köstliche Sachen zu essen — kleine pikante Sandwiches, süße Mandelstäbchen und einen schweren, dunklen Cake, der nach Rum schmeckte . . . aber es war doch eine Unterbrechung. Er wünschte, daß es vorbei wäre, das Tischchen weggeschoben, ihre beiden Stühle an die Lampe herangerückt, und dann war der Augenblick da, wo er seine Pfeife hervorholte, sie stopfte und — während er noch den Tabak hineindrückte — zu ihr sagte: ›Ich habe nachgedacht über das, was Sie letztesmal sagten, und mir scheint . . .‹

Ja, das war es, worauf er wartete — und sie auch! Ja, während sie die Teekanne über der Spiritusflamme wärmte und trocken schwenkte, sah sie die andern beiden: ihn zurückgelehnt, wie er sich's zwischen den Kissen gemütlich machte, und sie wie eine Schnecke im blauen Muschelsessel zusammengerollt. Das Bild war so deutlich und genau, als wäre es auf den blauen Deckel der Teekanne gemalt. Und doch konnte sie nicht schneller machen. Fast hätte sie geschrien: ›Lassen Sie mir etwas Zeit!‹ Sie brauchte Zeit, um ruhig zu werden. Sie brauchte Zeit, um sich von all den vertrauten Dingen zu lösen, mit denen sie so innig zusammenlebte. Denn all die heiteren Dinge um sie her waren ein Teil ihrer selbst, waren ihre Kinder, und sie wußten es und erhoben die lautesten, wildesten Ansprüche. Aber jetzt mußten sie gehen. Sie mußten weggefegt und weggescheucht werden, mußten wie Kinder die dämmerige Treppe hinaufgeschickt und ins Bett gesteckt und ermahnt werden, einzuschlafen, sofort — ohne Murren!

Denn der besondere Reiz ihrer Freundschaft beruhte auf ihrer gegenseitigen rückhaltlosen Hingabe. Wie zwei offene Städte inmitten einer weiten Ebene lag ihr Denken offen vor dem andern hingebreitet. Und es war nicht so, als ritte er in ihre Stadt wie ein Eroberer ein — bis an die Zähne bewaffnet, nichts erblickend als ein fröhliches Seidengeflatter —,

und auch sie zog nicht in die seine wie eine sanft auf Blütenblättern schreitende Königin ein. Nein, sie waren zwei eif-
rige, ernste Wanderer, die ganz darin aufgingen, zu verstehen, was es zu sehen gab, und zu entdecken, was verborgen
war ... um das Beste aus diesem durchaus ungewöhnlichen
Glücksfall zu machen, der es ihm ermöglichte, gänzlich wahrhaft zu ihr zu sein, und ihr, gänzlich aufrichtig zu ihm zu
sein. ·

Und das Beste daran war, daß sie beide alt genug waren, um
ihr Abenteuer voll und ganz und ohne irgendwelche dumme
Gefühlskomplikation zu genießen. Sie sahen es ganz deutlich: die Leidenschaft hätte alles verdorben. Außerdem war
das alles aus und vorbei für sie beide: er war einunddreißig,
sie war dreißig; sie hatten ihre Erlebnisse gehabt, die kostbar und mannigfaltig gewesen waren, doch jetzt war die
Zeit für die Ernte gekommen — die Ernte. Würden seine
Romane nicht ganz hervorragende Romane werden? Und
ihre Theaterstücke: wer sonst außer ihr besaß ein so hervor-
ragendes Gefühl für die echte englische Komödie? ...
Sorgfältig schnitt sie dicke Scheibchen vom Cake ab, und er
reichte ihr seinen Teller.

»Beachten Sie bitte, wie gut er ist!« beschwor sie ihn. »Essen
Sie ihn mit allen Sinnen! Verdrehen Sie die Augen, wenn Sie
können, und prüfen Sie ihn beim Atemholen. Es ist keine alt-
backene Semmel aus der Brotlade — es ist die Art Kuchen,
die in der Genesis hätte erwähnt werden können ... Und
Gott sprach: ›Es werde Cake!‹ Und es ward Cake. Und Gott
sah, daß er gut war.«

»Sie brauchen mich nicht zu nötigen«, sagte er. »Bestimmt
nicht! Es ist seltsam, aber hier bei Ihnen fällt mir immer
auf, was ich esse — und nie anderswo. Vermutlich kommt es
daher, weil ich schon lange allein lebe und beim Essen immer lese ... von meiner Gewohnheit, Essen einfach bloß
als Nahrung zu betrachten ... als etwas, was zu festgesetzten
Zeiten da ist, um verschlungen zu werden ... bis es ... nicht
mehr da ist.« Er lachte.

»Das empört Sie, nicht wahr?«

»Abgründig«, sagte sie.

»Aber . . . sehen Sie . . .« Er schob seine Tasse weg und begann sehr schnell zu sprechen: »Ich habe einfach kein konkretes Leben. Von den meisten Dingen — Bäumen und so weiter — weiß ich nicht einmal die Namen, und nie merke ich, wie Orte oder Möbel oder Leute aussehen. Ein Zimmer ist für mich genau wie ein andres — ein Ort, wo man sitzen und lesen oder plaudern kann —, ausgenommen«, und hier machte er eine Pause und lächelte seltsam naiv und sagte: . . . »ausgenommen das Studio hier!« Er blickte sich um und sah sie dann an; vor Erstaunen und Vergnügen lachte er. Er war wie ein Mann, der in der Bahn aufwacht und gewahrt, daß er schon das Ende seiner Reise erreicht hat.

»Und noch etwas Seltsames: wenn ich die Augen schließe, kann ich dieses Zimmer bis in die letzte Einzelheit sehen . . . jede Einzelheit . . . Es fällt mir jetzt erst auf — vorher ist es mir nie so klar gewesen. Oft, wenn ich anderswo bin, kehre ich in Gedanken zurück und wandere zwischen Ihren roten Stühlen umher, betrachte die Obstschale auf dem schwarzen Tisch . . . und betaste ganz leise den wundervollen ›Kopf eines schlafenden Knaben‹.«

»Ich liebe den kleinen Jungen«, murmelte er. Und dann waren beide still. Eine neue Stille senkte sich auf sie. Sie glich keineswegs der zufriedenen Stille, die ihren Begrüßungen folgte, dem ›Also nun sind wir wieder zusammen, und warum sollten wir nicht einfach fortfahren, wo wir letztesmal aufhörten!‹ Das war eine Stille, die vom Umkreis des warmen, köstlichen Feuers und des Lampenlichts begrenzt blieb. Wie oft hatten sie etwas hineingeschleudert — nur zum Spaß —, um zu sehen, wie sich die Wellchen auf den sanften Ufern verliefen. Doch in diesen unvertrauten Teich fiel jetzt der Kopf des kleinen Jungen, der seinen zeitlosen Schlaf schlief — und die Wellchen flossen weit, weit weg, in grenzenlose Fernen, in tiefe, glitzernde Dunkelheit hinein.

Und dann brachen sie die Stille. Sie sagte: »Ich muß das Feuer schüren«, und er sagte: »Ich versuche ein neues . . .« Beide waren sie entwischt. Sie schürte das Feuer und stellte das Tischchen zurück; der blaue Sessel wurde herangerollt; sie schmiegte sich hinein, und er lehnte sich in die Kissen zurück. Rasch! Rasch! Sie mußten verhindern, daß es noch einmal soweit kam.

»Ich habe also das Buch gelesen, das Sie letztesmal hierließen.«

»Oh, und wie denken Sie darüber?«

Sie waren im Gange, und alles war wie immer. Aber war es das wirklich? Waren sie nicht etwas zu rasch, zu prompt mit ihren Antworten, zu eifrig bemüht, auf den andern einzugehen? War es wirklich mehr als nur eine wunderbar gute Nachahmung anderer Begegnungen? Ihm klopfte das Herz, ihr glühten die Wangen, und das Dumme war, daß sie nicht feststellen konnte, wo genau sie waren oder was genau geschah. Sie hatte keine Zeit, zurückzublicken. Und gerade, als sie soweit gekommen war, geschah es noch einmal. Sie stockten, zauderten, wußten nicht weiter und waren still. Wieder waren sie sich des grenzenlosen, fragenden Dunkels bewußt. Wieder waren sie hier: zwei Jäger, die sich über ihr Feuer beugen, aber plötzlich aus dem Dschungel drüben einen Windstoß und einen lauten, fragenden Schrei hören... Sie hob den Kopf. »Es regnet«, murmelte sie. Und ihre Stimme klang wie die seine, als er gesagt hatte: ›Ich liebe den kleinen Jungen.‹ Immerhin! Warum gaben sie nicht einfach nach — ergaben sich und warteten, was dann geschehen würde? Aber nein. Obwohl sie unsicher und verwirrt waren, wußten sie jedenfalls genug, um zu erkennen, daß ihre kostbare Freundschaft in Gefahr war. Die war's, die zerstört würde — und nicht sie beide; daran aber wollten sie nicht schuld sein.

Er stand auf, klopfte seine Pfeife aus, fuhr sich mit der Hand durchs Haar und sagte: »Ich habe in letzter Zeit sehr oft darüber nachgedacht, ob der Roman der Zukunft ein psychologischer Roman sein wird oder nicht. Sind wir so sicher, daß Psychologie in ihrer Eigenschaft als Psychologie überhaupt etwas mit Literatur zu tun hat?«

»Wollen Sie damit sagen, Sie hielten es für möglich, daß die geheimnisvollen, nicht vorhandenen Geschöpfe — die jungen Schriftsteller von heute — einfach versuchten, sich das Schürfrecht der Psychoanalytiker widerrechtlich anzueignen?«

»Ja, allerdings. Und ich glaube, es kommt daher, weil diese Generation gerade klug genug ist, um zu erkennen, daß sie krank ist, und um zu begreifen, daß ihre einzige Aussicht auf Genesung darin besteht, sich mit den Symptomen zu beschäftigen, sie gründlich zu studieren, sie aufzuspüren und zu versuchen, bis an die Wurzel des Übels vorzudringen.«

»O weh!« jammerte sie. »Was für schrecklich trübe Aussichten!«

»Keineswegs«, sagte er. »Verstehen Sie . . .« Das Gespräch plätscherte weiter. Und diesmal hatten sie es anscheinend wirklich geschafft. Um ihn anzublicken, während sie redete, drehte sie sich in ihrem Sessel ein wenig um. Ihr Lächeln besagte: ›Wir haben es geschafft!‹ Und er lächelte überzeugt zurück: ›Ganz bestimmt!‹

Doch das Lächeln wurde ihnen zum Verhängnis. Es dauerte zu lange; es wurde zu einem Grinsen. Sie sahen sich als zwei feixende kleine Marionetten, die im Nichts herumzappelten. ›Worüber haben wir nur gesprochen?‹ dachte er. Er fand es so entsetzlich langweilig, daß er beinah stöhnte.

›Wie unmöglich haben wir uns aufgeführt!‹ dachte sie. Und sie sah ihn, wie er mühsam, ach so mühsam, den Garten anlegte, und wie sie hinter ihm herlief und hier einen Baum und dort einen Blütenbusch setzte und eine Hand voll glitzernder Fische in ein Becken tat. Diesmal schwiegen sie aus reinster Verzagtheit.

Die Uhr tat sechs fröhliche kleine Schläge, und das Feuer flackerte nervös. Was für Narren sie waren: schwerfällig, langweilig, ältlich — eindeutige Strohköpfe!

Und jetzt zog die Stille sie in ihren Bann wie feierliche Musik. Es war eine Qual für sie, eine Qual, es zu ertragen; und er würde sterben, sollte die Stille gebrochen werden . . . und doch sehnte er sich danach, sie zu brechen. Nicht mit einem Gespräch. Und auf keinen Fall mit ihrem üblichen, irritierenden Geschwätz. Für sie gab es noch eine andere Art, miteinander zu sprechen, und auf diese neue Art wollte er flüstern: ›Empfindest du das auch? Verstehst du es überhaupt?‹ Statt dessen hörte er sich zu seinem Entsetzen sagen: »Ich muß gehen! Um sechs Uhr bin ich mit Brand verabredet.«

Welcher Teufel ließ ihn dies sagen und nicht das andre? Sie sprang hoch — sie sprang förmlich aus ihrem Sessel hoch, und er hörte sie rufen: »Dann müssen Sie sich beeilen! Er ist immer so pünktlich. Warum haben Sie es nicht gleich gesagt?«
›Du hast mich verletzt, du hast mich verletzt! Wir haben beide versagt!‹ seufzte ihr verborgenes Selbst, während sie ihm Hut und Stock reichte und heiter lächelte. Sie gönnte ihm keinen Augenblick für ein weiteres Wort, sondern lief über den Flur und öffnete die Haustür.
Konnten sie so auseinandergehen? Wie könnten sie es? Er stand auf der Schwelle und sie noch drin, die Tür offenhaltend. Es regnete nicht mehr.
›Du hast mich verletzt, mich verletzt‹, seufzte ihr Herz.
›Warum gehst du nicht? Nein, geh nicht! Bleib! Nein — geh!‹ Und sie blickte in den Abend hinaus.
Sie sah die schön geschwungene Treppe, den von glitzerndem Efeu umsäumten Garten, auf der andern Straßenseite die hohen, kahlen Weiden und darüber den weiten, sternklaren Himmel. Aber von alledem sah er natürlich nichts. Über all das war er erhaben. Er — mit seiner wundervollen ›vergeistigten‹ Vision!
Sie hatte recht. Er sah überhaupt nichts. Was für ein Elend! Es war ihm entgangen. Jetzt war es zu spät, um noch etwas zu tun. War es wirklich zu spät? Ja. Ein kalter, beißender Windstoß fuhr in den Garten. Zum Teufel mit dem Leben! Er hörte sie »*Au revoir!*« rufen, und die Tür fiel ins Schloß.
Sie lief ins Studio zurück und benahm sich ganz wunderlich. Sie lief hin und her, hob die Arme und rief: »Oh, wie blöd! Oh, wie dumm! Oh, wie blöd!« Und dann warf sie sich aufs Sofa und dachte an gar nichts — lag einfach da in stummer Wut. Alles war vorbei. Was war vorbei? Ach, etwas war bestimmt vorbei. Und sie würde ihn nie wiedersehen — nie mehr. Nachdem eine unsagbar lange Zeit (oder waren es zehn Minuten?) in diesem schwarzen Abgrund vergangen war, schrillte ihre Klingel kurz und heftig. Das war er — natürlich! Und ebenso selbstverständlich — hätte sie es überhaupt nicht beachten sollen, sondern es einfach weiterklingeln lassen sollen. Sie stürzte hinaus, ihm zu öffnen.

Auf der Schwelle stand eine alte Jungfer, ein rührendes Geschöpf, das sie schlechthin vergötterte (der Himmel mochte wissen, weshalb). Sie hatte die Gewohnheit, plötzlich aufzutauchen und zu klingeln und dann, wenn ihr aufgemacht wurde, zu sagen: »Meine Liebe, schicken Sie mich gleich wieder weg!« Doch das tat sie nie. Meistens forderte sie sie auf, näher zu treten, und ließ sie alles bewundern, und dann nahm sie den Strauß etwas angekränkelter Blumen betont freundlich in Empfang. Doch heute . . .

»Ach, es tut mir so leid!« rief sie. »Aber es ist jemand da! Wir arbeiten an einigen Holzschnitten. Ich habe den ganzen Abend entsetzlich zu tun.«

»Das macht doch nichts, mein Liebes, es macht überhaupt nichts!« sagte die gute Freundin. »Ich kam nur eben vorbei und dachte, ich könnte Ihnen ein paar Veilchen dalassen!« Sie tastete an den Stäben eines großen, alten Regenschirms entlang. »Da unten drin habe ich sie verwahrt. Es ist der beste Platz, um Blumen vor dem Wind zu schützen. Da sind sie!« sagte sie und schüttelte ein welkes Sträußchen heraus.

Einen kurzen Augenblick nahm sie die Veilchen nicht entgegen. Doch während sie innen im Flur stand und die Tür festhielt, geschah etwas Sonderbares . . . Wieder sah sie die schön geschwungene Treppe, den von glitzerndem Efeu umsäumten, dunklen Garten, die Weiden, den weiten, hellen Himmel. Wieder spürte sie die Stille wie eine Frage. Aber diesmal zauderte sie nicht. Sie trat vor. Sehr sanft und behutsam, als fürchte sie, in dem grenzenlosen Teich der Stille ein Wellengekräusel zu erregen, legte sie die Arme um die Freundin.

»Aber Liebes«, flüsterte die Glückliche und war überwältigt von soviel Dankbarkeit, »es ist wirklich nichts! Nur das bescheidenste Dreipennysträußchen!«

Doch während sie sprach, wurde sie umarmt, wurde immer zärtlicher, immer liebevoller umarmt, mit so zartem Druck und so lange gehalten, daß dem armen Ding ganz wirblig im Kopf wurde und es gerade noch die Kraft hatte, um hervorzustottern: »Dann bin ich Ihnen also wirklich nicht gar so zuwider?«

»Gute Nacht, mein Liebes«, flüsterte die andre. »Kommen Sie bald wieder!«

»O ja! Sehr gern!«

Diesmal kehrte sie langsam ins Studio zurück, und als sie mit halbgeschlossenen Augen mitten im Zimmer stehenblieb, war ihr so leicht, so ausgeruht zumute, als sei sie gerade aus einem Kinderschlaf erwacht. Sogar das Atmen war eine Freude . . .

Das Sofa sah sehr unordentlich aus. Alle Kissen wie ›wild gewordene Berge‹, fand sie. Sie schaffte Ordnung, ehe sie zum Schreibtisch hinüberging.

›Unser Gespräch über den psychologischen Roman hat mich weiter beschäftigt‹, schrieb sie hastig hin, ›es ist wirklich hochinteressant . . .‹ Und so weiter und so weiter.

Zu guter Letzt schrieb sie: ›Gute Nacht, lieber Freund! Kommen Sie bald wieder!‹

— — — — — — — — — — — — — —

Acht Uhr morgens. Miss Ada Moss lag in einer schwarzen, eisernen Bettstelle und blickte zur Decke auf. Ihr Zimmer — ein Hinterzimmer im obersten Stock eines Bloomsbury-Hauses — roch nach Ruß und Puder und dem Papier, in dem sie gestern ihr Abendbrot — ein paar Bratkartoffeln — nach Hause gebracht hatte.

›O je‹, dachte Miss Moss, ›mir ist so kalt! Ich möchte mal wissen, warum ich jetzt morgens beim Aufwachen immer so friere! An den Knien und Füßen und am Rücken — ganz besonders am Rücken: mein Rücken ist ein Eisklumpen. Und früher war ich doch immer warm. Ich bin auch nicht zu mager; habe immer noch die gleiche vollschlanke Figur wie in der guten alten Zeit. Es kommt einfach daher, weil ich jetzt nie mehr ein richtiges, warmes Abendessen habe.‹

Eine Prozession ›guter, warmer Abendessen‹ zog über die Decke, und jedes begleitet von einer Flasche nahrhaften Malzbiers . . .

›Selbst wenn ich jetzt aufstehen würde und ein vernünftiges, kräftiges Frühstück bekäme . . .‹, dachte sie, und eine Prozession ›vernünftiger, kräftiger Frühstücke‹ folgte den Abendessen über die Stubendecke, behütet von einem riesigen, weißen, noch nicht angeschnittenen Schinken. Miss Moss schauerte zusammen und verschwand unter dem Bettzeug. Plötzlich platzte die Vermieterin ins Zimmer.

»Hier ist ein Brief für Sie, Miss Moss!«

»Oh«, rief Miss Moss viel zu freundlich, »vielen Dank, Mrs. Pine! Wie nett von Ihnen, sich die Mühe zu machen!«

»Es ist überhaupt keine Mühe«, sagte die Vermieterin. »Ich dachte nur, vielleicht ist es der Brief, den Sie erwartet haben.«

»Oh«, rief Miss Moss strahlend, »das ist gut möglich!« Sie legte den Kopf auf die Seite und lächelte den Brief an. »Es würde mich gar nicht wundern!«

»Aber mich würd's wundern!« keifte die Vermieterin los und stierte auf den Brief. »Und ich muß Sie höflichst bitten, den Brief jetzt aufzumachen! Manche Vermieterin, wenn die

an meiner Stelle wäre, hätt' sie den Brief längst selber aufgemacht, und es wär' ihr gutes Recht gewesen! Denn so wie
jetzt kann's nicht weitergehen, Miss Moss, wahrhaftig nicht!
Eine Woche nach der andern vergeht, und zuerst haben Sie
was, und dann haben Sie nichts, und dann ist wieder mal ein
Brief auf der Post verlorengegangen, oder ein neuer Direktor unten in Brighton wird bestimmt am Dienstag zurück
sein, aber das hab' ich satt und lass' es mir nicht länger gefallen. Denn warum sollte ich auch, Miss Moss, das frage ich
Sie, wo die Preise wie wild in die Höhe schnellen und mein
armer, lieber Junge in Frankreich ist? Erst gestern hat meine Schwester Eliza zu mir gesagt: ›Minnie‹, hat sie gesagt,
›du bist zu gutmütig! Das Zimmer hätt'st du schon hundertmal vermieten können‹, hat sie gesagt, ›und in den heutigen
Zeiten muß jeder sehen, wo er bleibt, weil ihm keiner sonst
hilft!‹, hat sie gesagt. ›Und es mag ja sein, daß sie ins Gimm-
nasion gegangen ist und bei die Konzerte in West-End gesungen hat‹, hat sie gesagt, ›aber wenn das stimmt, was deine Lizzie verzählt hat, daß sie sich ihre Wäsche selber wäscht
und auf'm Handtuchständer trocknet, na, dann weiß man
ja Bescheid, was die Uhr geschlagen hat! Und es ist höchste
Zeit, daß du Schluß machst‹, hat sie gesagt.«
Miss Moss tat, als hätte sie nichts gehört. Sie richtete sich
im Bett auf, öffnete den Brief und las:
›Ihr Schreiben zur Hand. Momentan wird nicht gedreht.
Habe Ihr Bild für spätere Verwendung abgelegt.
Ergebenst, Backwash Film Company.‹
Dieser Brief schien ihr eine merkwürdige Genugtuung zu
verschaffen. Sie las ihn zweimal durch, ehe sie der Vermie-
terin antwortete: »Also ich glaube, Mrs. Pine, daß Ihre Wor-
te Ihnen noch leid tun werden! Der Brief hier ist von einem
Direktor: er bittet mich, am nächsten Samstag vormittag mit
Abendkleid dort zu sein.«
Aber die Vermieterin war schneller, als sie es erwartet hatte.
Sie riß den Brief an sich.
»Oha, ist das so? Ist das wirklich so?« rief sie.
»Geben Sie mir meinen Brief wieder! Geben Sie mir sofort
den Brief her, Sie unverschämte, dreiste Person!« rief Miss

Moss, die das Bett nicht verlassen konnte, weil ihr Nachthemd auf dem Rücken in Fetzen war. »Es ist ein Privatbrief!« Die Vermieterin zog sich langsam zurück und drückte den Brief an ihre zugeknöpfte Taille.

»Dahin ist es also gekommen, was?« höhnte sie. »Aber, Miss Moss, wenn ich meine Miete nicht bis heute abend um acht habe, dann werden wir ja sehen, wer eine unverschämte, dreiste Person ist!« Hierbei nickte sie geheimnisvoll. »Und den Brief behalte ich!« Sie hob die Stimme: »Das ist ein prima Beweisstück!« Und mit Grabesstimme schloß sie: »Jawohl, *meine Dame!*«

Die Tür knallte zu, und Miss Moss war allein. Sie schleuderte die Bettdecke beiseite, saß wütend und zitternd auf der Bettkante und betrachtete ihre dicken weißen Beine mit den großen Knoten grünlichblauer Venen.

»Die Wanze! Ja, das ist sie, eine gemeine Wanze!« sagte Miss Moss. »Ich könnt' sie dafür verklagen, weil sie mir den Brief weggeschnappt hat, ja, das könnt' ich.« Noch immer im Nachthemd, begann sie träge, sich anzuziehen.

»Oh, wenn ich die Alte nur bezahlen könnte — der würde ich meine Meinung sagen, und die könnt' sie sich hinter den Spiegel stecken!« Sie ging zur Kommode, um eine Sicherheitsnadel zu holen, und als sie sich im Spiegel sah, lächelte sie unsicher und schüttelte den Kopf. »Mein gutes Kind«, brummte sie, »diesmal steckst du in der Tinte, aber gründlich!« Doch die Person im Spiegel verzog das Gesicht.

»Du albernes Ding«, schalt Miss Moss, »was nützt dir denn das Flennen? Davon bekommst du bloß eine rote Nase! Zieh dich jetzt an und geh los und versuch dein Glück — das wirst du jetzt gefälligst machen!«

Sie holte ihre Handtasche vom Bettpfosten, kramte darin herum, schüttelte sie und kippte den Inhalt aus.

›Eh' ich irgendwo hingehe, bestell' ich mir in einem ABC eine gute Tasse Tee‹, beschloß sie. ›Ich habe einen Shilling und drei Pennies — ja, mehr hab' ich nicht.‹

Zehn Minuten später stand eine stämmige Dame in blauem Schneiderkostüm mit einem Strauß künstlicher Parmaveilchen am Kragen, einem schwarzen, mit lila Stiefmütterchen geschmückten Hut, weißen Handschuhen, Stiefeletten mit weißen Einsätzen und einer Handtasche, die einen Shilling und drei Pennies enthielt, vor dem Spiegel und sang mit leiser Altstimme:

> *»Scheint dir auch alles trübe und grau,*
> *bald lacht die Sonne, und der Himmel ist blau!«*

Doch die Person im Spiegel verzog das Gesicht, und Miss Moss ging aus dem Zimmer. Die Straße entlang waren graue ›Krabben‹ zugange und schwappten Spülwasser über graue Steintreppen. Mit seinem seltsamen Ausruferschrei und dem Geklapper der Blechkannen machte der Milchmann seine Runde. Vor Brittweilers Schweizerhaus verschüttete er etwas Milch, und eine alte braune Katze ohne Schwanz tauchte aus dem Nichts auf und begann gierig und verstohlen die Milch aufzuschlappen. Als Miss Moss es sah, überkam sie ein sonderbares Gefühl — nicht gerade ein erhebendes, sozusagen. Aber als sie beim ABC anlangte, war die Tür weit aufgesperrt; ein Mann mit Brettern voll Brötchen ging ein und aus, und innen war niemand außer einer Kellnerin, die sich das Haar aufsteckte, und der Kassiererin, die ihre Registerkasse aufschloß. Miss Moss stand mitten im Raum, aber keine der beiden sah sie.

»Mein Schatz ist gestern abend heimgekommen«, jubelte die Kellnerin.

»Na so was!« kicherte die Kassiererin. »Ist ja prima für Sie!«

»Ja, und er hat mir 'ne süße kleine Brosche mitgebracht! Sehn Sie mal, mit *Dieppe* draufgeschrieben!« jubelte die Kellnerin. Die Kassiererin lief zu ihr und legte der Kellnerin den Arm um den Hals.

»Na so was! Ist ja prima für Sie!«

»Ja, nicht wahr?« sagte die Kellnerin. »Und wie braun er ist! ›Hallo‹, hab' ich gesagt, ›hallo, du alter Indianer!‹«

»Na so was!« kicherte die Kassiererin, »Sie sind Gold wert!« Sie lief wieder in ihren Käfig zurück und rannte dabei Miss Moss fast über den Haufen. Dann kam wieder der Mann mit den Brötchen und streifte sie.

243

»Kann ich eine Tasse Tee haben, Miss?« fragte sie.

Aber die Kellnerin fingerte weiter an ihrer Frisur herum. »Oh«, trällerte sie, »wir haben noch nicht offen!« Sie drehte sich um und winkte der Kassiererin mit ihrem Kamm: »Haben wir schon offen?«

»Bewahre, nein!« sagte die Kassiererin. Miss Moss ging.

›Dann geh' ich eben nach Charing Cross‹, beschloß sie.

›Ja, das will ich tun. Aber Tee will ich nicht. Nein, ich bestell' mir einen Kaffee. Der ist viel sättigender ... Wie keck diese Mädchen sind! Ihr Schatz ist gestern abend nach Hause gekommen! Hat ihr eine Brosche mitgebracht, mit *Dieppe* draufgeschrieben!‹ Sie begann die Straße zu überqueren ...

»Heda, Dickchen! Schlaf nicht ein!« rief ihr ein Taxifahrer zu. Sie tat, als hörte sie es nicht.

›Nein, ich geh' nicht nach Charing Cross!‹ beschloß sie. ›Ich geh' lieber gleich zu Kig and Kadgit. Die öffnen um neun. Wenn ich früh dort bin, hat Mr. Kadgit vielleicht was mit der ersten Post bekommen ... Freut mich sehr, daß Sie so früh aufkreuzen, Miss Moss. Habe gerade von einem Direktor gehört, daß er eine Dame sucht, die ... Sie dürften genau die Richtige sein. Ich gebe Ihnen meine Karte mit, gehen Sie zu ihm. Drei Pfund die Woche zahlt er und alles inbegriffen. An Ihrer Stelle würde ich so schnell wie möglich hinspringen. Ein Glück, daß Sie so früh kamen ...‹

Aber bei Kig und Kadgits war niemand außer der Putzfrau, die das Linoleum im Flur aufwusch.

»Hier ist kein Mensch, Miss«, sagte die Putze.

»Oh, ist Mr. Kadgit nicht hier?« sagte Miss Moss und bemühte sich, dem Eimer und Schrubber auszuweichen. »Dann warte ich eben ein Weilchen!«

»Ins Wartezimmer können Sie nicht, Miss! Das habe ich noch nicht fertig. Mr. Kadgit kommt samstags nie vor halb zwölfe. Manchmal kommt er überhaupt nicht.« Und die Putze kam auf sie zugekrochen.

»O je, wie dumm von mir«, sagte Miss Moss. »Ich hab' ganz vergessen, daß heute Samstag ist!«

»Obacht mit den Füßen, Miss!« rief die Putze. Und Miss Moss stand wieder auf der Straße.

Das war ein Pluspunkt für Beit and Bithem: bei ihnen ging es lebhaft zu. Man trat ins Wartezimmer, in ein allgemeines Stimmengewirr, und alle kannten einander. Sie kannte fast jeden. Die zuerst Gekommenen saßen auf Stühlen, und die später Gekommenen saßen ihnen auf dem Schoß. Die Herren lehnten sich lässig gegen die Wand, oder sie brüsteten sich vor den bewundernden Damen.

»Hallo«, sagte Miss Moss munter. »Da wären wir mal wieder!«

Und der junge Mr. Clayton spielte Banjo auf seinem Spazierstock und sang: »Hier wart' ich auf Robert E. Lee.«

»Ist Mr. Bithem noch nicht hier?« fragte Miss Moss und holte einen alten, abgewetzten Puderpuff hervor, um sich die Nase fleischfarben zu pudern.

»O ja!« riefen Sie im Chor. »Seit 'ner Ewigkeit! Wir warten hier alle schon seit über 'ner Stunde auf ihn!«

»Meine Güte!« sagte Miss Moss. »Ist irgendwas im Gange?«

»Ein paar Posten in Südafrika«, sagte der junge Clayton. »Hundertfünfzig die Woche, zwei Jahre lang!«

»Ha!« rief der Chor. »Wie ulkig, Mr. Clayton! Ist er nicht zum Schreien? Ein Witzbold! Oh, Mr. Clayton, an Ihnen ist ein Komiker verlorengegangen!«

Ein dunkelhaariges, bekümmertes Wesen wandte sich an Miss Moss.

»Gestern hätte ich um ein Haar einen feinen Posten bekommen«, erzählte sie. »Sechs Wochen in der Provinz und dann West-End. Der Direktor hätte mich bestimmt genommen, wenn ich etwas stärker gewesen wäre. Nur ein bißchen vollere Figur, hat er gesagt — die Rolle wäre wie gemacht für mich!« Sie blickte Miss Moss an, und die schmutzige dunkelrote Rose unter ihrer Hutkrempe sah ganz so aus, als teile sie ihren Kummer und sei ebenfalls niedergeschmettert.

»O je, was für'n Pech«, sagte Miss Moss und bemühte sich, uninteressiert zu scheinen. »Was war es, wenn ich fragen darf?«

Aber das dunkelhaarige, bekümmerte Wesen durchschaute sie, und ihre Augen funkelten boshaft.

»Ach, das wäre nichts für Sie«, sagte sie. »Er wollte eine

Junge — einen dunklen, spanischen Typ, so wie ich, aber etwas voller.«

Die Bürotür ging auf, und Mr. Bithem erschien in Hemdsärmeln. Eine Hand behielt er auf der Klinke, um sich rasch zurückziehen zu können, und die andere hielt er hoch. »Achtung, meine Damen . . .«, und dann machte er eine Pause und setzte sein berühmtes Grinsen auf, bevor er fortfuhr: ». . . und *Boyos!*« Darüber lachte das Wartezimmer so laut, daß er beide Hände hochhalten mußte. »Es nützt nichts, heute zu warten. Kommt am Montag wieder — Montag erwarte ich mehrere Anfragen!«

Miss Moss stürzte verzweifelt vor: »Mr. Bithem, haben Sie noch keine Antwort von . . .«

»Warten Sie mal«, sagte Mr. Bithem langsam und starrte sie an. Er hatte sie in der vergangenen Woche bereits viermal gesehen, und wer weiß wieviel Male davor? »Wer sind Sie doch gleich?«

»Miss Ada Moss.«

»Ach ja, ja, natürlich. Noch nichts, meine Liebe! Heute hatte ich eine Anfrage auf achtundzwanzig Damen, aber sie sollten jung sein und das Bein ein bißchen schwingen können . . . Hören Sie, meine Liebe, ich stecke bis über die Ohren in Arbeit. Kommen Sie Montag in einer Woche wieder, vorher zu kommen ist zwecklos.« Er beschenkte sie mit einem Grinsen ganz für sie persönlich und klopfte ihr auf den dicken Rücken. »Stark und unerschütterlich!« sagte Mr. Bithem, »stark und unerschütterlich, meine Liebe!«

Bei der North-East-Film Company war das ganze Treppenhaus voller Menschen. Miss Moss stellte sich neben eine blonde Kleine mit Babygesicht, etwa dreißigjährig, und mit einem weißen Spitzenhütchen mit Kirschen.

»Was für ein Gedränge!« sagte Miss Moss. »Ist was Besonderes los?«

»Wissen Sie's nicht?« Das Baby riß seine großen, blassen Augen auf. »Um halb zehn kam eine Anfrage nach hübschen jungen Mädchen. Wir warten alle schon seit Stunden! Haben Sie schon mal bei dieser Gesellschaft gearbeitet?«

Miss Moss legte den Kopf auf die Seite.

»Nein, ich glaube nicht.«

»Es ist eine sehr nette Filmgesellschaft«, sagte das Baby.

»Eine Freundin von mir hat eine Freundin, die täglich dreißig Pfund bekommt ... Haben Sie schon viel für den Film gearbeitet?«

»Ich bin nicht von Beruf Filmschauspielerin«, gestand Miss Moss. »Ich bin Altistin. Aber da ist letzthin so wenig los, daß ich mich anderweitig umgesehen habe.«

»Ja, in letzter Zeit sieht es schlimm aus, nicht wahr?« sagte das Baby.

»Ich habe eine großartige Ausbildung am Konservatorium bekommen«, erzählte Miss Moss. »Für Gesang hatte ich die Silbermedaille. Und ich habe oft in West-End-Konzerten gesungen. Aber zur Abwechslung wollte ich mal mein Glück versuchen ...«

»Ach ja, so ist es nun mal«, sagte das Baby.

Im gleichen Augenblick erschien oben an der Treppe eine wunderschöne Tippse.

»Warten Sie alle wegen der North-East?«

»Ja!« schrie der ganze Chor.

»Damit ist es nichts. Ich hatte gerade einen Anruf!«

»Also hören Sie mal! Was ist mit unsern Auslagen?« rief eine Stimme.

Die Tippse blickte auf sie nieder. Sie mußte lachen. »Sie wären *doch* nicht bezahlt worden! Die North-East bezahlt die Statisten nie!«

In der Bitter-Orange-Company befand sich nur ein kleines rundes Schiebefenster. Kein Wartezimmer — und überhaupt niemand da außer einem Fräulein. Als Miss Moss klopfte, kam sie ans Fensterchen und fragte: »Was ist?«

»Kann ich bitte den Regisseur sprechen?« sagte Miss Moss sehr freundlich. Das Fräulein stützte sich auf das Schalterbrett, senkte die Augen und schien ein Weilchen einzuschlummern. Miss Moss lächelte ihr zu. Das Mädchen zog die Brauen zusammen, als wittere sie etwas Unangenehmes. Sie rümpfte die Nase.

Plötzlich ging sie weg und kam mit einem Formular zurück, das sie Miss Moss hinschob.

»Füllen Sie die Rubriken aus!« sagte sie und klappte das Fenster zu.

›Können Sie fliegen — tauchen — einen Lastwagen fahren — reiten — schießen?‹ las Miss Moss. Sie ging die Straße hinab und wiederholte sich die Fragen. Ein scharfer, kalter Wind blies, zerrte an ihren Kleidern, klatschte ihr ins Gesicht und verhöhnte sie; er wußte, daß sie nicht mit ja antworten konnte. In der Anlage der Square Gardens sah sie einen kleinen Drahtkorb und warf das Formular hinein. Und dann setzte sie sich auf eine Bank, um sich die Nase zu pudern. Aber das Gesicht im Taschenspiegel blickte sie mit verzerrtem Gesicht an. Das war zuviel für Miss Moss. Sie weinte sich gründlich satt. Es tat ihr wunderbar wohl.

»Also das ist erledigt!« seufzte sie. »Wenigstens *ein* Trost, daß ich nicht mehr auf den Beinen sein muß. Und meine Nase wird sich in der Luft rasch abkühlen . . . Hier ist's sehr nett. Sieh einer die Spatzen an! Tschilp! Tschilp! Wie nah sie rankommen. Wahrscheinlich werden sie immer gefüttert. Nein, ich habe nichts für euch, ihr frechen kleinen Piepmätze! . . .«

Sie sah nicht länger zu ihnen hin. Was war das für ein großes Gebäude — gerade gegenüber? Das Café de Madrid? Meine Güte, wie schlimm das kleine Mädchen hingefallen ist! Das arme kleine Ding! Mach dir nichts draus — steh wieder auf! . . . Bis heute abend um acht . . . Café de Madrid. ›Ich könnte einfach mal reingehen und mich hinsetzen und mir einen Kaffee geben lassen — weiter nichts‹, dachte Miss Moss. ›Es verkehren ja viele Künstler dort. Mit ein bißchen Glück . . . Ein eleganter dunkler Herr im Pelzmantel kommt vielleicht mit Freund und nimmt an meinem Tisch Platz. ‚Nein, alter Junge, ich habe ganz London nach einer Altistin abgesucht und finde keine. Die Partie ist nämlich schwierig — da, schau sie dir an!‘ Und Miss Moss hört sich sagen: ‚Verzeihung, ich bin zufällig Altistin, und die Partie habe ich oft gesungen . . .‘ — ‚Ganz erstaunlich! Kommen Sie mit in mein Studio und singen Sie mir vor!‘ . . . Zehn Pfund die Woche . . . Warum nervös sein? Es ist nicht Nervosität. Warum soll ich nicht ins Café de Madrid gehen? Ich bin eine anständige

Frau ... bin Altistin. Ich zittere bloß, weil ich heute noch nichts gegessen habe... ‚Und ein nettes kleines Beweisstück, meine *Dame*!!‘ ... Also meinetwegen, Mrs. Pine ... Café de Madrid. Abends ist da immer Konzert ... ‚Warum fangen sie nicht an?‘ Die Altistin ist noch nicht gekommen ... ‚Entschuldigen Sie, ich bin zufällig Altistin, ich habe das Lied sehr oft gesungen.‘‹

Im Café war es schummerig. Männer, Palmenkübel, rote Plüschbänke, weiße Marmortische, Kellner in Schürzen — Miss Moss schritt durch alle hindurch. Kaum hatte sie sich gesetzt, als ein sehr dicker Herr mit einem sehr kleinen Hut, der wie eine kleine Jacht auf seinem Kopf segelte, auf dem Stuhl ihr gegenüber Platz nahm.

»Guten Abend«, grüßte er.

»Guten Abend«, erwiderte Miss Moss auf ihre fröhliche Art.

»Angenehmes Wetter«, sagte der dicke Herr.

»Ja, nicht wahr? Es tut einem wohl!« sagte sie.

Mit gekrümmtem Wurstfinger winkte er sich einen Kellner heran: »Bringen Sie mir einen großen Whisky«, und sich an Miss Moss wendend: »Was nehmen Sie?«

»Ach, lieber einen Kognak, wenn's Ihnen egal ist.«

Fünf Minuten später lehnte sich der dicke Herr über den Tisch und bließ ihr eine Wolke Zigarrenrauch direkt ins Gesicht. »Ein verführerisches Bändchen haben Sie da!« sagte er. Miss Moss wurde rot. In ihrer Schläfe begann eine Ader, die sie nie zuvor gespürt hatte, wild zu hämmern.

»Ich war immer sehr für Rosa«, sagte sie.

Der dicke Herr betrachtete sie prüfend und trommelte mit den Fingern auf den Tisch.

»Und ich bin immer für sehr fest und üppig«, sagte er. Zu ihrer eigenen Verwunderung lachte Miss Moss laut heraus.

Fünf Minuten später wuchtete sich der dicke Herr von seinem Stuhl hoch.

»Na, wie ist es?« fragte er. »Geh ich in Ihrer Richtung, oder gehen Sie in meiner Richtung?«

»Ich komme mit Ihnen, wenn's Ihnen nichts ausmacht«, sagte Miss Moss. Hinter der kleinen ›Jacht‹ her segelte sie aus dem Café.

Er stand an der Tür der Halle und drehte an seinem Ring, an dem schweren Siegelring auf seinem kleinen Finger, und dabei schweifte sein Blick kühl und bedächtig über die runden Tische und die Korbstühle, die in der verglasten Veranda herumstanden. Er spitzte die Lippen — es sah aus, als wollte er pfeifen —, aber er pfiff nicht, drehte nur an dem Ring, an dem Ring an seiner rosigen, frisch gewaschenen Hand.

Drüben in der Ecke saßen die Zwei Duttis und tranken ein Gebräu, das sie um diese Zeit immer tranken — etwas Grauweißliches in Gläsern, auf denen ganz oben kleine Körnchen schwammen; in einer Blechdose voller Papierschnipsel suchten sie nach getüpfelten Keksbrocken, die sie zerbrachen und in die Gläser fallen ließen, um sie dann mit dem Löffel herauszufischen. Ihre Strickarbeiten lagen neben dem Tablett — wie zwei Schlangen schlummernd.

Die Amerikanerin saß vor der Glaswand, wo sie immer saß, im Schatten einer großen Schlingpflanze, die sich mit weit offenen violetten Augen am Glas plattdrückte und sie hungrig beobachtete. Und sie wußte, daß sie da war und sie beobachtete. Und sie ging darauf ein und machte ein Getue. Manchmal zeigte sie sogar darauf und rief: »Ist das nicht das scheußlichste Ding, das man sich vorstellen kann! Ist es nicht wie ein Dämon?« Aber schließlich wuchs es ja auf der Außenseite der Veranda und kam nicht an sie heran, nicht wahr, Kleemangsso? Sie war eine Amerikanerin, nicht wahr, Kleemangsso, und sie würde sonst gleich zu ihrem Konsul gehen. Kleemangsso, der zusammengerollt unter ihrem zerrissenen antiken Brokatbeutel, einem schmuddeligen Taschentuch und einem Stoß Post von daheim auf ihrem Schoß lag, antwortete ihr mit einem Nieser.

Die andern Tische waren nicht besetzt. Zwischen der Amerikanerin und den Zwei Duttis wurde ein Blick gewechselt. Auf ihr ausländisches Achselzucken antworteten sie, verständnisinnig mit einem Keks winkend. Doch er sah nichts davon. Bald stand er still, bald lauschte er, wie es seine Augen verrieten. ›Huuusippsuuu!‹ machte der Lift. Die eiserne Tür klirrte auf. Leichte schleppende Schritte waren in der Halle zu hören und kamen auf ihn zu. Eine Hand fiel leicht wie ein Blatt auf seine Schulter. Eine weiche Stimme sagte: »Wollen uns dort drüben hinsetzen — von wo man die Allee sehen kann. Die Bäume sind so schön!« Er setzte sich in Bewegung, ihre Hand noch auf seiner Schulter, und die leichten, schleppenden Schritte neben den seinen. Er zog einen Sessel heran, und sie sank langsam hinein, lehnte den Kopf an die Rückenlehne und ließ die Arme niederfallen.

»Möchtest du den andern nicht näher heranziehen? Er ist so meilenweit weg.« Aber er rührte sich nicht.

»Wo ist dein Schal?« fragte er.

»Oh!« Sie ächzte bestürzt. »Wie dumm von mir, ich habe ihn oben auf dem Bett liegenlassen. Es macht nichts! Bitte hol ihn nicht! Ich brauche ihn nicht, ich brauche ihn nicht!«

»Es ist besser, wenn du ihn bei dir hast!« Und er drehte sich um und ging rasch durch die Veranda und in die dämmerige Halle mit ihren vergoldeten, scharlachroten Plüschmöbeln — Zauberkünstlermöbeln — und der Bekanntmachung der Gottesdienste in der Englischen Kirche und dem Anschlagbrett mit seiner grünen Friesbespannung und den nicht abgeholten Briefen, die hinter dem schwarzen Gitterwerk hochkletterten, und der riesigen ›Eindruck schindenden‹ Uhr, die stets zur halben Stunde die volle Stunde schlug, vorbei an dem holzgeschnitzten Braunbären, der ganze Bündel von Stöcken und Regen- und Sonnenschirmen umarmt hielt, vorbei an den zwei verkümmerten Palmen — greisen Bettlern am Treppenfuß —, drei Stufen auf einmal die Marmortreppe hinauf, vorbei an der lebensgroßen Gruppe der zwei stämmigen Bauernkinder auf dem Treppenabsatz, deren Marmorschürzchen mit marmornen Weintrauben gefüllt waren, und über den Korridor mit dem aufgetürmten Strandgut alter Blechkisten und Lederkoffer und Segeltuchreisesäcke — ging er in ihr Zimmer.

Das Zimmermädchen war gerade im Zimmer und sang laut, während sie Seifenwasser in einen Eimer goß. Die Fenster standen weit offen, die Läden waren zurückgeklappt, und das Licht fiel grell herein. Sie hatte die Bettvorleger und die großen weißen Federkissen übers Balkongeländer gelegt; die Moskitonetze waren ringsherum hochgeschlagen; auf dem Schreibtisch stand eine Schippe mit Staubflocken und Streichholzenden. Als sie ihn sah, funkelten ihre unverschämten kleinen Augen, und ihr Gesang ging in ein Summen über. Aber er beachtete sie nicht. Seine Blicke flogen suchend durch das grelle Zimmer: wo zum Teufel war der Schal?

»*Vous désirez, Monsieur?*« fragte das Zimmermädchen spöttisch.

Er gab keine Antwort. Er hatte ihn gesehen. Mit großen Schritten durchquerte er das Zimmer, packte das graue Spinnweb und ging, die Tür zuschlagend, hinaus. Die Stimme des Zimmermädchens verfolgte ihn lauter und schriller denn je den ganzen Korridor hinab.

»Oh, da bist du ja! Was gab's denn? Warum hast du so lange gemacht? Der Tee ist nämlich schon hier. Gerade eben habe ich Antonio weggeschickt, daß er mir heißes Wasser bringt. Ist es nicht erstaunlich? Ich muß es ihm mindestens sechzigmal gesagt haben, und doch bringt er es nie. Danke! Es ist sehr angenehm. Wenn man sich vorbeugt, spürt man die Luft doch ein bißchen.«

»Danke!« Er nahm seinen Tee und setzte sich in den andern Sessel. »Nein, nichts zu essen.«

»O bitte! Nur einen! Du hast sowenig zum Mittagessen gehabt, und bis zum Dinner ist es noch eine Ewigkeit hin.«

Ihr Schal rutschte herunter, als sie sich vorbeugte, um ihm die Biskuits zu reichen. Er nahm eins und legte es auf seine Untertasse.

»Ach, die Bäume in der Allee!« rief sie. »Ich könnte sie dauernd ansehen! Sie sind wie kostbare, riesige Farnkräuter. Siehst du den da mit der grausilbernen Borke und den Büscheln sahnegelber Blüten? Gestern habe ich mir einen Buschen heruntergezogen, um daran zu riechen, und der Duft«— sie schloß im Gedanken daran die Augen, und ihre Stimme verlor sich und wurde leise und dünn —, »der Duft war wie frisch gemahlene Muskatnuß!«

Eine kurze Pause trat ein, dann wandte sie sich lächelnd ihm zu: »Du weißt doch, wie Muskatnüsse riechen, nicht wahr, Robert?«

Er erwiderte ihr Lächeln: »Wie könnte ich dir beweisen, daß ich's weiß?«

Nun erschien Antonio — nicht nur mit dem heißen Wasser, sondern mit Briefen auf einem Tablett und mit drei Zeitungsrollen.

»Oh, die Post! Oh, wie wunderbar! Oh, Robert, die können nicht alle für dich sein! Sind sie gerade gekommen, Antonio?«

»In diesem Moment, Signora«, griente Antonio. »Hab' sie selber dem Briefträger weggenommen! Er mußt' sie mir geben!«

»Edler Antonio!« lachte sie. »Halt — die da sind für mich, Robert, die andern sind für dich!«

Antonio wandte sich schroff ab; sein Gesicht wurde steif, und das Lächeln verschwand. Dank seiner gestreiften Leinenjacke und der glänzenden, gerade abgeschnittenen Stirnhaare sah er wie eine Holzpuppe aus.

Mr. Salesby steckte die Briefe in die Tasche; die Zeitungen lagen auf dem Tisch. Er drehte an seinem Ring, drehte den Siegelring auf seinem kleinen Finger und stierte blinzelnd und mit leerem Blick vor sich hin.

Sie aber — mit der Teetasse in der einen und den dünnen Briefblättern in der andern Hand, den Kopf aufgeworfen, die Lippen offen, einen Tupf Rot auf den Backenknochen — nippte, nippte, trank und trank . . .

»Von Lottie«, murmelte sie leise. »Die Arme . . . so ein Ärger . . . der linke Fuß. Sie hielt's . . . für Nervenentzündung . . . Doktor Blyth . . . Plattfuß . . . empfiehlt Massage. So viele Rotkehlchen in diesem Jahr . . . sehr zufrieden mit dem Mädchen . . . bei Oberst in Indien . . . jedes Reiskorn einzeln . . . sehr starker Schneefall.« Und mit großen, leuchtenden Augen sah sie von ihrem Brief auf: »Schnee, Robert! Stell dir das vor!« Und sie berührte die kleinen dunklen Veilchen, die sie sich an ihre eingesunkene Brust gesteckt hatte, und wandte sich wieder dem Brief zu.

... Schnee. London im Schnee! Millie mit der ersten Tasse Tee am Bett. »Heut nacht hat es furchtbar geschneit, Sir!« — »Tatsächlich, Millie?« Die Vorhänge klirren auf und lassen das bleiche, zaudernde Tageslicht ein. Er richtet sich im Bett auf; er erhascht einen Blick auf die gegenüberliegenden, weiß umrandeten, standfesten Häuser und auf ihre Fensterkästen mit dem zierlichen weißen Korallengezweig ... Dann im Badezimmer ... es geht auf den Hintergarten hinaus. Schnee — dicker Schnee auf allem. Der Rasen ist mit einem unentschlossenen Muster von Katzenpfoten bedeckt; eine dicke, dicke Glasur auf dem Gartentisch; die verdorrten Hülsen des Goldregens sind zu weißen Quasten geworden; nur im Efeu wagt sich hier und da ein dunkles Blatt hervor ... Er wärmt sich am Eßzimmerkamin den Rücken; die Zeitung trocknet über einer Stuhllehne. Millie mit dem Speck. »O bitte, Sir, es sind zwei kleine Jungen da, die für einen Shilling den Schnee von der Treppe und vom Weg fegen wollen — soll ich sie lassen?« ... Und dann schwebt es leicht die Treppe herunter — Jinnie! »Oh, Robert, ist es nicht herrlich? Ach, wie schade, daß er nicht liegenbleibt! Wo ist das Pussykätzchen?« — »Ich hol's dir von Millie! — Millie, könnten Sie mir das Kätzchen heraufreichen, falls es unten bei Ihnen ist?« — »Gern, Sir.« Er fühlt das pochende kleine Herz in seiner Hand. »Komm, mein Kleines, dein Frauchen will dich haben!« — »O Robert, bitte zeig ihm zuerst den Schnee — es ist sein erster Schnee. Soll ich das Fenster aufmachen und ihm ein Krümchen auf die Pfote legen?« ...

»Also im großen ganzen lauter gute Nachrichten. Die arme Lottie! Und die liebe Anne! Wie sehr wünschte ich, daß ich ihnen etwas von dem hier hinschicken könnte«, rief sie und schwenkte die Briefe über den strahlenden, funkelnden Garten. »Noch etwas Tee, Robert? Robert — möchtest du noch etwas Tee?«

»Nein, danke, nein! Er war sehr gut«, sagte er schleppend. »Findest du? Meiner nicht. Meiner schmeckte wie zerhacktes Heu. Oh, da kommen die Hochzeitsreisenden!«
Mit langen Schritten und beinah rennend kamen sie die Zu-

fahrt und die flache Treppe herauf, zwischen sich Korb und Angelgerät tragend.

»Oh — waren Sie fischen?« rief die Amerikanerin.

Sie waren außer Atem und stießen keuchend hervor: »Ja, wir waren den ganzen Tag in einem kleinen Boot auf dem Wasser. Wir haben sieben Stück gefangen! Vier kann man essen. Aber drei wollen wir verschenken. Den Kindern geben.«

Mrs. Salesby drehte sich auf ihrem Stuhl um und sah hin: die Zwei Duttis legten ihr Schlangengestrick aus der Hand. Das junge Paar war sehr dunkel — schwarze Haare, olivbraune Haut, blitzende Augen und Zähne. Er war *English fashion* gekleidet: Flanelljacke, weiße Hose und weiße Schuhe. Um den Hals trug er einen seidenen Schal; den Kopf mit dem nach hinten gebürsteten Haar hatte er nicht bedeckt. Mit einem bunten Taschentuch wischte er sich unablässig die Stirn und die Hände. Sie hatte eine nasse Stelle auf dem Rock; Nacken und Kehle glühten. Wenn sie die Arme hob, sah man in den Achselhöhlen große, durchgeschwitzte Halbmonde; das Haar hing ihr in feuchten Locken ums Gesicht. Sie sah aus, als hätte ihr Mann sie ins Meer gestippt und wieder herausgefischt, um sie an der Sonne zu trocknen, und dann — wieder hinein mit ihr, den ganzen Tag über.

»Möchte Kleemongsso einen Fisch?« riefen sie. Ihre lachenden, aufgeregten Stimmen prallten wie Vögel gegen die verglaste Veranda, und aus dem Korb stieg ein sonderbarer, salziger Geruch auf.

»Heute nacht werden Sie gut schlafen«, meinte Dutti I und bohrte sich mit der Stricknadel im Ohr, während Dutti II lächelte und nickte.

Die Hochzeitsreisenden blickten einander an. Eine große Welle schien über sie hinwegzuspülen. Sie schnauften, schluckten, torkelten ein bißchen und kamen dann lachend, lachend an die Oberfläche.

»Wir können nicht aufs Zimmer gehen, wir sind zu müde. Wir müssen Tee trinken, so wie wir sind! Hallo — Kaffee! Nein, Tee! Nein, Kaffee! Tee und Kaffee, Antonio!« Mrs. Salesby wandte sich ab.

»Robert? Robert?« Wo war er? Er war weg. Ach, dort stand er — am andern Ende der Veranda —, mit dem Rücken zu ihr, und rauchte eine Zigarette. »Robert, wollen wir jetzt unsern kleinen Lauf machen?«

»Gern.« Er drückte die Zigarette im Aschenbecher aus und kam, die Blicke auf den Boden geheftet, langsam herüber...

»Hast du's auch warm genug?«

»O ja.«

»Bestimmt?«

»Ach, vielleicht« — sie legte ihm die Hand auf den Arm und drückte ihn ganz leicht —, »vielleicht könntest du mir meinen Umhang holen; er ist nicht oben — hängt schon in der Halle.«

Er kam mit dem Umhang zurück, und sie neigte den kleinen Kopf, während er ihr den Umhang um die Schultern legte. Dann bot er ihr sehr steif den Arm. Sie grüßte die Leute in der Veranda sehr niedlich, während er bloß ein Gähnen versteckte, und zusammen gingen sie die Treppe hinunter.

»Haben Sie das gesehen?« rief die Amerikanerin.

»Er ist kein *Mann*«, erklärten die Zwei Duttis. »Er ist ein Ochs. Das sage ich morgens zu meiner Schwester, und wenn wir abends im Bett liegen, sage ich's auch: er ist kein *Mann*, sondern ein Ochs!«

Das Gelächter der Hochzeitsreisenden prallte kreiselnd, sich überschlagend und raketenhaft gegen die Glaswand der Veranda.

Die Sonne stand noch hoch am Himmel. Jede Blume, jedes Blatt im Garten lag reglos hingebreitet, wie erschöpft, und ein süßlicher, schwerer, verdorbener Geruch füllte die zitternde Luft. Aus den dicken, fleischigen Blättern einer kakteenartigen Pflanze ragte ein Aloestengel, mit bleichen Blüten überladen, die aussahen, als wären sie aus Butter gemodelt. Licht zuckte aus den aufwärts gerichteten Speeren der Palmen; über einem Beet mit scharlachroten, wachsartigen Blüten surrten und burrten große schwarze Käfer; ein prächtiges, leuchtendes Schlinggewächs — goldrot mit schwarzen Spritzern — wucherte vor einer Mauer.

»Eigentlich brauche ich meinen Umhang doch nicht«, sagte

sie. »Es ist wirklich zu warm.« Er nahm ihn ihr also ab und trug ihn über dem Arm. »Laß uns diesen Weg hinuntergehen! Ich fühle mich heute so wohl—unglaublich viel besser! Meine Güte — sieh bloß die Kinder an! Wenn man bedenkt, daß wir November haben!«

In einer Ecke des Gartens standen zwei randvolle Wasserbottiche. Drei kleine Mädchen, die vorsorglich ihre Schlüpfer ausgezogen und auf einen Busch gehängt hatten, hielten die Röckchen bis zum Gürtel hoch, standen in den Bottichen und hüpften auf und ab. Sie kreischten. Das Haar fiel ihnen ins Gesicht, und sie bespritzten einander. Doch plötzlich blickte die Kleinste, die einen Bottich für sich allein hatte, hoch und sah, wer ihnen zuschaute. Einen Augenblick schien sie ganz überwältigt von Entsetzen, dann mühte sie sich zappelnd und ungeschickt aus dem Bottich, hielt noch immer ihr Röckchen bis zum Gürtel hoch, kreischte: »Der Engländer! Der Engländer!«, und riß aus, um sich zu verstekken. Quietschend und schreiend folgten ihr die zwei andern. Im Nu waren sie verschwunden, und nichts blieb zurück als die beiden randvollen Bottiche und die kleinen Schlüpfer auf dem Busch.

»Das ist ja — ganz — erstaunlich!« sagte sie. »Was hat sie denn so erschreckt? Sie sind doch noch viel zu klein, um . . .«

Sie blickte zu ihm auf. Sie fand, daß er blaß aussähe . . . aber außerordentlich hübsch vor dem hohen tropischen Baum mit den langen, spitzigen Dornen.

Er antwortete nicht gleich. Dann begegnete er ihrem Blick und sagte mit seinem bedächtigen Lächeln: »Sehr juxig!« Sehr juxig! Oh, ihr wurde ganz schwach! Oh, warum liebte sie ihn so, bloß, weil er so ein Wort benutzt hatte. Sehr juxig! Das war typisch Robert! Niemand anders als Robert wäre auf so ein Wort verfallen. Er, der so wundervoll, so geistreich, so gelehrt war, und dann mit so einer komischen Knabenstimme zu sagen . . . Sie hätte weinen können!

»Manchmal bist du wirklich ganz ausgefallen«, sagte sie. »Das bin ich wohl«, antwortete er. Und sie gingen weiter. Aber sie war müde. Es wurde ihr zuviel. Sie hatte keine Lust, noch weiterzugehen.

»Laß mich hierbleiben, und geh du weiter, ein bißchen Appetit holen, ja? Ich nehme mir einen von den Liegestühlen. Wie gut, daß du mir meinen Umhang gebracht hast, da brauchst du nicht hinaufzugehen, um mir eine Reisedecke zu holen. Danke, Robert! Ich werde den köstlichen Heliotrop anschauen . . . Du bleibst wohl nicht sehr lange?«

»N-nein! Es macht dir nichts, daß ich dich allein lasse?«

»Dummes! Ich will, daß du gehst! Ich kann nicht erwarten, daß du jede Minute hinter deiner kränklichen Frau einherschleichst . . . Wie lange willst du gehen?«

Er zog seine Uhr hervor. »Es ist kurz nach halb fünf. Dann bin ich Viertel nach fünf zurück.«

»Viertel nach fünf zurück«, wiederholte sie, streckte sich ruhig auf dem Liegestuhl aus und faltete die Hände.

Er wandte sich zum Gehen. Plötzlich war er wieder da. »Hör mal, hättest du gern meine Uhr?« Und er ließ sie vor ihren Augen hin und her baumeln.

»Oh!« Der Atem stockte ihr. »Ja, sehr, sehr gern!« Und sie umklammerte die Uhr, die warme Uhr, die geliebte Uhr mit ihren Fingern. »Jetzt geh aber rasch!«

Die Torflügel der Pension Villa Exzelsior waren weit gegen einige sich vordrängende Geranien geöffnet. Ein wenig vornübergebeugt und starr geradeausblickend ging er mit schnellen Schritten durchs Tor und begann die Anhöhe zu erklimmen, die sich hinter der Stadt wie ein großes Seil um die Villen wand und sie zusammenhielt. Der Weg war sehr staubig. Ein Wagen kam angerollt und hielt auf die Villa Exzelsior zu. Der General und die Gräfin saßen darin; er hatte seine tägliche Ausfahrt hinter sich. Mr. Salesby trat auf die Seite, aber der Staub wurde aufgewirbelt — dicht und weiß, und erstickend wie Wolle. Der Gräfin blieb gerade noch Zeit, den General anzustoßen.

»Da geht er!« sagte sie gehässig. Doch der General krächzte laut und weigerte sich hinzublicken.

»Das war der Engländer«, sagte der Kutscher, drehte sich um und lächelte. Und die Gräfin warf die Hände auf und nickte so liebenswürdig, daß er befriedigt ausspuckte und dem stolpernden Gaul eins überzog.

Weiter — und weiter. Vorbei an den schönsten Villen der Stadt, prachtvollen Palästen, die anzuschauen es sich lohnte, von wer weiß wie weit herzukommen; vorbei am Stadtpark mit den künstlichen Grotten und gemeißelten Statuen und an aus Brunnen trinkenden Steintieren, hin zu einem ärmeren Viertel. Hier verlief die Straße schmal und dumpfig zwischen hohen, schiefen Häusern, deren Erdgeschosse zu Ställen und Schreinerwerkstätten ausgeweidet und ausgehöhlt worden waren. An einem Brunnen weiter vorn bearbeiteten zwei alte Weiber ihre Wäsche. Als er vorbeiging, hockten sie sich auf die Fersen zurück und starrten ihn an, und dann folgte ihm ihr Gegacker und das Aufklatschen der Waschhölzer auf der nassen Wäsche.

Er erreichte den Kamm der Anhöhe und bog um eine Ecke. Jetzt war von der Stadt nichts mehr zu sehen. Er blickte in ein tiefes Tal mit einem ausgetrockneten Flußbett hinunter. Dieser und der gegenüberliegende Abhang waren mit kleinen, baufälligen Häusern bedeckt, auf deren morscher Steinveranda Früchte zum Trocknen lagen; in den Gärtchen waren Reihen von Tomatenstauden, und von der Gartenpforte zur Haustür führte eine Pergola. Das Abendlicht lag satt und golden in der Talmulde; in der Luft hing ein Geruch von Holzfeuern. In den Weingärten schnitten Männer Weintrauben ab. Er schaute einem Mann zu, der im grünen Dämmerdunkel stand, nach oben griff, mit der einen Hand eine schwärzliche Traube packte, das Messer aus seinem Gürtel zog, sie abschnitt und in einen flachen, kahnförmigen Korb legte. Der Mann arbeitete gemächlich und schweigsam und ließ sich viel Zeit für sein Vorhaben. In den Hecken auf der andern Straßenseite hingen verkümmerte grüne Trauben, die hier zwischen den Steinen wild wuchsen. Er lehnte sich gegen die Mauer, stopfte seine Pfeife, hielt ein Streichholz dran . . .

. . . lehnte über ein Gatter im Feld, stellte den Kragen seines Regenmantels hoch. Es würde regnen. Ihm war's einerlei, er war darauf gefaßt. Im November konnte man nichts anderes erwarten. Er blickte über das kahle Feld. Aus der Ecke beim Gatter stieg der Geruch von Runkelrüben auf, eine ganze Dieme war's, feucht und faulig verfärbt. Zwei Männer gingen vorbei, dem weitläufigen Dorf entgegen. »Abend!« — »Abend!« — Donnerwetter, er mußte sich beeilen, wenn er den Zug nach Hause erreichen wollte. Übers Gatter, quer über ein Feld, durch den Zaunübertritt auf den Karrenweg, weit ausholend durch Regenschauer und Dämmerung ... Rechtzeitig zu Hause, um zu baden und sich fürs Essen umzuziehen ... Im Wohnzimmer ist Jinnie fast ins Kaminfeuer gekrochen. »O Robert, ich hab' dich nicht kommen hören. War's fein? Wie gut du riechst! Ist das für mich?« — »Ein paar Brombeerranken, die ich für dich gepflückt habe. Schöne Färbung!« — »Oh, reizend, Robert! Dennis und Beaty kommen zum Essen.« Dann bei Tisch: kaltes Fleisch, Pellkartoffeln, Rotwein, dunkles Landbrot. Sie sind fröhlich, jeder lacht. »Ach, wir kennen doch Robert!« sagte Dennis, haucht auf seine Brillengläser und putzt sie. »Übrigens, Dennis, ich habe etwas aufgestöbert: eine sehr schmucke kleine Ausgabe von ...«

Eine Turmuhr schlug. Er fuhr hastig herum. Wieviel Uhr mochte es sein? Fünf? Viertel nach fünf? Schnell zurück auf dem Weg, den er gekommen war! Als er durchs Tor eilte, sah er, daß sie nach ihm Ausschau hielt. Sie stand auf, winkte und kam ihm langsam entgegen, den schweren Umhang mitschleppend. In der Hand hielt sie ein Zweiglein Heliotrop.

»Du hast dich verspätet!« rief sie fröhlich. »Um ganze drei Minuten! Da ist deine Uhr; sie hat sich in deiner Abwesenheit sehr brav benommen. Hattest du es nett? War's schön? Erzähl's mir! Wohin bist du gegangen?«

»Also hör mal — den *brauchst* du jetzt!« sagte er und nahm den Umhang.

»Ja, ich nehme ihn um. Ja, es wird kühl! Wollen wir in unser Zimmer hinaufgehen?«

Als sie vor dem Lift standen, mußte sie husten. Er zog die Brauen in die Höhe.

»Es ist weiter nichts. Ich bin zu lange draußen gewesen. Sei nicht böse!« Sie ließ sich in einen der roten Plüschsessel fallen, während er läutete, immer wieder läutete und schließlich, weil niemand erschien, den Finger nicht mehr vom Knopf nahm.

»Oh, Robert, hältst du das für richtig?«

»Was denn?«

Die Salontür ging auf. »Was ist denn das? Wer macht da solchen Lärm?« rief jemand im Salon. Kleemangsso begann zu bellen. Der General krächzte anhaltend. Dutti I stürzte herbei, eine Hand über dem Ohr, und riß die Tür zum Durchgang auf: »Mr. Queet! Mr. Queet!« blökte sie. Das brachte den Direktor auf.

»Haben Sie hier geläutet, Mr. Salesby? Wünschen Sie den Lift? Sehr gut, Sir. Ich werde Sie selbst bedienen. Antonio wollte auch gerade kommen. Er mußte nur noch seine Schürze abbinden . . .« Und nachdem er sie in den Lift gedienert hatte, ging der Direktor zur Tür des Salons: »Bedaure sehr, daß Sie gestört wurden, meine Damen und Herren!« Salesby stand im Liftkäfig, sog seine Wangen ein, starrte zur Decke auf und drehte am Ring, drehte am Siegelring auf seinem kleinen Finger . . .

Sowie sie in ihrem Zimmer waren, ging er schnell zum Waschtisch, schüttelte das Fläschchen, goß ihr etwas ein und brachte es ihr.

»Setz dich! Trink! Und sprich nicht!« Er blieb vor ihr stehen, und sie fügte sich. Dann nahm er ihr das Glas ab, spülte es aus und stellte es wieder in den Behälter. »Hättest du gern ein Kissen?«

»Nein, ich brauche nichts weiter. Komm her! Setz dich nur eine Minute neben mich, Robert, ja? So ist's recht!« Sie wandte sich ihm zu und steckte ihm das Zweiglein Heliotrop in den Jackenaufschlag. »Das steht dir sehr gut!« sagte sie. Und dann lehnte sie den Kopf an seine Schulter, und er legte den Arm um sie.

»Robert —« Ihre Stimme war wie ein Seufzer — hingehaucht.

»Ja? . . .« So saßen sie lange Zeit. Der Himmel flammte auf und verblaßte. Die zwei weißen Betten waren wie zwei Schiffe . . . Endlich hörte er, wie das Zimmermädchen mit den

Heißwasserkannen den Korridor entlanglief, ließ sie sanft los und schaltete das Licht an.

»Wieviel Uhr ist es denn? Was für ein himmlischer Abend! Oh, Robert, während du heute nachmittag weg warst, habe ich nachgedacht . . .«

Sie waren das letzte Paar, das den Speisesaal betrat. Die Gräfin mit ihrer Lorgnette und ihrem Fächer war da, der General saß in seinem Krankenstuhl mit dem Luftkissen und der leichten Kniedecke. Die Amerikanerin zeigte Kleemongsso eine Nummer der *Saturday Evening Post* . . . »Wir haben ein Festmahl der Vernunft und einen Seelenflug.« Die beiden Duttis waren da, betasteten die Birnen und die Pfirsiche in der Obstschale und sonderten alle aus, die sie für unreif oder überreif hielten, um sie dem Direktor zu zeigen; und die Hochzeitsreisenden steckten die Köpfe zusammen, tuschelten und bemühten sich, nicht laut herauszuplatzen.

Mr. Queet im Werktagsanzug und weißen Leinenschuhen füllte die Suppenteller, und Antonio — in Frack und Binder — reichte sie herum.

»Nein«, sagte die Amerikanerin, »nehmen Sie's wieder weg, Antonio! Wir sind gegen Kinderpapps, nicht wahr, Kleemangsso?«

»Nehmen Sie die beiden Teller wieder weg und füllen Sie sie bis zum Rand!« sagten die Duttis; sie drehten sich um und gaben acht, wie er ihren Wunsch ausrichtete.

»Was ist das? Reis? Ist er weich gekocht?« Die Gräfin beäugte die Suppe durch ihre Lorgnette. »Mr. Queet, der General kann etwas von der Suppe nehmen, wenn der Reis wirklich weich ist!«

»Sehr wohl, Frau Gräfin.«

Die Hochzeitsreisenden aßen statt dessen ihre Fische.

»Gib mir den! Das ist der, den ich gefangen habe! Nein, doch nicht! Doch, ja! Nein, stimmt nicht! Aber er starrt ja mit seinem Auge auf mich, also muß er's sein! Ti-hi-hi! Ti-hi-hi!« Sie hatten die Füße unter dem Tisch ineinander verhakt.

»Robert, du ißt wieder nicht! Fehlt dir was?«

»Nein. Bloß keinen Appetit — weiter nichts.«

»O wie dumm! Nachher gibt es Spinat mit Ei. Und Spinat magst du nicht, wie? Ich muß ihnen sagen, daß sie dir nächstesmal . . .«

Und Ei und Kartoffelbrei für den General!

»Mr. Queet! Mr. Queet!«

»Ja, Frau Gräfin?«

»Der General hat wieder ein zu hartes Ei bekommen!«

Der General krächzt.

»Bedaure sehr! Soll ich Ihnen ein andres kochen lassen?«

Sie sind die ersten, die den Speisesaal verlassen. Sie erhebt sich und rafft ihren Schal zusammen, und er steht auf und wartet, überläßt ihr den Vortritt und dreht am Siegelring auf seinem kleinen Finger. In der Halle lauert Mr. Queet.

»Ich nehme an, daß Sie nicht auf den Lift warten wollen. Antonio verteilt gerade die Fingerschalen. Die Klingel funktioniert leider nicht mehr. Ich kann mir nicht vorstellen, woran es liegt.«

»Oh, hoffentlich . . .«, fängt sie an.

»Geh hinein!« sagt er.

Mr. Queet ist dicht hinter ihnen und schlägt die Tür zu.

»Robert, macht's dir etwas aus, wenn ich mich heute sehr früh hinlege? Willst du nicht in den Salon oder in den Garten hinuntergehen? Oder vielleicht auf dem Balkon eine Zigarre rauchen? Es ist so schön draußen. Und ich liebe Zigarrenrauch. Hab's von jeher getan. Aber wenn du lieber . . .«

»Nein, ich setze mich hierher!«

Er nimmt einen Sessel und setzt sich auf den Balkon. Er hört, wie sie im Zimmer umhergeht, sehr leichtfüßig umhergeht und raschelt. Dann geht sie zu ihm hinüber. »Gute Nacht, Robert!«

»Gute Nacht!« Er nimmt ihre Hand, um die Handmuschel zu küssen. »Verkühl dich nicht!«

Der Himmel ist jadegrün. Es sind schon sehr viele Sterne da; ein riesengroßer weißer Mond hängt über dem Garten. In weiter Ferne flattert Wetterleuchten, flattert wie ein Flügel, wie ein verwundeter Vogel, der zu fliegen versucht und umsinkt und es von neuem versucht.

Das Licht vom Salon fällt auf den Gartenweg, und Klavierspiel klingt auf. Und einmal ruft die Amerikanerin, als sie die Glastür öffnet, um Kleemangsso in den Garten zu lassen: »Haben Sie den Mond gesehen?« Aber niemand antwortet. Er sitzt auf dem Balkon, blickt auf das Geländer und findet es allmählich sehr kalt. Schließlich geht er hinein. Der Mond hat das Zimmer mit seinem Licht weiß getüncht. Das Licht zittert in den Spiegeln: die beiden Betten scheinen zu schweben. Sie schläft. Durch das Moskitonetz sieht er sie, halb sitzend, von Kissen gestützt, die weißen Hände auf der Bettdekke gekreuzt. Ihre weißen Hände und das blonde, ins Kissen geschmiegte Haar sind silbrig. Er zieht sich rasch und behutsam aus und legt sich ins Bett. Liegt da, die Hände hinter dem Kopf verschränkt . . .

In seinem Arbeitszimmer. Spätsommer. Der wilde Wein fängt gerade an, sich zu verfärben . . .

»Ja, mein Lieber, das ist die ganze Geschichte. Der langen Rede kurzer Sinn. Wenn sie nicht die nächsten zwei Jahre von hier wegkommt und sich einem guten Klima anvertraut, hat sie nicht die geringsten . . . hm . . . Aussichten. Besser, man ist in solchem Falle offen . . .« »Oh, natürlich!« — »Und zum Kuckuck, mein Lieber, was kann Sie abhalten, *mit* ihr zu gehen? Sie haben doch keinen festen Beruf wie wir armen Lohnsklaven . . . Was *Sie* tun, können Sie überall tun, egal, wo Sie sich aufhalten.« — »Zwei Jahre?« — »Ja, zwei Jahre würde ich ansetzen. Kein Problem, das Haus hier zu vermieten. Ich könnte Ihnen sogar . . .«

Er ist bei ihr. »Robert — was so greulich an der Sache ist — aber vermutlich kommt's von der Krankheit: ich bin einfach überzeugt, daß ich nicht allein weggehen kann! Sieh mal, du bist mein Alles. Du bist Brot und Wein für mich, Robert, Brot und Wein! Oh, mein Liebster, was rede ich da? Natürlich könnte, natürlich möchte ich dich nicht herausreißen . . .«

Er hört, wie sie sich bewegt. Ob sie etwas braucht?

»Boogles?«

Großer Gott, sie spricht im Schlaf! Seit Jahren hat sie *den* Namen nicht mehr benutzt.

»Boogles — bist du wach?«

»Ja. Brauchst du etwas?«

»Oh, ich muß dich plagen. Es tut mir so leid. Stört es dich sehr? Aber in meinem Netz ist ein elender Moskito . . . ich höre ihn sirren. Könntest du ihn fangen? Ich sollte mich nicht bewegen — du weißt ja — das Herz!«

»Rühr dich nicht! Bleib ganz still liegen!« Er schaltet das Licht an und hebt das Netz auf. »Wo ist der Bösewicht? Hast du ihn entdeckt?«

»Ja, in der Ecke muß er sein! Oh, wie rücksichtslos von mir, dich aus dem Bett zu holen! Bist du mir böse?«

»Nein — Unsinn!« In seinem blauweißen Pyjama steht er einen Augenblick auf der Lauer. Dann ruft er: »Hab' ihn!«

»Oh, wie fein! War es ein fetter?«

»Ja, widerlich fett!« Er geht zur Waschkommode und benetzt die Finger. »Ist jetzt alles gut? Soll ich das Licht ausschalten?«

»Ja, bitte! Nein, warte, Robert! Komm einen Augenblick her! Setz dich zu mir! Gib mir deine Hand!« Sie dreht an seinem Siegelring. »Warum hast du nicht geschlafen? Hör bitte, Boogles! Komm näher! Manchmal frage ich mich: ist es sehr schlimm für dich, hier unten bei mir zu leben?«

Er beugt sich vor. Er steckt die Decken fest und streicht das Kissen glatt.

»Dummes Zeug!« flüstert er.

Nichts war ihm verhaßter als die Art, wie sie ihn jeden Morgen weckte. Natürlich tat sie es mit voller Absicht. So baute sie nämlich ihren täglichen Kummer mit ihm auf — aber er dachte nicht daran, sich anmerken zu lassen, daß es ihr gelang. Immerhin war es geradezu gefährlich, einen feinfühligen Menschen so zu wecken. Es dauerte Stunden, bis er darüber hinweg war — Stunden!

Sie trat ins Zimmer, in einen Arbeitskittel geknöpft und ein Tuch um den Kopf — womit sie beweisen wollte, daß sie seit dem Morgengrauen auf war und geschuftet hatte —, und leise mahnend rief sie: »Robert!«

»He! Was? Was ist? Was ist denn los?«

»Zeit, daß du aufstehst! Es ist halb neun.« Und damit ging sie und zog die Tür leise ins Schloß, um sich, wie er vermutete, in ihrem Triumph zu sonnen.

Er wälzte sich in dem großen Bett auf die andere Seite. Sein Herz hämmerte noch immer rasch und dumpf, und mit jedem Herzschlag fühlte er, wie seine Tatkraft von ihm wich, wie seine — seine — Inspiration für des Tages Arbeit unter den pochenden Herzschlägen erstickte. Anscheinend bereitete es ihr eine dämonische Freude, ihm das Leben noch schwieriger zu machen, als es weiß Gott schon war, indem sie ihm seine Freiheit als Künstler absprach und versuchte, ihn auf ihr Niveau herunterzuziehen. Was war nur in sie gefahren? Was, zum Teufel, wollte sie? Hatte er nicht jetzt dreimal soviel Schüler wie am Tage ihrer Heirat, verdiente er nicht dreimal soviel, bezahlte er nicht alles, was ins Haus kam, und hatte er nicht sogar eingewilligt, für Adrians Kindergarten zu blechen? Und hatte er ihr jemals vorgeworfen, daß sie gänzlich mittellos gewesen war? Mit keinem Wort — mit keiner Miene! Aber war man erst einmal mit einer Frau verheiratet, dann wurde sie leider unersättlich, und leider war nichts so verhängnisvoll für einen Künstler wie die Ehe, jedenfalls, solange man noch nicht weit über die Vierzig hinaus war. Warum hatte er sie bloß geheiratet? Diese

Frage stellte er sich durchschnittlich etwa dreimal am Tag, doch nie fand er eine befriedigende Antwort. Sie hatte ihn in einem schwachen Moment eingefangen, als ihn der erste Zusammenprall mit der rauhen Wirklichkeit eine Zeitlang verwirrt und überwältigt hatte. Zurückblickend sah er sich als rührend junges Wesen, halb Kind, halb ungezähmter Wildvogel, und völlig außerstande, mit Rechnungen und Gläubigern und den häßlichen Seiten des Lebens fertig zu werden. Und sie — sie hatte ihr möglichstes getan, um ihm die Schwingen zu stutzen, falls ihr das eine Befriedigung war, und zu dem Erfolg ihrer frühmorgendlichen Tricks konnte sie sich beglückwünschen. Man sollte mit köstlichem Zaudern erwachen, dachte er und rutschte tiefer ins warme Bett. Er begann sich eine Reihe bezaubernder Szenen auszumalen, die damit endeten, daß seine neueste, überaus charmante Schülerin ihm ihre nackten, duftenden Arme um den Hals legte und ihn in ihre langen, duftenden Haare einhüllte: ›Erwache, mein Liebster!‹

Wie es seine tägliche Gewohnheit war, begann Reginald Peacock, während das Badewasser einlief, seine Stimme zu prüfen: »Wenn die Mutter sie vor dem lachenden Spiegel umsorgt, das Mieder ihr schnürt und die Haare ihr flicht...« sang er — zuerst leise, der Tonqualität lauschend und seine Stimme schonend, bis er zur dritten Zeile kam: »... denkt sie oft, oh wäre der Wildfang vermählt«, und bei dem Wort *vermählt* brach er in einen derartigen Triumphschrei aus, daß das Zahnputzglas auf dem Badezimmerregal zitterte und sogar der Wannenhahn stürmischen Beifall hervorzubrausen schien.

Immerhin, mit seiner Stimme war alles in Ordnung, dachte er, stieg ins Bad und seifte seinen weichen rosa Körper von oben bis unten mit einem Luffalappen in Gestalt eines Fischchens ein. Seine Stimme könnte den riesigen Covent Garden füllen!

»Vermählt!« schmetterte er abermals heraus und ergriff mit prachtvoller Opernsängergebärde das Handtuch und sang weiter, während er sich abrubbelte wie ein Lohengrin, den ein unvorsichtiger Schwan ins Wasser gekippt hat und der sich in größter Eile abtrocknet, ehe die lästige Elsa des Wegs kommt . . .

In seinem Schlafzimmer ließ er die Jalousie mit einem Ruck hochsausen, pflanzte sich in das blasse Sonnenquadrat, das wie ein Blatt gelbliches Löschpapier auf dem Teppich lag, und begann mit seinen Übungen: tief atmen, vorwärts beugen und zurück, hinkauern wie ein Frosch und die Beine vorschnellen — es graute ihm davor, dick zu werden, und Männer seines Berufs neigten leider sehr dazu. Doch jetzt war davon noch nicht die Spur zu sehen. Er war, wie er fand, gerade richtig und in gutem Zustand. Ja, ein freudiges Gefühl der Genugtuung ließ sich nicht unterdrücken, als er sich im Spiegel betrachtete, in Hausjacke und dunkelgrauer Hose, grauen Socken und schwarzer Krawatte mit Silberfaden! Nicht etwa, daß er eitel war — eitle Männer konnte er nicht leiden —, doch sein Anblick verschaffte ihm ein rein künstlerisches Vergnügen. » *Voilà tout!* « sagte er und strich sich mit der Hand über das glatte Haar.

Bei der schlichten französischen Redewendung, die ihm so leicht wie ein Rauchkringel über die Lippen ging, fiel es ihm wieder ein, daß ihn gestern abend jemand gefragt hatte, ob er Engländer sei. Anscheinend konnten die Leute es einfach nicht glauben, daß er etwas südländisches Blut hatte. Wenn er sang, klang eine Gefühlstiefe auf, die wahrhaftig nichts von John Bull an sich hatte . . . Der Türknopf knarrte und wurde hin- und hergedreht. Adrian steckte den Kopf durch den Türspalt.

»Bitte, Vater, Mutter sagt, das Frühstück steht schon da.«

»Gut«, sagte Reginald, und als der Junge sich verzog, rief er ihm nach: »Adrian!«

»Ja, Vater?«

»Du hast mir nicht ›guten Morgen‹ gewünscht!«

Vor ein paar Monaten hatte Reginald ein Wochenende bei einer sehr aristokratischen Familie verlebt, wo der Vater seine kleinen Söhne des Morgens empfing, um sich die Hand geben zu lassen. Reginald fand den Brauch reizend und führte ihn sofort bei sich zu Hause ein. Doch Adrian kam sich furchtbar albern vor, wenn er seinem eigenen Vater jeden

Morgen die Hand geben sollte. Und warum trällerte sein Vater immer so, anstatt richtig mit ihm zu sprechen?

Reginald ging in bester Laune ins Eßzimmer und setzte sich vor einen Stoß Post, die *Times* und eine zugedeckte kleine Schüssel. Er warf einen Blick auf die Briefe und dann auf sein Frühstück. Auf seinem Teller lagen zwei schmächtige Streifen Speck und ein Ei.

»Willst du keinen Speck?« fragte er.

»Nein, ein kalter Bratapfel ist mir lieber. Speck brauche ich nicht jeden Morgen.«

Sollte das nun bedeuten, daß auch er nicht jeden Morgen Speck brauchte? Und daß sie's ihm übelnahm, ihm den Speck braten zu müssen?

»Wenn dir das Frühstückzubereiten zuviel wird«, sagte er, »warum nimmst du dir dann nicht ein Mädchen? Du weißt, daß wir uns eins leisten können, und du weißt, wie verhaßt es mir ist, daß meine Frau die ganze Arbeit macht! Nur weil jede Hilfskraft, die wir bisher hatten, nichts taugte, meine Arbeitseinteilung über den Haufen warf und es fast unmöglich machte, daß ich Schülerinnen annahm, hast du es aufgegeben, eine nette Hilfe zu suchen! Es ist doch nicht unmöglich, ein Mädchen anzulernen, wie? Das erfordert doch keine Genialität?«

»Aber ich mache meine Arbeit lieber allein; dann verläuft alles viel friedlicher ... Lauf nur, Adrian, und mach dich für die Schule fertig!«

»O nein, das stimmt nicht!« Reginald tat, als ob er lächelte. »Du machst die Arbeit allein, weil du mich aus irgendeinem erstaunlichen Grund demütigen willst. Es ist dir vielleicht nicht bewußt, aber dein Unterbewußtsein schaltet nun mal so.« Diese Bemerkung gefiel ihm derartig, daß er einen Briefumschlag so graziös wie auf der Bühne aufschlitzte ...

Lieber Mr. Preacock,
ich finde, ich sollte nicht schlafen gehen, ohne Ihnen für die innige Freude gedankt zu haben, die Ihr Gesang heute abend bei mir ausgelöst hat. Ein unvergeßliches Erlebnis! Ich habe gegrübelt, wie ich es seit meiner Mädchenzeit nicht getan

habe, ob das *alles* ist — ich meine, ob unsre Alltagswelt *alles* ist. Ob nicht für die Verständnisvollen unter uns göttliche Schönheit und Fülle bereit sind, wenn wir nur den *Mut* haben, sie zu sehen und sie uns zu eigen zu machen . . . Es ist so still im Haus. Ich wünschte, Sie wären jetzt hier, damit ich Ihnen persönlich danken könnte. Was Sie tun, ist von hoher Bedeutung. Sie lehren die Welt, dem Alltag zu entfliehen!
Ihre Ihnen sehr ergebene
Ænone Fell.
P. S. Diese Woche bin ich jeden Nachmittag zu Hause.

Der Brief war mit violetter Tinte auf dickes, handgeschöpftes Papier gekritzelt. Eitelkeit, der strahlende Vogel, hob wieder einmal die Schwingen und breitete sich aus, bis er meinte, er würde ihm die Brust sprengen.

»Also laß, wir wollen nicht streiten!« sagte er und reichte seiner Frau die Hand über den Tisch.

Aber es fehlte ihr an Größe, um darauf einzugehen.

»Ich muß mich beeilen und Adrian in die Schule bringen«, sagte sie. »Dein Zimmer ist fix und fertig.«

Also gut, also gut, mochte dann offener Krieg zwischen ihnen sein! Aber er würde nicht der erste sein, es wieder einzurenken — eher ließe er sich hängen!

Er ging im Zimmer hin und her und wurde erst ruhiger, als er hörte, wie die Haustür hinter Adrian und seiner Frau ins Schloß fiel. Wenn das so weiterging, mußte er natürlich eine andere Situation schaffen. Das war klar. Wenn er solchermaßen gebunden war, wie konnte er da der Welt helfen, dem Alltag zu entfliehen? Er öffnete den Flügel und überflog die Liste seiner Schülerinnen für den heutigen Vormittag. Miss Betty Brittle, Gräfin Wilkowska und Miss Marian Morrow. Sie waren reizend — alle drei!

Punkt halb elf läutete es. Er machte auf. Vor der Tür stand Miss Betty Brittle, ganz in Weiß, ihre Noten in einer blauen Seidenmappe.

»Ich bin leider etwas zu früh«, sagte sie errötend und schüchtern und schlug ihre großen blauen Augen auf.

»Keineswegs, Verehrteste! Ich bin entzückt«, sagte Reginald.

»Bitte treten Sie näher!«

»Was für ein himmlischer Morgen«, sagte Miss Brittle. »Ich bin durch den Park gegangen. Die Blumen waren betörend!«

»Dann denken Sie bitte an sie, während Sie Ihre Übungen singen!« empfahl Reginald und setzte sich an den Flügel. »Es wird Ihrer Stimme Farbe und Wärme verleihen!«

Oh, was für ein entzückender Einfall! Mr. Peacock war wirklich ein *Genie!* Sie öffnete die hübschen Lippen und begann wie ein Stiefmütterchen zu singen.

»Sehr gut, wirklich sehr gut!« sagte Reginald und griff Akkorde, die selbst einen hartgesottenen Verbrecher himmelwärts getragen hätten. »Runden Sie die Töne ab! Scheuen Sie sich nicht! Verweilen Sie bei ihnen! Atmen Sie die Töne wie einen Wohlgeruch aus!«

Wie niedlich sie aussah, als sie so in ihrem weißen Kleid dastand, den kleinen Blondschopf etwas angehoben, so daß ihre milchweiße Kehle zu sehen war.

»Haben Sie jemals vor dem Spiegel geübt?« fragte Reginald. »Das sollten Sie nämlich! Es macht die Lippen geschmeidiger! Kommen Sie bitte neben mich!«

Sie stellten sich nebeneinander vor den Spiegel.

»Jetzt singen Sie — mu-i-ku-i-o-i-a!«

Aber sie zauderte und errötete mehr denn je.

»Ach, ich kann's nicht!« rief sie. »Ich komme mir so töricht vor! Ich würde am liebsten lachen! Ich sehe so komisch aus!«

»Das stimmt nicht«, sagte Reginald, lachte aber auch sehr freundlich. »Scheuen Sie sich nicht! Versuchen Sie's noch einmal!«

Die Stunde verging im Fluge, und Betty Brittle überwand ihre Scheu ganz und gar.

»Wann darf ich wiederkommen?« fragte sie und verwahrte die Noten in der blauseidenen Mappe. »Ich möchte jetzt so viele Stunden wie möglich nehmen. Ach, sie machen mir solche Freude, Mr. Peacock! Darf ich übermorgen kommen?«

»Ich bin entzückt, Verehrteste!« versicherte Reginald und begleitete sie unter Verbeugungen hinaus.

Ein herrliches Kind! Und als sie vor dem Spiegel standen, hatte ihr weißer Ärmel seinen schwarzen gestreift. Er spürte — ja, wahrhaftig, er spürte noch immer eine warme, wärmende Stelle und streichelte sie. Und sie liebte ihre Stunden! — Seine Frau kam ins Zimmer.

»Reginald, kannst du mir etwas Geld geben? Ich muß den Milchmann bezahlen. Und bist du heute abend zum Essen da?«

»Du weißt doch, daß ich um halb zehn bei Lord Timbuck singen soll. Kannst du mir eine Bouillon machen — mit einem Eidotter?«

»Ja. Und das Geld, Reginald! Achteinhalb Shilling!«

»Das kommt mir aber sehr hoch vor, wie?«

»Nein, es stimmt genau. Und Adrian muß seine Milch haben.«

Da fing sie schon wieder an! Jetzt mußte Adrian herhalten, damit sie auf ihn losgehen konnte!

»Ich habe nicht den leisesten Wunsch, meinem Kind die nötige Milch zu verweigern«, sagte er. »Da hast du zehn Shilling!«

Es läutete an der Tür. Er ging öffnen.

»Oh«, hauchte die Gräfin Wilkowska, »diese Treppe! Ich kann kaum noch atmen!« Und während sie ihm ins Musikzimmer folgte, legte sie die Hand auf ihr Herz. Sie war ganz in Schwarz, schwarzes Hütchen mit flatterndem Schleier, ein Veilchenstrauß im Ausschnitt.

»Lassen Sie mich heute keine Tonleitern singen!« rief sie und streckte die Hände auf entzückend ausländische Art aus. »Nicht heute! Ich möchte nur Lieder singen! . . . Und darf ich meine Veilchen wegnehmen? Sie welken so schnell!«

›Sie welken so schnell — sie welken so schnell‹, spielte Reginald auf dem Flügel.

»Darf ich sie hier einstellen?« fragte die Gräfin und steckte die Veilchen in eine kleine Vase, die vor einer von Reginalds Photographien stand.

»Ich bin entzückt, Verehrteste!«

Sie begann zu singen, und alles ging gut, bis sie zu der Stelle kam: ›Du liebst mich! Ja, ich *weiß*, daß du mich liebst.‹ Er ließ die Hände von den Tasten sinken, drehte sich herum und sah sie an.

»Nein, nein, so geht es nicht! Sie können das besser machen!«
rief er leidenschaftlich. »Sie müssen so singen, als wären Sie
selbst verliebt. Hören Sie zu! Ich werde es Ihnen vorsingen!« Und er sang.

»Ach ja, ja, ich verstehe jetzt, wie Sie es meinen«, stammelte die kleine Gräfin. »Darf ich es noch einmal versuchen?«

»Sicher! Fürchten Sie sich nicht. Lassen Sie sich gehen! In
einem stolzen Geständnis . . . einer stolzen Kapitulation!«
rief er während des Spielens.

Und sie sang.

»Ja. Diesmal war es schon besser. Aber ich weiß, daß Sie
noch mehr aus sich herausholen können. Versuchen Sie es
mit mir zusammen. Eine Art jubelnder Trotz muß mitschwin-
gen — spüren Sie das? Und sie sangen zusammen. Ja, jetzt
wußte sie genau, daß sie es begriffen hatte. »Darf ich noch
einmal versuchen?«

»Du liebst mich! Ja, ich *weiß*, daß du mich liebst!«

Die Stunde war aus, bevor die Stelle ganz tadellos saß. Die
ausländischen Händchen zitterten, als sie die Noten zusam-
menpackten.

»Sie vergessen Ihre Veilchen!« sagte Reginald sanft.

»Ich — möchte sie vergessen«, sagte die Gräfin und biß sich
auf die Lippe. Was für zauberhafte Einfälle diese Auslän-
derinnen doch haben!

»Und kommen Sie am Sonntag zu uns, um etwas zu musi-
zieren?« fragte sie.

»Ich wäre entzückt, Verehrteste!« sagte Reginald.

»Weint nicht mehr, ihr stillen Brunnen / Was fließt ihr so
schnell dahin?« sang Miss Marion Morrow, doch ihre Augen füllten sich mit Tränen, und ihr Kinn zitterte.

»Pausieren Sie einen Augenblick!« sagte Reginald. »Ich werde es Ihnen vorspielen!« Und er spielte — sehr sanft.

»Ist etwas geschehen?« fragte Reginald. »Sie sehen heute
nicht sehr glücklich aus?«

Nein, das war sie auch nicht. Sie war furchtbar unglücklich.

»Möchten Sie mir sagen, was es ist?«

Es war nichts Bestimmtes. Sie hatte manchmal diese Stimmungen, wenn ihr das Leben fast unerträglich vorkam.

»Oh, ich verstehe«, sagte er. »Wenn ich Ihnen nur helfen könnte!«

»Aber das tun Sie ja, das tun Sie! Oh, wenn ich diese Stunden nicht hätte, könnte ich nicht weiterleben!«

»Setzen Sie sich in den Sessel, atmen Sie den Veilchenduft, und lassen Sie sich von mir etwas vorsingen. Das wird Ihnen ebensoviel nutzen wie eine Unterrichtsstunde!«

Warum waren nicht alle Männer wie Mr. Peacock?

»Gestern abend nach dem Konzert habe ich ein Gedicht geschrieben — nur, was ich empfand. Nichts Persönliches. Darf ich es Ihnen schicken?«

»Ich wäre entzückt, Verehrteste!«

Gegen Ende des Nachmittags war er ganz erschöpft und legte sich aufs Sofa, um seine Stimme zu schonen, bevor er sich umkleidete. Die Tür seines Zimmers stand offen. Er konnte hören, was Adrian und seine Frau miteinander plauderten.

»Weißt du, woran mich die Teekanne erinnert, Mummy? An ein Kätzchen, das sich hinkauert.«

»Tatsächlich, du kleiner Träumer?«

Reginald schlummerte ein. Das Läuten des Telefons weckte ihn.

»Hier spricht Ænone Fell. Mr. Peacock, ich habe gerade erfahren, daß Sie heute abend bei Lord Timbuk singen. Wollen Sie bei mir essen, und hinterher könnten wir zusammen hingehen?«

Seine Antwort tropfte wie Blütenblätter ins Telefon: »Ich bin entzückt, Verehrteste!«

Was für ein triumphaler Abend! Das kleine Abendessen *tête-à-tête* mit Ænone Fell, die Fahrt zu Lord Timbuck in ihrem weißen Auto, während sie ihm immer wieder für das unvergeßliche Erlebnis dankte. Und bei Lord Timbuck floß der Champagner in Strömen.

»Nehmen Sie noch etwas Champagner, Peacock!« sagte Lord Timbuck. Einfach Peacock, wohlgemerkt! Nicht Mr. Peacock, sondern Peacock, als wäre er einer ihresgleichen. Und war er das etwa nicht? Er war Künstler. Er konnte sie alle mit fortreißen. Und lehrte er sie nicht, dem Alltag zu entfliehen? Und wie er sang! Während des Singens hatte er wie im Traum all die Brillanten und Blüten und Fächer wie ein riesiges Bouquet huldigend vor sich hingebreitet gesehen.

»Noch ein Glas, Peacock?«

Während Peacock buchstäblich heimwärts *schwankte*, dachte er: ›Ich hätte nur mit dem kleinen Finger winken müssen, und schon hätte ich jede haben können, die mir gefiel.‹

Doch als er die Tür zu seiner dunklen Wohnung aufschloß, verebbte das wunderbar erhebende Gefühl. Er schaltete das Licht im Schlafzimmer an. Seine Frau schlief — an die äußerste Kante ihres gemeinsamen Bettes gequetscht. Plötzlich fiel ihm ein, was sie geantwortet hatte, als er ihr von seiner Einladung zum Abendessen erzählte: »Das hättest du mir schon eher sagen können!« Und wie er erwidert hatte: »Kannst du überhaupt nicht mehr mit mir sprechen, ohne gegen die allgemeinen Umgangsformen zu verstoßen?« Es war unglaublich, dachte er, daß sie sich sowenig aus ihm machte — wo doch so viele Frauen ihre Augen dafür gegeben hätten, an ihrer Stelle zu sein ... Ja, er wußte es ... Warum es nicht zugeben? ... Und da lag sie nun, feindselig selbst noch im Schlaf ... Mußte es denn immer so bleiben? fragte er sich — noch unter der Einwirkung des Champagners. Ach, wenn wir wenigstens Kameraden wären, wieviel könnte ich ihr jetzt erzählen! Vom heutigen Abend — sogar von Timbucks Verhalten zu mir, und was sie alles zu mir sagten und so weiter und so weiter.

Aufgeregt riß er sich den Lackschuh vom Fuß und schleuderte ihn einfach in die Ecke. Der Lärm weckte seine Frau: sie fuhr erschrocken hoch, setzte sich auf und strich sich das Haar aus der Stirn. Und plötzlich beschloß er, einen letzten Versuch zu machen und sie als Kameraden zu behandeln, ihr alles zu erzählen und sie für sich einzunehmen! Mit einem Plumps setzte er sich auf die Bettkante und griff nach ihrer Hand. Aber von all dem Wunderbaren, das er zu erzählen hatte, konnte er nichts herausbringen. Aus irgendeinem teuflischen Grund waren die einzigen Worte, die er hervorstoßen konnte: »Ich bin entzückt, Verehrteste!«

Am Nachmittag kamen die Stühle : ein ganzer, riesiger Wagen voll kleiner goldener Stühle, die ihre Beine gen Himmel streckten. Und dann kamen die Blumen. Wenn man vom Balkon auf die Leute hinunterblickte, die sie ins Haus trugen, sahen die Blumentöpfe wie komische, sehr hübsche Hüte aus, die den Gartenweg entlangnickten.

Sonne glaubte, es wären Hüte. Sie sagte: »Schau mal, da ist ein Mann mit einer Palme auf dem Hut!« Aber sie wußte nie den Unterschied zwischen wirklichen und nichtwirklichen Dingen.

Niemand war da, der sich um Sonne und Mond kümmerte. Ihr Kinderfräulein half Annie, Mutters Kleid zu ändern, das ›viel zu lang und viel zu eng unter den Armen war‹, und Mutter rannte im ganzen Haus herum und rief Vater an, er solle doch ja keine Besorgung vergessen. Sie hatte bloß Zeit, ihnen zuzurufen: »Geht mir aus dem Weg, Kinder!«

Sie gingen ihr aus dem Weg — Mond jedenfalls tat es. Ihm war es gräßlich, ins Kinderzimmer zurückgescheucht zu werden. Bei Sonne war es egal. Wenn sie den Leuten zwischen die Beine geriet, wurde sie einfach hochgehoben und geschüttelt, bis sie quiekte. Aber Mond war zu schwer dafür. Er war so schwer, daß der dicke Mann, der sonntags zum Essen kam, immer sagte: »So, junger Mann, wollen mal versuchen, dich hochzustemmen!« Und dann steckte er die Daumen unter Monds Arme und stöhnte und versuchte es und gab es schließlich auf: »Schwer wie ein Wagen voll Ziegelsteine!«

Aus dem Eßzimmer wurden fast alle Möbel entfernt. Der Flügel wurde in eine Ecke geschoben, und dann kam eine Reihe mit Blumentöpfen, und dann kamen die goldenen Stühle. Die waren für das Konzert. Als Mond hineinspähte, saß ein blasser Mann vor dem Flügel — aber er spielte nicht, sondern hämmerte darauf herum und schaute dann hinein. Er hatte eine Werkzeugtasche auf den Flügel gelegt und einer Statue an der Wand seinen Hut übergestülpt. Manchmal fing er bloß an zu spielen und sprang gleich wieder auf und schaute hinein. Mond hoffte, daß der Mann nicht das Konzert war.

Aber am besten war es natürlich in der Küche! Ein Mann mit einer Mütze wie ein Milchpudding war zum Helfen gekommen, und Minnie, die richtige Köchin, war ganz rot im Gesicht und lachte. Sie war gar nicht ärgerlich. Gab jedem von ihnen einen Fingerkeks und hob sie auf die Mehlkiste, damit sie zuschauen konnten, was für herrliche Sachen sie und der Mann für das Essen machten. Minnie brachte die Sachen an, und er legte sie auf Schüsseln und verzierte sie. Ganze Fische, die noch Kopf, Augen und Schwanz hatten, bestreute er mit roten und grünen und gelben Krümeln. Auf die Sülzen machte er lauter Schnörkel. Einem Schinken gab er einen Kragen und steckte eine sehr dünne Gabel hinein. Und auf die Cremeschüsseln legte er Mandeln und winzige runde Plätzchen. Und immer noch mehr Sachen kamen!

»Oh, ihr habt ja das Eis noch nicht gesehen!« sagte die Köchin. »Kommt mal mit!« ›Warum sie bloß so nett ist?‹ dachte Mond, als sie sie bei der Hand nahm und in den Kühlschrank schauen ließ.

Oh, wie herrlich! Es war ein kleines Haus! Es war ein kleines rosa Haus mit weißem Schnee auf dem Dach und grünen Fenstern und einer braunen Tür, und in der Tür steckte eine Nuß — die war der Türknauf!

»Laß mich mal anfassen! Bloß mal mit dem Finger aufs Dach tippen!« quengelte Sonne und sprang von einem Fuß auf den andern. Sie wollte immer alles Essen anfassen. Mond war nicht so.

»Und wie steht's mit dem Tisch?« sagte die Köchin zu Nellie, dem Mädchen.

»Der ist das reinste Bild, Min!« sagte Nellie. »Kommt bloß und schaut's euch an!« Sie gingen also alle ins Eßzimmer. Sonne und Mond fürchteten sich fast — zuerst wollten sie gar nicht bis vor den Tisch gehen. Sie blieben an der Tür stehen und starrten hinüber.

Es war noch nicht richtig Abend, aber die Vorhänge im Eßzimmer waren zugezogen, und die Lichter brannten — alle

Lichter waren rote Rosen! Rote Bänder und Rosensträuß-
chen waren um die Tischtuchzipfel gebunden. In der Mitte
war ein See, auf dem Rosenblütchen schwammen.

»Da kommt nachher das Eis hin«, sagte die Köchin.
Zwei silberne Löwen mit Flügeln trugen Obst auf dem
Rücken, und die Salzfäßchen waren winzige Vögel, die aus
Näpfen tranken.

Und all die blinkenden Gläser und schimmernden Teller und
funkelnden Messer und Gabeln — und all die Eßsachen!
Und die kleinen roten Servietten, die wie Rosen gebogen
waren . . .

»Wollen die Leute das alles aufessen?« fragte Mond.

»Na, bestimmt!« lachte die Köchin, und Nellie lachte mit.
Sonne lachte auch; sie machte immer alles nach, was andre
Leute taten. Aber Mond war nicht zum Lachen zumute. Mit
auf den Rücken gelegten Händen wanderte er immerzu um
den Tisch, immer rundherum. Vielleicht wäre er nie stehengeblieben, wenn ihr Kinderfräulein sie nicht plötzlich gerufen hätte. »Kommt, Kinder! Höchste Zeit, daß ich euch
wasche und anziehe!« Und sie wurden ins Kinderzimmer
abgeschoben.

Als sie ausgezogen wurden, schaute Mutter zur Tür herein:
sie hatte ein weißes Ding um die Schultern und rieb sich
Zeugs ins Gesicht.

»Ich läute, Fräulein, wenn es soweit ist, und dann brauchen
sie nur nach unten zu kommen, sich zeigen und wieder gehen«, sagte sie.

Mond wurde bis fast auf die Haut ausgezogen und dann
wieder angezogen: er bekam ein weißes, mit roten und weißen Gänseblümchen bestreutes Hemd und eine Kniehose
mit Verschnürung an den Seiten und Hosenträgern über
dem Hemd, und weiße Söckchen und rote Schuhe.

»Das ist ein russisches Kostüm«, sagte das Kinderfräulein
und strich ihm die Ponyfransen glatt.

»Ist es meins?« fragte Mond.

»Ja«, antwortete sie. »Setz dich still auf den Stuhl und schau
deiner kleinen Schwester zu!«

Sonne stellte sich schrecklich an. Nachdem sie endlich die

Socken anhatte, tat sie, als wäre sie hintenüber aufs Bett gekippt, und strampelte mit den Beinen, wie sie es immer machte, und jedesmal, wenn das Fräulein ihr mit einem Finger und einer nassen Bürste die Locken eindrehen wollte, drehte sie den Kopf weg und wollte die Photographie in Fräuleins Brosche sehen oder sonst irgendwas. Aber endlich war Sonne fertig! Das Kleid stand ihr weit ab; es war ganz weiß, und ringsrum Pelz. Sogar auf den Beinen ihres Schlüpfers war flaumiges Zeugs. Die Schuhe waren weiß, mit dicken weißen Bommeln.

»Fertig, mein Lämmchen!« sagte ihr Kinderfräulein. »Du siehst wie eine süße, engelhafte Puderquaste aus!« Sie lief an die Tür: »Ma'am, nur einen Moment bitte!«

Mutter kam wieder herein — mit offenem Haar.

»Oh«, rief sie, »das reinste Bild!«

»Ja, nicht wahr?« sagte das Kinderfräulein.

Und Sonne hielt ihr Röckchen bei den Zipfeln hoch und stellte den einen Fuß vor. Mond machte sich nichts draus, wenn die Leute ihn nicht bewunderten — nicht viel jedenfalls...

Danach saßen sie am Kindertisch und spielten saubere, ruhige Spiele, während ihr Kinderfräulein an der Tür stand, und als die Wagen vorzufahren begannen und Lachen und Stimmen und Kleidergeraschel von unten heraufdrangen, flüsterte sie: »Bleibt jetzt ganz brav auf eurem Platz!« Sonne zerrte dauernd an der Tischdecke, so daß sie auf ihrer Seite tief herunterhing und Mond überhaupt keine hatte — und dann tat sie noch so, als hätte sie es nicht absichtlich gemacht!

Endlich kam das Klingelzeichen. Das Kinderfräulein stürzte sich mit der Haarbürste auf sie, fuhr Mond noch mal über seine Ponyfransen, richtete Sonnes Haarschleife auf und legte ihnen die Hände ineinander.

»Jetzt nach unten gehen!« flüsterte sie.

Und sie gingen. Mond fand es dumm, daß sie sich bei der Hand halten sollten, aber Sonne machte es anscheinend Spaß. Sie schwenkte den Arm, so daß das Glöckchen an ihrem Korallenarmband klimperte.

Mutter stand an der Tür zum Salon und fächelte sich mit

einem schwarzen Fächer. Der Salon war voll gut riechender, seidig raschelnder Damen und voll komischer Herren in Schwarz, die mit den Schwänzen an ihren Jacken wie Käfer aussahen. Vater war mitten unter ihnen, sprach sehr laut und spielte mit etwas Klirrendem in seiner Hosentasche.

»Was für ein Bild!« riefen die Damen. »Oh, was für Schätzchen! Oh, was für Herzchen! Oh, wie süß! Oh, wie goldig!« Alle Leute, die nicht an Sonne herankommen konnten, küßten Mond, und eine magere alte Dame mit Zähnen, die klapperten, sagte zu ihm: »So ein ernster kleiner Mann!«, und klopfte ihm mit etwas Hartem auf den Kopf. Mond schaute sich um und suchte den Konzertmann, aber er war weg. Statt seiner beugte sich ein dicker Mann mit rosa Kopf über den Flügel und sprach mit einem Mädchen, das eine Geige an ihr Ohr hielt.

Ein einziger Mann war dabei, den Mond wirklich gut leiden konnte. Es war ein kleiner grauhaariger Mann mit langem grauem Backenbart, der ganz für sich allein herumging. Er kam auf Mond zu, zwinkerte sehr nett mit den Augen und sagte: »Hallo, junger Mann!« Dann ging er. Aber bald kam er zurück und fragte: »Hast du Hunde gern?« Mond sagte: »Ja.« Doch dann ging er wieder weg, und obwohl Mond sich die Augen nach ihm aussah, konnte er ihn nirgends finden. Er dachte: ›Vielleicht ist er rausgegangen und holt mir ein Hündchen.‹

»Gute Nacht, Kinderchen!« sagte Mutter und schlang die nackten Arme um sie. »Fliegt in euer kleines Nest hinauf!« Doch nun stellte sich Sonne wieder mal an. Sie hob vor allen Leuten die Arme hoch und rief: »Mein Daddy soll mich rauftragen!«

Aber den Leuten gefiel es anscheinend, und Daddy bückte sich und nahm sie auf den Arm, wie er's immer tat.

Das Kinderfräulein war in solcher Eile, sie ins Bett zu stekken, daß sie Mond mitten im Gebet unterbrach und ihm zurief: »Mach ein bißchen schneller, Kind, hörst du?« Und im nächsten Augenblick lagen sie schon im Dunkeln, nur das Nachtlicht brannte auf der kleinen Untertasse.

»Schläfst du schon?« fragte Sonne.

»Nein«, sagte Mond. »Du schon?«

»Nein«, sagte Sonne.

Viel später wachte Mond auf. Von unten drang ein sehr lautes Geprassel herauf, als ob es regnete. Er hörte, wie Sonne sich umdrehte.

»Sonne, bist du wach?«

»Ja. Du auch?«

»Ja. Komm mit, wir wollen übers Geländer schauen!«

Sie hatten sich gerade auf die oberste Treppenstufe gesetzt, als die Salontür aufging, und sie bemerkten, wie die Gesellschaft durch die Halle ins Eßzimmer zog. Dann wurde die Tür zugemacht, und sie hörten Knallen und Lachen. Dann hörte es auf. Mond sah, wie sie immerzu um den herrlichen Tisch wanderten, immer rundherum und die Hände auf dem Rücken, wie er das getan hatte . . . Rundherum wanderten sie, rundherum . . . und schauten und schauten. Dem Mann mit dem grauen Backenbart gefiel das kleine Haus am besten. Als er die Nuß sah, die als Türknauf diente, zwinkerte er mit den Augen und sagte zu Mond: »Hast du die Nuß gesehen?«

»Nick nicht immer mit dem Kopf, Mond!«

»Tu' ich ja gar nicht! Du nickst!«

»Ist nicht wahr! Ich nicke nie mit dem Kopf!«

»Doch! Tust du ja jetzt schon wieder!«

»Nein, tu' ich nicht! Ich will dir bloß zeigen, wie man nicht nicken darf.«

Als sie wieder aufwachten, hörten sie Vaters sehr laute Stimme und Muter, die immerzu lachte. Vater kam aus dem Eßzimmer, sprang die Treppe rauf und wäre beinah über sie beide gefallen.

»Oho!« sagte er. »Nein, so etwas! Kitty, komm rauf und sieh dir das an!«

Die Mutter kam aus dem Eßzimmer. »Oh, ihr schlimmen Kinder!« rief sie von der Halle herauf.

»Wollen sie nach unten schaffen und ihnen einen Knochen geben!« sagte ihr Vater. Mond hatte ihn noch nie so lustig gesehen.

»Nein, auf keinen Fall!« sagte Mutter.

»Doch, mein Daddy, bitte! Bitte nimm uns mit!« sagte Sonne.
»Natürlich nehm' ich euch mit!« schrie Vater. »Ich lass' mir
nichts verbieten! Kitty — Platz da!« Und er nahm unter jeden Arm eins von ihnen.

Mond glaubte, daß Mutter nun furchtbar böse sein würde.
Aber nein! Sie lachte über Vater.

»Oh, du schlimmer Junge!« sagte sie. Doch sie meinte nicht
Mond damit.

»Kommt mit, Kinderchen! Kommt und fallt über die Reste
her!« sagte dieser lustige Vater. Aber Sonne blieb stehen.

»Mutter, dein Kleid ist auf einer Seite weggerutscht!«

»Wirklich?« sagte Mutter. Und Vater sagte: »Ja, stimmt«,
und tat so, als wolle er sie in die weiße Schulter beißen, aber
sie stieß ihn weg.

Und nun gingen sie in das wunderschöne Eßzimmer.

Aber o weh! Was war dort passiert? Die Bänder und die
Rosen waren heruntergerissen. Die kleinen roten Servietten
lagen auf dem Fußboden, und all die schimmernden Teller
und die blinkenden Gläser waren schmutzig. Das leckere
Essen, das der Mann so schön verziert hatte, war herum-
gestreut, und überall lagen Knochen und Krümel und Obstschalen und Reste. Sogar eine Flasche war umgekippt, und
das Zeugs lief heraus, aufs Tischtuch, und niemand kam und
stellte sie wieder hin.

Und das kleine rosa Haus mit dem Schneedach und den grünen Fenstern war kaputt! Halb geschmolzen stand es mitten
auf dem Tisch.

»Komm her, Mond!« rief Vater, als hätte er es nicht bemerkt.
Sonne hob ihre Pyjamabeine und schlurfte zum Tisch, stellte
sich auf einen Stuhl und quietschte.

»Etwas Eis gefällig?« sagte Vater und schlug noch ein Stück
vom Dach ein.

Mutter nahm einen kleinen Teller und hielt ihn Vater hin;
den andern Arm legte sie ihm um den Hals.

»Daddy, Daddy!« kreischte Sonne. »Der Türknopf ist noch
dran! Die kleine Nuß! Kann ich die haben?« Und sie griff
über den Tisch und zog die Nuß heraus, biß fest zu und
knabberte sie blinzelnd auf.

»Komm her, mein Junge!« sagte Vater.

Aber Mond rührte sich nicht von der Tür weg. Plötzlich warf er den Kopf in den Nacken und stieß ein Jammergeschrei aus.

»Ich find's scheußlich!« schluchzte er. »Scheußlich!«

»Da hast du's!« sagte Mutter. »Da hast du's!«

»Marsch, raus mit dir!« sagte Vater und war gar nicht mehr lustig. »Raus, aber rasch!«

Und laut jammernd stampfte Mond ins Kinderzimmer hinauf.

Er war wirklich ein unmöglicher Mensch! Viel zu scheu! Hatte einfach nichts vorzuweisen. Und was für eine Zumutung! War er einmal bei einem im Atelier, dann wußte er nie, wann er wegzugehen hatte, sondern blieb und blieb, bis man fast hätte schreien können und ihm, wenn er sich endlich errötend verdrückte, am liebsten etwas Tolles nachgeworfen hätte — etwa den Kachelofen. Das Seltsame war, daß er auf den ersten Blick äußerst interessant aussah. Das gaben alle zu. Bummelte man zum Beispiel abends ins Café, dann sah man ihn mit einem Glas Kaffee vor sich in einer Ecke sitzen: einen mageren, dunkelhaarigen Jungen, der einen blauen Pulli trug und sich eine leichte graue Flanelljacke darübergeknöpft hatte. Und der blaue Pulli und die graue Jacke mit den zu kurzen Ärmeln verliehen ihm irgendwie das Aussehen eines Jungen, der sich entschlossen hat, auszureißen und zur See zu gehen, ja, der tatsächlich schon ausgerissen ist und im nächsten Augenblick aufstehen wird, um ein zusammengeknotetes Taschentuch, das sein Nachthemd und ein Bild seiner Mutter enthält, ans Ende eines Spazierstocks zu knüpfen und in die Nacht hinauszulaufen und zu ertrinken ... schon auf dem Weg zum Schiff über den Rand der Mole stolpernd ... Er hatte kurzgeschorenes schwarzes Haar, graue Augen mit langen Wimpern, blasse Wangen und etwas aufgeworfene Lippen, als wäre er entschlossen, nicht zu weinen ... Wie hätte man ihm widerstehen können? Ach, sein Anblick zerriß einem das Herz. Und als wäre das nicht genug, hatte er obendrein die Eigenheit, rot zu werden ... Sooft der Kellner in seine Nähe kam, wurde er rot — als käme er gerade aus dem Gefängnis und der Kellner wisse Bescheid ...

»Wer ist das, Liebes? Kennst du ihn?«

»Ja. Er heißt Jan French. Ein Maler. Furchtbar begabt, wie es heißt. Jemand wollte ihm mal die zärtliche Fürsorge einer Mutter angedeihen lassen. Fragte ihn, wie oft er von zu Hause höre, ob er genug Wolldecken auf seinem Bett habe, und wieviel Milch er täglich trinke. Doch als die betreffende Person dann zu seinem Atelier ging, um sich um seine Sokken zu kümmern, läutete und läutete sie, und obwohl sie hätte schwören können, daß sie drin jemand atmen hörte, wurde die Tür nicht geöffnet . . . Hoffnungslos!

Eine andere fand, daß er sich verlieben müsse. Sie rief ihn neben sich, nannte ihn ›Boy‹ und lehnte sich weit vor, damit er den bezaubernden Duft ihrer Haare riechen solle; sie nahm ihn beim Arm und sagte ihm, wie wundervoll das Leben sein könne, wenn man nur den Mut dazu hätte, und eines Abends ging sie zu seinem Atelier und läutete und läutete . . . Hoffnungslos!

›Was der arme Junge wirklich braucht: er muß mal gründlich aufgerüttelt werden!‹ sagte eine dritte. Sie gingen also in Cafés und Kabaretts, zu kleinen Tanzveranstaltungen und in Lokale, wo es etwas zu trinken gab, das wie Aprikosensaft aus der Büchse schmeckte, aber siebenundzwanzig Shilling die Flasche kostete und Champagner genannt wurde, und in andere Lokale, unbeschreiblich aufregende, wo man im gruseligsten Dämmerdunkel saß und wo stets am Abend vorher jemand erschossen worden war. Aber er verzog keine Miene. Nur einmal war er sehr betrunken, doch anstatt aus sich herauszugehen, saß er versteinert da, mit zwei roten Flecken auf der Wange wie . . . ja meine Liebe, wie das Urbild von dem Ragtime-Schlager, den sie gerade spielten: wie eine ›zerbrochene Puppe‹. Doch als sie ihn in sein Atelier zurückbrachte, hatte er sich gänzlich erholt und sagte ihr unten auf der Straße gute Nacht, als wären sie zusammen von der Kirche nach Hause gegangen . . . Hoffnungslos!

Nach wer weiß wieviel weiteren Versuchen — denn bei Frauen stirbt die Nächstenliebe sehr langsam — gaben sie ihn auf. Natürlich waren sie immer noch ganz reizend zu ihm und luden ihn zu ihren Ausstellungen ein und sprachen im Café mit ihm, doch das war alles. Wenn man Künstlerin ist, hat man einfach keine Zeit für Leute, die nicht entgegenkommend sind — oder?

Und außerdem glaube ich wirklich, daß irgendwo etwas Verdächtiges dahinterstecken muß, meinst du nicht? Es kann

nicht alles so unschuldig sein, wie es aussieht. Warum kommt
er nach Paris, wenn er das bescheidene Veilchen spielen will?
Ich bin ja nicht mißtrauisch, aber . . .«
Er wohnte ganz oben in einem hohen, trübseligen Gebäude,
das auf den Fluß blickte — eins jener Häuser, die in Regen-
nächten und an mondhellen Abenden so romantisch aussehen, wenn die Läden und die schwere Haustür geschlossen
sind und das Schild ›Kleines Zimmer sofort zu vermieten!‹
unsagbar traurig hervorschimmert —, eins jener Häuser, die
das ganze Jahr hindurch so unromantisch riechen und wo
die Concierge im Erdgeschoß in einem Glaskäfig wohnt und,
in einen schmutzigen Schal gehüllt, etwas Undefinierbares
in einem Kochtopf umrührt und den fetten, alten Hund, der
sich auf einem Perlstickereikissen räkelt, löffelweise mit Lek-
kerbissen füttert . . . Das Atelier hoch oben in Lüften hatte
eine wunderbare Aussicht. Die beiden großen Fenster blickten aufs Wasser; er konnte die Boote und die Kähne sehen,
die auf und ab schaukelten, und den Rand einer mit Blumen
bepflanzten Insel, die einem runden Bukett glich. Das Seitenfenster blickte zu einem andern Haus hinüber, das noch
armseliger und engbrüstiger war, und tief unten war ein
Blumenmarkt. Man konnte die Dächer der riesigen Schirme
sehen, unter denen die leuchtenden Blumen wie Rüschen her-
vorschimmerten, und Marktbuden unter gestreiftem Zelt-
stoff, wo Pflanzen in Kästen und Klumpen feucht glänzender
Palmen in Terrakottagefäßen verkauft wurden. Alte Frauen
huschten wie Krabben zwischen den Blumen hin und her.
Er hatte es wirklich nicht nötig auszugehen. Wenn er so lange am Fenster gesessen hätte, bis ihm ein weißer Bart aus
dem Fenster gewachsen wäre, hätte er immer noch etwas
zum Zeichnen gefunden.
Wie die liebevollen Damen gestaunt hätten, wenn es ihnen
gelungen wäre, die Tür aufzubrechen! Er hielt nämlich sein
Atelier so ordentlich wie ein Schmuckkästchen. Alles war so
angeordnet, daß es ein Muster bildete, ein kleines ›Stilleben‹
sozusagen: die Kochtöpfe mit den Deckeln an der Wand
über dem Gasherd, auf dem Regal die Schüssel mit den Eiern,
der Milchkrug und die Teekanne, und auf dem Tisch die

Bücher und die Lampe mit dem gefältelten Papierschirm. Ein indischer Schal mit einer Kante ringsherum laufender roter Leoparden bedeckte tagsüber sein Bett, und auf der Wand neben dem Bett befand sich, wenn man lag, in Augenhöhe, ein kleiner, sauber mit Druckbuchstaben beschriebener Zettel: STEH SOFORT AUF!

Alle Tage glichen sich ziemlich genau. Solange das Licht günstig war, schuftete er an seiner Malerei, dann kochte er seine Mahlzeiten und räumte das Zimmer auf. Und abends ging er ins Café, oder er blieb zu Hause und las, oder er stellte die kniffligste Ausgabenliste zusammen mit der Überschrift: ›Womit ich auskommen sollte‹, und unten drunter die eidesstattliche Erklärung: ›Ich gelobe, diesen Betrag während des nächsten Monats nicht zu überschreiten. Gezeichnet, Jan French.‹

Nichts war daran verdächtig, doch die scharfsichtigen Damen hatten ganz recht: es war nicht alles.

Eines Abends saß er am Seitenfenster, aß Pflaumen und warf die Steine auf die Dächer der riesigen Sonnenschirme am leeren Blumenmarkt. Es hatte geregnet — der erste richtige Frühlingsregen des Jahres war niedergegangen, ein helles Glitzern lag auf allem, und die Luft roch nach Knospen und feuchter Erde. Viele schläfrig und zufrieden klingende Stimmen schallten durch die dämmerige Luft, und die Leute, die eigentlich die Fenster schließen und die Läden dichtmachen wollten, lehnten sich statt dessen hinaus. Tief unten auf dem Markt waren die Bäume mit frischem Grün besprenkelt. Was für Bäume mochten es sein? fragte er sich. Und nun kam der Laternenanzünder! — Er blickte auf das Haus gegenüber, auf das engbrüstige, armselige Haus, und plötzlich öffnete sich wie eine Antwort auf seinen Blick eine Balkontür. Ein Mädchen trat auf den winzigen Balkon und trug einen Topf mit Narzissen. Es war ein merkwürdig mageres Mädchen in einer dunklen Schürze, und um das Haar hatte sie sich ein rotes Tuch gebunden. Die Ärmel waren fast bis zu den Schultern hochgekrempelt, und ihre schlanken Arme hoben sich vom dunklen Stoff ab.

»Ja, es ist wirklich warm genug. Es wird ihnen guttun«, sagte sie, stellte den Topf hin und drehte sich zu jemand im Zimmer um. Als sie sich umdrehte, hob sie die Hände zum Kopftuch auf und steckte ein paar Haarsträhnen weg. Sie blickte auf den verlassenen Marktplatz hinunter und dann zum Himmel auf, doch dort, wo er saß, hätte ebensogut ein Loch in der Luft sein können. Sie sah das gegenüberliegende Haus einfach nicht. Und dann verschwand sie.

Das Herz fiel ihm aus dem Seitenfenster seines Ateliers und hinunter auf den Balkon des gegenüberliegenden Hauses: es begrub sich im Narzissentopf zwischen den halbgeöffneten Knospen und den grünen Blattspießen ... Das Zimmer mit dem Balkon war das Wohnzimmer, und nebenan war die Küche. Er hörte das Geschirrklappern, wenn sie nach dem Abendbrot abwusch, und dann trat sie ans Fenster, klopfte einen kleinen Abwaschpinsel am Fenstersims aus und hängte ihn zum Trocknen an einen Nagel. Nie sang sie, nie öffnete sie die Zöpfe oder reckte sie die Arme zum Mond auf, wie es junge Mädchen angeblich tun. Und sie trug immer die gleiche dunkle Schürze und das gleiche rote Tuch über dem Haar ... Mit wem wohnte sie zusammen? Niemand sonst trat an die beiden Fenster, und doch sprach sie immer mit jemandem im Zimmer. Vielleicht war ihre Mutter gebrechlich, meinte er — sie übernahmen Näharbeiten — der Vater lebte nicht mehr. Er war Journalist gewesen — sehr blaß — mit langen Schnurrbartenden und einer Strähne schwarzer Haare, die ihm in die Stirn fiel. Indem sie den ganzen Tag arbeiteten, verdienten sie gerade genug Geld, um davon zu leben, doch gingen sie nie aus, und Freunde hatte sie keine. Wenn er sich jetzt an seinen Tisch setzte, mußte er eine ganz neue Liste eidesstattlicher Erklärungen zusammenstellen: nicht vor einer bestimmten Stunde ans Seitenfenster gehen ... Gezeichnet, Jan French. Nicht an sie denken, ehe das Malgerät weggeräumt ist. Gezeichnet, Jan French.

Es war ganz einfach: sie war der einzige Mensch, den er wirklich kennenlernen wollte, denn wie er meinte, war sie der einzige andere lebende Mensch, der genauso alt war wie er. Kichernde Mädchen konnte er nicht ausstehen, und mit erwachsenen Frauen konnte er nichts anfangen. Sie war so alt wie er, sie war . . . hm, ja, genauso wie er. Er saß in seinem dämmerigen Atelier, müde, den einen Arm über die Rückenlehne seines Stuhls baumelnd, und starrte auf ihr Fenster, bis er sich drüben bei ihr sah. Sie war von heftiger Gemütsart: manchmal zankten sie sich schrecklich, er und sie. Sie hatte eine Art, mit dem Fuß aufzustampfen und die Hände wütend in der Schürze zu verkrempeln. Und lachen tat sie sehr selten. Nur wenn sie ihm von einem komischen kleinen Kätzchen erzählte, das sie einmal gehabt hatte und das immer losschrie, wenn es Fleisch zu essen bekam, und sich anstellte, als wäre es eine Löwin. Über solche Dinge mußte sie lachen . . . Doch meistens saßen sie sehr ruhig beieinander; er saß da, wie er jetzt eben dasaß, und sie hatte die Hände im Schoß gefaltet und die Füße untergezogen: mit leiser Stimme unterhielten sie sich, oder sie waren nach des Tages Arbeit müde und schwiegen. Natürlich erkundigte sie sich nie nach seinen Bildern, und natürlich machte er die herrlichsten Skizzen von ihr, die sie aber verabscheute, weil er sie so mager und so dunkel zeichnete . . . Aber wie sollte er es anstellen, um sie kennenzulernen? So konnte es ja noch jahrelang weitergehen . . .

Dann entdeckte er, daß sie einmal wöchentlich abends ausging, um einzukaufen. An zwei aufeinanderfolgenden Donnerstagen kam sie ans Fenster, trug einen altmodischen Umhang über der Schürze und hatte einen Korb am Arm. Von dort aus, wo er saß, konnte er die Tür ihres Hauses nicht sehen, aber am nächsten Donnerstagabend um dieselbe Zeit haschte er nach seiner Mütze und rannte die Treppe hinunter. Ein schönes rotes Licht lag über allem. Er sah es auf dem Fluß glühen, und die ihm entgegenkommenden Leute hatten rötliche Gesichter und rötliche Hände.

Er lehnte sich an die Außenwand seines Hauses, wartete auf sie und hatte keine Ahnung, was er tun oder sagen sollte. ›Da kommt sie!‹ sagte eine Stimme in seinem Kopf. Sie ging sehr rasch, mit kleinen, leichten Schritten. In der einen Hand trug sie den Korb, mit der andern hielt sie den Umhang zusammen. Was konnte er tun? Er konnte ihr nur nachgehen. Zuerst ging sie zum Kaufladen und blieb lange Zeit drin, und dann ging sie zum Metzger, wo sie warten mußte, bis sie an die Reihe kam. Dann war sie eine Ewigkeit in einem Stoffgeschäft und suchte etwas in einer passenden Farbe, und dann ging sie in den Obstladen und kaufte eine Zitrone. Während er sie beobachtete, war er mehr denn je überzeugt, daß er sie kennenlernen müsse, jetzt gleich. Ihre Gefaßtheit, ihr Ernst und ihre Einsamkeit, sogar die Art, wie sie ging, als wäre sie drauf aus, diese Erwachsenenwelt hinter sich zu lassen — das alles fand er so natürlich und so unvermeidbar. ›Ja, so ist sie immer‹, dachte er stolz. ›Mit diesen Leuten haben wir nichts zu schaffen!‹

Doch jetzt war sie auf dem Heimweg, und er war ihr so fern wie nur je . . . Plötzlich bog sie in den Milchladen ein, und durchs Schaufenster sah er, wie sie ein Ei kaufte. Sie suchte es mit einer solchen Sorgfalt im Korb aus — ein braunes, ein schön geformtes, das Ei, das auch er gewählt hätte. Und als sie aus dem Milchladen trat, ging er nach ihr hinein. Im Nu war er wieder draußen und folgte ihr . . . an seinem Haus vorbei und über den Blumenmarkt wand er sich zwischen den riesigen Sonnenschirmen hindurch und trat auf die abgefallenen Blumen und die Abdrücke, wo die Töpfe gestanden hatten . . . Durch ihre Haustür stahl er sich, und nach ihr die Treppe hinauf, achtsam, im Takt mit ihr aufzutreten, so, daß sie es nicht merken sollte. Endlich blieb sie in ihrem Stockwerk stehen und holte den Schlüssel aus ihrer Handtasche. Als sie ihn in die Tür steckte, sprang er hinauf und stand vor ihr.

Er errötete mehr denn je, sah sie aber streng an und sagte beinah zornig: »Entschuldigen Sie, Mademoiselle, Sie haben das hier fallen lassen!«

Und reichte ihr ein Ei.

Eine Gewürzgurke

Und dann, nach sechs Jahren, sah sie ihn wieder. Er saß an einem der kleinen Bambustische, die mit Papiernarzissen in japanischen Vasen geschmückt waren. Ein hoher Aufsatz mit Obst stand vor ihm, und sehr sorgfältig — auf eine Art, die sie sogleich als seine ihm eigene Art wiedererkannte — schälte er sich eine Apfelsine.

Er mußte gespürt haben, was für ein Schock das Wiedererkennen für sie war, denn er sah auf und begegnete ihren Blicken. Unglaublich! Er erkannte sie nicht! Sie lächelte; er zog die Brauen zusammen. Sie ging auf ihn zu. Einen kurzen Augenblick schloß er die Augen, doch als er sie wieder öffnete, leuchtete sein Gesicht auf, als hätte er in einem dunklen Zimmer ein Streichholz angezündet. Er legte die Apfelsine hin und stieß seinen Stuhl zurück, und sie nahm ihre warme kleine Hand aus ihrem Muff und reichte sie ihm.

»Vera!« rief er. »Wie merkwürdig! Einen Augenblick hatte ich dich wirklich nicht erkannt! Willst du nicht Platz nehmen? Hast du schon Mittag gegessen? Möchtest du Kaffee?«

Sie zögerte, aber natürlich wollte sie gern.

»Ja, ich nehme gern einen Kaffee.« Und sie setzte sich ihm gegenüber.

»Du hast dich verändert! Du hast dich sehr verändert«, sagte er und betrachtete sie mit aufmerksamen, interessierten Blicken. »Du siehst so gut aus! Noch nie habe ich dich so wohl gesehen!«

»Tatsächlich?« Sie hob den Schleier ein wenig und knöpfte den hohen Pelzkragen auf. »Ich fühle mich aber nicht sehr wohl. Ich kann nämlich dieses Wetter nicht ertragen.«

»Ach ja! Die Kälte hast du immer gehaßt . . .«

»Ich kann sie nicht ausstehen!« Sie schauderte. »Und das Schlimmste daran ist, daß, je älter man wird . . .«

Er unterbrach sie. »Entschuldige!« Er klopfte auf den Tisch und rief die Kellnerin herbei. »Bitte, einmal Kaffee mit Sahne.« Und zu ihr gewandt: »Willst du bestimmt nichts essen? Vielleicht etwas Obst? Das Obst ist hier sehr gut!«

»Nein, danke! Nichts.«

»Dann ist das also erledigt!« Und, gerade ein bißchen zu selbstzufrieden lächelnd, nahm er wieder die Apfelsine auf.

»Du wolltest eben sagen: je älter man wird . . .«

». . . desto kälter«, lachte sie. Aber sie dachte, wie gut sie sich noch an seine widerliche Gewohnheit erinnerte, sie zu unterbrechen, und wie sie das vor sechs Jahren stets zur Verzweiflung gebracht hatte. Damals war es ihr immer so, als hätte er ihr mitten in dem, was sie sagen wollte, die Hand auf den Mund gelegt und sich abgewandt und mit etwas anderem beschäftigt, und dann die Hand wieder weggenommen und ihr mit genau demselben, ein bißchen zu selbstzufriedenen Lächeln wieder seine Aufmerksamkeit geschenkt . . . Jetzt sind wir soweit. Das ist also erledigt.

»Desto kälter.« Seine Worte kamen wie ein Echo, das Lachen ebenfalls. »Haha! Du sagst noch immer die gleichen Dinge! Und noch etwas anderes an dir hat sich überhaupt nicht verändert — deine schöne Stimme — deine schöne Sprechstimme!« Jetzt war er sehr ernst; er beugte sich zu ihr hinüber, und sie vermerkte den feurigen, beißenden Geruch der Apfelsinenschale. »Du brauchtest nur ein Wort zu sagen, und ich würde deine Stimme unter hundert anderen herauskennen. Ich weiß nicht, was es ist — hab's mich oft gefragt —, weshalb deine Stimme einem so im Gedächtnis haftenbleibt . . . Erinnerst du dich an den ersten Nachmittag, den wir gemeinsam in Kew Gardens verbrachten? Du warst so überrascht, weil ich von keiner einzigen Blume den Namen wußte. Ich bin noch genauso unwissend, obwohl du mich belehrt hattest. Aber sobald es schön und warm ist und ich leuchtende Farben sehe, dann — ist es nicht seltsam? — höre ich deine Stimme sagen: ›Geranien, Ringelblumen und Verbenen!‹ Und mir ist dann, als wären die drei Worte alles, was mir von einer längst vergessenen, himmlischen Sprache haftengeblieben ist . . . Erinnerst du dich an den Nachmittag?«

»O ja, sehr gut!« Sie schöpfte sehr tief Atem, als dufteten die Papiernarzissen zwischen ihnen fast unerträglich süß. Was ihr jedoch von jenem Nachmittag im Gedächtnis geblieben war, das war die lächerliche Szene am Teetisch. In der Chinesischen Pagode hatten sehr viele Leute Tee getrunken, und er hatte sich wegen der Wespen wie ein Verrückter benommen — hatte sie fortgescheucht und so streng und verbittert mit seinem Strohhut nach ihnen geschlagen, wie es in keinem Verhältnis zu dem Anlaß stand. Wie entzückt die kichernden Leute zugeschaut hatten! Und wie sie darunter gelitten hatte!

Doch als er jetzt sprach, verblaßte ihre Erinnerung — er erinnerte sich genauer. Ja, es war ein wunderschöner Nachmittag gewesen, voller Geranien und Ringelblumen und Verbenen — und warmem Sonnenschein. Ihre Gedanken zogen die letzten beiden Worte in die Länge, als wollte sie sie singen. Und in dieser imaginären Wärme erblühte noch eine andere Erinnerung. Sie sah sich auf einem Rasen sitzen. Er lag neben ihr, und plötzlich, nach längerem Schweigen, rollte er herum und legte seinen Kopf in ihren Schoß.

»Ich wünschte«, sagte er mit leiser, bedrückter Stimme, »ich hätte Gift genommen und läge jetzt im Sterben — jetzt und hier.«

Im gleichen Augenblick sprang ein kleines Mädchen in weißem Kleid, eine lange, tropfnasse Seerose in der Hand, hinter einem Busch hervor, starrte sie beide an und sprang wieder weg. Aber er sah es nicht. Sie beugte sich über ihn.

»Oh, warum sagst du das? Ich könnte so etwas nicht sagen.« Er aber stieß einen leisen Seufzer aus, nahm ihre Hand und hielt sie an seine Wange: »Weil ich weiß, daß ich dich zu sehr lieben werde — viel zu sehr! Und ich werde furchtbar darunter leiden, Vera, weil du mich nie so lieben wirst, nie!«

Er sah jetzt bestimmt viel besser aus als damals. Die ganze Unentschlossenheit und verträumte Unsicherheit hatte er abgelegt. Jetzt sah er aus wie ein Mann, der seinen Platz im Leben gefunden hat und ihn mit einer Zuversicht und Sicherheit ausfüllt, die, um das mindeste zu sagen, eindrucksvoll waren. Er mußte auch Geld verdient haben. Sein Anzug war bewundernswert, und nun holte er gar noch ein russisches Zigarettenetui aus der Tasche.

»Rauchst du?«

»Ja, gern.« Sie warf einen Blick darauf. »Sie sehen sehr gut aus!«

»Sie sind es auch! Ich lasse sie mir von einem kleinen Laden-inhaber in der St. James's Street anfertigen. Ich rauche nicht sehr viel — bin nicht wie du. Aber wenn ich's tue, müssen es erstklassige, ganz frische Zigaretten sein. Rauchen ist bei mir keine Gewohnheit, sondern ein Luxus — wie Parfüm. Schwärmst du noch immer so für Parfüm? Als ich in Ruß-land war...«

Sie unterbrach ihn: »Du bist wirklich in Rußland gewesen?«

»Ja. Über ein Jahr war ich dort. Weißt du noch, wie wir im-mer davon sprachen, nach Rußland zu gehen?«

»Ich hab's nicht vergessen.«

Er stieß ein sonderbar unterdrücktes Lachen aus und lehnte sich zurück. »Ist es nicht merkwürdig? Ich habe tatsächlich all die Reisen unternommen, die wir geplant hatten. Ja, ich war in all den Orten, von denen wir gesprochen hatten, und bin lange genug dort geblieben, um mich, wie du es immer nanntest, ›durchzulüften‹. Eigentlich habe ich die letzten drei Jahre meines Lebens ausschließlich auf Reisen zugebracht: in Spanien, Korsika, Sibirien, Rußland und Ägypten. Das einzige Land, das ich nicht aufgesucht habe, ist China, und ich habe im Sinn, auch dort hinzugehen, wenn der Krieg vor-bei ist.«

Während er so leichthin erzählte und das Ende seiner Ziga-rette in den Aschenbecher schnippte, spürte sie, wie das seltsa-me Tier in ihrer Brust, das so lange geschlummert hatte, sich zu regen begann, sich streckte, gähnte, die Ohren spitzte und plötzlich aufsprang und seinen sehnsüchtigen, ausgehunger-ten Blick auf jene fernen Länder richtete. Doch sie lächelte nur und sagte sanft: »Wie ich dich beneide!«

Er glaubte es gern. »Es war ganz herrlich«, sagte er, »vor allem Rußland. Rußland war all das, was wir uns vorgestellt hatten, und noch viel, viel mehr. Ich habe sogar ein paar Ta-ge auf einem Flußdampfer auf der Wolga gelebt. Erinnerst du dich an das Lied der Wolgaschiffer, das du immer spiel-test?«

»Ja.« Und schon hörte sie es im Geiste.

»Spielst du es jetzt auch noch?«

»Nein, ich habe kein Klavier!«

Er war verblüfft. »Was? Dein prachtvoller Flügel — was ist denn aus dem geworden?«

Sie verzog das Gesicht. »Verkauft! Schon vor langer Zeit.«

»Aber du hast doch Musik so geliebt?« staunte er.

»Ich habe jetzt keine Zeit mehr dafür.«

Er ließ es dabei bewenden und fuhr fort: »Das Leben auf dem Fluß ist wirklich etwas ganz Besonderes. Nach ein, zwei Tagen kann man nicht mehr verstehen, daß man jemals anders gelebt hat. Und es ist nicht nötig, die Sprache zu können — das Leben auf dem Schiff schafft ein Band, das völlig ausreicht. Man ißt mit den Leuten, verbringt den Tag mit ihnen, und am Abend beginnt das Singen, das nie endende.«

Sie schauerte zusammen und hörte das Lied der Wolgaschiffer mächtig und tragisch anschwellen — sah das Schiff weitergleiten auf dem dunkler werdenden Strom mit den schwermütigen Bäumen an seinen Ufern . . . »Ja, das würde mir gefallen«, sagte sie, und streichelte ihren Muff.

»Das Leben in Rußland würde dir überhaupt gefallen«, sagte er überzeugt. »Es ist so schlicht, so impulsiv, so selbstverständlich. Und die Bauern sind wirklich prächtig. Sie sind so menschlich — ja, das ist es! Sogar der Kutscher, der einen fährt, nimmt aufrichtigen Anteil an allem, was vor sich geht. Ich erinnere mich da an einen Abend, als wir — zwei Bekannte von mir und die Frau des einen — zu einem Picknick ans Schwarze Meer fuhren. Wir nahmen Abendbrot und Champagner mit und aßen und tranken im Gras. Und als wir aßen, kam der Kutscher und sagte: ›Nehmen Sie eine Gewürzgurke!‹ Er wollte uns etwas abgeben. Es paßte so gut ins Bild, war so richtig — verstehst du, wie ich's meine?«

Und im gleichen Augenblick sah sie sich im Grase sitzen, vor sich das geheimnisvolle Schwarze Meer, das so samtschwarz war und leise, samtene Wellchen ans Ufer schickte. Sie sah den am Straßenrand haltenden Wagen und die kleine Gruppe im Gras, deren Gesichter und Hände das Mondlicht versilberte. Sie sah das ausgebreitete, helle Kleid der Frau und neben ihr den zusammengerollten Sonnenschirm, der einer riesengroßen Häkelnadel aus Perlmutter glich. Und abseits saß der Kutscher und hatte sein Essen in einem Tuch auf dem Schoß. ›Nehmen Sie eine Gewürzgurke!‹ sagte er, und obwohl sie nicht ganz genau wußte, was eine Gewürzgurke war, sah sie das grünliche Glas, durch das — zwischen den Gurken — eine rote Paprikaschote wie ein Papageienschnabel hervorschimmerte. Es zog ihr den Mund zusammen: die Gewürzgurke war furchtbar scharf . . .

»Ja, ich verstehe sehr gut, was du meinst«, sagte sie.

In der Pause, die nun entstand, blickten sie einander an. Wenn sie sich früher so angeblickt hatten, war ein so grenzenloses Verstehen zwischen ihnen gewesen, als hätten sich ihre Seelen gewissermaßen umarmt und wären wie ein tragisches Liebespaar ins Meer gesprungen, glücklich, im Tode vereint zu sein. Es überraschte sie daher sehr, daß er jetzt derjenige war, der sich zurückhielt. Er sagte: »Was für eine wunderbare Zuhörerin du bist! Wenn du mich mit so schwärmerischen Augen anblickst, dann ist mir, als könnte ich über Dinge mit dir sprechen, die ich mit keinem andern Menschen teilen würde!« Schwang nicht auch ein Hauch Spott in seiner Stimme mit — oder bildete sie sich das nur ein? Sie könnte es nicht mit Bestimmtheit sagen.

»Ehe ich dich kennenlernte«, sagte er, »hatte ich nie zu jemand über mich gesprochen. Wie gut erinnere ich mich an einen besonderen Abend — jenen Abend, als ich dir den kleinen Weihnachtsbaum brachte —, wie ich dir alles über meine Kindheit erzählte, und daß ich so unglücklich war und ausriß und mich zwei Tage unter einem Wagen in unserm Hof versteckte, ehe man mich fand. Und du hörtest mir zu, und deine Augen leuchteten, und mir war, als hättest du sogar den kleinen Weihnachtsbaum angestiftet, mir zuzuhören — genau wie in einem Märchen!«

Aber von jenem Abend war ihr nur eine kleine Dose mit Kaviar in Erinnerung geblieben. Sie hatte sieben Shilling und sechs Pence gekostet. Er konnte nicht darüber hinwegkommen. Zu denken, daß ein so winziges Büchschen sieben Shilling und sechs Pence gekostet hatte! Während sie davon aß, hatte er ihr hingerissen und empört zugeschaut.

›Nein, wirklich, das nenne ich Geld essen. In eine so winzige Büchse gingen sieben Shillingstücke nicht mal hinein! Stell dir vor, was daran verdient wird . . .‹ Und er hatte sich auf eine ungeheuer schwierige Berechnung eingelassen. . . Doch nun genug vom Kaviar. Der Weihnachtsbaum stand auf dem Tisch, und der kleine Junge lag unter dem Wagen und hatte den Kopf an den Hofhund geschmiegt.

»Der Hund hieß Bosun!« rief sie begeistert.

Aber er kam nicht mit.

»Welcher Hund? Hast du einen Hund besessen? Ich kann mich an keinen Hund erinnern!«

»Nein, natürlich nicht! Ich meine den Hofhund — damals, als du ein kleiner Junge warst!«

Er lachte und ließ das Zigarettenetui zuschnappen. »Hieß er so? Denk dir, das habe ich vergessen. Es scheint so ewig lange her! Ich kann gar nicht glauben, daß es erst sechs Jahre her ist! Nachdem ich dich heute wiedererkannt hatte, mußte ich einen gewaltigen Sprung rückwärts machen — einen Sprung über mein ganzes Leben, um mich in jener Zeit zurechtzufinden. Was für ein Kind war ich damals!« Er trommelte mit den Fingern auf den Tisch. »Ich habe oft gedacht, wie ich dich gelangweilt haben muß. Und jetzt verstehe ich auch völlig, warum du mir so geschrieben hast — obwohl der Brief damals fast mein Leben zerstört hat. Ich habe ihn neulich wiedergefunden, und als ich ihn las, mußte ich lachen. Er war so gescheit — entwarf ein so wahres Bild von mir!« Er blickte auf. »Du gehst doch noch nicht?«

Sie hatte ihren Kragen zugeknöpft und den Schleier heruntergezogen.

»Ja, leider muß ich gehen«, sagte sie und brachte ein Lächeln zustande. Jetzt wußte sie, er hatte sie nicht ernst genommen.

»Ach nein, bitte nicht!« bettelte er. »Bleib noch einen kleinen Augenblick!« Er nahm einen ihrer Handschuhe vom Tisch und hielt ihn fest, als könne er sie dadurch am Gehen hindern. »Ich bin jetzt so selten mit Menschen zusammen, mit denen ich mich unterhalten kann, daß ich der reinste Barbar geworden sein muß«, sagte er. »Habe ich dich irgendwie gekränkt?«

»Überhaupt nicht!« log sie. Doch als sie sah, wie er ihren Handschuh so sanft und zart streichelte, verflog ihr Ärger tatsächlich, und außerdem sah er jetzt fast so wie vor sechs Jahren aus . . .

»Was ich mir damals wirklich wünschte«, sagte er leise, »das war, eine Art Teppich zu sein — mich in einen Teppich zu verwandeln, auf dem du einherschreiten solltest, damit du nicht die spitzen Steine zu fürchten brauchtest und nicht den Schmutz, der dir so widerwärtig war. Etwas Bestimmteres, etwas Selbstsüchtiges war es nicht! Nur wollte ich mich dann wirklich unbedingt in einen Zauberteppich verwandeln und dich in all die Länder entführen, die du so gerne sehen wolltest.«

Während er sprach, hob sie den Kopf, wie um zu trinken: das seltsame Tier in ihrer Brust begann zu schnurren . . .

»Ich spürte, daß du einsamer warst als irgendwer in der Welt«, fuhr er fort, »und doch vielleicht der einzige Mensch in der Welt, der wirklich und wahrhaft lebendig war. Außerhalb deiner Zeit geboren«, murmelte er und streichelte den Handschuh. »Vom Schicksal so bestimmt.«

O Gott, was hatte sie getan! Wie hatte sie nur wagen können, ihr Glück so wegzuwerfen? Er war der einzige Mann, der sie jemals verstanden hatte! War es zu spät? Konnte es zu spät sein? Der Handschuh, den er in den Fingern hielt, war ja sie selber! . . .

»Hinzu kam die Tatsache, daß du keine Freunde hattest und dich nie mit andern Menschen angefreundet hattest! Wie ich das verstand, denn mir war es ebenso ergangen. Ist es jetzt noch immer so?«

»Ja«, hauchte sie. »Ich bin so allein wie immer.«

»Und ich auch«, lachte er leise. »Ganz genauso!«

Mit einer jähen Bewegung gab er ihr plötzlich den Handschuh wieder und scharrte mit seinem Stuhl über den Fußboden. »Doch was mir damals so rätselhaft vorkam, ist mir jetzt völlig klar. Und dir natürlich auch . . . Wir waren einfach derartige Egoisten, so mit uns selbst beschäftigt und so ichbefangen, daß wir in unsern Herzen keinen Winkel für andre Menschen hatten. Denk dir«, rief er naiv und aufrichtig und einer andern Seite seines alten Ichs wieder erschrekkend ähnlich, »in Rußland habe ich dieses Verhaltensmuster studiert und festgestellt, daß wir gar kein besonderer Fall waren. Es ist eine ganz alltägliche Form von ...«

Sie war gegangen. Er saß da wie vom Blitz getroffen — unsagbar verblüfft ... Und dann verlangte er von der Kellnerin die Rechnung.

»Aber die Sahne wurde nicht angerührt«, sagte er. »Dafür rechnen Sie bitte nichts!«

Ach je, wie sehr wünschte sie, daß es nicht Nacht wäre! Viel lieber wäre sie bei Tage gereist, viel, viel lieber! Aber die Dame in der Stellenvermittlung hatte ihr gesagt: »Nehmen Sie lieber ein Abendschiff, und wenn Sie dann im Zug in ein Damenabteil einsteigen, sind Sie viel sicherer, als wenn Sie in einem ausländischen Hotel übernachten! Verlassen Sie Ihr Abteil nicht, gehen Sie nicht in die Seitengänge, und schließen Sie unbedingt die Tür der Toilette, wenn Sie dort hingehen. Der Zug kommt um acht Uhr in München an, und Frau Arnholt schrieb, das Hotel Grunewald liege nur eine Minute vom Bahnhof. Der Träger kann Sie hinbringen. Sie kommt am gleichen Tag um sechs Uhr abends, daher haben Sie einen netten, ruhigen Tag für sich allein, um sich von der Reise zu erholen und Ihr Deutsch etwas aufzupolieren. Und wenn Sie etwas essen wollen, rate ich Ihnen, in die nächste Konditorei zu gehen und Kaffee und ein Rosinenbrötchen zu nehmen. Sie sind noch nie im Ausland gewesen, nicht wahr?« — »Nein.« — »Also ich sage meinen jungen Damen immer, daß es besser ist, zuerst mißtrauisch zu sein statt allzu vertrauensselig, und daß es sicherer ist, bei den Leuten schlechte Absichten zu vermuten als gute . . . Es klingt hart, aber wir müssen ›Frauen von Welt‹ sein, nicht wahr?«

In der Damenkajüte war es sehr nett gewesen. Die Stewardeß war so freundlich und hatte ihr Geld gewechselt und ihr die Decke um die Füße gewickelt. Sie lag auf einem der harten, rotgemusterten Liegebetten und beobachtete die Mitreisenden, freundliche und ungezwungene Damen, die ihre Hüte an den Kissen feststeckten, Schuhe und Röcke auszogen, Toilettenköfferchen aufmachten, geheimnisvoll raschelnde Päckchen bereitlegten und sich einen Schleier um die Frisur banden, ehe sie sich hinlegten. *Tock, tock, tock* kam es gleichmäßig von der Schiffsschraube her. Die Stewardeß zog einen grünen Schirm über die Lampe und setzte sich neben den Ofen; den Rock hatte sie über die Knie hinaufgeschlagen, und eine umfangreiche Strickerei lag auf ihrem Schoß.

Auf einem Bort über ihrem Kopf stand eine Karaffe mit einem fest hineingezwängten Blumenstrauß. ›Reisen gefällt mir!‹ dachte die kleine Gouvernante. Sie lächelte und ließ sich behaglich in Schlaf wiegen.

Doch als das Schiff hielt und sie an Deck ging, den Reisekorb in der einen Hand und Schirm und Reisedecke in der andern Hand, blies ihr ein kalter, unvertrauter Wind unter die Hutkrempe. Sie blickte zu den Masten und Spieren des Schiffs empor, die sich schwarz gegen den grünlich glitzernden Himmel abzeichneten, und auf den Pier hinunter, wo seltsame, vermummte Gestalten wartend herumlungerten; sie rückte mit der verschlafenen Schar weiter vor: alle schienen zu wissen, wohin man gehen und was man tun mußte, nur sie nicht, und sie fürchtete sich. Nur ein bißchen — nur soviel, um zu wünschen, es wäre Tag und eine der Frauen, die ihr im Spiegel zugelächelt hatten, vor dem sie sich in der Damenkajüte das Haar ordneten, wäre jetzt irgendwo in der Nähe. »Bitte die Fahrkarten! Fahrkarten vorweisen! Halten Sie Ihre Fahrkarten bereit!« Sie ging wegen ihrer Absätze etwas unsicher den Laufsteg hinunter. Ein Mann in einer schwarzen Ledermütze trat vor und berührte sie am Arm. »Wohin, Miss?« Er sprach englisch — mit einer solchen Mütze war er wohl ein Schaffner oder Bahnhofsvorsteher. Sie hatte ihm kaum geantwortet, da stürzte er sich schon auf ihren Reisekorb. »Hier entlang!« schrie er mit grober, entschlossener Stimme und drängte sich, seine Ellbogen benutzend, durch die Menge. »Aber ich brauche keinen Träger!« Was für ein greulicher Mensch! »Ich brauche keinen Träger! Ich will ihn selber tragen!« Sie mußte rennen, um mit ihm Schritt zu halten, und ihr Ärger lief voraus und versuchte dem Bösewicht den Reisekorb zu entreißen. Er kümmerte sich überhaupt nicht darum, sondern schaukelte den langen, dunklen Bahnsteig entlang und überquerte ein Geleise. ›Er ist ein Räuber!‹ Sie war überzeugt, daß er ein Räuber war, während sie zwischen die blinkenden Schienen trat und den Schotter unter den Schuhen knirschen hörte. Aber auf der andern Seite — oh, Gott sei Dank! — stand ein Zug mit einem Schild ›München‹ auf dem Wagen. Vor den hohen, erleuch-

teten Wagen blieb der Mann stehen. »Zweiter Klasse?«
fragte seine freche Stimme. »Ja, ein Damenabteil!« Sie war
ganz außer Atem. Sie öffnete ihre Geldtasche und suchte
nach einer kleinen Münze für den greulichen Mann, der unterdessen ihren Reisekorb ins Gepäcknetz eines leeren Abteils schwenkte, auf dessen Fenster ein Zettel *Dames seules*
geklebt war. Sie stieg ein und gab ihm zwanzig Centimes.
»Was soll das?« schrie der Mann, starrte zuerst das Geld
und dann sie an, hielt sich's an die Nase und schnupperte
daran, als hätte er noch nie im Leben so eine Münze gesehen,
geschweige denn in der Hand gehabt. »Es macht einen Franc!
Das wissen Sie doch, oder? Einen Franc! Das ist mein Ta-
rif!« Einen Franc! Bildete er sich etwa ein, sie würde ihm
einen Franc dafür geben, daß er ihr so einen Streich gespielt
hatte — und das bloß, weil sie ein Mädchen war und allein
bei Nacht reiste? Nie, nie! Sie umklammerte ihre Börse und
sah einfach an ihm vorbei — blickte auf die Ansicht von St.
Malo an der gegenüberliegenden Wand und hörte nicht auf
ihn. »O nein! O nein! Vier Sous? Sie irren sich wohl? Da,
nehmen Sie's! Ich will einen Franc haben!« Er sprang auf
das Trittbrett des Abteils und warf ihr die Münze in den
Schoß. Sie verkrampfte sich, zitternd vor Entsetzen, machte
sich ganz gerade und griff mit ihrer eiskalten Hand nach dem
Geld, um es wegzustecken. »Mehr bekommen Sie nicht von
mir!« sagte sie. Sie spürte, wie seine scharfen Augen sie von
Kopf bis Fuß musterten, dann nickte er langsam und sagte
mit hängenden Mundwinkeln: »Sehr gut! *Trrrès bien!*« Er
zuckte die Achseln und verschwand in der Dunkelheit. Oh,
wie erleichtert sie war! Es war einfach entsetzlich gewesen!
Als sie aufstand, um sich zu überzeugen, ob der Reisekorb
richtig festlag, erhaschte sie im Spiegel einen Blick auf ihr
Gesicht: ganz weiß war es, mit großen runden Augen! Sie
band sich ihren Autoschleier ab und knöpfte ihren grünen
Umhang auf. »Aber jetzt ist alles vorbei«, versicherte sie
dem Spiegelgesicht, weil sie sich vorstellte, daß es noch ver-
ängstigter war als sie selbst.
Die Leute begannen auf den Bahnsteig zu strömen. Plaudernd standen sie in kleinen Gruppen beisammen; ein selt-

sames Licht von den Bahnsteiglampen ließ ihre Gesichter grünlich schimmern. Ein kleiner Junge in Rot kam mit einem riesigen Erfrischungswagen angerasselt und lehnte sich dann dagegen, pfiff sich eins und schmitzte mit seiner Serviette über seine Schuhe. Eine Frau in einer schwarzen Alpakaschürze schob ein Handwägelchen mit Kissen vor sich her, die man mieten konnte. Sie sah verträumt und geistesabwesend aus — wie eine Frau, die einen Kinderwagen mit einem schlafenden Baby hin und her und hin und her schiebt. Weiße Rauchfetzen kamen von irgendwoher angeflattert und hingen wie Nebelranken unter dem Dach. ›Wie seltsam alles ist‹, dachte die kleine Gouvernante, ›und noch dazu mitten in der Nacht!‹ Sie spähte aus ihrer sicheren Ecke hervor und war nicht länger verängstigt, sondern stolz, daß sie nicht den Franc bezahlt hatte. ›Ich kann gut auf mich selbst achten, klar! Hauptsache, sich nicht . . .‹ Im Seitengang hörte sie plötzlich Füßegetrampel und laute Männerstimmen, unterbrochen durch schallendes Gelächter. Sie kamen in ihre Richtung! Die kleine Gouvernante drückte sich in ihre Ecke, und vier junge Männer, Melonen auf dem Kopf, gingen vorbei und spähten durch Tür und Fenster. Der eine wollte sich ausschütten vor Lachen, als er auf den Zettel *Dames seules* zeigte, und alle vier bückten sich vor, um das eine kleine Fräulein in der Ecke besser zu sehen. Lieber Himmel, sie besetzten das Abteil nebenan! Sie hörte sie herumtrapsen, und plötzlich war alles still, und ein langer junger Mensch mit einem winzig kleinen schwarzen Schnurrbart riß ihre Tür auf. »Vielleicht hat Mademoiselle Lust, zu uns zu kommen?« sagte er auf Französisch. Sie sah, wie die andern sich um ihn scharten und ihm unter dem Arm hindurch und über seine Schulter spähten. Sie richtete sich stumm und kerzengerade auf. »Vielleicht will Mademoiselle uns die Ehre erweisen?« spottete der Lange. Einer von ihnen konnte nicht mehr an sich halten und platzte laut heraus. »Mademoiselle ist ernst«, erklärte der junge Mann, verbeugte sich und verzog den Mund. Schwungvoll riß er den Hut vom Kopf, und sie war wieder allein.

»En voiture! En voiture!« Jemand rannte neben dem Zug

einher und wieder zurück. ›Wenn es bloß nicht Nacht wäre! Wenn doch noch eine Frau in meinem Abteil wäre! Ich fürchte mich vor den Männern im nächsten Abteil!‹ Die kleine Gouvernante schaute hinaus und sah ihren Träger zurückkommen — ja, es war derselbe —, und mit den Armen voller Gepäck steuerte er auf ihr Abteil los. Aber — aber was machte er denn da? Er steckte den Daumennagel unter den Zettel *Dames seules* und riß ihn ab. Dann trat er beiseite und schielte zu ihr hinauf, während ein alter Mann in einem karierten Reisemantel das hohe Trittbrett hinaufklomm. »Aber das hier ist ein Damenabteil!« — »I wo, Mademoiselle, Sie täuschen sich! Sie haben sich bestimmt getäuscht! *Merci, Monsieur!*« Ein schriller Pfiff — der Träger stieg triumphierend aus, und der Zug setzte sich in Bewegung. Ein paar Sekunden standen dicke Tränen in ihren Augen, und durch sie hindurch sah sie, wie der alte Mann den Schal von seinem Hals abwickelte und die Klappen seiner Reisekappe hochschlug. Er sah sehr alt aus. Mindestens neunzig. Er hatte einen weißen Schnurrbart und eine große, goldgeränderte Brille mit kleinen blauen Äuglein dahinter, und rosige, verrunzelte Wangen. Ein angenehmes Gesicht — und wie nett die Art, mit der er sich vorbeugte und in stockendem Französisch fragte: »Störe ich Sie, Mademoiselle? Wäre es Ihnen lieber, wenn ich meine Sachen aus dem Gepäcknetz nehme und mir ein anderes Abteil suche?« — Was? Der alte Mann sollte all die schweren Sachen wegschaffen, nur weil sie . . . »Nein, es macht nichts. Sie stören mich überhaupt nicht!« — »Oh, besten Dank!« Er nahm ihr gegenüber Platz, knöpfte das Cape seines riesigen Mantels auf und schleuderte es über die Schultern zurück.

Der Zug schien sich zu freuen, daß er den Bahnhof endlich verlassen konnte. Er stürzte sich mit einem langen Satz ins Dunkel hinein. Mit ihrem Handschuh rieb sie eine Stelle auf der Fensterscheibe frei, aber sie konnte nichts erkennen — nur einen Baum, der sich wie ein schwarzer Fächer spreizte, und dann und wann ein paar Lichter oder die Umrisse eines Hügels, der feierlich und riesengroß aufragte. Im Abteil nebenan begannen die jungen Leute zu singen. »*Un, deux, trois!*« Sie sangen dasselbe Lied, wieder und immer wieder, so laut sie nur konnten.

›Wenn ich allein gewesen wäre, hätte ich mich nicht getraut, einzuschlafen‹, dachte sie. ›Bestimmt hätte ich nie die Füße hinaufziehen oder auch nur meinen Hut abnehmen können!‹ Von dem Gesinge nebenan bekam sie ein komisches Zittern in der Magengrube und verschränkte unter ihrem Umhang die Arme, damit es aufhörte. Sie war richtig froh, den alten Mann bei sich im Abteil zu haben. Unter ihren langen Wimpern hervor spähte sie vorsichtig, damit er es nicht merkte, zu ihm hinüber. Er saß erstaunlich gerade, Brust heraus, das Kinn eingezogen, die Knie aneinandergedrückt, und las eine deutsche Zeitung. Deshalb also sprach er ein so komisches Französisch! Er war ein Deutscher. Irgendwas in der Armee, vermutete sie, Oberst oder General — vor langer Zeit natürlich; jetzt war er dafür zu alt. Für einen alten Mann sah er sehr schmuck aus, wie aus dem Ei gepellt. In der Krawatte hatte er eine Perlennadel, am kleinen Finger einen Ring mit einem dunkelroten Stein, und aus der Brusttasche seines zweireihigen Anzugs schaute ein weißseidenes Taschentuch hervor. Er war wirklich sehr nett anzuschauen. Die meisten alten Männer waren so widerlich, waren alte Tapergreise, oder sie hatten einen ekelhaften Husten oder sonst etwas. Aber daß er keinen Vollbart hatte, machte den Hauptunterschied aus — und daß seine Wangen so rosig waren und der Schnurrbart so weiß! Plötzlich senkte sich die deutsche Zeitung, und der alte Mann beugte sich vor — immer mit derselben reizenden Höflichkeit: »Sprechen Sie Deutsch, Mademoiselle?« — »Ja, ein wenig, etwas mehr als Französisch«, antwortete die kleine Gouvernante, und eine tiefe Röte breitete sich langsam über ihre Wangen und ließ ihre blauen Augen fast schwarz erscheinen. »Aha!« Er verbeugte sich höflich. »Dann würde es Ihnen vielleicht Spaß machen, ein paar Illustrierte anzuschauen?« Er streifte ein Gummiband von einer Zeitungsrolle und reichte sie ihr. »Vielen Dank!« Bilder sah sie sich sehr gern an, doch zuerst wollte sie Hut und Handschuhe ablegen. Deshalb stand sie auf, zog die Hutnadel aus ihrem braunen Strohhut und legte ihn behutsam neben den Reisekorb ins Gepäcknetz, streifte die braunen Glacéhandschuhe ab, legte sie aufeinander und rollte sie fest zusammen. Der Sicherheit halber verwahrte sie sie in ihrem Hut und setzte sich dann wieder, diesmal etwas behaglicher, die Beine übereinander geschlagen und die Zeitschriften auf dem Schoß. Wie gütig beobachtete der alte Mann in der Ecke ihre kleine bloße Hand, die die großen weißen Seiten umblätterte, wie gütig heftete er den Blick auf die sich bewegenden Lippen, wenn sie die langen Wörter aussprach, und auf das helle Haar, das im Licht geradezu strahlte! Ach, wie tragisch war es für eine kleine Gouvernante, wenn sie Haar besaß, das an Tangerinen und Goldlack, an Aprikosen und goldene Glückskatzen und Champagner denken ließ! Vielleicht war es das, was der alte Mann dachte, als er sie unentwegt anstarrte, und daß nicht einmal die häßliche, dunkle Kleidung ihre sanfte Schönheit beeinträchtigen konnte. Vielleicht war die Röte, die über seine Wangen und Lippen spielte, eine ehrliche Zornesröte, weil ein so junges und zartes Kind allein und unbeschützt durch die Nacht reisen mußte? Wer weiß, ob er nicht auf echt deutsche, sentimentale Art vor sich hinseufzte: ›Ja, es ist eine Tragödie! Wollte Gott, ich wäre der Großpapa der Kleinen!‹

»Recht herzlichen Dank!« Sie gab ihm die Zeitungen mit einem allerliebsten Lächeln zurück: »Sie sind sehr interessant!« — »Wie gut Sie Deutsch sprechen!« sagte der alte Mann. »Sicher waren Sie schon öfter in Deutschland?« — »Nein, es ist das erstemal« — sie zögerte ein bißchen —, »es ist überhaupt das erstemal, daß ich ins Ausland reise.« — »Tatsächlich? Das wundert mich. Ich hatte den Eindruck — wenn ich das sagen darf—, als wären Sie zu reisen gewohnt.« »Ach, in England bin ich viel herumgereist, und einmal war ich auch in Schottland.« — »So, so. Ich war einmal in England, aber Englisch habe ich nicht gelernt.« Er hob abwehrend die Hand und schüttelte lachend den Kopf. »Nein, es ist mir zu schwierig ... Hau-du-ju-du? Pliss witch iss ze weeh tu Lästerr-Sswärr?« Sie lachte ebenfalls. »Die Ausländer sagen immer ...« Darüber entspann sich ein richtiges kleines Gespräch. »Aber München wird Ihnen gefallen«, sagte der alte Mann. »München ist eine herrliche Stadt. Alles ist da: Museen, Gemäldegalerien, schöne Häuser und Geschäfte, Konzerte, Theater und Restaurants. Ich bin in meinem Leben viel in Europa herumgereist, doch nach München kehre ich immer wieder gern zurück. Es wird Ihnen dort gefallen.« — »Ich bleibe aber nicht in München«, sagte die kleine Gouvernante und fügte scheu hinzu: »Ich gehe als Gouvernante in eine Arztfamilie in Augsburg.« — »Aha!« Augsburg kannte er. Augsburg war — hm — nicht schön. Eine solide Geschäftsstadt. Doch wenn Deutschland neu für sie war, würde sie hoffentlich auch dort etwas Interessantes finden. »Oh, das glaube ich bestimmt!« — »Aber wie schade, daß Sie nichts von München sehen, bevor Sie weiterreisen! Sie sollten ein paar Ferientage einschieben«, lächelte er, »um nette Erinnerungen zu sammeln!« — »Dafür habe ich leider keine Zeit«, antwortete die kleine Gouvernante, schüttelte den Kopf und machte ein ernstes, wichtiges Gesicht. »Und überhaupt — wenn man allein reist . . .« Er verstand sie vollkommen. Er nickte und war nun auch ernst. Danach schwiegen sie. Der Zug ratterte weiter und trug seine dunkle, aufflammende Brust durch Hügel und Täler. Im Abteil war es warm. Sie schien sich in das dunkle Weiterstürmen zu schmiegen, das sie weiter und weiter trug. Kleine Geräusche waren zu hören — Schritte im Seitengang — Türen, die sich öffneten und schlossen — Stimmengemurmel — ein Pfiff . . . Dann stachen lange Regennadeln gegen die Scheibe . . . Aber was tat's? . . . Es war draußen . . . und einen Schirm hatte sie ja . . . sie warf die Lippen auf, seufzte . . . und einmal öffnete und schloß sie die Hände. Dann war sie fest eingeschlafen.

»Pardon! Pardon!« Die Abteiltür wurde zugeschoben, und sie schreckte zusammen und erwachte. Was war geschehen? Jemand war gekommen und wieder hinausgegangen. Der alte Mann saß in seiner Ecke, steifer denn je, hatte die Hände in der Manteltasche und runzelte ärgerlich die Stirn. »Haha-ha!« schallte es aus dem Nebenabteil. Noch halb verschlafen hob sie die Hände zum Haar auf, wie um sich zu überzeugen, daß sie nicht träumte. »Es ist eine Schande!«

murrte der alte Mann — mehr zu sich als zu ihr. »Unmanier-
liche, ordinäre Burschen! Ich fürchte, sie haben Sie aufge-
weckt, gnädiges Fräulein, als sie hier hereinplatzten?« Nein,
eigentlich nicht. Sie sei schon beinah wach gewesen. Sie holte
ihre silberne Uhr hervor, um nachzusehen, wie spät es war.
Halb fünf. Ein kaltes blaues Licht füllte die Fensterscheiben.
Wenn sie jetzt über eine Stelle rieb, konnte sie helle Acker-
streifen sehen, weiße Hütten, die sich wie eine Pilzfamilie
zusammendrängten, eine Landstraße wie aus dem Bilder-
buch, mit Pappelreihen rechts und links, und das schmale
Band eines Flusses. Wie hübsch es war! Wie hübsch und wie
anders! Selbst die rosa Wolken am Himmel sahen exotisch
aus! Es war kalt, aber sie tat, als sei es noch viel kälter, rieb
sich zusammenschauernd die Hände und stellte den Mantel-
kragen auf — alles nur, weil sie so glücklich war.
Der Zug verlangsamte die Fahrt. Die Lokomotive stieß einen langen, schrillen Pfiff aus. Sie näherten sich einer Stadt.
Hier waren die Häuser höher; rosa und gelblich glitten sie
vorbei, noch fest hinter grünen Lidern schlafend und beschützt von den Pappeln, die in der blauen Luft zitterten,
als stünden sie lauschend auf den Zehenspitzen. In einem
Haus stieß die Frau die Läden auf, warf eine rotweiße Matratze übers Fensterbrett, stand still und blickte auf den Zug.
Eine blasse Frau mit schwarzem Haar und einem weißen
Wolltuch um die Schultern. Dann erschienen noch mehr
Frauen an den Türen und Fenstern der schlafenden Häuser.
Eine Schafherde war zu sehen! Der Schäfer trug einen blau-
en Kittel und spitz aufgebogene Holzschuhe. Und nun — oh!,
was für Blumen! Sogar vor dem Bahnhof! Hohe Rosenbäumchen, die ein Brautjungfernbukett trugen, weiße Geranien, rosa Wachsblumen, die man zu Hause nur in Treib-
häusern sehen konnte. Immer langsamer. Ein Mann mit
einer Gießkanne besprengte den Bahnsteig. »Oh-o-o-oh!«
Jemand kam angerannt und schwenkte die Arme. Eine riesige, dicke Frau watschelte mit einem Brett voller Erdbeeren
durch die Glastür des Bahnhofs. Ach, wie sie durstig wurde!
Sehr durstig! »Oh-o-o-oh!« Derselbe Jemand rannte wieder
zurück. Der Zug hielt.

Der alte Mann zog den Mantel um sich, stand auf und lächelte ihr zu. Er sagte etwas, das sie nicht ganz verstand, aber sie erwiderte sein Lächeln, und er verließ das Abteil. Während er weg war, betrachtete sich die kleine Gouvernante wieder im Spiegel, schüttelte ihren Rock glatt und schob ihr Haar zurecht—aufmerksam und umsichtig wie ein Mädchen, das alt genug ist, um allein zu reisen, und niemanden bei sich hat, der versichert, daß sie ›auch hinten ordentlich aussieht‹. Aber durstig, durstig! Die Luft schmeckte nach Wasser. Sie ließ die Fenster herunter, und die dicke Frau mit den Erdbeeren kam wie gerufen vorbei und hielt das Brett hoch. »Nein, danke!« sagte die kleine Gouvernante und betrachtete die großen Beeren auf den glänzenden Blättern. Als die dicke Frau weiterging, rief sie ihr nach: »Wieviel?« — »Zwei Mark fünfzig, Fräulein!« — »Meine Güte!« Sie trat vom Fenster weg und setzte sich, einen Moment reichlich ernüchtert, wieder in ihre Ecke. Eine halbe Krone in ihrem Geld! »H-o-o-u-u-i-i-ii!« jauchzte der Zug und machte Anstalten, weiterzufahren. Hoffentlich hatte er den alten Mann mitgenommen? Oh, es war taghell! Alles war herrlich — wenn sie nur nicht so durstig gewesen wäre! Wo nur der alte Mann blieb? Ach, da war er ja! Sie beschenkte ihn mit einem Grübchenlächeln, als er die Tür schloß und sich umdrehte — wie einem bewährten alten Freund. Unter seinem Mantel zauberte er ein Körbchen Erdbeeren hervor: »Würde mir das Fräulein die Ehre erweisen und die Früchte annehmen?« — »Wie denn — für mich . . .« Sie wich zurück und wehrte mit den Händen ab, als wolle er ihr ein wildes Kätzchen in den Schoß legen.

»Natürlich für Sie«, sagte der alte Mann. »Bei mir sind es jetzt zwanzig Jahre her, seit ich zum letztenmal wagte, Erdbeeren zu essen.« — »Oh, vielen Dank«, stammelte sie, »sie sind so schön!« — »Versuchen Sie erst mal«, sagte der alte Mann und sah zufrieden und freundlich aus.« Möchten Sie keine einzige?« — »Nein, nein, nein!« Reizend schüchtern und unsicher hob sie die Hand. Sie waren so groß und saftig, daß sie zweimal abbeißen mußte—der Saft rann ihr über die Finger —, und während sie sich die Beeren schmecken ließ, sah sie ihn zum erstenmal als Großvater. Was für einen idealen Großvater gäbe er ab! Genau wie aus einem Buch!

Die Sonne kam hervor, und die rötlichen Wolken am Himmel, die Erdbeerwölkchen, wurden von der Bläue aufgegessen. »Sind sie gut?« fragte der alte Mann. »So gut, wie sie aussehen?«

Nachdem sie die Beeren aufgegessen hatte, war ihr, als würde sie ihn schon seit Jahren kennen. Sie erzählte ihm von Frau Arnholt, und wie sie die Stelle bekommen hatte. Kannte er das Hotel Grunewald? Frau Arnholt würde erst gegen Abend eintreffen. Er hörte zu, hörte sich alles an, bis er ebensoviel über die Sache wußte wie sie, und dann sagte er—aber ohne sie anzusehen, und dabei die Innenflächen seiner Wildlederhandschuhe aneinanderreibend: »Würden Sie mir wohl erlauben, Ihnen heute ein wenig von München zu zeigen? Nicht viel—vielleicht nur eine Gemäldegalerie und den Englischen Garten. Es wäre jammerschade, wenn Sie den Tag im Hotel verbringen müßten, auch nicht sehr behaglich in der fremden Umgebung, nicht wahr? Am frühen Nachmittag wären Sie wieder zurück, oder natürlich jederzeit, wenn Sie es wünschen. Und einem alten Mann würden Sie eine große Freude machen!

Erst lange nachdem sie ›ja‹ gesagt hatte — denn sowie sie eingewilligt, und er gedankt hatte, erzählte er ihr sofort von seinen Reisen in der Türkei und vom Rosenöl —, fragte sie sich, ob es richtig gewesen war. Sie kannte ihn ja eigentlich gar nicht. Aber er war so alt, und er war so gütig gewesen— ganz zu schweigen von den Erdbeeren . . . Und sie hätte ihm keinen Grund angeben können, wenn sie ›nein‹ gesagt hätte. Und überdies war es ihr letzter Tag, der letzte, den sie wirklich genießen konnte. ›War es nicht richtig gewesen?‹ Die Sonne spielte über ihre Hände, warm und zitternd, und rückte nicht weiter. »Vielleicht darf ich Sie zu Ihrem Hotel begleiten«, schlug er vor, »dann könnte ich Sie gegen zehn dort abholen?« Er zog seine Brieftasche hervor und reichte ihr seine Visitenkarte. ›Regierungsrat . . .‹ Er hatte einen Titel! Dann *mußte* ja alles in Ordnung sein! Von da an überließ sich die kleine Gouvernante ganz der Freude, wirklich im Ausland zu sein und hinauszuschauen, die fremden Reklameschilder zu lesen und sich etwas über die Ortschaften erzählen zu lassen, durch die sie fuhren, umsorgt und betreut von dem reizenden alten Großvater — bis sie München und den Hauptbahnhof erreichten. »Träger! Träger!« Er besorgte ihr einen Gepäckträger, brachte mit ein paar Worten sein eigenes Gepäck unter, führte sie durch die verwirrende Menge aus dem Bahnhof heraus und über die saubere weiße Treppe auf die weiße Straße und zum Hotel. Er erklärte dem Direktor, wer sie sei, als wäre alles in bester Ordnung, und dann verlor sich ihre kleine Hand für einen kurzen Augenblick in den großen braunen Wildlederhandschuhen. »Um zehn hole ich Sie ab!« Damit ging er.

»Hier geht's rauf, Fräulein!« sagte ein Hausbursche, der sich hinter dem Rücken des Direktors herumgedrückt und das seltsame Pärchen beobachtet hatte. Sie folgte ihm zwei Treppen hoch in ein dunkles Schlafzimmer. Er setzte ihren Reisekorb hin und zog eine klapprige, staubige Jalousie auf. Puh, was für ein häßliches, kaltes Zimmer! Und was für klobige Möbel! »Ist das wirklich das von Frau Arnholt bestellte Zimmer?« fragte die kleine Gouvernante. Wie merkwürdig der Hausbursche sie anstarrte — als käme sie ihm komisch vor! Er spitzte die Lippen, als wollte er pfeifen, besann sich dann aber und sagte: »Sicher!« Warum ging er dann nicht? Warum starrte er sie so an? »Gehen Sie!« befahl die kleine Gouvernante mit frostiger englischer Sachlichkeit. Er riß die Augen auf: sie traten ihm fast wie Rosinen aus den teigigen Wangen. »Gehen Sie sofort!« wiederholte sie eiskalt. An der Tür drehte er sich um. »Und wenn der Herr kommt«, fragte er, »soll ich den sofort in Ihr Zimmer führen?«

Über den weißen Straßen trieben weiße, silbern besäumte Wolken — und überall war Sonnenschein. Furchtbar dicke Kutscher lenkten furchtbar dicke Droschken; komische Frauen mit runden Mützchen reinigten die Geleise der Straßenbahnen; Leute lachten und schoben sich weiter; Bäume zu beiden Seiten der Straße und, fast überall, wohin man blickte, riesige Springbrunnen; und von den Bürgersteigen, von

den Fahrdämmen und aus offenen Fenstern erscholl Gelächter. Und neben ihr, gepflegter denn je, mit einem zusammengerollten Schirm in der einen Hand und mit gelben statt der braunen Handschuhe, schritt ihr Großvater einher, der sie gebeten hatte, den Tag mit ihm zu verbringen. Sie wollte laufen, sie wollte sich bei ihm einhängen, und sie hätte am liebsten dauernd gerufen: ›Ach, ich bin so furchtbar glücklich!‹ Er geleitete sie über den Fahrdamm, er blieb stehen, wenn sie ›kucken‹ wollte, und seine gütigen Augen ruhten strahlend auf ihr, wenn er sagte: »Ganz wie Sie wollen!«
Um elf Uhr aß sie zwei Weißwürstchen und zwei frische Semmeln und trank aus einem Glas, das wie eine Vase aussah, etwas Bier, von dem er behauptete, es sei nicht berauschend und nicht wie das englische Bier. Danach nahmen sie eine Droschke, und ihr war, als hätte sie in einer Viertelstunde Tausende und Abertausende der schönsten klassischen Gemälde gesehen. ›Ich muß sie mir alle noch mal durch den Kopf gehen lassen, wenn ich wieder allein bin!‹ Doch als sie die Gemäldegalerie verließen, regnete es. Der Großvater öffnete seinen Schirm und hielt ihn über die kleine Gouvernante. Sie wollten zum Mittagessen in ein Restaurant gehen. Sie ging ganz dicht neben ihm, damit auch er etwas von dem Schirm hatte. »Es wäre besser«, bemerkte er sehr sachlich, »wenn Sie sich bei mir einhängen würden, gnädiges Fräulein! Außerdem ist es in Deutschland so Sitte.« Sie nahm also seinen Arm und ging neben ihm her, während er ihr die berühmten Denkmäler zeigte und selbst so angeregt war, daß er ganz vergaß, den Schirm zu schließen, obwohl es längst zu regnen aufgehört hatte.
Nach dem Mittagessen gingen sie in ein Café, um eine Zigeunerkapelle zu hören, aber dort gefiel es ihr gar nicht. Puh, was für gräßliche Männer dort waren — mit Eierköpfen und Schnitten im Gesicht! Deshalb drehte sie ihren Stuhl um, stützte ihre heißen Wangen in die Hände und beobachtete lieber ihren alten Freund . . . Danach gingen sie in den Englischen Garten.
»Wie spät mag es sein?« fragte die kleine Gouvernante.
»Meine Uhr ist stehengeblieben! Gestern abend in der Bahn

habe ich ganz vergessen, sie aufzuziehen. Wir haben so eine Unmenge gesehen, daß es wahrscheinlich schon sehr spät ist?« — »Spät?« Er blieb lachend vor ihr stehen und schüttelte den Kopf auf eine ihr nun schon bekannte Art. »Dann haben Sie sich nicht gut unterhalten! Spät! Wir haben ja noch gar kein Eis gegessen!« — »Aber ich habe mich doch wunderbar unterhalten«, rief sie bekümmert, »mehr, als ich es sagen kann! Es ist herrlich gewesen! Nur kommt eben Frau Arnholt um sechs ins Hotel, und gegen fünf sollte ich dort sein!« — »Das werden Sie auch! Nach dem Eis setze ich Sie in eine Droschke, dann können Sie bequem zurückfahren.« Sie war wieder glücklich. Das Schokoladeeis schmolz in kleinen Schlückchen—weit die Kehle hinunter. Die Schatten der Bäume tanzten über die Tischtücher, und sie saß genau mit dem Rücken gegen die große Uhr, die fünfundzwanzig Minuten vor sieben zeigte. »Sie können es mir glauben«, sagte die kleine Gouvernante ernst, »das war der glücklichste Tag meines Lebens! Dergleichen hätte ich mir nie träumen lassen!« Trotz der kühlen Eiscreme glühte ihr dankbares Kinderherz voller Liebe für den Märchengroßvater.
Sie gingen durch eine Allee und verließen den Park. Der Tag war fast zu Ende. »Sehen Sie dort drüben das große Haus?« fragte der alte Mann. »Oben im dritten Stock wohne ich—ich und die alte Haushälterin die für mich sorgt.« Sie fand es sehr interessant. »Wollen Sie vielleicht, ehe ich eine Droschke für Sie rufe, mit mir hinaufkommen und mein kleines ›Zuhause‹ besichtigen und sich von mir ein Fläschchen Rosenöl schenken lassen, von dem ich Ihnen in der Bahn erzählt habe? Als Andenken?« Das wollte sie gern. »Noch nie im Leben war ich in einer Junggesellenwohnung«, lachte die kleine Gouvernante.
Im Flur war es sehr dunkel. »Ach, meine Haushälterin ist wahrscheinlich weggegangen, um mir ein Hühnchen zu besorgen! Einen Augenblick!« Er öffnete eine Tür und trat beiseite, um sie, ein wenig schüchtern, aber neugierig, in das fremde Zimmer eintreten zu lassen. Sie wußte nicht recht, was sie sagen sollte. Es war nicht hübsch. Eigentlich war es sogar häßlich — aber aufgeräumt und, wie sie annahm, sehr

praktisch für einen so alten Mann. »Wie gefällt es Ihnen?«
Er kniete vor einer Anrichte und holte ein rundes Tablett
mit zwei rosa Gläsern und einer hohen rosa Flasche. »Zwei
kleine Schlafzimmer sind dahinter und eine Küche. Vollauf
genug, nicht wahr?« — »O ja, bestimmt!« — »Und wenn Sie
je wieder in München sein sollten und ein, zwei Tage hier
verbringen wollen, dann ist immer ein kleines Nest für Sie
bereit — ein Hühnchen und Salat und ein alter Mann, der
entzückt wäre, Sie wieder zu bewirten, nicht nur einmal,
sondern noch oft, mein liebes kleines Fräulein!« Er zog den
Stöpsel aus der Flasche und goß Wein in die beiden rosa
Gläser. Seine Hand zitterte, und etwas Wein tropfte aufs
Tablett. Es war sehr still im Zimmer. Sie sagte: »Ich glaube,
ich sollte jetzt gehen!« — »Aber Sie werden doch ein Gläschen Wein mit mir trinken — nur eins, ehe Sie gehen?« fragte der alte Mann. »Nein, wirklich nicht. Ich trinke nie Wein.
Ich — ich habe versprochen, niemals Wein oder dergleichen
anzurühren!« Und obwohl er sie anflehte und obwohl sie
sich furchtbar unhöflich vorkam, vor allem, weil er es sich
anscheinend so zu Herzen nahm, blieb sie fest. »Nein, danke! Bestimmt nicht.« — »Dann setzen Sie sich wenigstens
fünf Minuten aufs Sofa, und lassen Sie mich auf Ihr Wohl
trinken!« Die kleine Gouvernante setzte sich auf die Kante
des roten Plüschsofas, und er setzte sich dicht neben sie und
leerte sein Glas auf einen Zug — auf ihr Wohl. »Sind Sie
heute wirklich glücklich gewesen?« fragte der alte Mann und
drängte sich so nah an sie, daß sie sein Knie neben dem ihren spürte. Noch ehe sie antworten konnte, ergriff er ihre
Hände. »Wollen Sie mir nicht ein Küßchen geben, ehe Sie
gehen?« fragte er und zog sie an sich.
Es mußte ein Traum sein! Es war unmöglich! Das war überhaupt nicht derselbe alte Mann! Oh, wie gräßlich! Die kleine
Gouvernante starrte ihn entsetzt an. »Nein, nein, nein!«
stammelte sie und wollte sich befreien. »Einen Kuß! Ein einziges Küßchen! Was ist das schon? Nur einen Kuß, liebes
kleines Fräulein! Einen Kuß!« Er stieß ihr seinen Kopf ins
Gesicht, seine Lippen grinsten — und wie die kleinen blauen
Augen hinter der Brille funkelten! »Nie — niemals! Was un-

terstehen Sie sich?« Sie sprang auf, aber er war schneller als sie und hielt sie gegen die Wand gedrückt, preßte seinen harten alten Körper und das zuckende Knie gegen sie, und obwohl sie ihren Kopf verzweifelt von einer Seite zur andern drehte, küßte er sie auf den Mund! Mitten auf den Mund! Wohin niemand außer ihren allernächsten Verwandten sie je geküßt hatte!

Sie rannte, rannte die Straße entlang, bis sie zu einer breiten Allee mit Straßenbahngeleisen und einem Polizisten kam, der wie eine automatische Puppe in der Mitte stand. »Bitte eine Straßenbahn zum Hauptbahnhof!« schluchzte die kleine Gouvernante. »Was ist, Fräulein?« Sie rang die Hände. »Zum Hauptbahnhof wollen Sie? Da kommt gerade eine!« Und während er ihr sehr erstaunt nachblickte, sprang das junge Ding, den Hut schief auf dem Kopf und ohne Taschentuch, weinend auf die Straßenbahn: sie sah weder das Stirnrunzeln des Schaffners, noch hörte sie, wie eine ›gebildete‹ Dame mit einer Freundin über sie lästerte. Sie wiegte den Oberkörper hin und her und jammerte laut: »Oh, oh!«, und preßte die Hand auf den Mund. »Sie ist beim Zahnarzt gewesen!« krächzte eine dicke alte Frau, die zu einfältig war, um unbarmherzig zu sein. »Herrjemine, was für Zahnweh! Die Kleine hat keinen einzigen Zahn mehr im Mund!« Und die ganze Zeit über schwankte und ratterte die Straßenbahn durch eine Welt voll alter Männer mit zuckenden Knien.

Als die kleine Gouvernante die Halle im Hotel Grunewald erreichte, stand der gleiche Hausbursche, der am Morgen in ihrem Zimmer gewesen war, vor einem Tisch und polierte ein Tablett mit Gläsern. Der Anblick der kleinen Gouvernante erfüllte ihn anscheinend mit unerklärlicher, bedeutsamer Genugtuung. Ihre Frage hatte er erwartet — seine Antwort war schlagfertig und kriecherisch. »Ja, Fräulein, die Dame ist hier gewesen. Ich habe ihr gesagt, daß Sie eingetroffen und gleich wieder mit einem Herrn ausgegangen sind. Sie hat mich gefragt, wann Sie zurückkommen würden — aber das wußt' ich natürlich nicht! Und dann ist sie zum Direktor gegangen.« Er hob ein Glas auf, hielt es gegen das Licht, prüfte es, das eine Auge geschlossen, und begann es mit seinem Schürzenzipfel zu polieren. »...?« — »Pardon, Fräulein? Ach nein, Fräulein — der Direktor konnte ihr keine Auskunft geben!« Er schüttelte den Kopf und lächelte das blanke Glas an. »Wo ist die Dame jetzt?« fragte die kleine Gouvernante und zitterte so heftig, daß sie sich das Taschentuch vor den Mund halten mußte. »Wie kann ich das wissen?« rief der Hausbursche, und als er an ihr vorbeiflitzte, um sich auf einen neuen Gast zu stürzen, klopfte ihm das Herz so wild gegen die Rippen, daß er fast laut aufgelacht hätte. ›Geschieht ihr recht! Geschieht ihr recht!‹ dachte er. ›Da kann sie sich 'ne Lehre draus ziehen!‹ Und während er den Koffer des Neuankömmlings auf seine Schulter pfefferte — mit Wuppdich!, als wäre er ein Riese und der Koffer eine Flaumfeder—, machte er mit gezierter Stimme die Worte der kleinen Gouvernante nach: »*Gehen Sie! Gehen Sie sofort!*« — ›Da kann jeder kommen!‹ schrie er in Gedanken.

Von acht Uhr morgens bis ungefähr um halb zwölf litt Monica Tyrell unter ihren Nerven, und sie litt so entsetzlich, daß diese Stunden—einfach qualvoll waren. Sie konnte nicht dagegen an. »Vielleicht, wenn ich zehn Jahre jünger wäre«, pflegte sie zu sagen. Denn jetzt, wo sie dreiunddreißig war, hatte sie eine wunderliche Art, bei jeder Gelegenheit auf ihr Alter anzuspielen, ihre Bekannten mit ernsten, kindlichen Augen anzublicken und zu sagen: »Ja, vor zwanzig Jahren, kann ich mich erinnern . . .«, oder Ralph auf junge Mädchen aufmerksam zu machen, die im Restaurant in ihrer Nähe saßen — richtige junge Mädchen mit schönen, jugendfrischen Armen und Kehlen und flinken, unschlüssigen Bewegungen. »Wenn ich vielleicht zehn Jahre jünger wäre . . .«

»Warum läßt du nicht Marie vor deiner Tür sitzen und jedermann unbedingt verbieten, in die Nähe deines Zimmers zu kommen, bis du läutest?«

»Ach, wenn es so einfach wäre!« Sie warf ihre kleinen Handschuhe hin und drückte auf die Art, die Ralph so gut an ihr kannte, die Finger auf die Augenlider. »Aber erstens würde ich dauernd denken, daß Marie dort sitzt und warnend Rudd und Mrs. Moon abwinkt — Marie als eine Art Kreuzung zwischen einer Gefängniswärterin und einer Pflegerin für Geisteskranke! Und zweitens ist es wegen der Post. Man kann die Tatsache, daß die Post kommt, nicht einfach aus dem Gedächtnis streichen, und wenn vielleicht Briefe kommen — wer — wer könnte dann bis elf Uhr warten?«

Seine Augen leuchteten auf. Rasch und behutsam legte er den Arm um sie. »*Meine* Briefe, Schätzchen?«

»Vielleicht«, sagte sie leise und schleppend, strich ihm mit der Hand über sein rotes Haar und dachte, ebenfalls lächelnd: ›Lieber Himmel! Wie kann man nur so etwas Dummes sagen!‹

Am heutigen Morgen hatte die heftig zugeschmetterte Haustür sie aus dem Schlaf geschreckt. Peng! Die ganze Wohnung zitterte. Was war das gewesen? Sie fuhr im Bett hoch und umklammerte ihre Daunendecke. Ihr Herz klopfte wild. Was konnte es gewesen sein? Dann hörte sie Stimmen im Flur. Marie klopfte, und als die Tür aufging, flog die Markise mit scharfem Gezerre und Reißen hinaus, und die Vorhänge strafften sich und schlugen klatschend hierhin und dorthin. Die Quaste der Markise klopfte gegen die Fensterscheibe. »*Eh-h, voilà!*« rief Marie, stellte das Tablett ab und lief ans Fenster. »*C'est le vent, Madame! C'est un vent insupportable!*«

Die Markise rollte hinauf; das Schiebefenster sauste kreischend hoch; grauweißes Licht drang ins Zimmer. Monica erhaschte einen Blick auf den hohen, bleichen Himmel und eine Wolke, die wie ein zerrissenes Hemd drüberhin flatterte, bevor sie die Augen mit dem Ämel schützte.

»Marie! Die Vorhänge! Rasch! Die Vorhänge zu!« Monica sank ins Bett zurück, und dann klingelte ›Ring-ting-ping, ring-ting-ping!‹ das Telefon. Das Maß ihres Leidens war voll: sie wurde ganz ruhig. »Sehen Sie nach, Marie, wer es ist!«

»Es ist Monsieur! Ob Madame heute um halb zwei zum Mittagessen zu Princes ins Restaurant kommt?« Ja, Monsieur war selbst am Telefon. Ja, er hatte gebeten, daß Madame der Anruf sofort ausgerichtet werde. Statt zu antworten, stellte Monica ihre Tasse hin und fragte Marie mit matter, verwunderter Stimme, wie spät es sei. Es war halb zehn. Sie lag still da, mit fast geschlossenen Augen. »Sagen Sie Monsieur, daß ich nicht kommen kann«, flüsterte sie sanft. Doch kaum war die Tür geschlossen, da wurde sie von einer jähen Wut gepackt, von einer so rasenden Wut, daß sie fast daran erstickte. Wie konnte er es wagen? Wie konnte Ralph es wagen, sie anzurufen, wenn er doch wußte, welche Qualen sie morgens unter ihren Nerven zu erdulden hatte! Hatte sie es ihm nicht erklärt und beschrieben und ihm sogar — wenn natürlich auch nur andeutungsweise; geradezu konnte sie so etwas nicht sagen — zu verstehen gegeben, daß es die einzige, unverzeihliche Sünde sei?

Und ausgerechnet an diesem entsetzlich stürmischen Morgen! Glaubte er, es sei nur eine Schrulle von ihr, eine kleine weibliche Torheit, die man belächeln und übergehen konnte? Hatte sie nicht erst gestern abend gesagt: »Du mußt mich aber auch ernst nehmen!« Und er hatte erwidert: »Mein Schätzchen, du wirst es nicht glauben wollen, aber ich kenne dich unendlich viel besser, als du dich selbst kennst! Vor jedem deiner feinen Gedanken und Gefühle verneige ich mich verehrungsvoll. Ja, lache nur! Ich liebe die Art, wie du die Mundwinkel hebst, und« — er hatte sich über den Tisch gebeugt — »es ist mir gleich, wenn die Leute sehen, daß ich alles an dir anbete! Von mir aus können wir auf einem Berggipfel stehen und von den Scheinwerfern der ganzen Welt angestrahlt werden!«

»Himmel!« Monica faßte sich an den Kopf. War es möglich, daß er so etwas gesagt hatte? Wie unglaublich waren die Männer! Und sie hatte ihn geliebt — wie hatte sie einen Mann lieben können, der so redete? Was hatte sie nur die ganze Zeit seit der Abendgesellschaft vor vielen Monaten getan, als er sie nach Hause begleitet und gefragt hatte, ob er wiederkommen dürfe, um ›das feine arabische Lächeln‹ wiederzusehen! Oh, was für ein Unsinn — was für ein kompletter Unsinn! Und doch erinnerte sie sich an die seltsame, tiefe Erregung, die sie damals gefühlt hatte und die mit nichts zu vergleichen war, was sie bis dahin gefühlt hatte.

»Kohle! Kohle! Kohle! Altes Eisen! Altes Eisen! Altes Eisen!« klang es von der Straße herauf. Es war alles aus. Er glaubte, sie zu verstehen? Nichts hatte er verstanden! Daß er sie an einem so stürmischen Morgen angerufen hatte, war ungeheuer bedeutsam. Ob er das verstehen würde? Sie hätte beinah lachen können. ›Du hast mich zu einer Zeit angerufen, wo ein Mensch, der mich versteht, einfach nicht dazu fähig gewesen wäre.‹ Es war das Ende. Und als Marie berichtete: »Monsieur läßt sagen, er wäre im Vestibül — für den Fall, daß Madame sich noch anders besinnt«, rief Monica nur: »Nein, nicht Verbenenkristalle, Marie. Nelken! Zwei Handvoll!«

Ein stürmischer, wilder Morgen! Ein rasender, aufgeregter Wind! Monica setzte sich vor den Spiegel. Sie war blaß. Das Mädchen kämmte ihr dunkles Haar, kämmte es ihr ganz aus dem Gesicht, und nun war ihr Gesicht wie eine Maske mit spitzen Lidern und dunkelroten Lippen. Als sie sich in dem bläulichen, schattigen Spiegel anblickte, spürte sie plötzlich eine seltsame, ganz ungeheure Erregung, die langsam, langsam von ihr Besitz ergriff, bis sie die Arme hochwerfen und lachen wollte, alles umherwerfen und Marie schockieren und schließlich rufen wollte: ›Ich bin frei! Ich bin frei! Ich bin so frei wie der Wind!‹ Denn jetzt gehörte sie ihr, die ganze vibrierende, zitternde, erregende, stürmische Welt! Sie war ihr Königreich. Nein, nein, sie gehörte niemandem — nur dem Leben!

»Das genügt, Marie!« stammelte sie. »Meinen Hut, meinen Mantel, meine Handtasche! Und dann ein Taxi, Marie!« Wohin wollte sie? Ach, irgendwohin. Sie konnte die stille, langweilige, lautlose Marie, die gespenstige, ruhige, frauliche Umgebung nicht mehr ertragen. Sie mußte hinaus! Sie mußte schnell fahren — irgendwohin — irgendwohin!

»Das Taxi ist da, Madame!« Als sie mit aller Kraft die große Außentür des Apartmenthauses aufstieß, erwischte sie der Wind und fegte sie über den Bürgersteig. Wohin? Sie stieg ein, und mit strahlendem Lächeln bat sie den mürrischen, kalt dreinblickenden Fahrer, sie zu ihrem Friseur zu bringen. Was hätte sie ohne ihren Friseur angefangen? Sobald Monica nicht wußte, wohin sie gehen oder was in aller Welt sie tun sollte, fuhr sie zu ihm. Vielleicht ließ sie sich nur das Haar ondulieren, und unterdessen hatte sie sich dann einen Plan zurechtgelegt. Der mürrische, kühle Fahrer schlug ein wildes Tempo an, und sie ließ sich mit Wonne von einer Seite auf die andre schleudern. Sie wünschte, er würde immer noch schneller fahren. Ach, erlöst zu sein von Princes um halb zwei — und nicht mehr das kleine Kätzchen im Daunenkorb zu sein, nicht mehr die Araberin oder das ernste, entzückte Kind oder die wilde kleine Hummel...! »Nie mehr!« rief sie laut und ballte ihre kleine Faust. Doch das Taxi hielt, und der Fahrer stand da und hatte ihr die Tür geöffnet.

Das Friseurgeschäft war warm und glitzerte. Es roch nach Seife und versengtem Papier und Haarpomade. Hinter der

Kasse saß Madame, rund und pummelig, bleich und mit einem Kopf, der wie eine Puderquaste auf einem schwarzseidenen Nadelkissen herumzurollen schien. Monica hatte immer das Gefühl, daß man sie in diesem Geschäft liebte und verstand — ihr wahres Ich weit besser verstand, als viele ihrer Bekannten es verstanden. Hier war sie ihr wahres Ich, und sie und Madame hatten merkwürdigerweise oft miteinander geplaudert. Außerdem war George hier, der junge, dunkelhaarige, schlanke George, der sie immer bediente. Sie hatte ihn richtig gern.

Aber heute — wie seltsam! Madame grüßte sie kaum. Ihr Gesicht war bleicher denn je, doch unter ihren blauen Knopfaugen hatte sie hellrote Lidränder, und selbst ihre Ringe an den schwammigen Fingern blitzten nicht. Sie waren kalt und tot — wie Glassplitter. Als sie am Wandtelefon George verlangte, hatte ihre Stimme einen Beiklang, der noch nie dagewesen war. Aber Monica wollte es nicht wahrhaben. Nein, sie weigerte sich, es zu glauben. Sie bildete es sich nur ein. Gierig schnupperte sie die warme, duftende Luft ein und verschwand hinter dem Samtvorhang in ihrer kleinen Kabine.

Hut und Jacke waren abgelegt worden und baumelten am Haken, und George war noch immer nicht erschienen. Es war das erstemal, daß er ihr nicht den Sessel zurechtrückte, nicht den Hut entgegennahm und ihre Handtasche aufhängte, nachdem er sie zuerst an seiner Hand baumeln ließ wie etwas, das er noch nie gesehen hatte — etwas Feenhaftes! Und wie still es im Geschäft war! Kein Laut war zu hören, nicht einmal von Madame. Nur der Wind blies und erschütterte das alte Haus. Der Wind kreischte, und die Bilder der Damen aus der Pompadour-Zeit blickten auf Monica herab und lächelten listig und falsch. Monica wünschte, sie wäre nicht hergekommen. Oh, was für ein Fehler, hergekommen zu sein! Nicht wiedergutzumachen! Wo war George? Wenn er nicht im nächsten Augenblick auftauchte, würde sie gehen. Sie zog den weißen Kimono aus. Sie mochte sich nicht länger im Spiegel sehen. Als sie eine große Cremedose auf dem gläsernen Bort öffnete, zitterten ihre Finger. An ihrem

Herzen schien etwas zu zerren, als versuchte ihr Glücksgefühl, ihr berauschendes Glücksgefühl, sich zu befreien.

›Ich gehe! Ich bleibe nicht länger!‹ Sie holte ihren Hut herunter. Doch im gleichen Augenblick hörte sie Schritte, und
als sie in den Spiegel blickte, sah sie George, der am Eingang
zur Kabine stand und sich verbeugte. Wie seltsam er lächelte! Daran war natürlich der Spiegel schuld. Sie drehte sich
rasch um. Seine Lippen waren zu einer Art Grinsen verzerrt,
und — war er nicht unrasiert? — er war beinah grün im Gesicht.

»Bedaure sehr, daß ich Sie warten ließ«, murmelte er und
glitt oder schlich auf sie zu.

Nein, nein, sie wollte nicht bleiben! »Es tut mir leid«, begann sie, aber er hatte schon den Gasarm angezündet und
die Brennschere aufgelegt und hielt ihr den Kimono hin.

»Sehr stürmisch«, sagte er. Monica fügte sich. Sie roch seine
frischen, jungen Finger, die ihr die Frisierjacke unter dem
Kinn feststeckten. »Ja, es stürmt«, sagte sie und lehnte sich
an. Es wurde sehr still. Mit seinen geschickten Fingern zog
George die Haarnadeln aus ihrer Frisur. Ihr Haar löste sich,
aber er behielt es nicht wie sonst in der Hand, als fühlte er,
wie fein und weich und schwer es war. Er sagte nicht: ›Es
ist in bestem Zustand!‹ Er ließ es fallen und nahm eine Bürste aus einem Schubfach, hustete diskret und räusperte sich,
und dann sagte er dumpf: »Ja, ein sehr starker Wind, muß
man schon sagen.«

Darauf hatte sie nichts zu erwidern. Die Bürste sank auf ihr
Haar. Oh, wie trübe, wie trübe! Sie sank flink und leicht,
sie sank wie Herbstlaub nieder. Und dann sank und zerrte
sie heftig, wie das zerrende Gefühl an ihrem Herzen. »Genug! Genug!« rief sie und entwand sich ihm.

»Habe ich zu stark gebürstet?« fragte George, über die Brennschere gebückt. »Verzeihen Sie, bitte!« Es roch nach versengtem Papier — ein Geruch, den sie liebte —, und er ließ die
Brennschere in seiner Hand herumkreiseln und starrte vor
sich hin. »Ich würde mich nicht wundern, wenn wir Regen
bekämen!« Er ergriff eine Strähne ihres Haares — doch da
konnte sie es nicht länger ertragen und unterbrach ihn. Sie

sah ihn an; sie sah sich selbst, wie sie ihn anblickte und in ihrem weißen Kimono einer Nonne glich. »Was ist hier los? Ist etwas passiert?« Aber George zuckte nur leise die Achseln und verzog das Gesicht. »Nein, nein, Madame. Nichts von Bedeutung!« Und er nahm wieder die Haarsträhne in die Hand. Aber sie ließ sich nicht irreführen. Das mußte es sein: etwas Furchtbares war passiert! Die Stille — ja, die Stille schien wie Schnee niederzusinken. Sie schauerte zusammen. Es war kalt in der kleinen Kabine, alles war kalt und glitzerte. Die Nickelhähne und Duschen und Zerstäuber sahen irgendwie beinah bösartig aus. Der Wind ratterte am Fensterrahmen; Blech schlug irgendwo an, und der junge Mann fuhr fort, die Brennscheren zu wechseln und sich über ihr Haar zu beugen. Oh, wie beängstigend das Leben war, dachte Monica. Wie furchtbar. Die Einsamkeit ist's, die so entsetzlich ist. Wir wirbeln wie Herbstlaub dahin, und niemand weiß, niemand kümmert sich darum, wohin wir fallen und auf welchem schwarzen Gewässer wir davongetrieben werden. Ein zerrendes Gefühl schien ihr in die Kehle zu steigen. Es schmerzte, schmerzte sehr. Am liebsten hätte sie geweint. »Lassen Sie nur«, flüsterte sie. »Geben Sie mir die Haarnadeln, bitte!« Als er so fügsam und stumm neben ihr stand, hätte sie fast die Arme sinken lassen und geschluchzt. Sie konnte es nicht länger ertragen. Wie eine Holzpuppe glitt und schlich der fröhliche junge George umher, reichte ihr Hut und Schleier, nahm den Geldschein in Empfang und brachte ihr das restliche Geld. Sie stopfte es in ihre Handtasche. Wohin jetzt?

George nahm eine Kleiderbürste. »Auf Ihrem Mantel ist etwas Puder«, murmelte er. Und dann richtete er sich plötzlich auf, blickte Monica an, machte eine seltsame Bewegung mit der Bürste und sagte: »Offen gestanden, Madame — Sie sind ja eine alte Kundin —, mir ist heute morgen meine kleine Tochter gestorben. Es war unser erstes Kind.«

Und dann zerknitterte sein bleiches Gesicht wie Papier, und er wandte ihr den Rücken und begann die baumwollne Frisierjacke abzubürsten.

»Oh! Oh!« begann Monica zu weinen.

Sie stürzte aus dem Geschäft und ins Taxi. Der Fahrer sah wütend aus; er schwang sich von seinem Sitz und schlug die Tür zu.

»Wohin?«

»Zu Princes«, schluchzte sie. Und während der ganzen Fahrt sah sie nichts als ein winzige Wachspuppe mit einem Schopf goldener Haare, die mit gekreuzten Händchen und Füßchen sanftmütig dalag. Und dann, kurz bevor sie zu Princes kam, sah sie einen Blumenladen voll weißer Blumen. Oh, was für eine wunderbare Idee! Maiglöckchen und weiße Stiefmütterchen, gefüllte weiße Veilchen und weiße Samtschleifen... Von einer ungenannten Freundin ... Von einer teilnahmsvollen... Für ein kleines Mädchen ... Sie klopfte an die Trennscheibe, aber der Fahrer hörte es nicht — und überhaupt waren sie schon bei Princes.

Die Rettung

Es war seine Schuld, einzig und allein seine Schuld, daß sie den Zug verpaßt hatten! Was hatte es zu sagen, daß die idiotischen Hotelangestellten die Rechnung nicht bereit hatten? Das kam doch einfach daher, weil er dem Kellner beim Mittagessen nicht eingeschärft hatte, sie müsse um zwei Uhr bereit sein! Jeder andre Mann wäre sitzen geblieben und hätte sich nicht vom Fleck gerührt, bis sie ihm vorgelegt wurde. Aber nein! Er mit seinem wundervollen Glauben an die menschliche Natur war nach oben gegangen und hatte von diesen Idioten erwartet, sie ihnen ins Zimmer zu bringen... Und dann, als *la voiture* vorgefahren war, während sie (Herr des Himmels!) noch immer auf das Wechselgeld warteten, warum hatte er sich da nicht um das Unterbringen des Gepäcks gekümmert, so daß sie wenigstens gleich nach Erhalt des Wechselgeldes hätten losfahren können? Hatte er etwa von *ihr* erwartet, daß sie hinausginge und sich in der Hitze unter die Markise stellte, um mit ihrem Sonnenschirm auf dies und das Gepäckstück zu zeigen? Ein sehr komisches Bild englischen Ehelebens! Selbst als dem Fahrer gesagt worden war, wie schnell er fahren müsse, hatte er es nicht beachtet, sondern nur gelächelt. Oh, stöhnte sie, wäre sie der Fahrer gewesen, hätte sie auch über die alberne, lächerliche Art gelächelt, mit der er zur Eile ermahnt wurde! Und sie lehnte sich zurück und ahmte seine Stimme nach: »*Allez vite, vite*« — als wollte er den Fahrer um Entschuldigung bitten, weil er ihn belästigte...

Und dann auf dem Bahnhof — unvergeßlich der Anblick des munteren kleinen Zuges, der sich aus dem Staube machte, und der widerlichen Kinder, die aus den Fenstern winkten! ›Oh, warum muß ich das alles ertragen? Warum bin ich alledem preisgegeben?‹ Der grelle Sonnenschein und die Fliegen, während er und der Bahnhofsvorsteher die Köpfe über dem Fahrplan zusammensteckten und den nächsten Zug herauszufinden versuchten, den sie natürlich auch nicht erreichen würden. Die Leute, die sich ansammelten, und die Frau, die das Baby mit dem scheußlichen, scheußlichen Kopf aufgenommen hatte . . . »Ach, wenn man so sensibel ist wie ich, so einfühlsam, und wenn einem dann nichts erspart bleibt und man nicht einen Augenblick weiß, wie es ist, wenn . . . wenn . . .«

Ihre Stimme hatte sich verändert. Sie zitterte jetzt, sie weinte. Sie tastete in ihrer Handtasche herum und holte aus dem kleinen Silberschlund ein duftendes Taschentuch. Dann schlug sie den Schleier zurück, und als tue sie es mitleidsvoll für jemand anders und als sage sie es zu jemand anders, drückte sie das Taschentuch auf ihre eigenen Augen und sagte: »Ich verstehe, mein Liebes!«

Die kleine Handtasche mit ihrem geöffneten Silberschlund lag auf ihrem Schoß. Er konnte ihre Puderquaste und ihren Lippenstift sehen, ein Briefbündel und ein Fläschchen mit winzigen, samenähnlichen schwarzen Pillen, eine zerbrochene Zigarette, einen Spiegel und weiße Elfenbeintäfelchen mit Listen, die dick durchgestrichen waren. Er dachte: ›In Ägypten würde sie mit all dem Zeugs begraben!‹

Sie hatten die letzten Häuser hinter sich gelassen, kleine, vereinzelt dastehende Häuschen, zwischen den Beeten weggeworfene Scherben von Blumentöpfen und halbnackte Hühner, die vor dem Eingang herumscharrten. Es ging jetzt eine lange, steile Straße hinauf, die sich um den Hügel wand und in die nächste Bucht führte. Die Pferde strauchelten und legten sich ins Geschirr. Alle fünf Minuten, alle zwei Minuten ließ der Kutscher die Peitschen über ihr Kreuz spielen. Sein stämmiger Rücken war wie aus Holz geschnitzt; auf dem rötlichen Nacken hatte er Furunkel, und auf dem Kopf trug er einen neuen, glänzenden Strohhut . . .

Ein leichter Wind wehte. Er war gerade stark genug, um die jungen Blätter an den Obstbäumen seidig schimmern zu lassen, das feine Gras zu streicheln und die rauchgrauen Olivenbäume zu versilbern — gerade stark genug, um vor dem Wagen eine kreiselnde Staubsäule aufzuwirbeln, die sich als feine Asche auf ihre Kleider senkte. Als sie ihre Puderquaste herausnahm, flog der Puder über beide . . .

»Oh, der Staub!« kam es wie ein Hauch von ihr. »Dieser

ekelhafte, widerwärtige Staub!« Und sie zog den Schleier herunter und lehnte sich wie betäubt zurück.

»Warum spannst du nicht deinen Sonnenschirm auf?« schlug er vor. Der Schirm lag auf dem Vordersitz, und er beugte sich vor, um ihn ihr zu geben. Daraufhin richtete sie sich plötzlich kerzengerade auf und legte wieder los: »Bitte laß meinen Sonnenschirm liegen! Ich brauche meinen Sonnenschirm nicht! Und jeder, der nicht gänzlich abgestumpft ist, wüßte, daß ich viel zu entkräftet bin, um einen Sonnenschirm zu halten . . . obendrein, wenn ein derartiger Wind an ihm zerrt? . . . Lege ihn sofort hin!« rief sie zornig, und dann entriß sie ihm den Sonnenschirm, warf ihn hinter sich in das zurückgeklappte Verdeck und beruhigte sich – keuchend.

Noch eine Wegbiegung, und dann kam eine Schar kleiner Kinder quietschend und kichernd bergab : kleine Mädchen mit sonnengebleichtem Haar, kleine Jungen in ausgeblichenen Soldatenmützen. Sie hatten Blumen in ihren Händen – alle möglichen Arten – an den Köpfen abgerissene –, und, neben dem Wagen einherlaufend, boten sie sie jetzt an: Flieder, welke Fliederdolden, grünlichweißen Schneeball, eine Kallalilie und eine Hand voll Hyazinthen. Sie stießen mit ihren Schelmengesichtern und den Händen voll Blumen in den Wagen vor, und ein Kind warf ihr sogar ein Büschel Ringelblumen in den Schoß. Die armen kleinen Kerlchen! Noch ehe sie etwas sagen konnte, fuhr seine Hand in die Hosentasche.«

»Um Himmels willen! Gib ihnen ja nichts! Oh, das sieht dir ähnlich! Diese greulichen Rangen! Jetzt werden sie uns die ganze Zeit nachlaufen! Ermutige sie bloß nicht! Aber du würdest noch Bettler ermutigen!« Und sie schleuderte die Blumen aus dem Wagen und schloß: »Tu's wenigstens nicht, wenn ich dabei bin!«

Er sah, wie wunderlich erschrocken die Kinder auf einmal aussahen. Sie rannten nicht mehr, blieben zögernd zurück, und dann begannen sie ihnen etwas nachzurufen und riefen und riefen, bis der Wagen um noch eine Biegung fuhr.

»Oh, wieviel Biegungen kommen noch, bis wir oben sind? Nicht ein einziges Mal haben sich die Pferde in Trab gesetzt!

Es ist doch sicher nicht nötig, daß sie dauernd im Schritt gehen!«

»In einer Minute sind wir dort«, sagte er und zog sein Zigarettenetui heraus. Daraufhin drehte sie sich ganz zu ihm herum. Sie hielt die Hände vor der Brust verschränkt; ihre dunklen Augen blickten weit aufgerissen und beschwörend hinter dem Schleier hervor. Ihre Nasenflügel bebten, sie biß sich auf die Lippe, und ihr Kopf zitterte verkrampft. Doch als sie sprach, war ihre Stimme ganz matt und sehr, sehr ruhig.

»Ich möchte dich etwas bitten! Ich möchte dich um einen Gefallen bitten!« sagte sie. »Ich habe dich hundert- und tausendmal darum gebeten — aber du hast es vergessen. Es ist nur eine Kleinigkeit, aber wenn du wüßtest, was sie für mich bedeutet . . .« Sie preßte die Hände zusammen. »Doch du kannst es unmöglich wissen! Kein Mensch könnte es wissen und trotzdem so grausam sein.« Und dann sagte sie langsam und entschieden und sah ihn dabei mit ihren großen, düsteren Augen an: »Ich bitte und beschwöre dich zum letztenmal, rauche nicht, wenn wir zusammen ausfahren! Könntest du dir vorstellen, was für Qualen ich leide, wenn mir der Rauch ins Gesicht weht . . .«

»Gut, gut!« sagte er. »Dann rauche ich eben nicht. Ich hatte es vergessen!« Und er steckte das Etui wieder weg.

»O nein!« sagte sie, begann fast zu lachen und legte sich den Handrücken über die Augen. »Vergessen kannst du das nicht haben! Nicht das!«

Der Wind frischte auf und blies heftiger. Sie waren auf der Hügelkuppe angelangt. »Hai-jupp-jupp-jupp!« rief der Kutscher. Sie rollten die Straße bergab, die in ein kleines Tal fiel, unten an der Küste entlanglief und sich jenseits eine sanfte Anhöhe hinaufwand. Jetzt waren wieder Häuser da, mit blauen, wegen der Hitze zugezogenen Fensterläden und grelleuchtenden Gärten und Geranienpolstern, die über rosa Mäuerchen geworfen waren. Die Küstenlinie war dunkel; am Ufer kräuselte sich eine weiße, seidige Rüsche. Der Wagen schaukelte rumpelnd und holpernd zu Tal. »Hai-jupp!« rief der Kutscher. Sie klammerte sich seitlich an den Sitz und schloß die Augen, und er wußte genau, daß sie glaubte, es geschähe aus voller Absicht; all das Schaukeln und Rumpeln -- und irgendwie sei er dafür verantwortlich — ereigne sich ihr zum Trotz, weil sie gefragt hatte, ob man nicht etwas schneller fahren könne. Und gerade, als sie die Talsohle fast erreicht hatten, schwankte der Wagen so bedenklich, daß er beinah umgekippt wäre. Er sah, wie ihre Augen ihn anfunkelten, und hörte sie hervorzischen: »Dir macht es wohl Spaß?«

Sie fuhren weiter und waren im Talgrund. Plötzlich stand sie auf. »*Cocher! Cocher! Arrêtez-vous!*« Sie drehte sich um und schaute in das zurückgeklappte Verdeck. »Natürlich!« rief sie. »Ich wußte es ja! Ich habe gehört, wie er hunterfiel, als der Wagen beinah umkippte, und du mußt es auch gehört haben!«

»Was? Wo?«

»Mein Sonnenschirm! Er ist weg! Der Sonnenschirm, der schon meiner Mutter gehört hatte. Der Sonnenschirm, der mir teurer als . . . teurer als . . .« Sie war ganz außer sich. Der Kutscher drehte sich um; sein breites, fröhliches Gesicht griente.

»Ich hab' auch was gehört«, sagte er offenherzig und vergnügt. »Aber ich hab' gedacht, wenn Madame und Monsieur nichts erwähnen . . .«

»Aha! Siehst du wohl? Dann mußt du es auch gehört haben! Das erklärt mir das erstaunliche Lächeln in deinem Gesicht . . .«

»Also hör mal«, sagte er, »er kann doch nicht weg sein! Wenn er rausgefallen ist, muß er noch da sein. Bleib sitzen! Ich hole ihn!«

Doch sie durchschaute es. Und wie sie es durchschaute! »Nein, danke!« Und unbekümmert um den Kutscher blickte sie ihn boshaft lächelnd an. »Ich gehe selbst zurück und suche ihn und hoffe, daß du mir nicht folgst! Denn« — da sie wußte, daß der Kutscher sie nicht verstand, sprach sie leise, ja sanft weiter — »wenn ich dir nicht eine Minute entkomme, werde ich verrückt!«

Sie stieg aus. »Meine Handtasche!« Er reichte sie ihr.

»Madame möchte gern selbst . . .«, sagte er.

Aber der Kutscher hatte sich schon vom Bock geschwungen, saß auf der Mauer und las die Zeitung. Die Pferde ließen die Köpfe hängen. Es war still. Der Mann im Wagen reckte sich und verschränkte die Arme. Er spürte, wie die Sonne auf seine Knie niederprallte. Der Kopf war ihm auf die Brust gesunken. »Hisch! Hisch!« zischelte das Meer. Der Wind seufzte durchs Tal und legte sich dann. Ausgehöhlt und vertrocknet und verdorrt — so war dem Mann jetzt zumute. Als sei er zu Asche geworden. Und das Meer zischelte »Hisch! Hisch!«

Dann aber erblickte er den Baum, wurde sich seiner Gegenwart hinter einem Gartentor voll bewußt. Es war ein mächtiger Baum mit einem dicken, runden, silbrigen Stamm und einer gewaltigen Krone kupferroter Blätter, die im Licht leuchteten und doch düster waren. Hinter dem Baum sah er etwas — etwas Weißes, Sanftes, Undurchsichtiges und halb Verborgenes — auf schlanken Säulen. Während er auf den Baum blickte, wurde sein Atem leiser und leiser, und er wurde eins mit der Stille. Der Baum schien zu wachsen, schien in der zitternden Hitze anzuschwellen, bis die großen, ausgezackten Blätter den Himmel verdeckten, und stand doch regungslos da. Dann drang aus seiner Tiefe — oder jenseits — der Klang einer Frauenstimme. Eine Frau sang. Die warme, sorglose Stimme schwebte in der Luft und war eins mit der Stille, wie er es auch war. Plötzlich, als die Stimme weich und träumerisch und sanft anschwoll, wußte er, daß sie aus dem Blätterversteck auf ihn zuschweben würde, und sein Frieden war dahin. Was war ihm widerfahren? In seiner Brust regte sich etwas — etwas Dunkles, Unerträgliches und Erschreckendes drängte hoch und schwebte und schwankte wie ein riesiger Seetang . . . und war warm, erstickend . . . Er rang, um es auszureißen, und in *dem* Augenblick — war alles vorbei. Tief, tief sank er in die Stille, blickte auf den Baum und wartete auf die Stimme, die angeschwebt kam und sich niedersenkte, bis er sich eingehüllt fühlte.

Im rüttelnden Seitengang des Zuges. Es war Nacht. Der Zug
raste und brüllte durch das Dunkel. Mit beiden Händen hielt
er sich an der Messingstange fest. Die Tür ihres Abteils war
offen.

»Lassen Sie sich nicht stören, Monsieur! Er wird hereinkom-
men und sich setzen, wenn er Lust hat. Er mag es — er mag
es — es ist eine Gewohnheit von ihm . . . *Oui, Madame, je
suis un peu souffrante . . . Mes nerfs.* Doch mein Mann ist
nie so glücklich, als wenn er reisen kann. Möglichst durch
Dick und Dünn . . . Mein Mann . . . Mein Mann . . .«

Die Stimmen plätscherten, plätscherten. Nie verstummten
sie . . . Doch so groß war die überirdische Seligkeit, die ihn
erfüllte, als er dort stand, daß er wünschte, er könnte ewig
leben.

III. *DAS GARTENFEST*

I.

Sehr früh am Morgen. Die Sonne war noch nicht aufgegangen, und die ganze Crescent-Bucht lag unter weißem Seenebel versteckt. Die großen, mit Buschwald überzogenen Hügel dahinter waren ganz in Nebel gehüllt. Man konnte nicht erkennen, wo sie aufhörten und wo die Koppeln und Bungalows begannen. Die sandige Straße war verschwunden, und auch die Koppeln und Bungalows auf der andern Seite, und hinter ihnen waren keine weißen, mit rötlichem Gras bedeckten Dünen: nichts war da, was hätte anzeigen können, wo der Strand und wo das Meer war. Starker Tau war gefallen. Das Gras war bläulich. Große Tautropfen hingen an den Büschen und zauderten zitternd; das silbrige, flaumige Wollgras hob sich schlaff auf seinen langen Stielen, und alle Ringelblumen und Nelken in den Bungalowgärten wurden von der Nässe zur Erde gebeugt. Tropfnaß waren die kalten Fuchsien, runde Tauperlen lagen auf den flachen Kapuzinerblättern. Es sah aus, als hätte das Meer in der Dunkelheit lautlos angegriffen und als wäre eine riesige Woge herangerollt—wie weit wohl? Wenn man mitten in der Nacht aufgewacht wäre, hätte man vielleicht einen großen Fisch sehen können, wie er zum Fenster herein- und wieder hinausschnellte ...

Ah — ah! klang es von der schläfrigen See her. Und aus dem Buschwald drang das Geriesel kleiner Bäche, die rasch und leichtfüßig zwischen glatten Steinen hindurchschlüpften und sich in farnbewachsene Wasserlöcher stürzten, hinein und wieder hinaus; von großen Blättern klatschten dicke Tropfen nieder, und etwas anderes — was war es nur? — regte sich leise und zitterte, ein Zweig knackste, und dann eine solche Stille, als ob einer lausche.

Um die Ecke der Crescent-Bucht, zwischen aufgetürmten Felsbrocken, kam eine Schafherde angetrippelt. Sie drängten sich dicht aneinander, eine kleine, hüpfende Wollfläche,

und ihre dünnen, steckendürren Beinchen trabten so rasch
weiter, als hätten die Kälte und die Stille sie erschreckt. Hinter ihnen lief ein alter Schäferhund einher, die feuchten Pfoten sandig, die Nase am Boden, aber sorglos, als dächte er an
etwas anderes. Und dann erschien in dem felsigen Durch-
laß der Schäfer selber. Er war ein hagerer, aufrechter alter
Mann in einem Friesrock, der mit einem Gespinst winziger
Tropfen bedeckt war, in einer unter den Knien zugebunde-
nen Samthose und einem Schlapphut mit um die Krempe
gebundenem blauem Taschentuch. Die eine Hand hatte er in
den Gürtel gesteckt, die andre packte einen wunderbar glatten gelben Stock. Und während er so einherschritt und sich
Zeit ließ, pfiff er leicht und leise vor sich hin, helle, ferne
Flötentöne, die traurig und zärtlich klangen. Der alte Hund
machte rein gewohnheitsmäßig ein paar Freudensprünge,
gab es dann aber, beschämt wegen seines Leichtsinns, unvermittelt auf und machte an der Seite seines Herrn einige
würdevolle Schritte. Die Schafe unternahmen kleine, trip-
pelnde Vorstöße; sie begannen zu blöken, und gespenstige
Herden und Hirten antworteten ihnen aus dem Meer.
»Bäh! Bäääh!« Eine Zeitlang schienen sie stets auf dem gleichen Stück Land zu sein; vor ihnen dehnte sich die sandige
Straße mit seichten Pfützen; zu beiden Seiten tropfnasse Büsche und schattenhafte Zäune. Dann kam ein Ungeheuer in
Sicht: ein struppiger Riese streckte die Arme aus. Es war
der hohe Eukalyptusbaum vor Mrs. Stubbs Laden, und ein
starker Eukalyptusduft schlug ihnen entgegen, als sie daran
vorüberzogen. Und jetzt glommen dicke Lichtflecke im Nebel. Der Schäfer hörte auf zu pfeifen; er rieb sich die rote
Nase und den nassen Bart an seinem feuchten Ärmel ab,
kniff die Augen zusammen und blickte dorthin, wo das Meer
sein mußte. Die Sonne ging auf. Es war erstaunlich, wie
rasch der Nebel sich lichtete, fortstob, sich über der flachen
Mulde auflöste, vom Buschwald fortrollte und verschwunden war, als müsse er eiligst entfliehen; große Nebellocken
und Knäuel stießen und bedrängten einander, je mehr sich
die Silberbahnen verbreiterten. Der ferne Himmel — ein helles, reines Blau — spiegelte sich in den Pfützen, und die Trop-

fen, die an den Telegraphendrähten entlangschwammen, blitzten wie lauter Lichtpunkte auf. Die hüpfende, glitzernde See war jetzt so grell, daß einem die Augen beim Hinschauen weh taten. Der Schäfer holte aus der Brusttasche eine Pfeife, deren Kopf so klein wie eine Eichel war, tastete nach der Tabakrolle, schabte ein paar Schnipsel ab und stopfte sie in den Pfeifenkopf. Er war ein ernster, stattlicher alter Mann. Als er die Pfeife anzündete und der blaue Rauch sich um seinen Kopf kräuselte, blickte der Hund, der ihn beobachtete, stolz zu ihm auf.

»Bäh! Bäääh!« Die Schafe fächerten auseinander. Sie hatten gerade die Sommerkolonie hinter sich, bevor der erste Schläfer sich umdrehte und den schlaftrunkenen Kopf hob. Das Blöken zog durch die Träume der kleinen Kinder ... die ihre Arme hoben, um die süßen, wolligen Schlaflämmchen zu umarmen und zu herzen. Dann tauchte der erste Einwohner auf: es war Burnells Katze Florrie, die sich — wie immer viel zu früh — auf den Pfosten des Gartentors setzte und nach dem Milchmädchen Ausschau hielt. Als sie den alten Schäferhund sah, sprang sie rasch hoch, machte einen Buckel, zog den getigerten Kopf ein und schien sich hochmütig zu schütteln. »Puh! Was für ein vulgärer, widerlicher Kerl!« sagte Florrie. Doch der alte Schäferhund blickte nicht auf, sondern zottelte, mit den Beinen nach beiden Seiten schlenkernd, vorbei. Nur das eine Ohr zuckte, um zu beweisen, daß er sie sah und für ein albernes junges Weibsbild hielt.

Im Buschwald erhob sich der Morgenwind, und der Geruch von Blättern und feuchter schwarzer Erde mischte sich mit dem herben Geruch des Meeres. Myriaden von Vögeln sangen. Ein Distelfink flog über den Kopf des Schäfers, setzte sich auf die äußerste Spitze eines Zweigs, kehrte sich der Sonne zu und plusterte seine kleinen Brustfedern auf. Jetzt waren die Schafe an der Hütte des Fischers und an der rußigen kleinen Maori-Hütte vorbeigezogen, in der Leila, das Milchmädchen, mit ihrer Großmutter wohnte. Sie zerstreuten sich über einen gelben Sumpf, und Wag, der Schäferhund, patschte ihnen nach, trieb sie zusammen und drängte sie gegen den steileren, engeren Felsenpaß, der aus der Crescent-Bucht hinaus und zur Daylight-Bucht führte. »Bäh! Bäääh!« drang das Blöken nur noch schwach herüber, als sie auf der schnell trocknenden Straße weiterschlingerten. Der Schäfer steckte seine Pfeife weg und ließ sie so in die Brusttasche gleiten, daß der kleine Kopf überhing. Und schnurstracks begann wieder das leise, leichte Pfeifen. Wag rannte auf einem Felsenband hinter etwas Riechendem her und kehrte angewidert um. Dann stießen, drängelten und schoben sich die Schafe um die Biegung, und der Schäfer folgte ihnen, bis auch er außer Sicht war.

II.

Ein paar Minuten später öffnete sich die Hoftür des einen Bungalows, und eine Gestalt in einem breitgestreiften Badeanzug flog die Koppel hinunter, setzte über den Zauntritt, sauste durch das Bültgras in die Mulde hinein, stolperte die sandige Kuppe hinauf und raste wie ums liebe Leben über die großen, porösen Steine und über die kalten, nassen Kiesel bis auf den festen Sand, der wie Öl glänzte. Plitsch-platsch! Plitsch-platsch! Das Wasser quirlte um Stanley Burnells Beine, als er triumphierend hinauswatete. Der erste im Wasser, wie gewöhnlich! Er hatte sie wieder alle geschlagen. Und er duckte sich, um Kopf und Schultern naß zu spritzen.

»Sei mir gegrüßt, Bruder! Heil dir, du Mächtiger!« Eine samtene Baßstimme dröhnte über das Wasser.

Verflixt und zugenäht! Hol ihn der Teufel! Stanley hob sich etwas an und sah weit draußen einen hüpfenden dunklen Kopf und einen erhobenen Arm. Es war Jonathan Trout — und schon vor ihm da! »Herrlicher Morgen!« sang die Stimme.

»Ja, sehr schön«, erwiderte Stanley kurz. Warum, zum Teufel, hielt sich der Bursche nicht an sein Stück Ufer? Warum mußte er sich ausgerechnet hierherdrängeln? Stanley stieß sich ab, holte weit aus und kraulte drauflos. Aber Jonathan war ihm gewachsen. Er tauchte auf, das schwarze Haar glatt und naß auf der Stirn, der kurze Bart triefend.

»Mir hat heut nacht was ganz Erstaunliches geträumt!« rief er.

Was war nur los mit dem Mann? Diese Sucht, sich zu unterhalten, ärgerte Stanley maßlos. Und immer war es dasselbe — immer irgendein Unsinn über einen Traum, den er gehabt hatte, oder über einen verrückten Einfall, von dem er gehört hatte, oder einen Blödsinn, den er gelesen hatte. Stanley drehte sich auf den Rücken und strampelte mit den Beinen, bis er ein lebendiger Wasserspeier war. Aber auch dann noch . . . »Mir hat geträumt, daß ich in einer schrecklich hohen Steilwand hing und zu jemand hinunterschrie!« Sieht dir ähnlich, dachte Stanley. Mehr von der Sorte konnte er nicht ertragen. Er hörte auf zu planschen. »Hör mal, Trout«, sagte er, »ich muß mich heute sehr beeilen.«

»*Was* mußt du?« Jonathan war so erstaunt — oder tat jedenfalls erstaunt —, daß er untersank und prustend wieder auftauchte.

»Ich wollte bloß sagen«, erwiderte Stanley, »daß ich keine Zeit habe, lange — herumzutrödeln. Ich will's hinter mich bringen. Bin in Eile. Muß heute morgen arbeiten, verstehst du?«

Jonathan war weg, bevor Stanley seinen Satz beendet hatte. »Passiert, Freund!« sagte die Baßstimme sanft, und er glitt durchs Wasser davon, fast ohne es aufzurühren . . . Aber ein verdammter Bursche war er doch! Er hatte Stanley sein morgendliches Bad verdorben. Was für ein lästiger Idiot der Mensch war! Stanley holte wieder aus, schwamm weit hinaus und ebenso schnell zurück, und dann eilte er den Strand hinauf. Er fühlte sich betrogen.

Jonathan blieb etwas länger im Wasser. Er lag auf dem Rücken, bewegte nur sachte die Hände wie Flossen und ließ seinen langen, hageren Körper vom Meer wiegen. Es war merkwürdig, denn trotz alledem konnte er Stanley Burnell gut leiden. Allerdings hatte er manchmal den teuflischsten Spaß daran, Stanley zu hänseln oder ihn hochzunehmen, aber im Grunde tat er ihm leid. Es lag etwas Rührendes in dem Drang, aus all und jedem eine Rekordleistung zu machen. Man konnte das Gefühl nicht loswerden, daß er eines Tages dabei versagen müsse — und wie belämmert stünde er dann da! Eine ungeheure Welle hob Jonathan auf, überholte ihn und überschlug sich, fröhlich rauschend, am Ufer. Was für eine prächtige das gewesen war! Und jetzt kam noch eine! Ja, so sollte man leben — sorglos, leichtsinnig, sich selbst überlassen! Er tastete nach dem Grund, watete aufs Ufer zu und drückte die Zehen in den festen, welligen Sand. Die Dinge leichtnehmen, nicht gegen Ebbe und Flut des Lebens ankämpfen, sondern nachgeben — das war's, was not tat! Das ständige Angespanntsein war ganz verkehrt. Leben — leben! Und der herrliche Morgen, der sich so jung und schön im ersten Licht badete, als freue er sich an seiner eigenen Pracht, schien zu flüstern: »Warum denn nicht?«

Doch jetzt, wo Jonathan aus dem Wasser heraus war, wurde er blau vor Kälte. Alles schmerzte — als ob ihm jemand das Blut aus den Adern wringen wollte! Und während er zitternd, mit verkrampften Muskeln, den Strand hinaufstelzte, fand auch er, daß ihm sein Bad verdorben war. Er war zu lange im Wasser geblieben.

III.

Beryl war allein im Wohnzimmer, als Stanley in einem blauen Sergeanzug, mit steifem Kragen und getupfter Krawatte, erschien. Er sah fast unheimlich sauber und gepflegt aus: er wollte den ganzen Tag in der Stadt bleiben. Als er sich auf seinen Stuhl fallen ließ, holte er seine Uhr hervor und legte sie neben den Teller.

»Ich habe genau fünfundzwanzig Minuten«, sagte er. »Könntest du bitte nachsehen, ob der Porridge fertig ist, Beryl?«

»Mutter holt ihn gerade«, sagte Beryl. Sie setzte sich an den Tisch und schenkte ihm Tee ein.

»Danke« — Stanley nahm einen Schluck. »Oh . . .«, rief er. »Du hast ja den Zucker vergessen!«

»Ach, verzeih!«

Aber auch jetzt bediente Beryl ihn nicht, sondern schob ihm nur die Zuckerdose zu. Was sollte denn das bedeuten? Während Stanley zugriff, zog er die Brauen in die Höhe und riß die blauen Augen auf. Er warf seiner Schwägerin einen raschen Blick zu und lehnte sich zurück.

340

»Ist was schiefgegangen?« fragte er gleichmütig und betaste-
te seinen Kragen.

Beryl hatte den Kopf gesenkt; sie drehte den Teller zwischen
den Fingern herum.

»Nichts«, sagte sie leichthin. Dann blickte sie auf und lächelte Stanley an. »Wieso denn?«

»Ach — bloß so. Ich dachte nur, daß du ziemlich . . .«

In diesem Augenblick ging die Tür auf, und drei kleine Mädchen erschienen; jede trug einen Teller Porridge. Sie waren
gleich gekleidet und hatten blaue Pullis und Pumphosen an;
die braunen Beine waren nackt, und jede hatte das Haar ge-
flochten und zu einem Pferdeschwanz aufgesteckt, wie sie
das nannten. Hinter ihnen kam Mrs. Fairfield mit dem Tablett an.

»Vorsichtig, Kinder!« mahnte sie. Aber sie nahmen sich mächtig in acht. Sie liebten es, daß man ihnen erlaubte, etwas zu
tragen. »Habt ihr Vater guten Morgen gewünscht?«

»Ja, Oma.« Sie setzten sich auf die Bank gegenüber von Stanley und Beryl.

»Guten Morgen, Stanley!« Die alte Mrs. Fairfield stellte ihm
seinen Teller mit Porridge hin.

»Morgen, Mutter! Was macht der Junge?«

»Dem geht's gut! Heute nacht ist er nur einmal aufgewacht.
Was für ein herrlicher Morgen!« Die alte Frau, die ihre Hand
auf den Brotlaib gelegt hatte, unterbrach sich, um durch die
offene Tür in den Garten zu blicken. Das Meer rauschte.
Durch das weit offene Fenster flutete die Sonne auf die gelb
gefirnißten Wände und die Dielen. Alles auf dem Tisch funkelte und glitzerte. In der Mitte stand eine alte Salatschüssel
mit gelber und roter Kapuzinerkresse.

Sie lächelte, und innige Zufriedenheit leuchtete aus ihren
Blicken.

»Bitte schneide mir doch jetzt eine Scheibe Brot ab, Mutter!«
sagte Stanley. »Mir bleiben nur noch zwölfeinhalb Minuten, bis die Postkutsche kommt! Hat jemand dem Mädchen
meine Schuhe zum Putzen gegeben?«

»Ja, sie stehen da!« Mrs. Fairfield ließ sich nicht aus der Ruhe bringen.

»O, Kezia! Warum bist du nur so ein Schmierfink?« rief Beryl verzweifelt.

»Ich, Tante Beryl?« Kezia schaute sie verwundert an. Was hatte sie jetzt wieder angestellt? Sie hatte doch bloß eine Kuhle in ihrem Porridge gemacht und mit Milch gefüllt, und jetzt aß sie vom Rand her. Aber das tat sie jeden Morgen, und noch nie hatte jemand deswegen ein Wort gesagt.

»Warum kannst du nicht manierlich essen — wie Isabel und Lottie?« Wie ungerecht die Erwachsenen waren!

»Aber Lottie macht immer eine schwimmende Insel, nicht wahr, Lottie?«

»Ich nicht«, sagte Isabel selbstgefällig. »Ich streue nur Zucker drauf und gieße Milch drüber und esse. Bloß Babies spielen mit ihrem Essen rum!«

Stanley stieß seinen Stuhl zurück und stand auf.

»Könntest du mir bitte die Schuhe holen, Mutter? Und Beryl, wenn du fertig bist, tu mir den Gefallen, lauf ans Gartentor und halte die Postkutsche an! Spring zu deiner Mutter, Isabel, und frage sie, wo mein Hut hingeraten ist! Warte mal — habt ihr Kinder mit meinem Stock gespielt?«

»Nein, Vater!«

»Ich hatte ihn aber hierhergestellt!« polterte Stanley los. »Ich weiß genau, daß ich ihn hier in diese Ecke gestellt habe! Wer hat ihn also gehabt? Ich habe keine Zeit zu verlieren! Seht euch um! Der Stock muß sich doch finden!«

Selbst Alice, das Mädchen, mußte bei der Hetzjagd mitmachen. »Sie haben ihn hoffentlich nicht benutzt, um im Herd zu stochern?«

Stanley stürmte ins Schlafzimmer, wo Linda im Bett lag. »Ganz erstaunlich! Nichts, was mir gehört, bleibt an Ort und Stelle. Jetzt haben sie mir meinen Stock verkramt!«

»Deinen Stock, Liebster? Was für einen Stock?« Lindas Unsicherheit in solchen Fällen konnte nicht echt sein, meinte Stanley. Niemand erbarmte sich seiner!

»Die Post ist da! Die Post ist da, Stanley!« rief Beryl vom Gartentor her.

Stanley winkte Linda nur zu. »Keine Zeit, mich zu verabschieden!« schrie er. Es war als Strafe für sie gedacht.

342

Er riß seine Melone an sich, stürzte aus dem Haus und flog den Gartenweg hinab. Ja, die Postkutsche wartete schon, und Beryl lehnte sich über das offene Tor und lachte mit jemand, als sei nichts geschehen! Wie herzlos die Frauen waren! Sie hielten es für selbstverständlich, daß es die Aufgabe des Mannes war, sich abzurackern, während sie sich nicht mal die Mühe machten und darauf achteten, daß sein Stock nicht verschwand! Kelly ließ die Peitschenschnur über den Pferderücken spielen.

»Leb wohl, Stanley!« rief Beryl liebreich und fröhlich. Leicht genug, Lebwohl zu sagen! Da stand sie, untätig, und legte die Hand über die Augen. Das Schlimmste daran war, daß Stanley auch Lebwohl rufen mußte, um den Schein zu wahren. Dann sah er, wie sie sich umdrehte und fröhlich hüpfte und ins Haus zurücklief. Sie war froh, ihn losgeworden zu sein!

Ja, sie war noch so froh. Sie lief ins Wohnzimmer und rief: »Jetzt ist er weg!« Und Linda rief aus ihrem Zimmer: »Beryl? Ist Stanley weg?« Die alte Mrs. Fairfield erschien, auf dem Arm den kleinen Jungen in seinem Flanelljäckchen.

»Ist er weg?«

»Ja, er ist weg!«

Oh, was für eine Erleichterung! Was für ein Unterschied, den Mann aus dem Haus zu haben! Ihre Stimmen wurden anders, wenn sie miteinander sprachen, sie klangen warm und liebevoll und als hätten sie ein gemeinsames Geheimnis. Beryl trat an den Tisch. »Nimm noch eine Tasse Tee, Mutter! Er ist noch heiß!« Irgendwie mußte die Tatsache gefeiert werden, daß sie jetzt tun konnten, was sie wollten. Kein Mann war da, der sie störte — der ganze herrliche Tag gehörte ihnen allein.

»Nein, danke, Kind«, sagte die alte Mrs. Fairfield, doch die Art, wie sie jetzt den Jungen hochfliegen ließ und ›hopsasasa!‹ rief, ließ erkennen, daß sie ebenso empfand. Die kleinen Mädchen liefen wie aus dem Verschlag herausgelassene Hühner auf die Koppel.

Sogar Alice, das Mädchen, in der Küche mit dem Abwaschen beschäftigt, ließ sich von der Stimmung anstecken und ging

mit dem kostbaren Tankwasser auf geradezu verschwende-
rische Art um.

»Oh, diese Männer!« sagte sie, tauchte die Teekanne ins
Spülbecken und hielt sie noch immer unter Wasser, auch
nachdem sie längst zu blubbern aufgehört hatte — gerade
als wäre sie ein Mann, und Ertränken wäre noch zu gut für
ihn.

IV.

»Warte auf mich, Isabel! Kezia, warte doch!«
Die arme kleine Lottie war wieder einmal zurückgeblieben,
weil sie es immer so furchtbar schwierig fand, allein über
den Zauntritt zu steigen. Als sie auf der obersten Sprosse
stand, begannen ihre Knie zu wackeln, und sie hielt sich am
Pfosten. Jetzt sollte sie ein Bein hinüberschwingen — aber
welches Bein? Das konnte sie nie entscheiden. Und wenn sie
endlich mit verzweifeltem Aufstampfen ein Bein drüberge-
setzt hatte, war das Gefühl einfach gräßlich. Halb war sie
noch auf der Koppel, und halb war sie schon im Bültgras.
Sie klammerte sich angstvoll an den Pfosten und rief laut:
»Wartet auf mich!«
»Nein, du mußt nicht auf sie warten, Kezia!« bestimmte Isabel. »Sie ist so dumm! Immer stellt sie sich so an! Komm
jetzt!« Und sie zog Kezia am Pulli. »Du darfst meinen Eimer nehmen, wenn du mitkommst!« sagte sie freundlich. »Er
ist größer als deiner!« Aber Kezia konnte Lottie nicht ganz
allein lassen. Sie rannte zu ihr zurück. Lottie war unterdes-
sen sehr rot im Gesicht geworden und schnaufte laut.
»Komm, hol den andern Fuß rüber!« sagte Kezia.
»Aber wohin?«
Lottie blickte wie von einem Berggipfel auf Kezia nieder.
»Hierhin, wo meine Hand ist!« Kezia klopfte auf die Stelle.
»Ach so — *dahin* meinst du!« Lottie schöpfte tief Atem und
holte auch den andern Fuß hinüber.
»Jetzt dreh dich ein bißchen und setz dich hin und rutsche!«
sagte Kezia.
»Aber es ist gar nichts zum Hinsetzen da!« jammerte Lottie.

Schließlich brachte sie es doch fertig, und sobald sie drüben war, schüttelte sie sich zurecht und strahlte.

»Ich kann schon viel besser übern Zauntritt klettern, nicht wahr, Kezia?«

Lottie war von hoffnungsfroher Gemütsart.

Die rosa und die blaue Sonnenhaube folgten Isabels roter Haube, die rutschende, lose Sanddüne hinauf. Oben blieben sie stehen, überlegten, wohin sie gehen wollten, und schauten genau hin, wer schon alles da war. Wenn man sie von hinten sah, wie sie sich gegen den Himmel abhoben und mit ihren Spaten herumzeigten, glichen sie winzigen, ratlosen Forschungsreisenden.

Die ganze Samuel-Josephs-Brut war schon mitsamt der ›Stütze‹ da, die auf einem Feldstuhl saß und mittels eines um den Hals gebundenen Pfeifchens und eines Stocks zum Leiten der Spiele auf Ordnung achtete. Die Samuel-Josephs-Kinder spielten nie ohne Anweisung und dachten sich nie eigene Spiele aus. Taten sie es doch einmal, dann endete es damit, daß die Jungen den Mädchen Wasser in den Nacken schütteten und daß die Mädchen versuchten, den Jungen kleine schwarze Krabben in die Taschen zu stecken. Deshalb entwarfen Mrs. Josephs und die arme Stütze jeden Morgen ein Programm, wie sie es nannten, um sie zu beschäftigen und von Unfug abzuhalten. Meistens war es ein Wettbewerb oder Wettrennen oder ein gemeinsames ›Spiel‹. Alle begannen mit einem durchdringenden Pfiff der Stütze und endeten auch so. Es gab sogar Preise — große, ziemlich schmuddelige Päckchen, welche die Stütze mit säuerlichem Lächeln aus einer prallen Netztasche holte. Die Samuel-Josephs-Kinder kämpften schrecklich um die Preise und mogelten und kniffen einander in den Arm — aufs Kneifen verstanden sie sich besonders gut. Das eine Mal, als die Burnell-Kinder mit ihnen spielten, hatte Kezia einen Preis bekommen, und als sie drei kleine Papierfetzen abgewickelt hatte, lag innen drin ein sehr kleiner, verrosteter Schuhknöpfer. Sie begriff nicht, wie man sich deshalb so anstellen konnte . . .

Doch jetzt spielten sie nie mehr mit den Samuel-Josephs-Kindern und gingen auch nicht zu ihren Einladungen. Die

Samuel-Josephs gaben immer Kindergesellschaften an der Bucht, und immer gab es die gleichen Sachen zu essen: ein großes Waschbecken mit sehr braunem Obstsalat, in Viertel geschnittene Rosinenbrötchen und einen Waschkrug voll eines Getränks, das die Stütze ›Limmonädchen‹ nannte. Und wenn man abends heimging, war die halbe Rüsche vom Kleid abgerissen oder irgendwas hatte sich über die schöne Stickereischürze ergossen, während die Samuel-Josephs wie die Wilden auf ihrem Rasen herumtanzten. Nein, sie waren zu scheußlich!

Am andern Ende des Strandes und nah beim Wasser huschten zwei kleine Jungen mit hochgekrempelten Hosen wie Spinnen hin und her. Der eine grub, und der andre trabte zum Wasser und wieder hinaus, jedesmal seinen kleinen Eimer füllend. Das waren die Trout-Jungen Pip und Rags. Aber Pip grub so eifrig, und Rags half ihm so eifrig, daß sie ihre kleinen Kusinen erst sahen, als sie ganz nah vor ihnen standen.

»Da schaut mal!« sagte Pip. »Schaut mal, was ich entdeckt habe!« Und er zeigte ihnen einen alten, nassen, eingedellten Stiefel. Die drei kleinen Mädchen staunten.

»Aber was wollt ihr denn damit machen?« fragte Kezia.

»Ihn behalten, natürlich!« Pip war sehr herablassend. »Es ist Strandgut, versteht ihr?«

Ja, das sah Kezia ein. Trotzdem . . .

»Im Sand sind eine Unmenge Sachen vergraben«, erklärte Pip. »Von Wracks angeschwemmt. Kostbare Sachen. Man könnte sogar . . .«

»Aber warum muß Rags dauernd Wasser reingießen?« fragte Lottie.

»Oh, zum Feuchthalten«, sagte Pip. »Damit sich's besser verarbeiten läßt. Mach weiter, Rags!«

Und der brave kleine Rags lief hin und her und goß Wasser hinein, das so braun wie Kakao wurde.

»He, soll ich euch mal zeigen, was ich gestern gefunden habe?« fragte Pip mit geheimnisvoller Miene und steckte seinen Spaten in den Sand. »Ihr müßt aber versprechen, es nicht weiterzusagen!«

Sie versprachen es.

»Sagt: Hand aufs Herz, so wahr ich lebe!«

Die kleinen Mädchen sprachen es ihm nach.

Pip holte etwas aus seiner Tasche, polierte es lange Zeit auf seinem Pulli, hauchte drauf und rieb weiter.

»Jetzt könnt ihr euch umdrehen!« befahl er.

Sie drehten sich um.

»Schaut alle in die gleiche Richtung! Steht still! Jetzt!«

Er öffnete die Hand und hielt etwas ans Licht. Es blitzte, es funkelte, es war wunderschön grün.

»Ein Smarack!« sagte Pip feierlich.

»Wirklich, Pip?« Sogar Isabel staunte.

Das schöne grüne Ding schien in Pips Fingern zu tanzen. Tante Beryl hatte einen ›Smarack-Ring‹, aber ihr Stein war bloß sehr klein. Der hier war so groß wie ein Stern und viel, viel schöner.

V.

Im Laufe des Vormittags tauchten ganze Gruppen über den Sanddünen auf und zogen zum Strand hinunter, um zu baden. Es war ein stillschweigendes Übereinkommen, daß die Frauen und Kinder der Sommerkolonie ab elf Uhr den Strand für sich hatten. Zuerst zogen sich die Frauen aus, stiegen in ihre Badekleider und steckten die Köpfe in häßliche Kappen, die wie Schwammbeutel aussahen; dann wurden die Kinder ausgepellt. Über den ganzen Strand verstreut lagen Häufchen von Kleidern und Schuhen; die großen Sommerhüte, die mit Steinen beschwert waren, damit sie nicht wegflogen, glichen riesigen Muscheln. Es war seltsam, daß die See ganz anders zu rauschen schien, wenn all die hüpfenden, lachenden Menschen in die Wellen hineinliefen. Die alte Mrs. Fairfield — in einem lila Baumwollkleid und einem schwarzen, unter dem Kinn festgebundenen Hut — versammelte ihre Küchlein um sich und machte sie badefertig. Die kleinen Trout-Jungen zogen sich mit Wuppdich die Hemden über den Kopf, und schon sausten die fünf los, während ihre Großmuter die Hand schon halb im Strickbeutel hatte, um das Wollknäuel herauszuholen, sobald sie überzeugt war, daß alle fünf im Wasser waren.

Die stämmigen kleinen Mädchen waren nicht halb so tapfer wie die mageren, zart aussehenden kleinen Jungen. Pip und Rags zauderten keine Minute: fröstelnd hockten sie sich hin und klatschten aufs Wasser. Isabel, die zwölf Stöße, und Kezia, die beinah acht Stöße schwimmen konnten, folgten ihnen erst nach feierlichem Versprechen, daß sie nicht bespritzt würden. Lottie kam überhaupt nicht mit. Sie wollte sich gern auf ihre eigene Art im Wasser vergnügen, bitte! Und diese Art bestand darin, daß sie sich nah ans Wasser setzte, die Beine ausstreckte, die Knie aneinander, und mit den Armen unbestimmte Bewegungen machte, als erwarte sie, ins Meer hinausgeschwemmt zu werden. Kam aber mal eine größere Welle als die gewöhnlichen, eine Art Riesenschlange, auf sie zugerollt, dann krabbelte sie mit entsetztem Gesicht auf die Füße und floh wieder auf den Strand hinauf.

»Mutter, könntest du mir die hier gut aufheben?«

Zwei Ringe und eine feine Goldkette fielen Mrs. Fairfield in den Schoß.

»Ja, Kind. Aber badest du denn nicht von hier aus?«

»N — nein«, antwortete Beryl. Es klang unsicher. »Ich zieh' mich weiter drüben aus. Ich will mit Mrs. Harry Kember baden.«

»Also gut!« Aber Mrs. Fairfield bekam ihren schmalen Mund. Sie hielt nichts von Mrs. Harry Kember. Beryl wußte es.

Die arme alte Mutter, dachte sie lächelnd, als sie über die Steine hüpfte. Die arme alte Mutter! Alt war sie! Oh, was für eine Wonne, was für ein Glück war es, jung zu sein...!

»Sie sehen ja so vergnügt aus?« sagte Mrs. Harry Kember. Sie kauerte auf den Steinen, hatte die Arme um die Knie gelegt und rauchte.

»Es ist so ein herrlicher Tag!« antwortete Beryl und sah lächelnd auf sie herunter.

»Was Sie nicht sagen!« Mrs. Harry Kembers Stimme klang so, als wüßte sie mehr als nur das. Doch eigentlich klang ihre Stimme immer so, als wüßte sie mehr über einen als man selbst. Sie war eine lange, seltsam wirkende Frau mit schmalen Händen und Füßen. Auch ihr Gesicht war lang und schmal und sah verlebt aus; sogar ihre blonde, krause Ponyfranse wirkte versengt und welk. Sie war die einzige Frau an der Bucht, die rauchte, und sie rauchte unaufhörlich und behielt beim Sprechen die Zigarette im Mund; sie nahm sie nur heraus, wenn die Asche so lang war, daß man nicht verstand, weshalb sie nicht längst heruntergefallen war. Wenn sie nicht Bridge spielte — und sie spielte es Tag für Tag —, dann brachte sie ihre Zeit damit zu, in der prallen Sonne zu liegen. Sie konnte unglaublich viel Sonne vertragen und bekam nie genug. Trotzdem schien sie nie richtig warm zu werden. Ausgedörrt und kalt und welk lag sie wie ein angeschwemmtes Stück Treibholz auf den Steinen. Die Frauen in der Bucht hielten sie für allzu frei. Ihr Mangel an Eitelkeit, ihre ungepflegte Redeweise, die Art, wie sie mit Männern verkehrte, als wäre sie selbst ein Mann, und die Tatche, daß sie sich nicht die Bohne um ihren Haushalt kümmerte und ihr Dienstmädchen ›Engel‹ nannte, waren unerhört! Wenn sie zum Beispiel auf der Verandatreppe stand, konnte sie mit ihrer gleichgültigen, müden Stimme dem Mädchen zurufen: »Sie könnten mir ein Taschentuch ranschleppen, Engel, falls ich noch eins habe, ja?« Und Engel, im Haar eine rote Schleife statt des weißen Häubchens und in weißen Schuhen, kam unverschämt grinsend angerannt. Es war geradezu ein Skandal! Allerdings hatte sie keine Kinder, und ihr Mann . . . Hier wurden die Stimmen jedesmal lauter; sie klangen aufgebracht. Wie konnte er sie nur heiraten? Wie konnte er nur? Sicher war es wegen Geld gewesen, aber selbst dann . . .

Mrs. Kembers Mann war mindestens zehn Jahre jünger als sie und so unglaublich hübsch, daß er eher wie eine Skulptur oder wie ein ganz edles Bild in einem amerikanischen Roman aussah statt wie ein gewöhnlicher Mann: schwarze Haare, dunkelblaue Augen, rote Lippen, ein träges, lässiges Lächeln, ein guter Tennisspieler, ein ausgezeichneter Tänzer — und bei alledem so geheimnisvoll! Harry Kember war wie ein Schlafwandler. Die Männer konnten ihn nicht ausstehen, es war kein vernünftiges Wort aus dem Burschen herauszubringen. Und um seine Frau kümmerte er sich ebensowenig wie sie sich um ihn. Was für ein Leben mochte er führen? Natürlich munkelte man Geschichten über ihn, und was für welche! Unmöglich, sie weiterzuerzählen! Mit was für Frauen man ihn beobachtet hatte, in was für Lokalen man ihn gesehen hatte ... Aber es war nie ganz sicher, nie eindeutig. Manche Frauen in der Bucht glaubten im stillen, er könne eines Tages einen Mord begehen. Ja, sogar wenn sie mit Mrs. Kember sprachen und das häßliche Sammelsurium musterten, in das sie sich gekleidet hatte, sahen sie sie lang hingestreckt am Strand liegen — aber kalt, blutig, und immer noch mit einer Zigarette im Mundwinkel.

Mrs. Kember stand auf, gähnte, öffnete ihre Gürtelschnalle und zog an der Schleife ihrer Bluse. Und Beryl stieg aus ihrem Rock, legte den Pulli ab und stand im kurzen weißen Unterrock da — in einem Hemd, das Schleifchen auf den Schultern hatte.

»Liebe Güte«, rief Mrs. Harry Kember, »was für eine kleine Schönheit Sie sind!«

»Ach wo!« sagte Beryl leise, doch als sie erst den einen und dann den andern Strumpf auszog, fühlte sie sich als kleine Schönheit.

»Wieso denn nicht, mein gutes Kind?« sagte Mrs. Harry Kember und trat auf ihrem Unterrock herum. Nein, was für Wäsche sie trug! Eine blaue baumwollene Hose und eine Untertaille aus Leinen, die irgendwie an einen Kissenbezug erinnerte ... »Du trägst wohl kein Korsett, was?« Sie befühlte Beryls Hüften, und Beryl sprang mit einem zimperlichen kleinen Schrei beiseite. »Niemals!« sagte sie dann stolz. »Glückliches Geschöpf!« sagte Mrs. Kember und hakte ihr eigenes Korsett auf.

Beryl drehte ihr den Rücken zu und begann mit den komplizierten Verrenkungen eines Menschen, der gleichzeitig die Unterwäsche abstreifen und den Badeanzug anziehen will.

»Aber gutes Kind, kümmere dich doch nicht um mich!« sagte Mrs. Harry Kember. »Sei nicht so scheu! Ich will dich ja nicht fressen! Ich bin nicht gleich schockiert wie die alten

Tanten drüben!« Und sie stimmte ihr sonderbar wieherndes Gelächter an und schnitt den andern Frauen eine Fratze.

Aber Beryl war scheu. Sie hatte sich noch nie vor jemand nackt ausgezogen. War das albern? Mrs. Harry Kember schien es albern, ja sogar beschämend zu finden. Ja wirklich, warum scheu sein? Sie blickte rasch auf ihre Freundin, die so keck in ihrem zerrissenen Hemd dastand und sich eine Zigarette anzündete — und ein rasches, keckes, schlimmes Gefühl regte sich in ihr. Leichtsinnig lachend stieg sie in den schlaffen, sich sandig anfühlenden Badeanzug, der noch nicht ganz trocken war, und schloß die übersponnenen Knöpfe.

»Na, siehst du wohl!« sagte Mrs. Harry Kember. Sie gingen gemeinsam zum Strand hinunter. »Eigentlich ist es eine Sünde, daß du überhaupt Kleider trägst, mein gutes Kind! Das wird dir mal jemand sagen müssen.«

Das Wasser war ganz warm. Es war von einem wundervoll durchsichtigen Blau, dem silberne Lichter aufgesetzt waren; doch der Sand auf dem Grund sah golden aus: stieß man mit dem Zeh dagegen, dann stieg ein Wölkchen Goldstaub auf. Die Wellen reichten ihr jetzt bis an die Brust. Beryl stand mit ausgebreiteten Armen da und blickte ins Weite, und bei jeder kommenden Welle hüpfte sie ein ganz bißchen in die Höhe, so daß es aussah, als wäre es die Welle, die sie sachte hob.

»Ich bin dafür, daß hübsche Mädchen ihr Leben genießen«, sagte Mrs. Harry Kember. »Warum denn nicht? Laß dir nichts entgehen, mein Kind! Amüsiere dich!« Und plötzlich überschlug sie sich im Wasser, verschwand und schwamm schnell, so schnell wie eine Ratte, davon. Dann schnellte sie herum und begann zu Beryl zurückzuschwimmen. Sie wollte ihr noch etwas sagen. Beryl war zumute, als würde sie von der kalten Frau vergiftet, und doch sehnte sie sich danach, es zu hören. Aber wie seltsam, oh, wie grauenhaft! Als Mrs. Harry Kember nah herankam, sah sie in ihrer schwarzen Gummibadehaube und dem schläfrigen Gesicht, das nur mit dem Kinn übers Wasser ragte, genau wie eine grausige Karikatur ihres Mannes aus.

VI.

In einem Liegestuhl unter einem Manukabaum, der in der
Mitte des vorderen Rasens wuchs, verträumte Linda Burnell den Vormittag. Sie tat gar nichts. Sie schaute hinauf zu
den dunklen, dichten, trocknen Blättern des Manuka und
zu den Ritzen Himmelblau dazwischen, und dann und wann
fiel eine winzig kleine gelbliche Blüte auf sie nieder. Hübsch—
gewiß; hielt man eine dieser Blüten in der Handfläche und
betrachtete man sie aus der Nähe, dann war es ein kostbares
Dingelchen. Jedes blaßgelbe Blütenblatt glänzte, als wäre
es die sorgfältige Handarbeit einer liebevollen Hand. Die
winzige Zunge in der Mitte verlieh ihm das Aussehen einer
Glocke. Und wenn man es umdrehte, sah man das dunkle
Bronzebraun der Außenseite. Aber sobald sie blühten, welk-
ten sie und fielen und wurden verweht. Man wischte sie sich
vom Kleid, während man mit jemandem sprach; die greulichen kleinen Dinger verfingen sich im Haar. Warum blühten sie überhaupt? Wer machte sich die Mühe — oder die
Freude —, all diese Dinge zu erschaffen, die so vergeudet
wurden — vergeudet ... Es war unheimlich.
Auf dem Rasen neben ihr, auf zwei Kissen, lag der kleine
Junge. Er schlief fest, den Kopf von der Mutter abgewandt.
Sein feines dunkles Haar glich eher einem Schatten als richtigen Haaren, doch das Ohr glühte wie dunkles Korallen-
rot. Linda verschränkte die Hände über dem Kopf und
schlug die Füße übereinander. Wie erfreulich war der Gedanke, daß all die Bungalows leer waren, daß jedermann
unten am Strand und weder zu sehen noch zu hören war!
Sie hatte den Garten ganz für sich; sie war allein.
Blendend weiß leuchteten die Federnelken; die Ringelblumen funkelten golden; die Kapuzinerkresse wand grüne und
goldene Flammen um die Verandapfosten. Wenn man nur
Zeit hätte, diese Blumen lange genug anzuschauen, Zeit, um
über das Gefühl von etwas Neuem, Unbekanntem hinweg-
zukommen, Zeit, sie zu kennen! Aber kaum hielt man einmal inne, um die Blütenblätter auseinanderzuschieben oder
die Unterseite eines Blattes zu erforschen, schon kam das

Leben, und man wurde weggerissen. Und wie sie so in ihrem Liegestuhl lag, fühlte Linda sich so leicht, so wie ein Blatt. Kam das Leben daher wie ein Wind, wurde sie gepackt und geschüttelt; sie mußten mit. O Himmel, würde es immer so sein? Gab es kein Entkommen?

. . . Sie saß auf der Veranda ihres Elternhauses in Tasmanien und lehnte den Kopf gegen ihres Vaters Knie. Und er versprach ihr: ›Sobald du und ich alt genug sind, Linny, machen wir uns auf den Weg, irgendwohin, und reißen aus! Zwei Jungen unterwegs! Ich glaube, am liebsten würde ich einen chinesischen Fluß stromauf segeln!‹ Linda sah den Fluß vor sich, sehr breit war er, bedeckt mit kleinen Sampans und Booten. Sie sah die gelben Strohhüte der Bootsleute und hörte ihre hohen, hellen Stimmen, wie sie einander zuriefen . . .

›Ja, Papa!‹

Doch gerade da ging ein sehr breitschultriger junger Mann mit leuchtend roten Haaren langsam an ihrem Haus vorbei, und langsam, sogar feierlich zog er den Hut. Lindas Vater zupfte sie neckend am Ohr, wie es seine Art war.

›Linnys Verehrer!‹ flüsterte er.

›O Papa — was für eine Idee, mit Stanley Burnell verheiratet zu sein!‹

Und nun war sie mit ihm verheiratet. Und es kam noch hinzu, daß sie ihn liebte. Nicht den Stanley, den jedermann sah; nicht den alltäglichen Stanley — sondern einen schüchternen, sensiblen, unschuldigen Stanley, der jeden Abend niederkniete, um zu beten, der sich sehnte, gut zu sein. Stanley war ein einfacher Charakter. Wenn er an Menschen glaubte — wie er zum Beispiel an sie glaubte —, dann tat er es mit seinem ganzen Herzen. Er konnte nicht falsch sein; er konnte nicht lügen. Und wie schrecklich er litt, wenn er glaubte, daß jemand — sie — nicht ganz ehrlich, nicht ganz aufrichtig zu ihm war. ›Das ist mir zu spitzfindig!‹ Er warf die Worte nachlässig hin, aber sein offener, zitternder, verstörter Blick war wie der eines in die Falle gegangenen Tiers.

Das Schlimme war nur — und hier hätte Linda fast gelacht, obwohl es weiß Gott nicht zum Lachen war —, daß sie *ihren*

Stanley so selten sah. Flüchtige Augenblicke, kurze Momente, Atemholen in Stille — das gab es wohl, aber die ganze übrige Zeit war es so, als lebte man in einem Haus, das unvermeidbar dauernd Feuer zu fangen drohte, oder auf einem Schiff, das jeden Tag Schiffbruch erlitt. Und immer war es Stanley, der sich im Mittelpunkt der Gefahr befand, und ihre ganze Zeit brachte sie damit zu, ihn zu retten und wiederherzustellen und zu beruhigen und seine Beschwerde anzuhören. Und was dann noch von ihrer Zeit übrigblieb, verging in der Furcht, noch mehr Kinder zu bekommen.

Linda zog die Brauen zusammen; sie richtete sich rasch im Liegestuhl auf und umklammerte ihre Knöchel. Ja, das war ihr Hauptgroll gegen das Leben; das war es, was sie nicht verstehen konnte. Das war die Frage, die sie wieder und immer wieder erhob, wenn sie vergebens auf Antwort lauschte. Es war ganz gut und recht zu behaupten, Kinderkriegen sei nun einmal das Los aller Frauen. Aber es war nicht wahr. Sie wenigstens konnte beweisen, daß es falsch war. Sie war gebrochen, geschwächt, ihr Lebensmut dahin — vom Kinderkriegen. Und es war doppelt schwer zu ertragen — weil sie ihre Kinder nicht liebte. Es war unnütz, sich da etwas vorzumachen. Selbst wenn sie die Kraft gehabt hätte, würde sie nie die kleinen Mädchen pflegen und mit ihnen spielen mögen. Nein, es war, als hätte auf jeder dieser gräßlichen Reisen ein eisiger Hauch sie durch und durch erstarren lassen, und es war keine Wärme geblieben, die sie ihnen hätte geben können. Was den kleinen Jungen betraf — nun, Gott sei Dank hatte sich Mutter seiner angenommen: er war Mutters Junge oder Beryls, oder wer ihn sonst haben wollte. Sie hatte ihn kaum auf den Armen gehalten. Er war ihr so gleichgültig, daß sie, wie er so dalag . . . Linda blickte hinunter.

Der kleine Junge hatte sich umgedreht. Er lag jetzt ihr zugewandt und schlief nicht mehr. Seine dunkelblauen Kinderaugen standen offen; er sah aus, als blicke er seine Mutter verstohlen an. Und plötzlich hatte er Grübchen im Gesicht; es verzog sich zu offenem, zahnlosem Lachen, zu einem wahren Strahlen. ›Ich bin hier!‹, schien das glückliche Lachen zu sagen. ›Warum hast du mich nicht lieb?‹

Es war etwas Eigenartiges, so Überraschendes in seinem Lachen, daß Linda selbst lachen mußte. Aber gleich hielt sie wieder an sich und sagte kalt zu dem kleinen Jungen: »Ich kann Babies nicht leiden.«

›Kannst Babies nicht leiden?‹ Der Junge konnte es nicht glauben. ›*Mich* nicht leiden?‹ Seine Arme zappelten närrisch seiner Mutter entgegen.

Linda ließ sich vom Liegestuhl auf den Rasen gleiten.

»Warum lachst du immerzu?« fragte sie streng. »Wenn du wüßtest, was ich gedacht habe, würdest du nicht mehr lachen!«

Aber er kniff nur schelmisch die Augen zu und drehte den Kopf auf dem Kissen hin und her. Er glaubte ihr kein Wort.

›Das kennen wir!‹ lächelte der kleine Junge.

Linda war maßlos erstaunt über das Vertrauen des kleinen Wesens ... ach nein, sei ehrlich! Das war es nicht, was sie empfand; es war etwas ganz anderes, es war etwas so Neues, so ... Die Tränen traten ihr in die Augen; ganz leise flüsterte sie: »Hallo, du Närrchen!«

Aber inzwischen hatte der Junge seine Mutter ganz vergessen. Etwas Rosiges, etwas Weiches bewegte sich vor seinem Gesicht. Er griff danach, und sofort verschwand es. Doch als er sich zurücklehnte, erschien noch eins, genau wie das erste. Diesmal war er entschlossen, es zu fangen. Er machte eine ungeheure Anstrengung — und rollte ganz herum.

VII.

Es war Ebbe; der Strand lag verlassen da; das warme Meer plätscherte faul ans Ufer. Die Sonne prallte nieder, brannte heiß und feurig auf den feinen Sand und briet die grauen und blauen und schwarzen und weiß geäderten Kiesel. Sie saugte das Wassertröpfchen auf, das versteckt in der Höhlung der gewölbten Muschel lag; sie bleichte die rosa Winden, die sich durch die Sanddünen fädelten. Nichts schien sich zu rühren außer den kleinen Sandhüpfern. Pitt-pitt-pitt! Sie waren nie still.

Drüben auf den mit Seegras überzogenen Klippen, die bei

Ebbe zottigen Tieren glichen, welche zum Trinken ans Wasser gekommen waren, flimmerte der Sonnenschein wie lauter in die kleinen Felstümpel geworfene Silbermünzen. Sie tanzten, sie zitterten, und winzige Rippelwellchen bespülten die porösen Ufer. Wenn man sich über sie beugte und hinabsah, war jeder Tümpel ein See mit rosa und blauen, über die Ufer hingestreuten Häusern. Und oh!, was für ein unendliches Bergland hinter diesen Häusern — mit Schluchten und Engpässen, mit gefährlichen Wildbächen und furchtbaren Pfaden, die an den Saum des Wassers führten! Unter der Oberfläche schwankte der Unterwasserwald: rosige, fadendünne Bäumchen, Samtanemonen und Tang mit goldroten Beeren. Auf einmal geschah etwas mit den rosa schwankenden Bäumchen: sie wechselten die Farbe und zeigten ein kaltes Mondscheinblau. Und nun ertönte das leise ›Plop!‹ Wer hatte das Geräusch gemacht? Was ging da unten vor? Und wie herbe, wie feucht das Seegras in der heißen Sonne roch…
Die grünen Sonnenmarkisen in den Bungalows der Sommerkolonie waren heruntergezogen. Erschöpft aussehende Badeanzüge und grob gestreifte Handtücher waren auf den Veranden oder Koppeln ausgebreitet oder auf die Zäune geworfen. Jedes Hoffenster schien auf seinem Fensterbrett mit Strandschuhen oder Gesteinsproben oder einem Eimer oder einer Sammlung von Pawamuscheln verziert zu sein. Der Buschwald flimmerte in Hitzeschleiern; die sandige Landstraße war leer, nur Trouts Hund Snooker lag ausgestreckt direkt in der Mitte. Das eine blaue Auge hatte er nach oben gewandt und die Beine steif von sich gestreckt; dann und wann stieß er einen verzweifelt klingenden Schnaufer aus, wie um zu sagen, er habe beschlossen, ein Ende zu machen und warte nur auf ein freundlich daherkommendes Gefährt.
»Wohin schaust du, Oma? Warum hörst du immer wieder auf zu stricken und starrst die Wand an?«
Kezia und ihre Großmutter hielten Siesta miteinander. Das kleine Mädchen, das nur Höschen und Leibchen trug, lag mit nackten Beinen und Armen auf einem der aufgeschütteten Kissen auf dem Bett ihrer Großmutter, und die alte Frau saß in einem weißen, volantbesetzten Morgenrock im Schau-

kelstuhl am Fenster, eine lange rosa Strickarbeit im Schoß. Das Zimmer, in das sie sich teilten, war gleich den andern Zimmern des Bungalows aus hellem, gefirnißtem Holz, und der Fußboden war kahl. Die Möbel hätten nicht armseliger und einfacher sein können. Der Frisiertisch zum Beispiel bestand aus einer gewöhnlichen Holzkiste, die sich ein geblümtes Musselinröckchen umgehängt hatte, und der Spiegel darüber war sehr merkwürdig: als wäre ein kleiner Zickzackblitz darin eingefangen. Auf dem Tisch stand ein Kompottglas mit Strandnelken, die so fest hineingezwängt waren, daß sie eher einem Nadelkissen aus Samt glichen, und daneben lagen eine ungewöhnliche Muschel, die Kezia ihrer Großmutter als Nadelteller geschenkt hatte, und eine noch viel ungewöhnlichere Muschel, von der sie gemeint hatte, sie gäbe ein niedliches Gehäuse für eine Uhr ab, die sich da hineinkuscheln könne.

»Sag's mir doch, Oma!« bat Kezia.

Die alte Frau seufzte, schlug den Wollfaden zweimal um den Daumen und zog die beinerne Nadel hindurch; es war der erste Anschlag.

»Ich habe an deinen Onkel Willy gedacht, mein Kleines«, sagte sie leise.

»An meinen australischen Onkel William?« fragte Kezia. Sie hatte noch einen anderen.

»Ja, natürlich.«

»An den, den ich nie gesehen habe?«

»Ja, an den.«

»Und was war mit ihm los?« Kezia wußte es ganz genau, aber sie wollte es noch einmal erzählt bekommen.

»Er ist zu den Goldfeldern gegangen, und dort hat er einen Sonnenstich bekommen und ist gestorben«, sagte die alte Mrs. Fairfield.

Kezia blinzelte nachdenklich und sah es wieder vor Augen … ein kleiner Mann, umgekippt wie ein Zinnsoldat, neben einer großen schwarzen Grube.

»Wirst du traurig, Oma, wenn du an ihn denkst?« Sie mochte es nicht, wenn ihre Großmama traurig war.

Jetzt wurde die alte Frau nachdenklich. Machte es sie traurig? So weit, weit zurückzublicken? All die Jahre zurückzublicken, wie Kezia es soeben mitangesehen hatte. *Ihnen* nachzublicken, wie Frauen es tun, noch lange, nachdem *sie* ihrer Sicht entschwunden sind. Machte es sie traurig? Nein, das Leben war nun einmal so.

»Nein, Kezia.«

»Aber warum?« fragte Kezia. Sie hob ihren nackten Arm auf und begann, Krakel in die Luft zu zeichnen. »Warum mußte Onkel William sterben? Er war noch nicht alt?«

Mrs. Fairfield begann, jeweils drei Maschen abzuzählen. »Es ist eben so gekommen«, sagte sie, in ihre Arbeit vertieft.

»Müssen alle Menschen sterben?« fragte Kezia.

»Alle!«

»Ich auch?« Es klang furchtbar ungläubig.

»Später einmal, mein Kleines.«

»Aber Oma?« Kezia hob das linke Bein auf und wackelte mit den Zehen, die voll Sand waren. »Wenn ich nun einfach nicht will?«

Die alte Frau seufzte und zog einen langen Faden aus dem Knäuel.

»Wir werden nicht gefragt, Kezia«, sagte sie traurig. »Einmal ergeht's uns allen so.«

Kezia lag still und dachte darüber nach. Sie hatte keine Lust zu sterben. Dann würde sie von hier wegmüssen, von hier, von überall — weg, weg von ihrer Großmutter. Sie rollte sich schnell herum.

»Oma!« rief sie erschrocken.

»Was, mein Liebes?«

»Du sollst aber nicht sterben!« Kezia äußerte sich sehr entschieden.

»Ach, Kezia ...« Ihre Großmutter blickte auf und lächelte und schüttelte den Kopf. »Wir wollen lieber nicht darüber sprechen!«

»Aber du darfst nicht! Du kannst mich nicht allein lassen! Einfach nicht mehr dasein — das geht nicht!« Es war furchtbar. »Versprich mir, daß du's niemals tun wirst, Oma!« bettelte Kezia.

Die alte Frau strickte weiter.

»Versprich's mir! Sag ›niemals!‹«
Doch ihre Großmutter schwieg noch immer.

Kezia rollte vom Bett hinunter; sie konnte es nicht länger aushalten, und flink sprang sie ihrer Großmutter auf den Schoß,
schlang ihr die Arme um den Hals und fing an, sie abzuküs-
sen: unter dem Kinn, hinter dem Ohr, und sie pustete ihr
in den den Nacken.

»Sag nie . . . sag nie . . . sag nie . . . !« ächzte sie zwischen den
Küssen. Und dann begann sie sanft und zart, ihre Großmutter zu kitzeln.

»Kezia!« Die alte Frau ließ ihr Strickzeug sinken. Sie warf
sich im Schaukelstuhl zurück. Sie begann ihrerseits, Kezia zu
kitzeln. »Sag nie, sag nie, sag nie!« sprudelte Kezia hervor,
während sie einander lachend in den Armen lagen. »Komm,
jetzt ist's genug, mein Eichkätzchen! Jetzt ist's genug, mein
wildes Pferdchen!« sagte die alte Mrs. Fairfield und rückte
ihre Haube gerade. »Heb mir mein Strickzeug auf!«
Beide hatten vergessen, um was es mit dem ›Nie‹ ging.

VIII.

Die Sonne schien noch prall auf den Garten, als die Hoftür
von Burnells Bungalow zugeknallt wurde und eine sehr ver-
gnügte Person auf dem Gartenpfad zum Tor ging. Es war
das Dienstmädchen Alice, für ihren freien Nachmittag ›fein
gemacht‹. Sie trug ein weißes Baumwollkleid mit so großen
und so vielen roten Punkten, daß es einem schlecht werden
konnte, und weiße Schuhe und einen italienischen Strohhut,
der auf der Unterseite mit Mohnblüten verziert war. Natürlich trug sie auch Handschuhe — weiße, mit Rostflecken
um die Druckknöpfe herum — und in der einen Hand hielt
sie einen sehr flotten Sonnenschirm, den sie ihren ›Paraplü‹
nannte.

Beryl, die am Fenster saß und ihr frisch gewaschenes Haar
trocken fächelte, meinte, noch nie eine derartige Vogelscheuche gesehen zu haben. Hätte sich Alice, bevor sie ausging, das
Gesicht mit einem angekohlten Korken geschwärzt, wäre
das Bild vollständig gewesen. Und wohin ging ein Mädchen

wie sie in einem Ort wie dem hier? Der herzförmige Palmblattfächer fächelte verächtlich auf die schöne, schimmernde
Haarfülle ein. Sie vermutete, daß Alice sich irgendeinen
gräßlich ordinären Rowdy aufgegabelt hatte und daß sie
zusammen in den Buschwald ziehen würden. Töricht, sich
so auffallend anzuziehen! Mit einer so aufgetakelten Alice
würden sie es schwer haben, sich zu verstecken.

Aber Beryl war nicht gerecht. Alice ging zum Tee zu Mrs.
Stubbs, die ihr durch den kleinen Laufburschen, der immer
die Bestellungen einsammeln mußte, eine Einladung geschickt
hatte. Alice hatte Mrs. Stubbs sehr in ihr Herz geschlossen —
schon seit dem erstenmal, als sie in den Laden ging, um ein
Mittel gegen Moskitos zu kaufen.

»Meine Güte!« Mrs. Stubbs hatte die Hände zusammenge-
schlagen. »Noch nie hab' ich jemand gesehen, der so zersto-
chen war! Als wär'n Sie bei den Kannibalen gewesen!«

Immerhin wünschte Alice, die Straße wäre ein bißchen be-
lebter. Sie fand es ein bißchen gruselig, daß niemand hinter
ihr ging. Da wurde einem ja ganz weich in den Knochen!
Sie glaubte felsenfest, daß jemand sie beobachtete. Aber es
wäre dumm von ihr gewesen, sich umzudrehen — denn damit hätte sie sich verraten. Sie zog die Handschuhe hoch,
summte sich eins und sagte zu dem Eukalyptusbaum weiter
vorn: »Lange kann's nicht mehr dauern!« Doch der war auch
nicht die richtige Begleitung.

Mrs. Stubbs' Laden thronte auf einer kleinen Anhöhe ziem-
lich nah an der Landstraße. Das Häuschen hatte zwei große
Fenster als Augen und eine breite Veranda als Hut, und das
Schild auf dem Dach, das in Krakelbuchstaben *MRS. STUBBS'*
WARENHAUS ankündigte, glich einer verwegen hinters
Hutband gesteckten Visitenkarte.

Auf der Veranda hing eine lange Leine voller Badeanzüge,
die sich aneinanderdrängten, als wären sie soeben aus dem
Meer gerettet worden, und nicht, als warteten sie nur darauf, ins Wasser zu gehen; und neben ihnen hing ein Büschel
Strandschuhe in einem so erstaunlichen Durcheinander, daß
man mindestens fünfzig herunterreißen und trennen mußte,
wollte man ein Paar finden. Selbst dann kam es äußerst sel-

ten vor, daß der Linke wirklich zum Rechten gehörte. Viele Leute hatten die Geduld verloren und waren mit einem Schuh weggegangen, der gut paßte, und mit einem andern, der ein bißchen zu groß war ... Mrs. Stubbs setzte ihren Stolz darein, von allem etwas zu führen. Die Ware in den beiden vollgepfropften Schaufenstern war in Form von Pyramiden riskant aufgetürmt und konnte höchstens durch einen Zauberkünstler vor dem Einsturz bewahrt werden. In der linken Ecke des einen Fensters klebte, mit vier Gummibonbons an der Scheibe befestigt, eine Bekanntmachung — war aber schon seit undenklichen Zeiten dort:

VERLOREN! HÜPSCHE GOLDBROSCHE
ECHT GOLDEN
AM STRAND ODER NAHEBEI
BELOHNUNG ZUGESICHERT

Alice stieß die Tür auf; die Ladenklingel bimmelte, die roten Sergevorhänge teilten sich, und Mrs. Stubbs erschien. Mit ihrem breiten Lächeln und dem langen Fleischmesser in der Hand glich sie einem freundlichen Seeräuber. Alice wurde so warmherzig begrüßt, daß es ihr richtig schwerfiel, ihre Besuchsmanieren beizubehalten. Diese bestanden darin, daß sie unentwegt hüstelte und sich räusperte, an ihren Handschuhen zupfte, den Rock zusammenkniff und die größte Mühe hatte zu sehen, was ihr vorgesetzt, oder zu verstehen, was zu ihr gesagt wurde.
Der Teetisch war in der guten Stube gedeckt, beladen mit Schinken, Sardinen, einem ganzen Laib Butter und einem riesigen Weizenmehlkuchen, der wie eine Backpulverreklame wirkte. Doch der Primuskocher brodelte so laut, daß jeder Versuch, ihn zu überschreien, sinnlos gewesen wäre.
Alice setzte sich auf die äußerste Kante eines Korbstuhls, und Mrs. Stubbs pumpte die Flamme des Spiritusbrenners noch höher.
Plötzlich riß sie das Kissen von einem Stuhl herunter und brachte ein Paket in braunem Packpapier zum Vorschein.
»Ich habe gerade ein paar neue Aufnahmen machen lassen«,

schrie sie Alice vergnügt zu. »Sagen Sie mal, wie Sie sie finden!«

Sehr geziert und fein benetzte Alice ihren Finger und schlug das Seidenpapier zurück. Herrje, wie viele es waren! Mindestens drei Dutzend! Und sie hielt das erste ans Licht.

Mrs. Stubbs saß in einem Sessel, sehr zur Seite gewandt. Ein Ausdruck gelinden Staunens stand in ihrem Gesicht, und das war nur zu begreiflich. Denn obwohl der Sessel auf einem Teppich stand, brauste gleich links wunderbarerweise ein Wasserfall an der Teppichkante entlang. Rechter Hand stand eine griechische Säule, eingerahmt von zwei riesigen Farnbäumen, und im Hintergrund ragte, weiß vor lauter Schnee, ein hochmütiger Berg auf.

»Sehr geschmackvoll, nicht wahr?« schrie Mrs. Stubbs, und Alice hatte gerade »reizend!« geschrien, als das Gebrüll des Primuskochers nachließ, verzischte und aufhörte, so daß sie in einer Stille, die erschreckend war, »sehr hübsch!« schrie.

»Rücken Sie Ihren Stuhl heran, meine Liebe«, sagte Mrs. Stubbs und begann einzugießen. »Ja«, sagte sie nachdenklich, als sie Alice die Tasse reichte, »aber die Größe gefällt mir nicht! Ich lass' mir Vergrößerungen machen. Für Weihnachtskarten mag's ja angehen, aber aus kleinen Photos hab' ich mir nie was gemacht. Man hat keine Freude an ihnen. Ich finde sie, offen gestanden, deprimierend!«

Alice konnte sie gut verstehen.

»Format!« sagte Mrs. Stubbs. »Nichts geht über Format. Das hat mein armer guter Mann immer gesagt. Alles, was klein war, konnt' er nicht leiden. Hat ihn gegruselt. Aber denken Sie, meine Liebe, wie sonderbar« — hier quietschte Mrs. Stubbs und schien in der Erinnerung daran anzuschwellen —, »Herzerweiterung war's, die ihn zuletzt erwischt hat. Oft und oft haben sie's ihm halbliterweise im Krankenhaus abgezapft ... Mir kam's vor wie so'n Strafgericht!«

Alice brannte darauf, zu erfahren, was sie ihm eigentlich abgezapft hatten. Sie nahm einen Anlauf. »Vermutlich war's Wasser«, sagte sie.

Aber Mrs. Stubbs ließ Alice nicht aus den Augen, als sie bedeutsam antwortete: »Es war *liquide*, meine Liebe!«

362

Liquide! Alice schreckte wie eine Katze vor dem Wort zurück und kam dann wieder an — schnuppernd und auf der Hut.

»Das ist er!« sagte Mrs. Stubbs und deutete theatralisch auf Kopf und Schultern eines vierschrötigen Mannes in Lebensgröße mit einer künstlichen weißen Rose im Knopfloch, die an einen Brocken kaltes Hammelfett erinnerte. Gleich darunter stand in silbernen Buchstaben auf rotem Pappkarton: ›Fürchte dich nicht! Ich bin es!‹

»Es ist ein mächtig nettes Gesicht«, sagte Alice zaghaft.

Die blaßblaue Schleife zwischen dem krausen blonden Haar auf Mrs. Stubbs' Scheitel zitterte. Sie streckte ihren dicken Hals vor. Was für ein Hals das war! Hellrosa fing er an, ging in ein warmes Aprikosenrot über und verblaßte dann, bis er wie ein braunes und schließlich wie ein sahnefarbenes Ei aussah.

»Trotzdem, meine Liebe«, erklärte sie überraschenderweise, »Freiheit ist das Beste!« Ihr weiches, fettes Glucksen hörte sich wie zufriedenes Schnurren an. »Freiheit ist das Beste!« sagte Mrs. Stubbs noch einmal.

Freiheit! Alice stieß ein lautes, törichtes Gekicher aus. Ihr war unbehaglich zumute. Ihre Gedanken flogen in ihre eigene kleine Küche zurück. So wunderlich war ihr — sie wäre gern wieder dort gewesen.

IX.

Nach dem Tee versammelte sich eine merkwürdige Gesellschaft in Burnells Waschhaus. Um den Tisch saßen ein Bulle, ein Gockelhahn, ein Esel — der dauernd vergaß, daß er ein Esel war — und ein Schaf und eine Biene. Das Waschhaus war für so eine Versammlung der ideale Ort, denn hier konnten sie soviel Lärm machen, wie sie wollten, und niemand unterbrach sie. Es war ein kleiner Wellblechschuppen, der etwas abseits vom Bungalow stand. Vor der Wand war ein tiefer Trog und in der Ecke ein Kupferkessel, obendrauf ein Wäschekorb mit Klammern. Auf dem Sims des kleinen, mit Spinnweb überzogenen Fensters hatten sich ein Kerzen-

stummel und eine Mausefalle eingefunden. Wäscheleinen
spannten sich kreuz und quer unter der Decke, und an einem
Pflock in der Wand hing ein großes, schweres, rostiges Huf-
eisen. Der Tisch stand in der Mitte, und an jeder Seite war
eine Bank.

»Du kannst keine Biene sein, Kezia! Eine Biene ist kein Tier.
Eine Biene is'n Inseck.«

»Oh, ich möchte aber doch so schrecklich gern eine Biene
sein!« jammerte Kezia... Eine winzig kleine Biene, mit gel-
bem Pelzchen und gestreiften Beinen. Sie schlug die Beine
unter sich und beugte sich über den Tisch. Sie war eine Biene — sie spürte es.

»Ein Inseck muß ein Tier sein!« erklärte sie resolut. »Man
kann's ja hören! Es ist nicht wie ein Fisch.«

»Ich bin ein Bulle! Ich bin ein Bulle!« schrie Pip. Und er
stieß ein so schauriges Gebrüll aus — wie machte er es bloß —,
daß Lottie ganz ängstlich aussah.

»Ich will ein Schaf sein«, sagte der kleine Rags. »Heute früh
ist eine große Schafherde hier durchgezogen!«

»Woher weißt du's?«

»Dad hat sie gehört! Bäääh!« Es klang wie vom jüngsten
Lämmchen, das hinterdrein trippelt und anscheinend darauf
wartet, daß man es trägt.

»Kikeriki!« krähte Isabel schrill. Mit ihren roten Wangen
und den blanken Augen sah sie ganz wie ein Gockelhahn aus.

»Was soll ich sein?« fragte Lottie jeden einzelnen und saß
lächelnd da und wartete, daß jemand für sie einen Entschluß
faßte. Es mußte etwas Leichtes sein.

»Du kannst ein Esel sein!« schlug Kezia vor. »Hü-ha! Das
kannst du nicht vergessen.«

»Hü-ha!« wiederholte Lottie ernst. »Wann muß ich es sagen?«

»Ich erklär's, ich erklär's!« sagte der Bulle. Er war's, der die
Karten hatte. Er schwenkte sie um seinen Kopf. »Schau mal
her, Lottie!« Er deckte eine Karte auf. »Es sind zwei Punkte
drauf, siehst du sie? Wenn du nun die Karte in die Mitte
legst und jemand anders hat auch eine Karte mit zwei Punkten, dann machst du ›Hü-ha!‹ und die Karte gehört dir!«

»Mir?« Lottie riß die Augen auf. »Zum Behalten?«

»Nein, Dummchen! Bloß beim Spielen, verstehst du? Bloß solange wir spielen.« Der Bulle war sehr ärgerlich über sie. »Oh, Lottie, du bist auch *zu* dumm!« sagte der stolze Gokkelhahn.

Lottie blickte beide an. Dann ließ sie den Kopf hängen; ihr Lippchen zitterte. »Ich möchte nicht mitspielen«, flüsterte sie. Die andern sahen sich wie Verschwörer an. Sie wußten alle, was das bedeutete. Lottie würde weggehen, und dann würde man sie irgendwo entdecken, wie sie mit über den Kopf geworfener Schürze in einer Ecke oder an einer Wand oder sogar hinter einem Stuhl stand.

»Doch, du mußt mitspielen, Lottie! Es ist ganz einfach«, sagte Kezia.

Und Isabel, die ein schlechtes Gewissen hatte, sagte genau wie ein Erwachsener: »Schau auf mich, Lottie, dann kannst du's im Nu!«

»Sei nicht bange, Lot«, sagte Pip. »Warte, ich weiß, was ich mache! Ich gebe dir die erste. Eigentlich ist's meine Karte, aber ich gebe sie dir. Da hast sie!« Und er knallte die Karte vor Lottie auf den Tisch.

Lottie lebte wieder auf. Aber jetzt war sie in einer andern Klemme. »Ich hab' kein Taschentuch«, sagte sie. »Ich brauch's dringend!«

»Hier, Lottie, du kannst meins haben!« Rags langte in seine Matrosenbluse und holte ein sehr feuchtes, zusammengeknotetes Taschentuch hervor. »Mußt aber sehr vorsichtig sein!« warnte er sie. »Nimm bloß den einen Zipfel! Nicht aufknoten! Ich hab' einen kleinen Seestern drin, den will ich mir zähmen!«

»Los jetzt, Kinder!« sagte der Bulle. »Und merkt's euch: ihr dürft nicht in die Karten sehen! Ihr müßt die Hände unterm Tisch halten, bis ich sage: ›Los!‹«

Die Karten klatschten reihum auf den Tisch. Sie strengten sich mächtig an, etwas zu sehen, aber Pip war zu flink für sie. Es war sehr aufregend, im Waschhaus zu sitzen, und beinah hätten sie einen kleinen Chor von Tierstimmen ausprobiert, bevor Pip alle Karten ausgeteilt hatte.

»So, Lottie, du fängst an!«

Lottie streckte schüchtern die Hand aus, hob die oberste Karte von ihrem Häufchen, betrachtete sie gründlich — es war klar, daß sie die Punkte zählte —, und deckte sie auf.

»Nein, Lottie, das ist verkehrt! Du darfst sie nicht zuerst anschauen! Du mußt sie andersrum hinlegen!«

»Aber dann sieht's jeder gleichzeitig mit mir«, sagte Lottie.

Das Spiel ging weiter. Muuuhuhu! Der Bulle war furchtbar. Er langte über den Tisch weg und schien die Karten aufzufressen.

Bss-ss! machte die Biene.

Kikerikiiii! Vor lauter Aufregung sprang Isabel auf und zappelte mit den Ellbogen wie mit Flügeln.

Bäääh! Klein-Rags deckte den Karo-König auf, und Lottie zeigte eine Karte, die sie alle König von Spanien nannten. Sie hatte kaum noch eine Karte übrig.

»Warum rufst du nicht, Lottie?«

»Ich hab' vergessen, was ich bin«, sagte der Esel betrübt.

»Dann mach was andres! Kannst ein Hund sein! Wau-wau!«

»O ja. Das ist *viel* leichter!« Lottie lächelte wieder. Aber als sie und Kezia beide eine Eins hatten, wartete Kezia absichtlich. Die andern machten Lottie Zeichen und zeigten auf sie. Lottie wurde sehr rot; sie sah verwirrt aus, und endlich rief sie: »Hü-ha! Kezia!«

»Pst! Wartet mal!« Sie waren mitten im schönsten Spiel, als der Bulle sie unterbrach und die Hand hochhielt. »Was ist das? Was ist das für ein Geräusch?«

»Was für'n Geräusch? Was meinst du bloß?« fragte der Gockelhahn.

»Scht! Still! Horcht mal!« Sie waren mäuschenstill. »Ich hab' gedacht, ich hätte was gehört — als ob einer klopft!« sagte der Bulle.

»Wie hat sich's angehört?« fragte das Schaf bedrückt.

Keine Antwort.

Die Biene zitterte. »Warum haben wir bloß die Tür zugemacht?« fragte sie leise. Ach ja, warum, warum hatten sie die Tür zugemacht?

Während des Spiels war der Nachmittag vergangen; der

prachtvolle Sonnenuntergang hatte den Himmel in Flammen gesetzt und war erloschen. Und jetzt kam rasch das Dunkel übers Meer gerast, über die Dünen und die Koppel herauf. Sie fürchteten sich, in die Ecken des Waschhauses zu blicken, und doch mußten sie — konnten nicht anders. Und irgendwo weit, weit weg zündete ihre Großmutter die Lampe an. Die Markisen würden heruntergezogen; das Herdfeuer hüpfte über die Büchsen auf dem Sims.

»Es wäre scheußlich, wenn jetzt eine Spinne von der Decke auf den Tisch fallen würde, was?« sagte der Bulle.

»Spinnen können nicht von der Decke fallen.«

»Doch, das können sie! Unsre Min hat uns erzählt, sie hat mal 'ne Spinne gesehen, die war so groß wie 'ne Untertasse und voll Haare — wie Stachelbeeren!«

Schnell fuhren all die kleinen Köpfe hoch, und all die kleinen Körper drängten sich aneinander, drückten einander.

»Warum kommt denn niemand und holt uns?« rief der Hahn. Oh, diese Erwachsenen! Lachend und gemütlich saßen sie im Lampenlicht und tranken Tee! Sie hatten sie vergessen. Nein, nicht richtig vergessen. Das war's, was ihr Lachen bedeutete: sie hatten sich vorgenommen, sie einfach hier sich selbst zu überlassen!

Plötzlich stieß Lottie einen so durchdringenden Schrei aus, daß sie alle von den Bänken aufsprangen und auch alle schrien. »Ein Gesicht — ein Gesicht kuckt rein!« kreischte Lottie.

Es stimmte — es war keine Einbildung. Ein blasses Gesicht mit schwarzen Augen und einem schwarzen Bart war gegen die Fensterscheibe gedrückt.

»Oma! Mutter! Kommt doch!«

Aber noch ehe sie, übereinanderpurzelnd, die Tür erreicht hatten, wurde sie geöffnet und Onkel Jonathan stand da. Er war gekommen, um seine kleinen Jungen nach Hause zu holen.

X.

Er hatte schon eher kommen wollen, aber im Vordergarten hatte er Linda getroffen, die auf dem Rasen umherging, manchmal stehenblieb, um eine welke Federnelke abzuknipsen oder dem schweren Blütenkopf einer Edelnelke eine Stütze zu geben, oder um irgendeinen Duft genießerisch einzuatmen, und dann weiterging — immer mit ihrer leicht geistesabwesenden Miene.

Über ihrem weißen Kleid trug sie ein gelbes Tuch mit rosa Fransen aus dem Chinesenladen.

»Hallo, Jonathan!« rief Linda. Und Jonathan riß sich den schäbigen Panamahut vom Kopf, drückte ihn an die Brust, sank auf ein Knie und küßte Linda die Hand.

»Sei mir gegrüßt, Allerschönste! Sei mir gegrüßt, himmlische Pfirsichblüte!« brummte die Baßstimme sanft. »Wo sind die andern edlen Damen?«

»Beryl ist ausgegangen, um Bridge zu spielen, und Mutter badet den Jungen ... Bist du hergekommen, um dir etwas zu leihen?«

Den Trouts fehlte es immer an irgendwelchen Sachen, und immer wandten sie sich in letzter Minute an die Burnells.

Aber Jonathan erwiderte nur: »Ja, ein bißchen Liebe und Freundlichkeit!«, und ging neben seiner Schwägerin einher. Linda ließ sich in Beryls Hängematte unter dem Manukabaum nieder, und Jonathan streckte sich neben ihr im Gras aus, rupfte einen langen Halm ab und begann daran zu kauen. Sie kannten einander gut. Kinderstimmen klangen aus den andern Gärten herüber. Der leichte Wagen eines Fischers rollte die sandige Landstraße entlang, und in weiter Ferne hörten sie einen Hund bellen; es klang so gedämpft, als hätte er seinen Kopf in einem Sack. Wenn man genau hinhorchte, konnte man noch gerade eben das leise Plätschern der See hören, die — jetzt bei Flut — über die Kiesel fegte. Langsam ging die Sonne unter.

»Am Montag mußt du also wieder im Büro anfangen, nicht wahr, Jonathan?« fragte Linda.

»Ja, am Montag öffnet sich die Käfigtür und schlägt dann für

weitere elf Monate und sieben Tage hinter dem Opfer zu!«
antwortete Jonathan.

Linda schaukelte leise.

»Es muß furchtbar sein«, sagte sie langsam.

»Soll ich lachen — oder soll ich weinen, schöne Schwester?«
Linda war so mit Jonathans Redeweise vertraut, daß sie seine Frage nicht beachtete.

»Vermutlich gewöhnt man sich daran«, sagte sie träumerisch.
»Man gewöhnt sich an alles.«

»Tut man das? Hm!« Das ›Hm‹ klang so tief, als brumme es unter dem Boden hervor. »Ich frage mich oft, wie man das macht«, fuhr er grübelnd fort. »Hab's selber nie fertiggebracht!«

Als Linda ihn betrachtete, wie er da im Gras lag, mußte sie wieder denken, wie gut er doch aussähe. Seltsamer Gedanke, daß er nur ein einfacher Buchhalter war und daß Stanley doppelt soviel verdiente wie er. Was war los mit Jonathan? Er hatte keinen Ehrgeiz — sie nahm an, das war der Grund. Und doch spürte man, daß er ungewöhnlich begabt war. Musik liebte er leidenschaftlich, und jeder Penny, den er sich abknapsen konnte, wurde für Bücher ausgegeben. Er steckte immer voll neuer Einfälle, Pläne und Projekte. Doch aus allem wurde nichts. Frisch flammte das Feuer in Jonathan auf, man hörte es fast, wie es leise knatterte, aber im nächsten Moment war es schon wieder zusammengesunken — nichts blieb als Asche, und Jonathan ging mit einem Ausdruck in seinen schwarzen Augen herum, der wie Hunger aussah. Wenn es so mit ihm stand, dann übertrieb er seine wunderliche Redeweise noch mehr, und in der Kirche — er war Chorführer — sang er mit so erschreckend dramatischer Inbrunst, daß selbst der minderwertigste Choral eine unheilige Pracht annahm.

»Mir scheint es genauso blöde und genauso teuflisch, nächsten Montag ins Büro zu gehen, wie es mir immer erschienen ist und immer erscheinen wird«, sagte Jonathan. »Die besten Jahre seines Lebens auf einem Büroschemel hocken und von neun bis fünf in ein Hauptbuch zu kritzeln, das irgendwem gehört, das nenn' ich schlechten Gebrauch machen von dem . . . einen, einzigen Leben, das man hat, findest du nicht? Oder ist es ein schöner Traum?« Er drehte sich im Gras auf die Seite und blickte zu Linda auf. »Kannst du mir sagen, was der Unterschied zwischen meinem Leben und dem Leben eines gewöhnlichen Sträflings ist? *Ich* kann nur einen Unterschied sehen: daß ich mich selbst ins Gefängnis begeben habe und daß niemand mich je wieder herauslassen wird. Die Situation ist also noch unerträglicher. Denn wenn ich gegen meinen Willen — vielleicht sogar um mich schlagend — hineingestoßen worden wäre, dann hätte ich, sobald die Türe zu war, oder jedenfalls im Lauf von etwa fünf Jahren oder so, die Tatsache hingenommen und angefangen, mich für die Fliegen zu interessieren oder die Schritte des Wärters im Gang zu zählen — unter besonderer Beachtung möglicher Veränderungen in der Art seines Auftretens, und so weiter. Doch wie die Dinge jetzt stehen, bin ich ein Insekt, das aus freiem Willen in ein Zimmer geflogen ist. Ich pralle gegen die Wände, pralle gegen die Fensterscheiben, bumse gegen die Decke, ja tue alles nur Menschenmögliche — ausgenommen, daß ich wieder rausfliege. Und die ganze Zeit denke ich — wie der Falter oder Schmetterling oder was es nun ist: ›Ach, wie kurz ist das Leben! Ach, wie kurz ist das Leben.‹ Nur eine Nacht oder ein Tag ist mir gegönnt, und draußen ist der weite, gefahrvolle Garten, er wartet draußen, unentdeckt, unerforscht!«

»Aber wenn du das weißt«, begann Linda rasch, warum...«

»*Ah!*« rief Jonathan, und das ›Ah‹ klang beinah jubelnd. »Da hast du mich erwischt! Warum? Ja, warum? Das ist die rätselhafte Frage, die einen verrückt machen kann. Warum fliege ich nicht wieder hinaus? Dort ist das Fenster — oder die Tür oder wie sonst ich reingekommen bin. Nicht hoffnungslos zugesperrt, nicht wahr? Warum finde ich sie nicht und fliege auf und davon? Das beantworte mir mal, Schwesterchen!« Doch er ließ ihr keine Zeit für eine Antwort.

»Und darin gleiche ich wieder genau dem Insekt. Aus irgendeinem Grunde« — Jonathan schob Pausen zwischen den einzelnen Wörtern ein — »ist es nicht erlaubt — ist es verboten — ist es gegen das Insektengesetz, mit dem Herumflattern

und Kopfeinrennen und Scheibenhinaufkriechen aufzuhören, nicht eine Sekunde aufzuhören. Warum mache ich nicht Schluß mit dem Bürogehen? Warum zum Beispiel überlege ich nicht in diesem Augenblick ernstlich, was mich daran hindert, wegzugehen? Es ist nicht so, als wäre ich schrecklich angebunden. Ich muß für zwei Jungen sorgen — aber schließlich sind es Jungen. Ich könnte zur See gehen oder einen Posten im Hinterland bekommen, oder—«. Plötzlich lächelte er Linda zu und sagte mit veränderter Stimme und als vertraue er ihr ein Geheimnis an: »Schwach! Schwach! Keine Vitalität! Kein fester Halt! Keine richtungsweisenden Grundsätze—nennen wir's mal so«. Doch dann stimmte die dunkle Samtstimme ein Verslein an: »Hört euch die Geschichte an, die ich jetzt berichten tu': . . .«, und beide verstummten.
Die Sonne war untergegangen. Im Westen lagerten große Ballungen rosenfarbener Wolken. Breite Lichtbahnen brachen durch die Wolken und hinter ihnen hervor, als wollten sie den ganzen Himmel einnehmen. Das Blau im Zenit verblaßte; es verwandelte sich in fahles Gold, und der Buschwald, der sich dagegen abzeichnete, glomm dunkel und metallisch blank. Manchmal, wenn sich solche Lichtbahnen am Himmel zeigen, können sie wahrhaft erschreckend sein. Sie erinnern einen daran, daß dort oben Jehova thront, der Allmächtige, der eifervolle Gott, dessen Auge auf einem ruht, ewig wachsam, niemals müde. Und man erinnert sich, daß bei Seinem Kommen die ganze Erde beben und ein zusammengestürzter Totenacker sein wird; von kalten, strahlenden Engeln wird man hierhin und dorthin getrieben, und es bleibt keine Zeit zu erklären, was sich so einfach erklären ließe . . . Aber heute abend schien es Linda, als wäre etwas unendlich Freudiges und Liebevolles in den silbernen Lichtbahnen. Und jetzt kam kein harscher Laut vom Meer her. Es atmete so leise, als wollte es all die zarte, freudige Schönheit in seine eigene Brust einziehen.
»Es ist alles falsch, alles falsch«, sagte Jonathans schattenhafte Stimme. »Es ist nicht der rechte Schauplatz, nicht die rechte Kulisse für . . . drei Büroschemel, drei Tintenfässer und ein Gazefenster.

Linda wußte, daß er sich niemals ändern würde, aber sie fragte: »Es ist doch selbst jetzt noch nicht zu spät?«

»Ich bin alt — ich bin alt!« klagte Jonathan. Er beugte sich zu ihr hinüber und strich mit der Hand über seinen Kopf. »Sieh dir das an!« Sein schwarzes Haar war silbern gesprenkelt, wie die Brustfedern eines Birkhahns.

Linda war überrascht. Sie hätte nie gedacht, daß er schon grau wurde. Und doch, als er sich jetzt neben ihr erhob und seufzte und sich reckte, sah sie zum erstenmal, daß er nicht beherzt, nicht tapfer, nicht unbekümmert war, sondern daß ihn schon das Alter angerührt hatte. Im dunkler werdenden Gras sah er lang aufgeschossen aus, und es fuhr ihr durch den Kopf: ›Er ist wie ein Halm.‹

Jonathan bückte sich noch einmal und küßte ihr die Finger. »Der Himmel lohne dir deine Geduld, holde Frau!« murmelte er. »Ich muß die Erben meines Ruhms und Reichtums suchen gehen . . .« Dann war er verschwunden.

XI.

In den Fenstern des Bungalows schimmerte Licht. Zwei goldene Vierecke fielen auf die Federnelken und die bemützten Ringelblumen. Die Katze Florrie kam auf die Veranda hinaus und setzte sich auf die oberste Treppenstufe — die weißen Pfoten nah beisammen, den Schwanz herumgelegt. Sie sah zufrieden aus und als hätte sie den ganzen Tag auf diesen Augenblick gewartet.

»Gottlob, die Nacht kommt!« sagte Florrie. »Gottlob, der lange Tag ist vorbei!« Ihre Reineclaudenaugen öffneten sich. Gleich darauf erschallte das Gerumpel der Postkutsche und das Knallen von Kellys Peitsche. Sie kam so nah heran, daß man die Stimmen der aus der Stadt heimkehrenden Herren hören konnte, die laut miteinander sprachen. Sie hielt vor Burnells Gartentor.

Stanley war fast den halben Weg hinaufgegangen, ehe er Linda gewahrte. »Bist du's, Liebste?«

»Ja, Stanley.«

Er sprang über das Blumenbeet und nahm sie in die Arme.

Die vertraute, sehnsüchtige, kraftvolle Umarmung hüllte sie ein.

»Verzeih mir, Liebste, verzeih mir!« stammelte Stanley, legte ihr die Hand unters Kinn und hob ihr Gesicht zu sich auf.

»Verzeihen?« lächelte Linda. »Wofür denn nur?«

»Großer Gott! Du kannst es nicht vergessen haben!« rief Stanley Burnell. »Ich habe den ganzen Tag an nichts anderes gedacht! Ich habe einen schrecklichen Tag hinter mir! Hatte mich schon entschlossen, hinauszulaufen und dir zu telegraphieren, aber dann dachte ich, das Telegramm käme auch nicht früher zu dir als ich selber. Ich habe Qualen ausgestanden, Linda!«

»Aber Stanley«, sagte Linda, »was soll ich dir bloß verzeihen?«

»Linda!« Stanley war aufrichtig verletzt. »Hast du denn gar nicht gemerkt — du mußt es doch gemerkt haben —, daß ich heute früh weggegangen bin, ohne dir Lebewohl zu sagen? Ich kann mir nicht vorstellen, wie ich dazu fähig war! Mein verflixtes Temperament ist natürlich schuld. Aber — na ja«, und er seufzte und zog sie wieder an sich, »für heute habe ich genug gelitten.«

»Was hast du da in der Hand?« fragte Linda. »Neue Handschuhe? Zeig sie mal!«

»Oh, bloß ein Paar billige waschledrene«, sagte Stanley bescheiden. »Heute früh in der Kutsche habe ich gesehen, daß Bell welche trug, und als ich am Geschäft vorbeikam, bin ich hineingesprungen und habe mir auch ein Paar gekauft. Worüber lachst du? Du findest doch nicht, daß es verkehrt war — oder doch?«

»Im *Ge*-genteil, Liebster«, sagte Linda. »Ich finde, daß es sehr vernünftig war!«

Sie streifte den einen der hellen, breiten Handschuhe über ihre eigenen Finger und betrachtete ihre Hand, sie hin und her drehend. Sie lächelte noch immer.

Stanley hätte gern gesagt: ›Auch als ich sie kaufte, habe ich dauernd an dich gedacht.‹ Es entsprach der Wahrheit, aber aus irgendeinem Grund brachte er es nicht heraus. »Laß uns ins Haus gehen!« sagte er.

XII.

Warum empfindet man nachts alles ganz anders? Warum ist
es so erregend, nachts wach zu sein, wenn alle andern schlafen? Es ist spät — sehr spät! Und doch fühlt man sich mit jedem Augenblick wacher und wacher, als erwache man langsam, fast mit jedem Atemzug, in eine neue Welt hinein, in
eine schönere, spannendere und aufregendere Welt als die
Tagwelt. Und was ist das für ein komisches Gefühl, daß man
sich wie ein Verschwörer vorkommt? Leise und verstohlen
bewegt man sich im Zimmer. Ohne das kleinste Geräusch
hebt man etwas vom Frisiertisch auf und legt es wieder hin.
Und alles, sogar der Bettpfosten, weiß um das Geheimnis,
geht darauf ein, teilt es mit einem ...
Bei Tage liebst du dein Zimmer nicht sehr. Du denkst nie
daran. Du gehst ein und aus, die Tür öffnet sich und fliegt
zu, der Schrank knarrt. Du setzt dich auf die Bettkante, ziehst
andere Schuhe an und stürzt wieder hinaus. Du beugst dich
zum Spiegel hinunter, zwei Haarnadeln in die Frisur, Puder
auf die Nase, und weg bist du wieder. Aber jetzt — ist es dir
plötzlich lieb. Es ist ein goldiges, komisches kleines Zimmer!
Es ist deins! Oh, wie herrlich, wenn einem etwas gehört!
Meins — mein eigenes!
»Ewig die Meine?«
»Ja.« Ihre Lippen finden sich.
Nein, das hatte natürlich nichts damit zu tun! Das war alles
Unsinn und Quatsch. Und doch sah Beryl auch gegen ihren
Willen ganz deutlich zwei Menschen mitten im Zimmer ste-
hen. Sie hatte ihm die Arme um den Hals gelegt; er hielt sie
fest. Und jetzt flüsterte er: »Meine Schönheit! Meine kleine
Schönheit!« Sie sprang vom Bett, rannte zum Fenster und
kniete sich hin, die Ellbogen auf dem Fensterbrett. Aber auch
die wundervolle Nacht, der Garten, jeder Busch und jedes
Blatt, sogar der weiße Zaun, sogar die Sterne waren Verschwörer. So hell schien der Mond, daß die Blumen wie bei
Tage leuchteten; die Schatten der Kapuzinerkresse mit ihren
köstlichen, seerosenähnlichen Blättern und den weit offenen
Kelchen fielen auf die silbrige Veranda. Der Manukabaum,

von den Südwinden leicht geduckt, glich einem Vogel auf einem Bein, der eine Schwinge von sich streckt.

Doch als Beryl auf den Buschwald schaute, schien er ihr traurig zu sein. ›Wir sind stumme Bäume, die sich zum Nachthimmel aufrecken und nicht wissen, was sie erflehen!‹ sagte der Buschwald bekümmert.

Zwar — wenn du allein bist und über das Leben nachdenkst, ist es immer traurig. Die ganze Begeisterung und so weiter hat es an sich, plötzlich von dir abzufallen, und es ist so, als riefe in der Stille jemand deinen Namen, und als hörtest du den Namen zum erstenmal! »Beryl!«

»Ja, hier bin ich! Ich bin Beryl! Wer ruft mich?«

»Beryl?«

»Laß mich zu dir kommen!«

Man ist einsam, wenn man für sich allein lebt. Natürlich sind immer Verwandte und Bekannte da, haufenweise; aber das meint sie nicht. Sie braucht einen, der die Beryl entdeckt, die keiner von ihnen kennt, der von ihr erwartet, daß sie immer jene Beryl bleibt. Sie will einen Liebsten haben.

»Nimm mich weg von all den andern Leuten, Liebster! Laß uns weit fortgehen. Wir wollen unser eigenes Leben leben, ganz neu, ganz unser eigen, vom allerersten Anfang an. Laß uns zusammen Feuer machen, laß uns setzen und zusammen essen! Laß uns abends lange erzählen!«

Und fast dachte sie: ›Rette mich, mein Liebster! Rette mich!‹

. . . »Oh, mach schon! Sei nicht so prüde, mein gutes Kind! Amüsiere dich, solange du jung bist. Das rate ich dir!« Und ein lauter Sturzbach albernen Gelächters mischte sich in Mrs. Kembers lautes, gleichgültiges Gewieher.

Es ist nämlich so furchtbar schwierig, wenn man niemanden hat. Man ist allem so ausgeliefert. Man kann nicht einfach unhöflich sein. Und immer fürchtet man, unerfahren und langweilig zu erscheinen, wie die andern Gänse an der Bucht unten. Und — und es ist aufregend zu wissen, daß man Macht über jemanden hat. Ja, das zu wissen ist aufregend . . . Ach, weshalb, weshalb kommt ›er‹ nicht bald?

Wenn ich noch länger hier lebe, dachte Beryl, kann mir alles mögliche zustoßen.

»Aber woher willst du wissen, daß er überhaupt kommt?«
spottete die Stimme . . . eine kleine Stimme in ihr.
Doch Beryl verscheucht sie. Sie würde nicht sitzen bleiben!
Andere Mädchen vielleicht, aber nicht sie. Es war unmög-
lich, sich vorzustellen, daß Beryl Fairfield nie heiraten würde — das reizende, entzückende Geschöpf!
»Erinnern Sie sich an Beryl Fairfield?«
»Ob ich mich an sie erinnere? Als könnte ich sie je vergessen! In einem Sommer sah ich sie an der Bucht. Sie stand am
Strand, in einem blauen« — nein, rosa — »Musselinkleid und
mit einem großen, sahneweißen« — nein, schwarzen — »Strohhut. Aber das ist schon Jahre her!«
»Sie ist immer noch so schön, womöglich noch schöner!«
Beryl lächelte, biß sich auf die Lippe und schaute in den Garten hinaus. Und während sie so schaute, sah sie, wie jemand,
ein Mann, die Straße verließ und die Koppel neben ihrem
Zaun heraufkam, als wollte er geradenwegs zu ihr. Sie be-
kam Herzklopfen. Wer war das? Es konnte kein Einbrecher
sein, bestimmt war es kein Einbrecher, denn er rauchte und
ging ungezwungen einher. Beryl stockte das Herz; er schien
sich umzudrehen und dann stillzustehen. Sie erkannte ihn.
»Guten Abend, Miss Beryl«, sagte die Stimme leise.
»Guten Abend.«
»Möchten Sie mitkommen — ein bißchen spazieren?« fragte
die schleppende Stimme.
Spazierengehen — mitten in der Nacht? »Nein, ich kann nicht.
Alle sind im Bett. Jeder schläft.«
»Oh«, sagte die Stimme leichthin, und ein Hauch würzigen
Tabaks wehte zu ihr hin, »es ist doch egal, was die andern
tun. Kommen Sie mit! Es ist eine herrliche Nacht. Und kein
Mensch ist unterwegs.«
Beryl schüttelte den Kopf. Aber schon regte sich etwas in
ihr, schon hob etwas das Haupt.
Die Stimme fragte: »Fürchten Sie sich?« Sie spottete: »Ar-
mes kleines Mädchen!«
»Kein bißchen«, antwortete sie. Während sie es sagte, schien
das schwache Etwas sich zu erheben und ungeheuer mächtig
zu werden: sie sehnte sich mitzugehen!

Und als fände der andere es ganz selbstverständlich, sagte er sanft und weich, aber bestimmt: »Komm schon!«

Beryl stieg aus dem niedrigen Fenster, überquerte die Veranda und lief über den Rasen ans Tor.

Er war vor ihr dort.

»So ist's recht!« hauchte die Stimme und neckte: »Du hast doch nicht Angst? Du wirst doch nicht Angst haben?«

Sie hatte Angst. Denn seit sie hier war, erschien alles anders, und sie war entsetzt. Der Mondschein glitzerte grell, die Schatten waren wie Eisenstäbe. Sie wurde bei der Hand genommen.

»Kein bißchen«, sagte sie leichthin. »Warum sollte ich?«

Ihre Hand wurde sanft gedrückt und weitergezogen.

Sie blieb stehen.

»Nein, weiter komme ich nicht mit!« sagte Beryl.

»Ach, Unsinn!« Harry Kember glaubte ihr nicht. »Komm schon! Wir gehen bloß bis zum Fuchsienbusch! Komm schon!«

Es war ein riesiger Fuchsienbusch. Er fiel wie ein Wasserfall über den Zaun. Darunter war es finster—eine dunkle kleine Höhle.

»Nein, wirklich, ich möchte nicht!« sagte Beryl.

Einen Augenblick sagte Harry Kember nichts. Dann trat er nahe heran, lächelte ihr ins Gesicht und sagte rasch: »Sei nicht albern! Sei nicht albern!«

So ein Lächeln hatte sie noch nie gesehen. War er betrunken? Vor dem glitzernden, sinnlosen, fürchterlichen Lächeln erstarrte sie entsetzt. Was tat sie? Wie war sie hergekommen? fragte der gestrenge Garten.

Da wurde das Tor aufgestoßen, und flink wie eine Katze glitt Harry Kember herein und riß sie an sich.

»Du kalte kleine Hexe!« sagte die verhaßte Stimme.

Aber Beryl war kräftig. Sie wand sich, duckte sich und riß sich los.

»Sie sind gemein, gemein!« sagte sie.

»Warum sind Sie dann gekommen, verflixt noch mal!« stotterte Harry Kember.

Niemand antwortete ihm.

Eine kleine Wolke zog gelassen am Mond vorüber. In dem kurzen, von Finsternis erfüllten Augenblick rauschte das Meer dumpf und verstört. Dann segelte die Wolke weiter, und das Rauschen des Meeres war ein undeutliches Murmeln, als erwache es aus einem dunklen Traum. Alles war still.

Und schließlich war das Wetter ideal. Sie hätten keinen makelloseren Tag für ein Gartenfest haben können, wenn sie ihn in Auftrag gegeben hätten. Windstill, warm, der Himmel ohne eine Wolke. Nur das Blau war von einem Dunst hellen Goldes verschleiert, wie es manchmal im Frühsommer vorkommt. Der Gärtner war seit dem Morgengrauen auf, mähte den Rasen und fegte ihn, bis das Gras und die dunklen, flachen Rosetten, wo die Gänseblümchen gestanden hatten, zu glänzen schienen. Und die Rosen — man konnte nicht umhin zu denken, sie hätten begriffen, daß Rosen die einzigen Blumen sind, die bei einem Gartenfest auf die Leute Eindruck machen, die einzigen Blumen, die jeder mit Sicherheit erkennt. Hunderte, ja buchstäblich Hunderte waren in einer einzigen Nacht aufgeblüht; die grünen Büsche neigten sich, als wären sie von Erzengeln heimgesucht worden. Das Frühstück war noch nicht ganz vorbei, als die Männer kamen, um das Zelt aufzustellen.

»Wo willst du das Zelt aufgestellt haben, Mutter?«

»Mein liebes Kind, es nützt nichts, mich zu fragen. Ich bin entschlossen, dieses Jahr alles euch Kindern zu überlassen. Vergeßt, daß ich eure Mutter bin! Behandelt mich wie einen geliebten Gast!«

Aber Meg konnte unmöglich hingehen und die Männer beaufsichtigen. Sie hatte sich vor dem Frühstück die Haare gewaschen und saß da und trank ihren Kaffee in einem grünen Turban; eine nasse, dunkle Locke war auf jede Wange gedrückt. Und Jose, der Schmetterling? Sie kam stets in einem seidenen Unterrock und einer Kimonojacke nach unten.

»Laura, du mußt gehen, du bist die Künstlerische!«

Laura flog davon und hielt noch ein Stück Butterbrot in der Hand. Es ist köstlich, wenn man einen Vorwand dafür hat, im Freien zu essen, und außerdem liebte sie es, wenn sie etwas arrangieren mußte. Sie fand immer, sie könne es soviel besser als jeder andre.

Vier Männer in Hemdsärmeln standen in einer Gruppe auf

dem Gartenweg beisammen. Sie trugen Stangen mit aufge-
rolltem Segeltuch und hatten große Werkzeugbeutel um den
Hals hängen. Sie sahen eindrucksvoll aus. Laura wünschte
jetzt, sie hätte kein Butterbrot in der Hand, doch sie konnte
es nirgends hinlegen, und wegwerfen konnte sie es unmöglich. Sie wurde rot und versuchte, streng und sogar ein wenig kurzsichtig auszusehen, als sie auf sie zutrat.
»Guten Morgen«, sagte sie und ahmte die Stimme ihrer
Mutter nach. Aber das klang so furchtbar geziert, daß sie
sich schämte und wie ein kleines Mädchen hervorstotterte:
»Oh — hm — Sie sind wohl — wegen des Zelts gekommen?«
»Stimmt, Miss«, sagte der größte der Männer, ein schmäch-
tiger, sommersprossiger Bursche, und ruckte an seinem Werkzeugbeutel, stieß seinen Strohhut zurück und lächelte auf sie
herab: »Stimmt genau!«
Sein Lächeln war so ungezwungen, so freundlich, daß Laura sich wieder faßte. Was für hübsche Augen er hatte—klein,
aber von einem so dunklen Blau! Und jetzt blickte sie auf
die andern, die auch lächelten. ›Nur Mut, wir beißen nicht‹,
schien das Lächeln zu besagen. Wie furchtbar nett waren
diese Arbeiter! Und was für ein herrlicher Morgen! Sie durfte den Morgen nicht erwähnen — sie mußte geschäftstüchtig
tun.
»Also wie wär's mit der Lilienwiese? Ginge das?«
Und sie zeigte mit der Hand, in der sie nicht das Butterbrot
hielt, auf die Lilienwiese. Sie drehten sich um und blickten
in die Richtung.
Ein kleiner dicker Kerl schob die Unterlippe vor, und der
lange Mensch runzelte die Stirn.
»Die gefällt mir nicht«, sagte er. »Ist nicht auffällig genug.
Sehen Sie, so ein Ding wie ein Festzelt«, wandte er sich zutraulich an Laura, »das möchte man irgendwo aufstellen,
wo es einem wie ein Schlag ins Auge knallt, falls Sie mich
verstehen?«
Lauras Erziehung machte sie einen Augenblick unsicher, ob
es von einem Arbeiter genügend ehrerbietig sei, zu ihr von
einem ins Auge knallenden Schlag zu sprechen. Aber sie verstand ihn recht gut.

»Eine Ecke vom Tennisplatz!« schlug sie vor. »Aber in der einen Ecke wird schon die Musikkapelle sein.«

»Hoho, werden Sie eine Musikkapelle haben?« fragte ein andrer Arbeiter. Er war blaß. Er sah verhärmt aus, als seine dunklen Augen den Tennisplatz musterten. Was mochte er denken?

»Nur eine sehr kleine Kapelle«, erwiderte Laura sanft. Vielleicht machte es ihm nicht soviel aus, wenn die Kapelle klein war. Doch der lange Mensch unterbrach sie.

»Schauen Sie her, Miss! Das da ist der richtige Platz: vor den Bäumen! Dort drüben! Dort wird es sich fein ausnehmen!«

Vor den Karakas? Dann würden die Karakabäume verdeckt. Und sie waren so schön mit ihren breiten, glänzenden Blättern und ihren Büscheln gelber Früchte. Sie waren wie Bäume, die man sich auf einer unbewohnten Insel vorstellt, stolz und einsam wachsend, ihre Blätter und Früchte in einer Art stummer Pracht zur Sonne aufhebend. Sollten die von einem Zelt verdeckt werden?

Es mußte sein. Die Männer hatten schon ihre Stangen geschultert und gingen auf die Stelle zu. Nur der lange Mensch war noch da. Er bückte sich, zerrieb eine Lavendelrispe, hob Daumen und Zeigefinger an die Nase und schnupperte den Duft ein. Als Laura diese Handbewegung sah, vergaß sie die Karakabäume gänzlich, so erstaunt war sie über ihn, daß er für solche Dinge etwas übrig hatte — für den Duft von Lavendel! Wie wenige Männer, die sie kannte, hätten dergleichen getan! Oh, wie erstaunlich nett Arbeiter waren, dachte sie. Warum konnte sie nicht Arbeiter zu Freunden haben statt der albernen Jungen, mit denen sie tanzte und die sonntags zum Abendessen kamen? Mit Männern wie diesen hier würde sie sich viel besser verstehen.

Schuld an alledem sind nur die verrückten Klassenunterschiede, fand sie, während der lange Mensch etwas auf die Rückseite eines Briefumschlags skizzierte — etwas, das hochgewunden werden oder herunterhängen sollte. Sie selbst hielt nichts von Klassenunterschieden. Nicht ein bißchen, keine Spur ... Und nun erklang das Poch-poch der Holzhämmer. Jemand pfiff, und jemand trällerte: »Klappt's bei

dir, Kumpel?« — Kumpel! Soviel Freundlichkeit, soviel . . .
Nur um zu beweisen, wie glücklich sie war, nur um dem
langen Menschen zu zeigen, wie dazugehörig sie sich empfand und wie sie dumme Konventionen verachtete, biß Laura einen tüchtigen Happen von ihrem Butterbrot ab und
blickte auf die kleine Skizze. Sie kam sich genau wie ein Ar-
beiterkind vor.

»Laura? Laura, wo bist du? Telefon, Laura!« rief eine Stimme vom Haus her.

»Komme schon!« Fort sauste sie über den Rasen, über den
Pfad, die Treppe hinauf, quer über die Veranda und durch
den Eingang. In der Halle bürsteten ihr Vater und Laurie
ihre Hüte, bereit, ins Büro zu gehen.

»Hör mal, Laura«, sagte Laurie ganz eilig, »du könntest dir
meine Jacke für heute nachmittag anschauen! Sieh mal nach,
ob sie gebügelt werden muß!«

»Gern!« sagte sie. Plötzlich konnte sie nicht mehr an sich
halten. Sie lief auf Laurie zu und drückte ihn rasch ein bißchen an sich. »Oh, Feste liebe ich über alles, du auch?« stieß
sie hervor.

»Na — es geht«, sagte Laurie mit seiner warmen, knaben-
haften Stimme, und er drückte seine Schwester ebenfalls und
gab ihr einen sanften Schubs. »Schnell ans Telefon, mein
Kleines!«

Das Telefon! »Ja. Ja. O ja. Kitty? Guten Morgen, Liebes!
Kommst du zum Mittagessen? Komm doch, Liebes! Freu-
en uns natürlich. Es wird nur eine sehr zusammengestoppel-
te Mahlzeit sein — bloß Brotrinden und zerbröckelte Bai-
sers und was sonst noch an Resten da ist. Ja, ist es nicht ein
idealer Morgen? Dein Weißes? Oh, würde ich bestimmt tun!
Einen Augenblick, bleib am Apparat! Mutter ruft.« Und Laura lehnte sich zurück. »Was, Mutter? Kann's nicht verstehen!«
Mrs. Sheridans Stimme schwebte die Treppe hinunter. »Sag
ihr, sie soll den süßen Hut aufsetzen, den sie letzten Sonntag getragen hat!«

»Mutter sagt, du sollst den süßen Hut aufsetzen, den du
letzten Sonntag getragen hast! Gut! Um eins! Wiedersehen!«

Laura legte den Hörer auf und warf die Arme über den Kopf, schöpfte tief Atem, reckte sich und ließ sie fallen. »Uff«, seufzte sie, und im nächsten Augenblick nach dem Seufzer richtete sie sich rasch auf. Sie saß still und lauschte. Alle Türen im Haus schienen offenzustehen. Das ganze Haus war lebendig, voll leichter, schneller Schritte und wandernder Stimmen. Die grüne Friestür, die in den Küchenbereich führte, flog mit gedämpftem Knall auf und wieder zu. Und jetzt kam ein langes, gurgelndes, verrücktes Geräusch. Es war der schwere Flügel, der auf seinen starren Rollen verschoben wurde. Aber die Luft! Wenn man sich's überlegte: war die Luft denn immer so? Leise Lüftchen spielten Fangen: zu den Oberlichtfenstern herein und zu den Türen hinaus. Und dort waren zwei kleine Sonnenflecke — einer auf dem Tintenfaß, einer auf einem Photorahmen, und sie spielten auch. Geliebte kleine Sonnenflecke! Besonders der auf dem Tintenfaßdekkel! Er war ganz warm. Ein warmer kleiner Silberstern. Sie hätte ihn küssen können.

Die Haustürglocke läutete, und auf der Treppe tönte das Rascheln von Sadies gemustertem Rock. Eine Männerstimme murmelte. Sadie antwortete gleichgültig: »Das weiß ich wirklich nicht. Warten Sie! Ich werde Mrs. Sheridan fragen.«

»Was gibt's, Sadie?« Laura trat in die Halle.

»Der Mann vom Blumengeschäft, Miss Laura!«

Tatsächlich! Gleich innerhalb der Tür stand ein breites, flaches Tragbrett voller Töpfe mit roten Lilien. Keine andre Sorte. Nichts als Lilien, Cannalilien, große rote Blüten, weit offen, strahlend, fast erschreckend lebendig auf leuchtend karminroten Stielen.

»O—h, Sadie!« rief Laura, und es klang wie ein kleines Ächzen. Sie kauerte sich hin, wie um sich am Lodern der Lilien zu wärmen. Sie spürte sie in ihren Fingern und auf ihren Lippen, sie wuchsen in ihrer Brust.

»Es ist ein Mißverständnis«, sagte sie matt. »Niemand hat so viele bestellt! Sadie, geh und hole Mutter!«

Doch im gleichen Augenblick trat Mrs. Sheridan zu ihnen.

»Es ist ganz richtig«, sagte sie gelassen. »Doch, ich habe sie bestellt. Sind sie nicht herrlich?« Sie drückte Lauras Arm.

»Ich ging gestern an dem Geschäft vorbei und sah sie im Schaufenster. Und plötzlich dachte ich, einmal in meinem Leben will ich genug Cannalilien haben! Das Gartenfest ist ein guter Vorwand!«

»Aber ich meinte, du hättest gesagt, daß du dich nicht einmischen willst«, sagte Laura. Sadie war weggegangen. Der Mann vom Blumengeschäft stand noch draußen bei seinem Lieferwagen. Sie legte ihrer Mutter den Arm um den Hals, und zärtlich, sehr zärtlich biß sie ihrer Mutter ins Ohr.

»Mein liebes Kind, eine logische Mutter würdest du nicht leiden können, nicht wahr? Laß das! Hier kommt der Mann!« Er brachte noch mehr Lilien, noch ein ganzes Tragbrett voll.

»Stellen Sie sie bitte gleich an der Tür auf, zu beiden Seiten des Eingangs«, sagte Mrs. Sheridan. »Findest du nicht auch, Laura?«

»O ja, bestimmt, Mutter!«

Im Salon hatten Meg, Jose und der gute kleine Hans es endlich fertiggebracht, den Flügel zu verschieben.

»Wenn wir jetzt das Sofa an die Wand rücken und alles aus dem Zimmer räumen, bis auf die Stühle — was meint ihr dazu?«

»Gut!«

»Hans, tragen Sie die Tischchen ins Rauchzimmer und bringen Sie einen Besen mit, um die Druckstellen vom Flügel aus dem Teppich zu bürsten — und, oh, einen Moment, Hans ...« Jose liebte es, den Dienstboten Befehle zu erteilen, und sie liebten es, ihr zu gehorchen. Immer weckte sie in ihnen das Gefühl, in einem Drama mitzuspielen. »Sagen Sie Mutter und Miss Laura, sie möchten sofort herunterkommen!«

»Ja, Miss Jose!«

Sie wandte sich an Meg. »Ich wüßte gern, wie der Flügel klingt — nur für den Fall, daß ich heute nachmittag gebeten werde, zu singen. Versuchen wir mal ›Das Leben ist traurig!‹«

Pomm! Ta-ta-ta *ti*-ta! Das Klavier stürmte so leidenschaftlich los, daß Joses Miene sich veränderte. Sie faltete die Hände. Sie blickte traurig und geheimnisvoll auf ihre Mutter und Laura, die ins Zimmer traten.

>»Das Leben ist traurig,
     voll Seufzer und Tränen,
     die Liebe vergeht,
     das Leben ist trau — rig,
     voll Seufzer und Tränen,
     die Liebe vergeht,
     und dann ... leb wohl!«

Doch beim Wort ›Lebwohl‹, und obwohl das Klavier verzweifelter denn je klang, flog ein strahlendes, furchtbar gefühlloses Lächeln über ihr Gesicht.
»Bin ich nicht gut bei Stimme, Mummy?« jubelte sie.

>»Das Leben ist traurig,
     die Hoffnung erstirbt,
     ein Traum, ein Erwa — chen ...«

Aber jetzt wurden sie von Sadie unterbrochen.
»Was gibt es, Sadie?«
»Bitte, M'm, die Köchin läßt fragen, ob Sie die Fähnchen für die Sandwiches bereit haben?«
»Die Fähnchen für die Sandwiches, Sadie?« wiederholte Mrs. Sheridan verträumt. Und die Kinder lasen ihr am Gesicht ab, daß sie sie nicht bereit hatte. »Moment mal!« Und energisch sagte sie zu Sadie: »Bestellen Sie der Köchin, daß sie sie in zehn Minuten bekommt!« Sadie ging.
»So, Laura«, sagte ihre Mutter hastig, »komm mit mir ins Rauchzimmer! Ich habe die Namen irgendwo auf der Rückseite eines Briefumschlags. Du mußt sie mir herausschreiben! Meg, geh augenblicklich nach oben und nimm das nasse Ding von deinem Kopf! Jose, lauf und zieh dich fertig an! Habt ihr gehört Kinder? Oder muß ich es eurem Vater sagen, wenn er heute abend nach Hause kommt? Und — und Jose, besänftige die Köchin, wenn du in die Küche gehst, ja? Ich habe heute morgen richtig Angst vor ihr!«
Der Briefumschlag fand sich endlich hinter der Uhr im Eßzimmer, obwohl Mrs. Sheridan sich nicht vorstellen konnte, wie er dort hingeraten war.

»Eins von euch Kindern muß ihn mir aus der Handtasche gestohlen haben, denn ich erinnere mich lebhaft ... Rahmkäse und Zitronenquark ... hast du das?«

»Ja.«

»Eier und ...« Mrs. Sheridan hielt den Umschlag von sich weg. »Es sieht aus wie ›Mäuse‹. Es kann doch nicht ›Mäuse‹ heißen, was?«

»Oliven, Herzchen«, sagte Laura, die ihr über die Schulter blickte.

»Ja, natürlich, Oliven! Klingt wie eine schreckliche Zusammenstellung: Eier und Oliven.«

Endlich waren sie fertiggeschrieben, und Laura brachte die Fähnchen in die Küche. Sie fand Jose, die dabei war, die Köchin zu besänftigen, obwohl sie gar nicht angsteinflößend aussah.

»Ich habe noch nie so ausgezeichnete Sandwiches gesehen«, sagte Joses Stimme hingerissen. »Wieviel Sorten sind es, sagten Sie? Fünfzehn?«

»Ja, fünfzehn, Miss Jose.«

»Dann gratuliere ich Ihnen!«

Die Köchin fegte mit dem langen Sandwichmesser die Rinden zusammen und lächelte von einem Ohr zum andern.

»Godbers' Ausläufer ist da!« verkündete Sadie und kam aus der Vorratskammer. Sie hatte den Mann am Fenster vorbeigehen sehen.

Es bedeutete, daß die Windbeutel gekommen waren. Godbers waren berühmt für ihre Windbeutel. Niemandem kam es in den Sinn, welche zu Hause zu backen.

»Bring sie her und stell sie auf den Tisch, mein Kind!« befahl die Köchin.

Sadie brachte sie und ging wieder an die Tür. Laura und Jose waren natürlich viel zu erwachsen, um sich aus derlei Dingen etwas zu machen. Trotzdem mußten sie zugeben, daß die Windbeutel sehr verlockend aussahen. Sehr! Die Köchin begann sie anzuordnen und schüttelte den überschüssigen Puderzucker ab.

»Versetzen sie einen nicht zurück zu allen früheren Festen?« sagte Laura.

»Vermutlich«, sagte die praktische Jose, die es nie mochte, in die Vergangenheit zurückversetzt zu werden. »Sie sehen wunderschön leicht und luftig aus, das muß ich sagen!«

»Nehmen Sie sich jeder einen!« sagte die Köchin mit ihrer gemütlichen Stimme. »Ihre Ma merkt es nicht!«

Oh, unmöglich! Stellt euch vor: Windbeutel so bald nach dem Frühstück! Der bloße Gedanke ließ einen schaudern! Trotzdem: zwei Minuten drauf leckten sich Jose und Laura die Finger ab — mit dem gewissen andächtigen Blick, der nur von Schlagsahne herrühren kann.

»Laß uns in den Garten gehen, durch die Hoftür!« schlug Laura vor. »Ich möchte sehen, wie die Männer mit dem Zelt vorankommen. Es sind furchtbar nette Männer!«

Aber die Hoftür war von der Köchin, von Sadie, von Godbers' Ausläufer und von Hans blockiert.

Es war etwas passiert.

»Je, je, je!« kakelte die Köchin wie ein aufgeregtes Huhn. Sadie hielt die Hand an die Wange, als hätte sie Zahnweh. Hans' Gesicht war verzerrt von der Anstrengung, es zu begreifen. Nur Godbers' Ausläufer schien befriedigt: es war *seine* Neuigkeit!

»Was ist los? Was ist geschehen?«

»Ein gräßlicher Unfall ist passiert!« sagte die Köchin. »Ein Mann ist verunglückt.«

»Ein Mann ist verunglückt? Wo? Wie? Wann?«

Aber Godbers' Ausläufer ließ sich seine Neuigkeit nicht vor der Nase wegschnappen.

»Kennen Sie die kleinen Hütten gleich da unten, Miss?« Ob sie sie kannte? Natürlich kannte sie sie! »Also dort wohnt ein junger Mann, ein Fuhrmann, Scott heißt er. Sein Pferd hat vor einem Traktor gescheut, heute früh, an der Ecke der Hawke Street, und er wurde runtergeschleudert und ist auf den Hinterkopf gefallen. Tot!«

»Tot?« Laura starrte Godbers' Ausläufer an.

»Tot, als sie ihn aufhoben«, sagte der Ausläufer mit Genugtuung. »Sie haben die Leiche nach Hause geschafft, als ich hier raufkam.« Und zur Köchin sagte er: »Er hinterläßt eine Frau und fünf kleine Kinder!«

»Jose, komm mal mit!« Laura packte ihre Schwester beim Ärmel und zog sie durch die Küche und auf die andre Seite der grünen Friestür. Dort blieb sie stehen und lehnte sich dagegen. »Jose«, sagte sie entsetzt, »wie sollen wir bloß alles absagen?«

»Alles absagen, Laura?« rief Jose erstaunt. »Was meinst du?«

»Das Gartenfest absagen natürlich!« Warum verstellte sich Jose?

Aber Jose war noch erstaunter. »Das Gartenfest absagen? Liebe Laura, sei nicht komisch! Natürlich können wir nichts dergleichen tun! Niemand erwartet es von uns. Sei nicht so überspannt!«

»Aber wir können unmöglich ein Gartenfest geben, wenn gleich hinter unserm Tor ein Toter liegt!«

Das war nun wirklich übertrieben, denn die kleinen Hütten standen in einer Gasse ganz für sich am Fuß einer steilen Steigung, die zum Haus hinaufführte. Eine breite Straße lag dazwischen. Natürlich standen die Hütten viel zu nah. Sie waren der schlimmste Schandfleck und hatten überhaupt kein Recht, in der Nachbarschaft zu stehen. Es waren kleine, schäbige Behausungen, schokoladebraun gestrichen. In den Vorgärten war nichts als Kohlstrünke, kranke Hühner und Tomatenbüchsen. Sogar der Rauch, der aus den Schornsteinen aufstieg, schien von Armut heimgesucht: kleine Fetzen und Fähnchen Rauch, so verschieden von den großen, silbrigen Fahnen, die sich aus den Schornsteinen der Sheridans emporkräuselten. Waschfrauen wohnten in der Gasse, und Schornsteinfeger und ein Schuster und ein Mann, dessen Hausfront über und über mit winzigen Vogelkäfigen bestückt war. Schwärme von Kindern. Solange die Sheridans klein waren, war es ihnen verboten, jemals einen Fuß dorthinzusetzen, wegen der widerlichen Ausdrücke und weil sie sich anstecken könnten. Doch seit sie erwachsen waren, gingen Laura und Laurie manchmal, wenn sie herumstrolchten, dort hindurch. Es war ekelhaft und schmutzig. Sie kamen schaudernd wieder heraus.

Doch schließlich mußte man überall hingehen: man mußte alles gesehen haben.

Deshalb gingen sie also hindurch. »Und stell dir nur vor, wie der armen Frau die Musik in den Ohren klingen würde!« sagte Laura.

»O Laura!« Jose begann ernstlich böse zu werden. »Falls du jedesmal, wenn jemand einen Unfall hatte, eine Musikkapelle am Spielen hindern willst, dann wirst du ein sehr anstrengendes Leben führen. Mir tut es ganz genauso leid wir dir. Ich habe ebensoviel Mitleid.« Ihre Augen wurden hart. Sie blickte ihre Schwester ebenso an wie früher, als sie klein waren und sich zankten. »Du holst einen betrunkenen Arbeiter nicht ins Leben zurück, indem du sentimental wirst«, sagte sie leise.

»Betrunken? Wer sagt, daß er betrunken war?« wandte sich Laura wütend an Jose. Und genauso, wie sie es bei solchen Anlässen immer getan hatten, rief sie: »Ich gehe sofort zu Mutter rauf und sag's ihr!«

»Tu's, liebes Kind!« gurrte Jose.

»Mutter, darf ich zu dir ins Zimmer?« Laura drehte den großen gläsernen Türknauf herum.

»Natürlich, Kind! Oh, was ist denn los? Warum bist du so erhitzt?« Mrs. Sheridan wandte sich von ihrem Toilettentisch ab. Sie probierte einen neuen Hut auf.

»Mutter, ein Mann ist getötet worden«, begann Laura.

»Hoffentlich nicht bei uns im Garten?« fiel ihr die Mutter ins Wort.

»Nein, nein!«

»Oh, was du mir für einen Schreck eingejagt hast!« Mrs. Sheridan seufzte erleichtert, nahm den großen Hut ab und hielt ihn auf den Knien fest.

»Hör doch zu, Mutter!« sagte Laura. Atemlos und halb erstickt erzählte Laura ihr die schreckliche Geschichte. »Natürlich können wir nun unser Fest nicht geben, oder?« flehte sie. »Mit der Musikkapelle und allen, die herkommen! Sie würden uns hören, Mutter, es sind fast Nachbarn von uns!«

Zu Lauras Verwunderung benahm sich ihre Mutter genau wie Jose; es war schwerer zu ertragen, weil es sie zu amüsieren schien. Sie weigerte sich, Laura ernst zu nehmen.

»Aber liebes Kind, nimm deinen Verstand zusammen! Nur

durch einen Zufall haben wir es erfahren. Wenn jemand dort unten auf die übliche Art gestorben wäre — ich verstehe ohnehin nicht, wie sie in den muffigen Löchern am Leben bleiben —, dann gäben wir trotzdem unser Fest, nicht wahr?«

Darauf mußte Laura mit ›ja‹ antworten, aber sie fand, daß es ganz falsch war. Sie setzte sich aufs Sofa ihrer Mutter und zupfte am Kissenvolant.

»Mutter, ist es nicht eigentlich furchtbar herzlos von uns?« fragte sie.

»Liebling!« Mrs. Sheridan stand auf und kam zu ihr hinüber, den Hut in der Hand. Bevor Laura sie daran hindern konnte, wurde er ihr aufgestülpt. »Liebes«, sagte ihre Mutter, »ich schenke dir den Hut! Er ist wie für dich gemacht! Für mich ist er viel zu jugendlich. Noch nie habe ich dich so bildhübsch gesehen. Schau dich an!« Und sie hielt ihr den Handspiegel vor.

»Aber Mutter«, begann Laura wieder. Sie konnte sich nicht anschauen; sie wandte sich ab. Diesmal verlor Mrs. Sheridan die Geduld — genau wie Jose es getan hatte.

»Du bist lächerlich, Laura!« sagte sie kalt. »Solche Leute erwarten keine Opfer von uns. Und es ist nicht sehr einfühlsam von dir, allen die Freude zu verderben, wie du es jetzt tust.«

»Ich verstehe es nicht«, sagte Laura und ging rasch aus dem Zimmer und in ihr eigenes Schlafzimmer. Ganz zufällig war das erste, was sie dort im Spiegel erblickte, ein reizendes junges Mädchen — in einem schwarzen Hut, geschmückt mit goldenen Maßliebchen und einem langen schwarzen Samtband. Nie hätte sie geglaubt, daß sie so aussehen könne. Hat Mutter recht? überlegte sie. Jetzt hoffte sie, daß ihre Mutter recht hatte. Bin ich überspannt? Vielleicht war sie überspannt. Nur einen Augenblick machte sie sich noch einmal ein Bild von der armen Frau und ihren kleinen Kindern und der Leiche, die ins Haus getragen wurde. Aber es schien alles verschwommen, unwirklich, wie ein Bild in der Zeitung. Ich will mich wieder daran erinnern, wenn das Fest vorbei ist, beschloß sie. Und irgendwie schien das weitaus der beste Plan zu sein.

Das Mittagessen war um halb zwei beendet. Um halb drei waren sie alle bereit für den ›Kampf‹. Die grünberockte Kapelle war eingetroffen und in einer Ecke des Tennisplatzes untergebracht worden.

»Oh, Liebes«, zwitscherte Kitty Maitland, »sehen sie nicht haargenau wie Laubfrösche aus? Ihr hättet sie rund um den Teich gruppieren sollen und den Dirigenten in der Mitte auf einem Blatt!«

Bruder Laurie traf ein und winkte, als er zum Umziehen ins Haus wollte. Bei seinem Anblick erinnerte sich Laura wieder an das Unglück. Sie wollte es ihm erzählen. Wenn Laurie den andern beipflichtete, dann mußte es in Ordnung sein. Und sie folgte ihm in die Halle.

»Laurie!«

»Hallo!« Er war schon halb die Treppe hinauf, doch als er sich umdrehte und Laura sah, blies er plötzlich die Backen auf und starrte sie mit Glotzaugen an. »Donnerwetter, Laura! Du siehst umwerfend aus!« sagte Laurie. »Was für ein phantastisch schicker Hut!«

Laura sagte leise: »Wirklich?«, und lächelte Laurie zu und erzählte es ihm schließlich doch nicht.

Bald darauf begannen die Leute hereinzuströmen. Die Kapelle legte los; die Lohndiener rannten vom Haus zum Festzelt. Wohin man blickte, schlenderten Paare umher, beugten sich über die Blumen, grüßten und gingen auf dem Rasen weiter. Sie glichen bunten Vögeln, die sich für diesen einen Nachmittag in Sheridans Garten niedergelassen hatten — auf dem Flug wohin? Ach, was für ein Glück, mit Menschen zusammen zu sein, die alle glücklich sind, und Hände zu drükken und Wangen zu berühren und andern Augen zuzulächeln!

»Liebste Laura, wie gut du aussiehst!«

»Was für ein kleidsamer Hut, Kind!«

»Laura, du siehst richtig spanisch aus! Ich habe dich noch nie so bezaubernd gesehen!«

Und Laura erglühte und antwortete sanft: »Haben Sie Tee bekommen? Möchten Sie ein Eis? Das Passifloraeis ist wirklich etwas Besonderes!« Sie lief zu ihrem Vater und bat ihn:

»Liebster Vater, kann die Kapelle nicht etwas zu trinken bekommen?«

Und der herrliche Nachmittag erblühte langsam, verwelkte langsam und schloß langsam seine Blütenblätter.

»Nie ein schöneres Gartenfest...« — »Sehr geglückt...« — »Das allernetteste...«

Laura half ihrer Mutter beim Verabschieden. Sie standen nebeneinander im Eingang, bis alles vorüber war.

»Gott sei Dank ist alles vorbei«, sagte Mrs. Sheridan. »Trommle die andern zusammen, Laura! Laß uns frischen Kaffee trinken! Ich bin erschöpft! Ja, es war sehr geglückt, aber, oh, diese Feste, diese Feste! Warum besteht ihr Kinder immer darauf, Feste zu geben?« Und alle ließen sich im leeren Zelt nieder.

»Nimm ein Sandwich, Daddy! Ich habe die Fähnchen beschriftet.«

»Danke!« Mr. Sheridan biß hinein, und das Sandwich war weg. Er nahm noch eins. »Vermutlich habt ihr nichts von dem abscheulichen Unfall gehört, der sich heute ereignet hat?« fragte er.

»Wir wußten es, mein Lieber!« sagte Mrs. Sheridan und hob die Hand. »Es hätte uns fast das Fest verdorben. Laura wollte unbedingt, daß wir es verschieben.«

»O Mutter!« Laura mochte sich nicht damit hänseln lassen.

»Es war immerhin eine schreckliche Sache«, sagte Mr. Sheridan. »Der arme Mensch war obendrein verheiratet. Er wohnte gleich unten in der Gasse, und wie es heißt, hinterläßt er eine Frau und ein halbes Dutzend Kinder!«

Eine verlegene Pause trat ein. Mrs. Sheridan fingerte nervös an ihrer Tasse. Wirklich, es war sehr taktlos von Vater...

Plötzlich blickte sie hoch. Vor ihr auf dem Tisch standen all die übriggebliebenen Sandwiches, Kuchen und Windbeutel — alle vergeudet. Sie hatte einen ihrer glänzenden Einfälle.

»Ich weiß was«, sagte sie. »Wir wollen einen Korb zurechtmachen und dem armen Geschöpf etwas von diesen tadellosen Sachen schicken! Für die Kinder wird es auf jeden Fall die größte Schlemmerei. Meint ihr nicht auch? Und sicher kommen Nachbarn zu ihr zu Besuch, und so weiter. Wie praktisch, dann schon alles fertig vorbereitet zu haben! Laura!« Sie sprang auf. »Hol mir den großen Korb aus dem Treppenverschlag!«

»Aber Mutter, glaubst du wirklich, daß es eine gute Idee ist?« fragte Laura.

Wie merkwürdig! Wieder schien sie sich von allen andern zu unterscheiden! Überbleibsel von ihrem Gartenfest zu nehmen — ob das der armen Frau wirklich gefiele?

»Natürlich! Was ist denn heute los mit dir? Vor ein, zwei Stunden wolltest du durchaus, daß wir Mitgefühl zeigen!«

Also gut! Laura lief weg, um den Korb zu holen. Er wurde gefüllt, wurde jetzt von ihrer Mutter hoch aufgehäuft.

»Bring ihn selber, Liebling!« sagte sie. »Lauf so hinunter, wie du bist! Nein, warte, nimm auch noch die Cannalilien mit! Leute dieser Klasse lassen sich so von Cannalilien beeindrucken!«

»Die Stiele werden ihr Spitzenkleid verderben«, sagte die praktische Jose.

Das stimmte. Gerade noch rechtzeitig! »Dann nur den Korb! Und, Laura . . .« Ihre Mutter folgte ihr aus dem Zelt. »Auf keinen Fall sollst du . . .«

»Was, Mutter?«

Nein, besser, dem Kind keine solchen Gedanken in den Kopf zu setzen. »Nichts. Geh nur!«

Es begann dämmerig zu werden, als Laura ihr Gartentor schloß. Ein großer Hund rannte wie ein Schatten vorbei. Die Straße schimmerte weiß, und unten in der Senke standen die Hütten in tiefem Schatten. Wie still es schien nach diesem Nachmittag! Hier ging sie den Hügel hinab, irgendwohin, wo ein Mann tot dalag, und sie konnte es nicht begreifen. Warum konnte sie nicht? Sie blieb ein Weilchen stehen. Und ihr schien, daß Küsse, Stimmen, klirrende Löffel und Gelächter und der Geruch zertretenen Grases irgendwie in ihr drinnen waren. Für etwas anderes hatte sie keinen Platz. Wie seltsam! Sie blickte zum blassen Himmel auf, und alles, was sie dachte, war: ›Ja, es war ein überaus geglücktes Fest!‹

Jetzt wurde die breite Straße gekreuzt. Die Gasse begann — verqualmt und dunkel. Frauen in Schals und wollene Männermützen eilten vorbei. Männer lungerten über den Zäunen; Kinder spielten vor der Tür. Ein leises Summen stieg aus den armseligen kleinen Hütten auf. In einigen flackerte Licht, und ein Schatten zog krabbenartig über das Fenster. Laura senkte den Kopf und hastete weiter. Jetzt wünschte sie, sie hätte einen Mantel übergezogen. Wie ihr Kleid leuchtete! Und der große Hut mit dem flatternden Samtband — wenn es wenigstens ein andrer Hut gewesen wäre! Ob die Leute sie anstarrten? Sie mußten wohl! Es war ein Fehler, herzukommen, sie wußte es die ganze Zeit über, daß es ein Fehler war. Sollte sie selbst jetzt noch umkehren?

Nein, zu spät! Das hier war das Haus. Das mußte es sein. Eine dunkle Gruppe von Menschen stand draußen. Neben der Pforte saß eine uralte Frau mit Krücke auf einem Stuhl und beobachtete. Sie hatte die Füße auf einer Zeitung. Die Stimmen brachen ab, als Laura näher trat. Die Gruppe teilte sich. Es war, als hätte man sie erwartet, als hätten sie gewußt, daß sie herkäme.

Laura war furchtbar nervös. Sie warf das Samtband über die Schulter und fragte eine Frau, die herumstand: »Ist das Mrs. Scotts Haus?«, und die Frau lächelte sonderbar und sagte: »Ja, das ist es, Mädelchen!«

Oh, weit weg sein von alledem! Statt dessen sagte sie: »Gott, steh mir bei!«, als sie den kleinen Gartenweg entlangging und anklopfte. Weit weg sein von den starrenden Augen oder bedeckt sein mit irgendwas, wenigstens mit einem dieser Frauenschals! Ich werde einfach den Korb hierlassen und gehen, beschloß sie. Ich werde nicht mal abwarten, bis er ausgepackt ist!

Dann ging die Tür auf. Eine kleine Frau in Schwarz erschien im dämmerigen Licht.

Laura fragte: »Sind Sie Mrs. Scott?« Aber zu ihrem Entsetzen antwortete die Frau: »Treten Sie bitte ein, Miss!«, und sie stand eingeschlossen auf dem Flur.

»Nein«, sagte Laura. »Ich will nicht eintreten. Ich will nur den Korb hierlassen. Mutter schickt . . .«

Die kleine Frau im düsteren Flur schien sie nicht gehört zu haben.

»Bitte, hier entlang, Miss!« sagte sie mit öliger Stimme, und Laura folgte ihr.

Sie sah sich in einer armseligen Küche, die von einer blakenden Lampe erhellt wurde. Vor dem Feuer saß eine Frau.

»Emma«, sagte das kleine Geschöpf, das sie hereingelassen hatte, »Emma, hier ist eine junge Dame!« Sie wandte sich zu Laura um. Erklärend sagte sie: »Ich bin ihre Schwester, Miss. Sie entschuldigen sie, nicht wahr?«

»Oh, aber natürlich«, sagte Laura. »Bitte, bitte, stören Sie sie nicht! Ich wollte nur den Korb ...«

Doch im gleichen Augenblick drehte sich die Frau vor dem Feuer um. Ihr Gesicht — verquollen, rot, mit geschwollenen Augen und Lippen — sah schrecklich aus. Sie schien nicht verstehen zu können, weshalb Laura da war. Was hatte es zu bedeuten? Warum stand diese Fremde mit einem Korb in der Küche? Was sollte das alles? Und das arme Gesicht verzog sich schmerzlich.

»Laß nur, Liebes«, sagte die andre. »Ich werde der jungen Dame danken!«

Und wieder begann sie: »Sie werden sie sicher entschuldigen, Miss«, und ihr Gesicht, das ebenfalls geschwollen war, bemühte sich um ein öliges Lächeln.

Laura wollte nur hinaus und weg. Sie stand wieder im Flur. Die Tür öffnete sich. Sie ging geradenwegs in das Schlafzimmer, wo der Tote lag.

»Sie wollten ihn gern ansehen, nicht wahr?« sagte Emmas Schwester und streifte an Laura vorbei zum Bett hinüber. »Fürchten Sie sich nicht, Mädelchen« — und jetzt klang ihre Stimme liebevoll und listig, und liebevoll zog sie das Leichentuch weg, »er sieht wie ein Bild aus! Nichts ist zu sehen! Kommen Sie nur, Kind!«

Laura trat vor.

Da lag ein junger Mann, lag schlafend, schlief so fest, so tief, daß er weit, weit weg von den beiden war; oh, so fern, so friedlich! Er träumte. Man durfte ihn nie mehr aufwecken! Sein Kopf war ins Kissen gesunken, seine Augen waren geschlossen, blind unter geschlossenen Lidern. Er war hingegeben an seinen Traum. Was kümmerten ihn Gartenfeste

und Körbe und Spitzenkleider? Er war weit weg von solchen Dingen. Er war wundervoll, war schön. Während sie
lachten und die Musik gespielt hatte, war dieses Wunder in
die Gasse gekommen. Glücklich ... glücklich ... Alles ist
gut, sagte das schlafende Gesicht. Es ist genauso, wie es sein
soll. Ich bin zufrieden.

Doch trotzdem mußte man weinen, und sie konnte nicht aus
dem Zimmer gehen, ohne etwas zu ihm zu sagen. Laura
schluchzte laut und kindlich.

»Verzeih meinen Hut!« sagte sie.

Und diesmal wartete sie nicht auf Emmas Schwester. Sie fand
den Weg zur Tür hinaus, den Gartenpfad entlang und an all
den dunklen Leuten vorbei. An der Ecke stieß sie auf Laurie.
Er trat aus den Schatten. »Bist du es, Laura?«

»Ja.«

»Mutter fing an, sich zu ängstigen. War alles recht?«

»Ja. Doch. O Laurie!« Sie nahm seinen Arm und schmiegte
sich an ihn.

»Hör mal, du weinst doch nicht?« fragte der Bruder.

Laura schüttelte den Kopf. Sie weinte.

Laurie legte ihr den Arm um die Schulter. »Weine nicht!«
sagte er mit seiner warmen, liebevollen Stimme. »War es
schlimm?«

»Nein«, schluchzte Laura. »Es war einfach wunderbar! Aber,
Laurie ...« Sie verstummte, sie blickte ihren Bruder an. »Ist
das Leben ...«, stammelte sie, »ist das Leben nicht...« Aber
wie das Leben war, konnte sie nicht erklären. Es machte
nichts. Er verstand sie gut.

»Ja, nicht wahr, Liebes?« sagte Laurie.

Die Töchter des jüngst verstorbenen Colonel Pinner

I.

Noch nie im Leben hatten sie soviel zu tun gehabt wie in der Woche danach! Sogar wenn sie zu Bett gingen, war es nur ihr Körper, der sich niederlegte und ruhte; ihr Geist arbeitete weiter, plante und besprach, grübelte und beschloß, versuchte sich zu erinnern, wo . . .

Constantia lag wie eine Statue da: die Hände an der Seite, die Füße leicht gekreuzt, das Bettuch bis zum Kinn hinaufgezogen. Sie starrte zur Decke auf.

»Meinst du, Vater hätte etwas dagegen, wenn wir seinen Zylinderhut dem Portier schenkten?«

»Dem Portier?« fuhr Josephine auf. »Warum denn bloß dem Portier? Was für ein sonderbarer Einfall!«

»Weil er doch«, erwiderte Constantia langsam, »oft zu Begräbnissen gehen muß. Und ich bemerkte auf dem — dem Friedhof, daß er nur eine Melone hat.« Sie machte eine Pause. »Ich dachte, daß er einen Zylinder ganz außerordentlich schätzen würde. Wir sollten ihm ohnehin ein Geschenk geben. Er war immer sehr nett zu Vater!«

»Aber«, rief Josephine, fuhr ärgerlich vom Kissen auf und starrte im Dunkeln zu Constantia hinüber, »bedenk doch Vaters Kopf!« Und plötzlich, für die Dauer eines grausigen Augenblicks, hätte sie fast gekichert. Natürlich war ihr keineswegs nach Kichern zumute. Es war wohl aus alter Gewohnheit. Vor Jahren — wenn sie da in der Nacht wach lagen und zusammen schwatzten, hatten ihre Betten buchstäblich gewackelt. Und jetzt der Kopf des Portiers . . . er verschwand unter Vaters Hut, wurde wie eine Kerze ausgelöscht . . . Das Kichern meldete sich wieder, bedrängte sie; sie preßte die Hände zusammen, zwang es nieder, blickte mit wütend zusammengezogenen Brauen das Dunkel an und ermahnte sich furchtbar streng: ›Vergiß dich nicht!‹

Zu Constantia sagte sie: »Wir können es morgen entscheiden!«

Constantia hatte nichts gemerkt; sie seufzte.

»Meinst du, daß wir auch unsre Morgenröcke färben lassen sollten?«

»Schwarz?« kam eine Art entsetzter Schrei von Josephine.

»Ja, wie sonst?« sagte Constantia. »Ich finde — es scheint irgendwie nicht ganz aufrichtig, Schwarz zu tragen, wenn wir ausgehen und richtig angezogen sind, doch wenn wir dann zu Hause sind . . .«

»Da sieht uns niemand!« sagte Josephine. Sie zerrte so heftig am Bettzeug, daß ihre Füße nicht länger zugedeckt waren und sie sich höher aufs Kissen hinaufschieben mußte, damit sie wieder gut zugedeckt waren.

»Kate sieht uns«, entgegnete Constantia. »Und vielleicht auch mal der Briefträger.«

Josephine dachte an ihre dunkelroten Pantöffelchen, die zu ihrem Morgenrock paßten, und an Constantias besonders geliebte in dem undefinierbaren Grün, das zu dem ihren paßte! Schwarz! Zwei schwarze Morgenröcke und zwei Paar schwarzwollene Pantoffeln, die sich wie schwarze Katzen ins Badezimmer schlichen!

»Ich finde, es ist nicht unbedingt nötig«, sagte sie.

Stille.

Dann sagte Constantia: »Die Zeitungen mit der Anzeige müssen wir wohl morgen auf die Post bringen, damit sie das Postschiff nach Ceylon noch erreichen . . . Wieviel Briefe haben wir bis jetzt bekommen?«

»Dreiundzwanzig.«

Josephine hatte alle beantwortet, und jedesmal, wenn sie schrieb: ›Unser lieber Vater fehlt uns so sehr‹, war sie zusammengebrochen und hatte das Taschentuch benützen müssen, und bei einigen mußte sie sogar mit einem Zipfel vom Löschpapier eine sehr hellblaue Träne absaugen. Sonderbar! Geheuchelt konnte es eigentlich nicht sein — aber dreiundzwanzigmal! Doch sogar noch jetzt, wenn sie sich traurig vorsagte: »Unser lieber Vater fehlt uns so sehr«, hätte sie weinen können, falls sie gewollt hätte.

»Hast du genug Briefmarken?« hörte sie Constantia fragen.

»Oh, wie kann ich das wissen?« entgegnete Josephine verdrießlich. »Es hat doch keinen Zweck, mich das jetzt zu fragen!«

»Es kam mir bloß in den Sinn«, sagte Constantia sanft.

Wieder entstand eine längere Stille. Dann hörten sie es rascheln und huschen und trippeln.

»Eine Maus!« sagte Constantia.

»Wie kann es eine Maus sein, wenn keine Krümel hier sind!« entgegnete Josephine.

»Sie weiß ja nicht, daß keine hier sind«, meinte Constantia. Voller Mitleid dachte sie an die Maus. Das arme kleine Ding! Hätte sie doch wenigstens einen winzigen Kekskrümel auf dem Frisiertisch liegen lassen! Wie schrecklich, sich vorzustellen, daß sie überhaupt nichts fände. Was würde sie dann tun?

»Ich begreife nicht, wie sie sich durchschlagen!« sagte sie gedehnt.

»Wer?« fragte Josephine.

Und Constantia antwortete lauter, als sie es beabsichtigte: »Die Mäuse!«

Josephine wurde wütend.

»Was für ein Unsinn, Con!« rief sie. »Was haben Mäuse damit zu tun? Du schläfst wohl schon?«

»Nein, ich glaube nicht!« sagte Constantia. Sie machte die Augen zu, um sich selbst zu überzeugen. Und schon schlief sie!

Josephine rollte sich zu einer Sechs zusammen, kreuzte die Arme, so daß die Fäuste gegen die Ohren stießen, und bohrte die Wange fest ins Kopfkissen.

II.

Noch etwas anderes machte alles so schwierig: die Krankenschwester Andrews hielt sich noch während der ganzen Woche bei ihnen auf. Aber daran waren sie selber schuld, denn sie hatten sie eingeladen. Josephine war auf die Idee gekommen. Am Morgen, an dem — nun ja, am letzten Morgen, als der Arzt weggegangen war, hatte Josephine zu Constantia gesagt: »Fändest du es nicht nett, wenn wir Schwester Andrews aufforderten, noch eine Woche als unser Gast im Haus zu bleiben?«

»Doch, sehr!« antwortete Constantia.

»Ich hatte mir gedacht«, fuhr Josephine rasch fort, »daß ich heute nachmittag, nachdem ich sie bezahlt habe, einfach sagen könnte: ›Meine Schwester und ich würden uns sehr freuen, Schwester Andrews, wenn Sie nach allem, was Sie für uns getan haben, noch eine Woche als unser Gast bei uns bleiben könnten!‹ Ich muß das ›als unser Gast‹ erwähnen, sonst . . .«

»Oh, sie wird doch nicht annehmen, daß man sie dafür bezahlt?« rief Constantia.

»So was weiß man nie«, sagte Josephine mit weiser Miene. Natürlich war Schwester Andrews mit Freuden auf den Vorschlag eingegangen. Doch es war lästig. Es bedeutete, daß sie sich zu festgesetzten Zeiten an den Eßtisch setzen mußten; wären sie dagegen allein gewesen, hätten sie Kate bitten können, ihnen einfach dorthin, wo sie gerade waren, ein Tablett mit einem Imbiß zu bringen. Und richtige Mahlzeiten waren jetzt, nachdem die Überforderung nachließ, ziemlich qualvoll.

Was zum Beispiel die Butter betraf, da war Schwester Andrews einfach abscheulich. Sie konnten sich wirklich nicht des Gefühls erwehren, daß ihre Güte mißbraucht wurde. So hatte Schwester Andrews die verhaßte Gewohnheit, um noch ein kleines Bröckchen Brot zu bitten, damit sie aufessen könne, was sie auf dem Teller hatte — und dann, beim letzten Mundvoll, langte sie geistesabwesend — ohne es zu sein, natürlich! — noch einmal tüchtig zu. Wenn das vorkam, wurde Josephine sehr rot und heftete ihre kleinen Knopfaugen starr aufs Tischtuch, als sähe sie ein winziges, unbekanntes Insekt durch den Stoff kriechen. Constantias langes, blasses Gesicht dagegen wurde immer länger, und wie versteinert blickte sie weg — weit über Wüsten hin, wo eine Kamelkarawane sich wie ein Wollfaden aufdröselte . . .

»Als ich bei Lady Tukes war«, sagte Schwester Andrews, »hatten wir für die Butter ein niedliches kleines Gerät. Es war ein silberner Amor, der auf dem Rand einer Glasschüssel balancierte und ein winziges Gäbelchen hatte. Wenn man

Butter haben wollte, brauchte man ihm nur auf den Fuß zu drücken, dann spießte er eine Butterkugel auf und gab sie einem. Es war sehr unterhaltsam!«

Josephine konnte es kaum ertragen. Doch sie sagte nur: »Ich halte solche Sachen für sehr aufwendig!«

»Wieso denn?« fragte Schwester Andrews, und ihre Brillengläser funkelten. »Es wird doch kein Mensch mehr Butter zulangen, als er wirklich braucht?«

»Klingle, Con!« rief Josephine. Sie wußte nicht, ob sie sich noch länger beherrschen konnte.

Und die stolze junge Kate, die verzauberte Prinzessin, kam ins Zimmer, um zu sehen, was die alten Schachteln jetzt wollten. Sie riß ihnen die Teller mit dem unechten Sonstwas weg und stellte schwungvoll einen erschrockenen weißen Wackelpudding auf den Tisch.

»Bitte das Mus, Kate!« sagte Josephine freundlich.

Kate kniete sich hin, riß die Tür der Anrichte auf, hob den Deckel vom Mustöpfchen, sah, daß es leer war, stellte es auf den Tisch und stelzte hinaus.

Eine Sekunde drauf sagte Schwester Andrews: »Leider ist nichts mehr drin!«

»Oh, wie ärgerlich«, sagte Josephine und biß sich auf die Lippe. »Was machen wir da?«

Constantia sah unschlüssig aus. »Kate können wir nicht schon wieder bemühen!« flüsterte sie.

Schwester Andrews wartete und blickte beide lächelnd an. Ihre Augen flogen hin und her, und ihre Brillengläser erspähten alles. Constantia kehrte verzweifelt zu ihrer Kamelkarawane zurück. Josephine zog finster die Brauen zusammen und dachte angestrengt nach. Wäre diese blöde Frau nicht gewesen, hätten sie und Con den Wackelpudding natürlich ohne Mus gegessen. Plötzlich hatte sie einen Einfall. »Oh, ich weiß«, sagte sie, »In der Anrichte steht noch Orangenmarmelade. Bitte hol sie, Con!«

Schwester Andrews lachte, und ihr Lachen klang wie das Geschepper eines Löffels in einem Medizinglas. »Hoffentlich ist sie nicht bitter!« sagte sie.

III.

Aber schließlich würde es nicht mehr lange dauern, und dann war sie endgültig weg. Und man durfte auch nicht vergessen, daß sie sehr freundlich zu Vater gewesen war. Zuletzt hatte sie ihn Tag und Nacht gepflegt. Constantia und Josephine fanden sogar insgeheim, daß sie es damit ziemlich übertrieben hatte. Denn als sie hineingegangen waren, um Abschied von ihm zu nehmen, war Schwester Andrews die ganze Zeit neben seinem Bett sitzen geblieben, hatte sein Handgelenk gehalten, wie um den Puls zu fühlen, und dabei auf ihre Uhr gesehen. Notwendig konnte es nicht gewesen sein. Und überdies war es taktlos! Angenommen, ihr Vater hätte ihnen etwas sagen wollen — etwas ganz Persönliches? Zwar wollte er es nicht — kein Gedanke daran! Dunkelrot hatte er dagelegen — mit einem zornigen, dunkelroten Gesicht, und sie überhaupt nicht angesehen, als sie ins Zimmer kamen. Und als sie dann dastanden und sich fragten, was sie tun sollten, hatte er plötzlich das eine Auge geöffnet. Oh, was für einen Unterschied hätte es ausgemacht, was für einen Unterschied auch für ihre Erinnerung an ihn, und wieviel leichter, um es den Leuten zu erzählen — wenn er beide Augen geöffnet hätte! Aber nein — nur ein Auge. Es stierte sie einen Augenblick an — und erlosch.

IV.

Dadurch war es auch sehr peinlich für sie geworden, als Mr. Farolles von der St. John's Kirche sie noch am gleichen Nachmittag aufsuchte.

»Das Ende war wohl sehr friedlich, hoffe ich?« waren seine ersten Worte, als er durch das dunkle Wohnzimmer auf sie zuglitt.

»Sehr«, murmelte Josephine. Sie ließen beide den Kopf hängen. Beide wußten genau, daß der Blick aus jenem Auge alles andre als friedlich gewesen war.

»Möchten Sie nicht Platz nehmen?« fragte Josephine.

»Sehr gerne, Miss Pinner!« sagte Mr. Farolles dankbar. Er

raffte seine Rockschöße nach vorn und war im Begriff, sich in Vaters Lehnstuhl niederzulassen, doch als er ihn nur eben berührte, schoß er geradezu hoch und glitt in den nächsten Sessel.

Er hustete. Josephine verschränkte die Finger; Constantia sah unsicher aus.

»Ich möchte Sie überzeugen, Miss Pinner«, sagte Mr. Farolles, »und auch Sie, Miss Constantia, daß ich Ihnen helfen will. Wenn Sie es mir erlauben, will ich Ihnen gern behilflich sein. In solchen Zeiten«, sagte Mr. Farolles sehr schlicht und ernst, verlangt Gott von uns, daß wir einander helfen.«

»Wir sind Ihnen sehr dankbar, Mr. Farolles«, sagten Josephine und Constantia wie aus einem Munde.

»Keine Ursache«, erklärte Mr. Farolles sanft. Er zog seine Glacéhandschuhe durch die Finger und beugte sich vor. »Und wenn eine von Ihnen eine kleine Kommunion wünscht, eine von Ihnen oder auch Sie beide — hier und jetzt —, dann brauchen Sie es nur zu sagen. Eine kleine Kommunion ist oft sehr hilf ... — sehr tröstlich«, fügte er zartfühlend hinzu.

Doch der Gedanke an eine kleine Kommunion war ihnen entsetzlich. Wie denn? Hier im Salon — sie allein — ohne — ohne Altar oder sonstwas? Der Flügel wäre viel zu hoch, dachte Constantia, als daß sich Mr. Farolles mit dem Kelch hätte hinüberlehnen können. Und bestimmt würde Kate hineinplatzen und sie unterbrechen, dachte Josephine. Und wenn es nun mitten drin läutete? Es könnte ein wichtiger Besuch sein — ein Kondolenzbesuch. Sollten sie dann ehrerbietig aufstehen und hinausgehen? Oder würden sie peinvoll warten müssen?

»Vielleicht lassen Sie mir durch Ihre tüchtige Kate eine Nachricht zukommen, falls Sie es später wünschen?« sagte Mr. Farolles.

»O ja, danke vielmals!« riefen beide.

Mr. Farolles stand auf und nahm seinen schwarzen Strohhut, der auf dem runden Tisch lag.

»Und für das Begräbnis«, sagte er sanft, »darf ich wohl — als alter Freund Ihres lieben Vaters und als Ihr Freund, Miss Pinner und Miss Constantia — das Nötige veranlassen?«

Josephine und Constantia hatten sich ebenfalls erhoben.

»Ich möchte, daß es sehr einfach ist«, sagte Josephine fest, »und nicht zu kostspielig! Andrerseits sollte es . . .«

›. . . solide und dauerhaft sein‹, dachte die verträumte Constantia, als wollte Josephine ein Nachthemd kaufen. Aber so etwas sagte Josephine natürlich nicht. ». . . der Stellung unsres Vaters entsprechen!« Sie war sehr besorgt.

»Ich gehe gleich mal zu unserm guten Freund Mr. Knight!« sagte Mr. Farolles beruhigend. »Ich werde ihn bitten, Sie aufzusuchen. Ich bin sicher, daß Sie ihn sehr hilfreich finden werden.

V.

Dieser Teil der Angelegenheit war jedenfalls überstanden, obwohl keine von ihnen glauben konnte, daß ihr Vater nie wiederkäme. Auf dem Friedhof durchlebte Josephine einen Augenblick größten Entsetzens, als sie, während der Sarg hinabgelassen wurde, plötzlich denken mußte, daß sie und Constantia das alles veranlaßt hatten, ohne ihn um Erlaubnis zu fragen. Was würde er sagen, wenn er dahinterkäme? Denn eines Tages mußte er ja dahinterkommen. Er kam stets hinter alles. »Begraben? Habt ihr mich begraben lassen, ihr beiden Gören?« Sie hörten, wie er den Stock aufstieß. Oh, was sollten sie antworten? Was für eine Entschuldigung vorbringen? Es schien so furchtbar herzlos, dergleichen zu tun — einen Menschen zu übertölpeln, weil er im Augenblick hilflos war! Den andern Leuten kam es anscheinend ganz selbstverständlich vor. Aber sie waren Fremde. Von ihnen durfte man kein Verständnis dafür erwarten, daß Vater der allerletzte war, dem so etwas zustoßen konnte. Nein, die ganze Schuld an allem trugen einzig Constantia und sie. Und als sie in die völlig abgedichtete Droschke stieg, dachte sie: ›Und die Kosten? Wenn sie ihm die Rechnungen zeigen mußte — was würde er dann sagen?‹

Sie hörte, wie er losbrüllte: »Erwartet ihr etwa von mir, daß ich für den absurden Ausflug, den ihr da veranstaltet habt, auch noch zahle?«

»Oh!« ächzte die arme Josephine laut. »Wir hätten es nicht tun dürfen, Con!«

Und Constantia, die in all ihrem Schwarz zitronenbleich aussah, flüsterte furchtsam: »Was nicht tun dürfen, Jug?«

»Vater so be-be-begraben lassen!« antwortete Josephine jetzt völlig haltlos und schluchzte in ihr neues, komisch riechendes Trauerfähnchen hinein.

»Aber was hätten wir sonst tun können?« fragte Constantia verwundert. »Wir hätten ihn doch nicht aufbewahren können — ihn nicht unbegraben lassen können, Jug! Jedenfalls nicht in einer so kleinen Wohnung!«

Josephine schnaubte sich die Nase; die Droschke war schrecklich muffig.

»Ich weiß es nicht«, sagte sie hilflos. »Es ist alles so furchtbar! Ich finde, wir hätten es versuchen sollen — wenigstens einige Zeit .Um völlig sicher zu sein. Aber eins weiß ich genau« — und ihre Tränen begannen wieder zu fließen —, »Vater wird uns das nie verzeihen — nie!«

VI.

Vater würde ihnen das nie verzeihen — das empfanden sie mehr denn je, als sie zwei Tage drauf eines Morgens in sein Zimmer gingen, um seine Sachen durchzugehen. Sie hatten es ganz gelassen besprochen. Es stand sogar auf Josephines Liste der zu erledigenden Dinge. *Vaters Sachen durchsehen und darüber befinden.* Aber das war etwas ganz anderes, als nach dem Frühstück zu sagen: »Bist du soweit, Con?«

»Ja, Jug, und du?«

»Dann wollen wir's lieber hinter uns bringen, finde ich!«

Auf dem Flur war es dunkel. Seit Jahren war es eine unerschütterliche Regel gewesen, Vater am Vormittag nicht zu stören, einerlei, was geschehen mochte. Und jetzt waren sie im Begriff, die Tür zu öffnen — obendrein, ohne anzuklopfen! Schon beim bloßen Gedanken daran wurden Constantias Augen riesengroß, und Josephine spürte, wie ihr die Knie schwach wurden.

»Geh — geh du zuerst!« keuchte sie und stieß Constantia an.

Aber Constantia sagte, was sie in ähnlichen Fällen immer gesagt hatte: »Nein, Jug, das ist ungerecht! Du bist die Älteste!« Josephine wollte gerade erwidern — was sie zu andern Zeiten um nichts in der Welt zugegeben hätte und sich stets als allerletzte Waffe aufgehoben hatte: ›Aber du bist die Größte!‹, da bemerkten sie, daß die Küchentür offenstand, und dort war Kate . . .

»Sie klemmt so!« sagte Josephine, als sie die Klinke packte und sich anstrengte, sie herunterzudrücken. Doch damit konnte sie Kate nichts vormachen!

Es half alles nichts! Das Mädchen war . . . Dann hatte sich die Tür hinter ihnen geschlossen, aber — aber waren sie denn überhaupt in Vaters Zimmer? Ebensogut hätten sie plötzlich durch die Wand gegangen und aus Versehen in eine andere Wohnung geraten sein können. War die Tür gleich hinter ihnen? Sie waren zu erschrocken, sich umzuschauen. Josephine wußte, daß sich die Tür, wenn sie da war, von selber geschlossen hielt; Constantia glaubte, daß sie, wie die Türen in Träumen, überhaupt keine Klinke hatte. Die Kälte machte alles so schrecklich. Oder war es das viele Weiß? Alles war zugedeckt. Die Markisen waren heruntergezogen; der Spiegel war verhangen; das Bett war unter einem Laken versteckt; ein riesiger Fächer aus weißem Papier spreizte sich vor der Kaminöffnung. Constantia streckte scheu die Hand aus: fast erwartete sie, daß eine Schneeflocke niederfallen würde. Josephine spürte ein sonderbares Kribbeln in der Nase, als fröre sie ihr ab. Dann ratterte ein Wagen über das Straßenpflaster unten, und die Stille schien in tausend kleine Stücke zu zersplittern.

»Ich will lieber eine Markise hochziehen!« sagte Josephine mit einem Anflug von Tapferkeit.

»Ja, das ist eine gute Idee!« flüsterte Constantia.

Sie hatten nur gerade an die Markise angetippt, und schon schnellte sie hoch und die Schnur mit ihr und um die Stange herum, und die kleine Quaste klopfte, als wollte sie sich befreien. Das war zuviel für Constantia.

»Findest du nicht — findest du nicht, wir sollten es auf einen andern Tag verschieben?« flüsterte sie.

»Weshalb?« blaffte Josephine sie an und fühlte sich wie meistens viel wohler, da sie jetzt mit Sicherheit wußte, daß Constantia sich fürchtete. »Es muß getan werden! Aber ich wünschte wirklich, du würdest nicht flüstern, Con!«

»Ich hab' nicht gewußt, daß ich flüstere«, flüsterte Constantia.

»Und weshalb mußt du dauernd das Bett anstarren?« fragte Josephine mit beinah herausfordernd lauter Stimme. »*Auf* dem Bett ist doch nichts!«

»O Jug, sag bloß das nicht!« flüsterte die arme Connie. »Jedenfalls nicht so laut!«

Josephine fand selbst, daß sie zu weit gegangen war. In einem großen Bogen ging sie zur Kommode hinüber und streckte die Hand aus, zog sie aber rasch wieder zurück.

»Connie!« keuchte sie, drehte sich um und lehnte sich mit dem Rücken an die Kommode.

»O Jug — was ist?«

Josephine konnte nur die Augen aufreißen. Sie hatte das äußerst befremdliche Gefühl, soeben etwas schlechthin Gräßlichem entronnen zu sein. Aber wie konnte sie Constantia erklären, daß Vater in der Kommode war? Er war in der obersten Schublade bei seinen Taschentüchern und Krawatten, oder in der mittleren bei seinen Hemden und Schlafanzügen, oder in der untersten bei den Wollwesten. Dort lag er auf der Lauer — im Versteck — gleich hinter dem Griff — und sprungbereit!

Sie sah Constantia mit komisch verzerrtem Gesicht an, wie sie es früher getan hatte, wenn sie losheulen wollte.

»Ich kann nicht aufmachen«, winselte sie beinah.

»Tu's nur nicht, Jug!« flüsterte Constantia ernst. »Viel besser, du tust es nicht. Wir wollen gar nichts öffnen. Jedenfalls noch lange nicht!«

»Aber — es kommt mir so schwach vor«, sagte Josephine und gab bereits nach.

»Warum nicht auch mal schwach sein, Jug?« redete Constantia auf sie ein und flüsterte ungestüm. »Falls es überhaupt schwach ist!« Und mit blassem Gesicht starrte sie auf den zugesperrten Schreibtisch — fest zugesperrt war er — und zum riesigen, blanken Kleiderschrank hinüber. In sonderbar keuchenden Stößen begann sie zu atmen. »Warum sollten wir nicht einmal in unserm Leben schwach sein, Jug? Es ist durchaus verzeihlich. Laß uns schwach sein, Jug — ja schwach! Es ist viel netter, schwach als stark zu sein!«

Und dann tat sie etwas so erstaunlich Mutiges, wie sie es höchstens zweimal in ihrem gemeinsamen Leben getan hatte: sie ging zum Kleiderschrank, drehte den Schlüssel um und zog ihn aus dem Schloß! Zog ihn aus dem Schloß und hielt ihn hoch und bewies Josephine durch ihr sonderbares Lächeln, daß sie wußte, was sie getan hatte: ganz bewußt hatte sie es getan — auf die Gefahr hin, daß Vater da drin bei seinen Mänteln war.

Wenn der riesige Kleiderschrank vorgetorkelt und auf Constantia niedergepoltert wäre, hätte sich Josephine nicht gewundert. Im Gegenteil, sie hätte es für das einzig Angemessene gehalten, das geschehen konnte. Doch nichts geschah. Nur das Zimmer schien stiller denn je, und dickere Flocken kalter Luft fielen auf Josephines Schultern und Knie. Sie begann zu erschauern.

»Komm, Jug«, sagte Constantia, noch immer mit dem grauenhaft gefühllosen Lächeln, und Josephine folgte ihr, wie sie es auch damals getan hatte, als Constantia Benny in den Teich gestoßen hatte.

VII.

Doch die Nervenbelastung wirkte sich auch noch aus, als sie wieder im Eßzimmer waren. Sie setzten sich zitterig hin und sahen einander an.

»Ich glaube, ich kann nichts erledigen«, sagte Josephine, »ehe ich nicht etwas zu mir genommen habe. Glaubst du, wir könnten zwei Tassen heißes Wasser von Kate verlangen?«

»Warum eigentlich nicht?« sagte Constantia vorsichtig. »Aber ich werde nicht klingeln. Ich werde an die Küchentür gehen und es ihr sagen.«

»Ja, tu's!« bat Josephine und sank in ihren Sessel. »Sag ihr, nur zwei Tassen, Con, auf einem Tablett — sonst nichts!«

»Nicht mal eine Kanne, nicht wahr?« fragte Constantia, als könnte sich Kate mit Recht beklagen, wenn auch noch eine Kanne dabeisein müßte.

»Nein, nein, bestimmt nicht! Die Kanne ist gänzlich überflüssig! Sie kann es direkt aus dem Teekessel eingießen«, rief Josephine in der Annahme, es sei Arbeitsersparnis.

Kalte Lippen zitterten an grünlichen Tassenrändern. Josephine legte ihre kleinen roten Hände um die Tasse; Constantia saß aufrecht da und blies in den aufsteigenden Dampf, so daß er hin und her flatterte.

»Da wir gerade von Benny sprachen«, begann Josephine. Und obwohl Benny nicht erwähnt worden war, sah Constantia im Nu so aus, als wäre sein Name längst gefallen.

»Er erwartet natürlich, daß wir ihm etwas von Vater senden. Aber es ist so schwierig zu wissen, was man nach Ceylon senden kann.«

»Meinst du, daß die Sachen unterwegs leicht auseinanderfallen?« murmelte Constantia.

»Nein, sondern daß sie verlorengehen«, erwiderte Josephine scharf. »Bekanntlich gibt's dort keine Post — nur Läufer.«

Beide schwiegen, um einem Schwarzen in weißer Drellhose nachzublicken, der ums liebe Leben durch lichte Felder rannte, in der Hand ein Paket in braunem Packpapier. Josephines schwarzer Mann war sehr klein; hastig wie eine glitzernde Ameise rannte er weiter. Constantias langer, hagerer Bursche hatte etwas Stumpfsinniges und Unermüdliches an sich, was ihn, wie sie fand, zu einem recht unangenehmen Menschen machte ... Auf der Veranda, ganz in Weiß gekleidet und mit einem Tropenhelm auf dem Kopf, stand Benny. Seine rechte Hand flog auf und ab, genau wie Vaters Hand, wenn er ungeduldig war. Und hinter ihm saß Hilda, die unbekannte Schwägerin, und war gänzlich uninteressiert. Sie schaukelte in einem Rohrsessel und blätterte gedankenlos im *Tatler*. »Ich glaube, seine Uhr wäre das passendste Geschenk«, sagte Josephine.

Constantia blickte auf; anscheinend war sie überrascht.

»Oh, würdest du einem Eingeborenen eine goldene Uhr anvertrauen?«

»Ich würde sie natürlich verkleidet schicken«, sagte Josephine, »und niemand würde ahnen, daß es eine Uhr ist!« Ihr gefiel der Gedanke, ein so seltsam geformtes Päckchen zu machen, daß man unmöglich erraten konnte, was es war. Einen Augenblick dachte sie sogar daran, die Uhr in einer schmalen Korsettschachtel unterzubringen, die sie lange bei sich aufbewahrt hatte, bis man sie einmal für irgend etwas gebrauchen könne. Sie war aus so gutem, festem Pappkarton. Doch nein, für diesen besonderen Anlaß war sie nicht geeignet. Sie hatte einen Aufdruck: *Mittlere Damengröße 28. Extra starke Stangen.* Es wäre eine fast zu große Überraschung für Benny, so eine Schachtel zu öffnen und Vaters Uhr darin zu finden.

»Und natürlich würde sie nicht gehen — nicht ticken, meine ich«, sagte Constantia, die noch immer an die Vorliebe der Eingeborenen für Schmuckstücke dachte, »Jedenfalls wäre es recht seltsam«, fügte sie hinzu, »wenn sie nach all der Zeit noch tickte.«

VIII.

Josephine gab ihr keine Antwort. Sie war in einen ihrer Gedankensprünge versunken. Plötzlich war ihr Cyril eingefallen. Wäre es nicht angemessener, wenn der einzige Enkel die Uhr erhielte? Und überdies war der liebe Cyril immer so dankbar, und für einen jungen Mann bedeutete eine goldene Uhr soviel!

Benny hatte die Gewohnheit, eine Uhr ständig bei sich zu haben, sehr wahrscheinlich längst aufgegeben: in einem so heißen Klima trugen die Herren selten eine Weste.

In London dagegen konnte Cyril die seine das ganze Jahr hindurch tragen. Und wenn er zum Tee käme, wäre es für sie und Constantia so nett zu wissen, daß er sie hatte. »Wie ich sehe, trägst du Großvaters Uhr, Cyril!« Irgendwie wäre es so befriedigend.

Der gute Junge! Was für eine Enttäuschung war sein lieber, teilnahmsvoller Brief gewesen! Natürlich hatten sie volles Verständnis dafür, aber es traf sich gar so schlecht.

»Es wäre so eindrucksvoll gewesen, ihn dabeizuhaben«, sagte Josephine.

»Und er hätte es so genossen«, sagte Constantia, ohne zu bedenken, was sie da vorbrachte.

Doch sobald er zurück war, würde er zu seinen Tantchen zum Tee kommen! Cyril zum Tee zu haben war eine ihrer seltenen Freuden.

»Aber Cyril, du mußt dich doch nicht fürchten vor unsern Kuchen! Tante Con und ich haben sie heute früh bei Buszards gekauft. Wir wissen, was für Appetit ein junger Mann hat. Also scheue dich nicht und greife kräftig zu!«

Josephine schnitt unbekümmert große Stücke von dem schweren dunklen Kuchen ab, der an die Stelle ihrer Winterhandschuhe oder neuer Sohlen und Absätze für Constantias einziges Paar anständiger Schuhe getreten war. Doch Cyrils Appetit war durchaus männlich.

»Nein, Tante Josephine, ich kann einfach nicht! Ich habe ja eben erst zu Mittag gegessen!«

»O Cyril, das stimmt aber nicht! Es ist schon nach vier!« rief Josephine. Und Constantia hielt das Messer angriffsbereit über der Schokoladenrolle.

»Doch, es stimmt«, entgegnete Cyril. »Ich sollte einen Mann am Victoria-Bahnhof treffen, und er ließ mich warten, bis... nur noch genug Zeit blieb, schnell zu essen und herzukommen. Und er hat — puh!« — Cyril faßte sich an die Stirn — »eine Unmenge Essen auffahren lassen!« schloß er.

Es war zu schade — ausgerechnet heute! Doch er hatte es ja nicht vorher wissen können.

»Aber eine Meringe nimmst du hoffentlich, nicht wahr, Cyril?« sagte Tante Josephine. »Die Meringen haben wir dir zuliebe gekauft! Dein lieber Vater mochte sie immer so gern. Und wir glaubten, du auch!«

»Tu' ich auch, Tante Josephine!« rief Cyril begeistert. »Darf ich zuerst mal mit einer halben anfangen?«

»Selbstverständlich, mein Junge! Aber wir lassen dich nicht so leichten Kaufs davonkommen!«

»Und dein lieber Vater — mag er Meringen immer noch so gern?« fragte Tante Con sanft.

Sie zuckte ein bißchen zusammen, als ihre Meringe zersplitterte.

»Das weiß ich nicht, Tante Con«, antwortete Cyril forsch. Daraufhin blickten beide auf.

»Das weißt du nicht?« fuhr Josephine ihn beinah an. »So etwas weißt du nicht — von deinem eigenen Vater?«

»Ach, sicher weiß er's!« sagte Tante Con sanft. Cyril versuchte es humorvoll zu erklären. »Ach, wißt ihr, es ist so ewig lange her, seit...«, stammelte er und brach ab. Ihre Mienen waren zuviel für ihn.

»Trotzdem!« sagte Josephine. Und Tante Con staunte nur. Cyril stellte seine Teetasse hin. »Warte mal, Tante Josephine!« rief er. »Einen Moment! Wo habe ich nur meine Gedanken gelassen?« Er sah auf. Ihre Gesichter hellten sich auf. Cyril klatschte sich aufs Knie.

»Natürlich«, sagte er. »Meringen waren's! Wie konnte ich das bloß vergessen? Ja, Tante Josephine, du hast vollkommen recht. Vater ist ganz scharf auf Meringen!«

Sie strahlten nicht nur. Tante Josephine wurde puterrot vor Vergnügen, und Tante Con stieß einen tiefen, befriedigten Seufzer aus.

»Und jetzt, Cyril, mußt du mitkommen zu Vater«, sagte Josephine. »Er weiß, daß du heute bei uns bist!«

»Gern«, sagte Cyril sehr betont und herzlich. Er stand auf — und plötzlich warf er einen Blick auf die Uhr.

»Hör mal, Tante Con, geht eure Uhr nicht etwas nach? Ich muß jemanden um fünf am — am Paddington-Bahnhof treffen. Da bleibt mir leider nicht viel Zeit, sehr lange bei Großvater zu bleiben!«

»Oh, er erwartet auch nicht, daß du *sehr* lange bleibst«, sagte Tante Josephine.

Constantia blickte noch immer auf die Uhr. Sie konnte sich nicht klarwerden, ob sie vor oder nachging. Eins oder das andre war es, davon war sie beinah überzeugt. Jedenfalls war es das gewesen.

Cyril zögerte noch. »Kommst du nicht mit, Tante Con?«

»Selbstverständlich gehen wir alle«, sagte Tante Josephine. »Komm jetzt, Con!«

IX.

Sie klopften an die Tür, und Cyril folgte seinen Tanten ins Zimmer—Großvaters überheiztes, süßlich riechendes Zimmer.

»Nur immer rein!« sagte Großvater Pinner. »Druckst nicht lange herum! Was ist los? Was habt ihr wieder angestellt?« Er saß vor einem prasselnden Kaminfeuer und umklammerte seinen Stock. Über seine Knie war eine dicke Wolldecke gebreitet. Auf seinem Schoß lag ein schönes, blaßgelbes Seidentaschentuch.

»Cyril ist hier, Vater«, sagte Josephine schüchtern. Und sie nahm Cyril bei der Hand und trat ein paar Schritte mit ihm vor.

»Guten Tag, Großvater«, sagte Cyril und versuchte, seine Hand aus Tante Josephines Griff zu lösen. Großvater Pinner schoß Cyril einen seiner berühmten Blicke zu. Wo war Tante Con geblieben? Sie stand auf der andern Seite von Tante Josephine, ließ ihre langen Arme herabhängen und hatte die Hände umklammert. Sie wandte kein Auge von Großvater ab.

Colonel Pinner begann mit dem Stock aufzubumsen. »Was hast du mir also zu sagen?« fragte er.

Ja, was hatte er ihm zu sagen? Cyril spürte, daß er wie ein Schwachkopf grinste. Es war auch so erstickend heiß!

Aber Tante Josephine kam ihm zu Hilfe. Sie verkündete strahlend: »Cyril sagt, daß sein Vater immer noch so gern Meringen ißt, Vater!«

»He?« Großvater legte seine Hand wie eine blaurote Meringe hinter sein Ohr.

Josephine wiederholte: »Cyril sagt, daß sein Vater immer noch so gern Meringen ißt.«

»Ich kann's nicht verstehen«, sagte der alte Colonel Pinner. Er winkte Josephine mit seinem Stock beiseite und deutete damit auf Cyril. »Sag du mir, was sie mir sagen will!« befahl er.

(Großer Gott!) »Muß ich?« fragte Cyril und blickte Tante Josephine errötend an.

»Tu's bitte!« lächelte sie. »Es wird ihm solche Freude machen!«

»Also raus mit der Sprache!« rief der Colonel gereizt und bumste wieder mit seinem Stock auf.

Cyril beugte sich vor und schrie: »Vater ißt noch immer sehr gern Meringen!«

Großvater Pinner fuhr hoch, als hätte ihn jemand angeschossen.

»Schrei nicht so!« rief er. »Was ist los mit dem Jungen? *Meringen!* Was ist denn mit denen?«

»Oh, Tante Josephine, müssen wir weitermachen?« stöhnte Cyril verzweifelt.

»Es ist schon recht, mein Junge«, tröstete Tante Josephine, als wären sie beide beim Zahnarzt. »Gleich wird er's verstehen!« Und sie flüsterte Cyril zu: »Er ist nämlich ein bißchen schwerhörig!«

Dann beugte sie sich vor und brüllte Großvater Pinner buchstäblich an: »Cyrill wollte dir sagen, Vater, daß *sein* Vater immer noch gern Meringen ißt!«

Colonel Pinner hörte es diesmal, hörte es — und sann nach. Er musterte Cyril von oben bis unten.

»Ganz erstaunlich!« sagte der alte Colonel Pinner. »Ganz erstaunlich, von so weit herzukommen, um mir das zu sagen!«

Cyril war durchaus seiner Meinung.

»Ja, ich werde Cyril die Uhr schicken«, sagte Josephine.

»Das wäre sehr nett«, erwiderte Constantia. »Wenn ich mich recht erinnere, gab es letztesmal, als er hier war, eine kleine Meinungsverschiedenheit wegen der Zeit!«

X.

Sie wurden durch Kate unterbrochen, die auf ihre übliche Art — als hätte sie ein Geheimfach in der Wand entdeckt — die Türe aufriß.

»Gebraten oder gekocht?« rief die derbe Stimme.

Gebraten oder gekocht? Josephine und Constantia waren einen Moment ganz verwirrt. Sie konnten es kaum begreifen

»Was soll gebraten oder gekocht werden, Kate?« fragte Josephine und versuchte sich zu konzentrieren.

Kate schnaufte verächtlich: »Fisch!«

»Warum haben Sie das nicht gleich gesagt?« fragte Josephine, milde tadelnd. »Wie können Sie erwarten, daß wir das verstehen, Kate? Es gibt nämlich sehr viele Dinge in dieser Welt, die man braten oder kochen kann.« Und nach einer solchen Mutentfaltung wandte sie sich fröhlich an Constantia: »Was ziehst du vor, Con?«

»Ich glaube, es wäre nett, ihn gebraten zu essen«, antwortete Constantia. »Andrerseits schmeckt natürlich auch gekochter Fisch sehr gut. Ich glaube, mir ist beides gleich lieb . . . falls du nicht . . . in dem Falle . . .«

»Dann brat' ich ihn!« rief Kate, stürmte davon, ließ die Tür offen und schmetterte die Küchentür hinter sich zu.

Josephine blickte Constantia an; sie zog ihre hellen Augenbrauen in die Höhe, bis sie sich in ihrem hellen Haar verloren. Dann erhob sie sich. Sehr hochmütig und eindrucksvoll sagte sie: »Würdest du mir bitte in den Salon folgen, Constantia? Ich muß etwas von größter Wichtigkeit mit dir besprechen!«

In den Salon zogen sie sich nämlich immer zurück, wenn sie über Kate sprechen wollten.

Josephine schloß die Tür mit bedeutsamer Miene. »Nimm Platz, Constantia«, sagte sie, noch immer sehr großartig. Es war, als empfinge sie Constantia zum erstenmal bei sich. Constantia sah sich unsicher nach einem Stuhl um und kam sich wie ein fremder Gast vor.

Josephine beugte sich vor: »Es ist jetzt also die Frage, ob wir sie behalten sollen.«

»Ja, das ist die Frage!« gab Constantia zu.

»Und diesmal«, fuhr Josephine entschlossen fort, »müssen wir zu einer endgültigen Entscheidung kommen!«

Constantia sah einen Augenblick so aus, als wolle sie sich all der andern Male erinnern, aber sie riß sich zusammmen und sagte: »Ja, Jug!«

»Du mußt begreifen, Con«, erklärte Josephine, »daß jetzt alles anders ist.« Constantia blickte rasch auf. »Ich meine«,

fuhr Josephine fort, »wir sind nicht mehr abhängig von ihr!«
Sie errötete ein wenig. »Vater ist nicht mehr da, für den sie
kochen müßte.«

»Das stimmt sicherlich«, gab Constantia ihr recht. »Vater
will jetzt nicht mehr, daß für ihn gekocht wird, einerlei, was
sonst...«

Josephine unterbrach sie streng. »Schläfst du, Con?«

Constantia riß die Augen auf. »Ich? Nein, Jug!«

»Dann reiß dich zusammen!« sagte Josephine streng und
kehrte zum Thema zurück. »Es geht also darum, daß wir«—
und mit Seitenblicken auf die Tür fuhr sie flüsternd fort —,
»wenn wir Kate kündigen« — sie hob die Stimme wieder —,
»uns unser Essen selbst zubereiten könnten!«

»Warum nicht?« rief Constantia. Unwillkürlich mußte sie
lächeln. Es war ein aufregender Gedanke. Sie klatschte in
die Hände. »Womit könnten wir uns ernähren, Jug?«

»Oh, mit Eiern — mit Eiern in jeder Form!« erklärte Josephine nun wieder hochmütig. »Außerdem gibt es Essen in
Büchsen.«

»Das soll aber sehr teuer sein, wie ich immer gehört habe«,
sagte Constantia.

»Nicht, wenn man sie mit Maßen einkauft«, sagte Josephine. Dann trennte sie sich von der faszinierenden Abschweifung und riß Constantia mit fort.

»Was wir jetzt entscheiden müssen, ist jedoch vor allem, ob
wir Kate trauen!«

Constantia lehnte sich zurück. Ein tonloses kleines Lachen
spielte um ihre Lippen.

»Ist es nicht seltsam, Jug«, sagte sie, »daß ich mir über diesen Punkt einfach nicht klarwerden konnte?«

XI.

Ja, sie waren sich nie klargeworden. Die Schwierigkeit bestand darin, etwas nachzuweisen. Wie wies man etwas nach—
wie konnte man das? Angenommen, Kate stand vor ihr und
schnitt eine Grimasse! Könnte es nicht gut sein, daß sie
Schmerzen hatte? Jedenfalls war es doch unmöglich, Kate

zu fragen, ob sie ihr eine Grimasse schnitte! Wenn Kate
›Nein‹ sagte — und natürlich würde sie ›nein‹ sagen —, in
was für einer Lage befand man sich dann! Wie entwür-
digend! Und außerdem argwöhnte Constantia, ja, sie war
beinah überzeugt, daß Kate sich an ihrer Kommode zu schaffen machte, wenn sie und Josephine ausgingen — nicht, um
etwas zu stehlen, sondern um zu schnüffeln.

Oft genug hatte sie, wenn sie zurückkam, ihr Amethystkreuz
an den unmöglichsten Stellen gefunden: unter Korsettbän-
dern oder auf ihrem Abendumhang. Mehr als einmal hatte
sie Kate eine Falle gestellt. Sie hatte ihre Sachen in einem bestimmten Muster geordnet und dann Josephine als Zeugin
geholt.

»Siehst du es, Jug?«

»Ja, sicher, Con!«

»Jetzt werden wir es unweigerlich wissen!«

Aber, o weh! Wenn sie nachsehen wollte, war sie von einem
Beweis ebenso weit entfernt wie nur je. Falls etwas anders
dalag, konnte es sehr leicht passiert sein, während sie das
Schubfach zustieß: ein kräftiger Stoß hätte genügt!

»Komm her, Jug, entscheide du! Ich kann es wirklich nicht!
Es ist zu schwierig.«

Und nach einer Pause und einem langen, prüfenden Blick
seufzte Josephine dann wohl: »Nachdem du mich mißtrauisch gemacht hast, Con, kann ich es wirklich auch nicht sagen!«

»Jedenfalls können wir es nicht länger aufschieben«, sagte
Josephine. »Wenn wir es diesmal wieder aufschieben . . .«

XII.

Doch im gleichen Augenblick begann unten auf der Straße eine Drehorgel loszuplärren. Josephine und Constantia sprangen beide hoch.

»Lauf, Con! Lauf rasch!« rief Josephine. »Die Sixpence liegen auf dem . . .«

Dann fiel es ihnen ein. Es machte nichts. Sie brauchten nie
mehr dafür zu sorgen, daß der Drehorgelspieler aufhörte.

Nie wieder würde ihnen befohlen werden, den Affen mit seinem Krach anderswo hinzuschicken. Nie wieder würde das laute, seltsame Gekläff zu hören sein, wenn Vater glaubte, daß sie sich nicht beeilten. Der Drehorgelspieler könnte den ganzen Tag spielen, und der Stock würde nicht aufbumsen.

Der Stock, der Stock bumst nicht mehr auf,
Der Stock, der Stock bumst nicht mehr auf,
sang die Drehorgel.

Was mochte Constantia denken? Sie lächelte so eigenartig; sie sah anders aus. Sie konnte doch nicht zu weinen anfangen?

»Jug, Jug!« sagte Constantia leise und schlug die Hände zusammen. »Weißt du auch, was für einen Tag wir heute haben? Es ist Samstag. Heute ist's eine Woche her, eine ganze Woche!«

Eine Woche, seit Vater starb,
Eine Woche, seit Vater starb,
sang die Drehorgel.

Und auch Josephine vergaß, praktisch und vernünftig zu sein; sie lächelte leise und eigenartig. Auf den indischen Teppich fiel ein hellrotes Viereck Sonnenschein; es kam und ging und kam wieder — und blieb, wurde kräftiger, bis es fast wie Gold funkelte.

»Die Sonne ist hervorgekommen!« sagte Josephine, als wäre es von der geringsten Bedeutung.

Ein wahrer Springbrunnen sprudelnder Töne entquoll der Drehorgel — wohlgerundete, helle Töne, sorglos verstreut.

Constantia hob ihre großen kalten Hände, als wollte sie die Töne einfangen, ließ sie dann wieder sinken und ging zum Kamin mit ihrem Lieblingsbuddha. Und der steinerne, vergoldete Gott, dessen Lächeln stets ein so sonderbares Gefühl bei ihr hervorrief — fast war's ein Schmerz, und doch ein angenehmer Schmerz —, schien heute nicht nur zu lächeln. Er wußte etwas; er barg ein Geheimnis. ›Ich weiß etwas, was du nicht weißt!‹ sagte ihr Buddha. Oh, was war es, was konnte es sein? Und doch, immer hatte sie gefühlt, daß da — etwas war.

Der Sonnenschein drängte sich durch die Fensterscheiben, stahl sich herein, ließ auf Möbeln und Photographien sein Licht aufblitzen. Als er zu Mutters Photographie kam, der Vergrößerung über dem Flügel, zauderte er dort—wie verblüfft, daß sowenig von ihr geblieben war, ausgenommen die wie kleine Pagoden geformten Ohrringe und eine schwarze Federboa. Warum verblaßten die Photographien Verstorbener immer so? wunderte sich Josephine. Sobald ein Mensch tot war, starb auch seine Photographie. Aber diese hier von Mutter war natürlich sehr alt. Fünfunddreißig Jahre war sie alt. Josephine erinnerte sich, daß sie einst auf einem Stuhl gestanden und Constantia die Federboa gezeigt und erklärt hatte, es sei eine Schlange, die ihre Mutter in Ceylon getötet habe . . . Wäre alles anders geworden, wenn Mutter nicht gestorben wäre? Sie sah nicht recht, wie eigentlich. Tante Florence hatte bei ihnen gewohnt, bis sie mit der Schule fertig waren, und sie waren dreimal umgezogen und hatten alljährlich Ferien gehabt, und . . . natürlich hatten die Dienstboten gewechselt.

Ein paar Spatzen, junge Spätzchen, wie es schien, zwitscherten auf dem Fenstersims. *Tschilp - tschelp, tschilp - tschelp.* Doch Josephine konnte sich nicht vorstellen, daß es die Spatzen waren, nicht auf dem Fensterbrett draußen. Es war in ihr, das sonderbare, feine Geschrei: *tschilp-tschilp-tschilp!* Nach wem schrie es nur, so schwach und verlassen?

Wenn Mutter am Leben geblieben wäre, hätten sie dann wohl geheiratet? Aber es war niemand dagewesen, den sie hätten heiraten können. Vaters anglo-indische Freunde, ja — bevor er sich mit ihnen zerstritt. Aber von da an hatten sie und Constantia nie einen einzigen Mann kennengelernt, ausgenommen Geistliche. Wie lernte man Männer kennen? Oder selbst wenn man welche kennenlernte, wie konnte man sie dann gut genug kennenlernen, so daß sie mehr als nur fremde Menschen waren? Man las von Frauen, die Abenteuer erlebten und denen die Männer nachliefen. Aber niemand war jemals ihr oder Constantia nachgelaufen. O doch, in jenem Jahr in Eastbourne, da war in ihrer Pension ein geheimnisvoller Mann gewesen, der einen Brief auf die Heißwasserkanne vor ihrer Tür gelegt hatte! Aber als Connie ihn fand, hatte der Dampf die Schriftzüge schon so verwischt, daß man sie nicht mehr lesen konnte: sie hatten nicht einmal erkennen können, an wen von ihnen der Brief gerichtet war. Am nächsten Tag war der Mann abgereist. Und das war alles gewesen. Der Rest hatte darin bestanden, für Vater zu sorgen und ihm gleichzeitig aus dem Wege zu gehen. Aber jetzt? Der diebische Sonnenschein berührte Josephine voller Zärtlichkeit. Sie hob das Gesicht. Die sanften Strahlen zogen sie ans Fenster ...

Bis die Drehorgel zu spielen aufhörte, blieb Constantia vor dem Buddha stehen, verwundert, aber nicht, wie sonst, voll unbestimmter Verwunderung. Diesmal war es wie ein Sehnen. Sie erinnerte sich der Zeiten, wenn sie bei Vollmond hierhergekommen war, im Nachthemd aus dem Bett geschlichen war und mit ausgestreckten Armen wie eine Gekreuzigte auf dem Fußboden gelegen hatte. Warum? Der große, blasse Mond hatte sie dazu verlockt. Die grausigen, tanzenden Figuren auf dem geschnitzten Wandschirm hatten sie widerlich angegrinst, aber es hatte sie nicht angefochten. Sie erinnerte sich auch, wie sie, sooft sie in ein Seebad gereist waren, alleine weggegangen war, ans Meer hinunter, so nah sie nur konnte, und etwas gesungen hatte, etwas Ausgedachtes, während sie auf die ruhlosen Wasser blickte. Und daneben das andere Leben: Besorgungen machen, Sachen in Einkaufstaschen nach Hause schleppen, Sachen zur Ansicht bringen und mit Jug darüber sprechen und sie wieder zurückbringen, um noch mehr Sachen zur Ansicht zu holen, und die Tabletts mit Vaters Mahlzeiten vorbereiten und sich bemühen, Vater nicht zu ärgern. Doch alles schien sich in einer Art Tunnel abgespielt zu haben. Es war nicht wirklich. Nur wenn sie aus dem Tunnel herauskam — in den Mondschein oder ans Meer oder in ein Gewitter —, nur dann fühlte sie, daß sie wirklich sie selbst war. Was bedeutete es? Was war es, wonach sie sich immer sehnte? Wohin führte das alles? Jetzt? Jetzt?

Mit einer ihrer hilflosen Gebärden wandte sie sich von dem Buddha ab. Sie ging zu Josephine hinüber. Sie wollte Josephine etwas sagen, etwas furchtbar Wichtiges, wegen — wegen der Zukunft und was nun . . .

»Meinst du nicht, vielleicht . . .«, begann sie.

Aber Josephine unterbrach sie. »Ich habe mich gefragt, ob jetzt . . .«, murmelte sie. Beide schwiegen. Beide warteten aufeinander.

»Sprich weiter, Con!« sagte Josephine.

»Nein, nein, Jug, nach dir!« sagte Constantia.

»Nein, sag, was du sagen wolltest! *Du* hast angefangen!« sagte Josephine.

»Ich . . . ich möchte lieber zuerst hören, was du sagen wolltest«, stammelte Constantia.

»Sei nicht albern, Con!«

»Wirklich, Jug!«

»Connie!«

»Oh, *Jug!*«

Sie verstummten. Dann sagte Constantia leise: »Ich kann's dir nicht sagen, was ich sagen wollte, Jug, weil ich vergessen habe, was es war . . . was ich hatte sagen wollen!«

Josephine schwieg einen Augenblick. Sie starrte auf eine große Wolke, die dort stand, wo die Sonne gewesen war. Dann antwortete sie kurz: »Ich hab's auch vergessen!«

Natürlich wußte er — und niemand besser als er —, daß er nicht die geringste Chance hatte, nicht die Spur einer Chance. Schon der bloße Gedanke war hirnverbrannt. So hirnverbrannt, daß er es völlig verstehen würde, wenn ihr Vater — na, einerlei, was ihr Vater zu tun beabsichtigte, er würde es völlig verstehen. Tatsächlich hätte er, wenn nicht aus reinster Verzweiflung und weil es auf weiß Gott wie lange Zeit sein allerletzter Tag in England war, niemals den Mut aufgebracht. Und sogar jetzt noch ... Er wählte eine Schleife von denen in der Schublade, eine blauweißkarierte, und setzte sich auf die Bettkante. Angenommen, sie erwiderte: ›Was für eine Unverschämtheit!‹ — wäre er da überrascht? Nicht die Spur, dachte er, klappte den weichen Kragen hoch und schlug ihn über die Schleife. Er war darauf gefaßt, daß sie etwas dergleichen sagen würde. Ja, wenn er das Ganze sachlich überlegte, konnte er sich nicht vorstellen, was sie sonst sagen könnte.

Und da war er nun! Nervös schlang er vor dem Spiegel einen Knoten in die Schleife, strich sich mit beiden Händen das Haar glatt und zog die Klappen seiner Rocktaschen heraus. Fünf- bis sechshundert Pfund jährlich auf einer Obstfarm in — ausgerechnet! — Rhodesien zu verdienen! Kein Vermögen zu besitzen! Nicht einen Penny von sonstwoher zu erhoffen! Keine Aussicht, während der nächsten vier Jahre sein Einkommen zu erhöhen! Und was sein Aussehen und so weiter betraf, war er ein kompletter Außenseiter. Nicht mal eine erstklassige Gesundheit hatte er vorzuweisen, denn Ostafrika hatte ihn so gründlich mitgenommen, daß er sechs Monate Urlaub hatte nehmen müssen. Noch immer war er gräßlich blaß — heute nachmittag noch mehr als sonst, fand er, als er sich vorbeugte und in den Spiegel starrte. Lieber Himmel. was war denn da passiert? Sein Haar sah beinah hellgrün aus! Verflixt noch mal, grüne Haare hatte er jedenfalls nicht! Das war ein bißchen zu heftig! Und dann zitterte das Licht im Spiegel; es war bloß der Reflex von dem Baum

draußen! Reggie drehte sich um, holte sein Zigarettenetui
hervor, erinnerte sich aber, daß seine alte Dame es nicht leiden konnte, wenn er im Schlafzimmer rauchte, steckte das
Etui wieder ein und schlenderte zur Kommode. Ach, verflixt, ihm wollte nicht ein einziger Punkt zu seinen Gunsten
einfallen, sosehr er sich auch den Kopf zerbrach. Sie dagegen ... Oh! ... Er blieb stehen, verschränkte die Arme und
stützte sich schwer auf die Kommode.
Denn trotz ihrer gesellschaftlichen Stellung und ihres Vaters
Vermögen, trotz der Tatsache, daß sie das einzige Kind und
bei weitem das beliebteste junge Mädchen in der Nachbarschaft war, trotz ihrer Schönheit und Klugheit — Klugheit?,
ach was, es war viel mehr als das!, und trotzdem es nichts
gab, was sie *nicht* tun konnte (er war felsenfest überzeugt,
daß sie, falls nötig, schlechthin alles aufs genialste bewälti-
gen könnte), und trotz der Tatsache, daß ihre Eltern sie vergötterten und sie ihre Eltern und daß sie sie eher sonstwohin
lassen würden ... trotz aller Einwände, die ihm in den Sinn
kamen, war seine Liebe zu ihr doch so unbändig, daß er die
Hoffnung nicht aufgeben konnte. Aber war es Hoffnung?
War diese wunderliche, scheue Sehnsucht, sie zu umsorgen
und darauf zu achten, daß sie alles hatte, was sie brauchte,
und daß nichts an sie herankäme, was nicht vollkommen wäre, nicht einfach Liebe? Und wie er sie liebte! Er drängte
sich fest an die Kommode und murmelte: »Ich liebe sie! Ich
liebe sie!« Und einen kurzen Augenblick befand er sich mit
ihr auf der Reise nach Umtali. Es war Nacht. Sie saß in einer
Ecke und schlief. Ihr weiches Kinn war in den weichen Kragen geschmiegt, ihre goldbraunen Wimpern lagen auf ihren
Wangen. Verliebt betrachtete er ihre zierliche kleine Nase,
ihre wunderschönen Lippen, ihr Babyöhrchen und die gold-
braune Locke, die es halb verdeckte. Sie fuhren durch den
Dschungel. Es war warm und dunkel und weit weg. Dann
erwachte sie und fragte: »Habe ich geschlafen?«, und er antwortete: »Ja. Sitzt du auch bequem? Warte, laß mich ...«
Und er beugte sich vor, beugte sich über sie. Es war eine solche Wonne, daß er nicht weiterträumen konnte. Aber es hatte
ihm Mut eingeflößt, die Treppe hinunterzuspringen, seinen

Strohhut von der Garderobe zu reißen und sich, während er die Haustür schloß, zu sagen: »Ich muß eben mein Glück versuchen, etwas anderes gibt's nicht!«

Doch sein Glück versetzte ihm sofort — milde ausgedrückt — einen derben Knuff. Mit Chinny und Biddy, den uralten Pekinesenhündchen, promenierte seine alte Dame den Gartenweg auf und ab. Natürlich hatte Reggie seine Mutter sehr gern und all das. Sie — hm — meinte es gut, sie war fabelhaft schneidig und so weiter. Aber es ließ sich nicht leugnen, daß sie eine sehr gestrenge Frau Mama war. Bevor Onkel Aleck starb und ihm die Obstfarm vermachte, hatte es in Reggies Leben Augenblicke gegeben — und sie waren recht zahlreich gewesen —, in denen er überzeugt war, daß es keine üblere Strafe geben könne, als der einzige Sohn einer Witfrau zu sein. Daß sie buchstäblich sein ein und alles war, verschärfte die Sache nur noch. Sie war ja für ihn nicht bloß Vater und Mutter zugleich, sondern sie hatte sich auch mit all ihren eigenen Verwandten und mit denen des alten Herrn überworfen, bevor Reggie die erste lange Hose bekam. Wenn er also dort unten Heimweh hatte, so allein auf der dunklen Veranda im Sternenschimmer, während das Grammophon jammerte: ›Was ist das Leben ohne Liebe?‹, dann sah er im Geiste einzig die alte Dame, wie sie, groß und kräftig, den Gartenweg einhergerauscht kam, und Chinny und Biddy ihr auf den Fersen ...

Als die Frau Mama ihn erblickte, blieb sie mit geöffneter Gartenschere, die ein welkes Blütenköpfchen abschneiden sollte, stockstill stehen.

»Du gehst doch nicht aus, Reginald?« sagte sie, obwohl sie sah, daß er es tun wollte.

»Zum Tee bin ich wieder zurück, Mama«, antwortete Reggie kläglich und vergrub die Hände in den Rocktaschen.

›Schnipp!‹ fiel das Blütenköpfchen zu Boden. Reggie zuckte zusammen.

»Ich dachte, deinen letzten Nachmittag hättest du deiner Mutter widmen können!« sagte sie.

Schweigen, allseitiges! Die Pekinesen glotzten. Sie verstanden jedes Wort, das die alte Dame äußerte. Biddy legte sich mit hängender Zunge auf den Bauch: sie war so fett und glatt, daß sie wie ein halb aufgelutschter Sahnebonbon aussah. Chinnys Porzellanaugen glupschten Reggie an, und er schnupperte so hochnäsig, als wäre die ganze Welt ein einziger übler Geruch. ›Schnipp!‹ machte die Schere schon wieder. Die armen kleinen Dinger — sie bekamen ihr Teil ab!

»Und wohin gehst du, falls deine Mutter fragen darf?«

Endlich war es überstanden, und Reggie verlangsamte seine Schritte erst, als das Haus außer Sicht war, und er schon den halben Weg zu Colonel Proctors Haus zurückgelegt hatte. Da erst bemerkte er, was für ein prima Nachmittag es war. Den ganzen Vormittag hatte es geregnet — ein warmer, schwerer, rascher Spätsommerregen war niedergegangen —, und jetzt war der Himmel klar, bis auf einen langen Schweif kleiner Wolken, die wie junge Entchen im Wald schwammen. Es war gerade soviel Wind, um die letzten Tropfen von den Bäumen zu schütteln, und warm zerspritzte ein Stern auf seinem Handrücken. Ping! klatschte ein andrer auf seinen Hut. Die leere Straße glänzte, Heckenrosen dufteten aus dem Gebüsch, und in den Vorgärten glühten hohe, bunte Malven. Und nun war er vor Colonel Proctors Haus angelangt — hier war es schon! Seine Hand lag auf der Gartenpforte, sein Ellbogen stieß gegen den Syringenstrauch, und Blütchen regneten auf seinen Ärmel. Aber halt! Das ging doch gar zu rasch! Er hatte vorgehabt, sich alles noch einmal zurechtzulegen. Also sachte! Aber da schritt er schon den Gartenweg hinauf, hohe Rosenbäumchen rechts und links. So sollte es eigentlich nicht sein! Doch seine Hand griff schon nach der Glocke, zog daran und rief ein so stürmisches Gebimmel hervor, als wollte er melden, das Haus stünde in Flammen. Das Mädchen war anscheinend schon in der Halle gewesen, denn die Haustür flog auf, und Reggie wurde in den leeren Salon gesperrt, bevor das verflixte Gebimmel aufgehört hatte. Als es endlich verstummte, merkte er seltsamerweise, daß der große, schattige Raum, in dem ein Sonnenschirm auf dem Flügel lag, ihm Mut einflößte — oder vielmehr, ihn aufpeitschte. Es war so still, und doch würde im nächsten Augenblick die Tür aufgehen, und sein Schicksal

würde sich entscheiden. Es war so ähnlich wie beim Zahn-arzt: er kam sich geradezu verwegen vor. Doch gleichzeitig hörte er sich zu seiner größten Überraschung murmeln: »Lie-ber Gott, du weißt ja — bisher hast du nicht viel für mich getan!« Das gebot ihm Einhalt und machte ihm klar, wie todernst es war. Zu spät! Die Klinke wurde heruntergedrückt. Anne trat ein, kam durch den Dämmerschatten des Zimmers auf ihn zu, reichte ihm die Hand und sagte mit ih-rer leisen kleinen Stimme: »Bedaure, Vater ist ausgegangen, und Mutter vergnügt sich in der Stadt, auf der Jagd nach einem Hut. Sie müssen mit mir vorlieb nehmen, Reggie!«
Reggie atmete heftig, drückte seinen Hut an seine Jacken-knöpfe und stammelte: »Eigentlich bin ich bloß gekommen . . . um mich zu verabschieden!«
»Oh!« rief Anne leise und trat einen Schritt zurück. Die Fünk-chen in ihren grauen Augen tanzten. »Was für ein furchtbar kurzer Besuch!«
Dann, mit erhobenem Kinn, beobachtete sie ihn und lachte laut heraus, silberhell und melodisch, und lehnte sich gegen den Flügel, wo sie mit der Quaste des Sonnenschirms spielte.
»Verzeihen Sie, daß ich so lache«, sagte sie. »Ich verstehe nicht, warum ich's tue. Es ist eine schlechte Gewohnheit.« Und plötzlich stampfte sie mit dem grauen Schuh auf und zog ein Taschentuch aus ihrer weißen Wolljacke. »Ich muß mich wirklich beherrschen lernen, es ist zu töricht!«
»Um Gottes willen, Anne«, rief Reggie, »ich höre Sie schreck-lich gern lachen! Ich kann mir nicht vorstellen, was mir . . .«
Doch im Grunde verhielt es sich so — und sie wußten es bei-de —, daß sie nicht dauernd lachte: es war keine richtige Ge-wohnheit. Aber schon seit dem Tag, als sie sich kennenge-lernt hatten, ja vom allerersten Augenblick an hatte Anne aus einem seltsamen Grund heraus, den Reggie gar zu gern verstanden hätte, immer über ihn lachen müssen. Warum nur? Ganz einerlei, wo sie waren oder worüber sie sprachen! Sie konnten anfangs so ernst wie nur möglich sein, todernst — jedenfalls, was ihn betraf —, doch dann, mitten in einem Satz, schaute Anne ihn an, und ein leichtes Zucken flog über ihr Gesicht.

426

Ihre Lippen öffneten sich, die Fünkchen in ihren Augen tanzten, und sie fing an zu lachen.

Und was auch noch so seltsam war: Reggie schien es ganz so, als wüßte sie selber nicht, weshalb sie lachte. Er hatte gesehen, wie sie sich abwandte, die Brauen zusammenzog, die Wangen einsaugte und die Hände verkrampfte. Aber es half alles nichts. Das silberhelle, melodische Lachen klang wieder auf, noch während sie rief: »Ich weiß nicht, warum ich lache!« Es war rätselhaft.

Jetzt steckte sie ihr Taschentuch wieder ein. »Setzen Sie sich doch bitte! Wollen Sie nicht rauchen? In der kleinen Dose neben Ihnen sind Zigaretten. Ich möchte auch eine!« Er gab ihr Feuer, und als sie sich vorbeugte, sah er im Perlring, den sie trug, das Flämmchen vom Zündholz aufleuchten. »Sie wollen morgen abreisen, nicht wahr?« sagte Anne.

»Ja, morgen, leider«, sagte Reggie und stieß eine kleine Rauchfahne aus. Warum zum Kuckuck war er so nervös? Nervös war überhaupt kein Ausdruck dafür.

»Es klingt so unwahrscheinlich!« fügte er hinzu.

»Ja, wirklich!« sagte Anne leise, beugte sich vor und fuhr mit dem glimmenden Ende ihrer Zigarette rund um den grünen Aschenbecher. Wie schön sie dabei aussah — einfach wunderschön, und so zierlich in dem riesigen Lehnstuhl! Reginalds Herz barst vor Zärtlichkeit, doch was ihn geradezu erzittern ließ, das war ihre Stimme, ihre leise Stimme.

»Mir ist, als wären Sie schon seit Jahren hier«, sagte sie.

Reginald tat einen tiefen Zug aus seiner Zigarette. »Der Gedanke, dorthin zurückzugehen, ist gräßlich«, sagte er.

»Rucku-rucku!« klang es durch die Stille.

»Aber Sie sind doch gern dort unten, nicht wahr?« fragte Anne und hakte den Finger in ihre Perlenkette. »Vater hat noch neulich abend gesagt, wie glücklich Sie dran wären, so selbständig leben zu können!« Und fragend blickte sie zu ihm auf. Reginalds Lächeln war etwas matt. »Ich komme mir nicht so besonders glücklich vor«, sagte er obenhin.

»Rucku-rucku!« ertönte es wieder. Und Anne murmelte: »Weil es einsam ist, meinen Sie.«

»Ach, die Einsamkeit macht mir nichts aus«, sagte Reginald

und zerdrückte wütend seine Zigarette im grünen Aschenbecher. »Die konnte ich gut ertragen, jede Menge — mochte sie sogar gern. Aber der Gedanke, daß —« Zu seinem Entsetzen spürte er, daß er plötzlich rot wurde.

»Rucku-rucku! Rucku-rucku!«

Anne sprang auf. »Kommen Sie mit, meinen Tauben Lebwohl zu sagen!« rief sie. »Neuerdings sind sie in der Seitenveranda! Sie lieben doch Tauben, nicht wahr, Reggie?«

»Leidenschaftlich!« erklärte Reggie mit solcher Inbrunst, daß Anne, als er ihr die Glastür öffnete und beiseite trat, vorauslief und diesmal über die Tauben zu lachen schien.

Über den feinen roten Sand des Taubenhauses trippelten zwei Tauben hin und her und hin und her. Eine lief immer vor der andern her. Sie lief ein Stückchen voraus und stieß einen kleinen Ruf aus, und die andre folgte, sich fortwährend feierlich verbeugend. »Die eine, die vorausläuft, ist Frau Taube«, erklärte Anne. »Sie schaut Herrn Tauber an und lacht ein bißchen und läuft weiter, und er folgt ihr und verbeugt sich fortwährend. Und darüber muß sie wieder lachen, lacht und läuft weg, und er hinter ihr her, der arme Herr Tauber, und verbeugt sich, verbeugt sich«, sagte Anne und kauerte sich hin. »Das ist ihr ganzes Leben! Nie tun sie etwas anderes!« Sie stand auf und nahm ein paar gelbe Körner aus einem Säckchen, das auf dem Dach des Taubenhauses lag. »Wenn Sie in Rhodesien unten an die beiden denken, Reggie, können Sie sicher sein, daß sie noch immer dasselbe tun ...«

Reggie sah nicht so aus, als habe er die Tauben eines Blicks gewürdigt oder auch nur ein Wort gehört. Augenblicklich war er sich nur der ungeheuren Anstrengung bewußt, die nötig war, seinem Herzen das Geheimnis zu entreißen und es Anne anzubieten. »Anne, glauben Sie, daß — daß Sie mich je gern haben könnten?« Jetzt war es heraus. Er hatte es hinter sich. Und in dem kurzen Schweigen, das nun folgte, sah Reggie den Garten, der sich dem Licht hingab, dem blauen, flimmernden Himmel, sah das Geflatter der Blätter an den Verandapfosten und sah Anne, wie sie die Maiskörner in ihrer Handmuschel mit der Fingerspitze umrührte. Dann schloß sie die Hand langsam, und die neue Welt verblaßte, als sie langsam murmelte: »Nein — nicht so, wie Sie's meinen!« Aber ehe er Zeit hatte, irgend etwas zu empfinden, ging sie schon rasch weiter, und er folgte ihr die Treppe hinunter, den Gartenweg entlang, unter den Rosenbögen hindurch und über den Rasen. Dort, vor der bunten Staudenrabatte, drehte sie sich zu ihm um. »Natürlich kann ich Sie sehr gut leiden«, sagte sie, »wirklich sehr gut! Aber« — sie riß die Augen auf — »nicht so, wie man —«, ein Zucken huschte über ihr Gesicht — »wie man jemanden gern haben sollte, den —« Sie verzog die Lippen und konnte sich nicht mehr beherrschen. Sie begann zu lachen. »Da haben Sie's!« rief sie. »Es ist wegen Ihres karierten Querbinders! Sogar in einem Moment, wo man doch wahrhaftig ernst sein sollte, erinnert mich Ihr Querbinder so lächerlich an die Schleifchen, die man den Katzen in Bilderbüchern umgebunden hat. Oh, bitte verzeihen Sie mir, daß ich so scheußlich bin! Bitte!« Reggie ergriff ihre warme kleine Hand. »Von Verzeihen kann nicht die Rede sein«, sagte er hastig. »Darum geht es nicht! Denn ich glaube, daß ich jetzt weiß, warum ich Sie immer zum Lachen bringe. Weil Sie mir in jeder Hinsicht so überlegen sind, muß ich Ihnen lächerlich erscheinen. Das verstehe ich, Anne! Aber wenn ich . . .«

»Nein, nein!« Anne ließ seine Hand nicht los, sondern drückte sie heftig. »Das ist es nicht! Das stimmt überhaupt nicht! Ich bin Ihnen gar nicht überlegen. Sie sind ein viel besserer Mensch als ich. Sie sind so wunderbar selbstlos und . . . und gütig und schlicht! Das bin ich alles nicht! Sie kennen mich nicht! Ich habe einen ganz widerlichen Charakter!« sagte Anne. »Nein, bitte unterbrechen Sie mich nicht! Außerdem geht es gar nicht darum. Es geht darum« — sie schüttelte den Kopf —, »daß ich unmöglich einen Mann heiraten könnte, über den ich gelacht habe. Das müssen Sie doch begreifen! Der Mann, den ich heirate —«, flüsterte sie. Dann verstummte sie. Sie entzog ihm ihre Hand und lächelte Reggie seltsam träumerisch an. »Der Mann, den ich heirate —«

Und Reggie schien es, als trete ein großer, schöner, stattlicher Mann vor ihn und nähme seinen Platz ein — ein Mann von dem Schlag, den Anne und er oft im Theater gesehen hatten, der urplötzlich auf der Bühne erschien, die Heldin stumm in die Arme riß und sie nach einem langen, liebeglühenden Blick irgendwohin entführte . . .

Reggie beugte sich dieser Vision. »Ja, ich begreife es«, sagte er heiser.

»Wirklich?« rief Anne. »Ach, hoffentlich! Weil ich mir dabei so abscheulich vorkomme. Es ist schwer zu erklären. Ich habe nämlich nie —« Sie brach ab. Reggie schaute sie an. Sie lächelte. »Ist es nicht seltsam?« rief sie. »Ihnen kann ich alles sagen! Hab's immer gekonnt — von Anfang an!«

Er versuchte zu lächeln und ›Das freut mich!‹ zu sagen. Sie fuhr fort: »Ich bin nie jemandem begegnet, den ich so gut leiden kann wie Sie! Mit niemand hab' ich mich so glücklich gefühlt. Aber das ist doch bestimmt nicht das, was die Leute meinen, wenn sie von Liebe sprechen, von Liebe wie in den Büchern? Begreifen Sie es? Oh, wenn Sie bloß wüßten, wie scheußlich ich mir vorkomme! Aber wir wären wie . . . wie Herr Tauber und Frau Taube!«

Damit war's getan! Es erschien ihm so endgültig und so furchtbar wahr zu sein, daß er es kaum ertragen konnte. »Deutlicher brauchen Sie nicht zu werden!« sagte er, wandte sich ab und blickte über den Rasen. Dort war das Gärtnerhäuschen mit der dunklen Stechpalme daneben. Ein feuchter blauer Däumling durchsichtigen Rauchs hing über dem Schornstein. Es sah unwirklich aus. Wie ihn die Kehle schmerzte! Würde er sprechen können? Er versuchte es. »Ich muß jetzt nach Hause«, krächzte er und ging über den Rasen. Aber Anne rannte ihm nach.

»Nein, nicht! Sie können doch noch nicht gehen!« flehte sie ihn an. »Sie können unmöglich gehen, wo Ihnen so ums Herz ist!« Stirnrunzelnd blickte sie zu ihm auf und biß sich auf die Lippe.

»Ach, das macht nichts«, sagte Reggie und gab sich einen Ruck. »Ich werde wohl . . . werde wohl . . .« Und er machte eine Handbewegung, als wollte er sagen: ›wohl drüber wegkommen!‹

»Aber es ist schrecklich!« sagte Anne. Sie verkrampfte die

Hände und stellte sich vor ihn. »Sie begreifen doch sicher, wie schlimm es wäre, wenn wir heiraten würden, ja?«

»Sicher, sicher!« erwiderte Reggie und sah sie hohläugig an.

»So wie ich nun mal eingestellt bin, wäre es unrecht, wäre es schlecht von mir. Ich meine, für Herrn Tauber und Frau Taube ist es recht und gut. Aber im richtigen Leben — stellen Sie sich das mal vor!«

»Klar«, sagte Reggie und wandte sich zum Gehen.

Aber Anne hielt ihn wieder auf.

Sie zog ihn am Ärmel, und statt zu lachen, sah sie zu seiner Verwunderung jetzt wie ein kleines Mädchen aus, das gleich zu weinen anfängt.

»Wenn Sie's begreifen, warum sehen Sie dann so un-unglücklich aus?« jammerte sie. »Warum nehmen Sie sich's so zu Herzen? Warum sehen Sie so elend aus?«

Reggie schluckte, und wieder winkte er ab. »Ich kann's nicht ändern!« sagte er. »Für mich war es ein Schlag! Wenn ich jetzt schnell weggehe, wär's mir möglich . . .«

»Wie können Sie bloß von schnell weggehen reden?« rief Anne verächtlich. Sie stampfte mit dem Fuß auf und wurde puterrot. »Wie können Sie bloß so grausam sein? Ich kann Sie erst weglassen, wenn ich überzeugt bin, daß Sie genauso glücklich sind wie vorhin, bevor Sie mich baten, Sie zu heiraten. Das müssen Sie doch begreifen, es ist ganz einfach!«

Aber Reginald kam es überhaupt nicht einfach vor. Es schien ihm unüberwindlich schwer zu sein.

»Selbst wenn ich Sie nicht heiraten kann, wie soll ich den Gedanken ertragen, daß Sie so weit weg sind und nur diese gräßliche Mutter haben, der Sie schreiben können, und daß Sie unglücklich sind und daß es alles meine Schuld ist?«

»Es ist nicht Ihre Schuld! Das müssen Sie nicht glauben. Es ist einfach mein Schicksal!« Reggie nahm ihre Hand, die auf seinem Ärmel lag, und küßte sie. »Sie müssen mich nicht bemitleiden, liebe kleine Anne!« sagte er sanft. Und diesmal rannte er fast unter den Rosenbögen hindurch und den Gartenweg hinab.

»Rucku-rucku! Rucku-rucku!« tönte es von der Veranda her — und »Reggie! Reggie!« klang's aus dem Garten.

Er blieb stehen und drehte sich um. Doch als sie seine scheue, verdutzte Miene sah, lachte sie leise.

»Komm zu mir, Herr Tauber!« sagte Anne. Und Reginald ging langsam über den Rasen.

In ihrem blauen Kleid, mit den leicht geröteten Wangen, den
großen blauen Augen und den goldenen, wie zum erstenmal
aufgesteckten Locken—aufgesteckt, um beim Flug nicht
hinderlich zu sein — hätte Mrs. Raddicks Tochter geradewegs aus dem strahlenden Himmel gefallen sein können.
Mrs. Raddicks schüchterner, etwas erstaunter, aber herzlich
bewundernder Blick schien zu bedeuten, daß sie es ebenfalls
glaubte; doch die Tochter war offenbar nicht allzu erfreut —
warum sollte sie auch? —, auf der Treppe des Kasinos gelan-
det zu sein. Ja, sie war angeödet — so angeödet, als wäre der
Himmel voller Kasinos mit schlecht gelaunten alten Heiligen als *Croupiers* und mit Glorienscheinen als Spielmarken
gewesen.

»Und es macht Ihnen nichts, Hennie zu übernehmen?« sagte
Mrs. Raddick zu mir. »Bestimmt nicht? Dort steht jedenfalls
unser Wagen, und Sie müssen zusammen Tee trinken, und
in einer Stunde sind wir wieder hier auf der Treppe — genau
hier! Ich möchte eben, daß sie mit mir kommt. Sie ist noch
nie drin gewesen, und es ist sehenswert. Ich finde, es wäre
nicht fair an ihr gehandelt!«

»Oh, Mutter, hör schon auf!« sagte sie mürrisch. »Komm!
Rede nicht soviel! Und deine Handtasche ist offen — du wirst
wieder all dein Geld verlieren!«

»Verzeih, Liebling!« sagte Mrs. Raddick.

»Oh, komm jetzt endlich. Ich will was gewinnen!« sagte die
ungeduldige Stimme. »Du kannst dich nicht beklagen — aber
ich bin pleite!«

»Hier, Liebling! Nimm fünfzig Francs! Nimm hundert!«
Ich sah, wie Mrs. Raddick ihr die Scheine in die Hand drückte, als sie durch die Drehtür gingen.

Hennie und ich standen eine Minute auf der Treppe und beobachteten die Leute. Er lachte begeistert und entzückt.

»Oh, da ist eine englische Bulldogge!« rief er. »Darf man
Hunde mit hineinnehmen?«

»Nein, das darf man nicht.«

»Es ist ein Prachtkerl, nicht? Ich wünschte, ich hätte einen.
Sie sind so lustig zu haben. Immer erschrecken sie die Leute,
aber nie sind sie wild mit — mit den Leuten, denen sie gehören.« Plötzlich drückte er meinen Arm. »Sehen Sie sich bloß
mal die alte Frau an! Wer mag das sein? Warum sieht sie so
aus? Ist sie eine Glücksspielerin?«
Das uralte, verschrumpelte Geschöpf in einem grünseidenen
Kleid, einem schwarzen Samtumhang und einem weißen
Hut mit violetten Federn humpelte langsam und ruckweise
die Treppe hinauf, als würde sie an Drähten hinaufgezogen.
Sie blickte starr vor sich hin, sie lachte und nickte und kicherte; ihre Klauen umklammerten etwas, das wie ein schmutziger Schuhbeutel aussah.
Doch genau in dem Augenblick war Mrs. Raddick wieder
da, mit ›ihr‹ und einer Dame, die sich im Hintergrund hielt.
Mrs. Raddick stürzte auf mich zu. Sie war erhitzt und lebhaft, wie ausgewechselt. Sie glich einer Frau, die ihren Freunden auf dem Bahnsteig Lebwohl sagen will und vor der Ab-
fahrt des Zuges keine Minute Zeit hat.
»Oh, da sind Sie noch! *Ein* Glück — Sie sind noch nicht weg!
Wie gut! Ich habe einen schrecklichen Auftritt gehabt, wegen ihr!« Und sie zeigte auf ihre Tochter, die vollkommen
still stand, verächtlich zu Boden blickte, mit dem Schuh über
eine Stufe wischte und meilenfern war. »Sie wollten sie nicht
reinlassen. Ich hab' geschworen, daß sie einundzwanzig ist,
aber sie wollten mir nicht glauben. Ich hab' dem Mann meine
Geldbörse gezeigt — mehr hab' ich nicht gewagt —, doch es
half alles nichts. Er hat bloß verächtlich gelacht... Und jetzt
habe ich gerade Mrs. MacEwen aus New York getroffen,
und sie hat gerade in der *Salle Privée* dreizehntausend ge-
wonnen, und sie möchte, daß ich wieder mit ihr reingehe,
solange sie ihre Glückssträhne hat. Aber natürlich kann ich
›sie‹ nicht allein hierlassen. Wenn Sie vielleicht so freundlich . . .«
Jetzt blickte ›sie‹ auf. Unter ihrem Blick schrumpfte ihre
Mutter sichtlich zusammen. »Weshalb kannst du mich nicht
allein hierlassen?« fragte sie wütend. »Was für ein kompletter Unsinn! Wie kannst du bloß so ein Theater machen! Das

434

ist das letztemal, daß ich mit dir ausgegangen bin! Du bist wirklich ekelhaft!« Sie musterte ihre Mutter von oben bis unten. »Beruhige dich endlich!« sagte sie sehr von oben herab.

Mrs. Raddick war verzweifelt, schlechthin verzweifelt. Einerseits war sie ›scharf drauf‹, mit Mrs. MacEwen ins Kasino zu gehen, andrerseits aber . . .

Ich nahm meinen ganzen Mut zusammen: »Würden sie gern— möchten Sie zum Tee mitkommen — mit uns?«

»Ja, ja, das wird sie noch so gern. Es ist genau das, was ich wollte, nicht wahr, Liebling? Mrs. MacEwen und ich . . . in einer Stunde bin ich wieder hier . . . vielleicht schon eher . . . Ich . . .«

Mrs. R. sprang die Treppe hinauf. Ich sah, daß ihre Handtasche schon wieder offen war.

Wir drei blieben also zurück. Meine Schuld war es bestimmt nicht. Auch Hennie sah bedeppert aus. Als der Wagen vorfuhr, hüllte sie sich, um jede Besudelung auszuschließen — in ihren dunklen Mantel. Selbst ihre kleinen Füße schienen es zu verschmähen, sie zu uns beiden die Stufen hinunterzutragen.

»Es tut mir schrecklich leid«, murmelte ich, als der Wagen anfuhr.

»Oh, *mir* macht es nichts aus!« sagte sie. »Ich will nicht wie einundzwanzig aussehen! Wer will das wohl, wenn man siebzehn ist? Nein, es ist die Verbohrtheit« — sie schauerte leise zusammen —, »die ich so hasse, und die Art, wie man von fetten alten Männern angestarrt wird! Biester!«

Hennie warf ihr einen raschen Blick zu, dann schaute er aus dem Fenster.

Wir hielten vor einem riesigen Palast aus weißem und rötlichem Marmor — mit Apfelsinenbäumchen in schwarzgoldenen Kübeln vor den Türen.

»Hätten Sie Lust, hineinzugehen?« schlug ich vor.

Sie zauderte, biß sich auf die Lippe und schien sich damit abzufinden. »Meinetwegen — etwas anderes gibt es anscheinend nicht«, sagte sie. »Steig aus, Hennie!«

Ich ging voran — natürlich, um einen Tisch zu suchen —, und

sie folgte. Daß wir ihren kleinen Bruder — er war zwölf —
bei uns hatten, war das schlimmste für sie. So ein Kind am
Schürzenzipfel zu haben, war der Gipfel.

Nur noch ein Tisch war frei. Rosa Nelken standen darauf,
und rosa Teller mit kleinen blauen, wie Segel gefalteten Tee-
servietten.

»Wollen wir hier sitzen?«

Sie legte die Hand müde auf die Lehne eines weißen Korb-
sessels.

»Meinetwegen«, sagte sie. »Warum nicht?«

Hennie quetschte sich an ihr vorbei und schlängelte sich dahinter auf einen Hocker. Er fühlte sich gräßlich unerwünscht.
Sie zog nicht einmal die Handschuhe aus. Sie senkte den Blick
und trommelte auf den Tisch. Als eine Geige leise ange-
stimmt wurde, zuckte sie zusammen und biß sich auf die
Lippe. Schweigen.

Eine Kellnerin erschien. Ich wagte kaum zu fragen: ›Tee
oder Kaffee? Chinesischen Tee — oder Eistee mit Zitrone?‹
Es war ihr gleich, wirklich! Es war ihr alles einerlei. Eigentlich wollte sie überhaupt nichts. Hennie flüsterte: »Schokolade!« Aber als die Kellnerin sich schon umdrehte, rief sie
ihr gleichgültig nach: »Ach, Sie können mir auch eine Schokolade bringen!«

Während wir dasaßen und warteten, holte sie eine kleine
goldene Puderdose mit einem Spiegel im Deckel hervor,
schüttelte die arme kleine Quaste, als wäre sie ihr zuwider,
und betupfte ihre niedliche Nase.

»Hennie«, sagte sie, »stell die Blumen weg!« Mit der Puderquaste deutete sie auf die Nelken, und ich hörte, wie sie murmelte: »Blumen auf einem Tisch kann ich nicht ausstehen!«
Offenbar hatten sie ihr heftige Qualen bereitet, denn sie
schloß sogar die Augen, als ich sie wegstellte.

Dann kam die Kellnerin mit Schokolade und Tee. Sie setzte
die großen, schäumenden Tassen vor die beiden hin und schob
mir mein durchsichtiges Glas zu. Hennie vergrub seine Nase
und tauchte für die Dauer eines entsetzlichen Augenblicks
mit einem zitternden kleinen Sahneklecks auf dem Nasenzipfel wieder auf, wischte ihn aber, wie ein kleiner Gentle-

man, hastig weg. Ich überlegte, ob ich es wagen dürfte, ihre Aufmerksamkeit auf die Tasse zu lenken. Sie bemerkte sie nicht — sah sie überhaupt nicht —, und plötzlich, rein zufällig, nahm sie einen Schluck. Ich sah sie besorgt an. Sie schüttelte sich kaum merklich.

»Fürchterlich süß!« sagte sie.

Ein kleiner Junge mit einem Kopf wie eine Rosine und einem Körper aus Schokolade kam mit einem Tablett winziger Kuchen herbei: viele Reihen kleiner Narreteien, kleiner Gedichte, kleiner schmelzender Träume. Er bot sie ihr an.

»Oh, ich habe überhaupt keinen Appetit! Nehmen Sie sie weg!«

Er bot sie Hennie an. Hennie warf mir einen raschen Blick zu, schien beruhigt zu sein und nahm sich einen Mohrenkopf, ein Mokka-Eclair, eine mit Kastanienpüree gefüllte Meringe und eine Blätterteigtüte mit frischen Erdbeeren. Für sie schien es ein ekelerregender Anblick zu sein. Doch gerade, als der kleine Mann sich zum Gehen wandte, hielt sie ihren Teller hoch.

»Ach, meinetwegen geben Sie mir auch *eins*!«

Die Silberzange ließ ein Stückchen fallen, ein zweites, ein drittes — und noch ein Kirschtörtchen. »Ich weiß nicht, weshalb sie mir so viele geben!« sagte sie und lächelte beinah.

»Ich esse sie bestimmt nicht — könnte sie nicht schaffen.«

Mir war viel wohler. Ich trank meinen Tee, lehnte mich zurück und fragte sogar, ob ich rauchen dürfe. Sie hielt inne, die Gabel in der Hand, sah mich mit großen Augen an und lächelte nun wirklich. »Selbstverständlich«, sagte sie. »Ich bin immer darauf gefaßt!«

Doch in diesem Augenblick passierte Hennie ein tragisches Mißgeschick. Er hatte zu kräftig in sein Erdbeertütchen gestochen, es brach entzwei, und die eine Hälfte flog auf den Tisch. Wie entsetzlich! Er wurde dunkelrot. Sogar seine Ohren glühten, und beschämt stahl sich eine Hand über den Tisch, um einzusammeln, was von der Leiche noch da war.

»Du widerliches kleines Ferkel!« sagte sie.

Lieber Himmel! Ich mußte vermittelnd einspringen. Eilig rief ich: »Bleiben Sie längere Zeit im Ausland?«

Aber sie hatte Hennie schon vergessen. Mich auch. Sie versuchte, sich an etwas zu erinnern ... Sie war meilenweit weg. »Ich ... weiß ... nicht«, antwortete sie langsam, aus weiter Ferne.

»Vermutlich gefällt es Ihnen hier besser als in London? Es ist viel ... viel ...«

Als ich nicht fortfuhr, war sie wieder da und sah mich sehr verdutzt an. »Viel ...?«

»*Enfin* — amüsanter!« rief ich und schwenkte meine Zigarette.

Um das zu entscheiden, war ein ganzes Törtchen erforderlich. Selbst dann war alles, was sie sagen konnte: »Ach, ich weiß nicht ...«

Hennie hatte seinen Teller leer gegessen. Er war immer noch sehr erhitzt.

Ich griff nach der Schmetterlingsliste auf dem Tisch. »Wie wär's mit einem Eis, Hennie? Zum Beispiel Tangerine mit Ingwer? Nein, lieber etwas Kühleres! Eine Creme aus frischen Ananas?«

Hennie war ganz einverstanden. Die Kellnerin hatte uns schon beobachtet. Die Bestellung wurde entgegengenommen. Gerade da blickte sie von den letzten Krümeln auf.

»Sprachen Sie von Tangerine mit Ingwer? Ingwer mag ich. Das können Sie mir bringen!« Und rasch fuhr sie fort: »Ich wünschte, die Kapelle würde nicht lauter Sachen aus dem vorigen Jahrhundert spielen. Nach *der* Musik haben wir schon letzte Weihnachten getanzt. Furchtbar fade!«

Es war aber eine reizende Melodie. Jetzt, wo ich darauf achtete, erwärmte sie mich geradezu.

»Eigentlich finde ich's hier ganz nett. Du nicht auch, Hennie?« fragte ich ihn.

»Prima!« sagte Hennie. Er wollte es leise sagen, aber es schoß ihm wie ein sehr lautes Gequietsch heraus.

Nett? Das Café? Nett? Zum erstenmal blickte sie umher und versuchte festzustellen, was hier nett war ... Sie blinzelte. Ihre schönen Augen schauten verwundert drein. Ein sehr gut aussehender älterer Herr musterte sie durch ein Monocle an einem schwarzen Band. Doch ihn konnte sie nicht sehen. Wo er saß, war ein Loch in der Luft. Sie sah glatt durch ihn hindurch.

Endlich lagen die kleinen Eislöffel auf den Glastellern still. Hennie sah ziemlich erschöpft aus, sie aber zog ihre weißen Handschuhe an. Sie hatte Mühe mit ihrer mit Brillanten besetzten Armbanduhr — sie war ihr im Weg. Sie zerrte daran — versuchte das dumme kleine Ding durchzureißen — es wollte nicht! Schließlich mußte sie den Handschuh obendrüber ziehen. Danach konnte sie das Café keine Minute länger ertragen — ich sah es ihr an, und richtig, sie sprang auf und wandte sich ab, während ich die vulgäre Aufgabe übernahm, für den Schmaus zu zahlen.

Und dann waren wir wieder draußen. Es war dämmerig geworden. Der Himmel war mit kleinen Sternen übersät; die Bogenlaternen brannten. Während wir auf das Vorfahren des Autos warteten, stand sie genau wie im Anfang auf einer Treppenstufe, hatte den Blick gesenkt und zwirbelte mit ihrem Absatz hin und her.

Hennie sprang vor, um die Tür zu öffnen, und sie sank hinein — oh, mit was für einem Seufzer!

»Sag ihm«, flüsterte sie, »er soll so schnell fahren, wie er nur kann!«

Hennie grinste dem Fahrer zu, der sein Freund war. »*Allee witt!*« sagte er. Dann setzte er sich auf den Klappsitz uns gegenüber und beruhigte sich.

Die goldene Puderdose kam wieder zum Vorschein. Die arme kleine Quaste wurde wieder geschüttelt, und wieder wurde der flinke, furchtbar geheimnisträchtige Blick zwischen ihr und dem Spiegel ausgetauscht.

Wir rasten durch die schwarzgoldene Stadt wie eine Schere durch Goldbrokat. Hennie mußte sich sehr bemühen, nicht so auszusehen, als wolle er sich irgendwo anklammern.

Und als wir das Kasino erreichten, war Mrs. Raddick natürlich nicht da. Auf der Treppe war von ihr nicht die Spur zu sehen — nicht die Spur.

»Möchten Sie im Wagen bleiben, während ich hineingehe und nachschaue?«

Aber nein — das wollte sie nicht! Lieber Himmel, nein! Hen-

nie könne ja bleiben. Sie könne es nicht ertragen, in einem
Auto zu sitzen. Sie wollte auf der Treppe warten.

»Aber ich möchte Sie nicht gern allein lassen«, murmelte ich.
»Ich möchte Sie nicht hier auf der Treppe warten lassen!«
Bei meinen Worten warf sie den Mantel zurück, drehte sich
zu mir um und sah mir ins Gesicht. Sie öffnete den Mund.
»Lieber Himmel, warum nicht? Es — es macht mir gar nichts
aus! Ich — ich liebe es, zu warten!« Und plötzlich überzogen sich ihre Wangen mit einer tiefen Röte, ihre Augen wurden dunkel — und einen Augenblick glaubte ich, sie würde
zu weinen beginnen. »B-bitte«, stammelte sie mit herzlicher,
eifriger Stimme. »Ich liebe es! Ich liebe es zu warten! Wirklich — wirklich, es ist so! Ich warte immer — an allen erdenklichen Orten! . . .«
Ihr dunkler Mantel öffnete sich, und ihre weiße Kehle — der
ganze weiche junge Körper in dem blauen Kleid — war wie
eine Blüte, die soeben aus ihrer dunklen Knospe hervorbricht.

Als der schriftstellernde Herr, dessen Wohnung die alte Ma Parker jeden Dienstag reinigte, ihr an jenem Morgen die Tür aufgemacht hatte, erkundigte er sich nach ihrem Enkel. Ma Parker stand auf der Fußmatte im dunkeln kleinen Flur und streckte die Hand aus, um ›ihrem Herrn‹ beim Schließen der Tür behilflich zu sein, ehe sie ihm antwortete. »Wir haben ihn gestern begraben, Sir«, sagte sie ruhig.

»O je! Das tut mir aber leid«, sagte der schriftstellernde Herr erschrocken. Er war beim Frühstück. Er trug einen sehr schäbigen Morgenrock und hielt eine zerknüllte Zeitung in der Hand. Aber er war verlegen, ohne noch etwas zu sagen — noch etwas mehr zu sagen. Dann — weil er wußte, daß solche Leute viel auf ein rechtes Begräbnis hielten — fuhr er freundlich fort: »Hoffentlich hat sich alles gut abgespielt bei der Beerdigung?«

»Wie meinen Sie, Sir?« fragte Ma Parker heiser.

Das arme alte Weibchen! Sie sah wirklich mitgenommen aus! »Hoffentlich war die Beerdigung ein — ein Erfolg?« sagte er. Ma Parker antwortete nicht. Sie ließ den Kopf sinken, humpelte in die Küche und umklammerte den alten Fischbeutel, in dem ihr Putzzeug und eine Schürze und ein Paar Filzschuhe steckten. Der schriftstellernde Herr zog die Augenbrauen in die Höhe und kehrte zu seinem Frühstück zurück. »Ganz überwältigt, scheint's!« sagte er laut und nahm sich von der Marmelade zu.

Ma Parker zog die beiden Hutnadeln mit den Jettknöpfen aus ihrem Hut und hängte ihn an die Tür. Sie hakte ihre abgetragene Jacke auf und hängte sie auch an die Tür. Dann band sie sich die Schürze um, setzte sich und wollte die Stiefel ausziehen. Das Ausziehen und Anziehen der Stiefel bereitete ihr Qualen, aber das war schon seit Jahren so gewesen. Ja, sie war schon an den Schmerz gewöhnt, daß sich ihr Gesicht schmerzlich verzerrte, noch ehe sie die Schnürsenkel auch nur geöffnet hatte. War es überstanden, dann lehnte sie sich seufzend zurück und rieb sich behutsam die Knie...

»Oma, Oma!« Ihr kleiner Enkel stand in seinen Knöpfstiefelchen auf ihrem Schoß. Er war gerade vom Spiel auf der Straße hereingekommen.

»Sieh mal, wie du den Rock von deiner Großmutter zugerichtet hast, du schlimmer Junge!«

Aber er legte ihr die Arme um den Hals und rieb seine Wange an ihrem Gesicht.

»Oma, gib mir'n Penny!« schmeichelte er.

»Ach, zieh los! Oma hat keinen Penny!«

»Doch — hast du wohl!«

»Nein, ich hab' keinen!«

»Doch, du hast welche. Gib mir einen!«

Und schon griff sie nach der alten, verbeulten schwarzen Lederbörse.

»Da! Und was gibst du deiner Oma?«

Er stieß ein scheues kleines Lachen aus und schmiegte sich fester an sie. Sie spürte, wie sein Lid über ihre Wange zitterte. »Ich hab' nix«, murmelte er.

Die alte Frau sprang auf, hob den Wasserkessel vom Gasherd und trug ihn zum Spülstein. Das Geräusch des im Kessel brodelnden Wassers schien ihren Schmerz zu betäuben. Sie füllte auch den Eimer und das Abwaschbecken.

Um den Zustand zu beschreiben, in dem sich die Küche befand, wäre ein ganzes Buch nötig. Während der Woche ›behalf‹ sich der schriftstellernde Herr, das heißt, er leerte die Teeblättchen dann und wann in ein zu diesem Zweck bereitgestelltes Marmeladeglas, und wenn er keine sauberen Gabeln mehr hatte, wischte er sie am Rollhandtuch ab. Sein ›System‹ war, wie er seinen Freunden erklärte, ganz einfach, und er könne nicht verstehen, wieso die Leute soviel Aufhebens um das Haushaltführen machten.

»Man macht einfach alles schmutzig, was man hat, läßt einmal die Woche ein altes Weib zum Saubermachen kommen, und der Fall ist erledigt!«

Das Ergebnis war ein Riesenmüllhaufen. Sogar der Fußboden war mit Brotkrusten, Briefumschlägen und Zigarettenstummeln übersät. Aber Ma Parker nahm es ihm nicht übel. Sie bedauerte den armen jungen Herrn, weil er niemanden hatte, der für ihn sorgte. Wenn man aus dem verschmierten kleinen Fenster blinzelte, sah man eine Unendlichkeit trübseligen Himmels, und falls mal Wolken da waren, sahen sie wie ganz zerfetzte, an den Kanten ausgefranste Wolken mit Löchern oder mit dunklen Teeflecken aus.

Während das Wasser heiß wurde, begann Ma Parker den Fußboden zu fegen. ›Ja‹, dachte sie, als der Besen gegen das Holz polterte, ›alles zusammengenommen, hab' ich mein Teil abbekommen! Ich hab' ein schweres Leben gehabt!‹

Sogar die Nachbarn sagten das von ihr. So manches Mal, wenn sie mit ihrem Fischbeutel nach Hause humpelte, hatte sie die andern gehört, die an der Ecke warteten oder sich übers Kellergeländer lehnten, wie sie untereinander sagten: »Sie hat ein schweres Leben gehabt, die alte Ma Parker!« Und es stimmte so haargenau, daß sie nicht mal stolz drauf war. Es war genauso, als hätte jemand gesagt, er wohne im Kellergeschoß Nummer 27. — Ein schweres Leben! . . .

Mit sechzehn war sie aus Stratford weggegangen und hatte sich in London als Küchenmädchen verdingt. Ja, sie war in Stratford-on-Avon geboren. Shakespeare, Sir? Nein. Immer fragten die Leute nach Shakespeare. Aber von dem hatte sie nie gehört, bis sie seinen Namen am Theater angeschlagen sah.

Nichts war von Stratford geblieben, als daß man ›abends im Kaminwinkel sitzen und die Sterne den Kamin hochsehen konnte‹ und ›Mutter hat immer eine Speckseite von der Decke hängen gehabt‹. Und da war noch was — ein Strauch war's, der wuchs vor der Haustür und hat immer so gut gerochen. Aber den Strauch sah sie nur sehr undeutlich. Nur ein- oder zweimal im Krankenhaus hatte sie an ihn gedacht, als es ihr sehr schlecht ergangen war.

Ihr erster Platz — das war ein schrecklicher Platz gewesen. Ausgehen durfte sie nie. Nach oben ging sie nur zum Beten, morgens und abends. Es war wie in einem Keller. Und die Köchin war ein grausames Weibsbild. Sie nahm ihr immer die Briefe von zu Hause weg, noch ehe sie sie gelesen hatte, und warf sie in den Kochherd, weil sie davon traurig wurde . . . Und die Schaben! Es war nicht zu glauben! Bis sie nach London gekommen war, hatte Ma Parker nie eine Küchenschabe gesehen. Hierbei mußte Ma Parker immer ein bißchen lachen, als wäre das was — nie eine Küchenschabe gesehen zu haben! Es war fast so, als sagte man, daß man nie seine Füße gesehen hätte.

Als die Familie gepfändet wurde, ging sie als ›Hilfe‹ in ein Doktorhaus, und nachdem sie zwei Jahre dort gewesen war und sich von früh bis spät die Füße abgelaufen hatte, heiratete sie ihren Mann. Er war ein Bäcker.

»Ein Bäcker, Mrs. Parker!« hatte der schriftstellernde Herr wohl mal gerufen. Denn gelegentlich legte er seine dicken Bücher beiseite und hörte wenigstens hin, was die da für ein Gebilde war, dieses *LEBEN*.

»Es muß recht nett gewesen sein, einen Bäcker zum Mann zu haben!«

Da war Mrs. Parker nicht so sicher.

»Ein sauberes Gewerbe«, sagte der Herr.

Mrs. Parker war anscheinend andrer Meinung.

»Hat es Ihnen denn nicht Spaß gemacht, den Kunden die frischen Brotlaibe zu reichen?«

»Ich war nicht sehr viel im Laden oben, Sir«, sagte Mrs. Parker. Wir haben dreizehn Kleine gehabt, und sieben davon begraben. Wenn's nicht das Krankenhaus war, war's die Krankenstube, könnt' man sagen!«

»Das kann man wirklich, Mrs. Parker!« sagte der schriftstellernde Herr schaudernd und griff wieder zur Feder.

Ja, sieben waren gestorben, und als die sechs noch klein waren, hat ihr Mann die Schwindsucht bekommen. Das Mehl war in die Lunge gegangen, hatte ihr der Doktor damals gesagt . . . Ihr Mann hatte aufrecht im Bett gesessen, das Hemd über den Kopf geschlagen, und der Doktor hat mit dem Finger einen Kreis auf dem nackten Rücken gezogen.

›Wenn wir ihn hier aufschneiden wollten, Mrs. Parker‹, hatte der Doktor gesagt, ›dann würden wir seine Lunge dick voll Mehlstaub finden. Atmen Sie mal aus, mein lieber Mann!‹ Und Ma Parker war nie ganz sicher, ob sie es gesehen oder sich eingebildet hatte, wie aus dem Mund ihres armen lieben Mannes eine lange weiße Staubfahne rausgekommen war . . .

Und dann der Kampf, den sie gehabt hatte, die sechs kleinen Kinder großzuziehen und sich nichts anmerken zu lassen! Das war furchtbar gewesen! Und als sie gerade alt genug waren, um in die Schule zu gehen, war ihres Mannes Schwester zu ihnen gezogen, um ein bißchen zu helfen, aber sie war noch keine zwei Monate dagewesen, als sie die Treppe runterfiel und sich das Rückgrat verletzte. Also hatte Ma Parker fünf Jahre lang noch ein Baby mehr, für das sie sorgen mußte — und obendrein eins, das schrie! Dann wurde die junge Maudie ein schlechtes Mädchen und nahm auch noch ihre Schwester Alice mit; die zwei Jungen wanderten aus, und der junge Jim ging zu den Soldaten und nach Indien, und Ethel, ihre Jüngste, heiratete einen Taugenichts von Kellner, der an Magengeschwüren starb — im gleichen Jahr, wo der kleine Lennie auf die Welt kam. Und jetzt ist der kleine Lennie — mein Enkelkind . . .

Ganze Stapel schmutziger Tassen und schmutziger Schüsseln waren abgewaschen und abgetrocknet. Die tintenschwarzen Messer waren mit einem Stückchen Kartoffel abgerieben und mit einem Korken blank geputzt. Der Tisch war geschrubbt, ebenso das Küchenspind und der Spülstein, in dem noch Sardinenschwänze herumgeschwommen waren . . .

Lennie war nie ein kräftiges Kind gewesen — von Anfang an nicht. Er war so eins von den hübschen Babies gewesen, die jeder für ein Mädchen gehalten hätte. Silberblonde Locken hatte er gehabt, blaue Augen — und seitlich an der Nase eine kleine Sommersprosse wie ein Karo. Was für Mühe sie und Ethel gehabt hatten, das Kind großzuziehen! Alles aus den Zeitungen hatten sie an ihm probiert. Jeden Sonntagmorgen las Ethel laut vor, während Ma Parker unterdessen die Wäsche besorgte: »›Geehrter Herr — nur eine Zeile, um Ihnen mitzuteilen, daß meine kleine Myrtil schon aufgegeben war . . . nach vier Flaschen von Ihrem . . . hat sie in neun Wochen acht Pfund zugenommen und ist immer noch tüchtig dran.‹«

Danach wurde ihr ein bißchen Tinte vom Spind geholt und ein Brief geschrieben, und am nächsten Morgen auf dem Weg zur Arbeit zahlte Ma bei der Post das Geld ein. Aber es half nichts. Nichts half dem kleinen Lennie, daß er zunahm. Auch wenn sie ihn zum Friedhof mitnahm, bekam er keine Farbe; und wenn er tüchtig im Bus durchgerüttelt wurde, war sein Appetit doch nicht besser.

Aber er war Omas Junge, von Anfang an!

»Wem sein Junge bist du?« sagte die alte Ma Parker, richtete sich vom Herd auf und ging zum verschmierten Fenster rüber. Und eine kleine Stimme, so warm, so nah, daß es sie fast erstickte — als wär' sie in ihrer Brust, gleich unterm Herzen—,lachte hell heraus und sagte: »Ich bin Omas Junge!«

Auf einmal hörte sie Schritte, und der schriftstellernde Herr erschien, zum Ausgehen angezogen.

»Ich gehe weg, Mrs. Parker!«

»Ist gut, Sir.«

»Ihre zweieinhalb Shilling liegen auf dem Untersatz vom Tintenfaß.«

»Danke, Sir!«

»Ach, was ich noch sagen wollte, Mrs. Parker: Sie haben wohl keinen Kakao weggeworfen, als Sie letztesmal hier waren?« fragte der schriftstellernde Herr rasch.

»Nein, Sir.«

»*Sehr* komisch! Ich hätte schwören können, daß ich noch einen Teelöffel Kakaopulver in der Büchse gelassen hatte…«

Er brach ab. Dann sagte er leise und entschieden: »Sie sagen es mir doch immer, bevor Sie etwas wegwerfen, nicht wahr, Mrs. Parker?« Und damit ging er, sehr zufrieden mit sich und fest überzeugt, Mrs. Parker bewiesen zu haben, daß er bei aller scheinbaren Achtlosigkeit so aufmerksam wie eine Hausfrau war.

Die Tür schlug zu.

Sie ging mit Besen und Lappen ins Schlafzimmer. Aber als sie anfing das Bett zu machen, und es glatt strich und zupfte und ausklopfte, wurde der Gedanke an den kleinen Lennie unerträglich. Warum hatte er so leiden müssen? Das war's, was sie nicht verstehen konnte! Warum mußte so ein Engelskind um seinen Atem betteln und kämpfen? Es hatte doch keinen Sinn, ein kleines Kind so leiden zu lassen ...

... Aus Lennies kleinem Brustkasten kam ein Geräusch, als ob innendrin etwas am Kochen war. Ein großer Klumpen Zeugs blubberte in seiner Brust, und den konnte er nicht rauskriegen. Wenn er hustete, trat ihm der Schweiß auf die Stirn; die Augen quollen vor, die Hände fuhren umher, und der dicke Klumpen blubberte wie eine Kartoffel im Kochtopf. Aber viel schlimmer als alles andre war es, wenn er nicht hustete: dann saß er aufrecht ans Kissen gelehnt und sprach nicht und antwortete nicht — tat nicht mal, als hätte er sie gehört. Sah bloß gekränkt aus.

»Ist doch nicht deine alte Oma, die dir das antut, mein Lämmchen«, sagte Ma Parker und strich ihm das feuchte Haar von den roten Ohren. Aber Lennie zuckte mit dem Kopf und wich ihrer Hand aus. Furchtbar gekränkt sah er sie an — und so ernst. Er ließ den Kopf sinken und schielte sie von unten an, als hätte er so was nie von seiner Oma geglaubt.

Aber am Ende ... Ma Parker schleuderte den Überwurf über das Bett. Nein, daran konnte sie einfach nicht denken! Es war zuviel — zuviel hatte sie in ihrem Leben aushalten müssen! Sie hatte es bis jetzt ausgehalten, sie hatte alles mit sich selbst abgemacht, und keiner hatte sie jemals weinen sehen. Keine Menschenseele! Nicht mal ihre eigenen Kinder hatten ihre Ma zusammenbrechen sehen. Immer hatte sie ihren Stolz gehabt. Aber jetzt? Jetzt, wo Lennie nicht mehr da war — was hatte sie da noch? Nichts hatte sie mehr. Er war alles, was ihr das Leben noch zu geben hatte, und jetzt war er ihr auch noch genommen worden. Warum mußte das alles mir zustoßen? fragte sie sich. »Was hab' ich bloß getan?« sagte die alte Ma Parker. »Was hab' ich bloß getan?«

Als sie es sagte, ließ sie plötzlich die Bürste fallen. Auf einmal stand sie in der Küche. Ihr Kummer war so entsetzlich, daß sie sich den Hut feststeckte, die Jacke anzog und wie eine Träumende aus dem Haus ging. Sie wußte nicht, was sie tat. Sie war wie jemand, der so betäubt ist von einem grauenhaften Geschehen, daß er einfach weggeht ... irgendwohin, als könnte er durch Weggehen entkommen ...

Es war kalt auf der Straße. Ein eisiger Wind wehte. Die Leute hasteten an ihr vorbei — eilig, eilig! Die Männer gingen wie Scheren; die Frauen traten wie Katzen auf. Und keiner wußte was — alle waren gleichgültig. Wenn sie zusammenbrechen würde, wenn sie nach all den Jahren schließlich doch weinen würde — ach, da sähe sie sich vielleicht gar im Kittchen!

Doch beim Gedanken an Weinen war ihr zumute, als spränge der kleine Lennie seiner Oma in die Arme. Ja, das mochte sie tun, mein Lämmchen! Oma möchte weinen. Wenn sie jetzt bloß weinen könnte, lange weinen könnte, über alles — angefangen mit ihrem ersten Platz und der grausamen Köchin, weiter zum Doktorhaus, dann die sieben Kleinen und der Tod ihres Mannes, die Kinder, die von ihr fortgingen, und all die kummervollen Jahre, die mit Lennie endeten. Aber über all das zu weinen, würde sehr lange dauern. Trotzdem, jetzt war der Augenblick gekommen. Sie mußte es tun. Sie konnte es nicht länger aufschieben; sie konnte nicht länger warten . . . Wohin konnte sie gehen?

›Sie hat ein schweres Leben gehabt, die Ma Parker!‹ Ja, wahrhaftig ein schweres Leben! Ihr Kinn fing an zu zittern — es war höchste Zeit. Aber wohin? Wohin?

Nach Hause konnte sie nicht; da war Ethel. Ethel würde sich zu Tode erschrecken. Irgendwo auf eine Bank konnte sie sich auch nicht setzen; da würden Leute kommen und ihr Fragen stellen. In die Wohnung von dem Herrn konnte sie unmöglich zurück; sie hatte kein Recht, im Haus von fremden Leuten zu weinen. Wenn sie sich auf die Treppe setzte, würde ein Polizist sie wegjagen.

Ach, gab's denn nichts, wo sie sich verkriechen und für sich bleiben konnte, solange sie wollte, ohne jemand zu stören und ohne daß jemand sie störte? Gab es keinen noch so kleinen Fleck in der Welt, wo sie sich endlich ausweinen konnte? Irgendwo?

Ma Parker stand da und blickte straßauf und straßab. Der eisige Wind blies ihr die Schürze zu einem Ballon auf. Und jetzt fing es an zu regnen. — Nein, nirgends.

— — — — — — — — — — — — — — — —

Auf der Fahrt zum Bahnhof kam es William auch diesmal
mit schmerzlichem Bedauern in den Sinn, daß er seinen Jungen wieder nichts mitbrachte. Die armen Bürschchen! Es
war schlimm für sie! Wenn sie ihm entgegengelaufen kamen, um ihn zu begrüßen, waren ihre ersten Worte immer:
»Was hast du mir mitgebracht, Daddy?« Und er hatte nichts!
Er würde ihnen auf dem Bahnhof Bonbons kaufen müssen.
Aber das hatte er schon vier Samstage hintereinander getan,
und als sie sahen, wie er letztesmal wieder die gleichen lang-
weiligen Schachteln hervorholte, hatten sie enttäuscht ausgesehen.

Und Paddy hatte gerufen: »Auf meiner waren schon mal
rote Bänder drum!«

Und Johnny hatte gesagt: »Auf meiner sind sie immer rosa.
Rosa kann ich nicht leiden!«

Aber was konnte William tun? Das Problem war nicht so
einfach zu lösen. Früher wäre er natürlich einfach mit einem
Taxi in ein nettes Spielzeuggeschäft gefahren und hätte in
fünf Minuten etwas für sie gefunden. Doch jetzt — jetzt besaßen sie russische und französische und serbische Spielsachen — Spielsachen von Gott weiß woher. Es war jetzt über
ein Jahr her, daß Isabel die alten Eselchen und Lokomoti-
ven und so weiter weggeworfen hatte, weil sie so ›gräßlich
sentimental‹ seien — und ›so wahnsinnig schädlich für die
Ausbildung eines guten Geschmacks‹.

»Es ist so wichtig«, hatte die neue Isabel erklärt, »daß sie
von Anfang an Geschmack an den richtigen Dingen finden.
Das erspart soviel Zeit für später. Glaube mir, wenn die armen Schätzchen ihre Jugendjahre mit dem Anblick solcher
Greuel verbringen müssen, kann man sich vorstellen, wie
sie älter werden und in die Königliche Akademie geführt
werden wollen!«

Sie hatte gerade so gesprochen, als bedeute ein Besuch in der
Königlichen Akademie für jedermann den sicheren Tod . . .

»Ach, ich weiß nicht«, hatte William nachdenklich geantwortet. »Als ich so alt war wie sie, habe ich mir immer ein altes Handtuch mit einem dicken Knoten ins Bett mitgenommen und an mich gedrückt!«

Die neue Isabel hatte ihn mit zusammengekniffenen Augen und halboffenem Mund angestarrt.

»Du lieber Mensch! Ich kann's mir gut von dir vorstellen!« lachte sie auf ihre neue Manier.

Trotzdem — es mußten wohl wieder Bonbons sein, dachte William düster und angelte in der Tasche nach Kleingeld für den Taxifahrer. Im Geiste sah er schon, wie die kleinen Jungen jedermann von ihren Schachteln anboten — sehr freigebige Bürschlein waren es —, während Isabels kostbare Freunde sich nicht genierten, tüchtig zuzulangen . . .

Wie wär's denn mit Obst? William blieb vor einem Kiosk am Bahnhofseingang stehen. Für jeden eine Melone? Würden sie von der auch abgeben müssen? Oder eine Ananas für Pad und eine Melone für Johnny? Isabels Freunde würden wohl kaum zu den Mahlzeiten der Jungen ins Kinderzimmer hinaufgeschlichen kommen! Trotzdem — als er die Melone kaufte, hatte er eine greuliche Vision, wie einer von Isabels jungen Dichtern hinter der Kinderzimmertür stand und eine Scheibe aufschleckte.

Mit zwei unförmigen Paketen ging er zu seinem Zug. Der Bahnsteig war überfüllt, der Zug stand schon da. Türen wurden aufgerissen und zugeschlagen. Die Lokomotive zischte so laut, daß die vorbeihastenden Leute ganz verwirrt aussahen. William steuerte sofort auf ein Raucherabteil Erster Klasse los, verstaute seinen Koffer und seine Pakete und holte ein dickes Aktenbündel aus der Brusttasche. Dann warf er sich in seinen Eckplatz und begann zu lesen.

›Unser Klient ist außerdem überzeugt . . . Wir sind geneigt, nochmals zu erwägen, ob . . . Im Falle eines . . .‹ Oh, das war besser! William schob sein glattgedrücktes Haar zurück und streckte die Beine aus. Das gewohnte dumpfe Nagen in seiner Brust ließ nach. ›Mit Bezug auf unsere Entscheidung . . .‹ Er holte einen Blaustift hervor und strich einen Abschnitt bedächtig an.

Zwei Herren kamen ins Abteil, stiegen über seine Beine und

setzten sich in die andern beiden Ecken. Ein junger Mann hievte seine Golfstöcke ins Gepäcknetz und setzte sich ihm gegenüber. Der Zug ruckte sachte an, dann fuhren sie los. William blickte auf und sah den hellen, heißen Bahnhof davongleiten. Ein junges Mädchen mit erhitztem Gesicht raste an den Wagen entlang: die Art, wie sie winkte und rief, wirkte überspannt, ja geradezu verzweifelt. ›Hysterisches Frauenzimmer!‹ dachte William gefühllos. Am Ende des Bahnsteigs grinste ein Arbeiter mit Öl- und Rußflecken im Gesicht dem Zuge nach. Und William dachte: ›Ein elendes Leben!‹ und beschäftigte sich wieder mit seinen Papieren. Als er das nächstemal aufsah, waren Felder da, und Rinder standen schattensuchend unter dunklen Bäumen. Ein breiter Fluß und nackte Kinder, die in der Untiefe umherplanschten, glitten in Sicht und verschwanden. Der Himmel erglänzte bleich, und hoch oben schwebte ein einzelner Vogel wie ein dunkler Fleck in einem Juwel.

›Wir haben in die Korrespondenz unsres Klienten Einblick genommen . . .‹ Der letzte Satz, den er gelesen hatte, ging ihm noch durch den Kopf. ›Wir haben in die Korrespondenz . . .‹ William klammerte sich an diesen Satz, aber es nützte nichts: mittendrin riß er ab, und die Felder, der Himmel, der dahinsegelnde Vogel und der Fluß — sie alle sagten ›Isabel!‹ So erging es ihm an jedem Samstagnachmittag. Wenn er zu Isabel fuhr, begann er sich ein Wiedersehen nach dem andern auszumalen: sie war auf dem Bahnhof, stand nur wenig abseits von allen andern — sie saß draußen vor dem Bahnhof im offenen Taxi — sie wartete an der Gartenpforte — sie schlenderte über das versengte Gras — war in der Haustür — oder gleich vornean in der Halle.

Und ihre klare, helle Stimme rief: ›Es ist William!‹ oder ›Hallo, William!‹ oder ›Bist du also da?‹ Er berührte ihre kühle Hand, ihre kühle Wange.

Wie köstlich frisch Isabel immer war! Als kleiner Junge war es seine größte Freude gewesen, nach einem Regenschauer in den Garten zu laufen und die Tropfen aus dem Rosenbäumchen über sich zu schütteln. Isabel war wie das Rosenbäumchen, blütenweich, sprühend und kühl. Und er war noch immer der kleine Junge von einst. Doch jetzt gab's kein In-den-Garten-Laufen mehr, kein Lachen und Schütteln. Das dumpfe, beharrliche Nagen in seiner Brust fing wieder an. Er zog die Füße an, warf den Schriftenkram beiseite und schloß die Augen.

»Was ist nur, Isabel? Was ist's?« fragte er zärtlich. Sie waren im Schlafzimmer ihres neuen Hauses. Isabel saß auf einem farbigen Hocker vor dem Frisiertisch, der mit kleinen schwarzen und grünen Schachteln übersät war.

»Was soll schon sein, William?« Sie beugte sich vor, und ihr feines helles Haar fiel ihr über die Wange.

»Ach, du weißt es doch!« Er stand in der Mitte des neuen Zimmers und kam sich wie ein Fremder vor.

Daraufhin drehte sich Isabel rasch um und sah ihn an. »Oh, William!« rief sie flehend und hob die Haarbürste, »bitte, bitte sei nicht so furchtbar altmodisch und — tragisch! Immer sagst du, ich hätte mich verändert, oder du spielst darauf an und machst die entsprechende Miene dazu! Nur weil ich ein paar wirklich gleichgestimmte Menschen kennengelernt habe und häufiger ausgehe und mich brennend interessiere für alles mögliche, benimmst du dich, als hätte ich« — Isabel warf ihr Haar zurück und lachte — »unsere Liebe zerstört oder dergleichen! Es ist so furchtbar töricht und« — sie biß sich auf die Lippe —, »und es kann einen rasend machen, William! Sogar das Neue Haus und die Dienstboten gönnst du mir nicht!«

»Isabel!«

»Doch, ja, irgendwie stimmt es schon!« sagte Isabel rasch. »Du hältst es alles für ein weiteres schlechtes Zeichen! Ich weiß, daß du's tust! Ich spüre es jedesmal, wenn du die Treppe heraufkommst«, sagte sie leise. »Aber in dem winzigen Loch von einem Haus konnten wir doch nicht länger wohnen bleiben, William! Sieh es mal von der praktischen Seite an! Es war nicht mal genug Platz für die Kinder da!«

Ja, das war richtig. Jedesmal, wenn er aus der Kanzlei nach Hause gekommen war, fand er die Jungen mit Isabel im hinteren Wohnzimmer. Sie ritten auf dem Leopardenfell, das auf der Sofalehne lag, oder sie spielten Verkaufen, und Isabels Schreibtisch war die Ladentheke, oder Paddy saß auf dem Kaminvorleger und ruderte in größtem Eifer mit der Messingkohleschaufel, während Johnny mit der Feuerzange auf Piraten schoß. Jeden Abend wurden sie huckepack die schmale Treppe zu ihrer dicken alten Kinderfrau hinaufgetragen.

Ja, vermutlich war es ein winziges Loch von einem Haus gewesen. Ein kleines weißes Häuschen mit blauen Vorhängen und einem Fensterkasten mit Petunien. William hatte die Gäste bereits an der Tür überfallen: »Schon unsre Petunien gesehen? Ist doch ganz phantastisch für London, was?«

Aber das Dümmste, das geradezu Unfaßliche an der Sache war, daß er nicht die leiseste Ahnung gehabt hatte, Isabel könne nicht ebenso glücklich sein wie er! Großer Gott, so blind gewesen zu sein! Nicht der leiseste Gedanke war ihm damals gekommen, daß sie das unbequeme kleine Haus verabscheute, daß sie fand, die dicke Kinderfrau sei völlig untauglich für die Jungen, und daß sie sich entsetzlich einsam fühlte und danach sehnte, neue Menschen, neue Musik und neue Bilder kennenzulernen. Wenn sie damals nicht zu Moira Morrisons Atelierfest gegangen wären und wenn Moira Morrison nicht beim Weggehen gesagt hätte: »Ich werde Ihre Frau befreien, Sie alter Egoist! Sie ist die reizendste kleine Titania!«, und wenn Isabel dann nicht mit Moira nach Paris gefahren wäre — wenn, wenn . . .

Der Zug hielt wieder. Bettingford war es. Lieber Himmel, in zehn Minuten kämen sie an! William stopfte die Schriftstücke in seine Tasche; der junge Mann ihm gegenüber war längst ausgestiegen. Und jetzt gingen auch die beiden andern. Die späte Nachmittagssonne schien auf Frauen in Baumwollkleidern und auf braungebrannte, barfüßige Kinder. Sie prallte auf eine seidig gelbe Blume mit fleischigen Blättern, die von einer steinigen Böschung niederhingen. Die Luft, die zum Fenster hereinblies, roch nach Meer. Ob Isabel an diesem Wochenende dieselben Leute bei sich hatte, dachte William.

Und er erinnerte sich an Ferien, die sie früher verbracht hatten, nur zu viert, mit Rose, einem kleinen Bauernmädchen,

die sich um die Kinder gekümmert hatte. Isabel in einer Strick-
jacke, das Haar in einem Zopf — sie hatte wie vierzehn ausgesehen. Gott ja, wie sich seine Nase immer geschält hatte!
Und was für Berge sie vertilgt hatten, und wie wunderbar
sie geschlafen hatten, in einem riesigen Federbett, die Füße
ineinandergehakt ... William mußte unwillkürlich verbittert auflachen, als er sich Isabels Entsetzen vorstellte, wenn
sie um das volle Ausmaß seiner Sentimentalität gewußt hätte.

»Hallo, William!« Sie war also doch auf den Bahnhof gekommen und stand etwas abseits von den andern, genau wie
er sich's vorgestellt hatte, und — Williams Herz vollführte
einen Freudensprung — sie war allein!
»Hallo, Isabel!« William konnte den Blick nicht von ihr ab-
wenden. Er fand sie so entzückend, daß er etwas sagen mußte. »Wie schön kühl du aussiehst!«
»So?« sagte Isabel. »Mir ist aber gar nicht kühl. Komm jetzt,
dein dummer Zug hat Verspätung gehabt! Das Taxi steht
draußen!« Als sie durch die Sperre gingen, legte sie ihm leise die Hand auf den Arm. »Wir sind alle da, um dich in Empfang zu nehmen«, sagte sie, »außer Bobby Kane. Den haben
wir im Bäckerladen gelassen und müssen ihn auf dem Rückweg abholen.«
»Oh«, sagte William. Mehr konnte er im Augenblick nicht
herauswürgen.
Im blendenden Licht draußen wartete das Taxi. Bill Hunt
und Dennis Green waren auf der einen Seite hingefläzt, mit
ins Gesicht gezogenen Hüten, während Moira Morrison mit
einer Sonnenhaube wie einer Riesenerdbeere auf dem andern Sitz auf- und abhüpfte.
»Kein Eis! Kein Eis! Kein Eis!« schrie sie vergnügt.
Und unter seinem Hut hervor schloß sich Dennis an: »Nur
beim Fischhändler zu haben!«
Auch Bill Hunt tauchte auf: »Mit ganzen Fischen drin!«
schloß er.
»Oh, wie dumm!« jammerte Isabel. Sie erklärte William,
daß die andern den ganzen Ort nach Eis abgegrast hätten,
während sie am Bahnhof auf ihn gewartet hatte. »Ohne Eis

rinnt alles über die Steilkippe ins Meer hinunter, von der Butter angefangen!«

»Wir werden uns mit der Butter salben müssen«, meinte Dennis. »Möge dein Haupt nicht der Salbung ermangeln, o William!«

»Hört mal, wie sollen wir sitzen?« sagte William. »Ich wohl am besten beim Fahrer.«

»Nein, Bobby Kane sitzt beim Fahrer«, sagte Isabel. »Du mußt zwischen Moira und mir sitzen.« Das Taxi fuhr los. »Was hast du in den geheimnisvollen Paketen?«

»Enthaupte-te Häupter!« rief Bill Hunt schaudernd unter seinem Hut hervor.

»Ah, Obst!« Isabels Stimme klang hoch erfreut. »Wie gescheit von dir, William! Eine Melone und eine Ananas! Wahnsinnig nett!«

»Nein, nein!« sagte William lächelnd, obwohl er sehr besorgt war. »Die habe ich für die Jungen mitgebracht!«

»Aber, mein Bester!« lachte Isabel und hakte sich bei ihm ein. »Die Kinder würden umkommen vor Bauchweh, wenn sie so etwas bekämen. Nein« — sie tätschelte seine Hand —, »denen kannst du das nächstemal etwas mitbringen! Ich weigere mich, auf meine Ananas zu verzichten!«

»Grausame Mutter! Laß mich mal riechen!« sagte Moira und reckte ihre flehenden Arme über William hinweg. »Oh!« Sie schien ganz mitgenommen — der Riesenerdbeerhut fiel vornüber.

»In Ananas verliebte Dame!« sagte Dennis, und das Taxi hielt vor einem kleinen Laden mit einer gestreiften Markise. Bobby Kane trat ins Freie, den Arm voll kleiner Päckchen. »Ich hoffe schwer, daß sie gut sind. Hab' sie wegen der Farben ausgesucht. Ein paar runde Dinger sind wirklich himmlisch! Und seht bloß die Nugatstückchen«, rief er hingerissen. »Seht sie bloß mal an! Ein richtiges kleines Ballett!« Doch in diesem Augenblick erschien der Ladenbesitzer. »Oh, bald hätt' ich's vergessen. Sie sind noch nicht bezahlt!« sagte Bobby und sah besorgt aus. Isabel gab dem Ladenbesitzer einen Geldschein, und Bobby strahlte wieder. »Tag, William! Ja, ich sitze neben dem Fahrer!« Und ohne Hut, ganz in Weiß, mit bis zu den Schultern aufgekrempelten Ärmeln hüpfte er auf seinem Platz. »Avanti!« rief er . . .

Nach dem Tee gingen die andern schwimmen, während William zu Hause blieb und mit seinen Kindern Frieden schloß. Aber dann waren Johnny und Paddy schlafen gegangen, das rosenrote Abendglühen war verblaßt, die Fledermäuse schwirrten schon umher, und die Badegäste waren noch nicht zurückgekehrt. Als William die Treppe hinabstieg, ging das Mädchen mit einer Lampe in der Hand über den Flur. Er folgte ihr ins Wohnzimmer. Es war ein langer Raum mit gelben Wänden. Auf der Wand gegenüber von William hatte jemand einen überlebensgroßen jungen Mann auf sehr wackligen Beinen gemalt, der einer jungen Dame mit einem sehr kurzen und einem sehr langen, mageren Arm eine glotzäugige Margerite überreichte. Über dem Sofa und den Sesseln hingen schwarze, wie mit Eigelb bekleckste Stoffbahnen, und wohin man auch sah, standen randvolle Aschenbecher mit Zigarettenstummeln herum. William ließ sich in einen Sessel sinken. Wenn man früher in die Sofaritzen getastet hatte, kam oft ein dreibeiniges Schaf oder eine Kuh mit nur einem Horn oder eine sehr dicke Taube aus Noahs Arche zutage. Jetzt stieß man viel eher auf eins der broschierten Gedichtbändchen mit beschmuddelten Gedichten . . . Er dachte an das Briefbündel in seiner Brusttasche, aber er war zu hungrig und zu müde, um zu lesen. Die Wohnzimmertür stand auf; aus der Küche drangen Geräusche zu ihm. Die Dienstboten unterhielten sich, als wären sie allein im Haus. Plötzlich ein kreischendes Gelächter, auf das ein lautes »Scht!« folgte. Sie hatten sich offenbar erinnert, daß er da war. William stand auf und trat durch die hohe Glastür in den Garten hinaus, und während er dort im Dämmerlicht stand, hörte er die andern auf der sandigen Landstraße näher kommen. Ihre Stimmen hallten durch die Stille.

»Ich finde, Moira sollte mit ihren kleinen Tricks anrücken!«

Moira stieß einen tragischen Seufzer aus.

»Wir sollten fürs Wochenende ein Grammophon mit schmalzigen Platten haben!«

»Nein, nein!« rief Isabel. »Seid nicht so unfair zu William,

Kinder! Könnt ihr nicht nett zu ihm sein? Er bleibt ja nur bis morgen abend!«

»Überlaßt ihn mir!« rief Bobby Kane. »Ich verstehe es blendend, mich um andre Leute zu kümmern!«

Die Gartenpforte flog auf und wurde wieder geschlossen. William machte ein paar Schritte auf der Veranda; sie hatten ihn gesehen. »Hallo, William!« Und Bobby Kane begann sofort, auf dem versengten Rasen herumzuhüpfen und zu tänzeln und sein Handtuch zu schwenken. »Schade, daß du nicht gekommen bist, William! Das Wasser war gottvoll! Und nachher sind wir alle in eine kleine Kneipe gegangen und haben Schlehengin getrunken.«

Die andern waren schon vor dem Haus angelangt. »He, Isabel«, rief Bobby, »soll ich heut abend mein Nijinsky-Kostüm anziehen?«

»Nein«, entschied Isabel, »wir ziehen uns nicht um. Wir sind alle halb verhungert. William auch. Kommt mit, *mes amis*, fangen wir mit Sardinen an!«

»Ich habe die Sardinen entdeckt!« rief Moira, lief voraus und hielt eine Sardinenbüchse hoch.

»Dame mit Sardinenbüchse!« sagte Dennis feierlich.

»Erzähl mal, William, wie sieht's in London aus?« rief Bill Hunt und entkorkte eine Whiskyflasche.

»Oh, London hat sich nicht sehr verändert«, antwortete William.

»Das brave alte London!« rief Bobby sehr gerührt und spießte eine Sardine auf. Doch im nächsten Augenblick hatten sie William vergessen. Moira hätte gern gewußt, welche Farbe die Beine im Wasser hätten.

»Meine sind ganz blaß, so blaß wie Champignons!«

Bill und Dennis schlangen ungeheure Mengen Eßbares in sich hinein. Und Isabel füllte Gläser, wechselte Teller, sorgte für Zündhölzer — und lächelte beglückt. Einmal sagte sie sogar: »Ich wünschte, Bill, du würdest es malen!«

»Malen? Was?« fragte Bill laut und stopfte sich die Backentaschen voll Brot.

»Uns«, sagte Isabel. »Hier um den Tisch herum. In zwanzig Jahren wäre es hochinteressant!«

Bill kniff die Augen zusammen und kaute weiter. »Kein gutes Licht«, sagte er grob, »viel zuviel Gelb!« Immer noch kauend. Auch das schien Isabel zu entzücken.

Doch nach dem Abendessen waren alle so müde, daß sie nur noch gähnen konnten, bis es spät genug war, sich ins Bett zu begeben . . .

Erst als William am nächsten Abend auf sein Taxi wartete, war er endlich mit Isabel allein. Als er seinen Koffer in die Halle hinuntertrug, verließ sie die andern und trat zu ihm. Sie bückte sich und hob seinen Koffer auf. »Was für ein Gewicht!« sagte sie mit einem verlegenen kleinen Lachen. »Ich will ihn dir tragen! Bis zur Gartenpforte!«

»Aber warum denn?« sagte William. »Natürlich nicht! Gib ihn mir!«

»Ach bitte, laß mich doch!« sagte Isabel. »Ich möchte gern, wirklich!« Sie gingen stumm nebeneinander her. William fand, daß es nichts zu sagen gab.

»So«, sagte Isabel triumphierend, stellte den Koffer hin und spähte besorgt die sandige Landstraße entlang. »Diesmal hab' ich dich kaum gesehen«, sagte sie atemlos. »Es ist immer so kurz, nicht wahr? Mir ist, als wärst du gerade erst gekommen! Das nächstemal . . .« Das Taxi kam in Sicht. »Hoffentlich sorgt man in London gut für dich. Zu schade, daß die Jungen heute den ganzen Tag weg waren — aber Miss Neil hatte es so eingerichtet. Sie werden jammern, weil sie dich verpaßt haben! Armer William — mußt wieder nach London!« Das Taxi wendete. »Leb wohl!« Sie gab ihm einen eiligen kleinen Kuß. Dann war sie weg.

Felder und Bäume und Hecken glitten vorbei. Das Taxi ratterte durch das leere, tote Städtchen und fuhr knirschend das steile Stück zum Bahnhof hinauf. Der Zug stand schon da. William stieg sofort in ein Raucherabteil Erster Klasse und warf sich in eine Ecke, aber diesmal kümmerte er sich nicht um die mitgenommenen Schriftstücke. Er verschränkte die Arme über dem dumpfen unablässigen Nagen in seiner Brust. In Gedanken begann er einen Brief an Isabel zu schreiben.

Die Post kam spät — wie üblich. Sie saßen in Liegestühlen unter bunten Sonnenschirmen vor dem Haus. Nur Bobby Kane lag auf dem Rasen — Isabel zu Füßen. Es war trübe und drückend. Der Tag glich einer schlaff niederhängenden Fahne.

»Ob's im Himmel auch Montage gibt?« fragte Bobby kindlich.

Und Dennis murmelte: »Der Himmel wird ein einziger langer Montag sein!«

Isabel aber fragte sich, wo der Lachs hingeraten war, von dem sie gestern abend gegessen hatten. Eigentlich hatte sie heute mittag Fischmayonnaise vorsetzen wollen, und jetzt... Moira schlief. Schlafen war ihre neueste Entdeckung. »Es ist *so* wundervoll. Man macht einfach die Augen zu — das ist alles! Es ist *so* köstlich!«

Als der alte, wettergebräunte Briefträger auf seinem Dreirad die sandige Landstraße einhergestrampelt kam, hatte man das Gefühl, daß die Griffe an seiner Lenkstange eigentlich Ruder sein müßten.

Bill Hunt ließ sein Buch sinken. »Post!« sagte er zufrieden, und alle warteten. Aber, o herzloser Briefträger, o bösartige Welt! Es war nur ein einziger Brief dabei, ein dicker, für Isabel. Nicht mal eine Zeitung!

»Und er ist bloß von William«, sagte Isabel trübselig.

»Von William? Schon?«

»Er schickt dir euren Trauschein zurück — als milde Warnung!«

»Hat man heutzutage noch Trauschein? Ich dachte, die sind bloß für Dienstboten!«

»Seiten über Seiten! Schaut sie euch an. Brieflesende Dame!« sagte Dennis.

Meine liebste, teuerste Isabel. Es waren tatsächlich Seiten über Seiten. Während Isabel las, wurde aus dem anfänglichen Staunen allmählich so etwas wie Beklemmung. Was in aller Welt mochte William bewogen haben... Es war äußerst seltsam... Wie konnte nur darauf... Sie war verwirrt, regte sich auf, mehr und mehr, war sogar erschrocken. Das war wieder mal ganz William! Was sonst? Es war natürlich

459

albern, mußte albern sein, war lächerlich! »Hahaha! Ojemine!« Was sollte sie nur tun? Sie warf sich in ihren Liegestuhl zurück und lachte, bis sie nicht mehr aufhören konnte.

»Erzähl's uns!« riefen die andern. »Du mußt es uns erzählen!«

»Noch so gern«, kicherte Isabel. Sie richtete sich auf, raffte die Briefseiten zusammen und winkte den andern damit. »Kommt bloß näher!« rief sie. »Hört zu! Es ist zu köstlich! Ein Liebesbrief!«

»Ein Liebesbrief! Nein, wie himmlisch!« *Meine liebste, teuerste Isabel!* Ihr Gelächter unterbrach sie, kaum hatte sie zu lesen begonnen.

»Weiter, Isabel! Es ist unbezahlbar!«

»Es ist ein toller Fund!«

»Oh, bitte, lies weiter, Isabel!«

Verhüte Gott, mein Liebling, daß ich deinem Glück im Wege stehe!

»Oh! Oh! Oh!«

»Scht! Scht! Scht!«

Und Isabel las weiter vor. Als sie beim Schluß angelangt war, bogen sie sich geradezu vor Lachen. Bobby wälzte sich auf dem Rasen und heulte fast.

»Den mußt du mir geben, genau wie er ist!« sagte Dennis sehr entschieden. »Für mein neues Buch: das wird ja ein ganzes Kapitel!«

»Oh, Isabel«, ächzte Moira, »die herrliche Stelle, wie er dich in seinen Armen hält!«

»Ich habe immer geglaubt, die bei Scheidungsprozessen vorgelegten Briefe wären Schwindel. Aber vor dem hier verblassen sie!«

»Gib ihn mir, du mein geliebtes Wesen!« sagte Bobby Kane. »Ich will ihn selbst lesen!«

Aber wie überrascht waren sie alle, als Isabel den Brief in ihrer Hand zerknüllte. Sie lachte nicht mehr. Sie warf einen kurzen Blick auf die andern. Sie sah erschöpft aus. »Nein, nicht jetzt! Nicht jetzt«, stammelte sie.

Und ehe sie sich von ihrer Verblüffung erholt hatten, war Isabel ins Haus gerannt — durch die Halle — die Treppe hinauf in ihr Schlafzimmer. Sie ließ sich auf die Bettkante fallen. »Wie häßlich, wie scheußlich, wie gemein, wie ordinär!« murrte Isabel. Sie drückte die Knöchel auf die Augen und schwankte hin und her. Sie sah sie wieder vor sich, jedoch nicht vier, sondern eher vierzig, wie sie lachten, höhnten, spotteten und die Hände nach dem Brief ausstreckten, aus dem sie ihnen vorlas. Williams Brief! Oh, wie schändlich! Wie hatte sie es nur tun können? *Verhüte Gott, mein Liebling, daß ich deinem Glück im Wege stehe.* William! Isabel drückte ihr Gesicht ins Kissen. Sie wußte, daß sogar das stille Schlafzimmer sie durchschaut hatte als das, was sie war: ein oberflächliches, verspieltes, eitles Geschöpf! . . .

Vom Garten klangen Stimmen herauf.

»Isabel, wir gehen baden! Komm mit!«

»Komm, du teuerstes Weib deines William!«

»Ruft sie noch einmal, bevor wir scheiden, oh, ruft sie noch einmal!«

Isabel richtete sich auf. Jetzt war es soweit, jetzt mußte sie sich entscheiden! Sollte sie mit ihnen gehen — oder hierbleiben und an William schreiben? Was sollte sie nur tun? ›Ich muß einen Entschluß fassen!‹ Aber konnte es da noch Zweifel geben? Natürlich würde sie hierbleiben und schreiben.

»Titania?« flötete Moira.

»Isa-bel?«

Nein, es war zu schwierig! ›Ich — ich geh einfach mit und schreibe William später! Ein andermal. Nicht jetzt. Aber schreiben tu' ich bestimmt!‹ dachte sie rasch.

Und, auf ihre neue Manier lachend, lief sie die Treppe hinunter.

Der Dampfer nach Picton sollte fahrplanmäßig um halb
zwölf abfahren. Es war eine schöne Nacht, milde und stern-
klar, doch als sie aus dem Wagen stiegen und den Alten Pier
entlanggingen, der in den Hafen vorstieß, wehte ein leichter Wind übers Wasser her und stieß gegen Fenellas Hut, so
daß sie ihn festhalten mußte. Es war dunkel auf dem Alten
Pier, stockdunkel; die Wollschuppen, die Viehwagen, die hoch
aufragenden Kräne und die plumpe kleine Lokomotive schienen wie aus der Finsternis herausgeschnitten. Hier und da
hing an einem runden Holzstoß, der wie ein riesiger schwarzer Pilz aussah, eine Laterne, die sich anscheinend fürchtete,
ihr scheues, zitterndes Flämmchen in soviel Schwärze hinaus-
zuschicken. Sie brannte leise vor sich hin, wie für sich allein.
Fenellas Vater strebte mit raschen, weit ausholenden Schritten voran. Neben ihm trippelte ihre Großmutter in einem
raschelnden schwarzen Mantel: beide gingen so schnell, daß
Fenella von Zeit zu Zeit einen kleinen, nicht gerade würde-
vollen Hopser einschalten mußte, um nicht nachzubleiben.
Außer ihren eigenen Sachen, die zu einer säuberlichen Wurst
zusammengerollt waren, trug sie, fest an sich gepreßt, Großmutters Schirm, und der Griff, der ein Schwanenkopf war,
pickte dauernd und ziemlich heftig auf ihre Schulter, als wolle
auch er sie zur Eile antreiben ... Männer mit in die Stirn
gezogenen Mützen und hochgestelltem Kragen schaukelten
vorbei; ein paar ganz eingemummelte Frauen beeilten sich,
und ein sehr kleiner Junge, von dem nur seine schwarzen
Ärmchen und Beinchen aus einem weißen Wolltuch hervorschauten, wurde zwischen Vater und Mutter ärgerlich wei-
tergezerrt: er sah wie ein Fliegenkind aus, das in die Sahne
gefallen war.
Dann plötzlich — so plötzlich, daß Fenella und ihre Großmutter beide zusammenzuckten — dröhnte es hinter dem
größten Wollschuppen, über dem eine Rauchfahne hing, wie
ein lautes ›Mi-au!‹
»Das erste Signal!« sagte ihr Vater kurz, und in dem Augen-

blick sahen sie auch schon den Dampfer. Er lag am dunklen Pier, fest vertäut und über und über mit runden goldenen Lichtern bestickt, gerade, als wollte er viel lieber zu den Sternen hinauffahren statt übers kalte Meer. Die Leute drängten sich auf den Laufsteg. Zuerst ging die Großmutter hinauf, dann kam der Vater und hinter ihm Fenella. Aufs Deck hinunter mußte man einen großen Schritt machen, aber ein danebenstehender alter Matrose in einem Jersey streckte ihr seine trockne, harte Hand hin. Und nun waren sie da! Sie machten den vorbeihastenden Leuten Platz und stellten sich unter eine kleine Eisentreppe, die zum Oberdeck führte. Dort begannen sie sich zu verabschieden.

»Hier ist dein Gepäck, Mutter!« sagte Fenellas Vater und gab der Großmutter eine zweite zusammengeschnallte Wurst.

»Danke, Frank!«

»Hast du die Kabinenkarten gut verwahrt?«

»Ja, die habe ich!«

»Und eure Fahrkarten?«

Die Großmutter tastete in ihrem Handschuh nach ihnen und ließ ihn einen Zipfel sehen.

»Dann ist's gut!«

Es klang streng, doch Fenella, die ihn scharf beobachtete, fand, daß er müde und traurig aussähe. *Mi-au!* Das zweite Signal jaulte genau über ihren Köpfen, und eine Stimme — fast ein Aufschrei — brüllte: »Besucher von Bord!«

Fenella sah, wie ihres Vaters Lippen sagten: »Und bestelle Vater schöne Grüße von mir!« Und ihre Großmama antwortete ganz aufgeregt: »Natürlich, mein Junge! Aber geh jetzt! Sonst bleibst du an Bord! Geh jetzt, Frank, geh!«

»Laß nur, Mutter! Ich habe noch drei Minuten Zeit!« Sehr überrascht sah Fenella, daß ihr Vater den Hut abnahm. Er umarmte die Großmutter und drückte sie an sich. »Gott behüte dich, Mutter!« hörte sie ihn sagen.

Und Großmama legte ihm die Hand mit dem schwarzen Zwirnhandschuh, der über dem Ringfinger durchgewetzt war, auf die Wange und schluchzte: »Gott behüte dich, mein lieber, tapferer Junge!«

Das war so schrecklich für Fenella, daß sie ihnen den Rük-

ken kehrte, ein paarmal schluckte und mit finsterem Stirnrunzeln zu einem kleinen grünen Stern auf einer Mastspitze
aufblickte. Aber sie mußte sich wieder umdrehen, denn ihr
Vater wollte gehen.

»Auf Wiedersehen, Fenella! Sei ein braves kleines Mädchen!«
Sein feuchter, kühler Schnurrbart streifte ihre Wange. Doch
sie packte seine Rockaufschläge.

»Wie lange muß ich wegbleiben?« flüsterte sie ängstlich. Er
sah sie nicht an. Er schob sie sanft weg und antwortete sanft:
»Wir werden's sehen! Komm, gib mal deine Hand her!« Er
steckte ihr etwas in die Hand. »Da hast du einen Shilling —
falls du mal etwas brauchst!«

Ein ganzer Shilling? Da mußte sie wohl für immer fort?
»Vater!« schrie sie, aber er war schon weg. Er war der letzte, der von Bord ging. Die Matrosen stemmten ihre Schultern gegen den Laufsteg. Ein dickes Tau flog wie eine riesige
Schlange durch die Luft und schlug — plumps! — auf den
Pier. Eine Glocke bimmelte; eine Pfeife schrillte. Lautlos begann der dunkle Pier wegzugleiten, wegzuschlittern und von
ihnen abzurücken. Dann strudelte Wasser zwischen ihnen
auf. Fenella strengte sich mächtig an, etwas zu erkennen.
»War das Vater, der sich eben umgedreht hat?« — Oder winkte er? Oder stand er allein — oder ging er, allein? Der Was-
serstreifen wurde breiter und dunkler. Jetzt begann der Dampfer sich sachte zu drehen und mit dem Bug aufs Meer zu
zeigen. Es hatte keinen Zweck, noch länger Ausschau zu halten. Nichts war zu sehen als ein paar Lichter und das Ziffer-
blatt der Uhr auf dem Stadthaus, das in der Luft schwebte,
und noch mehr Lichter, kleine Spritzer nur, auf den dunklen
Hügeln.

Der auffrischende Wind zerrte an Fenellas Kleidern; sie ging
zu ihrer Großmutter zurück. Wie erleichtert war sie, daß
Großmama nicht länger traurig zu sein schien. Sie hatte die
eine Gepäckwurst auf die andre gelegt und sich mit gefalteten Händen, den Kopf ein bißchen schief, obendrauf gesetzt.
Ihr Gesicht zeigte einen gespannten, frohen Ausdruck. Dann
sah Fenella, daß sie die Lippen bewegte, und sie erriet, daß
sie betete. Doch die alte Frau nickte ihr fröhlich zu, wie um

anzudeuten, daß ihr Gebet gleich zu Ende sei. Sie ließ die Hände sinken, seufzte, faltete sie wieder, beugte sich vor und gab sich schließlich einen kleinen Ruck.

»Und jetzt, mein Kind«, sagte sie und griff an die Schleife ihrer Haubenbänder, »müssen wir uns nach unsrer Kabine umsehen! Bleib dicht bei mir und paß auf, daß du nicht ausrutschst!«

»Ja, Großmama!«

»Und gib acht, daß sich der Schirm nicht im Treppengeländer verfängt! Auf der Herfahrt hab’ ich mitangesehen, wie ein schöner Schirm auf die Art halb durchbrach!«

»Ja, Großmama!«

Dunkle Männergestalten lehnten sich an die Reling. Beim Aufglimmen ihrer Pfeife war bald eine Nase, bald der Schirm einer Mütze oder auch ein Paar erstaunter Augenbrauen zu sehen. Fenella blickte empor. Hoch in Lüften stand eine kleine Gestalt, hatte die Hände in die Taschen der kurzen Jacke gebohrt und starrte aufs Meer hinaus. Das Schiff schaukelte nur ganz, ganz sacht, und Fenella meinte, daß auch die Sterne schaukelten. Und jetzt trat ein bleicher Steward in einer Leinenjacke, der hoch oben auf seiner Handfläche ein Tablett balancierte, aus einer hellen Tür und streifte sie beide. Durch diese Tür gingen sie nun vorsichtig über die hohe, messingbeschlagene Schwelle auf die Gummimatte und dann eine so schrecklich steile Treppe hinunter, daß die Großmutter immer beide Füße auf jede Stufe aufsetzen mußte; Fenella aber klammerte sich an das feuchtkalte Messinggeländer und dachte gar nicht mehr an den Schirm mit dem Schwanenhals. Am Ende der Treppe blieb die Großmutter stehen; Fenella fürchtete fast, sie könne wieder zu beten anfangen. Aber nein, sie suchte nur die Kabinenkarten hervor. Sie waren jetzt im Salon. Hier war es blendend hell und erstickend heiß. Die Luft roch nach Farbe und verbrannten Rippchen und Gummi. Fenella wünschte, ihre Großmama würde weitergehen, aber die alte Frau ließ sich Zeit. Ihr Blick war auf einen riesigen Korb mit Schinkensandwiches gefallen. Sie ging darauf zu und berührte das oberste leicht mit dem Finger.

»Wieviel kosten sie?« fragte sie.

»Zwei Pence!« schrie ein grober Steward und warf Messer und Gabel vor sie hin.

Großmama konnte es kaum glauben.

»Zwei Pence für *eins*?« fragte sie.

»Stimmt«, sagte der Steward und zwinkerte seinen Kollegen zu.

Großmama machte ein spitzes, erstauntes Gesicht. Dann flüsterte sie Fenella hochmütig zu: »So eine Unverschämtheit!« Sie segelten durch die andre Tür hinaus und einen Durchgang entlang, an dem sich zu beiden Seiten Kabinen befanden. Eine furchtbar nette Stewardeß kam auf sie zu. Sie war ganz in Blau gekleidet, und Kragen und Manschetten waren mit großen Messingknöpfen geschlossen. Sie schien Fenellas Großmutter gut zu kennen.

»So, Mrs. Crane, da wären Sie ja wieder bei uns«, sagte sie und klappte das Waschbecken herunter. »Es kommt nicht oft vor, daß Sie sich eine Kabine gönnen!«

»Das ist wahr«, sagte Großmama, »aber dank der Fürsorge meines lieben Sohnes kann ich diesmal . . .«

»Ich hoffe, daß . . .«, begann die Stewardeß, drehte sich um und überflog mit einem langen, traurigen Blick Großmamas tiefes Schwarz und Fenellas schwarzes Kostüm, die schwarze Bluse und den Hut mit der Krepprose.

Die Großmutter nickte. »Es war Gottes Wille«, sagte sie.

Die Stewardeß preßte die Lippen zusammen, aber nach einem tiefen Atemzug schien sie aus sich herauszugehen.

»Ich sage immer«, erklärte sie, als wäre es ihre eigene Entdeckung, »früher oder später muß jeder von uns hinüber, das ist nun mal Tatsache.« Sie überlegte. »Kann ich Ihnen irgend etwas bringen, Mrs. Crane? Eine Tasse Tee? Ich weiß ja, daß es keinen Zweck hat, Ihnen ein bißchen was Extras anzubieten, das die Kälte abhält.«

Die Großmutter schüttelte den Kopf. »Nein, danke! Wir haben ein paar Zwieback, und Fenella hat eine feine Banane!«

»Dann komm' ich später noch mal nachschauen«, sagte die Stewardeß und schloß die Tür.

Was für eine winzig kleine Kabine es war! Als wäre sie mit Großmama in eine Kiste eingesperrt, dachte Fenella. Das dunkle runde Auge über dem Waschbecken blinkte sie trübe an. Fenella war es beklommen zumute. Sie stand an der Tür und umklammerte noch immer ihr Gepäck und den Schirm. Sollten sie sich hier drin ausziehen? Die Großmutter hatte schon ihren Kapotthut abgenommen, rollte die Bänder auf und befestigte jedes mit einer Nadel am Futter, ehe sie sie aufhängte. Ihr weißes Haar leuchtete wie Seide; der kleine Dutt im Nacken war mit einem schwarzen Netz bedeckt. Fenella hatte ihre Großmama kaum jemals mit bloßem Kopf gesehen; sie sah fremd aus.

»Ich werde mir den wollenen Kopfschal umbinden, den deine liebe Mutter mir gehäkelt hat«, sagte die Großmutter, schnallte die ›Wurst‹ auf, nahm den Kopfschal heraus und wand ihn sich um den Kopf; die grauen Bommeln tanzten über ihren Augenbrauen, als sie Fenella lieb und traurig zulächelte. Dann öffnete sie die Taille, und etwas darunter, und noch etwas darunter. Dann schien es einen kurzen, heftigen Kampf zu geben, und Großmama wurde ein bißchen rot. Schnipp-schnapp! Sie hatte ihr Korsett geöffnet! Mit einem Seufzer der Erleichterung setzte sie sich auf das Plüschsofa, zog langsam und sorgfältig die Stiefel mit den Gummieinsätzen aus und stellte sie nebeneinander hin. Bis Fenella Jacke und Rock ausgezogen und ihr Flanellnachthemd angelegt hatte, war die Großmutter schon fix und fertig.

»Muß ich meine Stiefel ausziehen, Großmama? Sie sind zum Schnüren!«

Die Großmutter dachte sehr ernsthaft darüber nach. Dann sagte sie: »Ohne sie wird's dir sehr viel wohler sein, Kind.« Sie küßte Fenella. »Vergiß nicht zu beten! Der liebe Gott ist uns auf dem Meer noch sehr viel näher, als wenn wir auf dem festen Land sind. Und weil ich eine Reisende mit Erfahrung bin«, fuhr sie munter fort, »nehme ich das Oberbett!«

»Aber Großmama, wie willst du bloß da raufkommen?«

Fenella sah nichts als eine spinnenbeinige Leiter mit drei Sprossen. Die alte Frau stieß ein leises, kurzes Lachen aus, ehe sie behende hinaufkletterte, und dann spähte sie von der hohen Koje auf Fenella hinunter.

467

»Du hättest wohl nicht gedacht, daß deine Großmama so etwas kann, nicht wahr?« sagte sie. Und als sie sich zurücksinken ließ, hörte Fenella wieder das leise Lachen.

Die harte braune Seife wollte nicht schäumen, und das Wasser in der Glaskaraffe wackelte wie bläuliches Gallert. Und wie schwer sich die steifen Leintücher zurückschlagen ließen: man mußte sich förmlich dazwischenbohren! Wenn alles anders gewesen wäre, hätte Fenella vielleicht einen Lachkrampf bekommen ... Endlich war sie drin, und als sie laut atmend dalag, hörte sie es über sich lange und leise wispern — als ob jemand ganz, ganz behutsam mit Seidenpapier raschelte und etwas suchte. Es war Großmama, die betete ... Eine lange Zeit verging. Dann kam die Stewardeß wieder herein. Sie trat leise auf und legte die Hand auf die Koje der Großmutter.

»Wir fahren gerade in die Meerenge ein«, sagte sie.

»Oh!«

»Es ist eine schöne Nacht, aber wir sind ziemlich oberlastig. Vielleicht wird das Schiff ein bißchen stampfen!«

Und tatsächlich wurde der Dampfer in diesem Augenblick hoch und immer höher gehoben und blieb gerade so lange in der Luft hängen, um sich ein bißchen zu schütteln, und dann sank er wieder hinab, und man konnte hören, wie die schweren Seen gegen die Schiffswände klatschten. Fenella erinnerte sich, daß sie den Schwanenhalsschirm auf dem kleinen Sofa stehengelassen hatte. Wenn er hinfiel, würde er dann zerbrechen? Aber auch die Großmutter hatte gleichzeitig daran gedacht.

»Würden Sie so gut sein, Stewardeß, und meinen Schirm hinlegen?« flüsterte sie.

»Gern, Mrs. Crane!« Dann kam sie wieder zu Großmama hinüber und flüsterte: »Ihre kleine Enkelin liegt im schönsten Schlaf!«

»Gott sei Lob und Dank!« sagte Großmama.

»Das arme, mutterlose Würmchen!« sagte die Stewardeß. Und während Großmama ihr alles berichtete, was geschehen war, schlief Fenella ein.

Aber sie hatte nicht lange genug geschlafen, um zu träumen,

als sie schon wieder aufwachte und in der Luft über ihrem Kopf etwas hin und her baumeln sah. Was war denn das? Was konnte es bloß sein? Es war ein kleiner grauer Fuß! Jetzt kam ein zweiter hinzu. Sie schienen umherzutasten; dann wurde ein Seufzer ausgestoßen.

»Ich bin wach, Großmama!« sagte Fenella.

»Ach, Kind, bin ich an der Leiter?« fragte die Großmutter. »Ich dachte, sie wäre hier, an diesem Ende?«

»Nein, Großmama, am andern Ende. Wart, ich stelle deinen Fuß drauf! Sind wir da?« fragte Fenella.

»Im Hafen«, sagte die Großmutter. »Wir müssen aufstehen, Kind! Du solltest lieber einen Zwieback essen, damit du etwas im Magen hast, bevor du aufstehst!«

Aber Fenella war schon aus ihrer Koje gehüpft. Die Lampe brannte noch, doch die Nacht war vorbei, und es war kalt. Als sie durch das runde Auge hinausspähte, konnte sie in der Ferne ein paar Felsen erkennen. Jetzt waren sie schaumbedeckt — jetzt schoß eine Möwe vorbei — und jetzt kam ein langer Streifen richtigen Landes.

»Land, Großmama!« rief Fenella so überrascht, als wären sie wochenlang miteinander auf dem Meer gewesen. Sie umschlang sich mit beiden Armen; sie stand auf einem Bein und rieb mit den Zehen des andern Fußes darüber; sie zitterte. Ach, es war alles so traurig gewesen in der letzten Zeit! Ob es jetzt anders würde? Aber ihre Großmama sagte nur: »Beeil dich, Kind! Die schöne Banane würde ich der Stewardeß hierlassen, da du sie nicht gegessen hast!« Und Fenella zog wieder ihre schwarzen Sachen an, und von einem ihrer Handschuhe sprang ein Knopf ab und rollte weg, wo sie ihn nicht erreichen konnte. Dann gingen sie an Deck.

War es schon in der Kabine kalt gewesen, dann war es an Deck eisig. Die Sonne war noch nicht aufgegangen, doch die Sterne waren trübe, und der Himmel hing bleich und kalt über dem bleichen, kalten Meer. Über dem Land waberte ein weißer Nebel auf und ab. Jetzt konnten sie ganz deutlich den dunklen Buschwald erkennen. Sogar die Umrisse der Schirmfarne zeichneten sich ab, und die seltsamen, silbrig verwitterten Bäume, die wie Skelette aussahen... Jetzt konnte sie den Landesteg sehen, und ein paar kleine, ebenfalls bleiche Häuser, die sich aneinanderschmiegten wie Muscheln auf dem Deckel einer Schachtel. Die andern Fahrgäste stampften auf und ab, jedoch weniger munter als am Abend vorher, und sie blickten trübselig drein.

Und jetzt kam der Landesteg ihnen entgegen. Langsam schwamm er zum Dampfer, und ein Mann, der eine Taurolle hielt, kam ebenfalls, und ein Wagen mit einem Pferdchen, das den Kopf hängen ließ, und ein Mann, der auf dem Trittbrett saß, näherten sich auch.

»Da ist Mr. Penreddy, Fenella, der uns abholen kommt«, sagte die Großmutter. Sie schien sich zu freuen. Ihre wachsweißen Wangen waren blau vor Kälte, und ihr Kinn zitterte, und dauernd mußte sie sich die Augen und die kleine rote Nase wischen.

»Hast du meinen . . .?«

»Ja, Großmama!« Und sie zeigte ihn ihr.

Das Tau kam durch die Luft geflogen, und ›peng!‹ klatschte es aufs Deck. Der Laufsteg wurde heruntergelassen. Wieder ging Fenella hinter ihrer Großmama hinunter auf den Landesteg und hinüber zu dem kleinen Wagen, und eine Minute später ruckelten sie schon von dannen. Die Hufe des kleinen Pferdchens trommelten über die Holzbohlen und sanken dann leise in den Sand der Straße. Keine Menschenseele war zu sehen — nicht einmal eine Rauchfahne. Der Nebel waberte auf und ab, und das Meer, das sich leise am Ufer überschlug, klang noch immer verschlafen.

»Gestern habe ich Mr. Crane gesehen«, berichtete Mr. Penreddy. »Hat ordentlich ausgesehen. Meine Alte hat ihm vorige Woche einen Schub Rosinenbrötchen gebacken.«

Und jetzt blieb das Pferdchen vor einem der ›Muschelhäuser‹ stehen. Sie stiegen aus. Fenella legte ihre Hand auf die Gartenpforte, und dicke, zitternde Tautropfen weichten die Fingerspitzen ihrer Handschuhe auf. Sie gingen einen kleinen, mit runden weißen Kieseln bestreuten Pfad entlang, der auf beiden Seiten von tauschweren, schlafenden Blüten besäumt war. Großmamas zarte weiße Federnelken waren so mit Tau angefüllt, daß sie am Boden lagen, aber ihr süßer

Duft war ein Teil des kalten Morgens. Die Markisen des kleinen Hauses waren heruntergelassen. Sie gingen die Verandatreppe hinauf. Ein Paar alte Schnürstiefel standen neben der Tür, und eine große rote Gießkanne auf der andern Seite.

»Je-je! Dein Großvater!« sagte die Großmutter kopfschüttelnd. Sie drückte auf die Klinke. Kein Laut. Sie rief: »Walter!« Und sofort antwortete eine tiefe, halb erstickt klingende Stimme: »Bist du's, Mary?«

»Warte, Kindchen!« sagte die Großmutter zu ihr. »Geh hier hinein!« Sie schob Fenella sanft in ein kleines, dämmeriges Wohnzimmer.

Vom Tisch erhob sich eine weiße Katze, die wie ein Kamel mit umgeknickten Füßen dagelegen hatte; sie streckte sich, gähnte und hüpfte dann auf die Pfötchen. Fenella vergrub ihre kalte Hand in dem warmen weißen Fell und lächelte schüchtern, während sie es streichelte und auf die sanfte Stimme ihrer Großmutter und das warme Gebrumm des Großvaters horchte.

Dann knarrte eine Tür.

»Komm her, liebes Kind!« Die alte Frau winkte ihr, und Fenella gehorchte. Auf der einen Seite eines riesengroßen Bettes lag er — ihr Großvater! Nur sein Kopf mit dem weißen Haarschopf und sein rosiges Gesicht und ein langer silberner Bart schauten aus der Steppdecke heraus. Er glich einem sehr alten, sehr munteren Vogel.

»Komm her, mein Kind!« sagte der Großvater. »Gib mir einen Kuß!« Fenella küßte ihn, und der Großvater sagte: »Puh! Ihr Näschen ist so kalt wie ein Knopf! Und was hat sie denn da in der Hand? Großmamas Schirm?«

Fenella lächelte und hängte den Schwanenhals über das Fußende vom Bett. Über dem Bett hing in einem tiefschwarzen Rahmen ein mit großen Buchstaben gemalter Spruch:

Verloren die goldene Stunde,
besetzt mit sechzig diamantnen Minuten!
Finderlohn wird nicht versprochen,
denn sie ist AUF EWIG VERLOREN!

»Das hat deine Großmama gemalt, sagte der Großvater. Und er fuhr sich durch seinen weißen Haarschopf und blickte Fenella dabei so vergnügt an, daß sie fast meinte, er zwinkere ihr zu.

Obwohl das Wetter strahlend schön war — der blaue Himmel goldbestäubt und große Lichtflecke wie Weißwein über die *Jardins Publiques* gespritzt—, war Miss Brill doch froh, daß sie sich für ihre Pelzboa entschieden hatte. Es war windstill, aber wenn man den Mund öffnete, spürte man ein leichtes Frösteln, wie man es spürt, ehe man an einem Glas Eiswasser nippt, und dann und wann kam ein Blatt angesegelt— von irgendwoher aus dem Himmel. Miss Brill hob die Hand und berührte ihre Boa. Das liebe kleine Tier! Wie schön, es wieder anzufühlen! Am Nachmittag hatte sie es aus der Schachtel genommen, hatte das Mottenpulver herausgeschüttelt, es tüchtig gebürstet und dann wieder Leben in die matten kleinen Augen gerieben. ›Was ist mir nur zugestoßen?‹ hatten die traurigen kleinen Augen gefragt. Oh, wie niedlich sie wieder von der roten Daunendecke zu ihr aufblitzten! . . . Aber die Nase, die aus einem schwarzen Material bestand, war gar nicht mehr fest. Sie mußte irgendwann einen Stoß abbekommen haben. Einerlei! Wenn es nötig würde, genügte ein Kleckschen schwarzer Siegellack . . . erst dann, wenn es unbedingt nötig war . . . Der kleine Racker! Ja, sie empfand es wirklich so. Ein kleiner Racker, der sich in den Schwanz biß — dicht an ihrem linken Ohr. Am liebsten hätte sie ihn abgenommen, auf ihren Schoß gelegt und gestreichelt. In den Händen und Armen verspürte sie ein leichtes Kribbeln, aber das kam vermutlich vom Gehen. Und wenn sie atmete, schien sich etwas Leichtes und Trauriges — nein, nicht richtig Trauriges, etwas Sanftes in ihrer Brust zu regen. Am heutigen Nachmittag waren viele Leute im Freien, viel mehr als am letzten Sonntag. Und die Kapelle spielte lauter und fröhlicher. Das war, weil die Saison begonnen hatte. Denn obgleich die Kapelle an den Sonntagen das ganze Jahr über spielte, war es außerhalb der Saison nie dasselbe. Es war, wie wenn jemand nur für seine Familie als Zuhörerschaft spielte. Wenn keine Fremden da waren, war es der Kapelle gleichgültig, wie sie spielten. Und trug nicht auch der

Kapellmeister einen neuen Rock? Sie war überzeugt, daß er neu war. Er scharrte mit dem Fuß und schwenkte seine Arme genau wie ein Gockelhahn, bevor er kräht, und die Musikanten, die in der grünen Rotunde saßen, bliesen die Bakken auf und starrten auf die Noten. Jetzt kam eine kleine Flötenpassage — sehr hübsch! Eine kleine Kette glänzender Tropfen. Sie war sicher, daß es wiederholt werden würde — und es wurde wiederholt! Sie hob den Kopf und lächelte.

Nur zwei Leute teilten ihren Lieblingsplatz mit ihr: ein schmucker alter Mann in einer Samtjacke, dessen Hände auf einem wuchtigen geschnitzten Spazierstock lagen, und eine dicke alte Frau, die sich gerade hielt und ein Strickzeug auf ihrer gestrickten Schürze liegen hatte. Sie sprachen nicht. Das war enttäuschend, denn Miss Brill freute sich immer auf eine Unterhaltung. Sie fand, daß sie es darin schon zu einer ziemlichen Fertigkeit gebracht hatte: zuzuhören, als höre sie nicht zu, und für eine kurze Minute in andrer Leute Leben zu sitzen, wenn um sie her gesprochen wurde.

Sie streifte das alte Paar mit einem Seitenblick. Vielleicht gingen sie sogar bald wieder. Auch der vorige Sonntag war nicht so interessant wie sonst oft gewesen. Da war's ein Engländer mit seiner Frau — er mit einem scheußlichen Panamahut und sie mit Knopfstiefeln! Und die ganze Zeit hatte sie darüber geredet, daß sie eine Brille haben müsse, daß sie wisse, sie brauche eine, daß es jedoch nicht sinnvoll wäre, eine zu kaufen, denn sie würde bestimmt zerbrechen und nie gut sitzen. Er schlug alles Mögliche vor: eine goldene Fassung, Bügel, die sich um die Ohren bogen, oder einen kleinen Belag unter dem Steg. Nein, nichts war ihr recht gewesen. »Sie wird mir doch bloß die Nase herunterrutschen!« Miss Brill hätte sie am liebsten geschüttelt.

Die alten Leute saßen so still wie Statuen auf der Bank. Einerlei, ihr blieb immer noch die Menschenmenge, die sie beobachten konnte. Hin und her, vor den Blumenbeeten und um die Rotunde wandelten sie in Paaren und Gruppen, blieben stehen, um zu plaudern, sich zu begrüßen oder eine Hand voll Blumen von einem alten Bettler zu kaufen, der seine Auslage am Gitter befestigt hatte. Kleine Kinder rannten zwischen ihnen umher, jachterten und lachten; kleine Jungen hatten große weiße Seidenschleifen unter dem Kinn; kleine Mädchen waren wie französische Puppen in Samt und Spitzen herausstaffiert. Und manchmal kam ein winziger Knirps unter den Bäumen hervor ins Freie gewackelt, blieb stehen, staunte und plumpste genauso unvermittelt hin, bis seine kleine Mama auf hohen Absätzen und wie eine Glucke scheltend zu seiner Rettung angestürzt kam. Andere Leute saßen auf Bänken und grünen Stühlen, aber das waren Sonntag für Sonntag fast immer dieselben, und Miss Brill hatte oft bemerkt, daß fast allen etwas Komisches anhaftete. Sie waren wunderlich, schweigsam, fast alle alt, und nach der ganzen Art, wie sie vor sich hinstarrten, hätte man glauben können, sie kämen gerade aus dunklen kleinen Kammern — oder gar Kabuffs!

Hinter der Rotunde reckten sich schlanke Bäume mit niederhängenden gelben Blättern, und zwischen ihnen als feine Linie das Meer, und dahinter der blaue Himmel mit den goldgeäderten Wolken.

Tumm-tumm-tumm ta-ta-tumm! Ta-ta-tumm! Tumm-didel-dumm! blies die Kapelle.

Zwei junge Mädchen in Rot schlenderten vorbei, und zwei junge Soldaten stießen zu ihnen, und sie lachten und gingen paarweise Arm in Arm weiter. Zwei Bäuerinnen in komischen Strohhüten gingen ernst vorbei und führten zwei schöne rauchgraue Esel am Zaum. Eine schöne Dame kam einher und ließ ihren Veilchenstrauß fallen, und ein kleiner Junge rannte ihr nach, um sie ihr zu geben, und sie nahm sie und warf sie weg, als seien sie vergiftet. Lieber Himmel! Miss Brill wußte nicht, ob sie es bewundern sollte oder nicht. Und jetzt, genau vor ihr, begegneten sich eine Hermelintoque und ein Herr in Grau. Er war groß und steif und würdevoll, und sie trug die Hermelinkappe, die sie gekauft hatte, als ihr Haar noch blond war. Jetzt hatte alles — ihr Haar, ihr Gesicht und sogar ihre Augen — dieselbe Farbe wie der schäbige Hermelin, und die Hand in den gereinigten Handschuhen, die sie hob, um ihre Lippe zu betupfen, war eine winzige gelbliche Klaue. Oh, sie war so erfreut, ihn

zu sehen, geradezu entzückt! Sie hatte beinah angenommen,
daß sie sich heute nachmittag begegnen würden. Sie erzählte, wo sie gewesen war, überall, hier und dort und am Meer.
Ein so bezaubernder Tag — fand er nicht auch? Und würde
er vielleicht ...? Aber er schüttelte den Kopf, zündete sich
eine Zigarette an, blies ihr langsam eine große Rauchwolke
ins Gesicht und warf, während er noch sprach und lachte,
das Zündholz weg und ging weiter! Die Hermelintoque
war allein; sie lächelte strahlender denn je. Aber sogar die
Kapelle schien zu wissen, wie ihr zumute war, und spielte
weich, spielte zärtlich, und die Trommel hämmerte wieder
und immer wieder: ›Der Lümmel! Der Lümmel!‹ Was würde sie jetzt tun? Was würde geschehen? Doch während Miss
Brill sich noch Gedanken machte, drehte die Hermelintoque sich um, als hätte sie drüben jemand anderen gesehen,
einen viel Netteren, und tippelte davon. Und die Kapelle
spielte wieder anders, spielte schneller, spielte fröhlicher denn
je, und das alte Paar auf Miss Brills Bank stand auf und zog
ab, und ein sehr ulkiger alter Mann mit einem langen Bak-
kenbart humpelte im Takt zur Musik vorbei und wäre beinah von vier Arm in Arm gehenden Mädchen über den Haufen gerannt worden.

Oh, wie interessant es war! Wie sie es genoß! Wie sie es liebte, hier zu sitzen und alles zu beobachten! Es war wie im
Theater, genau wie eine Theatervorstellung. Wer konnte
es glauben, daß der Himmel dort hinten nicht ein gemalter
Hintergrund war? Doch erst, als ein kleiner brauner Hund
ehrpusselig einhergetrabt kam und dann langsam wegtrap-
ste wie ein Theaterhündchen, ein Hündchen, das ein Spritze
bekommen hatte — erst da fand Miss Brill heraus, warum
alles so aufregend war. Es kam daher, weil *sie alle* auf der
Bühne waren. Sie waren nicht nur Publikum und schauten
nicht nur zu, sondern sie spielten mit! Auch sie hatte ihre
Rolle und kam jeden Sonntag. Bestimmt wäre es jemandem
aufgefallen, wenn sie einmal nicht hier gesessen hätte: sie
gehörte schließlich auch zur Vorstellung! Wie merkwürdig,
daß sie es niemals so betrachtet hatte! Und doch erklärte es,
weshalb sie darauf bedacht war, jede Woche zur genau glei-

chen Zeit von zu Hause aufzubrechen: um ihren Auftritt nicht zu verpassen! Und es erklärte auch, weshalb sie eine wunderliche Scheu empfand, ihren Englisch-Schülern zu erzählen, wie sie ihre Sonntagnachmittage verlebte. Kein Wunder! Miss Brill hätte beinah laut aufgelacht. Sie gehörte auf die Bühne! Sie dachte an den kränklichen alten Herrn, dem sie an vier Nachmittagen der Woche aus der Zeitung vorlas, während er im Garten sein Nickerchen hielt. Sie hatte sich ganz an den gebrechlichen Kopf auf dem Baumwollkissen gewöhnt, an die tiefliegenden Augen, den offenen Mund und die scharf hervortretende, schmale Nase. Wäre er tot gewesen, hätte sie es vielleicht wochenlang nicht gemerkt — es wäre ihr gar nicht aufgefallen! Doch plötzlich erfuhr er, daß ihm die Zeitung von einer Schauspielerin vorgelesen wurde! »Von einer Schauspielerin?« Der alte Kopf hob sich; in den alten Augen glommen zwei Lichtfunken auf. »Sie? Eine Schauspielerin?« Und Miss Brill glättete die Zeitung, als wäre sie ihr Rollenheft, und erwiderte sanft: »Ja, ich war lange Zeit Schauspielerin!«

Die Musikkapelle hatte eine Pause gehabt. Jetzt begannen sie wieder. Und was sie spielten, war warm und sonnig, und doch klang ein leichtes Erschauern mit, irgendein — was war es nur? — etwa Traurigkeit? Nein, nicht Traurigkeit, sondern etwas, was zum Singen anregte. Die Melodie schwang sich auf, hoch hinauf, und das Licht glänzte; Miss Brill glaubte, im nächsten Augenblick würden alle, die ganze Gesellschaft, zu singen anfangen. Die Jungen, die Lachenden, die zusammen umhergingen, würden anfangen, und dann würden die Männer entschlossen und kräftig mit ihren Stimmen einsetzen. Und dann auch sie, auch sie, und die andern auf all den Bänken würden einfallen, eine Art Begleitung anstimmen — etwas Leises, das kaum anstieg oder sank, etwas so Schönes, Ergreifendes ... Und Miss Brills Augen füllten sich mit Tränen, und lächelnd blickte sie auf all die Mitglieder ihrer Truppe. Ja, wir verstehen, wir verstehen, dachte sie — doch was sie verstanden, das wußte sie nicht.

Gerade in diesem Augenblick kamen ein junger Mann und ein junges Mädchen und setzten sich dorthin, wo das alte

Paar gesessen hatte. Sie waren wundervoll angezogen, und sie waren verliebt. Natürlich! Held und Heldin, soeben von ihrer Jacht eingetroffen! Und Miss Brill — noch immer lautlos singend, noch immer mit dem zitternden Lächeln — war bereit zu lauschen.

»Nein, nicht jetzt«, sagte das Mädchen. »Nicht hier! Ich kann nicht!«

»Aber warum nicht? Wegen der dummen Alten auf der andern Ecke? Warum kommt die überhaupt her? Wer will sie? Warum läßt sie ihre dumme alte Fratze nicht zu Hause?«

»Ihr Pelz ist so ko-komisch«, kicherte das Mädchen. Er sieht genauso aus wie'n gebratener Weißfisch!«

»Ach, hör schon auf damit!« flüsterte er ärgerlich. Dann: »Aber sag mir, *ma petite chère* . . .«

»Nein, nicht hier«, sagte das Mädchen. »*Noch* nicht!«

Auf dem Heimweg kaufte sich Miss Brill meistens eine Scheibe Honigkuchen beim Bäcker. Es war der sonntägliche Leckerbissen. Manchmal war eine Mandel in ihrem Stück, und manchmal auch nicht. Das spielte eine besondere Rolle. Wenn eine Mandel drin war, dann war es, als trüge man ein kleines Geschenk heim, eine Überraschung, etwas, das ebensogut nicht hätte dabeisein können. An den Mandelsonntagen beeilte sie sich und zündete das Streichholz für den Teekessel geradezu mit Schwung an.

Doch heute ging sie am Bäckerladen vorbei, erklomm die Treppe, betrat das kleine dunkle Zimmerchen — ihr Kabuff — und setzte sich auf die rote Steppdecke. Lange saß sie dort. Die Schachtel, aus der die Pelzboa gekommen war, stand am Fußende. Schnell öffnete sie die Schließe; schnell, ohne hinzusehen, legte sie den Pelz hinein. Aber als sie den Deckel drüberstülpte, glaubte sie, etwas weinen zu hören.

Leila hätte nur schwer sagen können, wann genau der Ball begann. Vielleicht war ihr erster Partner schon die Droschke gewesen. Es hatte nichts zu bedeuten, daß sie die Droschke mit den Sheridan-Mädchen und deren Bruder teilte. Sie lehnte sich in ihr eigenes kleines Eckchen, und das Armpolster, auf dem ihre Hand lag, fühlte sich wie der Frackärmel eines unbekannten jungen Mannes an — und sie flogen dahin, an walzenden Laternenpfählen und Häusern und Zäunen und Bäumen vorbei.

»Bist du wirklich noch nie auf einem Ball gewesen, Leila? Aber Kind, das ist ja wahnsinnig ulkig!« riefen die Sheridan-Mädchen.

»Unser nächster Nachbar wohnt fünfzehn Meilen weit weg«, sagte Leila leise, und behutsam öffnete und schloß sie ihren Fächer.

O je, wie schwer es war, so gleichgültig wie die andern zu tun! Sie bemühte sich, nicht zu sehr zu lächeln, und sie bemühte sich, sich nicht so aufzuregen. Und doch war einfach alles so neu und aufregend: Megs Tuberosen, Joses lange Bernsteinkette, Lauras dunkles Köpfchen, das sich aus ihrem weißen Pelz wie eine Blume aus dem Schnee reckte. Sie würde es nie vergessen! Es gab ihr sogar einen Stich, als ihr Cousin Laurie die Blättchen Seidenpapier wegwarf, nachdem er sie von den Knöpfen seiner neuen Handschuhe entfernt hatte. Sie hätte die Papierblättchen gern als Andenken behalten, zur Erinnerung. Laurie beugte sich vor und legte Laura die Hand aufs Knie.

»Hör mal, Schwesterchen«, sagte er. »Den Dritten und den Neunten, wie immer — kapiert?«

Oh, wie wundervoll, einen Bruder zu haben! In ihrer Aufregung meinte Leila, daß sie, wenn sie Zeit gehabt hätte und wenn es nicht so unmöglich gewesen wäre, unweigerlich hätte losheulen müssen, weil sie ein einziges Kind war und keinen Bruder hatte, der ›kapiert?‹ zu ihr sagte, und keine Schwester, die sagen würde — wie Meg jetzt eben zu Jose:

»Noch nie war dein Haar so schwungvoll aufwärts frisiert wie heute abend!«

Aber natürlich war keine Zeit für so etwas. Sie waren schon bei der Turnhalle. Vor ihnen waren Wagen, und hinter ihnen waren Wagen. Auf beiden Seiten war die Straße von einem weiterziehenden, fächerartigen Lichterspiel erhellt, und auf dem Bürgersteig schienen fröhliche Paare förmlich durch die Luft zu schweben, und kleine Atlasschuhe jagten einander wie Vögel.

»Halt dich an mir fest, Leila«, sagte Laura, »sonst verlieren wir dich!«

»Los, los, Kinder, wollen uns hineinstürzen!« sagte Laurie.

Leila legte zwei Finger auf Lauras rosa Samtumhang, und irgendwie wurden sie an dem großen goldenen Kandelaber vorbeigeschoben, den Korridor entlanggeschwemmt und in das kleine Zimmer mit dem Schild DAMEN getragen. Hier war das Gedränge so groß, daß sie kaum Platz hatten, ihre Überkleider abzulegen; der Lärm war ohrenbetäubend. Die beiden Bänke zu beiden Seiten waren überhäuft mit Umhängen. Zwei alte Frauen in weißen Schürzen liefen hin und her, um immer noch einen neuen Armvoll draufzuwerfen. Und jeder drängte weiter, um an den kleinen Frisiertisch und den Spiegel am andern Ende zu gelangen.

Eine große zitternde Gasflamme beleuchtete die Damengarderobe. Auch die konnte nicht warten, auch die tanzte bereits. Als die Tür wieder aufflog, und aus der Halle das Stimmen der Instrumente herdrang, hüpfte die Flamme fast bis zur Decke hinauf.

Dunkelhaarige Mädchen und blonde Mädchen zupften an ihren Frisuren, banden Schleifen neu, steckten sich Taschentüchlein in den Kleiderausschnitt und strichen marmorweiße Handschuhe glatt. Und weil sie alle lachten, kamen sie Leila alle wunderschön vor.

»Sind nicht irgendwo unsichtbare Haarnadeln?« rief eine Stimme. »Ist ja erstaunlich! Ich kann keine einzige unsichtbare Haarnadel sehen!«

»Bitte, pudere meinen Rücken, sei so lieb!« rief eine andre.

»Aber ich muß unbedingt Nadel und Faden haben!« jammerte eine dritte. »Ich hab' mir ein meilenlanges Ende von meinem Volant abgerissen!«

Dann hieß es: »Weitergeben! Weitergeben!« Das Körbchen mit den Tanzkarten ging von Hand zu Hand. Süße, kleine, rosasilberne Tanzkarten mit rosa Bleistift und flauschigen Quasten. Leilas Finger zitterten, als sie eine aus dem Körbchen nahm. Am liebsten hätte sie jemand gefragt: ›Ist eine davon für mich bestimmt?‹, aber sie hatte nur Zeit, um zu lesen: 3. Walzer: ›Ich und du im Kanu‹, 4. Polka: ›Daß die Federn fliegen!‹, da rief Meg schon: »Fertig, Leila?«, und sie zwängten sich durch das Gedränge im Korridor zu den großen Flügeltüren des Saals.

Es wurde noch nicht getanzt, aber die Kapelle hatte mit dem Stimmen aufgehört, und das allgemeine Stimmengewirr war so stark, daß man glauben konnte, man würde die Musik überhaupt nicht hören, wenn sie einmal anfinge. Leila hielt sich dicht an Meg, blickte ihr über die Schulter und dachte, daß sogar die flatternden bunten Wimpel, die quer über den Saal gespannt waren, miteinander schwatzten. Sie vergaß ganz, scheu zu sein, und dann fiel ihr ein, wie sie sich zu Hause beim Ankleiden aufs Bett gesetzt hatte, mit nur einem Schuh an, und ihre Mutter angefleht hatte, die Kusinen anzurufen und zu sagen, sie könne nun doch nicht mitkommen. Und vergessen war der glühende Wunsch, auf der Veranda ihres einsamen Landhauses zu sitzen und den Eulenbabies zuzuhören, wenn sie im Mondschein ›Horch, horch!‹ riefen — vergessen und umgewandelt in einen so glühenden Überschwang von Freude, daß es allein kaum zu ertragen war. Sie umklammerte ihren Fächer, und während sie auf die schimmernde, goldene Tanzfläche blickte und auf die Azaleen und Laternen, auf das Podium mit dem roten Teppich und den vergoldeten Stühlen am Ende des Saals und auf die Kapelle in einer Ecke, dachte sie: ›Wie himmlisch! Einfach himmlisch!‹ Die Mädchen standen alle in einer Gruppe links von den Flügeltüren, die Herren rechts davon, und die Anstandswauwaus in ihren dunklen Kleidern gingen töricht lächelnd mit kleinen, zaghaften Schrittchen über den gebohnerten Boden und zum Podium.

»Das hier ist Leila, meine kleine Kusine vom Land. Sei nett zu ihr! Besorge ihr Tänzer! Sie steht unter meinen Fittichen!« sagte Meg und stellte sie einem Mädchen nach dem andern vor.

Fremde Gesichter lächelten Leila an — liebenswürdig und gedankenlos. Fremde Stimmen antworteten: »Natürlich, gerne!« Aber Leila kam es so vor, als sähen die Mädchen sie gar nicht. Sie blickten alle zu den Herren hinüber. Warum setzten die Herren sich nicht in Bewegung? Worauf warteten sie? Sie standen da drüben herum, zogen ihre Handschuhe glatt, betupften ihr glänzendes Haar und lächelten untereinander. Dann plötzlich, als wäre ihnen soeben in den Sinn gekommen, was sie längst hätten tun sollen, glitten sie übers Parkett heran. Auf der Mädchenseite entstand ein fröhliches Geflatter. Ein großer blonder Herr eilte auf Meg zu, griff nach ihrer Tanzkarte und kritzelte etwas hinein; Meg reichte ihn an Leila weiter. »Darf ich um das Vergnügen bitten?« Er dienerte und lächelte. Ein dunkelhaariger Mann mit einem Monokel kam, dann Leilas Cousin Laurie mit einem Freund und Laura mit einem sommersprossigen jungen Bürschlein, dessen weiße Halsbinde verrutscht war. Dann erschien ein ziemlich alter Herr, ein dicker, mit einer großen kahlen Stelle auf dem Kopf, nahm ihre Tanzkarte und murmelte: »Woll'n mal nachsehen! Woll'n mal nachsehen!« Und er brauchte eine Ewigkeit, um seine Karte, die schon schwarz von all den Namen war, mit der ihren zu vergleichen. Es schien ihm so viel Mühe zu machen, daß Leila ganz beschämt war. »Oh, lassen Sie doch!« sagte sie hilfsbereit. Aber statt einer Antwort trug der Herr sich ein und sah dann zu ihr auf. »Erkenne ich's, das strahlende Gesichtchen?« sagte er weich. »Ist's mir von einstens nicht bekannt?« Im gleichen Augenblick setzte die Kapelle ein, und der dicke Herr war weg. Er wurde von einer großen Woge Musik fortgespült, die über das schimmernde Parkett flutete und die Gruppen in Paare aufspaltete und sie zerstreute und herumkreiselte.

Leila hatte im Schulheim tanzen gelernt. Jeden Samstagnachmittag wurden die Heimschülerinnen in den kleinen, mit

Wellblech gedeckten Missionssaal geführt, wo Miss Eccles (aus London, bitte!) ihren ›exklusiven‹ Tanzunterricht erteilte. Doch der Unterschied zwischen dem verstaubt riechenden Missionssaal — wo Bibelsprüche an den Wänden hingen und ein verängstigtes, armes Weiblein in brauner Samttoque mit Kaninchenohren das eiskalte Klavier bearbeitete und Miss Eccles mit ihrem langen weißen Zeigestock gegen die Mädchenfüße stieß — und dem Saal hier war so ungeheuer, daß Leila glaubte, sie würde mindestens sterben oder ohnmächtig werden oder die Arme heben und durch eins der dunklen Fenster vor dem Sternhimmel fliegen, falls ihr Tanzpartner nicht käme und sie ganz allein die wundervolle Musik anhören und den andern Mädchen zuschauen müßte, die über den goldenen Fußboden schwebten und glitten.

»Ich glaube, das ist unser Tanz . . .« Jemand verbeugte sich, lächelte und bot ihr seinen Arm: sie brauchte also nicht zu sterben! Eine Hand hielt ihre Taille, und sie schwebte von dannen wie eine Blüte, die in einen Teich geworfen wurde.

»Ganz nette Tanzfläche, nicht?« näselte eine leise Stimme nah an ihrem Ohr.

»Wundervoll glitschig«, sagte Leila.

»Wie bitte?« Die leise Stimme war anscheinend überrascht. Leila wiederholte es, und eine kleine Pause entstand, ehe die Stimme bestätigte: »Hm, ja«, und sie wieder herumgeschwungen wurde.

Er konnte großartig führen. Das war der große Unterschied, wenn man mit Herren tanzte, dachte Leila. Mädchen stießen immer gegen andre, oder sie traten einander auf die Füße, und das Mädchen, das als Herr tanzte, packte einen viel zu fest.

Die Azaleen waren nicht länger einzelne Blüten: sie waren zu rosa und weißen Flaggen geworden, die an einem vorbeiströmten.

»Waren Sie vorige Woche bei den Bells?« fragte die Stimme wieder. Sie klang müde. Leila überlegte, ob sie ihm anbieten solle, lieber aufzuhören.

»Nein — das ist hier mein erster Ball«, sagte sie.

Ihr Partner stieß ein unterdrücktes kleines Lachen aus. »Nein, so etwas!« protestierte er.

»Doch, es ist wirklich der erste Ball, den ich jemals mitgemacht habe!« beteuerte Leila eifrig. Sie empfand es wie eine Erlösung, es jemand erzählen zu können. »Ich habe nämlich bis jetzt mein ganzes Leben auf dem Lande gewohnt . . .«
Die Musik brach ab, und sie setzten sich auf zwei Stühle an der Wand. Leila zog ihre rosa Atlasschuhe unter den Sitz und fächelte sich, während sie glückselig den andern Paaren nachsah, die vorbeigingen oder zwischen den Flügeltüren verschwanden.

»Gefällt es dir, Leila?« fragte Jose und nickte Leila mit ihrem goldblonden Kopf zu.

Auch Laura kam vorbei und zwinkerte ihr ein ganz klein wenig zu, so daß Leila sich einen Augenblick fragte, ob sie schon richtig erwachsen sei. Ihr Tanzpartner sagte bestimmt nicht viel. Er hustete, steckte sein Taschentuch weg, zog an seiner Weste und nahm ein winziges Fädchen von seinem Ärmel. Aber es machte nichts. Die Musik setzte fast sofort wieder ein, und ihr nächster Partner schien geradezu vom Himmel gefallen zu sein.

»Ganz nette Tanzfläche, nicht?« sagte die neue Stimme. Fingen sie immer mit dem Fußboden an? Und schon ging es weiter: »Waren Sie am Dienstag bei den Neaves?« Und wieder erklärte es Leila. Vielleicht war es ein bißchen seltsam, daß ihre Partner es nicht interessant fanden. Denn es war doch so aufregend! Ihr erster Ball! Sie stand erst am Anfang von allem, was folgen würde. Ihr kam es so vor, als hätte sie nie gewußt, wie die Nacht eigentlich war. Bis jetzt war sie dunkel und stumm gewesen, oft sehr schön, o ja, aber auch etwas traurig. Feierlich. So würde die Nacht nie wieder sein: sie hatte sich in ihrer strahlenden Helle gezeigt.

»Möchten Sie ein Eis?« fragte ihr Partner. Sie gingen durch die Drehtüren, den Korridor entlang und zum Buffet. Ihre Wangen glühten; sie war furchtbar durstig. Wie reizend das Eis auf den kleinen Glastellern aussah, und wie kalt der angelaufene Löffel aussah — wie geeist! Und als sie in den Tanzsaal zurückkehrten, stand der dicke Mann an der Tür und wartete schon auf sie. Es gab ihr einen richtigen Schock, als sie wieder sah, wie alt er war. Er hätte bei den Vätern und Müttern auf dem Podium sitzen sollen. Als Leila ihn mit ihren andern Tanzpartnern verglich, sah er geradezu schäbig aus. Seine Weste war zerknüllt, an seinem Handschuh fehlte ein Knopf, und sein Frack sah wie von Talkpuder bestäubt aus.

»Kommen Sie, kleine Dame!« sagte der Dicke. Er bemühte sich kaum, sie festzuhalten, und sie bewegten sich so traumhaft, es war eher ein Gehen als ein Tanzen. Doch vom Fußboden sagte er kein Wort. »Ihr erster Ball, nicht wahr?« murmelte er.

»Woher wissen Sie das?«

»Ach«, sagte der Dicke, »das kommt davon, wenn man alt ist.« Er schnaufte ein bißchen, als er sie an einem ungeschickten Paar vorbeisteuerte. »So etwas wie das hier habe ich nämlich schon seit dreißig Jahren getan.«

»Seit dreißig Jahren?« rief Leila. Das war zwölf Jahre, bevor sie geboren war!

»Ein fast unerträglicher Gedanke, nicht wahr?« meinte der dicke Mann düster. Leila blickte auf seinen kahlen Kopf, und sie empfand aufrichtiges Mitleid.

»Ich finde es bewundernswert, daß Sie immer noch auf der Höhe sind!« sagte sie freundlich.

»Sehr gütig, kleine Dame«, erwiderte er, drückte sie etwas fester an sich und summte einen Walzertakt mit. »Sie allerdings«, fuhr er fort, »dürfen nicht erwarten, daß Sie auch nur halbwegs so lange durchhalten! Nein, schon lange vorher werden Sie in Ihrem guten Schwarzsamtenen da oben auf dem Podium sitzen und zuschauen. Ihre schönen Arme werden sich in kurze, dicke Arme verwandelt haben, und wenn Sie den Takt mitschlagen, dann mit einem ganz andern Fächer: mit einem aus schwarzem Ebenholz!« Er schien zu erschauern. »Und Sie werden andauernd lächeln, wie die armen, guten Seelen da oben, und auf Ihre Tochter deuten und der ältlichen Dame neben Ihnen erzählen, daß ein abscheulicher Mann auf dem Klubball sie küssen wollte. Und Ihnen wird ganz weh ums Herz, ganz weh« — der dicke Mann drückte sie noch fester an sich, als bemitleide er das arme Herz —, »weil jetzt niemand mehr Sie küssen will. Und Sie werden sagen, wie unangenehm es sich auf den gebohnerten Böden gehen läßt, und wie gefährlich sie sind. Stimmt's, Mademoiselle Leichtfuß?« fragte er weich.

Leila lachte ein bißchen, aber es war ihr gar nicht nach Lachen zumute. War das, was er da sagte, wahr? Konnte es wahr sein? Es klang schrecklich wahr. War also ihr erster Ball im Grunde nur der Anfang zu ihrem letzten Ball? Auf einmal schien die Musik anders zu klingen — sie klang traurig, sehr traurig, sie schien zu einem großen Seufzer anzusetzen. Oh, wie schnell sich alles ändern konnte! Warum dauerte das Glück nicht ewig? Ewig war durchaus nicht zu lange.

»Ich möchte aufhören!« sagte sie mit erstickter Stimme. Der dicke Mann führte sie an die Tür.

»Nein«, sagte sie, »ich will nicht hinausgehen. Ich will mich auch nicht setzen. Ich möchte einfach hier stehen, danke!« Sie lehnte sich an die Wand, stampfte mit dem Fuß auf, zog die Handschuhe hoch und versuchte zu lächeln. Doch im innersten Herzen warf sich ein kleines Mädchen die Schürze über den Kopf und weinte jämmerlich. Weshalb hatte er alles verdorben?

»Aber hören Sie mal, kleine Dame«, sagte der dicke Mann, »Sie müssen mich doch nicht ernstnehmen!«

»Tu ich ja gar nicht!« erwiderte Leila, warf ihr dunkles Köpfchen auf und nagte an ihrer Unterlippe . . .

Wieder promenierten die Paare an ihr vorbei. Die Drehtüren flogen auf und zu. Jetzt verteilte der Kapellmeister neue Noten. Aber Leila mochte nicht mehr tanzen. Sie sehnte sich, zu Hause zu sein und auf der Veranda zu sitzen und den Eulenbabies zuzuhören. Als sie durch die dunklen Fenster zu den Sternen aufblickte, hatten sie lange Strahlen — wie Flügel . . .

Aber dann begann eine sanfte, schmelzende, betörende Melodie, und ein junger Mann mit krausem Haar verbeugte sich vor ihr. Aus Höflichkeit würde sie tanzen müssen, wenigstens, bis sie Meg fand.

486

Sehr steif ging sie bis in die Saalmitte; sehr hochmütig legte sie ihre Hand auf seinen Ärmel. Aber schon nach einer Minute, nach einer Drehung, schwebten ihre Füße nur so dahin. Die Lichter, die Azaleen, die Kleider, die rosigen Gesichter, die Samtsessel — alles wurde zu einem einzigen, herrlich kreiselnden Rad. Und als ihr nächster Tanzpartner mit ihr gegen den dicken Mann stieß, der daraufhin »Pardon!« sagte, lächelte sie strahlender denn je zu ihm hinüber. Sie erkannte ihn nicht einmal.

——————————————————————

Voller Verzweiflung—voll grimmiger, kalter Verzweiflung,
die sie wie ein niederträchtiges Messer tief im Herzen vergraben hatte, ging Miss Meadows in Barett und Talar, in der
Hand einen kleinen Stab, durch die kalten Korridore, die
zum Musiksaal führten. Mädchen aller Altersstufen hasteten,
hüpften und liefen an ihr vorbei, Mädchen mit von der Luft
geröteten Wangen, übersprudelnd von der fröhlichen Erregung, die das rasche Zurschulegehen an einem schönen
Herbstmorgen verursacht; aus den hallenden Klassenzim-
mern drang ein lärmendes Stimmengeschnatter; eine Klingel schrillte; eine Stimme piepste wie ein Vogel: »Muriel!«
Und dann kam von der Treppe her ein fürchterliches Gepol-
ter: ›Bum-bum-bum-bum!‹ Jemand hatte eine Hantel fallen lassen.
Die Naturgeschichtslehrerin vertrat Miss Meadows den Weg.
»Gu-ten Morgen!« rief sie mit ihrer süßlich näselnden, ge-
zierten Stimme. »Wie kalt es ist, nicht wahr? Wie im Winter!«
Miss Meadows, das Messer im Herzen, starrte die Naturgeschichtslehrerin voller Abscheu an. Alles an ihr war süßlich
und blaß — wie Honig! Man wäre nicht verwundert gewesen, hätte man eine Biene gesehen, die sich in dem Gewirr
honiggelber Haare verfangen hatte.
»Ja, etwas frisch«, antwortete Miss Meadows unnachgiebig.
Die andere Lehrerin lächelte ihr zuckersüßes Lächeln.
»Sie sehen ver-froren aus!« sagte sie. Ihre blauen Augen
wurden größer, und spöttische Funken blitzten in ihnen auf.
(›Hatte sie etwas gemerkt?‹)
»Ach, so schlimm ist es auch wieder nicht«, sagte Miss Mea-
dows, bedachte die andere, zum Dank für ihr Lächeln, mit
einer kleinen Grimasse und ging rasch weiter . . .
Im Musiksaal waren die vierte, die fünfte und die sechste
Klasse versammelt. Der Lärm war ohrenbetäubend. Auf dem
Podium neben dem Flügel stand Mary Beazley, Miss Mea-
dows Lieblingsschülerin, die immer die Begleitung spielte.

Sie drehte den Klavierhocker höher. Als sie Miss Meadows sah, rief sie laut und warnend: »Ru-he! Scht!«, und Miss Meadows, die Hände in den Talarärmeln, den Taktstock unter den Arm geklemmt, schritt durch den Mittelgang, stieg die Stufen hinauf, drehte sich heftig um, packte den Messingnotenständer, pflanzte ihn vor sich auf und klopfte, Ruhe heischend, zweimal kräftig mit dem Stöckchen auf.

»Ruhe bitte! Sofort!«, und ohne jemand ins Auge zu fassen, glitt ihr Blick über das Meer bunter Flanellblusen, die auf- und abhüpfenden rosigen Gesichter und Hände, das Geflatter der Schmetterlingshaarschleifen und die geöffneten Notenhefte. Sie wußte genau, was sie alle dachten: ›Meady ist heut in Fahrt!‹ Mochten sie! Ihre Augenlider zitterten, und sie warf trotzig den Kopf in den Nacken. Was konnten die Gedanken dieser Kinder jemandem bedeuten, der mit blutendem Herzen dastand, zu Tode getroffen, mitten ins Herz getroffen von so einem Brief: › . . . ich spüre immer mehr, daß unsre Heirat ein Irrtum wäre! Nicht etwa, daß ich dich nicht liebe — ich liebe dich, so sehr es mir überhaupt möglich ist, eine Frau zu lieben —, aber offen gestanden bin ich zu der Überzeugung gekommen, daß ich nicht zum Ehemann tauge, und der Gedanke, mich zu binden, erfüllt mich mit nichts als—‹, das Wort ›Widerwillen‹ war flüchtig ausradiert, und ›Reue‹ war drübergeschrieben.

Basil! Miss Meadows ging steifbeinig zum Flügel hinüber. Und Mary Beazley, die auf diesen Moment gewartet hatte, beugte sich vor. Die Locken fielen ihr über die Wangen, während sie »Guten Morgen, Miss Meadows!« flüsterte und ihrer Lehrerin eine wunderschöne gelbe Chrysantheme nicht gerade überreichte, sondern eher darauf hinwies. Das kleine Blumenritual war schon ewig lange ausgeübt worden — fast seit anderthalb Semestern. Es gehörte ebenso zur Unterrichtsstunde wie das Öffnen des Flügels. Doch heute — statt die Blume zu nehmen, sie sich in den Gürtel zu stecken und Mary zuzuflüstern: ›Danke, Mary! Wie reizend! Schlage Seite zweiunddreißig auf!‹ — heute übersah Miss Meadows zu Marys Entsetzen die Chrysantheme absichtlich und grüßte auch nicht, sondern sagte nur mit eisiger Stimme: »Bitte Sei-

te vierzehn, und achte auf die Akzentzeichen!« Es war ein
erschütternder Augenblick! Mary wurde rot, und die Tränen schossen ihr in die Augen, Miss Meadows aber war zum
Notenpult zurückgegangen, und ihre Stimme schallte durch
den Musiksaal.
»Seite vierzehn. Wir fangen mit Seite vierzehn an. ›Eine
Klage‹. Ihr solltet es jetzt schon gut können. Wir wollen es
einmal durchgehen — alle zusammen, noch nicht mehrstimmig. Und ohne Ausdruck. Also ganz schlicht, und mit der
Linken den Takt angebend.« Sie hob den Taktstock; sie schlug
ihn zweimal gegen das Notenpult. Schon sanken Marys
Hände nieder, um den ersten Akkord anzuschlagen, schon
sanken all die linken Hände, den Takt angebend, nieder, und
nun fielen die jungen, klagenden Stimmen ein:

Rasch wie die Rosen vergehn unsre Freuden,
Bald weicht der Herbst vor des Winters Macht.
Traurig, ach traurig, wenn Herzen sich scheiden,
Fröhliche Klänge versinken in Nacht.

Großer Gott, was konnte tragischer sein als dieses Klage-
lied! Jede Note war ein Seufzen, ein Schluchzen, ein Auf-
stöhnen in furchtbarer Traurigkeit. Miss Meadows hob die
Arme in dem weiten Talar und begann mit beiden Händen
zu dirigieren. ›. . . ich spüre immer mehr, daß unsre Heirat
ein Irrtum wäre . . .‹, sagten ihre Hände. Und die Stimmen
jammerten: *traurig, ach traurig!* Was konnte nur in ihn
gefahren sein, so einen Brief zu schreiben? Was konnte den
Anstoß gegeben haben? Nichts! Er kam aus heiterem Himmel. Sein letzter Brief hatte nur von einem Bücherschrank
in Mooreiche gehandelt, den er für ›unsere‹ Bücher gekauft
hatte, und von einem ›schmucken kleinen Garderobenstän-
der‹, den er gesehen hatte, ›ein sehr praktisches Ding mit einer geschnitzten Eule auf einer Konsole, die drei Hutbürsten
in ihren Fängen hält‹. Wie sie darüber gelächelt hatte! Zu
glauben, daß man mehr als eine Hutbürste brauchen könne,
sah einem Mann so ähnlich! *Versinken in Nacht,* sangen die
Stimmen.

»Noch einmal!« gebot Miss Meadows. »Doch diesmal mehrstimmig! Auch wieder ohne Ausdruck!« *Rasch wie die Rosen* ... Sowie die dunklen Altstimmen mitsangen, überlief es einen kalt. *Vergehn unsre Freuden.* Als Basil sie das letztemal besuchte, hatte er eine Rose im Knopfloch getragen. Wie hübsch er in dem hellen blauen Anzug mit der dunkelroten Rose ausgesehen hatte! Aber er wußte es auch, mußte es ja wohl wissen. Zuerst strich er sich übers Haar, dann über den Schnurrbart. Wenn er lächelte, blitzten seine Zähne.

»Die Frau unsres Schulvorstehers lädt mich ständig zum Essen ein. Allmählich wird es mir lästig. Ich habe nie mehr einen Abend für mich.«

»Kannst du denn nicht ablehnen?«

»Bei meiner Stellung im Schulheim darf ich mich nicht unbeliebt machen, verstehst du?«

Wenn Herzen sich scheiden, klagten die Stimmen. Die Weiden vor den hohen, schmalen Fenstern wehten im Wind. Sie hatten ihre Blätter schon zur Hälfte verloren. Die kleineren Blättchen, die sich noch anklammerten, zappelten wie Fische an der Angel. ›... daß ich nicht zum Ehemann tauge ...‹ Die Stimmen verstummten; der Flügel wartete.

»Ziemlich gut«, sagte Miss Meadows, aber noch immer mit einer so seltsamen, versteinerten Stimme, daß die jüngeren Mädchen es buchstäblich mit der Angst bekamen. »Jetzt, wo wir wir es kennen, wollen wir es mit Ausdruck singen. Soviel Ausdruck ihr irgend hineinlegen könnt! Denkt an die Worte, Kinder! Beweist, daß ihr Phantasie habt! *Rasch wie die Rosen vergehn unsre Freuden!*« rief Miss Meadows. »Das sollte in einem lauten, betonten *forte* aufklingen in einer Klage! Und dann in der zweiten Zeile *vor des Winters Macht* — das muß so tönen, als pfiffe ein eisiger Wind hindurch!« *Wi-in-ters* sprach sie so unheimlich aus, daß es Mary Beazley auf ihrem Klavierhocker kalt das Rückgrat hinunterlief. Die dritte Zeile sollte ein einziges Crescendo sein. *Traurig, ach traurig, wenn Herzen sich scheiden.* Nach den ersten beiden Worten *Fröhliche Klänge* mußt ihr pausieren. Und dann, beim Wort *versinken,* müssen die Stimmen leiser werden, ersterben ... bis das *in Nacht* nur noch ein Hauch ist.

Die letzte Zeile könnt ihr langsamer nehmen, beinah so langsam wie ihr wollt. Also bitte!«

Wieder zwei leichte Schläge mit dem Taktstock; wieder hob sie die Arme. *... vergehn unsre Freuden.* › ... und der Gedanke, mich zu binden, erfüllt mich mit nichts als Widerwillen.‹ Doch, Widerwillen hatte er geschrieben. Das war ja genauso, als hätte er gesagt, die Verlobung sei endgültig aufgehoben! Aufgehoben! Ihre Verlobung! Die Leute hatten schon genug gestaunt, als sie sich verlobt hatte. Die Naturgeschichtslehrerin wollte es zuerst überhaupt nicht glauben. Aber niemand hätte erstaunter sein können als sie selbst. Sie war dreißig. Basil war fünfundzwanzig. Es war ein Wunder gewesen, das reinste Wunder, ihn an jenem dunklen Abend, als sie von der Kirche nach Hause gingen, sagen zu hören: ›Ich weiß nicht, wieso, aber ich habe Sie von Tag zu Tag lieber!‹ Und dabei hatte er den Zipfel ihrer Straußfederboa festgehalten. *Versinken ... in ... Nacht.*

»Noch einmal, von vorn, von vorn!« rief Miss Meadows. »Mehr Ausdruck, Kinder! Noch einmal!«

Rasch wie die Rosen vergehn unsre Freuden ... Die älteren Mädchen waren rot geworden; von den jüngeren waren einige dem Weinen nahe. Der Regen klatschte in dicken Tropfen gegen die Fensterscheiben, und die Weidenzweige schienen zu tuscheln: › ... nicht etwa, daß ich dich nicht liebe ...‹ ›Ach, mein Liebster, wenn du mich liebst‹, dachte Miss Meadows, ›ist's mir einerlei, wie sehr du mich liebst. Liebe mich, soviel oder sowenig du magst!‹ Aber sie wußte, daß er sie nicht liebte. Er hatte sich nicht einmal bemüht, das Wörtchen ›Widerwillen‹ wenigstens so gründlich auszuradieren, daß sie es nicht mehr lesen konnte. *Bald weicht der Herbst vor des Winters Macht.* Sie würde von der Schule abgehen müssen! Wurde es einmal bekannt, dann konnte sie der Naturgeschichtslehrerin oder den Mädchen bestimmt nicht mehr ins Gesicht blicken. Sie würde irgendwo untertauchen müssen. *Versinken ... in Nacht.* Die Stimmen wurden leiser, erstarben — waren nur noch ein Hauch ...

Plötzlich ging die Tür auf. Ein kleines Mädchen in Blau kam zimperlich den Mittelgang herauf, ließ den Kopf hängen, biß sich auf die Lippe und drehte das silberne Armband an ihrem kleinen roten Handgelenk herum. Sie klomm die Stufen hinauf und stellte sich vor Miss Meadows hin.

»Oh, Monica! Was gibt's denn?«

»Miss Meadows, bitte«, leierte die Kleine atemlos hervor, »Sie möchten zu Miss Wyatt ins Zimmer der Vorsteherin kommen!«

»Ja, gut«, sagte Miss Meadows. Und den Mädchen rief sie zu: »Ich verlasse mich auf euren Anstand, daß ihr leise sprecht, solange ich abwesend bin.« Aber sie waren zu bedrückt, um überhaupt etwas zu sagen. Die meisten putzten sich geräuschvoll die Nase.

In den Korridoren war es still und kalt; sie hallten von Miss Meadows eiligen Schritten wider. Die Schulvorsteherin saß an ihrem Schreibtisch. Sie blickte nicht gleich auf. Ihre Brille hatte sich, wie meistens, in ihrem Spitzenjabot verheddert. Dann sagte sie sehr freundlich: »Nehmen Sie Platz, Miss Meadows!« Sie hob einen länglichen Umschlag von ihrer Schreibunterlage auf. »Ich habe Sie rufen lassen, weil das Telegramm hier für Sie eingetroffen ist!«

»Ein Telegramm ... für mich, Miss Wyatt?«

›Basil! Er hatte Selbstmord begangen‹, war Miss Meadows erster Gedanke. Schnell streckte sie die Hand aus, aber Miss Wyatt behielt das Telegramm noch einen Augenblick in der Hand. »Hoffentlich sind es keine schlechten Nachrichten«, sagte sie nicht weniger freundlich. Dann riß Miss Meadows den Umschlag auf.

›Beachte den Brief nicht muß verrückt gewesen sein habe heute Flurgarderobe gekauft Basil.‹

Sie verschlang das Telegramm mit den Augen.

»Hoffentlich ist es nichts Ernstes?« fragte Miss Wyatt und beugte sich vor.

»O nein, vielen Dank, Miss Wyatt«, stammelte Miss Meadows, »im Gegenteil. Es ist« — Wie zur Entschuldigung stieß sie ein kleines Lachen aus. »Es ist von meinem Verlobten, und er sagt, daß er ... daß er ...« Eine hörbare Pause ent-

stand. »Ach sooo!« sagte Miss Wyatt. Noch eine Pause. Dann
sagte sie: »Sie haben noch eine Viertelstunde zu unterrichten, nicht wahr, Miss Meadows?«

»Ja, Miss Wyatt.« Sie sprang auf. Sie rannte fast und war
schon an der Tür.

»Oh, eine Minute, Miss Meadows«, sagte Miss Wyatt. »Ich
möchte doch betonen, daß ich es nicht gern sehe, wenn meine Lehrerinnen während der Unterrichtsstunden Telegram-
me erhalten, es sei denn im Falle von sehr schlechten Nachrichten, wie einem Todesfall«, erklärte Miss Wyatt, oder
bei sehr ernsten Unfällen und dergleichen. Gute Nachrichten können nämlich warten, Miss Meadows!«

Auf Flügeln der Hoffnung, der Liebe, der Freude eilte Miss
Meadows in den Musiksaal zurück, durch den Mittelgang,
und die Stufen hinauf und zum Flügel.

»Seite zweiunddreißig, Mary«, sagte sie, »Seite zweiunddreißig«, und nun hob sie die gelbe Chrysantheme auf und
hielt sie an die Lippen, um ihr Lächeln zu verbergen. Dann
wandte sie sich zu den Mädchen um und klopfte mit ihrem
Taktstock: »Seite zweiunddreißig, Kinder! Seite zweiunddreißig!«

> » Wir kommen heut her, mit Blumen beladen,
> mit Körben voll Obst und mit Bändern bunt,
> um Glück zu wünschen der . . .«

»Halt! Halt!« rief Miss Meadows. »Ist ja gräßlich! Ist ja
furchtbar!« Und sie lachte die Mädchen strahlend an. »Was
ist nur los mit euch, Kinder? Denkt doch, denkt, was ihr da
singt! Strengt eure Phantasie an! *Mit Blumen beladen! Mit
Körben voll Obst und mit Bändern bunt!* Und dann noch:
Um Glück zu wünschen . . . Miss Meadows unterbrach sich.
»Schaut nicht so trübselig drein, Kinder! Es muß warm und
fröhlich und beschwingt klingen! *Um Glück zu wünschen!*
Noch mal! Rasch! Alle zusammen! Jetzt!«

Und diesmal übertönte Miss Meadows Stimme alle andern
Stimmen — leidenschaftlich und innig und mit glühender
Wärme im Ausdruck.

494

Der Fremde

Der kleinen Schar auf dem Pier schien es, als würde sich der Überseedampfer nie mehr von der Stelle rühren. Da lag er, riesig und unbeweglich, auf dem grauen, leicht aufgerauhten Wasser, einen Rauchring über sich und einen dichten Schwarm kreischender Möwen ums Heck, die nach Abfällen aus der Kombüse herabstießen. Man konnte gerade noch die promenierenden kleinen Paare erkennen, Fliegen, die an der Schüssel auf dem grauen, aufgerauhten Tischtuch hin und her liefen. Andere Fliegen scharten sich zusammen und schwärmten um die Reling. Dann ein weißer Fleck auf dem unteren Deck — vielleicht die Schürze des Kochs oder der Stewardeß. Und jetzt sauste eine winzige schwarze Spinne die Treppe zur Kommandobrücke hinauf.

Ganz vorn in der Menge marschierte ein kräftig aussehender Mann mittleren Alters auf und ab, sehr gut angezogen, in einem gut sitzenden grauen Mantel, mit grauem Seidenschal, warmen Handschuhen und dunklem Filzhut, und schwenkte seinen zusammengerollten Schirm. Er wirkte wie der Anführer der kleinen Schar auf dem Pier, schien sie aber gleichzeitig auch zusammenzuhalten. Er war wie ein Mittelding zwischen Schäferhund und Schäfer.

Doch was für ein Dummkopf, was für ein unglaublicher Dummkopf war er gewesen, kein Fernglas mitzubringen! Nicht einer von ihnen allen hatte ein Fernglas bei sich.

»Sonderbar, Mr. Scott, daß keiner von uns an ein Fernglas gedacht hat! Wir hätten sie ein bißchen aufmöbeln können! Hätten vielleicht einen kleinen Signaldienst zustande gebracht: *Zögert nicht mit der Landung. Eingeborene harmlos.* Oder: *Herzlicher Empfang erwartet euch. Alles verziehen!* Das wäre doch was! Wie?«

Mr. Hammonds lebhafter, aufmerksamer Blick, so unruhig und doch so freundlich und arglos, umfaßt alle auf dem Pier, und umschloß sogar die alten Burschen, die an den Laufstegen herumlungerten. Sie wußten alle bis auf den letzten Mann, daß Mrs. Hammond auf dem Schiff dort hinten war, und so furchtbar aufgeregt war er, daß es ihm gar nicht in den Sinn kam, Zweifel zu hegen, ob die wunderbare Tatsache auch ihnen etwas bedeute. Ihm wurde warm ums Herz, wenn er dachte, was für nette Leute es doch waren — auch die alten Knaben an den Laufstegen, wackere, brave alte Knaben! Und was für Brustkästen — Donnerwetter! Gleich steckte er seinen eigenen Brustkorb heraus, versenkte die dick behandschuhten Hände in den Taschen und wippte von den Fersen auf die Fußspitzen.

»Ja, meine Frau ist die letzten zehn Monate in Europa gewesen. Hat unsre älteste Tochter besucht, die sich voriges Jahr verheiratet hat. Ich hatte sie selbst hergebracht, hierher nach Crawford, und darum fand ich, daß ich sie auch von hier abholen sollte. Ja, so ist das.« Die klugen grauen Augen blinzelten wieder und suchten hastig und besorgt das reglos daliegende Schiff ab. Wieder wurde der Mantel geöffnet, wieder kam die flache, buttergelbe Uhr zum Vorschein, und zum zwanzigsten-, fünfzigsten-, hundertstenmal stellte er seine Berechnungen an.

»Wollen mal sehen! Es war zwei Uhr fünfzehn, als die Barkasse des Doktors abfuhr. Jetzt ist es genau achtundzwanzig Minuten nach vier. Das bedeutet, daß der Doktor seit zwei Stunden und dreizehn Minuten an Bord ist. Zwei Stunden und dreizehn Minuten! Uiiuuh!« Er stieß einen wunderlichen kleinen Pfiff aus und klappte seine Uhr wieder zu. »Ich finde aber, man hätte uns benachrichtigen sollen, wenn etwas passiert wäre — finden Sie nicht auch, Mr. Gaven?«

»Bestimmt, Mr. Hammond; ich glaube allerdings nicht, daß irgend etwas — hm — Besorgniserregendes passiert ist«, sagte Mr. Gaven und klopfte seine Pfeife am Schuhabsatz aus. »Andrerseits . . .«

»Sehr richtig! Sehr richtig!« rief Mr. Hammond. »Verdammt unangenehm!« Er ging rasch auf und ab und kehrte dann wieder auf seinen alten Standplatz zwischen Mr. Gaven und Mr. und Mrs. Scott zurück. »Es wird auch schon ziemlich dunkel!« Er schwenkte seinen zusammengerollten Schirm, als hätte wenigstens die Dämmerung den Anstand besitzen können, sich noch ein Weilchen fernzuhalten. Aber sie kam,

kam langsam und breitete sich wie ein träger dunkler Fleck
auf dem Wasser aus. Die kleine Jean Scott zerrte ihre Mutter an der Hand.

»Ich will meinen Tee, Mammi!« quarrte sie.

»Ich glaub's dir gern«, sagte Mr. Hammond. »Ich glaube,
all die Damen hier möchten gern ihren Tee haben.« Und
sein freundlicher, aufgebrachter, fast mitleidiger Blick um-
faßte sie wieder alle. Er fragte sich, ob Janey da draußen im
Salon wohl eine letzte Tasse Tee tränke. Er hoffte es, aber
er glaubte es nicht. Wie er sie kannte, würde sie das Deck
nicht verlassen. In dem Falle würde ihr der Decksteward eine Tasse heraufbringen. Wenn er an Bord wäre, würde er
sie ihr verschafft haben — irgendwie. Und für die Dauer eines Augenblicks sah er sich an Deck, über sie gebeugt, und
sah ihr zu, wie sich ihre kleine Hand um die Tasse legte, wie
sie es immer tat, während sie die einzige Tasse Tee trank,
die an Bord aufzutreiben war ... Doch jetzt war er wieder
hier an Land, und Gott allein mochte wissen, wann der verflixte Kapitän aufhören würde, in der Fahrrinne herumzu-
zaudern. Er nahm seine Wanderung von neuem auf, hin und
her, hin und her. Er ging bis zum Droschkenstand, um sich
zu vergewissern, daß sein Kutscher noch da war, und kehrte
wieder um, zurück zu der kleinen Schar, die sich im Schutz
der Bananenharasse zusammendrängte. Die kleine Jean wollte noch immer ihren Tee haben. Das arme Würmchen! Er
wünschte, er hätte ein bißchen Schokolade bei sich.

»Hör mal, Jean!« rief er. »Soll ich dich hochheben?« Und
leicht und behutsam setzte er das kleine Mädchen auf ein
hohes Faß. Sie dort festzuhalten und zu stützen, tat ihm wunderbar wohl und erleichterte ihm das Herz.

»Sitz schön still!« sagte er und legte den Arm um sie.

»Oh, bemühen Sie sich doch nicht um *Jean*, Mr. Hammond«,
sagte Mrs. Scott.

»Ist schon recht, Mrs. Scott. Keine Mühe. Das reinste Vergnügen! Jean ist meine kleine Freundin, was, Jean?«

»Ja, Mr. Hammond«, sagte Jean und fuhr mit dem Finger
in die Kerbe seines Filzhutes.
Aber auf einmal riß sie ihn am Ohr und stieß einen lauten

Schrei aus. »Oh, Mr. Hammond! Jetzt bewegt es sich! Jetzt kommt es her!«

Tatsächlich, es stimmte! Endlich. Langsam, langsam drehte der Dampfer bei. Eine Glocke hallte weit übers Wasser hin, und ein dicker Dampfstrahl zischte in die Luft. Die Möwen flogen auf, und wie weiße Papierschnipsel flatterten sie davon. Und ob das dumpfe Pochen von den Schiffsmaschinen oder von seinem Herzen kam, konnte Mr. Hammond nicht sagen. Einerlei, was es war, er mußte sich zusammenreißen, um es zu ertragen. Im gleichen Augenblick kam Captain Johnson, der alte Hafenmeister, den Pier entlang, unter dem Arm eine lederne Aktentasche.

»Jean steht ganz gut«, sagte Mr. Scott. »Ich halte sie!« Gerade noch rechtzeitig! Mr. Hammond hatte Jean nämlich vergessen und stürzte vor, um den alten Captain Johnson zu begrüßen.

»Haben Sie endlich Mitleid mit uns bekommen, Captain?« rief die aufgeregte, besorgte Stimme.

»Mir können Sie keine Schuld geben, Mr. Hammond«, schnaufte der alte Captain Johnson und starrte auf den Ozeandampfer. »Sie haben Mrs. Hammond an Bord, was?«

»Ja«, erwiderte Hammond und hielt sich an der Seite des Hafenmeisters. »Meine Frau ist oben! Hal-lo! Jetzt kann's nicht mehr lange dauern!«

Das Schiffstelefon schrillte und schrillte, das Gebrumm der Schiffsschrauben pochte durch die Luft, und der große Ozeanriese hielt auf sie zu und schnitt scharf durch das dunkle Wasser, so daß es sich zu beiden Seiten wie weiße Späne aufwärts kräuselte. Hammond und der Hafenmeister gingen voraus. Hammond nahm den Hut ab; er musterte die Decks; sie waren überfüllt mit Passagieren. Er schwenkte seinen Hut und schrie ein lautes, seltsames ›Ha-llo!‹ übers Wasser, und dann drehte er sich um, lachte laut heraus und sagte etwas — oder nichts — zum alten Captain Johnson.

»Haben Sie sie gesehen?« fragte der Hafenmeister.

»Nein, noch nicht! Langsam — wart mal!« Und plötzlich — zwischen zwei großen, ungeschickten Idioten hindurch — »Geht doch aus dem Weg!« drohte er ihnen mit seinem Schirm —,

sah er eine erhobene Hand und einen weißen Handschuh,
der ein Taschentuch schwenkte. Noch ein Augenblick — und
ja, Gott sei Dank, Gott sei Dank, sie war's! Da war Janey —
da war Mrs. Hammond — ja, ja, ja! — stand an der Reling
und lächelte und nickte und schwenkte ihr Taschentuch.
»Also das ist großartig — einfach großartig! Well, well, well!«
Er stampfte fast mit den Füßen auf. Blitzschnell zog er sein
Zigarrenetui und bot dem alten Captain Johnson davon an.
»Nehmen Sie eine Zigarre, Captain. Sie sind nicht übel! Greifen Sie tüchtig zu! Hier!« — und er drängte dem Hafenmeister alle Zigarren auf, die im Etui waren. »Ich hab' noch ein
paar Kistchen im Hotel oben!«
»Besten Dank, Mr. Hammond!« schnaufte der alte Captain.
Hammond stopfte das Zigarrenetui weg. Seine Hände zitterten, aber er fing sich wieder. Er war fähig, Janey gegen-
überzutreten. Dort stand sie, lehnte sich an die Reling, sprach
mit einer Frau und schaute gleichzeitig zu ihm her, war für
ihn da. Während die wässerige Kluft zwischen ihnen sich
schloß, fiel ihm auf, wie klein sie auf dem Riesenkasten aussah. Sein Herz krampfte sich so zusammen, daß er hätte
schreien können. Wie klein sie aussah — und hatte die ganze
lange Reise hin und zurück allein gemacht! Aber das sah ihr
ähnlich! Typisch Jane! Sie hatte die Courage eines . . . Und
jetzt war die Schiffsmannschaft vorgetreten und drängte die
Passagiere auf die Seite. Die Reling wurde beiseite gescho-
ben, um Platz für die Laufstege zu schaffen.
Die Stimmen an Land und die Stimmen an Bord flogen hin
und her, sich zu begrüßen.
»Alles wohlauf?«
»Alles wohlauf!«
»Wie geht's Mutter?«
»Viel besser!«
»Hallo, Jean!«
»Hallo, Tante Emily!«
»Gute Überfahrt gehabt?«
»Glänzend!«
»Jetzt dauert's nicht mehr lange.«
»Nein, nicht mehr lange!«

Die Schiffsmaschinen stoppten. Langsam rückte das Schiff längsseits an den Pier.

»Platz gemacht! — Platz gemacht! — Platz gemacht!« Die Hafenarbeiter schleppten in flottem Trab die schweren Laufstege an, Hammond machte Janey ein Zeichen zu bleiben, wo sie war. Der alte Hafenmeister ging als erster hinauf; Hammond folgte ihm. So etwas wie ›Ladies first‹ oder ähnlicher Mumpitz kam ihm gar nicht in den Sinn.

»Nach Ihnen, Captain!« rief er freundlich und schritt, dem alten Mann dicht auf den Fersen, den Laufsteg hinauf an Deck und schnurstracks zu Janey; er riß sie in seine Arme.

»Na also! Na also! Da bist du ja endlich!« stammelte er. Das war alles, was er sagen konnte. Und Janey tauchte aus seiner Umarmung auf, und ihre kühle kleine Stimme — für ihn die einzige auf der Welt — sagte: »Ja, Liebster! Hast du lange warten müssen?«

Nein, nicht lange. Oder vielmehr: es war egal. Es war jetzt vorbei. Die Frage war nur — er hatte am Ende vom Pier eine Droschke warten lassen — war Janey fertig? Konnte sie gleich mitkommen? War ihr Gepäck bereit? In dem Fall konnten sie sich sofort mit ihren Kabinenkoffern auf den Weg machen und das große Gepäck auf morgen verschieben. Er beugte sich über sie, und sie blickte mit ihrem vertrauten halben Lächeln zu ihm auf. Sie war genau wie immer. Nicht um einen Tag gealtert. Genauso, wie er sie von jeher gekannt hatte. Sie legte ihre kleine Hand auf seinen Ärmel.

»Wie geht's den Kindern, John?«

(Zum Teufel mit den Kindern!) »Ausgezeichnet, 's ist ihnen nie im Leben besser gegangen!«

»Haben sie dir keine Briefe für mich gegeben?«

»Doch, doch — natürlich! Ich hab' sie im Hotel gelassen, damit du sie später verdauen kannst!«

»Gar so schnell können wir nicht weggehen!« sagte sie. »Ich muß mich von einigen Leuten verabschieden — auch vom Kapitän!« Als er ein langes Gesicht machte, drückte sie verständnisinnig seinen Arm. »Wenn der Kapitän von der Kommandobrücke herunterkommt, mußt du dich bei ihm bedanken, daß er sich so reizend um deine Frau gekümmert hat.« —

Na gut — jedenfalls hatte er sie. Wenn sie noch zehn Minuten brauchte . . . Als er beiseite trat, wurde sie umringt. Anscheinend wollte sich die ganze Erste Klasse von Janey verabschieden.

»Leben Sie wohl, liebe Mrs. Hammond! Und wenn Sie nächstesmal in Sydney sind, *erwarte* ich Sie!«

»Liebste Mrs. Hammond! Sie vergessen doch nicht, mir zu schreiben, nicht wahr?«

»Ach, Mrs. Hammond, was wäre das Schiff ohne Sie gewesen!«

Es war sonnenklar, daß sie die bei weitem beliebteste Frau an Bord war. Und sie nahm es alles hin — ganz wie immer. Unerschüttert. Ganz sie selbst — ganz seine kleine Janey, wie sie jetzt dastand und ihren Schleier zurückgeschlagen hatte. Hammond merkte nie, was für Kleider seine Frau anhatte. Ihm war es völlig egal, was sie trug. Doch heute fiel es ihm auf, daß sie ein schwarzes ›Kostüm‹ trug — so nannte man das doch? — mit weißen Rüschen, als Aufputz vermutlich, am Hals und an den Ärmeln. Er sah es alles, während Janey ihn ›herumreichte‹.

»John, bitte!« Und dann: »Ich möchte dich gern bekannt machen mit . . .«

Endlich konnten sie sich retten, und sie brachte ihn zu ihrer Kabine. Ganz seltsam kam es ihm vor, Janey durch den Gang zu folgen, den sie so gut kennen mußte, und nach ihr die grünen Vorhänge auseinanderzuschlagen und in die Kabine zu treten, in der sie geatmet hatte, überwältigte ihn fast vor Glück. Aber — zum Kuckuck! — da kauerte die Stewardeß auf dem Boden und schnallte die Plaidriemen um die Reisedecken.

»Das ist das letzte, Mrs. Hammond«, sagte die Stewardeß, stand auf und zog sich die Manschetten herunter.

Er wurde wieder vorgestellt, und dann verschwanden Janey und die Stewardeß im Gang. Er hörte Geflüster. Sie erledigte die Sache mit dem Trinkgeld, dachte er. Er setzte sich auf das gestreifte Sofa und nahm seinen Hut ab. Das waren die Reisedecken, die sie von hier mitgenommen hatte; sie sahen wie neu aus. Ihr ganzes Gepäck sah neu und tadellos aus. Die Anhänger waren mit ihrer schönen, zierlichen, deutlichen Handschrift beschrieben: ›Mrs. John Hammond‹.

›Mrs. John Hammond!‹ Er stieß einen langen, zufriedenen Seufzer aus, lehnte sich an und verschränkte die Arme. Die Anspannung war vorbei. Ihm war zumute, als hätte er ewig so sitzen und erleichtert seufzen können — erleichtert, weil er endlich das abscheuliche Ziehen und Zerren los war, das sein Herz umklammert hatte. Die Gefahr war überstanden. So ein Gefühl hatte er jetzt. Sie waren wieder auf festem Boden.

Aber in diesem Augenblick steckte Janey den Kopf um die Ecke.

»Liebster — macht's dir nichts aus? — Ich muß schnell noch zum Schiffsarzt und mich von ihm verabschieden.«

Hammond fuhr auf. »Ich komme mit!«

»Nein, nein«, sagte sie. »Mach dir nicht die Mühe. Es ist mir lieber so — ich bin gleich wieder da!«

Und noch ehe er antworten konnte, war sie verschwunden. Er wäre ihr ganz gern nachgelaufen; doch dann setzte er sich wieder.

Ob sie wirklich nicht lange wegbliebe? Wie spät war es jetzt? Die Uhr kam hervor: er starrte mit leerem Blick darauf. Eigentlich war es sehr seltsam von Janey, was? Weshalb hatte sie nicht die Stewardeß beauftragt, es für sie zu erledigen? Warum lief sie dem Schiffsarzt nach? Sie hätte ihm auch vom Hotel aus ein paar Zeilen schicken können, falls es so wichtig war! Wichtig? Bedeutete es — konnte es etwa bedeuten, daß sie während der Überfahrt krank gewesen war? Daß sie ihm etwas verheimlichte? Das mußte es sein! Er griff nach seinem Hut. Er würde sich den Menschen suchen und um jeden Preis die Wahrheit aus ihm herausquetschen. Er meinte, doch *irgend* etwas bemerkt zu haben. Sie war einfach eine Spur zu ruhig, zu gefaßt. Ja, vom ersten Augenblick an . . .

Die Vorhänge sirrten. Janey war wieder da. Er sprang auf.

»Janey, bist du unterwegs krank gewesen? Sicher warst du krank!«

»Krank?« Ihre unbeschwerte kleine Stimme verspottete ihn.

Sie stieg über die Reisedecken, kam nah an ihn heran, legte ihm die Hand auf die Brust und blickte zu ihm auf.

»Liebster«, sagte sie, »jag mir keinen Schreck ein! Natürlich war ich nicht krank! Wie kommst du nur auf solche Gedanken? Seh' ich etwa krank aus?«

Aber Hammond sah es nicht. Er spürte nur, daß sie zu ihm aufblickte und daß es nicht nötig war, sich auch nur irgendwie Gedanken zu machen. Sie war da und würde sich um alles kümmern. Alles war in Ordnung. Alles war gut.

Der leise Druck ihrer Hand war so beruhigend, daß er seine Hand darüberlegte, um sie dort festzuhalten. Und sie sagte: »Steh still! Ich muß dich anschauen! Ich hab' dich noch nicht richtig angesehen! Du hast dir deinen Bart wunderbar stutzen lassen, und du siehst — warte mal, ja, du siehst jünger aus, und bestimmt auch schlanker! Das Junggesellenleben bekommt dir!«

»Bekommt mir?« Er stöhnte verliebt und umarmte sie wieder. Und wieder, wie jedesmal, hatte er das Gefühl, als hielte er etwas, das nie gänzlich ihm gehörte. Nie ganz und gar. Etwas zu Zartes, zu Kostbares, das wegfliegen würde, wenn er es losließe.

»Laß uns um Gottes willen zum Hotel fahren, damit wir für uns sind!« Und er drückte ungestüm auf die Klingel, damit jemand sofort das Gepäck abholte . . .

Als sie den Pier entlanggingen, nahm sie seinen Arm. Er hatte sie wieder am Arm! Und wie anders das jetzt war — hinter Janey in die Droschke zu steigen, die rot und gelb gestreifte Decke über sie beide zu breiten und dem Kutscher zu sagen, er solle sich beeilen, weil sie beide noch keinen Tee gehabt hatten. Kein Tag mehr ohne seinen Tee — nie mehr ihn sich selbst einschenken müssen! Sie war wieder da! Er wandte sich ihr zu, drückte ihr die Hand und fragte zärtlich und neckend in dem ›besonderen‹ Tonfall, den er nur für sie hatte: »Bist du froh, wieder zu Haus zu sein, Liebste?« Sie lächelte; sie bemühte sich gar nicht erst, zu antworten. Doch als sie in die heller erleuchteten Straßen kamen, schob sie seine Hand sanft beiseite.

»Wir haben das beste Zimmer vom Hotel«, sagte er. »Mit einem andern habe ich mich nicht abspeisen lassen. Und ich habe das Zimmermädchen gebeten, ein kleines Feuerchen im Kamin zu machen, falls dir fröstelig ist. Sie ist eine nette, aufmerksame Person. Und ich dachte, wo mir nun mal hier sind, brauchten wir nicht gleich morgen nach Hause zu fahren, sondern sollten einen Tag hier verbringen und uns umschauen und erst übermorgen aufbrechen. Paßt dir das? Es eilt ja wirklich nicht. Die Kinder haben dich noch früh genug. Ich fand, ein Tag mit dem Anschauen von Sehenswürdigkeiten wäre mal eine Abwechslung für dich nach der Fahrt, Janey?«

»Hast du schon die Fahrkarten für übermorgen?« fragte sie.

»Das wollt' ich meinen!« Er knöpfte seinen Mantel auf und nahm seine dicke Brieftasche heraus. »Da haben wir sie! Ich habe ein Erste-Klasse-Abteil nach Salisbury reserviert. Da sieh: Mr. *und* Mrs. John Hammond! Ich fand, wir könnten's uns behaglich machen — wollen doch nicht, daß dauernd fremde Leute reinplatzen, nicht? Aber falls du noch länger bleiben möchtest?«

»O nein!« rief Janey rasch. »Keinen einzigen Tag länger! Also dann übermorgen. Und die Kinder . . .«

Aber da waren sie vor dem Hotel angelangt. Der Direktor stand im breiten, strahlend erleuchteten Eingang. Er ging hinunter, um sie zu begrüßen. Ein Hausbursche kam aus der Halle herbei und bemächtigte sich des Gepäcks.

»Hier ist also Mrs. Hammond endlich, Mr. Arnold!«

Der Direktor führte sie persönlich durch die Halle und drückte auf den Klingelknopf am Lift. Hammond wußte, daß Geschäftsfreunde von ihm an den kleinen Tischchen in der Halle saßen und vor dem Abendessen einen Drink nahmen. Doch er wollte es nicht auf eine Unterbrechung ankommen lassen; er sah weder nach rechts noch nach links. Mochten sie denken, was sie wollten! Wenn sie's nicht begriffen, waren sie schön dumm — und er stieg aus dem Lift, schloß die Tür zu ihrem Zimmer auf und ließ Janey eintreten. Die Tür war zu! Endlich waren sie jetzt beide allein! Er schaltete das Licht an. Die Vorhänge waren zugezogen; im Kamin brannte das Feuer mit heller Flamme. Er schleuderte seinen Hut aufs Bett und trat auf sie zu.

Aber sollte man es für möglich halten? Sie wurden wieder unterbrochen! Diesmal war es der Hausbursche mit dem Gepäck. Er mußte zweimal gehen, ließ zwischendurch die Tür offenstehen, pfiff auf dem Korridor durch die Zähne und nahm sich Zeit. Hammond ging im Zimmer auf und ab, riß sich die Handschuhe von den Fingern und den Schal vom Hals. Zu guter Letzt schleuderte er seinen Mantel aufs Bett. Endlich war der Tropf gegangen. Die Tür klickte ins Schloß. Jetzt waren sie wirklich allein. Hammond sagte: »Mir ist, als hätte ich dich nie mehr für mich allein! Diese verdammten Leute! Janey —« Aufgeregt und ungeduldig blickte er sie an. »Laß uns hier oben essen! Wenn wir ins Restaurant hinuntergehen, werden wir belästigt, und dann ist da auch noch die verdammte Musik« (die Musik, die er gestern abend bis in den siebenten Himmel gelobt und so laut beklatscht hatte!). »Wir würden unser eigenes Wort nicht verstehen! Laß uns hier am Kamin etwas essen! Für den Tee ist's ohnehin zu spät. Ich werde ein kleines Souper bestellen, ja? Wie gefällt dir der Vorschlag?«

»Tu's, Liebster. Und während du weg bist — die Briefe von den Kindern...«

»Ach, das hat doch Zeit bis später!« sagte Hammond.

»Dann haben wir's hinter uns«, sagte Janey. »Und zuerst möchte ich genug Zeit haben, um...«

»Oh, ich brauche nicht nach unten zu gehen«, erklärte Hammond. »Ich läute einfach und bestelle... Oder willst du mich wegschicken?«

Janey schüttelte den Kopf und lächelte.

»Aber du denkst an etwas anderes! Du sorgst dich um etwas«, sagte Hammond. »Was ist's? Komm und setz dich her — komm ans Feuer und setz dich auf meine Knie!«

»Ich will nur noch meinen Hut abnehmen!« sagte Janey und ging zum Frisiertisch. »Oh!« schrie sie auf.

»Was gibt's?«

»Nichts weiter, Liebster. Ich habe die Briefe von den Kindern gefunden. Dann ist's ja gut. Sie bleiben uns. Jetzt eilt es nicht mehr!« Sie drehte sich, die Briefe in der Hand, zu ihm um und steckte sie in ihre rüschenbesetzte Bluse. Hastig und heiter rief sie: »Wie bezeichnend der Frisiertisch für dich ist!«

»Warum? Was ist denn dran?«

»Wenn er frei durch die Ewigkeit schwebte, würde ich ›John‹ sagen«, lachte sie und blickte auf die große Flasche Haarwasser, den umflochtenen Flakon Eau de Cologne, die zwei Haarbürsten und ein Dutzend neue, mit rosa Bändchen zusammengebundene Kragen. »Ist das dein ganzes Gepäck?«

»Ach, hol der Kuckuck mein Gepäck!« sagte Hammond. Aber er ließ sich trotzdem gern von Janey auslachen. »Erzählen wir uns was! Sprechen wir von der Hauptsache! Sag mir«, fragte er die auf seinen Knien sitzende Janey, lehnte sich zurück und zog sie mit sich in den häßlichen, tiefen Sessel hinein, »sag mir, ob du dich wirklich freust, wieder hier zu sein, Janey!«

»Ja, Liebster, ich freue mich«, sagte Janey.

Aber so, wie Hammond, wenn er sie umarmte, das unsichere Gefühl hatte, sie könne ihm davonfliegen, so hatte er jetzt das unsichere Gefühl, nicht zu wissen, ob sie sich genauso freue wie er. Er konnte es nicht mit völliger Gewißheit wissen. Würde er es jemals wissen? Würde er immer dieses Verlangen spüren — diesen Drang, der irgendwie dem Hunger glich —, Janey so sehr zu einem Teil seiner selbst zu machen, daß nichts von ihr bliebe, was entfliehen könnte? Er wollte jeden beseitigen — jeden und alles! Er wünschte, er hätte das Licht ausgeschaltet — dadurch wäre sie ihm vielleicht näher gewesen. Und nun noch die Briefe von den Kindern, die in ihrer Bluse knisterten. Er hätte sie ins Feuer werfen mögen.

»Janey!« flüsterte er.

»Ja, Liebster?« Sie lag an seiner Brust, aber so schwerelos, so fern. Nur ihre Atemzüge fielen zusammen.

»Janey?«

»Was ist?«

»Schau mich an!« flüsterte er. Eine tiefe Röte breitete sich allmählich auf seiner Stirn aus. »Küß mich, Janey! Küß *du* mich!«

Er glaubte, eine winzige Pause feststellen zu können — die aber lang genug war, daß er Qualen ausstand —, bevor ihre Lippen die seinen berührten, entschlossen und leicht, wie sie ihn immer geküßt hatte: als sollte der Kuß — wie konnte er es nur beschreiben — einfach das bestätigen, was die Lippen gesagt hatten: einen Vertrag besiegeln! Aber das war es nicht, was er wollte, das war keineswegs, wonach ihn dürstete. Er fühlte sich auf einmal furchtbar müde.

»Wenn du wüßtest«, sagte er und schlug die Augen auf, »wie das heute für mich gewesen ist — die ganze Warterei! Ich dachte, das Schiff würde niemals einlaufen! Wir standen da und lungerten herum. Was hat euch nur so lange aufgehalten?«

Sie gab ihm keine Antwort. Sie blickte an ihm vorbei ins Feuer. Die Flammen züngelten, züngelten eilig über die Kohlen, flackerten und sanken in sich zusammen.

»Du schläfst doch nicht?« fragte er und ließ sie auf und ab hopsen.

»Nein«, sagte sie. Und dann: »Laß das, Liebster! Nein, ich habe nur an etwas gedacht. Letzte Nacht ist nämlich ein Passagier gestorben«, sagte sie, »ein Mann. Das hat uns aufgehalten. Wir haben ihn mit hergebracht ... ich meine, er wurde nicht auf See bestattet. Und deshalb mußten natürlich der Schiffsarzt und der Hafenarzt ...«

»Woran ist er gestorben?« fragte Hammond unruhig. Es war ihm verhaßt, vom Tod zu hören. Es war ihm gräßlich, daß es hatte geschehen müssen. Auf eine schrullige Art war es etwa so, als wären er und Janey auf ihrer Fahrt zum Hotel einem Leichenzug begegnet.

»Oh, es war überhaupt nichts Ansteckendes!« sagte Janey. Ihr Geflüster war wie ein Hauch. »Es war das *Herz!*« Sie verstummte. »Der arme Mensch!« sagte sie dann. »Er war noch so jung!« Und sie starrte in das Spiel der Flammen. »Er ist in meinen Armen gestorben«, sagte Janey.

Der Schlag kam so unerwartet, daß Hammond sich einer Ohnmacht nahe fühlte. Er konnte sich nicht bewegen; er konnte nicht atmen. Er hatte ein Gefühl, als flösse all seine Kraft fort, als flösse sie in den großen dunklen Sessel, und der große dunkle Sessel hielt ihn fest, hielt ihn eisern fest und zwang ihn, es zu ertragen.

»Was?« fragte er dumpf. »Was hast du da gesagt?«

»Das Ende war ganz friedlich«, sagte die kleine Stimme. »Zuletzt hat er einfach« — und Hammond sah sie sacht die Hand heben — »sein Leben ausgehaucht.« Und ihre Hand sank.

»Wer war — sonst noch dabei?« würgte er hervor.

»Niemand. Ich war allein mit ihm.«

Großer Gott, was sagte sie da? Was tat sie ihm an? Das würde er nicht überleben! Und dabei sprach sie immer weiter: »Ich sah, wie die Veränderung über ihn kam, und schickte den Steward zum Arzt. Aber der Arzt kam zu spät. Er hätte ohnehin nichts tun können.«

»Aber warum *du*, warum *du*?« ächzte Hammond. Daraufhin drehte sich Janey rasch um und forschte rasch in seinem Gesicht.

»Es trifft dich doch nicht, John, nicht wahr?« fragte sie. »Du kannst nicht — es hat nichts mit dir und mir zu tun!«

Irgendwie gelang es ihm, den Kopf zu schütteln und zu lächeln. Irgendwie konnte er hervorstottern: »Nein. Aber weiter — erzähl weiter! Ich möchte, daß du's mir erzählst!«

»So hör doch, Liebster ...«

»Erzähle, Janey!«

»Es gibt nichts zu erzählen«, sagte sie verwundert. »Er war einer von den Passagieren der Ersten Klasse. Als er an Bord kam, sah ich schon, daß er sehr krank war ... Doch es schien ihm immer besserzugehen — bis gestern. Am Nachmittag hatte er einen schweren Anfall — von der Aufregung oder aus Nervosität, vermute ich, wegen der Ankunft. Und davon hat er sich nicht mehr erholt.«

»Aber warum hat nicht die Stewardeß ...«

»Nein, Liebster — die Stewardeß!« sagte Janey. »Wie wäre ihm da zumute gewesen? Und vielleicht ... hätte er eine Nachricht hinterlassen wollen ... für ...«

»Hat er?« stammelte Hammond. »Hat er etwas gesagt?«

»Nein, Liebster, nicht ein Wort!« Sie schüttelte leise den Kopf. Die ganze Zeit, die ich bei ihm war, war er zu schwach... Er war zu schwach, auch nur einen Finger zu rühren ...«

Janey schwieg. Aber ihre Worte, die leichten, leisen, kühlen Worte, schienen in der Luft zu schweben und wie Schnee in sein Herz zu sinken.

Das Feuer war nur noch rote Glut. Jetzt fiel es mit einem jähen Geräusch in sich zusammen, und das Zimmer wurde kühl. Die Kälte kroch ihm die Arme hinauf. Das Zimmer war riesig, grenzenlos, unfaßbar. Es füllte seine ganze Welt. Dort war das große blinde Bett mit seinem daraufgeschleuderten Mantel, der wie ein Mann ohne Kopf seine Gebete hersagte. Dort war das Gepäck, bereit, weggetragen zu werden, irgendwohin, in Züge geworfen, auf Schiffe gekarrt zu werden.

»... Er war zu schwach. Er war zu schwach, auch nur einen Finger zu rühren ...« Und doch war er in Janeys Armen gestorben. Sie, die nie — niemals in all den Jahren — nie bei der kleinsten, geringsten Gelegenheit ...

Nein! Er durfte nicht daran denken. Daran denken führte zum Wahnsinn. Nein, er wollte sich nicht damit auseinandersetzen. Er konnte es nicht aushalten. Es ging über seine Kräfte!

Und jetzt berührte Janey seinen Querbinder mit ihren Fingern. Sie drückte die beiden Enden der Schleife zusammen.

»Du bist — es tut dir doch nicht leid, daß ich's dir erzählt habe, liebster John? Es hat dich doch nicht traurig gemacht? Es hat doch nicht unseren Abend verdorben — unser Alleinsein?«

Da mußte er sein Gesicht verstecken. Er vergrub es an ihrer Brust, und seine Arme umschlangen sie.

Den Abend verdorben? Das Alleinsein verdorben? Nie wieder wären sie miteinander allein.

Ein stämmiger Mann mit rotem Gesicht trägt eine schmuddelige weiße Flanellhose, eine blaue Jacke mit einem roten Taschentuch in der Brusttasche und einen Strohhut, der viel zu klein für ihn ist und ihm auf dem Hinterkopf thront. Er spielt Gitarre. Ein kleiner Bursche in weißen Stoffschuhen, das Gesicht unter einem Filzhut versteckt, der ihm wie ein gebrochener Flügel herunterhängt, haucht in eine Flöte; und ein hoch aufgeschossener, magerer junger Mann mit aufgeplatzten Knopfstiefeln reiferen Jahrgangs holt aus einer Fiedel Tonbänder — lange, gewundene, flatternde Tonbänder. Ohne zu lächeln, aber nicht ernst stehen sie im hellen Sonnenschein gegenüber vom Obstladen; die rote Spinnenhand schlägt auf die Gitarre ein, der kleine Handstumpen mit dem messingnen Türkisring quält die widerstrebende Flöte, und der Arm des Fiedlers versucht die Geige in zwei Stücke zu zersägen.

Eine Menschenmenge sammelt sich an, ißt Orangen und Bananen, zieht die Schale ab, teilt und verteilt. Ein junges Mädchen hat sogar ein Körbchen Erdbeeren, aber sie ißt sie nicht. »Sind sie nicht wonnig?« Sie blickt auf die kleinen, zugespitzten Früchte, als hätte sie Angst vor ihnen. Der australische Soldat lacht. »Los, mach zu, 's ist nicht mehr als ein Mundvoll!« Aber dann will er doch nicht, daß sie die Erdbeeren ißt. Es freut ihn, ihr kleines, erschrockenes Gesicht und die verwirrt zu ihm aufblickenden Augen zu beobachten. »Sind sie nicht der Gipfel?« Er wirft sich in die Brust und grinst. Dicke alte Frauen in Samttaillen — verstaubte alte ›Nadelkissen‹; hagere alte Hexen, dürr wie ausgeleierte Regenschirme mit einer wackligen Haube obendrauf; junge Frauen in Musslinkleidchen mit Hüten, die auf Hecken erblüht sein können, und mit hochhackigen, spitzen Schuhen; Männer in Khakiuniform, Matrosen, armselige Bürolisten, junge Juden in feinen Tuchanzügen mit wattierten Schultern und weiten Hosenbeinen, ›Weisenhausjungen‹ von Christ's Hospital in Blau — die Sonne entdeckt sie, die laute, dreiste Musik rafft sie für einen Augenblick in einem einzigen Klumpen zusammen. Die Jugend albert herum, stößt sich vom Bürgersteig herunter, weicht aus und schubst sich; die Alten schwatzen: »Drum hab' ich gesagt, wenn du durchaus den Doktor willst, hol ihn, hab' ich gesagt.«

»Und als sie endlich gar waren, da waren's nicht mal so viele, wie man in eine Hand nehmen kann!«

Die einzigen, die schweigen, sind die zerlumpten Kinder. Sie stehen so nah bei den Musikanten, wie sie nur können, haben die Hände auf dem Rücken und machen große Augen. Gelegentlich hopst ein Bein, wedelt ein Arm. Ein winzig kleines Watschelkind dreht sich zweimal hingerissen um sich selbst, setzt sich mit feierlicher Miene hin und steht wieder auf.

»Ist es nicht wunderschön?« flüstert ein kleines Mädchen hinter der vorgehaltenen Hand.

Und die Musik bricht in strahlende Klänge auseinander und vereinigt sich wieder und löst sich auf, und die Menge zerstreut sich und rückt langsam hügelan.

An der Straßenecke beginnen die Buden.

»*Tickler!* Zwei Pence ein *Tickler!* Wer will einen? Los, Boys, kitzelt sie!« — Kleine weiche Wedel an Drahtstielen. Von den Soldaten werden sie eifrig gekauft.

»Kauft *Golliwogs!* Zwei Pence ein *Golliwog!*«

»Kauft meine hopsenden Esel! Springlebendig!«

»Erstklassiger Kaugummi! Kauft, Boys, kauft! Dann habt ihr was zu tun!«

»Kauft Rosen! Schenk ihr 'ne Rose, Boy! Rosen, die Dame?«

»Federn! Federn!« Da kann niemand widerstehen! Herrlich flatternde Federn, smaragdgrün, scharlachrot, grellblau, kanariengelb! Sogar den Babies werden Federn in die Mützchen gesteckt.

Und eine alte Frau mit einem Dreispitz aus Papier ruft, als wäre es ihr letzter Rat vor dem Auseinandergehen, die einzige Rettung oder die einzige Möglichkeit, ihn oder sie zur Vernunft zu bringen: »Kauf einen Dreispitz, mein Schatz, und setz ihn dir auf!«

Es ist flatterhaftes Wetter, halb Sonne, halb Wind. Wenn die

Sonne verschwindet, fliegt ein Schatten vorbei; wenn sie wieder hervorkommt, ist sie feurig. Die Männer und Frauen spüren, wie sie ihnen auf den Rücken und die Brust und die Arme brennt; sie spüren, wie ihr Körper sich dreht und lebendig wird ... so daß sie schwungvolle Gesten vollführen, die Arme hochwerfen, einfach so, und sich, vor Lachen platzend, ein Mädchen greifen.

Limonade! Ein ganzer Glaskübel steht, mit einem Tuch bedeckt, auf einem Tisch, und Zitronen tauchen wie stumme Fische in der gelben Flüssigkeit auf. In den dickwandigen Gläsern sieht sie fest aus, wie Gallert. Warum können die Leute sie nicht trinken, ohne sie zu verschütten? Jeder verschüttet etwas, und ehe sie das Glas zurückgeben, werden die letzten Tropfen herumgespritzt. Um den Eiscremewagen mit dem gestreiften Zeltdach und dem blanken Messingdeckel drängen sich die Kinder. Kleine Zungen lecken, lecken rund um die Cremetüten, rund um die Becher. Der Deckel wird abgehoben, der Plastiklöffel taucht hinein — man schließt die Augen, um es zu spüren, leicht knirschend.

»Meine Vögelchen können die Zukunft verkünden!« Sie steht neben dem Käfig — eine verschrumpelte Italienerin undefinierbaren Alters —, und ihre dunklen Krallen verkrampfen und öffnen sich — rastlos. Ihr Gesicht, eine Kostbarkeit edelster Schnitzkunst, wird von einem grüngoldenen Tuch umrahmt. Und die Sittiche in ihrem Gefängnis flattern zu den Papierröllchen im Futternapf.

»Sie besitzen einen sehr starken Charakter! Sie heiraten einen rothaarigen Mann und bekommen drei Kinder! Hüten Sie sich vor einer Blondine! Obacht! Obacht! Ein Auto mit einem dicken Fahrer kommt den Berg heruntergebraust. Drin sitzt eine Blondine, macht ein böses Gesicht, beugt sich vor, rast durch ihr Leben — hüten Sie sich! Hüten Sie sich!«

»Meine Damen und Herren, ich bin Auktionator von Beruf, und wenn das, was ich Ihnen sage, nicht die Wahrheit ist, wird mir die Lizenz entzogen, und ich bekomme eine schwere Gefängnisstrafe!« Er hält seine Lizenz hoch, hält sie quer vor die Brust, der Schweiß rinnt ihm vom Gesicht in den

Papierkragen; seine Augen starren glasig. Als er den Hut abnimmt, sieht man auf seiner Stirn eine dicke Falte zornigen Fleisches. Niemand kauft seine Uhren.

Schaut jetzt dorthin! Eine riesige Kalesche kommt die Anhöhe herab, drin sitzen zwei uralte Leutchen. Sie hält einen Sonnenschirm aus Spitze steif über sich, er nuckelt am Knauf seines Spazierstocks, und die dicken alten Körper wackeln gegeneinander, wenn der Schwingtrog schaukelt, und der dampfende Gaul hinterläßt eine Mistspur, während er bergab zottelt. Unter einem Baum steht Professor Leonhard in Barett und Talar neben seiner Reklametafel. Er ist ›nur für einen Tag‹ von der Ausstellung in London, Paris und Brüssel hergereist, um dir deine Zukunft vom Gesicht abzulesen. Und er steht da und lächelt so ermutigend wie ein ungeschickter Zahnarzt. Wenn die großen Männer, die noch einen Augenblick zuvor gelärmt und geflucht haben, ihm ihre Sixpence reichen und vor ihm stehen, sind sie plötzlich ernst, blöde und schüchtern und werden beinah rot, wenn die schnelle Hand des Professors die vorgedruckte Karte knipst. Wie kleine Kinder sind sie auf einmal, die beim Spiel in einem verbotenen Garten vom Eigentümer erwischt werden, der hinter einem Baum hervorkommt.

Endlich auf der Anhöhe oben. Wie heiß es ist! Wie schön es ist! Die Wirtschaft ist offen, und die Menge drängelt hinein. Draußen auf der Bordschwelle sitzt Mutter mit dem Baby, und Vater bringt ihr ein Glas dunkles, bräunliches Zeugs und schafft sich dann, wild die Ellbogen gebrauchend, von neuem den Weg hinein. Aus der Wirtschaft schwebt Biergestank und lautes Geklapper und Stimmengeschnatter.

Der Wind flaut ab, und die Sonne brennt glühender denn je. Vor den beiden Drehtüren hängen Kinder in Scharen — wie Fliegen an der Tülle eines Sirupkruges. Und bergauf, immer wieder bergauf strömt die Menschenmenge mit *Ticklern* und *Golliwogs* und Rosen und Federn. Bergauf, bergauf strömen sie, brüllend, lachend, quietschend, bergauf ins Licht und in die Hitze, als würden sie von jemand weiter unten bergauf gestoßen und weit voraus von der Sonne in den vollen, grellen, blendenden Glanz gezogen — wohin?

Als der alte Mr. Neave sich an jenem Abend durch die Drehtür schob und die drei breiten Stufen zum Bürgersteig hinunterging, spürte er zum erstenmal in seinem Leben, daß er
für den Frühling zu alt war. Der Frühling war da — warm
und übermütig und unruhig wartete er mit seinem goldenen Licht auf ihn, bereit, vor aller Welt auf ihn zuzusprin-
gen, ihn an seinem weißen Bart zu ziehen und sich anmutig
bei ihm einzuhängen. Aber einer Begegnung mit ihm fühlte sich Mr. Neave nicht gewachsen, nein — er konnte sich
nicht noch einmal anpassen und übermütig wie ein junger
Mann seiner Wege gehen. Er war müde, und obwohl die
Nachmittagssonne noch schien, fröstelte es ihn, und am ganzen Körper war ihm merkwürdig benommen. Und auf einmal hatte er nicht mehr die Spannkraft, hatte den Mut nicht
mehr, der Freude und dem heiteren Treiben noch länger
standzuhalten; es verwirrte ihn. Er wollte stehenbleiben,
wollte es mit dem Stock wegscheuchen und sagen: ›Schert
euch fort!‹ Auf einmal war es eine große Anstrengung geworden, all die Leute, die er kannte — Freunde, Bekannte,
Ladenbesitzer, Briefträger und Kutscher —, wie üblich zu
grüßen, indem er mit dem Stock an seinen Schlapphut tippte. Und den fröhlichen Blick, der die Geste begleitete, das
freundliche Blinzeln, das zu sagen schien: ›Was ihr könnt,
kann ich allemal!‹ — das konnte der alte Mr. Neave überhaupt nicht mehr fertigbringen. Er stapfte weiter und hob
die Knie, als schritte er durch Luft, die irgendwie schwer
und fest wie Wasser geworden war. Und die heimwärts
strebende Menge eilte an ihm vorbei, die Straßenbahnen rasselten, die leichten Karren klapperten, und die großen, schau-
kelnden Droschken rollten mit einer rücksichtslosen, frechen
Unbekümmertheit dahin, wie man sie nur aus Träumen
kennt...

Im Büro war es ein Tag wie jeder andere gewesen. Nichts
Besonderes hatte sich ereignet. Harold war allerdings erst
kurz vor vier vom Mittagessen zurückgekommen. Wo war

er gewesen? Was hatte er angestellt? Er wollte es seinem Vater nicht erzählen. Der alte Mr. Neave war zufällig im Vestibül gewesen, um einen Besucher zu verabschieden, als Harold angebummelt kam, wie immer tadellos angezogen, kühl, verbindlich und mit dem gewissen feinen Lächeln, das die Frauen so bezaubernd fanden.

Ach ja, Harold war zu hübsch, viel zu hübsch: das war der alte Kummer. Kein Mann hatte das Recht auf solche Augen, solche Wimpern und solche Lippen; es war unheimlich. Was seine Mutter, die Schwestern und die Dienstboten betraf, so konnte man getrost behaupten, daß sie ihn vergötterten; sie verehrten ihn, sie verziehen ihm alles — und Verzeihung hatte er weiß Gott immer nötig gehabt, schon seit er als Dreizehnjähriger die Geldbörse seiner Mutter gestohlen, das Geld herausgenommen und die Börse im Schlafzimmer der Köchin versteckt hatte. Der alte Mr. Neave schlug heftig mit seinem Stock gegen die Kante der Bordschwelle. Es war jedoch nicht nur seine eigene Familie, die Harold verwöhnte, sondern es war jedermann, dachte er: er brauche sie nur anzusehen und zu lächeln, und schon lagen sie vor ihm auf den Knien. Daher war es vielleicht nicht verwunderlich, daß Harold erwartete, diese nette Tradition würde auch im Geschäft aufrechterhalten werden. Hm, hm! Das ging doch nicht an. Kein Unternehmen, nicht einmal ein erfolgreicher, gut eingeführter, großer und rentabler Konzern durfte als Spielerei betrieben werden. Ein Mann mußte sich entweder mit Leib und Seele fürs Geschäft einsetzen, oder es ging vor seinen Augen vor die Hunde . . .

Und dabei drängten ihn Charlotte und seine Töchter ständig, Harold das Ganze zu übergeben, sich zurückzuziehen und sein Leben zu genießen. Sein Leben genießen! Der alte Mr. Neave blieb plötzlich unter einer Gruppe uralter Kohlpalmen vor dem Regierungsgebäude stehen. Der Abendwind schüttelte die dunklen Wedel, so daß sie hohl und phantastisch losschnatterten. Zu Hause sitzen, Daumen drehen, die ganze Zeit wissen, daß sein Lebenswerk zerfiel und hinschwand und durch Harolds feine Finger glitt, während Harold lächelte . . .

»Warum willst du so unvernünftig sein, Vater? Es ist ganz
unnötig, daß du ins Büro gehst! Und für uns ist es sehr peinlich, wenn die Leute dauernd sagen, wie müde du aussiehst.
Hier ist das große Haus und der Garten — hier könntest du
dich bestimmt glücklich fühlen, wenn du es zur Abwechslung mal genießt. Oder du könntest dir irgendein Hobby
zulegen!«

Und Lola, das Nesthäkchen, hatte sich anmaßend einge-
mischt: »Alle Männer sollten ein Hobby haben! Wenn sie
keins haben, ist das Leben mit ihnen unmöglich!«

So, so! Unwillkürlich mußte er grimmig lächeln, als er mühsam die Anhöhe zu erklimmen begann, die zur Harcourt
Avenue führte. Wo würden Lola und ihre Schwestern und
Charlotte heute sein, wenn er sich auf Hobbies eingelassen
hätte? Das sollten sie mal bedenken! Hobbies konnten nicht
für ihr Stadthaus und den Bungalow am Meer zahlen, nicht
für ihre Reitpferde und ihr Golfspielen, nicht für das Sechzig-
Guineen-Grammophon im Musikzimmer, zu dessen Klän-
gen sie tanzten. Nicht etwa, daß er ihnen das alles mißgönnt
hätte! Keinesfalls! Es waren elegante, hübsche Mädchen, und
Charlotte war eine beachtliche Frau, daher war es nur natürlich für sie, überall mitzumachen. Tatsächlich war kein anderes Haus in der Stadt so beliebt wie das ihre, keine andere
Familie gab so viele Gesellschaften. Und wie oft hatte der
alte Mr. Neave, wenn er nach dem Essen im Rauchzimmer
einem Gast die Zigarrenkiste zuschob, Lobeshymnen auf
seine Frau und die Töchter gehört, ja sogar auf sich selbst!
»Wirklich, eine ideale Familie, Sir! Eine ideale Familie! So
ungefähr, wie man's in Büchern liest oder auf der Bühne
sieht!«

»Was Sie nicht sagen, mein Junge!« pflegte der alte Mr. Neave
dann zu erwidern. »Versuchen Sie mal eine von denen da —
ich glaube, sie wird Ihnen schmecken. Falls Sie gern im Garten rauchen wollen, so finden Sie die Mädchen wahrscheinlich auf dem Rasenplatz.«

Deshalb hätten die Mädchen nie geheiratet, sagten die Leute: sie hätten heiraten können, wen sie wollten, aber sie hatten es zu Hause zu nett. Sie waren glücklich miteinander,

die Mädchen und Charlotte. Hm, hm! Na ja. Es mochte so sein ...

Inzwischen hatte er die vornehme Harcourt Avenue in ihrer ganzen Länge durchmessen und das Eckhaus erreicht, sein Haus. Das Tor für die Wageneinfahrt stand offen; im Kies waren frische Räderspuren. Und dann wandte er sein Gesicht dem großen, weiß gestrichenen Haus zu, den weit offenen Fenstern, deren Tüllgardinen im Wind flatterten, und den blauen Hyazinthenschalen auf den breiten Fenstersimsen. Zu beiden Seiten der Wageneinfahrt begannen die in der ganzen Stadt berühmten Hortensien zu blühen; die rosa und hellblauen Blütendolden leuchteten üppig über den saftigen Blättern. Und dem alten Mr. Neave kam es so vor, als sagten das Haus und die Blumen und sogar die frischen Wagenspuren in der Zufahrt: ›Hier ist junges Leben! Hier sind Mädchen ...‹ Die Halle war dämmerig, wie immer, und auf den Eichentruhen türmten sich Umhänge und Schirme und Handschuhe. Im Musikzimmer erklang überstürzt und laut und ungeduldig der große Flügel. Durch die offenstehende Salontür drangen Stimmen zu ihm her.

»Und hat es Eis gegeben?« fragte Charlotte, und ihr Schaukelstuhl knarrte.

»Aber was für Eis!« rief Ethel. »Noch nie im Leben hast du solch ein Eis gesehen, Mutter! Bloß zwei Sorten. Das eine war ein gewöhnliches Erdbeereis, wie man's im Laden bekommt, in einer aufgeweichten Papierkrause!«

»Das Essen war überhaupt schaurig«, rief Marion.

»Immerhin ist's noch ziemlich früh für Eis«, säuselte Charlotte.

»Aber wenn es einem schon vorgesetzt wird, warum ...«, empörte sich Ethel.

»Ja, sicher, Liebling«, säuselte Charlotte.

Plötzlich flog die Tür des Musikzimmers auf, und Lola stürzte heraus. Sie fuhr zurück und hätte beinah aufgeschrien, als sie den alten Mr. Neave sah.

»Meine Güte, Vater! Was du mir für einen Schreck eingejagt hast! Bist du gerade eben nach Hause gekommen? Warum ist Charles nicht hier und nimmt dir den Mantel ab?«

Ihre Wangen glühten vom Klavierspiel, ihre Augen glänzten, das Haar fiel ihr in die Stirn, und sie atmete so rasch, als wäre sie im Dunkeln gerannt und fürchte sich. Der alte Mr. Neave blickte seine jüngste Tochter an; ihm war, als habe er sie noch nie gesehen. So, so, das war also Lola? Sie aber schien ihren Vater vergessen zu haben: nicht auf ihn hatte sie hier gewartet. Jetzt nahm sie den Zipfel ihres zerknüllten Taschentuchs zwischen die Zähne und zerrte ärgerlich daran. Das Telefon läutete! A-ah! Lola stieß einen Schrei aus, der sich wie ein Aufschluchzen anhörte, und sauste an ihm vorbei. Die Tür der Kammer mit dem Telephon schlug zu, und nun rief Charlotte: »Bist du's, Vater?«

Vorwurfsvoll rief sie: »Du bist wieder müde!«, unterbrach ihr Geschaukel und bot ihm ihre warme, pflaumenhafte Wange. Die hellblonde Ethel streifte seinen Bart, und Marions Lippen glitten an seinem Ohr vorbei.

»Bist du zu Fuß gekommen, Vater?« fragte Charlotte.

»Ja, ich bin zu Fuß gegangen«, sagte der alte Mr. Neave und sank in einen der tiefen Salonsessel.

»Warum hast du keinen Wagen genommen?« fragte Ethel.

»Um diese Zeit sind sie zu Hunderten auf der Straße!«

»Aber Ethel«, rief Marion, »wenn Vater sich durchaus ermüden will, sehe ich keinen Grund, daß wir uns einmischen!«

»Kinder! Kinder!« bat Charlotte beschwichtigend.

Doch Marion wollte nicht aufhören. »Nein, Mutter, du verwöhnst Vater, und das ist nicht gut! Du müßtest strenger mit ihm sein. Er ist nicht brav!« Sie lachte ihr hartes, helles Lachen, während sie vor dem Spiegel stand und an ihrer Frisur zupfte. Seltsam! Als kleines Kind hatte sie eine so sanfte, scheue Stimme gehabt, sie hatte sogar etwas gestottert, doch wenn sie jetzt etwas sagte, und wär's auch nur: ›Die Marmelade, bitte‹, klang es, als stünde sie auf der Bühne.

»Ist Harold vor dir weggegangen?« fragte Charlotte und begann wieder zu schaukeln.

»Ich könnt's nicht sagen«, erwiderte der alte Mr. Neave. »Ich könnt's nicht sagen. Nach vier Uhr habe ich ihn nicht mehr gesehen.«

»Er sagte mir . . .«, begann Charlotte.

Aber in diesem Augenblick lief Ethel, die hastig die Seiten einer Zeitschrift umgeblättert hatte, zu ihrer Mutter und sank neben dem Schaukelstuhl in die Knie.

»Hier, sieh mal, Mummy!« rief sie. »Das habe ich gemeint. Gelb, mit feinem Silbermuster. Mußt du mir nicht recht geben?«

»Zeig es her, Kind!« sagte Charlotte. Sie suchte nach ihrer Schildpattbrille, fand sie und setzte sie auf. Mit ihren dicken kleinen Fingern stieß sie gegen das Blatt und betrachtete es mit leicht gespitztem Mund. »Sehr süß«, säuselte sie gleichmütig und blickte Ethel über die Brille hinweg an, »aber die Schleppe würde ich weglassen!«

»Keine Schleppe!« jammerte Ethel enttäuscht. »Aber auf die Schleppe kommt es ja vor allem an!«

»Zeig mal, Mutter! Laß mich Schiedsrichter sein!« rief Marion scherzend und riß ihrer Mutter die Zeitschrift aus der Hand.

»Ich gebe Mutter recht!« jubelte sie. »Die Schleppe ist einfach zuviel des Guten!«

Der alte Mr. Neave saß vergessen im Schoß des tiefen Sessels, sann vor sich hin und vernahm ihre Stimmen nur wie im Traum. Es ließ sich nicht leugnen, er war erschöpft; er hatte seine alte Widerstandskraft verloren. Heute abend gingen ihm sogar Charlotte und die Mädchen auf die Nerven. Sie waren zu ... zu ... Doch seinem grübelnden Gehirn fiel nichts weiter ein als ›zu üppig für ihn‹. Und irgendwo hinter alledem beobachtete er ein kleines, uraltes, verschrumpeltes Männchen, das endlose Treppenfluchten hinaufstieg. Wer war das?

»Heute abend ziehe ich mich nicht um«, murrte er.

»Was hast du gesagt, Vater?«

»Was? Ja, was?« Der alte Mr. Neave war auf einmal völlig wach und blickte sie an. »Heute abend ziehe ich mich nicht um«, wiederholte er.

»Aber, Vater, Lucile kommt doch heute und Henry Davenport und Mrs. Teddy Walker!«

»Du würdest gänzlich aus dem Rahmen fallen!«

»Fühlst du dich nicht wohl, Vater?«

»Du brauchst dich ja dabei nicht anzustrengen! Wofür ist denn Charles da!«

»Aber wenn du dich wirklich nicht danach fühlst . . .«, sagte Charlotte schwankend.

»Meinetwegen! Meinetwegen!« Der alte Mr. Neave stand auf, um dem kleinen, treppensteigenden Männchen bis an die Tür seines Ankleidezimmers zu folgen . . .

Der junge Charles erwartete ihn bereits. Sorgsam, als hinge alles davon ab, wickelte er ein Handtuch um die Heißwasserkanne. Den jungen Charles hatte er schon immer gern gemocht — schon seit er als kleiner rotbackiger Bursche ins Haus gekommen war, um die Feuerstellen der Kamine in Ordnung zu halten. Der alte Mr. Neave ließ sich gemächlich auf dem Korbliegestuhl am Fenster nieder, streckte die Beine von sich und vergaß seinen kleinen allabendlichen Scherz nicht: »Mach ihn fein, Charles!« Und Charles beugte sich mit ernstem Schnaufen und Stirnerunzeln über ihn, um die Nadel aus der Krawatte zu ziehen.

Hm, hm! Ja, ja! Am offenen Fenster war es angenehm, sehr angenehm — ein schöner, milder Abend. Auf dem Tennisplatz unten wurde gemäht; er hörte das leise Scheppern der Mähmaschine. Bald würde es wieder mit den Tennisgesellschaften der Mädchen losgehen. Über diesem Gedanken schien es ihm so, als höre er Marions schallende Stimme: »Ein Punkt für dich! . . . Oh, gut so! . . . Hei, das war wirklich fein!« Dann hörte er Charlotte auf der Veranda rufen: »Wo ist Harold?« Und Ethel: »Er ist bestimmt nicht hier, Mutter.« Und Charlotte, zerstreut: »Er hat gesagt . . .«

Der alte Mr. Neave seufzte, erhob sich und hielt eine Hand unter seinen Bart, nahm dem jungen Charles den Kamm ab und kämmte seinen weißen Bart sorgfältig durch. Charles gab ihm ein zusammengefaltetes Taschentuch, die Uhr, Petschaft und Brillenfutteral.

»Das wäre alles, mein Junge!« Die Türe schloß sich, er sank zurück, er war allein . . . Und jetzt stieg das uralte Männchen endlose Treppenfluchten hinab, die zu einem glitzernden, heiteren Eßzimmer führten. Was für Beine er hatte! Spinnenbeine, dünne, verkümmerte!

›Eine ideale Familie, Sir, eine ideale Familie!‹

Aber wenn das stimmte, warum hielten ihn dann Charlotte oder die Mädchen nicht auf? Warum war er ganz allein bei seinem endlosen Auf- und Abklettern? Wo war Harold? Ach, es hatte keinen Sinn, von Harold etwas zu erwarten. Treppab, treppab kletterte das alte Spinnenmännchen, und dann sah der alte Mr. Neave zu seinem Entsetzen, wie es am Eßzimmer vorbeischlüpfte, zum Eingang schlich, zur dunklen Zufahrt, zum großen Tor und zum Büro. Haltet ihn, haltet ihn auf — irgend jemand!

Der alte Mr. Neave schreckte zusammen. In seinem Ankleidezimmer war es dunkel; das Fenster schimmerte bleich. Wie lange mochte er geschlafen haben? Er lauschte, und durch das große, hohe, eindunkelnde Haus schwebten ferne Stimmen, ferne Klänge. Vielleicht, dachte er undeutlich, hatte er lange, lange geschlafen. Er war vergessen worden! Was hatte all das mit ihm zu tun — das Haus und Charlotte, die Mädchen und Harold: was wußte er von ihnen? Sie waren Fremde für ihn. Das Leben hatte ihn übergangen. Charlotte war nicht seine Frau. Seine Frau!

. . . Eine dunkle Veranda, halb verdeckt von den Ranken der Passionsblume, die düster und trauernd niederhing, als verstünde sie alles. Kleine warme Arme liegen um seinen Hals. Ein Gesichtchen, klein und blaß, zu ihm aufgewandt, und eine Stimme haucht: »Leb wohl, mein Schatz!«

Mein Schatz! »Leb wohl, mein Schatz!« Wer von ihnen hat gesprochen? Warum haben sie Lebwohl gesagt? Irgendein schrecklicher Irrtum passiert! *Sie* ist seine Frau, dieses kleine blasse Mädchen, und sein ganzes übriges Leben ist ein Traum gewesen.

Dann ging die Tür auf, und im Licht stand der junge Charles, legte die Hände an die Hosennaht und meldete wie ein junger Soldat: »Das Abendessen ist angerichtet, Sir!«

»Ich komme, ich komme«, sagte der alte Mr. Neave.

— — — — — — — — — — — — — — — —

Elf Uhr. Es klopft.

... Hoffentlich habe ich Sie nicht gestört, Madam? Sie haben doch noch nicht geschlafen, nicht wahr? Ich habe nämlich gerade meiner Dame ihren Tee gebracht, und es war ein nettes Täßchen voll übrig, deshalb hab' ich mir gedacht, vielleicht ...

... Gern geschehen, Madam. Einen Tee mach' ich ihr immer noch abends als letztes. Sie trinkt ihn im Bett, nachdem sie gebetet hat, um sich aufzuwärmen. Ich setze den Kessel auf, wenn sie niederkniet, und sage zum Kessel: »*Du* brauchst dich nicht allzusehr beeilen mit deinem Gebet!« Aber er kocht schon immer, ehe meine Dame halb fertig ist. Verstehen Sie, Madam, wir kennen so sehr viel Leute, und für alle muß gebetet werden — für jeden einzelnen. Meine Dame hat eine Liste von ihren Namen in einem kleinen roten Buch. Lieber Himmel, immer, wenn jemand Neues uns besucht hat und meine Dame hinterher zu mir sagt: ›Ellen, gib mir mein kleines rotes Buch‹, dann könnt' ich ganz wild werden. ›Schon wieder einer‹, denk' ich, ›der sie bei jedem Wetter dran hindert, ins Bett zu gehen!‹ Ein Kissen will sie nämlich nicht nehmen: sie kniet auf dem harten Teppich! Es macht mich ganz verrückt, wenn ich sie so knien sehe, weil ich sie doch so gut kenne. Ich hab' versucht, sie zu beschummeln und hab' die Daunendecke hingelegt. Aber gleich das erstemal, als ich's getan habe — oh, Madam, was sie mir da für einen Blick zugeworfen hat — direkt heilig! ›Hat unser Herr Jesus eine Daunendecke gehabt, Ellen?‹ hat sie mich gefragt. Aber ich — damals war ich noch jünger —, ich hatte die größte Lust, ihr zu antworten: ›Nein, aber unser Herr Jesus war nicht in Ihrem hohen Alter, und er hat nicht gewußt, wie das ist, wenn man Hexenschuß hat!‹ Frech — nicht wahr? Aber sie ist eben viel zu gut, Madam! Als ich ihr grad eben die Bettdecke um die Füße gestopft habe und sie mir anschaue, wie sie auf dem Rücken liegt, die Hände draußen und den Kopf auf dem Kissen, so hübsch, da hab' ich denken müssen: ›Jetzt siehst du genauso wie deine liebe Mutter aus, als ich sie aufgebahrt hatte!‹

... Ja, Madam, es blieb alles mir überlassen. Oh, sie sah allerliebst aus! Ich hab' ihr Haar zurechtgemacht, ein bißchen weich, rund um die Stirn, lauter kleine Locken, und ganz dicht am Hals hab' ich ihr einen Strauß von den schönsten dunkellila Stiefmütterchen umgelegt. Mit den Stiefmütterchen war sie ein richtiges Bild, Madam! Die werde ich nie vergessen! Heute abend, als ich meine Dame so ansah, hab' ich auch wieder gedacht: ›Wenn jetzt noch die Stiefmütterchen da wären, könnt' man keinen Unterschied sehen!‹

... Erst letztes Jahr, Madam. Erst, nachdem sie ein bißchen — na ja — wunderlich geworden war, wie man so sagt. Natürlich war sie nie gefährlich; sie war eine ganz liebe alte Dame. Aber wie sie's hatte, das war nämlich so: sie hatt' geglaubt, sie hätte was verloren. Sie konnte nicht still sitzen, sie konnte nicht Ruhe geben. Den ganzen Tag treppauf und treppab, treppauf und treppab; überall ist man ihr begegnet — auf der Treppe, in der Veranda, im Durchgang zur Küche. Und dann hat sie zu einem aufgeschaut und hat gesagt — genau wie ein Kind — ›Ich hab's verloren!‹ Und ich hab' gesagt ›Kommen sie mit‹, hab' ich gesagt, ›ich lege Ihnen eine Patience!‹ Aber sie hat mich bei der Hand genommen — mich hatte sie besonders gern — und hat geflüstert: ›Such's mir, Ellen, such's mir!‹ Traurig, nicht wahr?

...Nein, sie hat sich nie mehr erholt, Madam. Zu guter Letzt hat der Schlag sie gerührt. Und ihre letzten Worte, die hat sie ganz langsam zu mir gesagt: ›Schau nach — im —, schau nach — im —‹ Und dann war sie weg.

... Nein, Madam, ich kann nicht sagen, daß es mir schwer wird. Andern Mädchen vielleicht. Aber verstehen Sie, es ist nämlich so, daß ich niemand anders habe als meine Dame. Meine Mutter ist an der Schwindsucht gestorben, als ich vier war, und dann hab' ich bei meinem Großvater gelebt, der einen Friseurladen hatte. Die meiste Zeit hab' ich im Laden unter einem Tisch gesessen und meine Puppe frisiert — um's den Gehilfen nachzumachen, nehm' ich an. Die waren immer so nett zu mir! Kleine Perücken haben sie mir gemacht, in allen Farben und von der allerneuesten Mode. Und ich den ganzen Tag unterm Tisch, mäuschenstill — die Kundschaft hat's nie gemerkt. Bloß manchmal hab' ich unter der Tischdecke hervorgelinst!

... Ach, eines Tages hab' ich eine Schere erwischt, und ob Sie's glauben oder nicht, Madam — ich hab' mir mein ganzes Haar abgeschnitten, lauter Schnipsel, ich kleiner Aff'! Großvater war wütend! Er hat die Brennschere genommen — werd's nie vergessen — und mich bei der Hand gepackt und meine Figur reingeklemmt! ›Dir werd' ich's zeigen!‹ hat er gesagt. Eine schreckliche Brandwunde war's, hab' die Narben noch heute!

... Ach, verstehen Sie, Madam, er war so stolz auf mein Haar. Hat mich oft auf den Ladentisch gesetzt, eh' die Kunden kamen, und es schön frisiert — große, weiche Locken, und oben mit Wellen. Ich weiß noch, wie die Gehilfen alle drum herum standen, und ich so ernst mit dem Penny in meiner Hand, den Großvater mir immer zu halten gegeben hat, solange ich stillsitzen mußte ... Aber hinterher hat er mir den Penny wieder weggenommen! Der arme Großvater! Rasend war er, weil ich so eine Vogelscheuche aus mir gemacht hatte. Aber was für Angst er mir eingejagt hat! Wissen Sie, was ich getan hab', Madam? Bin ausgerissen! Ja, um alle Straßenecken, um eine nach der andern, weiß nicht, wie weit ich gerannt bin. O je, ich muß schlimm ausgesehen haben, mit der Schürze um die Hand gewickelt, und das Haar stand mir vom Kopf ab! Sicher haben die Leute über mich gelacht damals ...

... Nein, Madam, der Großvater hat's mir nie verziehen... Er konnte mich nachher nicht mehr ansehen, konnte nicht mal essen, wenn ich dabei war. Deshalb hat mich meine Tante genommen. Sie war verkrüppelt, Tapeziererin war sie. Und winzig klein! Mußte auf dem Sofa stehen, wenn sie den Überzug für die Rückenlehne zuschneiden wollte. Und so hab' ich dann meine Dame getroffen — als ich der Tante geholfen habe ...

... Nicht so sehr, Madam. Ich war gerade dreizehn gewesen. Kann mich nicht erinnern, daß ich mir jemals — wie'n Kind vorgekommen bin, gewissermaßen. Wird wohl auch von meiner Uniform gekommen sein, denn meine Dame hat mir vom ersten Tag an alles gegeben, was dazugehört, Kragen und Manschetten und so. Doch — ein einziges Mal. Das war komisch zugegangen. Nämlich so: meine Dame hat ihre beiden kleinen Nichten zu Besuch gehabt — wir waren damals in Sheldon —, und auf dem Marktplatz war Jahrmarkt. ›Ellen‹, hat sie zu mir gesagt, ›ich möchte, daß du die beiden jungen Damen zu einem Eselritt ausführst!‹ Wir sind also gegangen — so ernste kleine Püppchen waren's! Jede hat mich an der Hand gefaßt. Doch dann sind wir vor den Eseln gestanden, und sie waren zu schüchtern und wollten nicht reiten. Da haben wir statt dessen eben zugeschaut. Ganz wunderhübsche Esel waren's, und die ersten, die ich nicht vor 'nem Karren gesehen hab' — rein zur Freude waren sie da. Sehr schön silbergrau, mit 'nem kleinen roten Sattel und blauem Zügel und Glöckchen an den Ohren, bimmelimmebimm! Ganz große Mädchen, älter noch als ich, ritten drauf und lachten. So lustig! Nicht gewöhnlich, Madam — sie haben nur ihren Spaß gehabt. Und ich weiß nicht, was es war — aber wie die kleinen Hufe so getrippelt sind, und dann die großen Augen — so sanft — und die weichen Ohren —, da hab' ich mir auf einmal gedacht, ich muß unbedingt auf einem Eselchen reiten.

. . . Nein, natürlich ging's nicht. Ich hatte ja meine jungen Damen mit. Und wie hätt' ich wohl ausgesehen, wenn ich in meiner Uniform da oben gehockt hätte? Aber den ganzen Tag hab' ich nichts andres als die Eselchen im Kopf gehabt. Ich hab' gedacht, es würde mich zerreißen, wenn ich's nicht jemand sage — aber wer war denn da, dem ich's hätt' sagen können? Aber wie ich dann zu Bett bin — ich hab' damals im Schlafzimmer von Mrs. James geschlafen, unsre Köchin war das —, und kaum war das Licht aus, da seh' ich sie wieder, meine Eselchen, mit ihren niedlichen Hufen und den traurigen Augen . . . Und was glauben Sie wohl, Madam — ich hab' lange gewartet und getan, als schlaf' ich, und dann hab' ich mich aufgesetzt und aus Leibeskräften geschrien: ›*Ich will auf einem Esel reiten! Ach, könnt' ich auf ein Esel-*

chen!‹ Verstehen Sie, es mußte raus, und ich hab' gedacht, keiner lacht mich aus, wenn sie denken, ich träume bloß. Schlau, nicht wahr? Was man sich so ausdenkt als Kindskopf, der man ist . . .

. . . O nein, Madam, jetzt nie mehr. Früher hab' ich natürlich mal dran gedacht. Aber es ging nicht. Er hat einen kleinen Blumenladen gehabt — schräg rüber am Ende von der Straße, wo wir gewohnt haben. Komisch — nicht wahr? Wo ich doch so scharf auf Blumen bin. Damals haben wir oft Gesellschaften gehabt, und ich war mehr in dem Blumenladen als sonstwo, wie man so sagt. Und Harry und ich — er hieß Harry — haben uns drüber gestritten, wie man Blumen einstellen muß, und damit hat's angefangen. Blumen! Sie würden's nicht glauben, Madam, was für Blumen er mir immer gebracht hat. Nichts war ihm gut genug. Maiglöckchen — mehr als einmal — ohne Übertreibung! Na ja, wir wollten ja auch heiraten und über dem Laden wohnen, ja, so sollte es alles sein, und ich sollte immer das Schaufenster machen . . . Ach, wie oft hab' ich samstags das Schaufenster gemacht — natürlich nicht in Wirklichkeit, Madam, bloß ausgedacht! ›Fröhliche Weihnachten!‹ aus Stechpalmen und was sonst noch, und zu Ostern mit Lilien und einem Stern aus Narzissen in der Mitte. Und einmal — aber Schluß damit! Dann ist der Tag gekommen, wo er mich abholen wollte für die Möbel aussuchen. Es war an einem Dienstag, und ich werd's nie vergessen. Meine Dame hat sich an dem Nachmittag nicht so recht gefühlt — gesagt hat sie nichts, das tut sie nämlich nie. Aber ich hab's ihr angesehen — wie sie sich eingewickelt hat und immerzu gefragt hat, ob's kalt wär' — und ihre kleine Nase hat so spitzig ausgesehen. Ich wollte gar nicht gern weg — hab' gewußt, daß ich mich die ganze Zeit um sie sorgen würde. Schließlich hab' ich sie gefragt, ob sie möchte, daß ich's verschiebe. ›O nein, Ellen‹, hat sie gesagt, ›du mußt nicht an mich denken! Du darfst deinen jungen Mann nicht enttäuschen!‹ Und dabei so fröhlich, verstehen Sie, Madam? Gar nicht an sich selber gedacht. Es war mir ganz und gar nicht recht. Hab' mir schon überlegt . . . und da ist ihr Taschentuch runtergefallen, und sie wollte sich bücken und es selber aufheben — was sie sonst niemals getan hat. ›Sie werden doch nicht!‹ hab’ ich gerufen und bin hingelaufen, um sie zu hindern. ›Ach‹, hat sie gesagt und so’n bißchen dabei gelacht, Sie wissen schon, Madam, ›ach, ich muß ja anfangen und mich üben!‹ Na, da konnt’ ich mir fast nicht die Tränen verkneifen und bin rasch zum Frisiertisch, hab’ getan, als wollt’ ich das Silber abstauben und konnte nicht anders — ich mußt’ sie fragen, ob’s ihr lieber wär’, wenn — ich nicht heirate. ›Nein, Ellen‹, hat sie gesagt, mit so einem Ton wie ich’s jetzt sage, ›nicht um *alles in der Welt!*‹ Aber als sie das gesagt hat, Madam, hab’ ich sie im Spiegel gesehen — bloß daß sie nicht gewußt hat, daß ich sie gesehen hab’ —, da hat sie ihre kleine Hand auf ihr Herz gelegt, genau wie ihre liebe Mutter, und hat solche Augen gemacht ... oh, *Madam!* ... Und dann? Dann ist Harry gekommen, und ich hab’ all seine Briefe parat gehabt und den Ring und die süße kleine Brosche, die er mir geschenkt hat — ein silberner Vogel war’s, mit einer Kette im Schnabel, und an der Kette hing ein Herzchen mit einem Dolch — ganz was Extra’s! Ich hab’ ihm die Tür aufgemacht und ihm keine Zeit gelassen, was zu sagen. ›Da‹, hab’ ich gesagt, ›nimm’s alles zurück‹, hab’ ich gesagt, ›es ist aus und vorbei! Ich kann dich nicht heiraten‹, hab’ ich gesagt, ›weil ich meine Dame nicht allein lassen kann!‹ Weiß ist er geworden, kreideweiß! Ich hab’ die Tür zuschlagen müssen, und dann stand ich da und hab’ gezittert und gewartet, bis ich gewußt hab’, er ist weg. Als ich die Tür wieder aufgemacht hab’ — ob Sie’s glauben oder nicht, Madam — da war er tatsächlich *weg!* Ich bin auf die Straße gerannt, wie ich war, mit der Schürze und in Hausschuhen, und bin dagestanden, mitten auf der Straße ... und hab’ geschaut. Wer mich gesehen hat, der muß gelacht haben ...

... Ach du lieber Himmel! Was ist denn das? Da schlägt schon die Uhr! Und ich hab’ Sie wach gehalten! Oh, Madam, Sie hätten mir den Mund verbieten sollen! Kann ich Ihnen die Füße besser in die Decke einwickeln? Das tu’ ich nämlich jeden Abend bei meiner Dame, ganz genauso. Und sie sagt: ›Gute Nacht, Ellen, schlaf gut und wach beizeiten auf!‹ Ich weiß nicht, was ich tun sollte, wenn sie das mal nicht sagen würde...

O Gott, manchmal denk' ich . . . was soll ich bloß anfangen, wenn irgendwas . . . Aber Denken nützt niemand was, nicht wahr, Madam? Denken hilft nicht. Ich tu's auch nicht oft. Und wenn, dann reiß' ich mich gleich zusammen und sag': ›Also was denn, Ellen? Du dummes Ding! Hast du nichts Besseres zu tun, daß du nachdenken mußt?‹